D1385652

CHINE

CHINE

RENÉ GIUDICELLI
MARIE HOLZMAN
DANIÈLE CRISÀ

GUIDE ARTHAUD

Remerciements

Les auteurs tiennent à remercier Louise Langlois, Jean-François Papet, Yu Liang, Josette Casadei, Gérard Pierson (pour l'impression des caractères chinois), Dominique Wasquel, Marc Bloch, Rolph Dupuis, et tous ceux qui les ont aidés, notamment John et Isabelle Cals.

Transcription

Nous adopterons le *pinyin* pour la transcription de tous les noms chinois utilisés dans ce guide, à l'exception des trois villes les plus connues en France : Pékin, au lieu de *Beijing,* Canton, au lieu de *Guangzhou* — mais nous parlerons de la province de Guangzhou et non de la province de Canton —, et enfin Nankin au lieu de *Nanjing*. Pour Shanghai, la transcription en *pinyin* est celle dont nous avons l'habitude, au tréma près.

Aux lecteurs de ce guide :

La Chine est un pays immense en pleine évolution. Tous les jours s'ouvrent des sites nouveaux, s'inaugurent des hôtels modernes. Par ailleurs, l'inflation peut atteindre une moyenne de 40 à 45 % par an dans les services réservés aux étrangers.

Les prix ne sont donc donnés qu'à titre indicatif, d'importantes modifications ayant pu se produire en Chine après la parution de ce guide. De même, les horaires de train sont susceptibles de changer tous les trois mois. Nous n'en citons que quelques-uns pour vous donner une idée du temps nécessaire pour aller d'une ville à l'autre.

Pour nous aider à rester un guide performant, auriez-vous l'obligeance de nous signaler vos découvertes... et nos erreurs ? Nous attendons vos suggestions aux Éditions Arthaud, 20, rue Monsieur-le-Prince, 75006 Paris.

© Les Éditions Arthaud, Paris, 1987. Tous droits réservés.
ISBN : 2-7003-0423-3. Imprimé en France.

Sommaire

A Simon et à Joris

Présentation

Le cadre géographique et humain

Située dans la partie orientale de l'Asie et baignée à l'Est par l'océan Pacifique, la Chine a une superficie de 9 560 000 km². Elle est grande comme l'Europe, comme dix-huit fois la France. C'est, par la superficie, le troisième État du globe, après l'URSS et le Canada.

Son extrémité occidentale se situe sur le plateau du **Pamir** et son extrémité orientale au confluent du fleuve **Heilongjiang** et de l'**Oussouri** : 5 000 km séparent ces deux extrémités. Le territoire s'étend en longitude sur quatre fuseaux horaires. La distance du Nord au Sud est de 5 500 km.

La Chine partage plus de 20 000 km de frontières continentales avec douze pays. Les frontières maritimes sont longues de plus de 14 000 km. La Chine compte plus de 5 000 îles disséminées en mer de Chine. La plus grande est l'île de Taiwan, puis celle de Hainan.

LE RELIEF

L'espace chinois est caractérisé par un relief très élevé dans la partie occidentale du pays, dont l'altitude décroît d'Ouest en Est en trois paliers qui délimitent approximativement trois domaines d'importance plus ou moins égale.

De hautes chaînes de montagnes et de hauts plateaux contribuent à compartimenter la Chine en une série de zones vitales — plaines côtières, plaines alluviales, bassins intérieurs — difficilement accessibles entre elles.

La partie orientale de la Chine se compose d'un enchevêtrement de collines, de plaines et d'amples vallées bordées à l'Ouest par une série de chaînes de montagnes orientées Nord-Est — Sud-Ouest : **Monts Khingan, Taihangshan** et **Daloushan**. Les **Monts Qinling** séparent les bassins moyens du Fleuve Jaune et du Yangzi.

L'altitude de cette partie orientale est à peu près partout inférieure à 1 000 mètres. La région est constituée par trois principales plaines d'une superficie totale d'un million de kilomètres carrés : la plaine de **Mandchourie**, la plaine de **Chine du Nord**, la plaine du cours moyen et bas du **Yangzi**. Des sols riches, une irrigation développée et des siècles de culture intensive ont fait de cette zone non seulement le véritable centre agricole de la Chine mais aussi l'un des plus grands centres mondiaux de la production agricole.

A ces grandes plaines, il convient d'ajouter le bassin intérieur du **Sichuan**, ainsi qu'au Sud-Est des Monts Nanling et Wuyi les plaines côtières du **Zhejiang**, du **Fujian** et du **Guangdong**.

Au centre du pays se trouvent de vastes plateaux situés entre 1 000 et 2 000 m d'altitude : plateau de **Mongolie Intérieure**, plateaux de loess s'étendant au **Shaanxi**, au **Shanxi** et au

Altitude	Superficie du territoire
Supérieure à 5 000 m.	16 %
5 000-2 000 m.	17 %
2 000-1 000 m.	35 %
1 000-500 m.	18 %
Inférieure à 500 m.	14 %

Gansu, plateaux du **Yunnan** et du **Guizhou**.

La Chine occidentale est constituée d'une part de très hautes chaînes de montagnes orientées Ouest-Est : **Himalaya, Altaï, Tianshan, Kunlun** ; et d'autre part des très hauts plateaux du **Tibet** et du **Qinghai**, au Sud-Ouest, dont l'altitude dépasse 4 000 m et de grands bassins situés à plus de 2 000 m d'altitude : bassin de **Dzoungarie**, du **Tarim** et de **Tsaidam**.

LE CLIMAT

La Chine connaît d'impressionnants contrastes thermiques et pluviométriques résultant des vents de moussons, de l'extension en latitude et en longitude du pays ainsi que de l'amplitude altitudinale du relief.

Mis à part le domaine des hauts plateaux du Tibet-Qinghai, on peut distinguer quatre grandes zones thermiques.

La zone tropicale. Elle comprend la partie méridionale du Guangdong, du Guangxi, de Taiwan et du Yunnan. Il y fait chaud toute l'année. La température moyenne du mois le plus froid est supérieure à 16 °C. Plusieurs récoltes de riz sont possibles par an.

La zone subtropicale. Elle recouvre les provinces de la Chine orientale situées au Sud des Monts Qinling et du Fleuve Jaune. Les températures de l'hiver sont relativement basses, comprises entre 0 et 15 °C.

La zone tempérée tiède. Elle englobe les provinces du bassin moyen et inférieur du Fleuve Jaune ainsi que la dépression du Tarim. La température n'y est pas excessivement basse en hiver, entre 0 et 8 °C. Les températures d'été sont similaires à celles de la zone tropicale. Dans cette zone tempérée tiède on cultive le blé d'hiver.

La zone tempérée. Elle comprend les provinces frontières du Nord : la Mongolie intérieure, le Nord du Xinjiang et la partie occidentale de la Mandchourie. La saison froide est longue et les températures hivernales sont très basses, entre − 8 et − 25 °C. On y cultive le blé de printemps.

Le Nord de la Mongolie intérieure ainsi que la partie occidentale des trois provinces de la Mandchourie connaissent un *climat tempéré froid*. Les hivers y sont longs, durant souvent plus de six mois et les températures hivernales sont très sévères.

Le domaine des hauts plateaux du Tibet-Qinghai, éloignés de l'humidité océanique et abrités des pluies de mousson par de hautes chaînes de montagnes, fait partie de ce que l'on peut appeler le *domaine froid* : les températures hivernales sont très basses, les étés sont doux.

La distribution des précipitations est

fort inégale. L'humidité de l'atmosphère provient principalement du Pacifique et les pluies annuelles diminuent graduellement du Sud-Est vers le Nord-Ouest. En tenant compte des différences de niveau de précipitations ainsi que du taux d'évaporation, on peut diviser la Chine en quatre grandes zones pluviométriques.

La zone humide. Elle couvre 32 % de la superficie et s'étend sur le quart Sud-Est du pays ainsi que sur la bordure Nord et Nord-Est de la Mandchourie. Les précipitations annuelles sont supérieures à 750 mm.

La zone semi-humide. Elle comprend la plaine du Nord-Est, celle de la Chine du Nord et le Sud-Est du plateau du Tibet-Qinghai. Elle couvre 15 % de la surface du pays. Les précipitations annuelles sont de l'ordre de 500 mm.

La zone semi-aride. Elle représente presque le quart du pays. Elle s'étend sur le plateau de Mongolie Intérieure, le plateau de loess et la majeure partie du plateau du Tibet-Qinghai. Les précipitations annuelles sont de l'ordre de 300 mm.

La zone aride. Elle s'étend sur le Xinjiang, la partie occidentale du plateau de Mongolie Intérieure et le Nord-Ouest du plateau du Tibet-Qinghai, c'est-à-dire sur plus de 30 % du territoire chinois. Les précipitations annuelles sont inférieures à 250 mm.

LE RÉSEAU FLUVIAL

Le relief beaucoup plus élevé à l'Ouest fait que la plupart des fleuves chinois coulent d'Ouest en Est, prenant leur source dans les hauts plateaux du Tibet-Qinghai pour se jeter dans l'océan Pacifique. Environ 57 % du territoire chinois sont drainés par des fleuves se jetant dans le Pacifique, 7 % par des fleuves débouchant dans l'océan Indien comme le Brahmapoutre. Les 36 % restants sont arrosés par des rivières aboutissant à des lacs intérieurs dont l'eau disparaît par évaporation dans les terrains arides du Xinjiang, des hauts plateaux du Tibet-Qinghai et de la Mongolie Intérieure.

Dans les régions du Nord et du Nord-Est de la Chine, les principaux fleuves sont : l'*Amour*, le *Sungari*, le *Haihe*, le *Liaohe*, le *Tumen*, le *Yalu* et le *Fleuve Jaune* ou *Huanghe*.

Prenant sa source sur les Monts Baïan Kara dans le Qinghai, le **Fleuve Jaune** est le deuxième fleuve chinois par sa longueur : 4 845 km. Son bassin couvre une superficie de 745 000 km² et est le berceau de la civilisation chinoise.

Les fleuves de Chine du Nord et du Nord-Est traversent des régions semi-humides et semi-arides et leur volume est modeste. Le débit moyen du Fleuve Jaune n'est que le vingtième de celui du Yangzi. Faible au printemps, le débit de ces fleuves atteint son maximum pendant l'été.

L'érosion est intense dans les provinces traversées — 90 % de la charge du Fleuve Jaune proviennent des provinces du Gansu, du Shaanxi et du Shanxi —, aussi tous les fleuves de cette région charrient-ils d'importantes quantités d'alluvions excepté le Sungari qui draine des régions boisées. Par l'accumulation de sable et de limon dans son bassin inférieur, le Fleuve Jaune a connu plusieurs modifications de son cours par le passé et provoqué de nombreuses et catastrophiques inondations.

Les grands fleuves de Chine du Centre et du Sud sont le *Yangzi*, le *Jiandong*, le *Min* et la *Rivière des Perles*. Les

les métropoles
les capitales provinciales
les autres villes importantes

0   660 km

6 300 km du **Yangzi** en font le premier fleuve d'Asie par la longueur et le troisième du monde après l'Amazone et le Nil. Le Yangzi prend sa source dans les monts Kotohsili dans le Qinghai occidental et son bassin a une superficie de 1 8000 000 km². Le Min et la Rivière des Perles sont les plus importants fleuves du Sud dont ils sont les principales voies navigables.

Les fleuves du Centre et du Sud traversent des régions humides et leur débit est très important même en hiver. La période des crues s'étend du mois d'avril à septembre. La végétation de leurs bassins étant mieux protégée, ces fleuves charrient beaucoup moins d'alluvions que ceux du Nord.

Le réseau fluvial a une importance essentielle pour le développement industriel et agricole de la Chine. Ce réseau comprend 130 000 km de voies navigables dont 30 000 peuvent être empruntés par des bateaux à vapeur. Il représente aussi un potentiel hydroélectrique d'un demi-milliard de kilowatts. Des programmes ambitieux ont été lancés par les autorités pour assurer le contrôle des fleuves — maîtrise des crues, amélioration de la navigation fluviale — et en assurer une meilleure utilisation — extension de l'irrigation, développement de la production hydroélectrique.

En plus des cours d'eau naturels, la Chine possède un grand nombre de voies d'eau artificielles, dont le **Grand Canal** est la plus importante. Le Grand Canal, dont le creusement a commencé à l'époque des Sui à la fin du XIe siècle, relie Pékin au Nord à Hangzhou au Sud en traversant quatre provinces : le Hebei, le Shandong, le Jiangsu et le Zhejiang. D'une longueur de 1 700 km, c'est le plus grand canal de Chine et du monde.

LA RÉPARTITION DES POPULATIONS

Pour visualiser la distribution de la population sur l'immense territoire chinois, on peut tracer sur une carte une ligne joignant la ville de Ai Hui, dans l'extrême Nord-Est à la ville de Si Mao dans la province de Yunnan. Dans la partie située au Sud-Est de cette ligne et qui représente 36 % de la superficie totale de la Chine, vivent 96 % de la population chinoise. Au Nord-Ouest de cette ligne, les 64 % restants du territoire ne contiennent que 4 % de la population. 75 % de la population chinoise vivent sur seulement 15 % du territoire.

Les grands centres de population sont localisés dans les plaines de la côte Est et les zones vallonnées situées à l'Est d'une ligne formée par les monts Khingan au Nord, les monts Taihang au Centre et le bord Est du plateau du Yunnan et du Guizhou.

Le seul centre de population à l'Ouest de cette ligne est le Sichuan, très importante province agricole d'une superficie équivalant à celle de la France et dont la population dépasse les cent millions d'habitants.

Les minorités nationales

Tenant compte d'une part des particularités des minorités ethniques — leur nombre, leur importance numérique respective, leur inégale répartition territoriale — et d'autre part de l'histoire du pays, la constitution de la République Populaire de Chine stipule que la Chine est un État unitaire multinational.

Née dans la région du cours moyen du Fleuve Jaune, la culture chinoise (*Han*) s'est étendue petit à petit aux régions voisines et s'est trouvée confrontée à des populations d'origine non *Han*. La présence de « barbares » vivant

Population par province

Provinces	Superficie (1 000 km²)	Capitale	Population (millions)	Densité (hab./km²)
Anhui	130	*Hefei*	49	45
Fujian	123,1	*Fuzhou*	26	37
Gansu	530	*Lanzhou*	20	37
Guangdong	220	*Canton*	59	245
Guizhou	174	*Guiyang*	28	137
Hebei	190	*Shijiazhuang*	53	289
Heilongjiang	710	*Harbin*	32	45
Henan	167	*Zhengzhou*	74	407
Hubei	180	*Wuhan*	48	244
Hunan	210,5	*Changsha*	54	232
Jiangsu	102,2	*Nanjing*	60,5	606
Jiangxi	160	*Nanchang*	33	187
Jilin	290	*Changchun*	23	79
Liaoning	230	*Shenyang*	35,7	195
Qinghai	721	*Xining*	4	5,5
Shaanxi	195,8	*Xi'an*	29	133
Shandong	153,3	*Jinan*	75	515
Shanxi	157	*Taiyuan*	25	146
Sichuan	560	*Chengdu*	100	178
Taiwan	36	*Taipei*	18	472
Yunnan	380	*Kunming*	32	73
Zhejiang	101,8	*Hangzhou*	39	357

Régions autonomes

Guangxi Zhuang	236	*Nanning*	36,4	154
Mongolie intérieure	450	*Huhehot*	9	20
Ningxia (Hui)	77	*Yinchuan*	3	39
Tibet	1220	*Lhassa*	1,7	1,4
Xinjiang Uighur	1646,8	*Urumqi*	10	6

Municipalités

Pékin	17	—	9,5	500
Shanghai	5,8	—	11,8	2120
Tianjin	11	—	7,7	663

aux confins du pays peut être déjà relevée dans des textes de l'époque Zhou du VIIᵉ siècle avant J.-C. Les soulèvements de populations non chi-noises provoquent au IVᵉ siècle de notre ère le morcellement de la Chine en plusieurs petits royaumes. Le rôle des *Tibétains, Zhuang, Mongols, Ouïgours,*

dont l'existence est mentionnée à partir du VIIIᵉ siècle, prendra de l'importance sous la dynastie Ming.

Jusqu'au XXᵉ siècle, l'attitude des autorités centrales à l'égard des minorités oscilla entre le contrôle indirect et l'emploi de la force. Dans le premier cas, des titres officiels étaient conférés aux élites et chefs locaux des minorités, ceux-ci se chargeant de gouverner leur peuple selon leurs propres coutumes. Des tribus proches des frontières pouvaient avoir la charge d'en contrôler d'autres beaucoup plus éloignées. Dans le deuxième cas, la colonisation militaire et agricole Han a fait reculer les minorités, les repoussant dans les montagnes et les steppes.

Après sa fondation, le Parti communiste chinois adopta le principe du droit des nationalités à l'autodétermination puis élabora un programme comportant six points : égalité des nationalités, droit à l'autonomie dans le cadre d'un État unifié, politique d'union avec les couches sociales supérieures et les religieux, respect des formes nationales, droit à l'éducation dans la langue nationale, amélioration du niveau de vie pour les minorités.

Depuis 1949, la politique du gouvernement vis-à-vis des minorités sera, suivant les factions au pouvoir, tantôt celle d'une intégration à long terme, tantôt celle d'une assimilation plus radicale.

Une politique d'autonomie relative accordée aux minorités marque la période qui va de 1949 à la Révolution Culturelle. L'enseignement des langues ainsi que la formation des cadres se développent ; un statut d'autonomie est accordé à certains districts et provinces occupés par les minorités. Cependant, les nombreuses erreurs commises sur le terrain pendant la période de mise en place des coopératives en 1956, et le *Grand Bond en avant* en 1958, entraîneront des révoltes et la fuite d'un grand nombre de gens issus des minorités vers les pays limitrophes.

Pendant la Révolution Culturelle, une politique d'assimilation radicale est prônée. Les coutumes, les langues et les modes de vie sont rejetés au nom de l'étude de la pensée de Mao et de la lutte contre la bourgeoisie. Le principe d'autonomie régionale est déclaré nuisible à l'unité nationale. Un grand nombre de cadres issus des minorités seront alors accusés de collusion avec l'étranger.

Depuis la mort de Mao, les dirigeants actuels sont revenus à la politique d'avant la Révolution Culturelle. Les cadres des minorités sont réhabilités, les instituts pour les minorités rouverts. Ce changement s'explique par la prise en compte de nouvelles considérations politiques — assurer la défense des frontières — et économiques — assurer l'exploitation des énormes ressources des régions occupées par les minorités, mobilisation de toute la population pour la modernisation du pays.

La Chine compte 55 minorités nationales représentant 56 millions d'habitants soit 6 % de la population totale. Malgré ce faible pourcentage, elles sont réparties dans de vastes régions qui représentent de 50 à 60 % du territoire national. Il y a en Chine 5 régions autonomes, 29 départements et 70 districts autonomes. Les langues parlées par les minorités appartiennent pour 74 % au système linguistique sino-tibétain, pour 21 % au système altaïque, les autres se rattachant aux systèmes coréen, austro-asiatique et indo-européen. Presque toutes les langues minoritaires s'écrivent ; celle dont l'écriture date d'après la libération utilisent un alphabet dérivé de l'alphabet latin. On annonce, pour 1988, l'ouverture d'un musée des Nationalités à Pékin.

Couvrant une superficie de 80 000 mètres carrés, il servira à la fois de centre de recherches, de bibliothèque et de hall d'expositions.

Les minorités nationales en Chine

Nationalité	Répartition	Population
Mongole	Région autonome de la Mongolie intérieure. Liaoning, Jilin, Heilongjiang, Gansu, région autonome ouïgoure du Xinjiang, Qinghai, Hebei, Henan, Yunnan.	3 411 657
Zhuang	Région autonome zhuang du Guangxi, Yunnan, Guangdong.	13 378 162
Ouïgoure	Région autonome ouïgoure du Xinjiang.	5 957 112
Miao	Guizhou, Hunan, Yunnan, région autonome zhuang du Guangxi, Sichuan, Guangdong, Hubei.	5 030 897
Hui	Région autonome hui du Ningxia, Gansu, Henan, Hebei, Qinghai, Shandong, Yunnan, Anhui, région autonome ouïgoure du Xinjiang, Liaoning.	7 219 352
Tibétaine	Région autonome du Tibet, Qinghai, Sichuan, Gansu, Yunnan.	3 870 068
Yi	Yunnan, Sichuan, Guizhou.	5 453 448
Coréenne	Jilin, Heilongjiang, Liaoning.	1 763 870
Mandchoue	Liaoning, Heilongjiang, Jilin, Hebei, Pékin, région autonome de la Mongolie intérieure.	4 299 159
Buyi	Guizhou.	2 120 469
Dong	Guizhou, Hunan, région autonome zhuang du Guangxi.	1 425 100
Yao	Région autonome zhuang du Guangxi, Hunan, Yunnan, Guangdong, Guizhou.	1 402 676
Bai	Yunnan.	1 131 124
Tujia	Hunan, Hebei.	2 832 743
Hani	Yunnan.	1 058 836
Kazakh	Région autonome ouïgoure du Xinjiang, Gansu, Qinghai.	907 582
Dai	Yunnan.	839 797
Li	Guangdong.	817 562
Lisu	Yunnan.	480 960
Wa	Yunnan.	298 591
She	Fujian, Zhejiang, Jiangxi, Guangdong, Anhui	368 832
Gaoshan	Taiwan.	1 549
Lahu	Yunnan.	304 174
Shui	Guizhou.	286 487

Dongxiang	Gansu.	279 397
Naxi	Yunnan.	245 154
Jingpo	Yunnan.	93 008
Khalkhase	Région autonome du Xinjiang.	113 999
Tu	Qinghai.	159 426
Dawor	Heilongjiang, région autonome ouïgoure du Xinjiang.	94 014
Mulao	Région autonome zhuang du Guangxi, Guizhou.	90 426
Qiang	Sichuan.	102 768
Bulang	Yunnan.	58 476
Sala	Qinghai, Gansu.	69 102
Maonan	Région autonome zhuang du Guangxi.	38 135
Gelao	Guizhou, Yunnan, région autonome zhuang du Guangxi.	53 802
Xibo	Région autonome ouïgoure du Xinjiang, Liaoning, Jilin.	83 629
Achang	Yunnan.	20 411
Pumi	Yunnan.	20 441
Tajik	Région autonome ouïgoure du Xinjiang.	26 503
Nu	Yunnan.	23 166
Ouzbek	Région autonome ouïgoure du Xinjiang.	12 453
Russe	Région autonome ouïgoure du Xinjiang.	2 935
Ewenki	Heilongjiang.	19 343
Benglong	Yunnan.	12 295
Baoan	Gansu.	9 027
Yugu	Gansu.	10 569
Jing	Guangdong.	11 995
Tartare	Région autonome ouïgoure du Xinjiang.	4 127
Dulong	Yunnan.	4 682
Orogen	Heilongjiang.	4 132
Hezhe	Heilongjiang.	1 476
Menba	Région autonome du Tibet.	6 248
Loba	Région autonome du Tibet.	2 065
Jinuo	Yunnan.	11 974

Ces chiffres proviennent du dernier recensement officiel chinois, effectué en 1982.

La préhistoire

Le paléolithique. L'homme de Pékin est un des plus anciens hominiens que l'on connaisse, il remonterait à 500 000 ans environ. Sa découverte se fit en 1921 dans une grotte de la région de Pékin à Zhoukoudian. D'autres spécimens de sinanthropes ont été depuis découverts au Shanxi.

Le néolithique (IVe millénaire avant J.-C.). C'est dans les vallées boisées de la Chine du Nord, dans le bassin du Fleuve Jaune que se sont établies aux alentours du IVe millénaire les plus anciennes cultures néolithiques. On distingue deux ensembles.

Celui de *Yangshao*, connu sous le nom de « culture de la poterie rouge », du fait de la couleur ocre de ses poteries (retrouvées également en Ukraine et au Turkménistan) a son centre au Moyen Shanxi. Un des sites fut découvert en 1954 près de Xi'an.

L'autre ensemble dit du type de *Longshan*, ou « culture de la poterie noire », paraît généralement postérieur. Son centre se trouve plus à l'Est dans la province du Shandong. Ce qui distingue cette culture de celle du premier ensemble est le caractère plus durable des établissements humains. Les villages sont entourés de murs protecteurs et l'organisation sociale est plus complexe. La dynastie des *Xia*, qui, selon la tradition, se situe au troisième millénaire, correspondrait à une culture de la fin du néolithique où était déjà apparu un début d'organisation politique.

L'histoire

La dynastie Shang

1523 avant J.-C. Les découvertes récentes semblent indiquer que le passage de la pierre polie au bronze s'est fait de façon progressive sans qu'il y ait rupture d'une époque à une autre.

La première dynastie de l'âge du bronze est la dynastie Shang. Les différentes capitales se trouvaient sur les sites actuels de Zhengzhou et de Yanshi à l'Est de Luoyang.

C'est aux alentours de 1400 avant J.-C. qu'apparaissent l'écriture et le char à timon attelé à deux chevaux. Un certain nombre de cultes religieux apparaissent : divination par le feu, culte des rois défunts et sacrifices, dont certains humains. La lignée royale est à la tête d'une organisation clanique où les chefs de lignée sont en même temps chefs du culte familial.

Les Zhou

Les Zhou profitent de l'affaiblissement des Shang et s'emparent de la capitale. La leur sera située dans la vallée de la Wei près de Xi'an puis près de Luoyang, lorsque, vers le VIIIe siècle, les descendants des Shang, alliés aux barbares voisins, se révoltèrent à l'Est, forçant les Zhou à mener des expéditions punitives dans cette région.

Jusqu'alors le système reposait sur une hiérarchie entre les différents fiefs accordés par l'empereur, et le domaine royal. Par la suite, le renforcement de la puissance des grands dignitaires tendit à rendre ces fiefs héréditaires et quasi indépendants.

La période des Hégémons

770 à 475 avant J.-C. Cette période, connue sous le nom de *Printemps et Automne*, marque le déclin des institutions nobiliaires. A partir de cette époque, les principautés les plus puissantes imposent leur volonté. La tradition compte cinq Hégémons, soit cinq personnalités remarquables qui apparurent dans différents royaumes à différentes époques : Huanggong, du royaume de Qi (Shandong actuel), Song Wengong (Henan), Jin Wengong (Shanxi), Qin Xianggong (Shaanxi), Chu Zhuangwang (Hubei). La prépondérance des facteurs militaires dans une société où les fondements étaient d'ordre religieux et rituel devait en altérer la nature. On voit apparaître vers le VIe siècle de nouvelles institutions dont le but est de renforcer le pouvoir d'un prince et son indépendance vis-à-vis des seigneurs locaux.

Les Royaumes Combattants

475-221 avant J.-C. Suivent trois siècles connus sous le nom de *Royaumes Combattants*. On ne compte en effet pas moins de sept royaumes : trois sont issus de Jin, l'ancien et riche royaume de Qi subsiste, deux royaumes apparaissent dont la puissance s'est révélée depuis peu, Yan au Hebei, proche des steppes, et Qin au Shaanxi, enfin le royaume de Chu dans la vallée du Moyen Yangzi est un royaume sur lequel les pouvoirs successifs n'ont pas d'influence.

Plus que jamais les coutumes ancestrales apparaissent en contradiction avec les nécessités de l'époque : s'il veut maintenir son pouvoir, le prince doit disposer d'armées et d'agents d'exécution qui lui soient propres. Pour ce faire, il doit faire appel à des hommes nouveaux appartenant à la classe des petits gentilshommes au profit desquels il dépouillera les grandes familles nobles de leurs charges héréditaires. Les techniques de guerre ont évolué. Le développement de l'infanterie réduit peu à peu le rôle des chars et provoque ainsi la disparition du genre de vie « noble » lié à la conduite des attelages.

Cette période correspond aussi au début de la fonte du fer, découverte qui permet la fabrication d'outils pour le défrichement et les travaux d'irrigation.

A la campagne, l'apparition de la propriété privée provoque la ruine des anciennes communautés villageoises. Ces transformations sociales sont à l'origine d'une étonnante fermentation intellectuelle à partir du Ve siècle. Des écoles de pensée et de théories politiques — confucianisme, légisme, taoïsme — traduisent les conflits de l'époque et la prise de conscience qu'ils ont suscitées.

A partir du IVe siècle, le royaume isolé de Qin au Shaanxi s'impose aux autres par la supériorité de son organisation administrative et militaire : il fera la conquête de toute la Chine et réalisera son unité en 221 avant J.-C.

Les Qin

221-206 avant J.-C. En 221, les armées de l'État de Qin anéantissent les restes de l'ordre féodal. Toute la Chine est réunifiée sous l'autorité de l'empereur **Qinshi Huangdi**. Avec l'aide de son ministre **Li Si**, homme remarquable appartenant à l'école des légistes, il entreprend de consolider le nouvel État. Il édifie la Grande Muraille sur les confins septentrionaux pour contenir la poussée des *Xiongnu* (les Huns), tandis qu'au Sud les nouveaux territoires atteignent le Vietnam et l'île de Hainan. L'aristocratie est dépossédée de ses biens. On impose la stricte uniformisation de la langue écrite, des poids et des mesures ainsi que des essieux des chars. Enfin l'empereur fonde une bureaucratie centralisée placée sous le contrôle des censeurs, mais imposée avec un tel arbitraire et de façon si impitoyable, que le régime ne tarde pas à devenir très impopulaire.

Qinshi Huangdi mourut en 210 avant J.-C. La rigueur extrême du système pénal, l'ampleur des grands travaux entrepris semblent avoir rendu insupportable la tyrannie du premier empereur. L'assassinat de son fils fut le signal de la rébellion, conduite d'abord par **Xiang Yu** puis par **Liu Bang** qui, en 202, se proclame empereur et fixe la capitale à *Chang'an* (Xi'an).

Avec Qinshi Huangdi la fonction royale n'est plus seulement religieuse ; l'empereur jouit d'une autorité effective. Le titre de *huangdi*, « empereur », vient des traditions antiques, de même que le choix d'une couleur, le noir, d'un chiffre, le six, et d'un élément favorable à la dynastie, l'eau.

Les Han

206 av.-220 ap. J.-C. **Liu Bang** devenu empereur parachève l'empire légiste des Qin. Le découpage en commanderies du pays est conservé, même dans les quelques fiefs concédés en remerciement des services rendus. Un contrôle direct pesait sur la paysannerie soumise aux taxes et aux corvées, la plus lourde étant le service armé, que Liu Bang supprime, allégeant ainsi les contraintes imposées par les Qin.

L'empereur **Wu Di** porte un nouveau coup à la noblesse en imposant une loi de succession prévoyant le partage égal entre tous les fils. La centralisation est renforcée et, pour ce faire, Wu Di recrute tout un corps de fonctionnaires parmi les lettrés. La doctrine de Confu-

cius est érigée en doctrine d'État, à travers l'interprétation du philosophe **Dong Zhongshu**.

Les Han poursuivent la politique de grands travaux commencée sous les Qin : prolongement de la Grande Muraille, fortification des villes et construction de canaux. Les projets d'extension de l'empire sont repris par l'empereur Wu Di. L'empire Han s'ouvre sur l'Asie centrale avec la célèbre « route de la soie » qui relie la vallée du Fleuve Jaune à l'empire romain, l'Inde servant de relais au commerce de la soie. C'est par cette route que le bouddhisme commence à pénétrer en Chine.

Au Nord cependant, les peuples de la steppe font peser une menace de plus en plus forte sur l'empire Han. A partir du IIe siècle, les « barbares » ne cesseront d'intervenir dans l'histoire de la Chine. Wu Di finit par arriver à repousser ces proto-mongols, qui fuient en Asie Mineure, contribuant ainsi à la chute de l'empire romain.

Soutenu par la paix, l'empire traverse une période de prospérité. La technique de la fonte du fer se répand. L'utilisation de la hache et du soc de fer permet de progresser dans les travaux de défrichement. La production artisanale se développe, stimulée par la création d'ateliers impériaux. Enfin, la période Han marque le début des découvertes scientifiques chinoises dans les domaines de l'alchimie, de la médecine et de l'astronomie. **Zhang Heng** invente le sismographe.

Cette accumulation de richesses suppose le passage à une économie d'échanges et entraîne la naissance de nouveaux rapports sociaux. Les grands domaines s'étendent aux dépens des paysans libres qui deviennent métayers ou ouvriers agricoles. Le gouvernement s'inquiète de ce processus qui soustrait à l'État toujours plus de terres, multipliant le nombre de paysans qui ne paient plus l'impôt et n'exécutent plus les corvées.

En l'an 9, **Wang Mang** usurpe le pouvoir et tente de rétablir le contrôle de l'État en interdisant les ventes de terres, mais en vain. Il crée la dynastie des Xin qui ne dure que quinze ans.

Avec l'appui des propriétaires fonciers, les Han reprennent le pouvoir. On les connaît sous le nom de Han postérieurs (25-220). La capitale est déplacée à Luoyang, à l'Est de l'ancienne capitale, Chang'an. Le processus de désintégration s'accélère d'autant que le pouvoir est miné par des intrigues féroces entre lettrés et eunuques du palais. L'empire connaît une profonde misère.

Sur cette toile de fond éclate, en 184, un soulèvement paysan qui va emporter la dynastie. Le pouvoir tombe entre les mains des militaires chargés de la répression.

Le moyen âge chinois
220-581. La longue période qui s'ouvre à la chute de la dynastie Han est marquée par le démembrement de l'empire et par l'arrivée de peuples nomades dont les origines sont très diverses : *turco-mongols, tounguses* et *tanguts*, venus de la Haute-Asie.

L'empire se scinde d'abord en trois États : c'est la période des *Trois Royaumes.* Au Nord se trouve le royaume de *Wei*, fondé par **Cao Cao** ; au Sichuan le royaume de *Shu*, fondé par **Liu Bei**, descendant des Han ; au Sud celui de *Wu*, dirigé par des chefs de régions militaires.

Après une brève réunification du pays, de 265 à 313, par les Jin occiden-

taux, les barbares profitent des rivalités au sein du pouvoir et de l'anarchie qui règne pour envahir le Nord de la Chine et y fonder des États « barbares ». Les Jin se replient au Sud et fixent leur capitale à Jiankang (Nankin).

Ce repli correspond à un vaste exode des Chinois du Nord vers le Sud, exode qui permettra la mise en valeur des terres peu peuplées du Bas-Yangzi.

S'ouvre alors une période très confuse connue sous le nom de *Dynasties du Nord et du Sud.* Six dynasties se succèdent dans le Sud, dominé par une aristocratie puissante. Cette région connaît alors un essor spectaculaire : développement agricole grâce aux défrichements dont une partie est menée par les monastères bouddhistes et grâce aux travaux d'irrigation. Essor artisanal avec des ateliers de fonderie, de tissage et des fours à céramique. Essor commercial enfin : des relations s'établissent au-delà des mers, vers le Vietnam, le Cambodge, l'Inde et Ceylan.

Au Nord se trouvent les *Seize Royaumes Barbares.* Les classes dirigeantes des diverses tribus se sinisent et adoptent la langue, le costume et les noms chinois. En 439, les *Tobas* apparentés aux *Xianbei* réunifient la Chine du Nord et fondent la dynastie des Wei du Nord, qui va mener une politique dirigiste dans la tradition légiste. La paysannerie est contrôlée par un système d'encadrement militaire. Trois chefs à trois niveaux (groupement de cinq familles, village et commune) sont responsables du paiement des impôts, de l'exécution des corvées et de la répartition des terres.

En 485, un décret fixe une répartition égalitaire des terres qui sera reprise plus tard par les Tang. Cette répartition s'inspire de l'antique système du *jing-*

tian : tout homme valide doit recevoir 20 *mus* de terre à perpétuité et 40 *mus* en concession pour la culture de céréales. Cette dernière part doit revenir au domaine public à la mort du bénéficiaire.

C'est à cette époque que le bouddhisme s'impose. De nombreux *sûtras* sont ramenés d'Inde et traduits. De grands centres religieux apparaissent à Dunhuang et à Luoyang dont il reste aujourd'hui de magnifiques grottes décorées de peintures rupestres et ornées de sculptures. Le bouddhisme favorise les relations avec l'étranger. Des marchands s'établissent à Luoyang et des ambassades sont envoyées à Samarcande, en Amu-Darya, au Japon, et jusqu'en Perse. Les techniques agraires se perfectionnent avec l'assolement, l'emploi d'engrais. Certaines inventions viennent des peuples nomades comme l'étrier et la selle.

Les empires Sui et Tang

581-907. En 581, Yang Jian, issu d'une grande famille aristocratique, prend le pouvoir sous le nom de **Wendi**. Il met fin aux derniers vestiges des dynasties du Sud qui se sont succédé à Nankin depuis le IIIᵉ siècle. Malheureusement, son fils accumule les désastres au cours d'expéditions militaires menées au Sud et en Corée, et s'engage dans de folles dépenses, provoquant très rapidement la chute de la dynastie. Celle qui lui succède en 618 est la dynastie Tang, fondée par **Li Shimin** connu sous le nom posthume de **Tai Zong**.

Cependant la politique de ces empereurs représente une remarquable continuité. L'effort de reconstruction entrepris par Wendi sera poursuivi par Li Shimin, jetant les bases du puissant empire Tang.

Les Sui reprennent en 624 le système agraire *jingtian* des Wei du Nord qui assure la régularité des rentrées fiscales et maintient la stabilité sociale pendant plusieurs siècles. La répartition des terres propre à ce système est indissociable du régime fiscal. L'impôt est perçu en fonction des personnes avec trois types de redevances : en céréales, en soie ou chanvre et en travaux forcés.

De grands travaux sont entrepris. Les Sui commencent la construction du Grand Canal qui devait relier le Sud, riche en céréales, aux centres de consommation qu'étaient les capitales, Chang'an et Luoyang. Réalisé en partie par le célèbre architecte **Yuwen Kai**, le canal est achevé sous les Tang. Il devient l'artère vitale et le symbole de l'unité. De vastes greniers sont construits à proximité des capitales pour recevoir les tributs en grains venus de tout l'empire.

Le but de ces grands travaux, qui soumettaient le peuple à un dur régime de corvées, relève de la tradition chinoise soucieuse d'harmoniser et d'égaliser la nature. Il faut souligner en outre l'importance que revêt de tout temps l'immense tâche de régularisation des eaux.

Sous les Tang, Chang'an et Luoyang sont des capitales d'un million d'habitants, construites sur des plans en damiers, avec une distribution des fonctions très stricte par quartiers. Guangming (actuelle Yangzhou), située sur le Grand Canal, devient la grande métropole du Sud.

L'essentiel de l'appareil politique se met en place à cette époque : un conseil d'État (*Han lin*) ; un secrétariat et un département des affaires d'État. Un code civil est mis en vigueur ; le recrutement militaire est étendu à la paysannerie enrôlée dans des milices.

Le rayonnement de l'empire Tang se manifeste par une extraordinaire extension territoriale : l'Asie centrale est partagée entre les Chinois et les Turcs. La route de la soie connaît une importante activité, et particulièrement le centre de Dunhuang. Dans le Nord-Est, la Mandchourie et presque toute la Corée passent sous le contrôle des Tang. Au Sud, les progrès sont moins nets. Néanmoins, l'empire exerce un contrôle sur le Nord du Vietnam et le royaume de Yelang (dans l'actuelle province du Yunnan). A l'Ouest, l'empire reste menacé par les Tibétains, rudes montagnards en pleine expansion. Les Chinois tenteront de les pacifier en offrant la princesse Wencheng au roi du Tibet, Song Tsen Gampo.

Les marchands profitent de l'unification et de l'essor économique. L'usage de la monnaie se répand et bientôt l'impôt est levé en numéraire.

Un âge d'or marque les règnes de l'impératrice **Wu Zetian**, qui fut la femme secondaire de **Tai Zong** puis l'épouse de **Gao Zong**, et de l'empereur **Xuan Zong** (713-756). Wu Zetian s'appuie sur le clergé bouddhique pour gouverner. Xuan Zong est un artiste et un mécène et néglige les affaires de l'État. La fin de son règne est troublée par la révolte d'An Lushan.

Chang'an devient le centre d'une brillante civilisation où se mêlent des influences étrangères. Sur le plan littéraire, la poésie atteint un de ses sommets avec **Li Bai, Du Fu** et **Bai Juyi**. L'artisanat révèle de magnifiques céramiques en « trois couleurs ». La classe dirigeante s'entiche de tout ce qui est étranger et introduit de nouvelles musiques, danses, jeux, costumes. L'influence du bouddhisme s'étend. La *Secte de la terre pure* qui porte un culte au Bouddha

Amitâbha, et le *Chan* (Zen), qui est une école de méditation, apparaissent. D'autres religions étrangères pénètrent en Chine à cette époque : église nestorienne, manichéisme, etc. Vers la fin des Tang, le retour à la pensée confucéenne, avec le brillant érudit **Han Yu** atteste un nouveau repli de la Chine sur elle-même et annonce le règne du néo-confucianisme des Song.

Dès le VIIIe siècle, des signes de déclin se profilent à l'horizon. En 751, les armées chinoises sont battues à Talas par les Arabes. Toute l'Asie centrale est absorbée par le monde arabe, et la route de la soie est coupée. La pression des peuples du Nord se fait à nouveau menaçante. L'empereur a recours à une armée de métier et redonne le pouvoir aux chefs militaires, mettant ainsi en péril un pouvoir déjà miné par les intrigues. **An Lushan** commandant à lui seul trois régions militaires s'insurge en 755. L'empereur doit s'enfuir au Sichuan, mais les soldats qui lui sont restés fidèles exigent la mort de sa concubine préférée, Yang Guifei, pour libérer l'empereur de son emprise.

La révolte d'An Lushan porte un coup fatal à l'empereur qui ne parvient plus à rétablir son autorité sur les potentats militaires. Elle marque un tournant dans l'histoire des Tang. Le repli à l'intérieur des frontières s'accentue. De profondes transformations affectent les campagnes. Les terres sont accaparées par ceux qui dominent la vie politique : militaires, fonctionnaires et par les grands monastères bouddhistes. Le système de répartition des terres est devenu inapplicable. On commence à recourir à une nouvelle forme d'imposition qui porte non plus sur les individus mais sur le rendement des terres. L'État reconnaît ainsi la généralisation de la propriété privée, mettant un terme au système agraire traditionnel. Par ailleurs, une fiscalité d'origine commerciale, basée sur les monopoles d'État, permet de faire rentrer la moitié des recettes de l'État.

Une grande misère frappe les paysans dépossédés. En 875, un soulèvement populaire, dirigé par **Huang Chao**, met à feu et à sang toute la Chine. Le morcellement de l'empire se fait au profit des militaires. Le règne des Tang s'achève en 907.

Ce déclin, qui apparaît dans tous les domaines, entraîne une réaction nationale très violente, marquée par un retour à l'orthodoxie confucéenne, et la spectaculaire répression contre la religion étrangère qu'est le bouddhisme en 845. Les communautés bouddhistes disposaient jusqu'alors d'une richesse et d'un pouvoir sans pareil. Brisée par la répression et coupée de ses centres spirituels par la fermeture de la route de la soie, la grande flamme du bouddhisme s'affaiblit.

Les Cinq Dynasties et les Dix Royaumes

907-960. Les rébellions internes, l'accaparement du pouvoir par les militaires et la pression des peuples nomades entraînent la chute de la dynastie des Tang en 907. Une époque extrêmement troublée lui succède.

Le Sud se trouve à nouveau divisé en dix royaumes qui connaissent une relative prospérité, particulièrement dans le royaume de *Wu Yue* à l'emplacement de l'actuelle région du Zhejiang-Jiangsu dans le Bas-Yangzi, où l'agriculture fait de très nets progrès. Les industries de la soie sont en plein essor et un commerce maritime naît dans les ports du Sud. Toute cette richesse contribuera

à la splendeur de la future dynastie, celle des Song.

Le Nord connaît une situation politique plus agitée. Cinq dynasties se succèdent jusqu'en 960. Le règne des *Jin* postérieurs (936), fondé par un Turc sinisé, sera marqué d'un événement lourd de conséquences : menacés au Nord-Ouest par les nomades Kitan, ils leur cèdent la région autour de l'actuel Pékin. Les Kitan gagnent ainsi un point stratégique d'où ils pourront envahir la plaine du Nord et fonder l'empire *Liao*.

La dynastie Song

Elle va durer de 960 à 1279.

Le cadre politique. La dynastie Song est fondée en 960 par un général chinois, **Zhao Kuangyin**, qui réunifie la Chine, à l'exception de toute la plaine du Nord occupée par l'empire Liao des Kitan.

Les Song n'arriveront jamais à stabiliser leurs frontières et seront sous la menace perpétuelle de leurs voisins nomades à qui ils versent un tribut pour maintenir la paix. Aux Kitan s'ajoute une autre tribu nomade, celle des Tangut qui établissent leur royaume de *Xi Xia* au Nord-Ouest. Au XIIe siècle, les Jurchen, ancêtres des Mandchous, fondent l'empire *Jin*, font la conquête des *Liao*, puis envahissent le Nord de l'empire Song, et dévastent la capitale, Kaifeng, en 1126. Les Song parviennent à reconstituer le gouvernement au Sud et prennent pour nouvelle capitale Hangzhou, inaugurant l'ère des Song du Sud (1127-1279).

Cette division de la Chine à partir de la vallée du Yangzi entre nomades au Nord et Chinois au Sud dure cent cinquante ans. Après quoi, Song et Jin tomberont sous les coups d'une nouvelle poussée nomade, celle des Mongols au XIIIe siècle.

Un nouvel État. Malgré la menace permanente des peuples du Nord, l'empire des Song connaît une relative stabilité. L'empereur s'appuie sur les fonctionnaires lettrés, tandis que les militaires sont désormais tenus à l'écart.

Un appareil administratif très centralisé est instauré : Conseil d'État, Secrétariat d'État, Commission des finances, Bureau militaire. C'est sous les Song que se met définitivement en place le système de recrutement et de promotion des fonctionnaires, basé sur un examen qui a lieu tous les trois ans, et sur un système de recommandations qui rend le « parrain » solidaire des erreurs de son protégé. Les lettrés-fonctionnaires occupent désormais une place prépondérante dans la société chinoise. Ils profitent des avantages que leur procure leur charge pour s'enrichir et acquérir des terres.

Comme dans toutes les phases de réunification et de redressement politique, l'empereur revient à une conception très dirigiste de l'État. **Wang Anshi**, réformateur dans la lignée des légistes, entreprend une réforme fiscale pour mieux répartir l'impôt et préserver l'indépendance économique des paysans contre les gros propriétaires. Pour mieux assurer la défense nationale, il remet en vigueur le système des milices paysannes.

Toutes ces réformes échoueront cependant parce qu'elles remettent en cause trop de situations acquises et de privilèges.

Une nouvelle prospérité. L'agriculture est en plein essor. L'occupation du Nord par les nomades va susciter un déséquilibre au profit du Sud qui devient la principale région économique et la plus peuplée. Un grand nombre de gens fuient devant la poussée nomade et s'installent dans le Sud. Vivifiée par cet apport nouveau, l'agriculture fait de rapides progrès. Les nouvelles techniques de repiquage, la mise au point de variétés de riz précoce permettent de récolter deux à trois récoltes de riz par an. Des espaces nouveaux sont cultivés, le riz devient la base de l'économie et les greniers impériaux sont transférés dans le Sud. De nouvelles cultures sont introduites comme celles du blé et du coton. Les régions du Nord, par contrecoup, sont devenues plus dépendantes des régions fertiles du Bas-Yangzi et du Sichuan.

L'artisanat et l'industrie se développent. Les mines et la métallurgie deviennent des activités très importantes. Il s'agit dans l'ensemble de grandes entreprises qui travaillent pour le compte de l'État. De même l'industrie de la soie est en plein essor, et les centres de tissage du coton se multiplient. L'art de la céramique atteint son apogée avec deux types de poteries : les blanches, dites *ding*, et les céladons. Des progrès sont faits dans la fabrication de la porcelaine, produit déjà très recherché.

Le règne des Song est également une période de grandes inventions, la plus connue étant celle de la poudre à canon utilisée dans l'armement.

En ce qui concerne le commerce, de nouveaux circuits s'établissent avec le développement des échanges inter-régionaux. La route de la soie étant fermée depuis l'occupation de l'Asie centrale par les Arabes, l'essentiel du commerce extérieur se fait désormais par voie maritime. Les centres vitaux deviennent les villes de Hangzhou et de Suzhou ainsi que les ports du Sud, Canton et Quanzhou. Cet essor maritime est soutenu par des inventions déterminantes. Celles de la boussole, de la voilure carrée et du gouvernail d'étambot, ont plusieurs siècles d'avance sur l'Europe. La Chine exporte un artisanat de luxe et importe des royaumes barbares du Nord peaux, chevaux et ovins.

Ce qu'il faut souligner, c'est l'importance du contrôle de l'État. Il a le monopole des produits de grande consommation comme le sel, le thé et l'alcool. Il prélève d'innombrables taxes et droits de douane. Enfin, les marchands travaillent en étroite collaboration avec lui et trouvent leur intérêt dans un système qui leur donne une garantie officielle. C'est sans doute ce contrôle étatique qui a empêché les marchands chinois d'évoluer, comme leurs homologues européens, vers une bourgeoisie indépendante.

L'évolution de la société. La Chine connaît sous les Song une période de rapide urbanisation, particulièrement dans le Sud où les villes deviennent les centres vitaux des circuits commerciaux. Elles échappent de plus en plus au plan en damier des villes du Nord. Les boutiques débordent de leurs quartiers d'origine et s'alignent au hasard des rues. Des quartiers de divertissement se créent pour répondre aux besoins d'une opulente bourgeoisie urbaine, formée de propriétaires fonciers résidant en ville et de riches marchands.

On aurait pu voir apparaître dans ces villes les germes d'un capitalisme naissant, mais l'emprise de la vieille société confucéenne reste forte, et l'argent, acquis par les voies du commerce, est gelé dans l'achat de terres, seule richesse donnant accès à la respectabilité. Paradoxalement toute cette prospérité ne profite pas aux paysans et les grandes propriétés, exemptées d'impôts, continuent à se former. Le paysan, lui, criblé de dettes et d'impôts doit vendre

sa terre pour s'employer comme métayer ou ouvrier agricole sur les grands domaines.

Un nouveau système de pensée. Deux faits marquent cette époque. D'une part, le renouveau du confucianisme après la période mystique du bouddhisme. La construction la plus originale est celle du philosophe **Zhu Xi** (1129-1200). Connue sous le nom de « néo-confucianisme », elle sera par la suite considérée comme la seule interprétation orthodoxe de Confucius. Et d'autre part, la naissance d'une littérature nouvelle qui répond aux goûts des citadins. Il s'agit principalement d'œuvres de fiction, contes, romans, pièces de théâtre, très souvent en langue parlée.

Les Yuan

La nouvelle période va durer de 1279 à 1368. La chute de Hangzhou, capitale des Song, en 1279 entraîne la réunification du Nord et du Sud sous le contrôle d'un peuple nomade, venu des steppes du Nord, les Mongols. Le petit-fils de Gengis Khan, **Kubilai**, fonde la dynastie des Yuan, tandis que le reste de l'immense empire mongol se partage entre le royaume de la *Horde d'Or* (Russie) et le royaume de *Ilkhan* (Perse). Sous Kubilai, l'espace chinois s'étend : annexion du Yunnan et suzeraineté sur le Tibet.

Les Mongols, tout comme leurs prédécesseurs venus des steppes, se sinisent, adoptant la langue et les coutumes chinoises. Cependant, un système de discrimination ethnique tient les Chinois en état de sujétion. Quatre groupes apparaissent : les Mongols, les Simurens qui sont des peuples d'Asie centrale, les Chinois et populations sinisées du Nord, enfin les Chinois du Sud. Tout mariage entre ethnies est interdit.

Le pays continue à connaître une certaine prospérité. Dans les campagnes, on introduit la culture du sorgho et celle du coton s'étend. Des ateliers textiles travaillant le coton s'installent dans la vallée du Bas-Yangzi. L'art de la céramique se renouvelle sans cesse avec l'introduction de motifs étrangers, principalement persans.

La situation sociale des campagnes continue malheureusement à se dégrader. Les vainqueurs réquisitionnent les meilleures terres et se gardent de porter atteinte aux grands domaines. Le flot des paysans sans terre grossit et beaucoup adhèrent à des sociétés secrètes, d'inspiration millénariste, où l'on attend la venue du Bouddha Maitreya. La plus importante de ces sociétés secrètes est celle des *Turbans Rouges* qui déclenchent, au milieu du XIVe siècle, une formidable insurrection qui emporte la dynastie.

Les Mongols se sont emparés de la Chine à un moment où elle connaissait une grande prospérité. Pour resserrer les liens entre le Nord et le Sud, les Yuan adoptent un autre projet de Canal Impérial dont le trajet est plus court que celui des Sui, détruit. La capitale Da Du, actuelle Pékin, devient, avec la réouverture de la route de la soie contrôlée par les Mongols, le centre d'un grand commerce qui relie la Chine à toute l'Asie jusqu'à Bagdad. Une autre partie du commerce avec l'étranger se fait par voie maritime et relie le golfe Persique aux grands ports du Sud.

Le pays s'ouvre largement sur l'étranger. Les grandes découvertes chinoises de l'époque Song (poudre, imprimerie) sont diffusées à l'Ouest. Inversement, la Chine bénéficie de l'apport de nombreux marchands-voyageurs musulmans et européens comme Marco Polo. La connaissance des travaux de savants persans fera progresser l'astronomie et connaître l'algèbre.

Les Mongols adoptent le *lamaïsme*, forme tibétaine du bouddhisme qui subsiste encore aujourd'hui en Mongolie. La présence des musulmans favorise la pénétration de l'Islam dans certaines régions comme le Gansu, le Yunnan et Pékin.

Dans le domaine des idées et des arts, les Mongols ne s'intéresseront que tardivement au néo-confucianisme qu'ils finissent par imposer comme religion d'État. Par contre, les arts populaires sont encouragés et tout particulièrement le théâtre.

Les Ming

La dynastie va durer près de trois siècles, de 1368 à 1644. Le fondateur de la dynastie Ming, **Zhu Yuanzhang**, est le fils d'un serf. Sous son règne, il prend le nom de **Hongwu** (1368-1398) et sous celui de son fils, **Yongle** (1403-1425), la Chine connaît un moment d'apogée.

Dans un pays dévasté, les travaux accomplis dans les domaines de l'irrigation, de la remise en valeur des terres et du reboisement, sont impressionnants. Des terres sont distribuées aux paysans pauvres qui bénéficient en plus d'une aide de l'État. Des terres sont également réparties entre soldats (système des « champs militaires » ou *tuntian*) qui peuvent ainsi subvenir à leurs propres besoins.

Contrairement aux Song et aux Yuan qui avaient vu se développer une économie monétaire, sous les Ming le fondement de l'économie redevient la terre. Un cadastre général, des registres de recensement sont établis à cette époque.

L'agriculture commence à se diversifier et la culture du coton est rendue obligatoire.

Les premiers empereurs cherchent à renforcer leur autorité. Des tendances absolutistes très fortes se dégagent. L'empereur supprime le Grand Secrétariat et place sous son autorité six ministères. Cette centralisation amène la création de Conseils secrets, *Nei ge*, et d'une police secrète. Le système du *Li jia* ou *Bao jia* assure un quadrillage parfait de la population : onze familles forment un *Jia* avec à sa tête un responsable, souvent un notable, chargé de la répartition des impôts, des corvées et de l'ordre.

Parti du Bas-Yangzi, Zhu Yuanzhang parvient à restaurer un espace chinois unifié. Il rallie les provinces du Yunnan et du Nord-Est, repousse les Mongols. Pour prévenir toute récidive, il reconstruit la Grande Muraille. Longue de 12 700 km, elle sert de défense mais aussi de voie de communication. La capitale, d'abord fixée à Nankin, est définitivement transférée à Pékin en 1421. On se hâte de restaurer le Grand Canal qui devait servir de trait d'union avec le Bas-Yangzi.

De grandes expéditions maritimes sont menées pour assurer le prestige de la nouvelle dynastie et stimuler les échanges commerciaux. Dirigées par un musulman originaire du Yunnan, **Zheng He**, ces flottes touchent le Champa (en Indochine), Ceylan, Sumatra, Malacca, la Somalie, etc. Ce grand commerce porte sur des échanges de soieries, de céramique, et de laque contre des épices, et des parfums et se fait principalement sous forme de tributs réciproques versés d'ambassade à ambassade.

A partir du XVIe siècle, certains secteurs de l'artisanat prennent un caractère industriel : le tissage de la soie et du coton, la porcelaine (les célèbres fours de *Jingdezhen* dans le Jiangxi), la céramique. Le commerce profite de l'élan général.

Cependant, dès le XVe siècle, l'empire s'est trouvé aux prises avec les difficultés traditionnelles marquant le déclin d'une dynastie.

De nouveaux périls menacent d'autre part l'espace chinois. Les Japonais pénètrent en Corée et une nouvelle puissance se constitue dans le Nord-Est : ce sont les descendants de *Jürchens* de l'empire Jin qui prennent le nom de Mandchous. Les côtes maritimes du Sud ont à subir les raids de plus en plus fréquents des pirates japonais, dont les activités sont semi-commerciales et bénéficient de la complicité de riches marchands chinois. En outre, à partir de 1624, un nouvel ennemi apparaît : les Européens.

Le développement de la grande propriété, quelque peu ralenti par les mesures du premier empereur Ming, reprend. Les paysans dépouillés deviennent des paysans errants, les *taomin*, récupérés par l'armée ou les innombrables petits métiers des villes, sinon par la contrebande et la piraterie. Les sociétés secrètes retrouvent leur influence, des rébellions éclatent. Les empereurs se succèdent sans pouvoir dominer la situation.

Les eunuques confisquent bientôt la quasi-totalité du pouvoir et deviennent les maîtres du *Nei ge* et de la police secrète. L'arbitraire s'abat sur les fonctionnaires qui tentent de s'organiser en société secrète, le *Donglin*. Pour finir, un soulèvement populaire conduit par **Li Zicheng**, emporte la dynastie en 1640.

La situation est telle que les Mandchous, qui ont pris le titre dynastique de *Qing*, n'ont aucune peine à s'emparer du pouvoir.

La vie intellectuelle des Ming a connu l'essor extraordinaire d'une littérature romanesque et d'un théâtre en langue parlée. Dans le domaine de la réflexion philosophique, un certain esprit critique s'exprime : le philosophe s'en prend à l'autocratisme impérial. Des missionnaires jésuites, dont le pionnier est **Matteo Ricci** arrivent à la Cour et se font apprécier de l'empereur pour leurs connaissances scientifiques en mathématiques et en astronomie.

Les Qing

La dynastie, qui va durer de 1644 à 1911, connaît une première période d'incertitude. Les « bannières mandchoues » se heurtent à une résistance des descendants aristocratiques des Ming et de leurs partisans dans le Sud. D'autre part, on assiste à un renouveau de la piraterie, dont la figure la plus célèbre est **Coxinga**, basé à Taiwan, qui associe à ses actes de piraterie une lutte contre la dynastie mandchoue.

Sous le règne de **Kangxi** (1662-1722), **Yongzheng** (1723-1735) et **Qianlong** (1736-1796), la Chine va connaître un nouveau moment de grandeur. Ces trois empereurs favorisent la sinisation des Mandchous et font des efforts pour rallier les lettrés. Le système d'examen, rétabli, permet comme auparavant de recruter les fils de classes aisées. Le pouvoir se rallie à l'orthodoxie néo-confucéenne et instaure un ordre moral qui s'appuie sur les principes d'autorité et les vertus d'obéissance. Une censure sévère est installée.

L'empire chinois atteint sous les Qing ses plus vastes dimensions.

Les gains principaux sont marqués aux frontières du Nord-Ouest. Toutes les régions conquises jusqu'au Pamir sont placées sous commanderie militaire et reçoivent le nom de *Xinjiang*, « nouveaux territoires ». La Chine exerce sur le Tibet un protectorat souple qui lui laisse une large autonomie, et parvient à se gagner l'appui du clergé lamaïque. Des pays d'Asie du Sud-Est, le Siam, le Vietnam et la Birmanie, reconnaissent sa souveraineté. Cette domination que la Chine exerce sur une partie du continent explique pourquoi elle accueillera les puissances étrangères avec tant de mépris, négligeant même sa propre défense, si grand est le sentiment de sa puissance.

Jusqu'au milieu du XVIIIe siècle, c'est une ère de prospérité. L'étendue des terres cultivées augmente. Des colonies chinoises se développent au Xinjiang, au Guizhou et au Yunnan. Les rendements en céréales augmentent, des plantes nouvelles sont introduites : tabac, maïs, tomate et patate.

Cet essor des campagnes provoque une brusque poussée démographique. La population atteint 430 millions d'habitants en 1850. Une émigration commence à cette époque vers Java, les Philippines, Singapour à partir du Fujian et du Guangdong.

Stimulé par l'essor démographique, ainsi que par la demande des classes riches, le grand artisanat industriel se développe. L'industrie textile ne cesse de s'agrandir. Le commerce extérieur est favorable à la Chine. Il enrichit des marchands qui fondent de véritables dynasties, influentes sur la politique.

Dans la seconde moitié du XVIIIe siècle, de nouveaux déséquilibres mettent en péril la Chine. La croissance économique n'arrive plus à suivre la croissance démographique et une misère endémique s'installe dans les campagnes. Des soulèvements naissent un peu partout : paysans chinois mais aussi populations minoritaires, *Miao* au Guizhou et *Ouïgours* au Xinjiang. Le caractère autocratique de l'empire se renforce, une administration qui souffre d'une centralisation excessive paralyse toute action locale et développe chez les fonctionnaires une prudence timorée. Enfin un vaste réseau de corruption s'installe, protégé en haut lieu par le favori de l'empereur **He Shen**.

C'est dans ce contexte que la menace des puissances étrangères se précise. Le commerce extérieur de la Chine devient brusquement déficitaire sous l'effet de l'augmentation des importations d'opium en provenance des possessions anglaises en Inde. **Lin Zexu** fait saisir en 1839 des caisses d'opium provoquant, par cet acte, la *guerre de l'opium* qui se solde par le traité de Nankin (1842), défavorable à la Chine. C'est le premier d'une longue suite de « traités inégaux », au terme desquels la Chine doit ouvrir cinq ports et céder l'île de Hong-Kong aux Anglais.

Cette crise générale débouche sur la formidable rébellion des *Taïping*, « Paix Céleste », qui éclate en 1850 dans la province du Guangxi, au Sud du pays. Le chef des rebelles, **Hong Xiuquan**, influencé par des missionnaires chrétiens, prône un égalitarisme mystique. Dans les zones qu'il contrôle, il instaure un régime communautaire, où le pouvoir a un fondement théocratique, et tente une réforme agraire qui s'inspire du système *Tang*. Le mouvement vise aussi à l'égalité des sexes et interdit certaines pratiques comme le concubinage et les pieds bandés. En 1851, Hong se proclame roi céleste. Les révoltés gagnent le Bas-Yangzi et s'emparent de Nankin qui devient capitale céleste.

La répression s'organise tardivement, sous la conduite de **Zeng Guofan** qui ne viendra à bout des insurgés qu'en 1864. D'autres révoltes ont éclaté dans le sillage des Taïping : celle des *Nian* dans le Nord et celle des communautés musulmanes. Il s'en faut de peu que la dynastie ne disparaisse tant le pays est ravagé.

Pourtant une entreprise de reconstruction est tentée par les vainqueurs des Taïping, Zeng Guofan et Li Hongzhang, qui s'appuient sur un pouvoir régional. Pour restaurer l'économie paysanne on abaisse l'impôt, tandis qu'une nouvelle taxe touche le secteur commercial, le *lijing*, qui aura un effet très négatif par la suite en rendant les produits chinois encore plus vulnérables à la concurrence étrangère. Un mouvement d'industrialisation à vocation militaire est lancé sous l'égide de l'État pour résister à l'étranger. Pour plusieurs raisons, il sera voué à l'échec. D'abord l'absence d'une direction assumée par le pouvoir central. La cour est complètement isolée. Elle est devenue un lieu d'intrigues sur lequel règne l'impératrice **Ci Xi**.

Une autre raison de cet échec est l'absence de capitaux. Les compradores qui se sont enrichis de leur commerce avec les étrangers ne sont guère attirés par les investissements dans les entreprises d'État. Enfin l'administration régionale contrôle tout et bride toute initiative privée.

Le traité de Tianjin, en 1858, et les conventions de 1860 ponctuent une longue suite d'échecs face aux puissances occidentales. En 1859, les troupes anglaises et françaises pillent et dévastent le Palais d'été. La Chine perd toute autonomie douanière. Des concessions créées dans les villes échappent à l'autorité des Qing. Enfin des portions de territoires commencent à être occupées. Le traité de Shimonoséki, en 1894, qui marque la défaite de la Chine devant le Japon, a une portée considérable. Il inaugure le « dépeçage » de la Chine par les grandes puissances : pour le Japon la Mandchourie, pour la France le Sud-Ouest, pour la Grande-Bretagne la vallée du Yangzi et pour la Russie les ports de Mandchourie. A ces annexions territoriales s'ajoutent des concessions ferroviaires. Les banques étrangères par leurs prêts et leurs investissements dans des secteurs vitaux de l'économie sont les agents essentiels de cette pénétration étrangère. Le pays est ravagé par la misère et la corruption.

Pour tenter de résorber la crise, un groupe de lettrés réformistes dirigés par **Kang Youwei** obtient l'appui de l'empereur **Guang Xu**. Mais cette tentative de réformes, connue sous le nom de *Réforme des 100 jours* ne touche pas les problèmes essentiels, comme celui de la réforme agraire ou de la résistance aux puissances étrangères. L'impératrice allait vite reprendre le contrôle du pouvoir, aidée du chef de l'armée moderne, **Yuan Shikai**.

L'aggravation de la misère, le chômage et une hostilité de plus en plus forte à l'égard des missionnaires, symboles de la pénétration des diables étrangers, sont à l'origine d'une flambée de xénophobie dans les campagnes en 1910. Les insurgés, appelés *Boxers*, fanatisés par des pratiques magiques, s'en prennent à tout ce qui est étranger avec une violence qui fera trembler l'Europe. La répression des Occidentaux sera tout aussi féroce. La cour, qui avait encouragé puis soutenu le mouvement des Boxers, s'enfuit à Xi'an.

La fin du régime impérial

On trouve dans cette période, qui va de 1900 à 1911, les traits traditionnels qui marquent la fin des dynasties : troubles agraires, affaiblissement du pouvoir central. Mais la pénétration étrangère et le nationalisme naissant ajoutent à la chute des Qing celle du régime impérial.

Des nouveaux groupes sociaux sont apparus. Citons d'abord une bourgeoisie chinoise, liée aux étrangers, qui souffre de sa dépendance vis-à-vis du pouvoir et de la concurrence des firmes japonaises et occidentales. Elle est capable de patriotisme mais son poids politique est faible.

Ensuite viennent les intellectuels patriotes formés à l'étranger. C'est le cas de **Sun Yatsen**, en mandarin **Sun Zhongshan**, qui passera la plus grande partie de sa vie hors de Chine, à chercher des appuis et des subsides pour la révolution. Son programme politique repose sur trois principes : nationalisme, démocratie et bien-être du peuple. Il forme au Japon en 1905 le *Tongmeng hui*, la « Ligue Jurée », précurseur du *Guomin dang*, le Parti nationaliste.

Enfin le prolétariat chinois, produit de l'invasion des capitaux étrangers et de la paupérisation des campagnes. Ses conditions de vie sont atroces mais il n'est pas encore organisé.

A ces fractions désunies, il faut ajouter un petit groupe de militaires, l'ancienne armée moderne de Yuan Shikai, qui, avec le déclin de l'État, se taillent des fiefs indépendants. Ils sont connus sous le nom de « Seigneurs de la guerre ».

Le succès des républicains de la Ligue Jurée est assez inattendu. Une révolte militaire qui éclate à Wuchang le 10 octobre 1911 déclenche un vaste mouvement de sécession qui gagne la plupart des provinces. Sun Yatsen, porté par un courant de sympathie au nationalisme, revient à temps pour être élu à la présidence de la république à Nankin, le 1er janvier 1912. Mais dépourvu de force militaire et de fonds, il doit bientôt céder la présidence à l'homme fort du pays, le général **Yuan Shikai**. Ce dernier obtient la démission de l'empereur **Pu Yi** et instaure une dynastie. Il ne parvient cependant pas à refaire l'unité du pays et à sa mort, en 1916, la Chine est la proie des Seigneurs de la guerre.

Les Seigneurs de la guerre

De 1916 à 1928, la légalité républicaine est maintenue, mais la réalité du pouvoir appartient aux militaires. Ils se maintiennent dans leurs fiefs grâce à la protection que leur accordent les puissances étrangères en compétition les unes avec les autres. Les prêts accordés sont désormais garantis par les droits de douane et les droits sur le sel, c'est-à-dire par l'essentiel des ressources de la Chine.

Des sursauts agitent les milieux urbains. Les premières grèves éclatent en 1917. Des organisations d'intellectuels vont naître à la faveur du grand mouvement patriotique du *4 mai 1919*. A l'origine de ce mouvement, le traité de Versailles, qui accorde aux Japonais les droits et les territoires acquis en Chine par l'Allemagne. Cette explosion populaire part d'abord de l'université de Pékin et gagne les grandes villes où elle est appuyée par un boycottage généralisé des produits japonais et des grèves. Les prolongements de ce mouvement seront décisifs et annoncent une ère politique nouvelle.

Le milieu étudiant se radicalise. Au centre des débats est la revue *Nouvelle Jeunesse* fondée par **Chen Duxiu**, qui contribuera beaucoup à la pénétration des idées marxistes. Sur le plan culturel, on assiste à un événement d'importance qui est l'abandon de la langue classique au profit de la langue parlée, le *Bai hua*.

Sun Zhongshan est réélu à la présidence et installe son gouvernement à Canton. Il trouve un nouvel allié dans l'Union Soviétique qui se présente comme le défenseur des nations opprimées. Le *Guomin dang*, ou « Parti nationaliste », est réorganisé sur le modèle du Parti communiste soviétique. La radicalisation de certains courants du « 4 mai » aboutit au marxisme, favorisé par l'agitation ouvrière. La fondation du Parti communiste, en 1921, est le fait d'un petit groupe d'intellectuels sous la direction de **Chen Duxiu**, **Li Dazhao** et **Mao Zedong**, notamment.

Durant toute la période 1921-1927, un Front Uni lie le *Guomin dang* et le Parti communiste, sur les conseils de l'URSS qui prône une alliance sous la direction de la bourgeoisie nationaliste, contre l'impérialisme étranger. Cependant, très vite, un militaire, **Chiang Kaishek**, futur beau-frère de Sun Zhongshan, s'affirme à la tête du *Guomin dang*. Il se détourne de l'URSS pour s'attacher l'appui de la grande bourgeoisie d'affaires de Shanghai, très liée aux intérêts étrangers. Son accession au pouvoir, à la mort de Sun Zhongshan, en 1925, rend très aléatoire l'alliance avec les communistes.

Elle est pourtant maintenue tant bien que mal pour mener à terme la *Bei fa*, la « grande expédition du Nord », contre les Seigneurs de la guerre qui s'achève avec succès en 1928. L'unité du pays est à nouveau réalisée, mais, entre-temps, Chiang Kaishek a rompu dans le sang le Front uni avec le PCC, à Shanghai, le 12 avril 1927, lorsqu'il fait tirer sur les ouvriers qui venaient de libérer la ville.

La décennie de Nankin

Cette période (1927-1937) est marquée par la domination de Chiang Kaishek qui établit sa capitale à Nankin. Sa puissance ne repose que sur la prospérité factice des grandes agglomérations comme Shanghai, tandis que le reste du pays est abandonné. Les capitaux et les hommes fuient vers ces îlots de richesse, attirés par la spéculation et le trafic de l'opium qui sont devenus les seules activités rentables. La répression contre les syndicats et les communistes se généralise.

Deux ans après les terribles événements de 1927, Chen Duxiu est exclu du parti, rendu responsable de la politique d'alliance avec le *Guomin dang*. Une nouvelle stratégie s'affirme au sein de l'équipe dirigeante et le centre d'action des communistes commence à se déplacer vers les zones rurales non sans de nombreuses oppositions.

Dans ce pays semi-féodal et semi-colonisé, le prolétariat est trop faible pour jouer un rôle décisif. Les communistes centrent leurs efforts sur la question de la réforme agraire qu'ils tentent dans la « république soviétique » du *Jinggangshan* située dans la province du Jiangxi.

De 1931 à 1934, Chiang Kaishek, aidé des capitaux et des conseillers étrangers, lance des campagnes d'encerclement contre cette base rouge. Les communistes parviennent à forcer le blocus et à s'enfuir. La Longue Marche vers le Nord de la Chine va durer un an, de 1934 à 1935.

Un autre événement d'importance est l'invasion des Japonais en Mandchourie en 1931. Ils y instaurent l'État du *Mandchou guo*, avec à sa tête l'empereur fantoche Pu Yi. C'est de cette base que les Japonais s'apprêtent à envahir le Nord de la Chine en 1937. Chiang, tout entier à sa lutte contre les « Rouges », accepte comme inéluctable la perte de ces territoires.

Au cours d'une étape de la Longue Marche (1934-1935), à la conférence de *Zunyi*, le PCC décide de se rapprocher des zones menacées par le Japon et de relancer un deuxième Front Uni avec le Parti nationaliste. Le PCC installe ses bases au Nord-Ouest de la Chine dans la nouvelle base du *Shen Gan Ning* aux confins du Shaanxi, du Gansu et du Ningxia avec le centre politique à Yan'an. Un deuxième Front Uni débute en 1937 à la suite de l'incident de Xi'an quand Chiang Kaishek est capturé et pressé de s'engager aux côtés des communistes dans la lutte contre le Japon. Ce deuxième Front Uni ne sera cependant jamais effectif. **Mao** et **Zhou Enlai** entendent préserver cette fois-ci l'indépendance de l'Armée rouge contre la ligne de **Wang Ming** qui, sous la pression de Moscou, prévoyait d'intégrer les troupes communistes à celles de l'Armée nationaliste. Très vite les communistes vont incarner auprès du peuple chinois la seule force patriotique.

Le modèle social de Yan'an repose sur la *Nouvelle Démocratie* dont le contenu politique est la lutte anti-impérialiste et anti-féodaliste, menée par une coalition ouvriers-paysans-petite et moyenne bourgeoisie et à laquelle peut s'associer la bourgeoisie nationaliste. La force principale et essentielle du PCC est le mouvement paysan, rallié par la réforme agraire, mise en vigueur dès cette époque dans les bases rouges. Le mouvement paysan va fournir à l'Armée rouge un grand nombre de ses cadres actuels, ce qui donne une physionomie toute particulière à la révolution chinoise dont les cadres vétérans étaient animés d'un esprit plus pragmatique que les intellectuels-idéologues.

L'autre Chine, celle du *Guomindang* (KMT) s'enlise de plus en plus. Le gouvernement de Chiang doit s'enfuir au Sichuan, très loin de sa base financière qui était Shanghai. Isolés, les nationalistes ne subsistent que par le soutien des puissances étrangères et principalement des USA. La capitulation du Japon en août 1945 semble donner un nouveau souffle au Guomindang, qui a désormais les mains libres pour éliminer les communistes, et qui engage en 1946 une des plus grandes guerres civiles de l'histoire contemporaine dont l'enjeu dépassait largement le contexte national.

Du côté communiste, les milices paysannes se regroupent pour former de grandes armées. La supériorité de l'Armée rouge sur l'armée nationaliste corrompue et démoralisée, allait permettre à Mao et à **Zhu De**, chef de l'armée communiste, de remporter rapidement les premières victoires au Nord-Est, puis de libérer le pays. Entre 1948 et 1949 les grandes villes tombent aux mains des communistes. Le gouvernement nationaliste s'enfuit à Taiwan. La République populaire de Chine est proclamée par Mao Zedong du haut de la tribune de *Tian'anmen*, à Pékin, le 1er octobre 1949.

La Chine socialiste

Les débuts

Le Parti communiste prend le pouvoir dans le cadre d'un Front Uni, réunifiant tous les partis démocrates et patriotiques. La période qui va de 49 à 53 est une étape de consolidation du pouvoir, de reconstruction du pays et de réformes sociales. L'organe de ce Front Uni, la *Conférence consultative politique du peuple chinois*, est encore en action aujourd'hui. Une législation est mise en place pour établir les organes administratifs centraux et locaux, mener à bien la nationalisation des entreprises, rationaliser et contrôler le secteur capitaliste associé à l'effort de reconstruction, appliquer la réforme agraire et différentes mesures sociales comme la réforme du mariage qui interdit les unions forcées.

La guerre de Corée, qui éclate en juin 1950, et l'entrée de la Chine dans le conflit apportent un frein à l'entreprise de reconstruction. Mais, par ailleurs, elles permettent de renforcer les rangs autour du PCC et de mobiliser les masses. Les plus importantes de ces campagnes sont en 1952 les « *3 Anti* » : corruption, gaspillage et bureaucratie, suivies des « *5 Anti* » : vols sur la propriété d'État, évasion fiscale, vols des secrets d'État, fraude et pots de vin.

En 1952, le gouvernement achève la redistribution des terres et des richesses à la campagne, 40 % des paysans ayant constitué des équipes d'aide mutuelle.

Le premier plan quinquennal 1953-1957.

C'est une période marquée par l'influence soviétique. Dans l'économie, la priorité est donnée à l'industrie lourde, aux dépens de l'agriculture et des industries de consommation.

La collectivisation des campagnes passe par plusieurs stades avant de parvenir à la généralisation, en 1956, des coopératives de type supérieur dans lesquelles la rémunération du paysan n'est plus faite que sur la base de son travail et non plus sur son apport en capital et en terres. De même, en 1956, la nationalisation du secteur industriel et commercial est pratiquement achevée.

En septembre 1954, la première constitution chinoise est promulguée sur le modèle très centralisé de l'URSS. L'économie, axée sur le seul développement de l'industrie lourde, n'allait pas tarder à se heurter à des goulots d'étranglement faisant apparaître des tensions au sein du parti et de la société. Dans un rapport « sur les 10 grandes relations », Mao insiste pour que la priorité soit accordée à l'agriculture et pour une plus grande décentralisation.

Un mouvement de libération se dessine, avec la campagne politique des *Cent fleurs* (« Que cent fleurs s'épanouissent ») qui doit permettre aux intellectuels d'exprimer leurs griefs à l'égard du régime. Cependant le parti veut garder le contrôle, et de nombreux écrivains seront critiqués pour leurs propos anti-marxistes en 1957 au cours de la campagne contre les droitiers.

Le Grand Bond en avant

Le Grand Bond en avant, 1958-1965, fut un gigantesque champ d'expérimentation. Le slogan qui lança le mouvement était « *Marcher sur ses deux jambes* », ce qui signifiait utiliser tous les moyens à disposition et toutes les forces de travail. Des changements intervinrent dans le système d'éducation. Le travail manuel fut introduit dans les programmes d'études. Un grand nombre d'ouvriers et de paysans entrèrent à l'école à tous les niveaux. Sur le plan politique, les autorités locales disposèrent de plus d'initiative, et parallèlement, l'accent était mis sur le collectivisme. Les communes populaires apparurent dans ce contexte en 1958 et permirent de promouvoir l'industrialisation rurale. Des fours d'acier s'allumèrent un peu partout dans les campagnes. Conséquence d'un mauvais encadrement, de directives contradictoires et de gaspillage, de graves déséquilibres se produisirent, aggravés par des conditions climatiques désastreuses. C'est à ce moment-là que l'URSS, en complet désaccord avec la politique menée par le gouvernement chinois, décida de rappeler tous ses experts, qui laissèrent derrière eux des chantiers abandonnés.

Au sein du Parti, des dissensions éclatent alors entre le maréchal **Peng Dehuai** et **Mao**. Ce dernier en sortit vainqueur mais dut rajuster sa politique au cours du 9e Plénum du 8e Congrès en janvier 1961. L'agriculture reste prioritaire et l'industrie est mise au service de son développement. Mais le processus de collectivisation est ralenti. A partir de 1958, deux lignes politiques se profilent. Les divergences touchent la question des relations entre l'objectif de poursuivre la révolution socialiste et celui de réaliser la modernisation du pays. Mao réaffirme, au cours de la « *campagne d'éducation socialiste* » de 1963 à 1965, l'importance du décollage économique au moyen d'une révolution complète des rapports sociaux.

La Révolution Culturelle

Elle débute le 10 novembre 1965 par un article de **Yao Wenyuan**, un des membres de la « bande des quatre » critiqués aujourd'hui, attaquant une pièce de **Wu Han** qui contenait des critiques à peine voilées contre le président Mao. Au début, le mouvement reste limité à un débat d'intellectuels.

La Révolution Culturelle est officiellement lancée le 1er mai 1966 par **Zhou Enlai**. Des équipes de travail sont envoyées par des hautes instances du parti pour orienter le mouvement à leur avantage. Seize directives établies par **Mao Zedong** en fixent les orientations.

De 1966 à 1969, c'est l'étape active de la Révolution Culturelle. Plusieurs phases se succéderont. C'est d'abord le mouvement des Gardes rouges, écoliers et étudiants, qui quittent l'école pour se disperser dans toute la Chine afin de battre en brèche l'autorité d'un parti qui ne représente plus l'intérêt des travailleurs. Très vite des factions se créent entre Gardes rouges, qui débouchent sur des affrontements violents.

La mobilisation s'étend aux ouvriers en janvier 1967. Des conflits ne tardent pas à apparaître entre ouvriers et Gardes rouges. Les factions se multiplient, manipulées à très haut niveau, là où les contradictions ont éclaté au grand jour : **Liu Shaoqi**, Président de la république, est destitué en 1967.

Un climat de chaos s'installe. Plus personne ne contrôle la situation, ce qui donne lieu à toutes sortes d'abus et de règlements de comptes. En mars 1967, Mao appelle à former un front uni, regroupant les masses, les cadres et l'armée.

A partir de ce moment, l'armée intervient directement dans les universités et dans les unités de production pour mettre un terme aux troubles. A partir de 1968, toujours sous l'arbitrage de l'armée, débute une période de « *lutte-critique-transformation* » qui doit toucher tous les domaines : enseignement, où l'admission dans les universités se fait sur des critères politiques et où la durée des études est raccourcie ; usines, où la participation des ouvriers à la gestion est admise tandis que les cadres doivent retourner régulièrement à la production ; dans les arts où une réforme est menée par la femme de Mao : **Jiang Qing.** De nouvelles structures de pouvoir se mettent en place avec le Comité révolutionnaire, organe élu par les masses.

La lutte entre les « deux lignes »

L'impact le plus profond de la Révolution Culturelle a été de faire surgir les divisions profondes au sein du Parti. De vieux conflits sont réapparus tandis que de nouveaux naissaient entre les jeunes cadres, promus à l'issue de ces années de lutte, et les cadres vétérans, accusés de s'être engagés sur la voie du capitalisme. Un tel contexte de lutte ne pouvait que nuire aux « *nouvelles réalisations socialistes* ».

L'affaire Lin Biao. Mao avait choisi de faire appel à l'armée pour rétablir l'ordre dans le pays. La position dominante du maréchal Lin Biao est officialisée au cours du 9e Congrès du Parti, en 1969, où il est présenté comme le successeur du président Mao. Cette période connut le « culte de la personnalité » qui faisait de Mao une idole tout en l'écartant du pouvoir. La lutte pour le pouvoir qui s'était engagée, finit tragiquement par la fuite et la mort de Lin Biao, après l'échec de son complot, qui visait, dit-on, à l'élimination physique du président Mao. Cette affaire reste obscure, aucune explication rationnelle ne fut donnée par les dirigeants.

La campagne de critique contre Lin Biao et Confucius. En 1972, Zhou Enlai lui-même lança une campagne de critique contre Lin Biao et sa théorie

du génie. Mais dès 1974, ce mouvement fut associé puis très vite assimilé à une critique de Confucius. Il s'agissait alors de détourner la cible sur Zhou Enlai. L'amalgame peu compris de ces deux campagnes eut pour effet qu'aucune des deux ne fut menée à bien, mais l'enjeu se trouvait ailleurs.

Le retour de Deng Xiaoping. Le Premier ministre Zhou Enlai, souffrant d'un cancer et se sentant menacé sur le plan politique, tenta de réhabiliter l'ancien secrétaire du Parti, Deng Xiaoping, étroitement associé à la politique de Liu Shaoqi durant la Révolution Culturelle. Dans un discours à l'Assemblée nationale, en janvier 1975, Zhou Enlai fixa pour objectif la réalisation des quatre modernisations : agriculture, industrie, défense et expérimentation scientifique, d'ici 1980. Deng Xiaoping devait en être le maître d'œuvre. Zhou Enlai mourut le 8 janvier 1976. Le 5 avril, un hommage populaire, qui était rendu à l'ancien Premier ministre, tourna en quasi-insurrection contre l'équipe radicale au pouvoir. La gauche sut utiliser à son profit cet « *incident de Tian anmen* » pour exiger la destitution de Deng Xiaoping, accusé d'avoir fomenté les troubles.

La mort de Zhou Enlai ouvrait la crise de succession des vieux dirigeants. Le Comité central était scindé en deux. Sous l'arbitrage de Mao, un compromis se réalisa sur la personne de **Hua Guofeng,** ancien ministre de la Sécurité, peu connu des Chinois. L'aile radicale du parti, appelée à cette époque le « groupe de Shanghai », lança une ultime offensive pour s'emparer des postes clés et semble avoir eu l'appui de Mao, très diminué physiquement et complètement coupé des événements.

La chute de la bande des quatre

Le 9 septembre, Mao Zedong meurt. Tandis que toute la Chine est en deuil, la crise de succession éclate, Hua Guofeng bascule dans le camp des modérés, et, en tant que chef du parti, donne le feu vert pour l'arrestation de la bande des quatre le 13 octobre. C'est l'armée qui est le principal maître d'œuvre de ce que l'on peut appeler un coup d'État, mais l'assentiment du Parti légalise l'action militaire. C'est aussi l'appui de l'Armée qui permet le troisième retour de Deng Xiaoping sur la scène politique en août 1977. Deng s'impose comme le maître de la Chine au cours du 3e Plénum du 11e Congrès du Parti communiste qui marque l'entrée de la Chine dans une nouvelle ère, celle des réformes qui vont peu à peu réduire à néant tout l'héritage maoïste,avant de s'attaquer à la toute-puissance de l'armée présente à tous les niveaux du pouvoir civil et militaire.

La fin de l'année 1978 est marquée par un vaste mouvement de contestation suscité par les immenses espoirs que fait naître la politique d'ouverture annoncée par Deng Xiaoping. Ce dernier, en train de mener sa bataille au 3e Plénum - qui se tient en décembre 1978, va utiliser dans un premier temps le mouvement qui se cristallise autour du « mur de la démocratie ». Ce mur, qui se trouve près de la place Tian'anmen, devient le centre où toutes les opinions s'expriment : jeunes intellectuels mais aussi « plaignants » qui demandent leur réhabilitation. Ce mouvement se développe au moment même du voyage de Deng aux États-Unis et du rétablissement des relations entre les deux pays en janvier 1979. Peu après, Deng se retourne contre le mouvement qui l'avait pourtant si bien appuyé, et en mars 1979, probablement sous la pression de l'armée, il

fait arrêter les principaux animateurs du mouvement, dont Wei Jingsheng, condamné à quinze ans de réclusion.

L'ère de Deng Xiaoping

L'année 1979, qui s'ouvre sur une note discordante, l'ouverture à l'extérieur et la répression à l'intérieur, inaugure l'ère des réformes avec la décollectivisation des campagnes qui va s'étaler sur trois ans. Dès lors, chaque étape nouvelle dans la voie des réformes sera suivie d'une limitation des libertés et d'un contrôle social plus fort. Pour faire passer ses réformes, Deng a besoin d'un consensus qui se fait chaque fois sur la base d'un compromis avec l'aile modérée qui a une vision plus orthodoxe du socialisme. 1980 est l'année du procès de la bande des quatre. L'événement a perdu de son acuité politique, les enjeux politiques se sont depuis déplacés, il ne reste qu'une pantomime offerte au public chinois qui prend plaisir aux éclats de la veuve de Mao, Jiang Qing, et n'est pas sans reconnaître une grande dignité dans le silence de Zhang Chunqiao. Le procès jette un premier discrédit sur l'armée avec l'apparition au banc des accusés des complices du coup d'État fomenté par Lin Biao en 1971. Le procès confirme le pouvoir de Deng ; Hua Guofeng, l'homme de la transition, n'a plus qu'à disparaître. L'évincement se fait en douceur, il perd son poste de Premier ministre au profit de **Zhao Ziyang** en septembre 1980 puis cède celui de président du Parti à **Hu Yaobang** en juin 1981. Le coup de grâce est donné lors du 12e Congrès du Parti où il disparaît du Bureau politique. 1980-1982 sont les années difficiles du réajustement économique. Une halte est imposée aux grands projets de modernisation au profit d'un rééquilibrage de l'économie ; priorité à l'agriculture avec les réformes dont le succès permettra de passer à une étape ultérieure, et restructuration de l'industrie au profit de l'industrie légère et de la consommation. Parallèlement, une campagne de critique est menée contre l'écrivain Bai Hua pour son scénario du film *Amour amer*, qui s'étend à tous les écrivains essayant de jeter un discrédit sur le régime. 1983 est l'année de reprise en main du parti qui traverse la plus grande crise de confiance depuis 1949. La campagne de « rectification » lancée en octobre 83, prévue pour une durée de trois ans, vise à l'exclusion des derniers bastions gauchistes, à la mise à l'écart de tous les cadres incompétents, laxistes et corrompus. D'autres campagnes sont lancées simultanément à la campagne contre la criminalité, reprise en main de l'ordre social avec des vagues d'exécutions qui touchent principalement les jeunes délinquants de 18-30 ans. Cette atmosphère de répression culmine avec le lancement de la campagne contre « la pollution spirituelle » qui condamne toutes les influences pernicieuses du mode de vie bourgeois lié à l'ouverture de la Chine sur l'étranger. Durant toute l'année 84, la délation, la peur réapparaissent ; la campagne est heureusement boycottée par une grande partie des cadres, et elle est soudainement arrêtée par Hu Yaobang au moment où elle commence à mettre en danger les réformes elles-mêmes. En octobre 1984, au cours du 3e Plénum du 12e Congrès du PC, Zhao Ziyang annonce la deuxième étape des réformes qui touche les zones urbaines : réforme des entreprises, réforme du Plan et réforme des prix dont la réussite conditionne le succès de l'ensemble des réformes.

De 1983 à 1985 « la rectification » semble surtout toucher les cadres dirigeants, dans les provinces, la quasi-totalité des gouverneurs et secrétaires du parti ; la plupart des militaires sont changés ; dans les ministères, des remaniements successifs portent aux postes de responsabilité les cadres de moins de 55 ans. Enfin la **conférence du Parti** en septembre 85 entérine le processus : 2 millions de vieux cadres prennent la retraite. Par ce biais, Deng a enlevé tous les pouvoirs civils à l'armée qui ne peut que se résigner aux ordres du Parti. De nombreuses incertitudes subsistent cependant quant à l'avenir.

Les manifestations étudiantes et la chute du secrétaire du Parti, Hu Yaobang, au début de 1987 confirment cette instabilité. Le débat sur la nécessité de réformer le système politique, engagé par les intellectuels et porté dans la rue par les étudiants a été sacrifié sur l'autel des réformes économiques, devenues le prétexte au maintien de l'ordre social et politique. Les nouvelles orientations reposent alors essentiellement sur l'autorité d'un seul homme, Deng Xiaoping, qui bénéficie d'un consensus populaire important et peut réaliser des réformes. Jusqu'à présent, le Parti communiste a pu survivre aux crises grâce au pouvoir charismatique de ses chefs Mao Zedong et Deng Xiaoping.

La Chine et le monde extérieur

Depuis 1979, la Chine s'est lancée dans une politique d'ouverture : ouverture sur les économies occidentales, normalisation de ses rapports avec l'URSS, processus de réunification avec Hong Kong et Taiwan. L'ouverture de la Chine fut symbolisée par le rétablissement des relations diplomatiques avec les États-Unis en janvier 1979. Dans les deux communiqués conjoints signés en 1979 puis en 1982, les États-Unis reconnaissent le principe d'existence d'une seule Chine, se réservant le droit de conserver des relations non officielles avec Taiwan.

Les échanges commerciaux entre les deux pays se sont très vite développés avec une croissance de 45 % par an de 1979 à 1983, portant le volume du commerce à 6,1 milliards de dollars en 1984 ce qui fait des États-Unis le troisième partenaire commercial de la Chine après le Japon et Hong-Kong. La visite de R. Reagan en 1984, et celle du président Li Xiannian en juillet 1985 n'ont cependant pas effacé les ombres qui subsistent au tableau des relations sino-américaines. Le premier point noir est la question de Taiwan ; l'administration Reagan continue de fournir des armes à Taiwan (760 millions de dollars en 1985) ; un autre point sensible est la question du textile avec la menace des États-Unis de réduire encore le quota d'importation, ce qui entraîne des pertes énormes pour la Chine, qui a déjà un déficit commercial de 1,5 milliard de dollars. Le « gel » des 10 millions de contribution au fonds d'aide à la population, sous prétexte d'une pratique abusive des avortements et des stérilisations en Chine, et récemment l'interdiction à des navires militaires américains de faire une escale de « courtoisie » dans les ports chinois, sont les derniers soubresauts de l'amitié sino-américaine.

L'ouverture sur le « deuxième monde », c'est-à-dire l'Europe de l'Ouest et le Japon, a surtout favorisé ce dernier en raison de sa proximité géographique et de sa culture plus proche. Le Japon et la Chine ont des économies complémentaires indispensables l'une à l'autre. Les autorités chinoises sont cependant inquiètes de l'importance que prend le Japon dans son économie et de l'ampleur de son déficit

qui atteignait 2 milliards de dollars en 1984. Des manifestations anti-japonaises en 1985 ont été utilisées pour exiger du Japon de meilleures conditions financières et une augmentation de ses importations. Pour contrebalancer l'influence japonaise, la Chine se tourne vers les pays d'Europe de l'Ouest ; la CEE est devenue le quatrième partenaire économique de la Chine avec un volume d'échanges de 5,6 milliards de dollars. La Chine essaie de maintenir une politique de balance entre les deux grandes puissances, et, dans ce but, de normaliser ses relations avec l'URSS. Des séries de discussions ont commencé en 1982 ; le rétablissement des rapports parti à parti butent sur trois obstacles : la présence soviétique au Vietnam, en Afghanistan et le maintien d'un potentiel militaire important aux frontières Nord de la Chine. Un climat de détente s'est cependant instauré, qui a permis la signature d'un accord commercial à long terme qui devrait porter le volume des échanges de 1,32 milliard de dollars en 1984 à 5 milliards en 1990. Dans la même période, une ligne de chemin de fer reliant le Xinjiang à l'URSS devrait être construite tandis que les échanges culturels ont repris avec l'échange d'étudiants, de chercheurs, ainsi que de troupes artistiques ; les retrouvailles des « vieux camarades » se font souvent avec de grandes effusions.

Les relations avec le Vietnam restent pour le moment le théâtre d'insultes verbales et d'incidents de frontière mais il semble qu'un règlement soit en cours avec les pays de l'ASEAN. Officiellement, la Chine soutient le gouvernement de coalition dirigé par Sihanouk (dont font partie les Khmers rouges) qui lutte contre la présence des troupes vietnamiennes au Cambodge.

Enfin Deng Xiaoping s'est lancé dans

le grand rêve de la réunification de la Chine. Après trois ans de négociations, un accord sino-britannique qui reconnaît la souveraineté chinoise sur Hong Kong à partir de 1997, a été ratifié par Mme Thatcher et Zhao Ziyang en décembre 1984. La Chine s'engage à maintenir pendant cinquante ans l'actuel système économique et social tout en se réservant les domaines de la défense et de la diplomatie. Ce statut de « zone administrative spéciale », conforme au principe de Deng « *un pays, deux systèmes* », devrait servir de modèle à la réunification avec Taiwan, sous une forme plus libérale encore dans la mesure où Taiwan conserverait ses propres forces armées.

Chronologie

2100 à 1500 avant J.-C.	*Dynastie Xia*
1500 à 1027 avant J.-C.	*Dynastie Shang*
1027 à 770 avant J.-C.	*Dynastie Zhou*
770 à 475 avant J.-C.	*Période des Printemps et Automne*
475 à 221 avant J.-C.	*Période des Royaumes Combattants*
221 à 206 avant J.-C.	*Dynastie Qin*
206 avant J.-C. à 220 après J.-C.	*Dynastie Han*
220 à 280	*Les Trois Royaumes*
265 à 419	*Les Six Dynasties : Qin de l'Ouest, Qin de l'Est*
420 à 581	*Dynasties du Nord et du Sud*
581 à 618	*Dynastie Sui*
618 à 907	*Dynastie Tang*
907 à 960	*Les Cinq Dynasties et les Dix Royaumes*
960 à 1279	*Dynastie Song :*
	Song du Nord 960 à 1127, et du Sud 1127 à 1279
1279 à 1368	*Dynastie Yuan*
1368 à 1644	*Dynastie Ming*
1644 à 1911	*Dynastie Qing*
1911	*Révolution du 10 octobre*
1er octobre 1949	*Proclamation de la République populaire*
1958	*Grand Bond en Avant*
1966	*Révolution Culturelle*
1976	*Mort du Président Mao Zedong*
1977	*Retour de Deng Xiaoping*
1978	*Le Printemps de Pékin*
1980	*Procès de la bande des quatre*
1985	*Rajeunissement du Parti*

L'économie :
les nouvelles orientations

1979 marque le début d'une ère de réformes qui orientent partiellement le pays vers une économie de marché. La première étape concerne la décollectivisation des campagnes avec l'établissement de systèmes de contrats de responsabilité qui allouent à chaque famille une terre, le développement des marchés libres (56 000 en 1985, 10 % du commerce de détail), la diversification des activités rurales et la croissance d'un secteur privé qui occupe en 1985 15 millions de personnes (300 000 en 1976) principalement dans le secteur tertiaire (boutiques, restaurants, services, ateliers de réparation, transports...)

1984 est l'année de la deuxième phase des réformes. Lors du 3e Plénum du 12e Congrès, est annoncée toute une série de mesures qui touchent les zones urbaines. Ces mesures prévoient une plus grande autonomie des entreprises, la réforme du Plan qui ne contrôle plus que 60 produits industriels (au lieu de 120) et 10 produits agricoles (au lieu de 29), enfin la réforme des prix qui est la pierre de touche des réformes. En 1984, les autorités chinoises mettent fin à la politique des quotas, les prix deviennent libres pour 40 produits agricoles. Son application met un terme au système « bas prix, bas salaires » financé par une politique de subventions depuis 1949. Dans le même temps, la Chine s'est ouverte aux capitaux étrangers. Depuis 1979, les investissements étrangers s'élèvent à 17,3 milliards de dollars (dont 4,86 milliards en 1984) ; cette ouverture d'abord limitée à quatre « zones économiques spéciales » dont Shenzhen, la plus importante, à proximité de Hong Kong, s'étend en 1984 à quatorze villes situées sur la zone côtière.

La période du 6e Plan (1981-85) est marquée par une croissance forte relativement équilibrée ; les réformes poursuivies dans les campagnes depuis 1979 ont porté leurs fruits, et le réajustement économique de 1980-81 a permis un rééquilibrage sectoriel de l'industrie. En 1984, le PNB franchit le cap des 1000 milliards de yuans avec une croissance de 11 %. La récolte de céréales atteint un record de 407 millions de tonnes, ce qui, avec 400 kilos par habitant, met la Chine dans la moyenne mondiale ; la culture de coton grâce à une politique tarifaire très incitative double de 1979 à 1984. La croissance industrielle atteint des taux records de 14 % en 1984 (le plan prévoit 13 % pour 1985) avec pour la première fois depuis 1949 un renversement du rapport industrie lourde-industrie légère (respectivement + 20,8 % et + 25,80 %). Ces résultats se confirment dans le taux de progression des ventes au détail qui ont doublé depuis 1978. On constate une envolée dans les achats de biens ménagers (+ 20 %) ainsi que de produits alimentaires. Les marchés libres et les entreprises privées occupent respectivement 10 % et 8,6 % de l'ensemble du commerce de détail. Cette frénésie de consommation a été soutenue par une forte augmentation des revenus. Le salaire moyen d'un ouvrier est passé de 614 yuans en 1978 à 826 yuans en 1984 (sans compter les primes) tandis que le revenu du paysan est passé de 133 yuans à 335 yuans dans la même période.

Le problème qui se pose aujourd'hui aux responsables économiques chinois est de parvenir à maîtriser une économie qui a tendance à s'emballer.

L'économie chinoise continue à souffrir d'un certain nombre de maux, déjà décelables depuis plusieurs années tandis que de nouveaux problèmes se révèlent liés à la rapidité même de la croissance. La progression industrielle atteint 21 % en 1985 alors que la progression de la production d'énergie est de 11 %. Les autres goulots d'étranglement sont les transports : le réseau ferroviaire est saturé et les ports sont engorgés. Au niveau local il n'existe pas d'infrastructure qui permette le stockage et la commercialisation des denrées périssables. Un autre point faible est le coût élevé de la production et la mauvaise qualité des produits. En 1985, plus de 5000 entreprises d'État étaient en déficit. Le déficit budgétaire ne cesse de grandir (8 milliards de yuans en 1984), dû en partie à la politique de subventions de l'État qui correspond à 1/4 des dépenses budgétaires. La récente annonce d'une réforme fiscale des entreprises et la suppression des subventions à l'achat des produits agricoles devraient avoir un impact non négligeable sur le budget. Le spectre de l'inflation menace avec la décision de laisser « flotter » les prix de certains produits de consommation courante. Depuis le début de l'année 1985, les prix flottent à l'intérieur d'une fourchette d'augmentation moyenne de 36 %, mais certains prix ont augmenté de 100 % (pour le mouton) voire de 200 % (pour le poisson). Le rôle régulateur du marché devrait intervenir en faveur d'une baisse. Le niveau de l'emploi reste encore inconnu. En 1984, les chiffres officiels faisaient état de 2 700 000 chômeurs en milieu urbain, ce qui représente un taux de chômage de 2,3 % et semble nettement en-dessous de la réalité.

Dans le domaine des échanges extérieurs, la Chine, soucieuse de préserver son indépendance économique, a découvert avec stupeur au début de l'année 85, que ses réserves en devises avaient chuté de 5 milliards de dollars en l'espace de six mois. De même, la balance commerciale jusqu'à présent équilibrée accuse pour la première fois en 1985 un déficit de 4 milliards de yuans, dû à une forte croissance des importations mais aussi à une importation massive de voitures et autres articles de consommation (TV, magnétoscopes...), qui alimente un trafic de contrebande qui ne cesse de prendre de l'ampleur.

Les autorités chinoises semblent néanmoins conscientes de ces handicaps et tentent une approche très pragmatique et systématique de tous les problèmes. Volontaire dans son affirmation des réformes mais prudente dans l'application, l'équipe au pouvoir réajuste au coup par coup les divers dérapages. Il est difficile de prévoir l'issue des réformes qui dépendent en grande partie de la réussite de la réforme des prix, de la modernisation de l'appareil industriel et d'une croissance soutenue de l'agriculture.

Les objectifs du 7e Plan (1986-1990) ont été entérinés lors de la Conférence du parti qui s'est tenue en septembre 1985 : ils prévoient une croissance soutenue mais moins forte avec des taux de 6 % pour l'agriculture et de 7 % pour l'industrie.

L'AGRICULTURE

La commune populaire, pilier qui supportait tout le système collectif des campagnes, a sombré avec le grand tournant de 1979. Les réformes de Deng commencent avec la décollectivisation des campagnes et l'instauration d'un système de responsabilité, le « *Baochan daohu* », où l'unité de base n'est plus la brigade mais la famille. Chaque contrat

alloue une terre et stipule le quota de production et le montant des taxes à verser à l'État. Ce système inauguré dans le Sichuan et l'Anhui est généralisé en 1982. La diversification des cultures et des activités rurales est encouragée ; en 1984, le statut de « famille spécialisée » est défini, la Chine compte alors 25 millions de familles engagées dans des cultures spécialisées (autres que les céréales), l'élevage, la pisciculture... mais aussi dans des activités du secteur tertiaire (transport, commerce). Une deuxième étape de réformes dans les campagnes est lancée en janvier 85 avec la suppression des quotas en vigueur depuis 1953. Ils sont remplacés par un système de contrats d'achat effectif pour 40 produits, dont les plus courants (céréales, coton, porc, bovins, œufs...) qui suivent désormais les fluctuations du marché avec comme garantie l'intervention de l'État en cas de chute brutale des prix. En 1985 l'État a passé des contrats pour 75 millions de tonnes de céréales pour une production totale en 1984 de 407 millions de tonnes. Ces changements radicaux intervenus depuis 1979 ont stimulé un effort de production détruit par une collectivisation brutale et inopérante. Les premiers résultats de cette politique sont spectaculaires au niveau des revenus. Le revenu annuel moyen par paysan est passé de 133 yuans en 1978 à 355 yuans en 1984 et il devrait atteindre 400 yuans en 1985. La presse se fait largement l'écho de cas de paysans enrichis avec un revenu de 2-3 000 yuans par an allant même jusqu'à dépasser 10 000 yuans. Il faut cependant ramener les choses à leur juste mesure en précisant que ces cas concernent 1 paysan sur 1 000 et que 70 millions de paysans vivent encore endessous du seuil de la pauvreté avec un revenu annuel inférieur à 200 yuans.

Tout le monde s'accorde à proclamer la grande réussite de ces réformes qui ont emporté l'adhésion de l'ensemble des campagnes soit encore les 4/5 de la population. D'énormes problèmes subsistent cependant et les enjeux de la modernisation sont toujours en suspens. En premier lieu le problème des investissements, l'épargne dégagée de revenus plus importants n'est pas utilisée dans des investissements à long terme ; elle a servi pour le moment à améliorer les conditions de vie, la construction d'une maison nouvelle étant la principale dépense, quand elle n'a pas été utilisée pour financer des mariages (le coût d'un mariage varie entre 3 000 et 5 000 yuans) ou autres célébrations traditionnelles qui ont refait surface. Aucun investissement par contre n'est fait pour améliorer la productivité de la terre, les travaux d'irrigation ou pour éviter la dégradation de l'environnement qui est en train de devenir le plus grand problème de la Chine. Pour remédier à cette tendance et donner un maximum de garanties au paysan, le « Document numéro un » prévoit l'extension de la durée du bail à quinze ans mais c'est encore trop peu pour inciter le paysan à investir sur une terre qui légalement ne lui appartient pas. Tout ceci aura d'énormes répercussions sur la modernisation à long terme de l'agriculture et sur la mécanisation complètement abandonnée ; les brigades ont vendu les machines et tracteurs lors de la décollectivisation et, en 1985, la production de tracteurs et de camions était de loin supérieure à la demande. Le marché agricole a dans l'ensemble une structure assez chaotique, les goulots d'étranglement sont les transports, l'absence de stockage et un manque d'informations sur les fluctuations du marché. Les paysans ont des difficultés à vendre, ce qui entraîne un gaspillage énorme des produits agricoles. Si la production de céréales a augmenté de 27 % entre 1978 et 1983, en relation directe avec l'application des réformes, portant la production par habitant à près de 400 kg par an (320 kg en 1978), il n'en reste pas moins inquiétant de voir une diminution de la surface des terres arables de 5,5 % (un paysan a en moyenne 735 m² de terre). La production de céréales représente encore 67 % du revenu agricole ; il faut voir si la Chine pourra maintenir le taux de croissance des récoltes exceptionnelles de 1983 et 1984.

Un autre problème est celui de la « surchauffe de l'économie chinoise » dont sont responsables en grande partie les petites entreprises rurales qui prolifèrent depuis que le secteur privé a été encouragé à se développer. On compte actuellement plus de 6 millions d'entreprises rurales employant plus de 52 millions de personnes avec une valeur de production qui équivaut à 13,3 % de la valeur totale de la production agricole et industrielle. Ces entreprises qui ont souvent une mauvaise gestion pèsent lourd dans le problème de la pénurie d'énergie et de transport.

Les réformes de 1979 ont réussi à stimuler la production mettant un terme à la politique agricole désastreuse menée entre 1960 et 1979 qui donnait priorité à la production de céréales aux dépens des autres cultures et au mépris des conditions géographiques et à un système d'acquisition à des prix très bas qui eut des conséquences sérieuses sur l'économie nationale et sur les paysans. Ces succès ne doivent cependant pas masquer le niveau très bas de la productivité ainsi que l'état d'arriération des campagnes.

Les contraintes de l'agriculture

Comme le reconnaissent les responsables, la Chine est un pays sous-développé. La nécessité, pour relancer l'économie, de dégager des surplus de capitaux et de temps de travail des secteurs de production existants, c'est-à-dire de l'agriculture, l'incapacité pour l'industrie de créer pour l'instant un grand nombre d'emplois, la faiblesse des infrastructures de communications, sont autant de réalités et de contraintes qui soulignent le rôle important que l'agriculture doit encore remplir dans le développement de l'économie.

Un paysage minutieusement aménagé, une agriculture paraissant beaucoup plus intensive et moins mécanisée qu'en Europe : ces impressions ne doivent pas faire oublier le niveau très bas de la productivité et de l'accumulation dégagée par l'agriculture.

De lourdes contraintes pèsent sur le développement de l'agriculture chinoise. La superficie des terres cultivables, estimée à 110 millions d'hectares, est difficilement extensible et tout accroissement de production ne peut venir que d'une augmentation du nombre de récoltes annuelles et des rendements unitaires. Toute élévation de production se heurte d'autre part à l'insuffisance de certains facteurs de production dont les deux plus importants sont l'irrigation et la fertilisation. Le problème d'irrigation se pose d'une manière cruciale surtout en Chine du Nord où se trouvent 50 % des terres cultivables mais où ne coulent que 7 % des eaux de surface. Pour ce qui est de la fertilisation des terres, l'utilisation d'engrais organiques traditionnels, déjections humaines et animales et déchets végétaux, ne permet plus une augmentation notable des rendements. Celle-ci ne peut résulter que de l'emploi de fumures chimiques dont la production, malgré l'implantation d'une douzaine d'usines importées, reste très insuffisante.

Aux contraintes culturales, il convient d'ajouter d'autres facteurs dont l'importance se révèle tout aussi capitale pour mettre en place toute politique de développement de l'agriculture : le poids de la population, l'arriération des campagnes ainsi que le conservatisme de la paysannerie dont trente années de socialisme n'ont fondamentalement guère changé les comportements sociaux, enfin l'existence, bien que dénoncée par les dirigeants, d'abus de pouvoir de la part de certains cadres et de petits potentats locaux.

L'INDUSTRIALISATION

La Chine était au lendemain de la libération un pays très faiblement industrialisé. La mise sur pied d'une industrie s'est révélée un impératif pour se sortir du sous-développement. Depuis une trentaine d'années, la politique industrielle suivie par les dirigeants chinois a évolué, dans les formes et les buts, en se détachant d'un modèle soviétique de développement pour coller davantage aux réalités et aux nécessités chinoises.

Après quelques années passées à remettre en marche les entreprises déjà existantes, le premier plan quinquennal, de 1953 à 1957, fut une période d'industrialisation copiée sur l'expérience soviétique et caractérisée par la priorité donnée à l'industrie lourde. La fin des années cinquante fut marquée par les divergences politiques et idéologiques et finalement la rupture avec l'Union Soviétique, ainsi que la révision par les responsables chinois du programme de développement industriel.

Depuis lors, la ligne de développement adoptée à l'époque, considérant « *l'agriculture comme base et l'industrie comme facteur dirigeant* », est restée inchangée. Cette directive bien lapidaire signifie que le développement de l'industrie, et notamment de l'industrie lourde, doit être conçu de manière à stimuler et soutenir le développement de l'agriculture en étant adapté aux produits de l'agriculture et aux disponibilités de main-d'œuvre pouvant provenir des régions rurales, en tenant compte en priorité des besoins de l'agriculture.

A l'heure actuelle, l'industrialisation reste faible si l'on tient compte des ressources du pays, de sa population et surtout des ambitions affichées par les responsables. L'industrie chinoise présente encore une structure que l'on retrouve immanquablement dans tous les pays en voie de développement : un secteur industriel moderne avec des installations à haute technicité et un secteur semi-traditionnel de petites entreprises, de petits ateliers ruraux et suburbains recourant à des techniques rudimentaires.

Les mesures récentes prises au niveau de la gestion dans les entreprises, l'introduction de notions de rentabilité et de rationalité, le rôle accordé à la rénovation technique, à la qualité et l'efficience de la production, incitent à penser que l'accroissement de la production industrielle devrait reposer dans un premier temps avant tout sur l'augmentation de la productivité du travail industriel et ensuite sur l'augmentation du nombre d'emplois dans l'industrie.

En ce qui concerne les petites entreprises industrielles — il y en a plusieurs millions dans le pays — les responsables font preuve d'un nouveau réalisme. Ces petites usines ont contribué à permettre un emploi, jugé jusqu'à présent le meilleur, des matières premières et de la main-d'œuvre locale en contribuant parallèlement au développement des zones rurales et à accroître leur autosuffisance. La prise en compte de critères de rentabilité et d'économie d'énergie devrait entraîner la fermeture d'un certain nombre d'entre elles.

L'ÉNERGIE

La situation de l'énergie en Chine est pour le moins paradoxale. Ce pays a un potentiel énergétique considérable mais doit affronter une très grave pénurie d'énergie. Les taux d'extraction des combustibles d'origine organique et de production électrique ont progressé très rapidement ces dernières années sans que les besoins croissants de l'économie soient toutefois satisfaits.

Avec une production de pétrole de 114,8 millions de tonnes en 1984, la Chine se place au huitième rang des pays producteurs de pétrole. Pour le charbon, qui est le principal combustible utilisé, 715 millions de tonnes ont été extraites en 1984. En ce qui concerne la production d'énergie électrique, la Chine occupe maintenant le septième rang dans le monde, avec un niveau de 351,4 milliards de kilowatts-heure, derrière l'Angleterre et devant la France. Il n'y a pas de chiffre officiel pour le gaz naturel, cependant sa production est estimée à 12,21 milliards de mètres cubes pour 1978.

Pour mieux apprécier ces chiffres, il convient de les relativiser par rapport aux données démographiques. La Chine fait partie, avec une production par tête d'énergie primaire de 660 kg d'équivalent charbon, des pays en voie de développement les moins bien lotis. De plus, important est l'écart de consommation en pétrole et charbon qui existe entre les villes et la campagne pour laquelle la consommation tombe à 150 kg d'équivalent charbon par tête.

La Chine a d'énormes ressources en pétrole : entre 30 et 40 % de la superficie totale seraient susceptibles de renfermer des gisements pétrolifères. Mais un des problèmes qui se posent est de pouvoir faire passer ces ressources pétrolifères dans la catégorie des réserves techniquement exploitables et économiquement rentables à partir d'une exploration géophysique et géologique systématique.

Aller vers l'Ouest ou bien forer en mer : telles sont les deux possibilités qui s'offrent aux planificateurs chinois pour développer l'extraction du pétrole. La faiblesse du réseau des moyens de transport, la proximité du marché japonais, le peu d'éloignement des gisements offshore des régions côtières où sont implantés d'une part les grands centres industriels et qui sont d'autre part des zones agricoles d'une importance primordiale dont l'augmentation des rendements nécessite l'emploi croissant d'engrais chimiques, toutes ces raisons semblent faire pencher à court et moyen terme les responsables pour le développement de l'extraction off-shore en mer de Chine.

Ce choix implique l'importation de technologie étrangère et la participation pour la prospection pétrolière des firmes occidentales et japonaises. L'attribution des concessions pétrolières aux firmes étrangères se fait sur des bases économiques mais aussi politiques comme la réapparition de consortiums américains dans le Sud de la mer de Chine notamment dans une région contestée par le Vietnam.

Les réserves de charbon sont actuellement estimées à 80 milliards de tonnes. Ces dernières années, l'extraction du charbon a été poussée intensivement à partir des mines déjà existantes et peu nombreux ont été les nouveaux puits ouverts. Les petites mines ont contribué depuis vingt ans au développement local dans les régions rurales et leur production représente aujourd'hui 25 à 30 % de la production totale.

Dans l'ensemble, l'élévation de la productivité des mines existantes se heurte à l'état de vétusté des installations : un grand nombre de ces mines ne sont plus à l'heure actuelle rentables, les autres doivent être modernisées pour pouvoir le rester. Afin d'accroître la production ainsi que la qualité du charbon, le gouvernement a donc lancé un programme de mécanisation des grandes et petites mines les plus rentables, d'ouverture de nouveaux puits à haute productivité et le démarrage de deux grands centres miniers, l'un dans la province du Shanxi, l'autre dans la province du Jilin.

Devant l'extrême gravité de la pénurie en énergie électrique, l'accélération de la construction de l'industrie électrique est devenue un objectif prioritaire en « *utilisant à fond toutes les ressources énergétiques du pays d'une façon appropriée aux conditions locales* ». Ainsi, pour le fonctionnement des centrales thermiques, la priorité est donnée au charbon sur le pétrole et l'uranium. Par ailleurs, l'accent est mis sur la création de complexes de production électrique regroupant de grandes centrales thermiques concentrées près de mines riches en charbon de bonne qualité.

La Chine a un potentiel hydroélectrique estimé à 580 millions de kilowatts dont seulement 2,5 % sont actuellement utilisés. La production hydroélectrique ne représente que 28 % de la production totale d'énergie. Pour accroître la capacité de production électrique, les responsables envisagent un développement parallèle des petites et très grandes centrales hydrauliques.

L'augmentation du nombre de grandes centrales relève avant tout d'un souci de rentabilité. Dans cette optique, deux grands projets sont en cours de réalisation : l'un sur le Yangzi dans le Hubei, l'autre sur le Fleuve Jaune dans le Qinghai. La Chine compte actuellement 88 000 petites centrales dont la capacité est de 5,38 millions de kilowatts et plus de 12 000 sont en construction et totaliseront une capacité de 3,5 millions de kilowatts. Face à l'éloignement des grandes centrales électriques de certaines régions rurales et à la faiblesse du réseau de distribution électrique, le développement des petites centrales hydroélectriques doit permettre de pallier l'augmentation des besoins des zones rurales en particulier pour la mécanisation, l'irrigation et les petites usines.

La pénurie en combustibles primaires et en énergie électrique affecte tous les domaines économiques du pays. Dans l'agriculture, l'effet s'en fait sentir par le ralentissement du rythme de croissance qui n'arrive pas à suivre celui de l'industrie mais aussi par l'insatisfaction des besoins vitaux de la population. Dans certaines communes populaires, la mécanisation de l'agriculture, sans carburant, devient alors une opération bien coûteuse puisqu'il faut continuer à entretenir et les tracteurs et les animaux de trait !

Dans l'industrie, faute d'électricité, de nombreuses usines et ateliers sont obligés de fonctionner la nuit à plein rendement, ne tournant qu'au ralenti pendant la journée. Selon des estimations officieuses, au moins 20 % de la capacité productive du pays sont immobilisés par manque d'énergie.

Après avoir lancé un programme pour accroître la production d'énergie, les responsables sont maintenant préoccupés par le problème du gaspillage. Selon les estimations officielles, au moins 30 milliards de kilowatts-heure et 10 millions de tonnes de charbon par an sont gaspillés par les industries et dans les transports. Les autorités insistent sur la nécessité de développer un esprit d'économie dans les unités de production mais aussi parmi la population.

La population, par nécessité, fait attention, au niveau individuel, au gaspillage ; mais elle est loin de faire preuve du même esprit à l'égard de tout ce qui peut appartenir à la collectivité. Dans les entreprises, une source importante de gaspillage réside dans la vétusté des installations industrielles qui entraîne une consommation beaucoup trop forte d'énergie. En 1977, la fabrication d'une tonne d'acier chinois nécessitait 2,6 tonnes de charbon soit presque deux fois plus que dans les pays occidentaux. Pour le charbon, le taux moyen d'efficacité énergétique n'est que de 30 % !

LES NOUVELLES RÉFORMES ÉCONOMIQUES

Depuis la fin des années soixante-dix, la Chine a retrouvé une stabilité intérieure. La réorganisation et la relance de l'économie sont ainsi devenues pour le pouvoir des objectifs prioritaires.

La politique de réforme engagée à la campagne, dans le domaine agricole et la vie rurale, a porté ses fruits. Les résultats sont tangibles : avec une production avoisinant les 400 millions de tonnes de céréales, la Chine est entrée dans l'ère de l'auto-suffisance alimentaire ; le niveau de vie de la paysannerie s'est très sensiblement amélioré. Il reste maintenant aux dirigeants à élargir cette politique au domaine de l'industrie et de la vie urbaine ; celle-ci sera plus lente, plus difficile et complexe.

Les réformes en cours visent les deux clefs de voûte de toute économie marxiste : le Plan — d'une manière globale les relations entre l'entreprise et l'État — et le système de fixation des prix.

Les entreprises de grande et moyenne importance doivent retrouver une autonomie en matière de choix de production, d'investissement, de commercialisation et d'utilisation des bénéfices. Qu'elles soient industrielles ou commerciales, les entreprises n'ont déjà plus à restituer à l'État la totalité de leur profit mais doivent s'acquitter d'un impôt. Chose impensable dans une économie marxiste : les entreprises déficitaires n'auront plus qu'à fermer leurs portes. En 1985, une usine a d'ailleurs été déclarée en faillite : la première depuis l'avènement des communistes au pouvoir.

Aujourd'hui, les 5 000 plus grandes entreprises d'État, qui réalisent 50 % de la production industrielle totale du pays, bénéficient déjà d'une large autonomie administrative ; elles peuvent négocier et signer elles-mêmes des contrats avec des sociétés étrangères ; celles qui sont exportatrices peuvent décider de leurs importations de matières premières et de leurs exportations, et ouvrir des bureaux à l'étranger.

Un système de responsabilité similaire au système des contrats dans l'agriculture se met peu à peu en place dans l'industrie. Les entrepreneurs se voient accorder une liberté de recrutement et de licenciement du personnel. Fini, l'égalitarisme à tous crins ; révolue, l'époque où tout le monde « *mangeait dans la même marmite de riz* » : un système de salaires liés au rendement est introduit dans les usines.

En matière de prix, l'heure est au réalisme et à la reconnaissance de la validité de certaines lois économiques comme celle de l'offre et de la demande. Comme le reconnaissent les responsables, le système des prix en cours est irrationnel, ne tenant pas compte de la qualité variable entre mêmes produits, de la rareté comme pour les produits ni énergétiques. En outre, le prix de vente des produits agricoles n'est-il pas inférieur au prix payé par l'État aux agriculteurs ? Des réformes s'imposent donc dans ce domaine mais leur application se fera beaucoup plus timidement car il s'agit de ne pas affoler une population en proie au désir effréné de consommation avec une nouvelle et cruelle vérité des prix.

Devant l'urgence de développement, la Chine s'est engagée dans des réformes spectaculaires : le développement du secteur privé qui, bien que représentant une fraction minime de l'économie, a permis de créer des emplois pour les jeunes ; comme cette ouverture, aussi, sur l'étranger pour quêter une technologie et des investissements qui lui font défaut. Par ces réformes, la Chine serait-elle engagée sur la voie du capitalisme ? Que l'on ne s'y trompe pas ; celles-ci n'entament en rien la structure économique et politique du pays. Quant à leur succès, il ne dépend en fait que de l'attitude du Parti communiste chinois ; comment s'adaptera-t-il et digérera-t-il ces réformes ?

Culture et civilisation

LA LANGUE ET L'ÉCRITURE

La « langue courante » ou *Putonghua* constitue la norme de la langue officielle qui doit sur le plan linguistique réaliser l'unité de la nation chinoise. Elle s'appuie sur le parler des dialectes du Nord et principalement sur le dialecte de Pékin appelé autrefois « mandarin ». Cette zone du dialecte de Pékin est très étendue et couvre un domaine linguistique relativement homogène du fait que ces dialectes sont tous proches du pékinois et que l'intercompréhension est assurée. Elle s'étend jusqu'à Nankin et regroupe 70 % de la population proprement chinoise.

Le reste (mis à part les minorités nationales qui ont leur langue propre) est délimité par une ligne qui part de l'estuaire du Yangzi jusqu'à la frontière du Vietnam en s'écartant de la côte. On y compte six ensembles dialectaux : *Zhejiang, Jiangxi, Hunan, Guangxi, Fujian, Guangdong.* Dans ces zones le *Putonghua* est également considéré comme langue nationale mais les dialectes restent la langue d'usage.

Autrefois il existait une langue écrite unifiée, le *Wen yan*, très différente de la langue parlée. Le mouvement du 4 mai 1919 a aboli l'usage de la langue classique. La langue écrite moderne s'inspire directement du mandarin ou pékinois, c'est ce que l'on appelle le *Baihua.*

Chaque caractère représente une seule syllabe dans la langue parlée. A l'origine monosyllabique, la langue a évolué vers le plurisyllabisme, c'est-à-dire des mots composés de plusieurs caractères. Chaque syllabe est dotée d'un ton. Deux syllabes identiques dans leur composition phonique se distinguent par le ton.

Ex.

$\overline{ma}$	1er	ton plein haut	*mère*
$m\acute{a}$	2^e	ton montant	*chanvre*
$m\check{a}$	3^e	ton desc.-mont.	*cheval*
$m\grave{a}$	4^e	ton descendant	*injurier*

L'écriture chinoise est à l'origine pictographique mais il ne subsiste aujourd'hui que très peu de pictogrammes qui sont toujours des figures simples :

○	devenu	日	$\overline{ri}$	*soleil*
𝄢	devenu	月	$y\ddot{u}\acute{e}$	*lune*
㇟	devenu	人	$r\acute{e}n$	*homme*

L'originalité de principe de l'écriture chinoise réside dans le fait qu'elle est indifférente aux transformations phonétiques et aux variations dialectales. Chaque fois qu'on ne peut communiquer oralement, l'écrit permet toujours de se comprendre, entre habitants de régions éloignées.

L'écriture a également dépassé le stade des idéogrammes où le caractère symbolisait une idée. On en trouve encore un certain nombre.

休	$\overline{xiu}$	*se reposer*	formé de	亻	*l'homme*	木 *(sous l') arbre*
安	$\overline{an}$	*paix*	formé de	女	*la femme*	宀 *(sous le) toit*
愁	$ch\overline{ou}$	*nostalgie*	formé de	心	*le cœur*	秋 *(en) automne*

Aujourd'hui les idéophonogrammes constituent 90 % des caractères. Une partie du caractère suggère le sens, c'est la **clé**, l'autre indique la prononciation.

油	*y$\overline{ou}$, huile*	氵 *l'eau* indique le sens	由	*you* donne le son
花	*h$\overline{ua}$, fleur*	艹 *l'herbe* indique le sens	化	*hua* donne le son

Cependant par suite de modifications graphiques et de changements phonétiques au cours de l'évolution de la langue, la partie phonétique de nombreux caractères n'indique plus la prononciation.

江	$\overline{jiang}$.	*Fleuve.* La partie 工 qui donnait le son se prononce *gong.*
念	$ni\grave{a}n$.	*Lire.* La partie phonétique 今 se prononce *jin.*
问	$w\grave{e}n$.	*Demander.* La partie phonétique 门 se prononce *mén.*

On peut distinguer deux catégories de caractères selon leur composition graphique.

Les caractères simples. Chaque caractère forme un tout ne pouvant être décomposé. Ex. *rén* (l'homme) ; *shǔi* (l'eau).

Les caractères composés. Il suffit de reconnaître les éléments qui le composent et de dégager la clé pour avoir une indication sur le sens et surtout pour le trouver dans le dictionnaire où les mots sont souvent classés à partir des clés.

吃	*chi.*	*manger*	⬠	la clé	signifie : *bouche.*
抢	*qiǎng.*	*saisir*	｜	la clé	signifie : *main.*
汗	*hàn.*	*sueur*	⟩	la clé	signifie : *eau.*

Le nombre de caractères est considérable. Le dictionnaire *Kang Xi*, qui porte le nom de l'empereur qui en ordonna la compilation en 1715, comporte 47 021 caractères. Cependant l'usage courant exige « seulement » la connaissance de 5 000 à 6 000 caractères environ. Avec 3 000 caractères on peut lire une publication courante.

Dans le but de populariser la culture, le gouvernement a entrepris depuis 1949 plusieurs réformes de la langue chinoise. En 1956 puis en 1977 des projets de simplification de l'écriture ont été établis. Il s'agit de réduire le nombre de traits composant certains caractères.

權	devient	权	*le pouvoir*
南	devient	内	*le Sud*
話	devient	话	*le langage*

Le 11 février 1958 au cours de la session de l'Assemblée populaire, un projet de transcription phonétique fut adopté. Ce projet consiste à transcrire en alphabet latin la langue chinoise pour faciliter l'enseignement des caractères chinois et unifier la prononciation de la langue parlée.

Cette transcription que l'on appelle *Pin yin* est encore peu utilisée, si ce n'est pour l'enseignement des caractères, mais par la suite elle est rapidement oubliée.

A l'étranger elle tend à remplacer les nombreux systèmes de transcription du chinois mis au point en fonction des systèmes phonologiques propres à chaque langue, les plus usités étant le britannique *Wade* et celui de l'École française d'Extrême-Orient.

LA PENSÉE CHINOISE

Plus qu'une religion, c'est l'éthique, et principalement l'éthique confucéenne, qui est à l'origine du fondement de la civilisation chinoise.

La Chine n'a connu en effet qu'une seule période de ferveur religieuse sous l'effet du bouddhisme, religion étrangère qui fut condamnée et persécutée par la suite. Il en resta un culte populaire très fort, basé sur un syncrétisme religieux empruntant à la fois au culte des ancêtre, au bouddhisme et au taoïsme. Pour les tenants du pouvoir et les élites, la morale confucéenne était de rigueur.

Les fondements de la pensée chinoise furent établis dès l'Antiquité dans le *Canon des Mutations*, ouvrage qui devait être promu sous les Han au rang de classique, et constituer une partie de la « tradition confucéenne ».

Des notions qui seront des constantes de la civilisation chinoise se dégagent donc dès l'Antiquité et, d'abord, la conception d'un monde vu comme une totalité, formé de forces et de vertus opposées et complémentaires. A l'origine, tout mouvement primordial se manifeste selon les deux modalités du *yin* et du *yang*. Le *yin* étant le passif, le terrestre, le féminin, est représenté par une ligne brisée. Le *yang* étant l'actif, le soleil, le masculin est une ligne droite.

Les *Huit Trigrammes* fondamentaux, formés à partir de ces lignes, symbolisent l'apparition, la montée puis le déclin de la puissance vitale au cours des innombrables mutations de l'univers.

Une autre notion apparaît dès l'Antiquité. Il s'agit du culte des ancêtres, qui demeurera par la suite au cœur du système de pensée. Les ancêtres servent d'intermédiaires entre les êtres humains et les puissances supérieures et sont très souvent consultés au moyen de la divination. Celle-ci consiste en une interprétation des craquelures apparues sur des os d'omoplate ou sur des carapaces de tortue soumis au préalable au feu.

Le culte du ciel remonte également aux origines de la civilisation chinoise. Les missionnaires jésuites tentèrent lors de leur pénétration en Chine au XVIIIe siècle d'utiliser cette notion pour l'assimiler à l'existence de Dieu. Pour les Chinois, le monde céleste est une réplique du monde terrestre, et une parenté s'établit très vite au cours des siècles, qui fit de l'empereur le *fils du ciel* doté d'un mandat céleste.

Très vite l'importance du rituel se révéla. La notion de *Li*, ou rite, évoque la norme de conduite. Tout aussi importante est la notion de vertu, le *De*, qui exprime la qualité fondamentale par laquelle se règlent les rapports entre les hommes. Les notions de rite et de vertu acquièrent au fil des siècles une importance de plus en plus grande, tandis qu'elles glissaient du domaine de la religion à celui de la morale. Le plan essentiel de la vertu devint l'éducation et celui du rite la normalisation. La vertu sert à maintenir les sujets, et les rites ne sont plus qu'un instrument de gouvernement qui protège son autorité.

Le confucianisme

Le sage **Confucius**, ou **Kong Zi**, 551-479 avant J.-C., est originaire de l'État de *Lu* (Shandong). Sa doctrine, connue par ses *Entretiens* s'appuie sur l'étude des classiques. Il accorde une grande importance au perfectionnement individuel à travers l'étude et au culte du *ren* qui consiste à aimer autrui, à respecter les rites et à faire preuve de piété filiale. L'idéal politique de Confucius est une paix véritable, réalisée par un prince vertueux.

Toutefois cette doctrine doit beaucoup à l'apport théorique postérieur à Confucius.

Sous les Song, **Zhu Xi** (1130-1200) donna une nouvelle interprétation du confucianisme qui s'imposa sous le nom de *néo-confucianisme* ou *école de la nature humaine*. La morale et l'éducation deviennent alors le fondement des empires autoritaires et paternalistes Ming et Qing. C'est sous cette forme que le confucianisme apparaîtra à l'Occident à la fin du XVIIIe siècle.

Le légisme

Toute l'originalité de cette pensée se trouve contenue dans l'œuvre de **Han Fei** (IIIe siècle av. J.-C.) qui, contrairement aux confucéens, affirme la toute-puissance des institutions politiques et des lois comme règle de gouvernement. Sous les Han cependant, et par la suite, le légisme s'est souvent associé au confucianisme comme règle de gouvernement.

Le taoïsme

L'origine du taoïsme remonte aux plus lointaines traditions. Le principe suprême en est le *dao* qui signifie « voie ». C'est le principe créateur qui gouverne le cosmos et lui assure son unité. Aux contraintes de la morale et de la loi, les taoïstes opposent un idéal de vie autonome où il faut retrouver la simplicité parfaite et se conformer au rythme de la vie universelle. Le *dao* est silence et indifférence. Les chefs-d'œuvre de ce courant de pensée sont le *Dao de jing* et le *Zhuang Zi*, deux joyaux de la culture chinoise. Par la suite, le taoïsme perdit beaucoup de sa pureté au profit d'une multiplication de pratiques magico-religieuses qui en altérèrent la signification profonde.

Le bouddhisme

Religion étrangère en provenance de l'Inde, elle pénètre en Chine par la route de la soie. Longtemps confondue avec le taoïsme, elle est, à partir du Ve siècle, à l'origine d'un vaste élan mystique qui ne peut s'expliquer que par le contexte social et politique troublé de l'époque. Des moines étrangers, **Boddhidarma** par exemple, firent connaître la doctrine tandis que des moines chinois (**Hui Yan**) se rendaient en Inde y chercher les précieux *sûtra*. Tout un courant intellectuel alimenta le bouddhisme à ses débuts. Des éléments purement chinois s'imposèrent à cette doctrine religieuse et donnèrent naissance à l'école de méditation appelée *Chan* d'où sortira le *Zen* du Japon. Dans le *Chan*, la « vraie connaissance » ne peut être atteinte que par intuition.

Par ailleurs un culte populaire se dégagea, empruntant quelques-unes de ses croyances au taoïsme. Il s'agit de la secte de la **Terre Pure** qui fut l'objet d'une grande ferveur populaire du fait de la simplicité de ses pratiques. Elle promettait la renaissance éternelle en quelque paradis à ceux qui vouaient un culte au Bouddha Amitâbha.

Le bouddhisme fut jusqu'au Xe siècle la religion officielle. A la suite d'une série de revers politiques, ajoutés à la pression de plus en plus menaçante des peuples de la steppe du Nord, une réaction de xénophobie très violente se déclencha contre tout ce qui était étranger et en premier lieu contre le bouddhisme qui fut l'objet d'une répression terrible en 845.

Il ne resta du bouddhisme que les éléments chinois, le *Chan,* qui devint une secte de plus en plus ésotérique et un culte religieux syncrétique empruntant aux divers courants de pensée et s'associant à des rites anciens de l'Antiquité. Beaucoup de superstitions et d'éléments des divination entrent dans ce culte, mais on ne peut pas parler d'adhésion à un dogme religieux.

La République populaire proclamée en 1949 érigea le marxisme en doctrine officielle. Le nouveau régime reconnaît en principe la liberté de culte mais interdit tout prosélytisme. Il met particulièrement l'accent sur la lutte contre les superstitions dont les supports étaient le taoïsme et un bouddhisme abâtardi.

L'élargissement très net de l'influence du marxisme tient beaucoup au fait que ses composantes essentielles, matérialisme et dialectique, sont déjà présentes sous une forme primitive dans la pensée chinoise. La réforme agraire qui fut la pierre de touche des communistes répondait à une des aspirations profondes de la tradition révolutionnaire chinoise. Mao Zedong a su lier le marxisme, philosophie étrangère, aux tendances propres de ce pays.

Encore aujourd'hui on a le sentiment que deux voies continuent de s'opposer : celle, traditionnelle, qui accorde une plus grande importance à la formation de l'homme et à son intégration dans le socialisme et l'autre, plus occidentale, qui prône l'ouverture sur l'étranger et l'introduction de sa technologie.

Déjà, au début du siècle, une tentative avait été faite pour parvenir à un compromis. Une modernisation sur le modèle occidental avait été entreprise avec en contrepartie le renforcement de l'orthodoxie confucéenne ; la tentative s'était soldée par un échec en ce qui concerne la modernisation. Aujourd'hui l'enjeu reste quasiment le même entre une orthodoxie idéologique et l'introduction de la technologie occidentale qui risque de bouleverser la société chinoise.

Parmi les fêtes religieuses, signalons la grande **fête des morts** où le culte des ancêtres se mêle à des croyances bouddhistes. Elle est célébrée encore aujourd'hui le 15e jour du septième mois lunaire.

Les divinités chinoises

Le Bouddha cesse d'être un maître terrestre et devient le principe universel, la divinité qui révèle la Vérité. Trois Bouddhas sont vénérés. *Cakyamuni*, en chinois **Shijiamuni**, est le Bouddha historique. *Amithâba*, en chinois **Amituofu**, est la grande figure religieuse de la secte de la Terre Pure. *Maitreya*, en chinois **Miluofu**, ou encore **Nile**, est une divinité qui doit au prochain cycle descendre sur terre sous forme de Bouddha. Ce dieu de la richesse ventru et grimaçant est souvent assis à l'entrée des temples.

Les bodhisattva. Ce sont des divinités plus abordables. Le *bodhisattva* est « *celui qui est destiné à connaître l'illumination* ». Il apporte aide et réconfort à l'humanité souffrante. *Avalokiteçvara* connu en Chine sous le nom de **Guan Yin** est le plus populaire, représenté à partir des Ming sous les traits d'une femme qui symbolise la déesse de la miséricorde.

Deux autres *bodhisattva* sont très souvent représentés ensemble. Il s'agit de **Wenshu**, en sanscrit *Manjuçri*, personnification de la sagesse qui est aussi vénéré comme la divinité du bonheur et de la chance, et de **Puxian**.

Les gardiens célestes, Tian Wang. Ce sont les protecteurs du bouddhisme. Ils se trouvent à l'entrée des temples. Le gardien de l'Est a une épée magique ; celui de l'Ouest porte une *pipa*, celui du Sud une ombrelle et celui du Nord est reconnaissable à la pagode ou au serpent qu'il tient.

Les luohan. Du mot sanscrit *arhat* qui signifie « *vénérable personnage* ». Dans la tradition chinoise, ces *luohan* varient entre 18 et 500. Ce sont les disciples du Bouddha et les gardiens de sa doctrine. Ils sont réputés avoir une grande variété de pouvoirs surnaturels.

Un certain nombre de divinités sont issues du taoïsme. **Les Trois Purs, San Qing.** Ce sont les dieux du taoïsme : la Pureté du Jade Céleste, la Pureté absolue de la Voie et la Pureté suprême du Vénérable Patriarche Lao Zi, **les Huit Immortels** du panthéon taoïste, très connus pour leur expédition commune « Les Huit Immortels traversant la mer ». **Les Trois Augustes** : Fu Xi, Nü Wa et Sheng Nong et les **Cinq Empereurs** : Huang Di, Zhuan Xu, Di Ku, Yao et Shun sont tous des souverains mythologiques de la Chine antique.

LES RELIGIONS ÉTRANGÈRES

Le christianisme

La première percée du christianisme se fit sous les Tang, dans une forme nestorienne. Une stèle datant de 781 est exposée au musée de Xi'an, elle décrit l'installation de la première église nestorienne en Chine par un Syrien nommé Raban. C'est sous les Ming, avec l'arrivée des premières missions jésuites — dont celle de Matteo Ricci (1552-1610), que le catholicisme gagne de l'influence. Les Chinois étaient alors plus intéressés par les idées scientifiques et philosophiques que les jésuites enseignaient que par l'introduction d'une religion nouvelle. Leurs successeurs eurent contre eux de n'être pas des hommes de science et leur prosélytisme suscita de violentes réactions. Avec la pénétration étrangère, elle-même favorisée par l'implantation des missions, le catholicisme réussit à s'implanter dans de nombreuses régions côtières, tout au long des XIXᵉ et XXᵉ siècles. Le christianisme a toujours été vu comme un danger par les Chinois non pas tant par le prétexte que les missions donnaient aux puissances étrangères pour maintenir leurs forces militaires que par la menace qu'il faisait planer sur tout un système de valeurs de la société traditionnelle chinoise. Aujourd'hui, on compte 3 millions de fidèles rassemblés au sein de l'Église patriote qui fit schisme avec le Vatican en 1957. Après de sombres heures durant la Révolution culturelle, la liberté de culte a été rétablie (600 églises ont été réouvertes au culte) mais la position des autorités face au Vatican reste inchangée même si quelques contacts ont été rétablis à travers les visites récentes de Mère Térésa et de l'archevêque des Philippines. Les protestants, au nombre de 2 millions, n'étant soumis à aucune autorité étrangère, froissent moins le nationalisme chinois et bénéficient d'une plus grande tolérance.

L'islam

L'islam pénétra en Chine sous les Tang avec les marchands arabes qui empruntaient la route de la soie ; sous les Yuan, d'autres voies furent empruntées, la voie maritime — les marchands arabes firent construire des mosquées à Canton et à Quanzhou — mais aussi, par le Sud-Ouest, la voie qui traverse le Yunnan et le Guizhou. Des Han se convertirent à l'islam formant les communautés Hui que l'on trouve au Nord de la Chine, avec une forte concentration au Ningxia et dans le Gansu, mais aussi dans le Fujian, au Yunnan où il n'y a pas si longtemps, en 1975, un soulèvement Hui fut brutalement réprimé. La plus forte communauté musulmane se trouve cependant au Xinjiang parmi les Ouigours, farouchement hostiles à la présence chinoise. Depuis le rétablissement de la liberté de culte, plus de 1400 mosquées ont été reconstruites, les pèlerinages à La Mecque sont à nouveau autorisés depuis 1979. On compte aujourd'hui 30 millions de musulmans (y compris les Hui).

Les juifs

Les premiers juifs arrivèrent au début de notre ère dans la capitale qui était alors Kaifeng (Henan). Au XVIIᵉ siècle, lorsque les premiers missionnaires prirent contact avec eux, ils étaient complètement sinisés ou convertis à l'islam. Aujourd'hui 200 Chinois vivant à Kaifeng seraient les descendants directs de cette vieille communauté juive. Une autre vague d'émigration eut lieu beaucoup plus tard au XIXᵉ siècle ; il s'agissait de juifs britanniques venant d'Inde qui fondèrent de véritables empires financiers à Shanghai et de juifs russes, travaillant sur la concession russe de la ligne ferroviaire Russie-Mandchourie, qui s'installèrent en Mandchourie après la révolution de 1917. En 1930, la communauté juive de Harbin comptait 15 000 personnes, il ne reste plus qu'une vieille femme vivant dans un dénuement total. La dernière vague coïncide avec la persécution nazie de 1933 à 1939 : 14 000 juifs s'installèrent à Shanghai, la plupart repartirent à la fin de la guerre.

L'ART ET LE QUOTIDIEN

L'archéologie

Bien que l'archéologie ne puisse pas être considérée comme un art en soi, il était impossible de ne pas en dire un mot dans une présentation de l'art en Chine. Il semblerait en effet qu'un véritable âge d'or vienne de s'ouvrir pour l'archéologie chinoise : des découvertes plus stupéfiantes les unes que les autres permettent sans cesse d'apporter des précisions sur le passé de cette civilisation multi-millénaire.

Parallèlement à ces découvertes, de nouveaux musées s'ouvrent dans toutes les provinces, plus riches et plus spectaculaires les uns que les autres. Le site le plus célèbre est celui du tombeau de Qin Shihuangdi, non loin de Xi'an, dans lequel on a mis à jour une armée de terre, avec des milliers de soldats et de chevaux grandeur nature. Tout aussi intéressant est le musée de Changsha, dans la province du Hunan, où se trouvent exposés les trésors découverts à Mawangdui dans un tombeau du IIIᵉ siècle. Et le musée de Jingzhou, ouvert en 1985, non loin de Shashi, au Hubei, n'est pas le moins impressionnant, pour ne citer que ceux-là.

Et les découvertes ne cessent de se multiplier. En septembre 1985, on apprenait que des archéoloques avaient mis à jour l'une des premières capitales de la Chine, dans la province du Henan. Yanshi, capitale de la dynastie Shang (1700-1066 avant J.-C.), serait, d'après les spécialistes chinois, « *le site le mieux préservé des anciennes villes chinoises découvertes jusqu'à présent* ».

Les historiens s'avouent débordés par le déluge d'informations qui nous parvient presque quotidiennement de la plus haute Antiquité chinoise : rien que pour les vestiges du néolithique, on compte plus de 7 000 sites dispersés dans l'ensemble du pays !

L'architecture

Mis à part quelques perfectionnements, l'architecture chinoise a peu varié au cours des siècles. Dans les campagnes, nombre de maisons sont montées en briques dont l'argile, abondante, permet une grosse production. La pierre, relativement rare en Chine du Nord, semble avoir été jusqu'à une période récente peu employée. Ces constructions fragiles en brique ou en bois disparurent dans le tourbillon des guerres, incendies, inondations, révoltes, etc. L'architecture que nous rencontrons le plus souvent en Chine est postérieure aux Song.

La maison traditionnelle dispose d'un espace soigneusement clos. Derrière une porte principale, un écran en brique appelé *jing bi* est destiné à protéger la maison des mauvais esprits. Derrière cet écran, une nouvelle porte mène à la cour-jardin sur laquelle s'ouvre le bâtiment principal fait de piliers de bois supportant un vaste toit de tuile. Des passages couverts *(lang)* relient les autres bâtiments entre eux. Autour de ces quartiers d'habitation relativement bas s'élèvent les murailles des villes, montées en terre damée, percées de portes en brique et dotées de tours de guet. Mais ce sont surtout les pagodes qui retiendront l'attention. Elles furent introduites par le bouddhisme dès la fin du IVe siècle pour servir de reliquaires. Très souvent en brique ou en bois, rarement en pierre, de forme le plus souvent carrée ou octogonale, avec sept ou treize étages. La plupart malheureusement ont disparu et seuls subsistent les édifices en brique ou en pierre comme les pagodes de Xi'an, ultimes témoins d'une brillante capitale.

Sous les Qing, une forme nouvelle apparaît avec le *dagoba* indien, en forme de bouteille et en marbre blanc, par exemple, la pagode blanche du Beihai à Pékin.

Les monastères sont divisés en sept ensembles : un sanctuaire ou salle centrale qui est la salle du Bouddha, la salle des prêches, la pagode, la tour de la cloche, la bibliothèque où se trouvent les *sûtras* et enfin les cellules des moines.

On ne trouve quasiment pas de temple antérieur aux Ming (XIVe siècle). Ceux qui furent fondés à l'époque Tang furent reconstruits par la suite à plusieurs reprises.

L'architecture moderne bouleverse quelque peu ces schémas traditionnels. Elle semble très marquée par l'influence soviétique : bâtiments très imposants d'une rigueur extrême de la place Tian anmen à Pékin. Les constructions, jusqu'à une date très récente, ne dépassaient pas cinq étages, la plupart en brique. Mais depuis peu sont apparus des immeubles nettement plus élevés. D'une façon générale l'économie prime sur l'esthétique.

Les jardins

L'aménagement des jardins en Chine fut le fait d'une élite, à savoir les fonctionnaires lettrés qui aimaient après une vie officielle se retirer dans un lieu paisible. Tous les jardins étaient donc privés et l'endroit idéal était Suzhou ou encore Yangzhou, deux villes du Jiangsu.

L'élaboration des jardins obéit à des règles précises sur le plan technique. On y trouve des constructions massives ou s'étirant en galerie ou encore des pavillons, des collines artificielles pour lesquelles des pierres aux formes étranges étaient recherchées ; des lacs, éléments essentiels traversés par des ponts ; enfin la végétation, composée de bambous, d'essences rares et de fleurs. L'influence du bouddhisme fut très forte dans l'aménagement de ces jardins, vus comme un microcosme qui reproduit une nature disciplinée par l'homme. Montagnes et perspectives constituent un jeu pour le regard tandis que l'eau crée le mouvement.

La peinture

En Chine, les expressions écrites et picturales fondées sur l'usage du pinceau se trouvent très étroitement liées, et tout lettré devait y exceller. Poésie, peinture et calligraphie exprimèrent les sentiments d'une classe bien définie, celle des fonctionnaires lettrés.

De la dynastie Han jusqu'à la fin des Tang, les personnages occupent une place prépondérante dans la peinture ; ce n'est que sous les Song, que les paysages deviennent l'aspect le plus important de la peinture chinoise. Des règles très strictes furent définies par les grands maîtres de la peinture Song, qui allaient devenir les critères académiques de cet art : elles concernent l'esprit, le rythme, la pensée, le décor, le pinceau et l'encre. Une partie importante de la formation du peintre consiste à étudier les anciens maîtres, ce que recherche l'artiste étant plus l'acquisition d'une harmonie que l'originalité d'une création. Les œuvres de Ma Yuan, Xia Kui, deux peintres de l'époque Song, représentent la quintessence même de la peinture chinoise. Le peintre ne cherche pas à reproduire un paysage mais à capter son essence et son énergie. Par la suite une distinction se fit entre deux types de peinture, une plus personnelle, parfois même en marge du pouvoir, qui s'oriente vers l'expressionnisme abstrait marquée par de grandes figures comme Dao Shi, Ba Da Shanren (début des Qing) qui furent les maîtres du grand peintre contemporain Qi Baishi et dont les plus grands maîtres actuels ont repris l'héritage : Li Keran, Huang Yongyu, Cui Zifan, Wu Zuoren. L'autre peinture est la peinture officielle qui va de la peinture décorative des Qing à la peinture « réaliste » du régime actuel ; il s'agit d'une peinture purement illustrative dont l'habileté technique force parfois l'admiration comme la peinture des peintres paysans du Huxian qui se situent dans une tradition populaire très riche, ainsi qu'en témoignent les ravissantes « images du nouvel an » (*nian hua*), mais qui ne dépasse jamais le domaine des arts appliqués dans lequel les Chinois font preuve d'une invention prodigieuse, des bandes dessinées aux papiers découpés.

La peinture à l'huile n'a guère produit de grandes œuvres jusqu'à présent. Les artistes chinois copient des techniques étrangères sans trouver une veine de création. Des peintres comme Xu Beihong ou Zao Wuqi (qui vit à Paris) influencés par l'impressionnisme, Picasso, Matisse, ont tenté une synthèse avec la peinture tradi-

tionnelle, mais les efforts dans cette voie ont été brisés par l'influence déterminante de la peinture soviétique des années cinquante dont le réalisme se prêtait bien aux buts de propagande auxquels était lié l'art.

La politique d'ouverture mise en pratique par Deng Xiaoping depuis 1980 a apporté un nouveau souffle dans l'art en Chine. En 1980, un groupe de jeunes artistes « Xing Xing » (Étoiles) organisaient une manifestation pour la liberté de création. Les leaders du groupe : le sculpteur Wang Keping et le peintre Ma Desheng vivent actuellement à Paris. Mis à part le peintre Yin Guangzhong qui a choisi de s'isoler dans sa lointaine province de Guizhou, les autres, plus pessimistes sur les espoirs d'une véritable libéralisation, ont préféré dans l'ensemble utiliser leur notoriété à l'étranger pour émigrer. Entre-temps s'est affirmé en Chine un nouveau courant artistique, qui continue à défendre son autonomie face au pouvoir politique. La jeune peinture chinoise est à la recherche de ses racines et de son identité pour imposer sa propre universalité. Pour y parvenir, elle doit au préalable se guérir d'une véritable indigestion de peinture moderne occidentale, qui a conquis ces dernières années l'espace artistique, avec tous les excès que l'on peut imaginer de la part d'artistes frustrés durant tant d'années d'être isolés du reste du monde.

La sculpture

La sculpture constitue un art moins apprécié que la peinture, souvent abandonné aux mains des artisans. C'est sous les Han que nous rencontrons les premières sculptures monumentales en pierre. Il s'agit en réalité de bas-reliefs, un art pictural où la scène est gravée sur une dalle de pierre.

Le grand moment de la sculpture chinoise est sans conteste celui de la sculpture bouddhique qui orne les temples et les sanctuaires rupestres. Plusieurs périodes se dessinent.

L'art du Gandhâra est présent dans les premiers Bouddhas que l'on peut voir à l'intérieur des grottes de Yun Gang. Les épaules et la poitrine sont massives et l'expression quelque peu figée.

· A partir du VIe siècle, un nouveau style se dessine qui se dégage de l'influence indienne, plus angulaire. Le visage acquiert une nouvelle intensité où se mêlent la douceur et la spiritualité. Les plis de la robe tombent le long du corps, animés d'un mouvement propre. Les grottes de Long Men inaugurent cette sculpture bouddhique purement chinoise. Le Bouddha est désormais entouré d'une foule de divinités annexes : *bodhisattva, apsara, luohan* qui expriment par leur présence la polyvalence religieuse de la divinité principale.

Une nouvelle évolution se fait sous les Tang. Les formes sont modelées avec plus d'assurance et ne sont plus camouflées par une cascade de plis. Néanmoins la volupté des formes indiennes est atténuée par une réserve chinoise qui crée un style plus grave et plus majestueux.

Les sculpteurs préféraient en général travailler dans des matières malléables comme la laque sèche, l'argile, le bronze ou le stuc, qui leur permettaient une plus grande liberté de mouvement et d'expression que la pierre. Dans les sanctuaires rupestres, les artistes travaillèrent sur un calcaire fin ou sur du grès.

Par la suite, vers la fin des Tang, cet art dégénéra en une répétition mécanique d'effets techniques. L'élément spirituel avait disparu et la figure du Bouddha perdit toute expression.

A travers les sanctuaires et les dynasties, on retrouve le personnage du Bouddha représenté dans des attitudes symboliques qui correspondent aux grands moments de sa vie religieuse. Il y a les quatre positions du corps : debout, les pieds parallèles ; debout, déhanché, le corps reposant sur un seul pied ; en position assise ; couché sur le côté droit. Il y a aussi quatre positions des mains : les mains croisées sur les cuisses, symbole de réflexion profonde ; la main droite touche le sol du bout des doigts, symbole de la lutte contre les forces du Mal ; le pouce de la main droite touche l'index, la main gauche est inclinée, symbole du prêche ; les mains couchées à plat, symbole de la béatitude absolue.

D'autres symboles s'expriment à travers la représentation d'animaux (l'éléphant : l'Inde, la sagesse ; la gazelle : le troupeau des fidèles ; le lion : la voix de la Loi) ou de plantes (le lotus : la pureté ; le figuier pippal : la Vérité bouddhique, à cause du premier prêche du Bouddha qui se fit sous un figuier).

La musique

C'est au XVIe siècle que fut adoptée une gamme chromatique, tempérée de seize *liu*, à partir desquels on peut obtenir soixante tons différents.

Les principaux instruments. A cordes : le *qin* ou luth à sept cordes ; le *pipa*, en bois ressemble à la guitare ; le *huqin*, ou violon chinois est destiné spécialement à l'opéra de Pékin.

Instruments à vent : le *sheng*, ou orgue à bouche ; le *suona*, qui est un hautbois chinois.

Instruments à percussion : le *boz-*

hong, qui est une cloche en bronze ; les *luo* ou gongs et les *bo* ou cymbales.

Instruments en bois : le *poban*, des planchettes que l'on frappe pour marquer les temps forts. Le *gu*, tambour, peut adopter différentes formes.

Le théâtre

L'opéra chinois. La forme la plus connue de l'opéra chinois est l'opéra de Pékin (Jingju) ; ses origines assez récentes remontent au début du XIXe siècle quand il fut créé sur la base d'une combinaison d'opéras locaux plus anciens. Mei Lanfang, célèbre pour ses rôles de composition, lui donna ses titres de noblesse. L'opéra de Pékin s'appuie sur quatre éléments fondamentaux : le chant, les dialogues, l'acrobatie et les arts martiaux. Les décors sont extrêmement dépouillés, le lieu et l'action sont créés uniquement par le jeu des acteurs, grâce à des mouvements conventionnels. Les rôles sont divisés en quatre catégories : le *sheng* ou rôle principal masculin, le *dan* ou rôle féminin (autrefois joué par des hommes), le *chou* qui est le personnage bouffon, et les *jing* avec les figures peintes qui sont les généraux. Il existe par ailleurs un grand nombre de personnages secondaires, chaque rôle correspondant à un type de chant et de gestes.

Le répertoire comprenait traditionnellement des récits tirés de romans célèbres comme le *Roman au bord de l'eau, Les trois Royaumes*. Les morceaux les plus connus sont *Les généraux de la famille Yang, La femme simulant la folie, La vengeance du pêcheur, Troubles au royaume du ciel, L'histoire du serpent blanc*. Durant la Révolution Culturelle, l'épouse de Mao, Jiang Qing voulut réformer l'opéra, et limita le répertoire à huit opéras modèles révolutionnaires

dont *La montagne aux azalées* qui reste encore bien accueilli du public. Le problème actuellement étant de renouveler un répertoire figé où les acteurs ne composent plus leur rôle mais se contentent de le jouer comme le faisaient leurs prédécesseurs. A côté de l'opéra de Pékin, existent un grand nombre d'opéras locaux ; le Pingju (Hebei) d'inspiration très populaire, le Yueju (ou opéra de Shaoxing) qui s'appuie sur des intrigues sentimentales, le Chuanju qui est la forme que l'on retrouve dans le Sud-Ouest de la Chine (Sichuan, Guizhou, Yunnan). Les répertoires sont pleins d'humour et souvent de grande valeur littéraire : signalons enfin le Kunqu (opéra du Jiangsu) qui est un opéra plus raffiné dans le texte et le chant, dont les origines remontent à la dynastie Yuan : il a beaucoup influencé l'opéra de Pékin.

Des formes de théâtre populaire très anciennes existent avec le théâtre de marionnettes chanté et dansé sur des airs d'opéras locaux et le théâtre d'ombres populaire dans le Hebei et dans le Nord-Ouest.

Le théâtre contemporain. Le théâtre parlé (*hua ju*) est un genre introduit de l'Occident au début du siècle avec l'ouverture sur l'étranger, il est en rupture avec le théâtre traditionnel qui est un spectacle visuel et non verbal. Ce théâtre est marqué par la génération du « 4 Mai » qui demande un renouveau de l'Art, Cao Yu, Xia Yan, Tian Han... Ils sont très influencés par Ibsen, puis dans les années cinquante par le théâtre soviétique (Stanislavsky), tous deux théâtres d'un réalisme très expressif dont le meilleur exemple est *La maison de thé* mis en scène par Mei Qian et admirablement joué par la troupe d'art populaire de Pékin avec beaucoup de naturel et d'émotion.

S'il produit beaucoup, ce théâtre est cependant peu créatif et se plie assez docilement aux exigences de la propagande. Depuis 1982, une nouvelle génération d'écrivains, avec comme chef de file Gao Xingjian, essaie une nouvelle création théâtrale, influencée encore par le théâtre étranger (Brecht, Beckett, Grotowski...). En essayant d'introduire une « distanciation » entre les acteurs et leurs rôles et un effet « d'aliénation », ils enlèvent au théâtre son caractère d'illusion de la vie réelle, obligeant le public à être partie prenante du spectacle (*Arrêt d'autobus*). Gao Xingjian veut aussi redonner au théâtre sa dimension d'épopée et de spectacle (*L'homme sauvage*).

Le cinéma

Les années 30-40 à Shanghai furent l'âge d'or du cinéma chinois avec des films comme *Les anges de la rue, Une vie* et des grandes figures comme celles de l'acteur Zhao Dan ou de Ruan Lingyu, la « Garbo » chinoise. Ce cinéma était alors très marqué par le cinéma américain.

Le cinéma « communiste » a son origine dans les zones de guérilla en 1937-1938 lorsque le cinéaste Joris Ivens fit don à Zhou Enlai de sa caméra 16 mm. Après la libération, le cinéma subit la forte influence soviétique, les films retracent alors la construction du socialisme. Aujourd'hui, la production cinématographique reste centralisée autour de treize studios dont les plus importants sont à Changchun, Shanghai et Pékin avec un personnel de 400 000 employés, y compris les metteurs en scène et acteurs, qui sont des salariés attachés à un studio. La Chine produit environ 100 films par an avec des budgets médiocres (500 000 dollars), tournés souvent en intérieur dans des décors que l'on utilise pour plusieurs films faute de moyens.

A côté des films de propagande comme *La couronne de fleurs au pied de la montagne* de Xie Jin ou des films « commerciaux » de starlettes, un nouveau cinéma très prometteur est en train de naître avec des metteurs en scène pleins de talent, Chen Kaige (*La terre jaune*), Tian Zhuangzhuang (*La règle du jeu du terrain de chasse*) et Wu Tianming (*La vie*, premier film présenté aux oscars aux États-Unis en 1984), directeur du studio de Xi'an devenu le centre d'une avant-garde.

L'artisanat
La poterie et la céramique.
Les premières poteries remontent au néolithique. On a en effet découvert l'existence d'une poterie rouge ou noire, d'une grande beauté, décorée de motifs géométriques très simples, de figures humaines ou de poissons. Vous aurez l'occasion d'en voir dans les musées.

Par la suite, on note que les fours les plus anciens se seraient trouvés au pays de Yue, près de l'actuelle Shaoxing au Zhejiang, à l'époque Han. Les céramiques essayaient de reproduire l'éclat du jade. Sous les Tang, les plus belles céramiques sont les « *trois couleurs* » où se mêlent le blanc, le jaune et le vert.

L'art de la céramique atteint son sommet sous les Song. L'extrême simplicité des formes visait à mettre en valeur l'éclat des glaçures. Les plus belles pièces sont les « *blancs* » ou *Ting* et les fameux céladons bleu-gris. Sous les Ming, les fours de Jingdezhen produisirent les célèbres « *bleus et blancs* » très à la mode en Europe au XVIIIᵉ siècle et qui furent imités en Hollande par les faïenciers de Delft. L'invention des émaux peints sur couverte allait permettre la création de céramiques très riches en couleurs et en décors. Une catégorie importante de la céramique Ming est celle des « *cinq couleurs* », nom donné à une porcelaine blanche peinte en émaux. Cette céramique portait cependant les germes d'une décadence de cet art : l'habileté technique s'exerça aux dépens de la pureté des céladons Song, et les décors, sous l'influence étrangère, devinrent extravagants.

Les formes des céramiques évoluèrent peu au cours des différentes périodes. On retrouve toujours des vases aux panses simples ou rondes, des cols élancés, des formes coniques, ou bien des lignes complexes à l'imitation des bronzes archaïques.

La laque. Vernis oxydé provenant de la résine de térébinthacée, la laque était utilisée comme décor peint depuis le premier millénaire avant notre ère. Les supports traditionnels en sont le bois, l'osier ou le tissu. La décoration se faisait en laque noire sur fond rouge ou inversement. Sous les Song, les artisans mirent au point une technique de sculpture de motifs floraux sur la laque appliquée en couches épaisses sans aucun support et travaillée avant qu'elle ne durcisse.

Les cloisonnés. La plus ancienne référence connue aux émaux cloisonnés remonte au XIVᵉ siècle. Ils provenaient des ateliers d'artisans du Yunnan, établis dans la capitale. Cette technique qui permettait des couleurs très riches, devint un art majeur sous les Ming. Les pièces les plus anciennes datent du XVᵉ siècle et sont des brûle-parfums, des vases de formes archaïques, des plats, des boîtes, etc. Dans les premières œuvres, les intervalles entre les cloisons

ne sont pas parfaitement remplis mais les motifs sont très variés et très beaux. Par la suite, ces qualités se perdirent avec le perfectionnement de la technique aux dépens de la création.

Le jade. Le jade n'existe pas à l'état naturel en Chine. Le « jade véritable » apprécié des Chinois est la néphrite, roche cristalline plus dure que l'acier et d'une résistance exceptionnelle. La néphrite est en principe d'un blanc pur. Au XVIIIᵉ siècle, les sculpteurs de jade chinois découvrirent en Birmanie la source d'un autre minéral, la jadéite couleur vert pomme ou vert émeraude. Les premiers jades sculptés furent des pièces funéraires dont certaines étaient utilisées pour protéger le corps dans la sépulture. Le disque *bi*, symbole du ciel, le *cong*, petit pot cannelé, symbolise la terre, le *gui* est un sceptre plat et perforé. Le corps était ainsi protégé contre tous les maux de l'extérieur. Peu à peu ces objets rituels perdirent leur pouvoir symbolique originel pour devenir des ornements : pendentifs, agrafes de vêtements. On a retrouvé de superbes plaques en forme de dragon, de tigre, d'oiseau et de poisson, d'une extraordinaire délicatesse, généralement réalisées en spirales. Parmi les armes figurent de longs couteaux et lames de hache, *ge*, aux formes très belles.

Les bronzes. Les bronzes rituels furent les premiers témoignages de l'existence des dynasties Shang et Zhou. Ils étaient utilisés pour les offrandes de nourriture et de vins aux esprits des ancêtres. On dénombre au moins trente types principaux de vases rituels.

Ceux consacrés à la cuisson de la nourriture, parmi lesquels le tripode, le *li* et la marmite *yan*.

Les vases destinés à servir la nourriture, comme le *kui* à deux anses.

Les vases destinés à servir les liquides, comprenant le *hu*, le *gu*, de forme très élancée, le *jia* et le *kuang* en forme de saucière.

Les motifs animaliers, très stylisés, qui les décorent, sont la preuve d'une indiscutable influence des peuples nomades du désert, des Ordos de Mongolie et de Sibérie centrale. La figure la plus intéressante est celle du *taotie*, à l'origine un démon qui devint par la suite un protecteur contre les mauvais esprits.

Au VIIᵉ siècle, sous les Royaumes Combattants, la décoration est plus limitée. La surface est plate et laisse place à une incrustation de motifs géométriques. C'est sous les Han que l'on trouve les plus beaux vases incrustés. Ceux-ci ont déjà perdu leur caractère rituel et sont à usage domestique comme le *pan*, qui est un plat profond, et le *hu* ; on trouve également des brûle-parfums.

D'autres objets en bronze furent découverts dans les tombes Han, en particulier les miroirs, dont les plus célèbres sont les miroirs *T V L* dont les motifs représentent un diagramme cosmologique de bon augure. Par la suite sous les Tang les motifs magiques furent remplacés par une profusion d'ornements.

La société contemporaine

LE POUVOIR ET LES STRUCTURES DE L'ÉTAT

Les forces politiques

Le Parti communiste. Il est le noyau dirigeant de la vie politique chinoise avec 40 millions de membres dont la moitié ont adhéré durant la Révolution Culturelle. En octobre 1983, une campagne de rectification prévue pour trois ans a été lancée dans le but d'éliminer les derniers bastions maoïstes, les cadres corrompus, laxistes, mais aussi dans le but d'une vaste opération de rajeunissement des cadres. En septembre 1985, une conférence du Parti a entériné la mise à la retraite de 70 % des cadres de plus de soixante ans. A terme, cette vaste purge devrait aboutir à l'exclusion de 4 millions de membres et promouvoir l'ascension des cadres de la « troisième génération » (40-55 ans) titulaires d'un diplôme universitaire, ouvrant l'ère des technocrates qui succèdent aux vétérans d'origine paysanne formés sur le terrain tout au long des luttes qui ont déchiré le Parti. La plus haute instance est le Comité permanent du Bureau politique formé de cinq personnes : Zhao Ziyang, Hu Qili, Yao Yilin, Qiao Shi et Li Peng. Il est issu du 13ᵉ Congrès du Parti qui s'est tenu en octobre 1987 et dont l'organe permanent est le Comité central formé de 285 membres, le Bureau politique étant lui-même composé de 18 membres. Le secrétaire général du Parti communiste est Zhao Ziyang, 68 ans, qui succède à Hu Yaobang, démis de ses fonctions en janvier 1987 à la suite des mouvements de contestation estudiantine qui avaient éclaté au cours de l'hiver 1986-1987. Hu Yaobang avait lui-même succédé à Hua Guofeng en 1981.

La moyenne d'âge du Comité permanent issu du 13e Congrès est de 63 ans alors que la moyenne d'âge du précédent Comité était de 77 ans. Ce rajeunissement du personnel dirigeant est considéré comme une victoire de la tendance réformiste du PCC dont l'instigateur est Deng Xiaoping. Bien que Deng Xiaoping ait renoncé à ses fonctions suprêmes au sein du Comité central, ne gardant que le poste de président de la Commission militaire, il reste le véritable architecte des profondes réformes économiques qui sont en train de transformer le pays.

L'armée. Alors qu'en 1982, le recensement indiquait 4,2 millions de soldats pour la Chine populaire (la plus forte armée du monde par ses effectifs), l'Armée Populaire de Libération (APL) ne comptait plus que 2 millions 950 000 hommes en 1987. Son importance politique fut considérable jusqu'à ces dernières années, elle pesa de tout son poids dans les événements majeurs de la vie politique, contrôlant toutes les institutions et bénéficiant d'énormes privilèges. Deng Xiaoping, dont le troisième retour en 1977 fut possible grâce à l'armée, maître d'œuvre dans le coup d'État qui mit fin au règne de la « bande des quatre », n'a cessé cependant de ravir une à une les places fortes de l'armée. En juin 1985, Deng, qui est président de la Commission militaire du parti depuis 1981, fonction qui fait de lui le chef suprême de l'armée, a décidé la démobilisation d'un million de soldats et le départ à la retraite de 47 000 officiers. La stratégie politique à long terme est de dépolitiser complètement l'armée ; un projet de réforme tend à la professionnalisation de l'armée ; les officiers seront recrutés dans des académies militaires. Les grades ont été rétablis en mai 1985 tandis qu'ils perdaient

toutes leurs fonctions dans le domaine civil et qu'une partie du potentiel militaire était reconvertie dans des usages civils (ports, aéroports, usines...). Il n'en reste pas moins que l'armée reste une composante essentielle dans les luttes obscures que mènent les différents clans politiques.

Les partis démocratiques et le Kuomintang. Au nombre de huit, ils sont regroupés dans un organe du Front Uni appelé Assemblée consultative politique du peuple chinois (CCPPC) dont la présidente est la veuve de Zhou Enlai, Deng Yingchao. C'est un organe uniquement consultatif qui se réunit en même temps que les sessions de l'Assemblée nationale. Il a cependant un rôle de propagande non négligeable dans la politique de réunification avec Taiwan et Hong Kong.

Les organisations de masse

Elles sont toutes placées sous l'autorité du Parti communiste. Ces dernières années elles sont moins utilisées comme instruments de propagande de l'idéologie du régime mais sont néanmoins des courroies de transmission au service du pouvoir.

Les syndicats. Depuis 1979, les ouvriers ont perdu leur rôle d'avant-garde politique, les réformes mettent l'accent sur la technologie et non plus sur la mobilisation idéologique de la force de travail ; la tâche des syndicats est de faire adhérer les ouvriers à la politique de réformes et de se consacrer un peu plus aux activités sociales de l'entreprise. Ils ne disposent d'aucun pouvoir en matière de défense des ouvriers, le droit de grève a été retiré de la Constitution en 1983 tandis que les licenciements sont désormais possibles. Il n'existe qu'un seul syndicat fort

de 80 millions de membres soit 70 %
des ouvriers chinois. Le dernier Congrès
qui eut lieu en 1983 semblait donner
plus d'autonomie au syndicat sans déter-
miner cependant ses fonctions.

La Ligue de la jeunesse communiste
forme les futurs cadres politiques, elle
a à sa tête un jeune cadre, Hu Jingtao,
dont la carrière de technocrate s'annonce brillante.

L'Association des femmes est dirigée par la veuve de Zhu De (héros de
la Longue Marche et de la guérilla
communiste), Kang Keqing, qui, avec
ses 80 ans, a plus un rôle honorifique
que militant. Le Mouvement des femmes
a lui aussi perdu sa valeur de propagande au profit peut-être d'une contestation silencieuse que les femmes imposent en tant qu'individus ayant leur
spécificité propre.

La « danwei » ou unité de travail
n'est pas à proprement parler une
organisation de masse mais elle est
l'unité de base qui encadre tous les
Chinois de la manière la plus efficace.
Que ce soit une usine, une administration ou tout autre institution, la
danwei contrôle et organise la vie
des masses chinoises. Des tickets de
rationnement ou de l'achat d'une
bicyclette aux voyages en avion, à tous
types de procédures civiles (tribunal,
inscription dans une université...) au
mariage, divorce, attribution d'un logement, tout doit passer par la *danwei*
qui délivre la précieuse « lettre d'introduction ». L'individu n'est rien et
malheur à celui qui ne possède pas
d'unité car il est sans identité civile
avec l'étiquette de *liumang* (vagabond)
qui en fait un délinquant en puissance.

Les structures de l'État

Le gouvernement. Une nouvelle
constitution, établie en décembre 1982,
rétablit la fonction de président de la
République, supprimée en 1969. L'actuel
président, Li Xiannian, a été élu par
l'Assemblée nationale en 1983, son mandat de cinq ans n'est pas renouvelable.

Les affaires courantes de l'État sont
décidées par le Conseil des affaires
d'État, organe qui comprend quarante-
cinq ministères, dix conseillers d'État et
à sa tête le Premier ministre, Li Peng,
et quatre vice-Premiers ministres. Li
Peng, 59 ans, a succédé à Zhao Ziyang
en novembre 1987, au moment où ce
dernier est devenu secrétaire général du
PCC, mais sa nomination doit être
entérinée en mars 1988, à l'issue du
prochain congrès de l'Assemblée Nationale Populaire. Considéré par certains
comme « conservateur », Li Peng n'est
pas certain de garder son titre. Depuis
1982, plusieurs vagues de remaniements
ministériels ont porté l'âge moyen des
membres du gouvernement à moins de
55 ans.

L'Assemblée nationale populaire
(ANP). La sixième Assemblée a été élue
en juin 1983 pour une durée de cinq
ans. Le président Peng Zhen a succédé
au puissant maréchal Ye Jianying. En
théorie, elle a le pouvoir d'amender la
Constitution et de nommer les membres
du gouvernement, en pratique elle ne
fait qu'entériner des décisions prises en
haut.

Les provinces. Le pays est divisé en
21 provinces, 5 régions autonomes et
3 municipalités. La quasi-totalité des
gouverneurs et secrétaires du Parti (pour
la plupart, des militaires) ont été remplacés depuis 1983. La nouvelle constitution démantèle la commune populaire
qui fut une des pierres de touche de l'ère

maoïste. Fin 1984, les 54 000 communes populaires étaient remplacées par 90 000 « agglomérations » ou *zhen* qui sont des petites villes ou bourgs. Le sociologue chinois Fei Xiatong a annoncé que d'ici l'an 2000, 300 millions de paysans, soit 40 % de la population rurale quitteraient la terre pour s'installer dans ces bourgs. Au-dessus du bourg se trouve le district et en-dessous le canton (*xiang*) qui remplace l'ancienne brigade de production.

LA SANTÉ

Les dépenses de santé représentent un peu plus de 3 % du PNB soit 15 yuans par habitant ; en fait ce chiffre cache une grande disparité entre villes et campagnes (respectivement 33 yuans et 9 yuans) où les méthodes d'acupuncture et les soins à base de plantes sont encore largement utilisés. L'infrastructure hospitalière compte un peu plus de 2 millions de lits, dont un tiers seulement dans les campagnes avec 1 million de médecins pour 800 millions d'habitants. Cette carence médicale était compensée sous Mao par le système des « médecins aux pieds nus » qui restaient attachés à la production. Priés de « remettre leurs chaussures », ils sont devenus des auxiliaires médicaux à plein temps responsables de la prévention et de l'hygiène en milieu rural, ce qui a permis, grâce à un système de vaccinations intensives depuis 1952, de venir à bout de maladies contagieuses et parasitaires ; le taux de la tuberculose est tombé à 0,7 %, les cas de polio ont chuté de 66 % ; la variole, la typhoïde, le choléra ont disparu. Il subsiste encore des cas de dysenterie qui peuvent être mortels pour les enfants et les vieillards (quelques cas à Pékin, Xi'an) tandis que des efforts sont faits pour endiguer la filariose. Le dépistage des maladies chez la mère et l'enfant a fait baisser considérablement le taux de mortalité infantile (3,5 % en 1981) mais beaucoup d'enfants souffrent encore d'anémie (33 % à Pékin). Aujourd'hui, les principales causes de décès sont le cancer, les maladies cardio-vasculaires (21,5 %), les congestions cérébrales (22 %), un cas de SIDA (AIDS) a été décelé pour la première fois en juillet 1985 sur la personne d'un touriste argentin décédé à Pékin.

Depuis quelques années, des efforts sont faits en vue de soigner et d'intégrer les 10 millions de handicapés grâce à une association dirigée par le fils de Deng, lui-même handicapé (il fut défenestré durant la Révolution Culturelle). De même, la psychiatrie en est à ses balbutiements, les dernières statistiques indiquaient 6 millions de malades mentaux en Chine.

En Chine, l'assistance médicale est gratuite pour les employés et les ouvriers qui travaillent dans un organisme ou une usine d'État. A la campagne, un système de cotisations à la charge du paysan prévaut ; en cas de maladie grave, la collectivité peut assurer une subvention tirée du fonds d'accumulation collectif. Depuis quelques années, une forme de médecine privée a été encouragée par les autorités pour pallier la carence de soins ; les médecins peuvent désormais avoir des consultations privées en dehors de leur travail. En 1987, on recensait déjà 136 000 médecins privés ; de même des cliniques privées ont fait leur apparition.

LA DÉMOGRAPHIE
QUELQUES CHIFFRES D'ABORD

Le dernier recensement officiel de la Chine date du 1er juillet 1982. La population chinoise comprenait alors

1 031 882 511 habitants, y compris la population de Taïwan (18 271 000 habitants). En 1949, la population chinoise était de 541 670 000 habitants, en 1965 de 725 380 000 habitants. La majorité de la population est massée dans le tiers Est du pays avec une concentration croissante le long des plaines fluviales.

Surface globale : 9,6 millions de kilomètres carrés, ce qui représente 18 fois la superficie de la France. Surface cultivable : 12 % de la surface totale (110 millions d'hectares) dont un tiers de surfaces irriguées (36 millions d'hectares).

Taux d'accroissement naturel par an : en 1952, il était de 20 ‰ par an, en 1981, de 14,5 ‰. Le but des autorités chinoises est de le faire descendre au-dessous de 10 ‰ par an.

Le contrôle des naissances représente un secteur important de la politique sociale actuelle ; ses résultats sont encore loin d'être pleinement satisfaisants. La politique du Parti communiste a plusieurs fois varié en ce domaine. Au début des années 50, des contradictions existaient entre la reconnaissance de la nécessité d'un contrôle des naissances et les préceptes de la doctrine marxiste. Les dirigeants considéraient les théories malthusiennes comme une justification théorique du capitalisme. Un programme de régulation des naissances fut lancé en 1955 puis suspendu au cours de l'année 1958 pour faire face aux exigences du Grand Bond en avant.

Ses bienfaits en faveur de la femme furent longtemps les raisons invoquées pour justifier la régulation des naissances. Aujourd'hui, un pas a été franchi : elle est annoncée comme un moyen essentiel d'action sur le taux d'accroissement naturel. Les dirigeants reconnaissent l'importance du rapport entre la croissance démographique et celle de l'économie : l'accroissement de population trop fort pouvant réduire les effets du développement économique en cours.

Depuis 1980, des mesures draconiennes ont été prises en vue d'imposer un enfant par famille, voire deux, sous autorisation, dans les campagnes. Le mariage tardif, 23 ou 24 ans, est recommandé et il existe en général un planning des naissances dans les unités de travail. La contraception est gratuite et les avortements sont souvent imposés pour le deuxième enfant, même après cinq mois. La politique de limitation des naissances se heurte à des obstacles matériels liés en particulier au partage des terres dans les campagnes qui privilégie les familles nombreuses, et à des obstacles idéologiques dans un pays où la tradition d'avoir un enfant mâle est restée forte. Depuis la mise en place des nouvelles mesures, on note une recrudescence des infanticides de bébés de sexe féminin et des cas de femmes poussées au divorce ou au suicide pour avoir donné naissance à une fille.

Un système d'incitation et de répression, variant selon les régions, a été mis en place pour faciliter le travail des équipes de propagande en faveur du planning familial. Alors que l'on autorise les femmes enceintes à réduire leurs heures de travail avant le premier accouchement et qu'un congé leur est accordé après, les avantages sociaux — crèches, bon de rationnement — diminuent brusquement après le second enfant et sont même supprimés dans certaines régions.

Dans certaines provinces, des résultats sensibles ont été enregistrés en ce qui concerne la diminution du taux d'accroissement naturel. Toutefois la régulation des naissances fonctionne mieux dans les villes qu'à la campagne. Dans les régions rurales, en raison de certains aspects conservateurs des vieilles coutumes et de l'isolement géographique, les directives centrales sont prises en considération avec beaucoup moins de rigueur.

En 1985, on comptait déjà, grâce à la politique en cours, 35 millions d'enfants uniques en Chine ! Dans les villes, 83 % des femmes qui accouchent le font pour la première fois, contre 62,3 % dans les zones rurales.

L'ÉDUCATION

Depuis 1949, la Chine a considérablement amélioré son système d'éducation. Les enfants entrent à l'école primaire à dix ans et y passent cinq ans. Les effectifs sont de 146 millions. L'enseignement secondaire du premier cycle dure trois ans et le deuxième cycle deux ans. Les effectifs dans le secondaire sont de 65 millions d'élèves. A l'heure actuelle, les enseignements primaire et secondaire du premier cycle tendent à se généraliser.

Dans l'enseignement supérieur, le nombre des étudiants s'élevait en 1982 à 1 703 115 (contre 190 000 en 1952), ce qui reste malgré tout très faible par rapport à la population. L'accès à l'université est en principe réservé à une élite recrutée sur concours. Les étudiants disposent en général d'une bourse et se voient attribuer un emploi par l'État à la fin de leur travail. L'enseignement supérieur dure quatre ans avec une ou deux années supplémentaires selon les disciplines.

Des réformes récentes ont supprimé les principes de la « révolution dans l'enseignement » qui furent une des composantes essentielles de la Révolu-

tion culturelle, à savoir, notamment, la formule mi-travail mi-études et le seul critère politique retenu pour l'accès à l'université. Les examens, supprimés pendant dix ans, ont réapparu en 1977, ainsi que l'enseignement magistral.

L'admission des jeunes enfants dans les crèches ou les écoles maternelles est en général à la charge des parents, les frais étant importants. Dans le cadre des mesures pour l'abaissement du taux de natalité, le troisième enfant d'une famille n'a pas accès aux crèches.

Pour lutter contre le vide créé par la Révolution Culturelle et le manque important d'adultes diplômés, le gouvernement chinois a institué des cours de formation professionnelle adulte. Dans ce cadre, on a développé les écoles par correspondance, les cours du soir, l'enseignement à la télévision et on a même autorisé l'ouverture de nombreuses écoles privées. Il faut dire que le chemin à parcourir sera rude : selon le recensement de 1982, la Chine compte encore 23,3 % d'analphabètes.

LE NIVEAU DE VIE

Ce que gagnent les Chinois

Les fonctionnaires. Leurs salaires s'étagent sur 23 échelons, entre 36 et 580 yuans. Les salaires les plus élevés sont souvent des « salaires historiques » accordés aux personnalités — professeurs, chercheurs, ingénieurs — de l'ancien régime ayant préféré rester dans le pays après la libération.

Les ouvriers. Leurs salaires se répartissent sur huit échelons de 50 à 200 yuans. Le salaire moyen a considérablement augmenté ces dernières années en partie grâce à l'octroi de primes dont le système a été rétabli. Le revenu moyen annuel d'un ouvrier dans une entreprise d'État se situe aujourd'hui entre 1 000 et 1 500 yuans.

Il reste cependant que les principaux bénéficiaires des réformes sont sans conteste les paysans et le secteur privé. Les ouvriers qui étaient hier l'avant-garde du régime se considèrent aujourd'hui comme les principales victimes de ces réformes.

Les paysans. L'échelle des revenus est difficile à évaluer. Le paysan, responsable de sa terre et de sa gestion depuis 1979, touche intégralement le fruit de son travail. Le revenu moyen national atteint maintenant 400 yuans par an, mais ce chiffre rend mal compte des disparités qui existent désormais entre les régions et les familles exploitantes. Certaines familles « spécialisées » (élevage, pisciculture, activités tertiaires...) arrivent à des revenus de l'ordre de 2 000-3 000 yuans par an. Dans quelques districts du Guangdong (les plus riches de Chine), certains revenus dépassent même 10 000 yuans par an.

Le secteur privé

Il est désormais possible en Chine d'échapper à la structure de la *danwei* (unité de travail), et de plus en plus de jeunes se lancent dans l'activité privée : petit commerce, entreprises privées, sociétés de conseil, médecins privés... La bonne marche des affaires est en général liée à un bon réseau de relations avec toutes les incertitudes qu'il implique, étant donné la rotation des cadres, touchés par les vagues de la campagne contre la corruption. Il est difficile d'évaluer la richesse de ce nouveau monde des affaires ; toléré à condition de rester discret, et surtout de contribuer à la richesse nationale à travers les taxes, les dons et exactions de toutes sortes de la part des collectivités locales.

Les privilèges

La société chinoise actuelle est certainement l'une des plus égalitaires du monde et l'éventail des revenus l'un des plus fermés. Néanmoins, les privilèges, s'appuyant sur des conceptions féodales qui sont loin d'avoir disparu, n'en demeurent pas moins frappants. Les nombreux avantages hiérarchiques qui ne ressortent pas de la lecture de l'éventail des salaires — logement de fonction, personnel de service, transport gratuit, tickets de rationnement, médecins de qualité, etc. — et tous ceux obtenus en empruntant « la porte de derrière » accentuent les contrastes entre une classe de bureaucrates et la plus grande partie de la population vivant dans la pauvreté.

Renseignements pratiques

Quand se rendre en Chine

Quelle que soit l'époque de l'année, il faut s'attendre à de sensibles variations de température entre le Nord et le Sud du pays, délimités approximativement par la vallée du Yangzi. (Cf. tableau).

L'été est chaud dans tout le pays et beaucoup plus humide dans le Sud. Un séjour dans les régions de Chongqing, Wuhan et Nanjing — les trois « fours » de la Chine — est particulièrement éprouvant en cette saison à cause de la température élevée qui y règne et de l'humidité.

L'hiver est rigoureux dans le Nord. Un ciel bleu, un air sec et une température pouvant descendre à moins quinze degrés caractérisent le climat hivernal de Pékin. Au Sud, la température peut souvent avoisiner zéro degré.

Les périodes idéales pour voyager en Chine, au Nord comme au Sud, sont le printemps, très court, et surtout l'automne, plus particulièrement pendant le mois d'octobre et la première quinzaine de novembre.

En hiver, le mois de février, et en été, la dernière quinzaine de juillet et la première d'août, sont les moments de l'année les moins conseillés pour voyager en Chine.

Quels vêtements emporter

Suivant les moments de l'année où vous vous rendez en Chine, il est conseillé d'emporter de mai à septembre des vêtements légers et un imperméable ; d'octobre à novembre des vêtements légers et quelques habits chauds, pull-over ou veste chaude ; et de décembre à mars des chaussures et des vêtements très chauds. Pour avril, des vêtements moins chauds sont nécessaires.

	Janv.	*Fév.*	*Mars*	*Avril*	*Mai*	*Juin*	*Juil.*	*Août*	*Sept.*	*Oct.*	*Nov.*	*Déc.*
Pékin	- 4	- 2	4	13	20	25	26	25	20	13	4	- 3
Chengdu	6	8	12	17	21	24	26	25	22	17	12	7
Guangzhou	14	15	18	22	26	27	29	29	27	24	20	15
Guilin	8	9	13	18	24	26	29	28	26	21	15	10
Harbin	- 20	- 16	- 5	6	15	20	23	22	15	6	- 6	- 16
Kunming	8	10	13	17	20	20	20	20	18	15	12	8
Nanjing	2	4	8	15	20	25	29	28	23	17	11	4
Shanghaï	3	4	8	14	19	24	28	28	24	18	13	6
Wuhan	3	5	10	16	21	26	29	29	24	18	11	6
Xi'an	- 3	2	8	14	20	26	27	26	20	13	7	1

Les formalités

Un visiteur étranger doit se soumettre aux formalités suivantes pour entrer en Chine : contrôle du passeport, des documents de santé, de douane et de change.

Si vous arrivez en train de Hong Kong, ces contrôles auront lieu au poste frontière de **Shenzhen**. Si vous arrivez, toujours en train, de Moscou, ils auront lieu aux postes de **Man zhou li**, à la frontière du Heilongjiang et de la Sibérie soviétique, ou à **Er lian**, à la frontière entre la République Populaire de Mongolie et la Chine.

Pour les passagers arrivant en avion, ces formalités s'effectuent dans les aéroports d'arrivée : Pékin, Shanghai ou Canton.

Pour ceux qui arrivent en overcraft de Hong Kong, les contrôles ont lieu à Canton.

Passeport

Les voyageurs doivent être munis d'un passeport valide et d'un visa.

Visa

Un visa collectif est donné pour les groupes de touristes.

Pour les voyageurs individuels, le visa sera apposé sur le passeport. La durée autorisée du séjour est variable. Elle est généralement accordée en fonction de votre demande.

De Paris, l'obtention d'un visa individuel est chose possible ; il convient toutefois de se renseigner avant d'en faire la demande à l'Office du tourisme de Chine (51, rue Sainte-Anne, 75002 Paris. Tél. 42.96.95.48). Ces visas ne sont plus délivrés pendant les périodes à haute fréquentation touristique — juillet, août, septembre. Les formulaires de demande de visas doivent être adressés au Service des Visas de l'Ambassade (9, rue Victor-Cresson, 92130 Issy-les-Moulineaux. Tél. 47.36.77.90).

La solution la plus sûre est encore d'être invité par un membre d'une mission diplomatique à Pékin qui vous adressera une lettre d'hébergement vous permettant d'avoir votre visa. D'autres résidents en Chine — experts, étudiants, permanents de sociétés — pourront faire les démarches auprès de la **Lüxingshe**, l'agence de voyage chinoise qui, pour la somme de 80 yuans se charge de faire inviter leurs amis.

A Hong Kong, se procurer un visa individuel ne pose pas de problème ; nombre d'agences de voyage se chargent des formalités dans un bref délai.

Prolongation de visa

Une fois en Chine, le voyageur individuel peut demander une prolongation de visa, d'une durée variable, dans les bureaux de la sécurité d'une ville inscrite à son programme. Il vaut mieux effectuer cette démarche dans une capitale provinciale ou bien une très grande ville. Dans les petites villes, les services de sécurité n'oseront pas prendre une telle responsabilité ! La durée de la prolongation est variable et dépend surtout de la bonne volonté du responsable local du bureau de la sécurité. La prolongation est généralement accordée pour une durée qui concorde avec vos souhaits.

Santé

Aucun vaccin n'est demandé pour entrer dans le pays.

Douane

Les autorités chinoises classent les visiteurs en trois catégories : les compatriotes de Hong Kong et Macao, les Chinois d'outre-mer et les étrangers résidant en Chine, enfin les personnes voyageant dans le pays pour le tourisme ou bien les affaires. Le nombre et la quantité d'articles autorisés à l'importation ainsi que les taxes à acquitter varient pour chacun de ces trois groupes de visiteurs.

En ce qui concerne les touristes étrangers, ceux-ci doivent remplir une « déclaration de bagages » dans laquelle doit être indiqué ce qu'ils emportent en Chine pour leur séjour : devises étrangères, bijoux, montre, appareil radio, caméra, appareil photo, calculatrice électronique, magnétophone et machine à écrire. Les touristes ne peuvent, en principe, apporter en Chine qu'un exemplaire de chacun de ces objets. Cette déclaration doit être conservée car elle vous sera demandée lorsque vous quittez le territoire. Vous devez ressortir avec tous les objets que vous aurez déclarés à l'aller.

Il est interdit d'importer en Chine des armes, munitions et explosifs, de l'argent chinois, des livres hostiles à la Chine, des devises non déclarées.

Il est interdit d'exporter : de l'argent chinois et des antiquités datant de plus de 120 ans.

Change

Au passage de la frontière, le montant des devises que l'on emporte en Chine doit être noté sur la « déclaration de bagages ». A chaque fois que vous changez de l'argent au cours du voyage, il vous sera remis un reçu. Conservez-les tous, car on pourra vous les demander à la sortie du pays pour vérification. Il est interdit de sortir de l'argent chinois : s'il vous en reste, il vous sera repris et échangé contre de l'argent étranger.

La Banque de Chine émet maintenant, notamment à Hong Kong, des chèques de voyage en monnaie chinoise qui peuvent être échangés contre des billets n'importe où en Chine. Maintenant tous les chèques de voyage émis par des banques occidentales en devises étrangères — dollar américain, mark, livre sterling, franc suisse, franc français, yen — sont acceptés.

Le permis de circulation intérieure

Les membres d'un groupe touristique organisé dont l'itinéraire est déjà préparé avec l'accord des responsables du tourisme n'ont pas besoin d'un permis de circulation.

Par contre, ce permis est obligatoire pour le voyageur individuel qui veut se rendre dans des villes nécessitant une autorisation préalable.

Sur les 436 villes ouvertes officiellement aux touristes étrangers, vous pouvez en visiter la majorité sans autorisation. Pour se rendre dans les autres, le voyageur individuel doit demander un permis de circulation, *Lüxingzheng* ou encore *Alien's Travel Permit*. Celui-ci mentionne le nom des villes que vous avez l'intention de visiter — une dizaine au plus par permis — ainsi que les moyens de transport utilisés — bus, train, avion, bateau ; il est délivré par le bureau de la sécurité publique de la ville où vous vous trouvez et coûte un yuan par personne. Ce permis peut vous être demandé lorsque vous prenez une chambre d'hôtel ou achetez un billet de train ou de bus.

La permission de se rendre dans certaines villes reste souvent aléatoire ;

c'est l'une des occasions d'être confronté à la bureaucratie chinoise et au pouvoir discrétionnaire. Avant d'entrer en Chine, oubliez la liste des villes ouvertes avec autorisation diffusée à Paris par l'office du tourisme : sur place, vous en découvrirez la valeur relative !

Des bureaux de la Sécurité publique : il y en a de sympas et d'autres gratinés ! Voici un palmarès établi au cours de mon dernier séjour en Chine : palme de l'amabilité à la Sécurité publique de Kunming, palme de la courtoisie et de la fermeté à celle de Chengdu, palme de la négociation à Dali, de la froideur à Canton, de l'obstruction à Lhassa.

Conseil pratique : dans les bureaux de la Sécurité publique, conservez votre calme, prenez le temps de négocier ; si l'on vous refuse l'autorisation pour une ville : renouvelez systématiquement la demande à la Sécurité publique de chacune de vos étapes. La patience et l'astuce seront récompensées !

Comment se rendre en Chine

DE HONG KONG

Hong Kong, de par sa situation est le point le plus souvent emprunté par les touristes pour entrer en Chine. L'avion, l'overcraft, le bateau et le train permettent facilement de passer la frontière. Cela suppose bien entendu que vous ayez le visa d'entrée, visa individuel ou visa collectif si vous faites partie d'un groupe.

L'obtention du visa individuel : il est facile d'obtenir un visa individuel pour entrer en Chine ; de nombreuses agences se chargent des formalités pour vous.

Le délai d'obtention va de 24 heures à trois jours ; le prix est naturellement fonction de ce délai : il faut compter entre 150 et 250 H.K. dollars.

Nous ne mentionnons ici que les trois principales agences délivrant des visas : (voir les adresses utiles)
China Travel Service
Hong Kong Student Travel Bureau
Trinity Express

A signaler : l'Office des visas du ministère des Affaires étrangères de la R.P.C. délivre des visas individuels mais uniquement pour les hommes d'affaires ; le délai d'obtention est de trois jours, le prix du visa de 40 H.K. dollars.

L'overcraft

La compagnie *Hong Kong and Yaumati Ferry* dessert, entre autres, Canton, Whampoa et Shekou. Pour ces trois destinations, l'overcraft part du *Tai Kok Tsui Ferry Pier* à Kowloon.

Pour Canton (port de Zhoutouzi), le prix du billet aller simple est de 140 H.K. dollars. La traversée dure trois heures. Trois liaisons par jour : au départ de Kowloon, deux overcrafts à 8 h 45, le troisième à 10 h ; au départ de Zhoutouzi, un overcraft à 12 h 45, les deux autres à 14 h.

Pour Whampoa, situé sur la Rivière des Perles, à une vingtaine de kilomètres en aval de Canton, le prix du billet aller simple est de 100 H.K dollars. La traversée dure deux heures et demie. Une rotation par jour : départ de Kowloon à 9 h 45 ; départ de Whampoa à 14 h 45.

Pour Shekou qui se trouve dans la nouvelle zone économique de Shenzhen au Nord-Ouest des Nouveaux Territoires, le prix du billet aller simple est de 35 H.K. dollars. La traversée dure trois quarts d'heure. Six rotations par jour ;

départ de Kowloon à 8 h, 9 h 15, 10 h 15, 14 h 15, 15 h 30 et 16 h 20 ; départ de Shekou à 8 h, 9 h 15, 10 h 15, 14 h 30, 15 h 20 et 17 h.

A signaler pour ceux qui souhaitent commencer leur périple en Chine par la province du Guangxi en direction par exemple de Guilin ou Nanning : un overcraft relie dans les deux sens Kowloon à Wuzhou quatre jours par semaine, les dimanches, mardis, jeudis et samedis. Départ de Kowloon (*Tai Kok Tsui Ferry Pier*) à 7 h 20, arrivée à Wuzhou 18 h 30 (prix : 270 H.K. dollars) ; départ de Wuzhou à 7 h 30, arrivée à Kowloon 16 h 30 (prix : 56 yuans).

A Hong Kong, on peut acheter les billets d'overcraft dans les trois agences mentionnées précédemment mais aussi auprès du *China Youth Travel Service*.

Le bateau

Quelques liaisons maritimes relient Hong Kong à la Chine ; elles desservent principalement les ports de Canton, Xiamen (province du Fujian) et Shanghai. A noter également chaque semaine une liaison avec Zhanjiang (16 heures de traversée), et tous les deux jours un bateau assure le trajet Macao-Canton.

De Hong Kong à			Tarif en H.K. Dollars			
Fréquence		*Durée*	*Cl. luxe*	*1re classe*	*2e classe*	*3e classe*
Canton	tous les 2 jours	8 h	120	75	45	40
Xiamen	1 fois par semaine	22 h	450	380	350	300
Shanghai	1 fois par semaine	56 h	845	680	540	400

Pour acheter les billets : au bureau de *Hong Kong* de *China Travel Service* (voir adresses utiles).

Le train

Deux possibilités s'offrent à vous : prendre un train direct jusqu'à Canton, ou bien un omnibus jusqu'à Lo wu, traverser à pied la frontière, puis prendre un train de Shenzhen jusqu'à Canton.

Le train direct.

Il est emprunté par les groupes touristiques et les hommes d'affaires. Si vous passez par l'intermédiaire de *China Travel Service* ou *China Youth Travel Service*, il vous en coûtera 160 H.K. dollars.

Les horaires.

96	92	94	Numéro du train	91	93	95
8 h 25	13 h 05	14 h 35	Kowloon	8 h 40	10 h 15	18 h 38
11 h 50	15 h 59	17 h 25	Canton	11 h 31	13 h 12	21 h 29

Les trains locaux.

C'est assurément la solution la plus économique, la plus longue, mais aussi la plus pittoresque ; vous traverserez à pied le pont de chemin de fer qui marque la frontière avec les Chinois de Hong Kong chargés de volumineux colis, télévisions, chaînes hi-fi, etc.

Vous achetez votre billet pour Lo wu, le poste frontière de Hong Kong, à la gare de Hung Hom à Kowloon ; le prix de l'aller est de 5 H.K. dollars en 2e classe, 10 en 1re classe ; la durée du trajet est de trente-cinq minutes.

Après avoir traversé le pont et avoir satisfait à toutes les formalités (il faut compter une heure), vous achetez votre billet pour Canton à la gare de Shenzhen, le poste frontière chinois, au rez-de-chaussée, dans le hall des guichets, au bureau de *China International Travel Service*. Le billet aller coûte 5,5 yuans en banquettes dures, 12 en banquettes molles.

Horaires des trains Shenzhen-Canton :

104	108	106	90	88	102	Numéro du train	105	107	87	101	89	103
8.10	10	11.21	12.35	14.08	15.50	Shenzhen ↓	8.57	9.52	13.13	14.46	17	19.50
11.20	12.45	14	14.58	16.31	18.15	Canton ↓	6.25	7.20	10.42	12.03	14.34	16.50

L'avion

La compagnie aérienne chinoise, la C.A.A.C., *Civil Aviation Administration of China,* dessert quotidiennement de Hong Kong les villes de Pékin, Canton, Tianjin et Shanghai ; elle assure aussi une ou plusieurs liaisons hebdomadaires avec Kunming et Hangzhou. Pour l'achat du billet, on peut s'adresser aux bureaux de *China International Travel Service* ou bien de *China Travel Service* ou encore *China National Aviation Corporation.*

Adresses utiles à Hong-Kong
China Travel Service (H.K.) Ltd.

Agence principale : China Travel Building, 77, Queen's Road (2/F), Central, Hong Kong. G.P.O. Box 6016. Tél. 5-25.91.21. Câble : TRAVEL-BANK. Télex : 73344 HKCTS HX.

Agence de Hong Kong : 24-34, Hennessy Road, Hong Kong. Tél. 5-27.62.63.

Agence de Kowloon : 27-33, Nathan Road (I/F), Kowloon. Tél. 3-66.72.01.

62-72, Sai Yee Street, Kowloon. Tél. 3-96.42.41.

Agence de la gare ferroviaire : Hung Hom Railway Station, Kowloon. Tél. 3-33.06.60.

Agence de la gare maritime : Tai Kok Tsui, Kwangchow Pier, Kowloon. Tél. 3-92.94.03.

Agence principale de Macao : China Travel Service (Macao) Ltd, Rua da Praia Grande, n° 63-63A, Macao. Tél. 888.12 et 889.22.

China Youth Travel Service : Room 606, Wing On House, 71, Des Vœux Road, Central, Hong Kong. Tél. 5-25.90.75. Câble : HONSHANC. Télex : 61679 YOUTH HX.

China International Travel Service :
6/F Tower II, South Seas Centre, 75
Mody road, Tsim Sha Tsui East, Kowloon. Tél. 3-72.15.317. Télex : 38449
CITC HX ; Câble : 2320 HK ; Fax : 3-
7217154.

**Visa Office of the Ministry of
Foreign Affairs of People's Republic of
China** in Hong Kong : China Resources
Building, 28, Harbour Road, 5th floor,
Lower Block. Ouvert du lundi au vendredi de 9 h à 12 h 50 et de 14 h à 17 h,
le samedi de 9 h à 12 h 50 ; fermé le
samedi après-midi, dimanche et les jours
fériés.

China National Aviation Corporation
(Hong Kong Office) : 17, Pedder Street,
Gloucester Tower, Hong Kong. Tél. 5-
21.64.16. A l'aéroport, tél. 3-8.29.85.71,
3-8.29.85.72, 3-8.29.88.01 ; télex :
65986.

Hong Kong Student Travel Bureau :
1024 Star House, Kowloon (en face du
Star Ferry). Tél. 3-69.48.47 ; télex :
74720 LUYU HX.

Trinity Express : Room 614, 6th
floor, New World Centre, Salisbury
Road, Tsimshatsui, Kowloon.

Consulats à Hong Kong. *France :*
1208 Hang Seng Bank Building. 77 Des
Vœux Road, Central. Tél. 5-22.40.96.

Belgique : P. et O. Building. Connaught Road, Central. Tél. 5-24.20.21.

Suisse : Shell House, 24-28 Queen's
Road. Tél. 5-22.71.47.

Délégation du Québec : Suite 1716,
Tower I, Admiralty Centre. Tél. 5-
29.11.26.

Quelques librairies.

Hong Kong Book Centre Ltd : On
Lok Yuen Building, 25, Des Vœux
Road, Central, Hong Kong. Tél. 5-
22.14.44. Très bonne librairie et nombreux ouvrages sur la Chine.

*Joint Publishing Co, Readers' Service
Centre :* 9, Queen Victoria Street, Central, Hong Kong. Tél. 5-25.01.02. Toutes les publications de Chine populaire,
en chinois ; un rayon d'ouvrages français au 1er étage.

Pour connaître les hôtels, les compagnies aériennes et les sites à visiter, à
Hong Kong, Kowloon et les Nouveaux
Territoires, lisez le guide excellent et
plein d'humour de Catherine Ohl, **Hong
Kong Macao,** dans la même collection.

DE FRANCE, D'EUROPE ET D'AILLEURS

L'avion
Une dizaine de compagnies aériennes
assurent des liaisons avec la Chine. Avec
l'ouverture diplomatique et économique
de la Chine sur les pays occidentaux, le
nombre de ces compagnies ne cesse
d'augmenter.

De France. Air France et la *C.A.A.C.*
assurent des vols réguliers pour Pékin
au départ de Paris.

Air France : 1, square Max-Hymans,
75015 Paris. Tél : 45.35.61.61.

Deux vols hebdomadaires au départ
de Paris le vendredi et dimanche ; pour
le retour, départ de Pékin le samedi et
lundi.

CAAC : 47, rue Pergolèse, 75016
Paris. Tél. : 45.00.19.94.

Deux vols hebdomadaires au départ
de Paris chaque lundi et mercredi ; vols
de retour au départ de Pékin le mardi
et dimanche.

D'Europe et d'ailleurs.
Signalons les compagnies suivantes :
Pakistan International Airlines, Japan

Distance entre les villes
En km, par le train

	Pékin	Shanghai	Tianjin	Canton	Nanning	Changsha	Wuhan	Nanjing	Hangzhou	Jinan	Qingdao	Xi'an	Kunming	Chengdu	Chongqing	Zhengzhou	Dalian	Shenyang	Changchun
Shanghai	1462																		
Tianjin	137	1325																	
Canton	2313	1811	2450																
Nanning	2565	2063	2702	1334															
Changsha	1587	1187	1724	726	978														
Wuhan	1229	1534	1366	1084	1336	358													
Nanjing	1157	305	1020	2116	2368	1492	1229												
Hangzhou	1651	189	1514	1622	1874	998	1356	494											
Jinan	494	968	357	2284	2536	1558	1200	663	1157										
Qingdao	887	1361	750	2677	2929	1951	1593	1056	1550	393									
Xi'an	1165	1511	1302	2129	2381	1403	1045	1206	1700	1177	1570								
Kunming	3179	2677	3316	2216	1501	1592	1950	2982	2488	3119	2513	1942							
Chengdu	2048	2353	2185	2544	1829	1920	1887	2048	2542	2019	2412	842	1100						
Chongqing	2552	2501	2689	2040	1325	1416	1774	2552	1312	2523	2916	1346	1102	504					
Zhengzhou	695	1000	832	1618	1870	892	534	695	1189	666	1059	511	2453	1353	1857				
Dalian	1238	2426	1101	3551	3803	2825	2467	2121	2615	1458	1851	2403	4417	3286	3790	1933			
Shenyang	841	2029	704	3154	3406	2428	2070	1724	2218	1061	1454	2006	4020	2889	3393	1536	397		
Changchun	1146	2334	1009	3459	3711	2733	2375	2029	2523	1366	1759	2311	4325	3194	3698	1841	702	305	
Harbin	1388	2576	1251	3701	3953	2975	2617	2271	2763	1608	2001	2553	4567	3436	3940	2083	944	547	242

Air Lines, Swissair, Aeroflot, British Airways, Pan Am, Thai Airways,...

Le train

Bien que demandant beaucoup plus de temps, le train est également un moyen de transport permettant de se rendre en Chine au départ d'Europe. Nous n'indiquons ici que les horaires des trains sur les deux lignes Moscou-Pékin.

Le Transmongolien. C'est un train chinois qui assure la liaison via la Mongolie. Le service y est beaucoup mieux assuré que dans le Transmandchourien.

Ce train s'arrête à Novossibirsk, Irkoutsk, Oulan Bator et traverse la frontière chinoise à Er lien.

A noter aussi : une ligne aérienne assure la liaison Moscou-Irkoutsk, ce qui permet, si l'on trouve le voyage vraiment trop long, de descendre du train et de rejoindre Moscou en avion !

Horaires du Transmongolien

4	n° de train	3
Mardi 21 h 10 (6,5 jours) Lundi 15 h 33	Moscou Pékin	Lundi 7 h 40 (6 jours) Mercredi 15 h 05

Le Transmandchourien. Le service est assuré par les Soviétiques. Ce train passe la frontière chinoise en Mandchourie au poste de Manzhouli.

Horaires du Transmandchourien

20	n° du train	19
Vendredi 23 h 50 (7 jours) Vendredi 6 h 31	Moscou Pékin	Vendredi 14 h 55 (8 jours) Samedi 19 h 40

LES ADRESSES UTILES

En France

Ambassade de la République Populaire de Chine : 11, avenue George-V, 75008 Paris. Tél. 47.23.34.45.

Centre Culturel de la République Populaire de Chine en France et service des visas : 9, avenue Victor-Cresson, 92130 Issy-les-Moulineaux. Tél. 47.36.77.04 (Service culturel), 47.36.77.90 (Service consulaire), 47.36.97.60 (Services scientifique et technique). Représentation commerciale : 148, rue Petit-Leroy, 94150 Chevilly-la-Rue. Tél. 46.87.16.11.

Office du tourisme de Chine : 51, rue Sainte-Anne, 75002 Paris. Tél. 42.96.95.48. Télex : OTCHINE 612866F.

Association des Amitiés Franco-Chinoises : 36, rue des Bourdonnais, 75001 Paris. Tél. 42.36.63.16.

Librairies

Pour s'informer, en savoir plus et préparer son voyage, mentionnons entre autres ces deux librairies :

« Le Phénix », 72, boulevard de Sébastopol, 75003 Paris. Tél. (1) 42.72.70.31.

« L'Asiathèque », 6, rue Christine, 75006 Paris. Tél. (1) 43.25.34.57.

Et un ouvrage : *L'Asie à Paris,* éditions Rochevignes.

Ambassades de Chine en Europe

Belgique : Boulevard Général-Jacques, 19, 1050 Bruxelles.

R.F.A. : 5307 Wachtbergniederbachen, Konrad-Adenauer Str 104, Bonn.

Italie : 56, rue de Bruxelles, Rome.

Pays-Bas : Adriaan Goehooplaan 7, Den Haag 070-55-15-15.

Norvège : II Inkognitojaten, Oslo 12.

Royaume Uni : 31 Portland Place, London WIN 3 AG.

Suède : Bragevagen 4, Stockholm.

Suisse : Kalcheggweg 10, Berne.

Les transports en Chine

L'avion

Le réseau aérien de la *CAAC (Civil Aviation Administration of China)* dessert plus d'une centaine de villes à l'intérieur du pays. Quelques Boeing 707 et 737, mais les avions des lignes intérieures sont pour la plupart des Trident, des Iliouchine 18 ou des Antonof 24 au petit air vétuste qui s'accorde bien avec celui des aéroports où les voyageurs doivent parcourir eux-mêmes à pied la distance qui sépare les appareils des salles d'attente et d'enregistrement.

Il n'y a ni porteurs ni chariots roulants. Ne vous surchargez donc pas de bagages à main. Il y a de toute façon tout juste suffisamment d'espace entre les sièges pour caser ses jambes. Il est également recommandé de s'habiller très légèrement en été, les avions restant parfois des heures au soleil sur la piste. Le service à bord est des plus limités : en général, une petite pochette de bonbons au décollage et un verre de thé en plein vol.

Le tarif des vols intérieurs est en gros équivalent au prix du billet de train en première classe sur un même trajet, ce qui en fait un mode de transport très onéreux. La liaison Chengdu-Lhassa reste la plus chère du réseau, proportionnellement à la durée de vol ; allez donc savoir pourquoi !

Pour les vols internationaux au départ de Pékin, Shanghai et Canton, il faudra vous acquitter d'une taxe d'aéroport de 10 yuans.

Voyager sur la *CAAC* — la Compagnie à Annulations et Avatars Certains — laisse des souvenirs inoubliables ; tout un poème ! Les horaires des vols intérieurs sont beaucoup plus fantaisistes que ceux des trains ; l'amabilité du personnel est quasiment inexistante...

Bientôt tout cela ne sera plus qu'un mauvais souvenir puisque les transports aériens chinois sont en pleine mutation ou du moins espérons-le ! En effet la *CAAC* est en voie de démantèlement pour laisser place à six compagnies qui seront organisées sur une base régionale et pourront se faire concurrence : *China International Airways,* basée à Pékin, pour la plupart des liaisons internationales ; *China Eastern Airways* à Shanghai pour l'Est du pays ainsi que les vols vers le Japon et Hong Kong ; *China*

Southern Airways à Canton pour les lignes intérieures du Sud-Est, Hong Kong et les pays asiatiques ; *China Southwest Airways* à Chengdu pour les lignes intérieures du Sud-Ouest et Hong Kong ; *China Northwest Airlines,* à Xi'an, pour les lignes du Nord-Est et Hong Kong ; *China Northern Airways* à Shenyang pour le Nord du pays et Hong Kong.

Le train

Il y a deux classes dans les trains chinois : la première classe « molle », la deuxième classe « dure » avec couchettes ou bien banquettes dures.

Les compartiments de première classe comportent quatre couchettes confortables. Ils sont équipés d'un ventilateur, d'une bouteille thermos, d'une lampe électrique et d'un haut-parleur branché sur le circuit radio du train. Les interrupteurs du ventilateur et de la lampe électrique ainsi que le potentiomètre du haut parleur — lorsque celui-ci n'est pas cassé ! — se trouvent sous la tablette du compartiment. Sous les banquettes inférieures se trouvent quatre paires de sandales en plastique. Avant les repas, un responsable du wagon-restaurant passera prendre vos commandes avec un menu en anglais, puis viendra vous chercher quand ce sera prêt. Votre compartiment sera fermé pendant votre absence.

Les boissons gazeuses servies dans le wagon-restaurant sont tièdes, ou, en été, bouillantes ! Lorsque vous passez votre commande, insistez pour que l'on vous mette une bouteille au frais.

Bien que moins confortables, les couchettes « dures » de deuxième classe offrent par contre la possibilité de partager quelques heures de vie en compagnie des Chinois. Les wagons de deuxième classe couchettes « dures » comprennent une succession de compartiments non fermés de deux fois trois couchettes superposées. Les groupes de trois couchettes numérotés 1, 2, 3, 4 et 17, 18, 19, 20 et situés aux deux extrémités des wagons et à proximité des haut-parleurs sont à éviter à moins que vous ne soyez équipé de boules Quiès.

La deuxième classe « dure », avec des banquettes où peuvent prendre place deux ou trois personnes bien tassées, est particulièrement inconfortable sur de longs trajets.

Le voyageur individuel doit s'attendre à partager les mêmes difficultés que les Chinois pour circuler. Ainsi, grimper dans un train en milieu de ligne devient une véritable gageure. Que ce soit, par exemple, à Liupanshui, ville de Guizhou sur la ligne Shanghai-Kunming, Jinjiang ou Xichang, villes du Sichuan sur la ligne Kunming-Chengdu, il est impossible de réserver à l'avance une place, impossible d'acheter un billet de couchette-dure, voire de première ; les guichets n'ouvrant que trois quarts d'heure avant le départ du train, vous n'obtenez, après plusieurs heures de queue, qu'un billet assis-dur non numéroté.

Conseil pratique : pour éviter de voyager debout, dans des wagons « assis-dur » archibondés, emportez un tapis de sol qui vous permettra au moins de vous allonger sous les banquettes déjà occupées.

Dans les grandes villes, les billets de train s'achètent à la gare, au guichet réservé pour les étrangers, ou bien à l'agence locale du CITS (*China International Travel Service*).

Pour programmer et faciliter le voyage, signalons la bible indispensable

pour circuler en train : le *China Railway Timetable* ; tous les horaires des trains chinois dans un petit livre assez compréhensible ; ça tient dans une poche, et ça ne coûte pas cher ! disponible dans les bonnes librairies de Hong Kong (12 H.K. dollars) et des principales villes chinoises.

Les bus interurbains

Seul moyen de transport dans les régions non desservies par le chemin de fer, les bus sont bon marché et les places recherchées. L'ambiance qui y règne vaut le déplacement : par exemple pendant les quarante heures du trajet Lhassa-Golmud, ou bien entre Jiu Jiang et Jing de Zhen, sept heures de piste parmi les paysans chinois enfouis sous les paquets hétéroclites et les volailles.

L'état des freins et la technique de conduite — les descentes en roue libre — nous conduisent à vous recommander les places arrière, plus sûres bien que plus éprouvantes.

Le nombre des bus est encore loin de satisfaire à la demande ; il est préférable d'acheter son billet 2 ou 3 jours à l'avance ; ainsi, dès votre arrivée dans une ville, même si vous comptez y passer quelques jours, achetez immédiatement le billet de bus pour votre prochaine étape.

A la gare routière, les préposés peuvent contrôler votre permis de circulation avant de vous vendre le billet pour des destinations nécessitant une autorisation. Même avec une autorisation, il peut arriver qu'un préposé s'arroge le droit de ne pas vous vendre de ticket : c'est l'une des tracasseries à laquelle doit s'attendre un voyageur individuel en Chine.

En cas de difficultés, les Chinois de Hong Kong que vous rencontrerez à la station de bus peuvent vous être d'un précieux secours : demandez-leur d'acheter votre billet. Ils circulent, en effet, plus librement que vous, partout en Chine y compris, et surtout, dans les villes qui vous sont interdites...

Les autobus et les trolleybus

C'est assurément l'un des moyens de transport les plus pratiques compte tenu de l'étendue de certaines villes chinoises. Leurs trajets sont indiqués sur les cartes imprimées en chinois vendues dans les librairies, les gares et quelquefois dans les hôtels pour étrangers. Les numéros des lignes sont généralement écrits en chiffres romains et lisibles sur le pare-brise ou bien à côté des portes d'accès. En ville, le prix est fonction du nombre de sections mais ne dépasse guère 20 fens pour tout un parcours sur une même ligne. Sur certaines, le prix peut être fixe quelle que soit la distance. Le service des autobus et trolleybus fonctionne généralement entre 5 h le matin et 22 h le soir. Certaines lignes sont ouvertes toute la nuit comme à Shanghai.

Les taxis

Dans toutes les villes ouvertes au tourisme, il est possible de disposer d'un taxi. Pour appeler une voiture, on passe par l'intermédiaire, soit de la réception de l'hôtel pour étrangers où l'on réside généralement, soit par l'intermédiaire de son interprète. Dans les grandes villes comme Pékin, Shanghai et Canton, il existe des stations de taxis : il suffit d'en connaître le numéro de téléphone pour demander un taxi de n'importe quel point de la ville.

Avec l'ouverture économique, l'achat d'un taxi est devenu un très bon place-

Tarif heure/kilomètre

	Nombre de places	Prix au kilomètre	Prix de l'heure d'attente
Taxi	4	0,5 Y	4 Y
Minibus			
non climatisé	11-15	0,8 Y	4 Y
Minibus climatisé	11-15	1,2 Y	4 Y
Bus	30	—	14-18 Y

Tarif à la journée
(Pour 8 h et 40 km)

	Nombre de places	Prix de la location	Prix du km supplémentaire	Prix de l'heure supplémentaire
Taxi	4	25 Y	0,5 Y	2 Y
Minibus				
non climatisé	11-15	40 Y	0,8 Y	2 Y
Bus	30	60 Y	1 Y	3 Y

ment et les compagnies ont fleuri un peu partout ; à Pékin, par exemple, 13 000 taxis environ sont regroupés en une centaine d'entreprises. Pour l'utilisateur, l'accroissement du parc des taxis se traduit aussi par quelques tracasseries qu'apprécieront les touristes : les chauffeurs hésitent à répondre aux appels le soir et aux heures de repas ; et ils ont tendance à peu se soucier des indications données par l'odomètre !

En général, les chauffeurs de taxi ne parlent pas, ou bien très peu, l'anglais et encore moins le français. Il est donc vivement recommandé d'avoir sur soi une carte de la ville ou bien le nom de la destination écrit en chinois. Pour payer le taxi, il est préférable d'avoir des petites coupures — de 1 yuan, 20 et 10 fens — le chauffeur n'ayant souvent pas assez de monnaie à vous rendre.

Le tarif du taxi est basé sur le nombre de kilomètres parcourus et le nombre d'heures d'attente ; dans les grandes villes où les taxis sont équipés d'un compteur, il faut compter 2 yuans de prise en charge. Pour les touristes individuels qui désirent effectuer plusieurs parcours dans la journée, il est plus intéressant de louer un taxi à la journée.

A titre indicatif, nous donnons aussi les tarifs de location des minibus et des bus à l'attention des groupes qui désirent solliciter une visite particulière non prévue au programme.

Le vélo

Mis à part la marche à pied, le vélo est le seul moyen de locomotion qui permette véritablement de découvrir une ville en dehors des circuits balisés par l'agence chinoise du tourisme et de nouer à l'occasion des relations avec vos voisins de peloton.

Dans la plupart des grandes villes, on peut louer un vélo à la journée — entre 5 et 10 yuans par jour ou bien 2 yuans de l'heure dans des villes très touristiques comme Guilin.

La manière de circuler en Chine peut

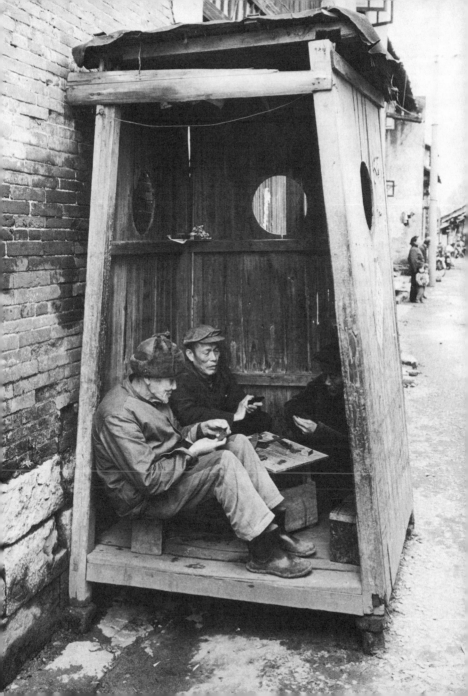

paraître déroutante au début ; aussi est-il conseillé d'oublier les notions de code de la route apprises en France et de suivre le flot des cyclistes qui vous précèdent. Avant de vous élancer sur la route, vérifiez les freins et assurez-vous du bon fonctionnement du timbre !

Des petites boutiques ou stands de réparation sont à la disposition des victimes de crevaison, aux coins des rues. Il vous en coûtera quelques fens.

L'auto-stop

Pourquoi pas ? surtout que l'auto-stop reste souvent dans certaines régions du Tibet, Qinghai ou Yunnan, le seul recours dans l'attente d'un hypothétique bus. Généralement, le chauffeur d'un camion vous demandera de payer le passage d'un montant équivalent au prix du billet de bus pour la même distance.

Avant de solliciter un chauffeur, vous pouvez déjà vous faire une petite idée de la provenance ou de la destination de son véhicule en consultant ce tableau ; il vous donne les codes d'immatriculation des vingt-neuf provinces, régions autonomes et municipalités, c'est-à-dire les deux premiers chiffres du numéro minéralogique inscrit sur les plaques d'une voiture ou sur le hayon arrière d'un camion. Ainsi à Lhassa, vous aimeriez vous rendre à Goldmud en stop : lorgnez bien les camions dont l'immatriculation commence par 26 ou 56 (ceux du Gansu peuvent aussi faire l'affaire) !

	1re série	2e série	3e série			1re série	2e série	3e série
Pékin	01	31	61		Guangxi	16	46	
Hebei	02	32			Hubei	17	47	
Mongolie int.	03	33			Hunan	18	48	
Shanxi	04	34			Henan	19	49	
Liaoning	05	35			Sichuan	20	50	
Jilin	06	36			Yunnan	21	51	
Heilongjiang	07	37			Guizhou	22	52	
Shanghai	08	38			Xizang (Tibet)	23	53	
Jiangsu	09	39			Shaanxi	24	54	
Zhejiang	10	40			Gansu	25	55	
Anhui	11	41			Qinghai	26	56	
Jiangxi	12	42			Xinjiang	27	57	
Fujian	13	43			Ningsia	28	58	
Shandong	14	44			Tianjin	29	59	
Guangdong	15	45						

Code des immatriculations

Le gîte et le couvert

LES HÔTELS

Excepté dans les petites villes où n'existent que des hôtels pour les Chinois, il y a, pour les étapes touristiques importantes, au moins un hôtel affecté à l'accueil des étrangers.

L'état des chambres et la qualité des services sont très variables suivant les hôtels. Malgré les prix pratiqués, dont le montant pour une chambre offrant le même confort est le triple de celui demandé à un Chinois résident, le touriste ne doit pas s'attendre à un service de haute tenue ni à un confort digne d'un grand palace.

Pour mieux répondre à la demande, les autorités ont lancé un programme de construction de grands hôtels modernes ; le vieillissement prématuré des premiers mis en service n'en continue pas moins à soulever le délicat problème de l'entretien des bâtiments et de la formation du personnel hôtelier.

Les hôtels, excepté les nouveaux à grand standing, comportent des dortoirs ; le voyageur individuel peu fortuné pourra ainsi se rabattre sur un lit en dortoir dont le prix pour la nuit oscille entre 5 et 10 yuans. En fait de dortoir, il s'agit plutôt de chambre comportant entre trois et cinq lits avec douches et toilettes communes à l'étage.

Suivant l'époque de l'année, le touriste individuel peut éprouver quelques difficultés à trouver une chambre ou bien un lit en dortoir. Il convient de signaler ici qu'un hôtel conserve toujours quelques chambres libres, ne serait-ce qu'en prévision de la venue de responsables en vue d'une quelconque réunion de travail. Avant de quitter un hôtel dont on vous assure à la réception qu'il est complet, grimpez dans les étages et vérifiez-le auprès de chaque garçon d'étage ; cet effort peut être étonnamment payant !

LA CUISINE ET LES RESTAURANTS

Un des grands plaisirs du voyageur en Chine est la nourriture : la variété et l'excellence de la cuisine chinoise séduiront les gourmets les plus exigeants. Décrire les différents plats que l'on peut déguster au cours d'un séjour en Chine ferait l'objet d'un guide en soi, aussi nous bornerons-nous à donner quelques indications générales qui aideront le touriste occidental à se retrouver dans le dédale de la gastronomie chinoise.

Où manger en Chine populaire

Il y a deux façons d'aborder un restaurant. La première est de réserver — ou de faire réserver par un interprète — une table dans un des grands restaurants habitués à servir les étrangers, ou les hauts cadres du régime, et que l'on peut trouver dans toutes les grandes villes de Chine. Vous serez alors conduit dans un petit salon particulier plus ou moins joliment décoré de peintures, avec de gros fauteuils, dans lesquels vous attendrez le dîner en buvant du thé, et de la vaisselle neuve. Le repas est servi sur une table ronde prévue pour huit à douze convives. On trouve normalement devant soi une petite assiette dans laquelle votre voisin, s'il est habitué aux coutumes chinoises, déposera au cours du repas les meilleurs morceaux de chaque plat ; une soucoupe destinée aux sauces ; un petit bol avec une cuillère en porcelaine pour la soupe et, bien sûr, une paire de baguettes. Le restaurateur apportera au centre de la table et dans l'ordre suivant, un repas qui se compose en général de deux ou trois entrées froides, trois ou quatre viandes différentes, des crustacés, du poisson, toutes sortes de petits pains levés, fourrés ou cuits à la vapeur, éventuellement un dessert et, en dernier toujours, une soupe.

La boisson est servie dans trois verres. Un grand verre pour la bière, *Beijing, Qingdao, Wuxing*, marques toutes excellentes, ou l'eau pétillante (eau minérale *Laoshan*, ou *Qishui*, espèce d'Orangina local). Un verre moyen pour le vin blanc ou rouge, imitation des vins occidentaux. Les vins doux sont très épais et sucrés mais les vins secs ressemblent de loin aux vins français. Et un petit verre pour les alcools chinois. Le plus célèbre de ces alcools est le *maotai*, fabriqué dans le Guizhou à partir du sorgho. Très parfumé mais redoutable. Plus inoffensif, le *huang jiu*, ou *shaoxing jiu*, un vin jaune que l'on boit chaud, accompagne à merveille la cuisine chinoise et facilite la digestion des banquets les plus copieux. C'est un alcool de riz fabriqué dans la province du Zhejiang.

Le riz ne sera servi que vers la fin du repas et il est d'usage, si vous êtes invités par des Chinois, de le refuser pour prouver que vous êtes déjà « plein » (*bao le*).

Si vous n'avez pas envie de faire un banquet ou si vous désirez prendre un repas au milieu de Chinois, vous pouvez aussi vous rendre dans la salle commune d'un grand restaurant ou d'un restaurant ordinaire. Cette approche est nettement plus aventureuse que la première, surtout à Pékin où le nombre de consommateurs dépasse de loin le nombre de tabourets disponibles dans la capitale.

D'une manière générale, les Chinois mangent tôt et les restaurants sont ouverts entre 6 et 8 h pour le petit déjeuner, 11 et 13 h pour le déjeuner, 17 et 19 h pour le dîner. Il est très difficile de se faire servir en dehors de ces heures. Les repas sont servis sur des tables carrées, dont on n'occupe en général qu'un coin ou une moitié, le reste de la table étant occupé par d'autres clients qui vous regarderont avec curiosité et tenteront rapidement d'établir une conversation amicale avec vous.

Pour un repas ordinaire, la base de la nourriture chinoise est le riz ou, surtout dans le Nord, des petits pains cuits à la vapeur. Cette base est agrémentée d'un plat ou deux de légumes et de viande coupés en lamelles, dés, ou hachés et servis en sauce brune, blanche, sautés ou frits. On boit de l'eau chaude ou de la bière plate, jamais de thé.

Si le cadre de ces restaurants populaires est très fruste, les conditions d'hygiène sont toujours respectées et on peut y manger sans crainte pour sa santé.

Les cuisines chinoises

Chaque province de Chine a ses propres spécialités et il est impossible de parler d'« une » cuisine chinoise. On distingue quatre grands types de cuisine.

La cuisine du Nord, dont le plat le plus célèbre est le canard laqué, est assez salée, plus sèche qu'au Sud, et s'accompagne surtout de nouilles ou de petits pains de toutes sortes. La cuisine du Sud, très grasse et plus relevée, se combine bien avec le riz. La cuisine de la région de Shanghai-Nankin est connue pour ses recettes de poissons et crustacés. Elle fait partie des cuisines méridionales et est souvent sucrée. Enfin la cuisine de Sichuan et de Hunan est justement célèbre pour ses plats fortement épicés.

Mais le point commun de toutes ces cuisines est le soin apporté à la présentation des plats. Il faut qu'un plat soit bon à manger, joli à regarder et agréable à l'odorat. Ici on ne connaît pas le beefsteak qu'il suffit de faire griller, ni les haricots verts simplement passés à l'eau bouillante : tous les ingrédients sont soigneusement découpés et savamment combinés.

Vocabulaire

Prononciation

x se prononce	ch (**ch**eval)
q	tch
zh	dj (blue **j**ean)

Les chiffres

Un	Yi	一
Deux	Er	二
Trois	San	三
Quatre	Si	四
Cinq	Wu	五
Six	Liu	六
Sept	Qi	七
Huit	Ba	八
Neuf	Jiu	九
Dix	Shi	十
Onze	Shi yi	十一 (10 · 1)
Douze	Shi er	十二 (10 · 2)
Quinze	Shi wu	十五 (10 · 5)
Vingt	Er shi	二十 (2 · 10)
Trente	San shi	三十 (3 · 10)
Cent	Yi bai	一百
Mille	Yi qian	一千

Phrases usuelles

Bonjour, comment allez-vous ?	nin hao	您 好
Réponse : je vais bien	hao	好
Au revoir	zai jian	再 见
Je suis français	Wo shi faguó rén	我是法国人
Je ne parle pas le chinois	wo bú hui shuo zhong wen	我不会说中文
Comment vous appelez-vous ?	ni xing shénmo ?	你姓什么 ?
Je m'appelle	wo xing...	我 姓……
Parlez-vous français ?	ni húi shuo fawén ma ?	你会说法文 ?
Parlez-vous anglais ?	ni húi shuo yingwén ma ?	你会说英文 ?

Oui	dúi	对
Non	bú dui	不对
Très bien	hao ou plus fort hao jile	好　好极了
D'accord	wo Tóng yi	我同意
Merci	Xie xie	谢谢
Il n'y a pas de quoi	Bú yáo kéqi	不要客气
Cela ne fait rien	Mei you guan xi	没有关系
Est-ce possible ?	keyi ma ?	可以吗？
Ce n'est pas possible	bu keyi	不可以
Excusez-moi	dui bu qi	对不起
C'est assez	gou le	够了。
Reposez-vous	xiu xi ba !	休息吧！

Mangez je vous prie		Chi fán	吃饭
Buvez je vous prie	Qíng ni	he	请你 喝
Fumez je vous prie		chou yan	抽烟
Asseyez-vous je vous prie		zúo	坐

Peu	shao	少
Beaucoup	duo	多
Attention	zhú yi	注　意
Nouveau	xin	新
Vieux	jiu	旧
Beau	hao kan	好　看
Lent, lentement	mán, mánmán de	慢；慢慢地
Rapide	kuai	快
Grand	da	大
Petit	xiao	小
Attendez s'il vous plaît	Qing ni deng yi deng	请你等一等。
Je voudrais téléphoner	wo xiang da dián húa	我想打电话。

Temps et lieu

Quelle heure est-il ?	Ji dian zhong ?	几点钟了？
Il est 2 (3, 8…) heures	liang (san, ba…) dian zhong	两(三，八)点钟
Matin	Zao sháng	早　上
Soir	Wan sháng	晚　上
Hier	zuo tian	昨　天
Aujourd'hui	Jin tian	今　天

Demain	Ming tian	明 天
Maintenant	Xián zai	现 在
Lundi	Xingqi yi	星期一
Mardi	Xingqi ér	星期二
Mercredi	Xingqi san	星期三
Jeudi	Xingqi si	星期四
Vendredi	Xingqi wu	星期五
Samedi	Xingqi liu	星期六
Dimanche	Xingqi Ri	星期日
Quand ?	Sheńmo shi hóu ?	什么时候？
Tout de suite	Ma sháng	马 上
Après	Yi hóu	以 后
Ville	Chéng shi	城 市
Rue	jie dao *ou* lú	街 路

Où est ?

Où	zai nar se place en fin de phrase	在哪儿
La gare	huoche zhan zai nar ?	火车占在哪？
La station de bus	qiche zhan zai nar ?	汽车占在哪？
La poste	you dian ju zai nar ?	邮电局在哪？
L'hôtel	fandian zai nar ?	饭店在哪？
Le restaurant	fanguan zai nar ?	饭馆在哪？
Le musée	bowuguan zai nar ?	博物馆在哪？
Le théâtre	juyuan zai nar ?	剧院在哪？
Le cinéma	dianyingyuan zai nar ?	电景院在哪？
L'exposition	zhanlanhui zai nar ?	展览会在哪？
Le parc	gongyuan zai nar ?	公园在哪？
Les toilettes	cesuo zai nar ?	厕所在哪？
L'entrée	jinkou zai nar ?	进口在哪？
La sortie	chukou zai nar ?	出口在哪？
L'ambassade	dashiguan zai nar ?	大使馆在哪？
A quelle heure part le train pour... ?	qu... de huoche shenmo shi-hou zou ?	去……的火车什么候走？
Quel est le bus pour aller... ?	qu... yao zuo na lu che ?	去……要坐哪路车
Je voudrais un taxi pour l'am-bassade	wo yao yi lian qiche qu da shiguan	我要一辆汽车去大使馆

C'est loin	hen yuan	很远
C'est près	hen jin	很近

Hôtel et restaurant

Hôtel	fandian ou luguan	饭 店
Chambre	fangjian	房 间
Toilettes pour hommes	nancesuo	男厕所
Toilettes pour dames	nücesuo	女厕所
Où sont mes bagages ?	wode xingli zai nar ?	我的行李在哪儿？
Laver le linge	xi yifu	洗衣服
Trop chaud	tai re	太 热
Trop froid	tai leng	太 冷
Apportez-moi de l'eau chaude	qing ni na kai shui	清你拿开水
Apportez-moi de l'eau froide	qing ni na liang kai shui	清你拿凉开水
Apportez-moi du thé	qing ni na cha ye	清你拿茶叶
Apportez-moi une bière (du vin)	qing ni na pijiu	清你拿啤酒
Apportez-moi un jus de fruit	qing ni na qi shui	清你拿气水
Apportez-moi une serviette	qing ni na mao jin	清你拿毛巾
Apportez-moi du papier hygiénique	qing ni na weishengzhi	清你拿卫生纸
Pouvez-vous me réparer	qing ni keyi xiuli	清你可以修理
la lumière	diandeng	电 灯
les toilettes	cesuo	厕 所
le chauffage	nuanqi	暖 气
l'air conditionné	lengqi	冷 气
Je pars demain	wo mingtian zou	我明天走
Pouvez-vous me réveiller à 6 heures ?	qing ni liu dian zhong xing wo ?	清你六点钟醒我

Achats

Magasin	shangdián	商 店
Combien ça coûte ?	duo shao qian	多少钱
Ça coûte un kuai	yi juai qian	一块钱
Ça coûte un mao	yi mao qian	一毛钱
Ça coûte un fen	yi fen qian	一分钱
Je voudrais acheter du dentifrice	wo xiang mai... yagao	我想买牙膏

Je voudrais acheter du savon	wo xiang mai... xiangzao	我想买香皂
Je voudrais acheter des lames de rasoir	wo xiang mai... daopian	我想买刀片
Je voudrais acheter du tissu de coton	wo xiang mai... mianbu	我想买棉布
Je voudrais acheter du tissu de soie	wo xiang mai... sichou	我想买丝绸
Je voudrais acheter des cigarettes	wo xiang mai... yi bao yan	我想买一包烟
Je voudrais acheter un tortillon à moustiques	wo xiang mai... wen xiang	我想买蚊香
Je voudrais acheter du jus de fruit	wo xiang mai... qi shui	我想买气水
Je voudrais acheter un stylo	wo xiang mai... gangbi	我想买钢笔
Je voudrais acheter un carnet	wo xiang mai... benzi	我想买本字
Je voudrais acheter du papier à écrire	wo xiang mai... xin zhi	我想买信纸
Je voudrais acheter un film noir et blanc	wo xiang mai... hei bai ruanpian	我想买黑白软片
Je voudrais acheter un film couleur	wo xiang mai... caise ruanpian	我想买彩色软片
Je voudrais acheter des allumettes	wo xiang mai... yi bao huochai	我想买一包火柴
Librairie	shudian	书 店
Livre	shu	书
Pharmacie	yaofang	药 方
Aiguilles pour acupuncture	zhen jiu	针 灸

Manger

Petit déjeuner	zao fàn	早 饭
Déjeuner	wufàn	午 饭
Dîner	wanfàn	晚 饭
S'il vous plaît, je voudrais...	Qing ni wo yào...	请你我要
Lait	niúnai	牛 奶
Beurre	huángyou	黄 油
Pain	miànbao	面 包

Œuf	jidán	鸡 蛋
Café	Kafei	咖 啡
Sucre	tańg	糖
Sel	yán	盐
Viande	rou	肉
Mouton	yangròu	羊 肉
Bœuf	niuròu	牛 肉
Porc	zhuróu	猪 肉
Canard	yaži	鸭 子
Poisson	yú	鱼
Riz	ni fàn	米 饭
Thé	chá	茶
Eau	shui	水
Vin	jiú	酒
Bière	pijiu	啤 酒
J'ai bien mangé	chi baole	吃饱了
L'addition s'il vous plaît !	suan zhang	算 帐

Poste

Poste	youdiàn ju	邮电局
Je veux acheter des timbres	youpiào	邮 票
Télégramme	dianbào	电 报
Express	kuàidiàn	快 电
A envoyer en France	ji dào faguo	寄到法国
Colis	baoguo	包 裹
Par avion	hangkong	航 空

Banque   银 行

| *Banque* | yinhang | 银 行 |
| *Je voudrais changer de l'argent* | Wo xiang huàn qian | 我想换钱 |

La Chine de A à Z

Alcool

Le vin a une longue tradition en Chine, et nombre de romans font référence à ce goût prononcé pour le vin qu'ont les Chinois. Les vins appréciés des Chinois sont de deux types. Les alcools blancs distillés du sorgho ou du maïs. Cette technique est originaire du Shanxi avec l'alcool Fenjiu ; elle se répandit ensuite au Sichuan et au Guizhou qui sont aujourd'hui les provinces productrices des meilleurs vins : Maotai, Dongjiu et Luzhou, Laojiao au Guizhou, Wuliangye, Jiannanchun au Sichuan. Aussi n'est-ce pas un hasard si les Chinois originaires de ces contrées sont réputés pour être les plus ouverts, et les plus généreux. Un autre type de vin est le « vin jaune » ou *Huang jiu* fait à partir de riz glutineux ; le plus célèbre est celui de Shaoxing dans le Zhejiang.

Boulier

Suan pan en chinois. Le boulier remonte à l'Antiquité. Sous les Ming, il apparaît sous la forme actuelle. Le boulier chinois se répandra en Corée, au Japon, au Vietnam, en Thaïlande et même en Europe.

Le boulier se compose d'un cadre de bois avec des tringles posées verticalement. Sur ces tringles, deux étages de boules séparées par une barre transversale.

Le grand boulier a sept boules par rangées avec au total onze ou dix-sept rangées. Les boules du haut valent chacune cinq unités, celles du bas une unité. Le petit boulier a six ou cinq boules par rangées avec vingt et une, vingt-cinq ou vingt-sept rangées. Le principe est identique.

Café

Vous venez de vous lever et décidez de commander un café pour attaquer la journée du bon pied. M'a-t-on mal compris ? vous dites-vous en contemplant le verre que l'on vient de poser devant vous : le contenu est clair comme du thé avec un léger dépôt au fond du verre.

Les Chinois ne boivent pas de café et ne savent pas le préparer tel qu'on l'entend en France. Si vous avez du mal à vous passer de café, une boîte de café soluble achetée avant de partir contribuera beaucoup à rendre encore plus plaisant votre séjour en Chine. On trouve cependant du café soluble à Pékin, Shanghai et Canton, mais son goût est amer.

Calendrier

Le calendrier traditionnel chinois est une combinaison du calendrier solaire et du calendrier lunaire, il s'appuie à la fois sur les lunaisons et sur vingt-quatre périodes solaires divisées en fonction des solstices, des équinoxes et des quatre saisons. Le premier mois de l'année est toujours le mois lunaire qui contient le solstice d'hiver ; c'est le premier jour de ce mois que l'on appelle le Nouvel An chinois. Sa date peut varier entre le

21 janvier et le 20 février. En 1949, la République populaire de Chine adopta le calendrier grégorien, mais le calendrier traditionnel continue à rythmer le cours des saisons et des activités agricoles à la campagne. Il est aussi utilisé pour marquer les fêtes traditionnelles.

Une autre particularité du calendrier chinois est le cycle de soixante ans qui est une combinaison des dix « troncs célestes » et des douze « rameaux terrestres ». Chaque cycle correspond à cinq périodes de douze ans ; l'année est désignée par un des douze animaux qui la symbolise. La tradition fait remonter l'usage du cycle sexagésimal à l'empereur Huang Di, initiateur de la culture chinoise. La première année du premier cycle est l'année 2697 avant J.-C.

Cartes

Dans les principaux centres touristiques, les cartes peuvent être achetées à la réception des hôtels, dans les librairies et surtout dans les gares. Des cartes simplifiées, en anglais, comportant une présentation succincte de la ville, sont en vente dans les hôtels ou peuvent être demandées à l'interprète. Des cartes beaucoup plus détaillées et imprimées en chinois, indiquant les lignes de bus, les principaux monuments historiques et bâtiments publics, sont disponibles dans les librairies.

La fidélité des cartes laisse souvent à désirer : certaines rues ne sont pas tracées et les virages y sont légèrement adoucis. Elles ont toutes le défaut de ne pas avoir d'échelle kilométrique : cela peut amener bien des surprises, compte tenu de la dimension des villes, lorsque l'on décide d'aller à pied visiter un monument.

Dans les villes nouvellement ouvertes au tourisme, on ne pourra pas acheter de carte. Cependant pour se repérer dans ces « petites » villes qui ont bien souvent plus de 250 000 habitants, il est utile de savoir qu'il y a au moins un panneau sur lequel est peint le plan de la ville. Ce panneau se trouve généralement dans la gare pour les villes accessibles par le train, près de la gare routière pour celles accessibles uniquement en autobus, ou bien près de la gare fluviale pour celles traversées par un fleuve.

Cartographie de ce guide

C'est à partir de ces documents chinois que nous avons dressé la cartographie de ce guide, en essayant de la rendre la plus pratique possible. Mais c'est à cause de leurs lacunes que toutes nos cartes n'ont pas d'échelle.

Cigarettes

La plupart des cigarettes chinoises sont faites de tabac blond. Les *Chang E*, fabriquées au Guangxi et vendues aussi à Wuhan, les *Shanghai*, vendues à Shanghai et les *Omei*, vendues à Pékin, sont les marques de cigarettes dont le goût se rapproche le plus des habitudes françaises. La Chine importe maintenant des cigarettes étrangères payables en devises. On peut acheter des blondes américaines, anglaises et allemandes dans les grands hôtels et les magasins de l'Amitié de Pékin, Shanghai et Canton. Les *Gauloises* et *Gitanes* sont pour l'instant malheureusement introuvables.

CITS (China International Travel Service)

Ce sigle, vous le trouverez désormais partout. Il indique l'agence de voyage (*Lüxingshe*) pour étrangers.

Courant électrique

Dans les hôtels chinois, la tension du courant électrique est 220 volts et la fréquence 50 hertz. La tension peut subir quelques variations.

Les prises électriques ne sont malheureusement pas toutes standardisées. Dans les villes très fréquentées par les touristes, les hôtels fournissent des adaptateurs convenant aux prises mâles françaises. Pour le reste, il est prudent d'acheter quelques prises mâles à deux ou bien trois broches plates que l'on trouvera facilement dans tous les grands magasins chinois.

Courrier

Les lettres et colis peuvent être postés par voie maritime ou bien aérienne et aussi en recommandé. Les timbres peuvent être achetés et le courrier déposé au bureau de poste des grands hôtels.

Les lettres envoyées par voie aérienne de Pékin peuvent mettre entre cinq et douze jours pour arriver en Europe.

Tarifs voie aérienne

	Poids	Vers l'Asie	Vers l'Europe et l'Afrique
Lettres	10 g	0,6 Y	0,7 Y
	20 g	0,9 Y	1 Y
	30 g	1,6 Y	1,8 Y
	40 g	1,9 Y	2,1 Y
	50 g	2,2 Y	2,4 Y
Carte postale	—	0,55 Y	0,6 Y
Aérogramme	—	0,55 Y	0,6 Y

Décalage horaire

L'heure est la même pour toute la Chine. En été, il y a une heure de décalage entre Hong Kong et le reste de la Chine : quand il est 13 h à Hong Kong, il est midi à Pékin. En Chine, il y a sept heures d'avance en hiver sur l'heure de Paris. Il est midi à Paris quand il est 7 h du soir à Pékin. En été, il n'y a que six heures de différence.

Dialectes

Un grand nombre de dialectes subsistent à côté de la langue officielle, le « *putonghua* » parlé par plus de 70 % de la population :

— le dialecte du Nord centré autour de la vallée du Fleuve Jaune, constitue la base du « *putonghua* » appelé aussi « *mandarin* »,

— le dialecte de Wu parlé dans la région de Shanghai, le Sud-Est du Jiangsu et au Zhejiang,

— le dialecte de Xiang dans la région du Hunan,

— le dialecte de Gan parlé dans le Jiangxi,

— le Kejia ou Hakka parlé dans le Jiangxi dans le Fujian,

— le dialecte Min parlé dans le Fujian, à Hainan, à Taiwan et dans quelques districts du Guangdong. Il est également parlé par de nombreux Chinois d'outre-mer,

— enfin le dialecte de Yue qui est

le cantonais, constituent les principaux dialectes parlés en Chine.

Encre de Chine

C'est de l'encre solide qui se présente sous forme de petits bâtons de noir de fumée mélangés à de la colle, qu'on délaye dans une coupelle avec un peu d'eau. Ces bâtonnets sont agréablement décorés et constituent des souvenirs et des cadeaux bon marché.

Épopée

L'épopée tibétaine Gesar est, avec ses trente chapitres de vers, la plus longue épopée du monde. Elle narre la vie d'un chef de tribu au XIe siècle aux sources du Fleuve Jaune dans la province du Qinghai. Elle constitue une véritable encyclopédie de l'ancienne société tibétaine.

Fêtes traditionnelles

La plupart des fêtes chinoises suivent le calendrier lunosolaire. La plus importante est le Nouvel An chinois ou *Chunjie* (fête du printemps) qui est le premier jour du premier mois lunaire. C'est une grande fête familiale qui est l'occasion d'une semaine de réjouissances. Les campagnes politiques mais aussi un pays en voie d'industrialisation, avec toutes les mutations sociales que cela entraîne, ont fait sombrer les autres fêtes dans l'oubli. Un certain nombre subsistent encore dans les campagnes où la libéralisation s'est concrétisée par un retour des traditions.

La fête des lanternes (15e jour du premier mois lunaire). Ce jour-là, on mange des « *Yuanxiao* » (boulettes de riz glutineux).

La fête du dragon (5e jour du 5e mois) ; des régates de bateaux sont organisées sur les rivières.

La fête de la lune où l'on savoure les « gâteaux de lune ». Elle tombe le 15e jour du 8e mois lunaire. C'est la fête de l'automne.

Le *laba zhou* (8e jour du 12e mois). La tradition voulait que l'on offre au Bouddha un genre de pudding fait à base de riz et de fruits secs. L'offrande a disparu mais le gâteau est resté.

En dehors des fêtes « chinoises », il existe des fêtes propres à chaque minorité nationale.

Le Nadam, fête mongole qui a lieu l'été une fois par an avec des matchs de boxe, des courses de chevaux, diverses compétitions, chants, danses.

La fête du fruit, fête tibétaine qui commence le 1er août. Pendant plusieurs jours, courses de chevaux, théâtre tibétain, chants et danses se succèdent.

La fête du 8 avril est une fête Miao qui se déroule autour de Guiyang (Guizhou). Son origine remonte à la dynastie des Ming ; elle commémore Yanu, le héros national des Miaos.

La fête des torches au Yunnan, chez les minorités Yi et Bai, commence le 24e jour du 6e mois lunaire. Une autre fête, célébrée par les Bai, est la foire de la 3e lune qui se tient du 15 au 20 du 3e mois lunaire à Dali dans le Yunnan.

FEC (Foreign Exchange Certificate)

Il s'agit de certificats de devises étrangères délivrés par les autorités chinoises contre des devises. Cette monnaie est réservée à l'usage des étrangers et exigée comme moyen de paiement dans de nombreux établissements que fréquentent les étrangers, par la *CAAC* et par certaines compagnies de taxis. En règle générale, un panneau doit mentionner ce moyen de paiement sinon vous êtes en droit de refuser de payer en FEC.

Seuls les experts et les étudiants peuvent payer en monnaie locale. La circulation des FEC a donné naissance à un marché noir de devises où un yuan FEC peut être changé à un taux qui varie entre 1,4 yuan et 1,7 yuan dit « populaire » selon les endroits.

Géomancie

Fengshui en chinois. C'est l'ensemble des règles qui se rapportent à la situation et à l'orientation des maisons, des villes et des tombeaux, dans le but de mettre en harmonie les habitations des vivants et des morts avec les principes du *Yin* et du *Yang*. Les maîtres opéraient avec des boussoles et prenaient en considération la forme des collines, la direction des cours d'eau et les influences du vent. La position idéale pour une tombe sera, un large cours d'eau devant, une falaise abrupte derrière avec des collines environnantes. Une maison devra faire face au sud.

Interprète

Que vous voyagiez seul ou bien que vous fassiez partie d'un groupe, vous serez assisté dans toutes les villes prévues à votre programme par un interprète délégué par la *Lüxingshe*, l'agence de voyage chinoise.

L'interprète sera l'intermédiaire entre vous et l'agence de tourisme. Lorsque vous lui aurez fait part de votre désir d'effectuer telle ou telle visite, il pourra intercéder en votre faveur auprès des responsables de l'agence de tourisme. Il recevra et transmettra également toutes vos plaintes et réclamations. L'interprète est en effet tenu de remettre après votre passage un compte rendu à ses responsables sur votre comportement et vos impressions sur la Chine.

L'interprète représentera, peut-être, la seule personne chinoise avec laquelle vous puissiez établir un embryon de relation. Il représentera également pour vous une source d'information, peut-être la seule que vous puissiez avoir en Chine. Bien que s'en tenant à la même ligne politique et débitant en gros les mêmes discours, les légères nuances et parfois les réponses contradictoires données par les différents interprètes seront autant d'indications précieuses sur la vie chinoise.

Dans la plupart des grandes villes, on trouvera des interprètes parlant français. Dans les autres villes, en particulier dans celles nouvellement ouvertes au tourisme, il faudra se contenter d'un interprète en anglais.

Les interprètes ont tous en commun le même sens de la politesse, de la courtoisie et de la ponctualité. Malheureusement, ils ne partagent pas tous une connaissance parfaite de la langue étrangère pour laquelle ils sont censés être utilisés. Leur connaissance du français, mais aussi leur connaissance générale sur la Chine et le monde extérieur, peuvent être excellentes comme nulles. Pour ce cas extrême et si sa présence n'est pas indispensable, les voyageurs individuels auront tout intérêt à se séparer le plus tôt possible de l'interprète afin d'éviter toute perte de temps par rapport au gain d'informations ainsi qu'une perte d'argent inutile.

Pour faciliter la compréhension entre l'interprète et vous, il est bon de savoir qu'un sourire ou un signe affirmatif de l'interprète en réponse à une question que vous lui aurez faite, ne signifie nullement qu'il aura compris. Vous avez quelque chose à dire à votre interprète : dites-le lentement et n'hésitez pas à le lui répéter deux ou trois fois. Si vous faites partie d'un groupe accompagné par plusieurs interprètes : posez-leur la même question !

Vous avez été satisfait de vos interprètes, alors ne jetez pas les périodiques ou les livres emportés pour la durée de votre séjour en Chine : vos accompagnateurs francophones les apprécieront. Zola, Hugo, Maupassant et Stendhal restent les principaux auteurs connus et préférés des connaisseurs chinois de la littérature française. Le service d'un interprète revient à 2 yuans de l'heure.

Inventions

La boussole. La première boussole fut inventée au XIe siècle (XIIIe en Europe) mais des mentions sont faites concernant le magnétisme au IIIe siècle dans les œuvres d'un philosophe chinois, Han Fei.

Le système décimal. La Chine fut le premier pays à utiliser le système décimal au IVe siècle, mille ans avant l'Inde.

La poudre. Au IIIe siècle de notre ère, la Chine inventa une poudre à canon faite à base de nitre, de soufre et de poussière de charbon. L'usage de cette poudre se répandit et, sous les Song (998-1022), l'empereur fit construire un atelier à Kaifeng. La poudre à canon fut introduite en Europe via le Moyen-Orient vers le XIIe siècle.

Le papier. Au début de notre ère, les Chinois découvrirent que la bourre de soie déposée sur une plaquette de bambou laissait un dépôt qui, une fois séché, formait une feuille souple qui pouvait être utilisée pour écrire. Ce procédé assez coûteux fut remplacé par Cai Lun qui inventa au IIe siècle un autre procédé à partir du lin ; la pulpe obtenue était ensuite séchée. Ce papier, appelé « *cai lun* », fut introduit au VIIe siècle au Japon et un peu plus tard au Moyen-Orient pour atteindre finalement l'Europe au XIIe siècle.

Jeux

Le weiqi. C'est un jeu très ancien qui se répand en Europe sous le nom japonais de *go*. Le but du jeu, qui se joue à l'aide de pions, est de constituer des territoires en occupant ou en encerclant le plus de terrain possible tout en étouffant le terrain de l'adversaire. C'est un jeu très populaire.

Contrairement aux échecs, dont les attaques sont rectilignes à la manière des batailles classiques que connaissent nos stratèges occidentaux, et dont le vainqueur remporte une victoire totale, le *weiqi* est un jeu de guérilla, mettant en œuvre l'encerclement, l'attaque sur deux fronts à partir de bases « rouges » inexpugnables, et qui ne recherche pas l'anéantissement de l'adversaire. Le vaincu, quelle que soit l'ampleur de sa défaite, conserve toujours un territoire.

Un universitaire américain, dont le but avoué était d'aider le Pentagone à lutter contre le communisme, a écrit une thèse sur les rapports entre ce jeu et la guerre menée par Mao Zedong (*Go et Mao*, Le Seuil, Paris).

Le xiangqi. Ce jeu chinois, appelé aussi échecs chinois, remonte aux Tang. Le damier est souvent une simple feuille de papier où sont imprimées les lignes de l'échiquier. Il comporte des lignes verticales et horizontales avec un total de 90 points d'intersection.

C'est sur ce damier que se déplace un total de 32 pions (16 pour chaque camp) : deux chars, deux chevaux, deux canons, cinq soldats, deux ministres, deux fonctionnaires, deux officiers et un général. La position du général est marquée par un carré privilégié appelé

Jiu gong, « les neuf palais ». Pour chaque type de pions, il existe des règles de marche. Le but du jeu est mettre en échec le général de l'adversaire.

Jours fériés

Fête nationale : 1er octobre.

Fête du 1er mai.

Nouvel an solaire : 1er janvier.

Fête du printemps : nouvel an lunaire (fin janvier ou début février).

Kang

C'est une sorte de vaste estrade de brique ou de terre battue qu'on recouvre de nattes et qui est chauffée par dessous grâce à un jeu de conduites aménagées au ras du sol où circule l'air chaud provenant de la combustion dans le fourneau de la cuisine d'un mélange de poussière et de charbon. Il se trouve dans les pièces principales de part et d'autre de la cuisine.

Lune

Dans la tradition, la lune est habitée par un lièvre ou un lapin de jade qui prépare l'élixir d'immortalité. La fête de la lune a lieu à la mi-automne, au jour de la pleine lune du huitième mois lunaire. Il est de tradition de faire un pique-nique le soir et de s'offrir des gâteaux de lune, *Yue bing*. Ce jour-là, on commémore aussi le suicide d'un poète célèbre.

Machine à écrire

La machine à écrire chinoise ne comporte pas de clavier mais un plateau regroupant environ 2 000 caractères, gravés à l'envers sur des bâtonnets en plomb. Au-dessus du plateau, une pince, sorte de bras articulé et commandé par l'utilisateur, va saisir le bâtonnet voulu et l'applique sur la feuille, elle le remet ensuite à sa place et ainsi de suite.

Comme les 2 000 caractères sont insuffisants, il existe d'autres plateaux comportant des caractères plus rares. S'il s'agit d'un texte à vocabulaire spécialisé, le ou la dactylo doit composer une partie de son plateau avant de commencer. Un bon dactylo ne se mesure pas à sa dextérité mais à la maîtrise qu'il a des plateaux.

Marché noir

A peine sorti de l'hôtel, vous serez peut-être abordé : « Change money ? one sixty, ... one seventy ». Inconcevable il y a quelques années, cette sollicitation risque de se renouveler dans toutes les villes de votre périple en Chine. Les F.E.C. sont très prisés des Chinois en contact avec les étrangers, interprètes, guides touristiques, hommes d'affaires mais aussi les commerçants. Consommer... consommer et commercer après tant d'années où l'on a dû se serrer la ceinture : l'évolution est très sensible depuis quelques années et ce marché noir n'est qu'une manifestation de ce besoin mais aussi de la pénurie qui règne dans le pays.

Monnaie

La monnaie chinoise est appelée *Renminbi*, ce qui signifie la « Monnaie du peuple » — en abrégé RMB. L'unité est le **yuan**, dénommé plus couramment **kuai** dans toutes les transactions courantes.

Un yuan est composé de dix **jiao** (prononcé mao), chaque jiao comptant dix **fens**. Un yuan est donc égal à 100 fens.

Il existe des billets de 10, 5, 2 et 1

yuans, des billets de 5, 2 et 1 jiao, des pièces de 5, 2 et 1 fens.

Un yuan équivaut environ à 2,80 francs français.

Nom

Le patronyme, *xing*, compte un seul caractère. Il existe une centaine de noms très courants : Wang, Ting, Li, Zhou, Mao, etc. Les prénoms, *ming zi*, ont en général deux syllabes et leur nombre peut varier à l'infini. Les prénoms sont choisis de façon à exercer une bonne influence sur la destinée de la personne. Il n'est pas rare qu'on en change en certaines occasions. Les peintres, poètes et écrivains ont souvent des noms de pinceau (et non des noms de plume !).

Prenons comme exemple le nom de l'ancien président du Parti : Hua Guofeng. *Hua* est le nom de famille qui signifie Chine, *Guofeng*, le prénom, qui signifie « fer de lance du pays », est aussi le grade qu'il avait dans l'armée. Il est amusant de noter qu'il s'agit d'un pseudonyme, son véritable nom de famille étant Su, le même caractère que celui qui est utilisé pour *Sulien*, l'U.R.S.S. !

Photographie

Il est interdit de prendre des photographies du territoire chinois à partir d'un avion en vol ainsi que des photographies d'installations militaires.

Des pellicules photographiques fabriquées en Occident s'achètent en certificats de devises dans les hôtels ou bien les magasins de l'Amitié des trois principales grandes villes chinoises — Pékin, Shanghai et Canton. C'est à Pékin que l'on trouve le plus grand choix de pellicules étrangères : Ektachrome 64 ASA, 200 ASA et 400 ASA et Koda-chrome 64 ASA notamment, ainsi que des films Super-8.

Les touristes en Chine ont souvent tendance à s'auto-censurer. En fait, tant que personne ne manifeste son mécontentement, vous pouvez photographier tout ce que vous voulez. Évitez cependant les chantiers qui peuvent — comme celui du métro de Pékin — être « d'importance stratégique ».

Pinyin

Le *Pin yin* est le système, adopté par les Chinois depuis 1958, pour transcrire avec les lettres de l'alphabet latin la prononciation pékinoise des caractères chinois. Nous l'avons adopté pour ce guide.

Poids et Mesures

Le système métrique est employé à peu près partout. Le système chinois de mesure continue à être utilisé en agriculture et dans le commerce :
Un *Li* = 0,576 km
Un *Jin* (catty) = 0,5 kg
Un *Dan* (picul) = 0,5 t
Un *Mu* = 0,067 ha = 1/15 d'ha

Presse

On compte environ 253 journaux nationaux ou grands journaux locaux, que les Chinois se procurent soit par abonnement, en général dans leur unité de travail, soit en les achetant dans les bureaux de poste qui font office de kiosques. Les journaux locaux étaient autrefois interdits aux étrangers, mais ceux-ci peuvent les acheter ou s'y abonner depuis la chute de la bande des quatre.

Le Quotidien du peuple, *Renmin ribao*, est tiré à 6 260 000 exemplaires chaque jour.

Clarté, *Guangming ribao*, est le quotidien des intellectuels.

Le Bulletin de référence, *Cankao Xiaoxi*, ne fait que reprendre des nouvelles d'agences de presse étrangères. C'est un quotidien à diffusion interne, c'est-à-dire ne fonctionnant que sur abonnement des unités de travail et que les étrangers ne peuvent pas, en principe, se procurer. C'est le journal le plus lu de la presse chinoise. Sa diffusion est supérieure à celle du *Quotidien du peuple* (certains experts émettent l'hypothèse de 30 millions d'exemplaires !) et grâce à lui les Chinois sont bien mieux informés sur les événements internationaux qu'on ne l'imagine en général.

Parmi les périodiques, on peut citer le **Drapeau rouge**, *Hongqi*, revue mensuelle théorique du Parti communiste chinois, tiré à 13 millions d'exemplaires. **La Jeunesse de Chine**, *Zhongguo qingnian*, et **Les Femmes chinoises**, *Zhongguo funü*, sont respectivement tirés à 3 et 1 million d'exemplaires.

Les revues parallèles. De janvier à octobre 1979, une dizaine de revues parallèles mensuelles ont fleuri à Pékin. La plus connue était **Enquêtes**, *Tansuo*. Animée par Wei Jingsheng, condamné à 15 ans de prison en octobre 1979 pour son rôle dans le mouvement démocratique, la revue a maintenant cessé de paraître, de même que **Le Printemps de Pékin**. En 1981, les dernières revues parallèles disparaissent : **La Tribune du 5 avril** dont Xu Wenli, son animateur, un technicien de 36 ans, arrêté en avril, est condamné en 1982 à quinze ans de réclusion ; la revue littéraire *Jin Tian* **Aujourd'hui** a également cessé de paraître.

La presse en langues étrangères. Les Éditions en langues étrangères de Pékin publient de nombreuses revues techniques, scientifiques ou littéraires, dans plusieurs langues dont le français, l'anglais et même pour certaines, l'esperanto !

Pékin Information, rebaptisé **Beijing Information**, publication hebdomadaire, est devenu beaucoup plus lisible depuis 1978 et publie chaque semaine d'excellents reportages. Vous le trouverez dans les hôtels et vous pouvez vous y abonner en France.

Le Bulletin bleu et le **Bulletin rouge**. Deux publications en français et en anglais qui reprennent la première des dépêches d'agences étrangères et la seconde les nouvelles de l'agence de presse chinoise Xinhua. Les touristes peuvent essayer de se procurer ces bulletins, facilement accessibles aux hommes d'affaires et aux journalistes étrangers, en les demandant à leur interprète.

Enfin **Time** et **Newsweek** sont en vente dans les grands hôtels des principales villes de Chine. Ceux qui ne peuvent pas s'en passer pourront trouver leur **Humanité Rouge** habituel en français (l'organe du P.C.M.L.F.) dans les bureaux de poste.

Promenade

Fraîchement débarqué en Chine, vous avez pris possession de votre chambre d'hôtel et décidez de vous promener en ville. Vous avez déjà parcouru une centaine de mètres et vous voilà pris de panique à l'idée de vous perdre : de plus vous ne parlez pas le chinois !

C'est effectivement très facile de se perdre ; mais on retrouve certainement aussi aisément son chemin dans une ville chinoise que dans une ville française et cela grâce à l'extrême gentillesse des Chinois qui essayeront toujours de vous

indiquer la bonne direction et se propo-
seront souvent pour vous raccompa-
gner.

Si vous n'avez pas le plan de la ville
où vous vous trouvez, il est prudent de
vous faire marquer le nom en chinois
de votre hôtel ou bien de l'endroit où
vous comptez vous rendre. Pour une
promenade dans les grandes villes, un
plan, même écrit en chinois, vous permettra de vous y retrouver plus facilement grâce à l'indication des trajets des
lignes d'autobus et surtout des lignes de
trolleybus (indiquées sur la carte par
une couleur différente).

Qigong

Le Qigong est un exercice respiratoire
qui régularise la circulation du souffle
vital (*qi*) dans le corps, mais aussi dans
le cerveau. La maîtrise de l'art du
Qigong permet de concentrer l'énergie
vitale dans certaines parties du corps
afin de soulager un mal ou de fournir
un effort physique.

Réserves naturelles

Les réserves les plus importantes sont
Wolong (Sichuan), zone du panda
géant, Changbaishan (Mandchourie),
zone du tigre de Mandchourie et la
réserve de Dinghushan dans le Guangdong. Les espèces rares en voie de
disparition sont le panda, le takin (sorte
de buffle), le singe doré, l'ours blanc,
le macaque, le tigre de Mandchourie, le
daim de l'île de Hainan et la grue à
couronne rouge.

Santé

Que se passe-t-il si vous tombez
malade en voyage ? Il y a dans presque
tous les hôtels de Chine de petits dispen-
saires, et des médecins ou des infirmières
qui s'y trouvent en permanence. Les
Chinois sont en général très soucieux
de leur propre santé et de celle de leurs
hôtes étrangers et ils ne trouveront
jamais ridicule ou déplacé que vous
demandiez à consulter un médecin.

Pour un petit rhume ou des malaises
intestinaux, vous aurez le choix entre
des médicaments traditionnels ou occidentaux. Les médicaments traditionnels
se présentent souvent sous la forme de
grosses boulettes noires qui ressemblent
à du *zan* et sont composées de toutes
sortes d'herbes et de produits naturels.
Il faut les avaler avec beaucoup d'eau
chaude et... y croire.

Si vous souffrez de douleurs muscu-
laires, rhumatismes ou névralgies, vous
pourrez demander à ce qu'on vous
soigne par acupuncture, réputée pour
soulager rapidement.

Les médicaments occidentaux favoris
des médecins chinois sont l'aspirine
(appelé APC, en prononçant à l'anglaise) et les antibiotiques qui sont dispensés généreusement dans des petits
sachets en papier pour le moindre bobo.
Tous ces soins sont très bon marché et
dispensés avec la plus grande affabilité.

Pour les maladies graves ou les acci-
dents, vous serez rapidement hospitalisé
et soigné par les meilleurs spécialistes
disponibles, mais les frais d'hospitalisa-
tion très élevés seront entièrement à
votre charge. N'oubliez pas d'être assuré.

Les deux maladies contagieuses graves
qu'attrapent parfois les résidents et touristes étrangers en Chine sont l'encéphalite et l'hépatite virale. Sachez qu'à
Pékin la communauté étrangère se fait
vacciner tous les ans en mai contre
l'encéphalite virale qui sévit pendant la
saison des moustiques (juin à septembre). On signale aussi quelques cas de
paludisme.

Signes cycliques

Il existe une correspondance entre les points cardinaux, les saisons, les planètes, les éléments et les saveurs :

Est-printemps-vert-bois-Jupiter-acide.

Ouest-automne-blanc-métal-Vénus-âcre.

Centre-jaune-terre-Saturne-sucrée.

Sud-été-rouge-feu-Mars-amère.

Nord-hiver-noir-eau-Mercure-salée.

Le ciel se divise en quatre palais : la divinité gardienne de l'Est est le dragon vert ; de l'Ouest, le tigre blanc ; du Sud, l'oiseau rouge ; du Nord, la tortue noire ou le guerrier noir.

Singe

Animal symbolique de la laideur et de la fourberie. On vénérait en Chine le singe **Sun Wugong** en souvenir de son voyage et de ses prouesses magiques en compagnie du moine chinois **Xuan Zang** qui se rendit en Inde à la recherche de textes sacrés du bouddhisme. D'après la croyance chinoise, les singes sont capables d'assurer aux hommes santé, protection et succès ; on les appelait en cas de maladie ou de revers de fortune.

Sûtras

En chinois *Jing*. Ce sont les textes sacrés du bouddhisme.

Taiji

Le *taiji quan* est le sport traditionnel le plus répandu en Chine. Son nom signifie littéralement « boxe du suprême absolu ». Les origines de cette boxe sont obscures, mais la date la plus fréquemment avancée se situe aux alentours de la fin des Yuan (XIVe siècle).

Le principe du taiji est le *qi* ou souffle vital. Le centre du *qi* dans le corps humain se trouve à la hauteur du nom-bril, et il s'agit de concentrer tout son *nei gong* ou « vitalité intrinsèque » dans l'abdomen afin que le corps entier en soit irrigué. Le taiji exige donc avant tout de savoir respirer avec son abdomen autant qu'avec ses poumons.

Les mouvements, très lents et stylisés, s'enchaînent avec souplesse et font travailler tous les muscles du corps. Exécutés avec rapidité, ces mêmes mouvements font des maîtres du taiji de redoutables combattants.

En vous levant tôt le matin, vous pourrez voir les Chinois faire leur gymnastique matinale entre six et sept heures du matin, dans les parcs et sur les trottoirs des avenues. Dans la capitale, le spectacle de centaines de Pékinois, jeunes et vieux, répétant les gestes lents du taiji devant la porte Nord de la Cité Interdite, est d'une beauté saisissante. A Shanghai, sur le Bund devant le fleuve, ce sont des milliers de silhouettes silencieuses qui exécutent avec gravité leur rituel, oubliant le grondement de la ville qui les entoure.

Téléphone

Dans les grandes villes, pour téléphoner de votre chambre d'hôtel, il vous faudra remplir un petit formulaire imprimé en chinois et anglais, le remettre à la réception puis attendre la communication dans votre chambre. Ce formulaire étant souvent introuvable dans les hôtels des petites villes, on aura tout intérêt, si l'on ne parle pas le chinois, à en conserver quelques exemplaires pendant tout le séjour.

Une communication coûte, pour l'Europe, 10 yuans la minute avec une charge minimum de trois minutes ; pour Hong Kong, 1 yuan la minute. Le tarif des communications intérieures est fonction de la distance et diminue de moitié à partir de 21 h.

Thé

La coutume du thé commença au Sichuan à l'époque des Trois Royaumes (IIe siècle avant J.-C.). La légende raconte que le célèbre missionnaire **Boddhidharma**, lors de son séjour en Chine en 526, se laissa un jour gagner par le sommeil. Pour que pareille chose ne se renouvelle plus, il s'ôta les paupières qui tombèrent sur le sol et donnèrent naissance à la plante à thé symbole de la vigilance.

L'usage du thé se répandit aux Ve et VIe siècles le long du Yangzi et devint une boisson courante sous les Tang au VIIe siècle où de nombreuses maisons de thé s'ouvrirent dans les villes. Il existe une grande variété de thés selon les régions, la couleur, verte ou noire, et le parfum. On peut y mêler des pétales de jasmin, lotus, chrysanthème, etc.

En dehors des maisons de thé, où il est toujours agréable de s'arrêter quelques instants parmi les Chinois vieux et jeunes, il est difficile de trouver du thé : le plus souvent à table, les Chinois boivent de l'eau chaude. Dans les trains, on vous vendra un petit sachet de thé que vous pourrez utiliser avec l'eau du thermos de votre compartiment.

Z.E.S.

En 1979, les autorités chinoises adoptaient le projet de création de **Zones Économiques Spéciales** susceptibles d'attirer les investissements, la technologie et le « savoir-faire » étrangers. Sur les quatre zones prévues — **Shantou** (Guangdong), **Xiamen** (Fujian), **Zhuhai** près de Macao, **Shenzhen** à la frontière avec les **Nouveaux Territoires** de **Hong Kong** — seule la dernière est jusqu'à présent active.

Les mesures d'encouragement — exemption de taxes à l'importation pour certains produits, réduction de l'impôt sur les bénéfices — et le faible coût de la main-d'œuvre, devraient, dans un premier temps, attirer les capitaux des Chinois d'outre-mer ; ceux-ci, souvent en quête d'une certaine « assimilation », sont également mieux à même de faire reconnaître leurs intérêts économiques en Chine.

Ces Zones Économiques Spéciales deviendront-elles le paradis des investisseurs occidentaux ? L'« aventure » leur posant plus de problèmes qu'elle n'en résout — sauf pour ceux qui sont sur un « coup » publicitaire — semble engendrer un attentisme qui ne disparaîtra qu'avec le temps.

Quant aux retombées économiques des ces Z.E.S. sur le développement du pays, elles ne semblent pas faire l'unanimité dans la classe dirigeante chinoise.

A la découverte de la Chine du Nord

Pékin

Pékin, centre politique, administratif et culturel de la Chine, Pékin, capitale des derniers empereurs chinois, ville-musée, ville-temple, ville-palais, Pékin est la plus belle vitrine de la Chine. Passage obligé, mais pas obligatoire, pour les touristes du monde entier, les chefs d'État en visite officielle, les hommes d'affaires avides de pénétrer le plus colossal marché de la planète, Pékin est ainsi devenu une vraie capitale internationale. Pourtant, il y a trente ans à peine, Pékin vivait tranquille, douillettement blotti derrière ses massifs remparts carrés, vaste village construit au ras du sol.

Pékin est maintenant une ville de neuf millions d'habitants qui reçoit quotidiennement 250 000 visiteurs venus des quatre coins de la Chine, et nous ne comptons pas les touristes étrangers... Du nord au sud, les grandes artères qui traversent Pékin ne sont plus qu'un vaste embouteillage, les rues commerçantes ne désemplissent pas et les hôtels comme les restaurants sont toujours bondés.

Paradoxalement, la partie la plus paisible de la ville se trouve en plein centre : c'est le cœur de Pékin, la gigantesque **Place Tian'anmen**, fermée, au nord, par le **Palais Impérial**, à l'ouest par l'**Assemblée nationale**, au sud par le **mausolée du Président Mao** et à l'est par le **Musée d'Histoire**. Cette place est riche en souvenirs et c'est là que les

Chinois se réunissent pour célébrer les grands événements de leur histoire.

Les visiteurs sont souvent surpris de la relative pauvreté en monuments anciens de Pékin construit sur un site qui a pourtant plus de 2 500 ans d'histoire. A quelques exceptions près, les grands ensembles architecturaux que l'on peut visiter à Pékin datent de la dynastie des Ming (1368-1644) mais ils ont tous été complètement restaurés durant le règne de l'impératrice douairière Ci Xi (Ts'eu Hi) à la fin du XIXe siècle, puis à nouveau depuis la fondation de la République populaire de Chine, et ces restaurations successives, bien que très réussies, pourront donner à certains un sentiment de trop parfaite unité.

Mais il faut s'empresser d'ajouter que Pékin est, de loin, la ville la plus riche de Chine. Riche en monuments, en marchandises, en spectacles, en expositions. Il est possible de faire le tour des principaux monuments en quatre ou cinq jours, mais un séjour plus long permettra d'explorer chaque recoin de la Cité Interdite, qui, à elle seule, peut être l'objet d'un nombre illimité de promenades, et de jouir de ce qui fait le charme de Pékin : ses restaurants de cuisine provinciale ou pékinoise, ses théâtres et ses spectacles d'opéra traditionnel, les amitiés nouées dans les parcs.

La meilleure façon de visiter Pékin est d'emprunter une bicyclette à un résident étranger ou d'en louer une, et

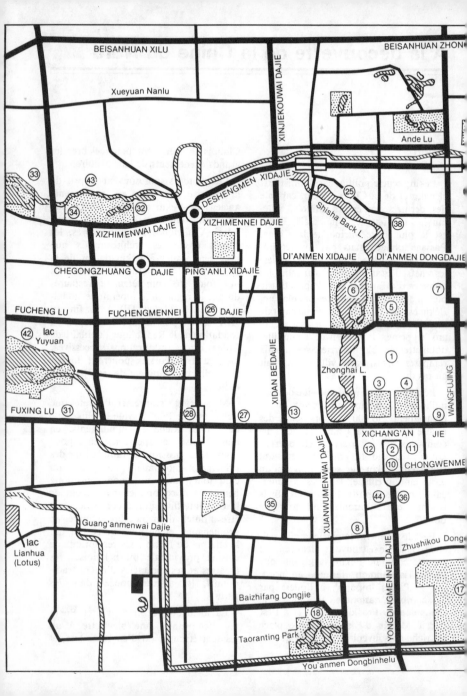

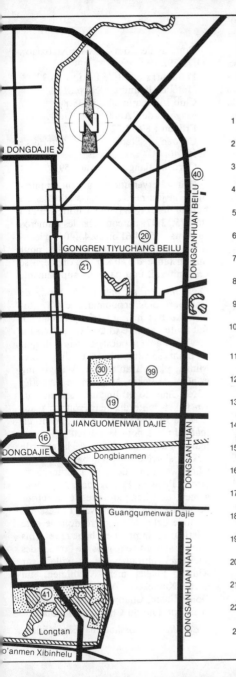

de se laisser glisser dans la foule des cyclistes pékinois ou de s'évader par les *hutong*. Vous remarquerez alors la très grande propreté de la ville, de ses habitants, et... le grand désordre de la circulation routière. Vous pourrez vous rafraîchir en suçant une glace, *bingkur*, vendue sur le bord de la route par des petites vieilles que l'on voit partout, hiver comme été.

PÉKIN PRATIQUE

Comment se déplacer

Si vous êtes pris en main par la CITS, un taxi ou un car vous attendra tous les matins à la porte de votre hôtel.

En taxi. Si vous avez à réserver un taxi vous-même, vous pouvez le faire auprès de la réception de tous les hôtels, au Magasin de l'Amitié et au Club International. Vous pouvez aussi en réclamer un par téléphone, en précisant votre nationalité, votre adresse et le lieu où vous désirez vous rendre. Le chauffeur calcule le prix du transport en fonction du nombre de kilomètres parcourus. Les taxis n'ont pas toujours de taximètres et la légendaire honnêteté des chauffeurs n'étant plus ce qu'elle était, il est recommandé de vérifier le nombre de kilomètres parcourus. Le prix, de 0,60 yuan par km, part de 2,40 yuans, mais peut varier en fonction du type de véhicule, de son âge et de l'utilisation de l'air conditionné ! Une cigarette ou un pourboire arrange souvent bien des malentendus.

En dehors de la compagnie de réservation centrale, au 55.74.61, on peut également s'adresser, en chinois de préférence, aux compagnies de taxi suivantes :

Quartier de Chaoyang : 48.44.41.

Compagnie des taxis Xiaoxiao : 34.25.39.

Faubourgs ouest de Pékin : 36.32.48.

Hôtel de l'Amitié : 89.06.21.

Club International : 59.38.88.

Magasin de l'Amitié : 59.35.31.

Erligou : 89.13.72.

Citroën, Stade des Ouvriers : 59.44.40.

Citroën, Jianguomenwai : 59.40.40.

Pour réserver une voiture ou un minibus à la journée, on peut s'adresser au bureau de CITS à l'hôtel Chongwenmen (tél. 75.53.47) ou contacter les numéros suivants : 55.74.61 ou 59.44.40. La location est autorisée entre 8 h et 18 h, pour une distance de 40 km. Si on dépasse ces limites, il faut payer un supplément.

En bus ou en métro. Un mode de transport plus économique est l'autobus. Le bus n° 1 est très pratique : il fait toute l'avenue Chang'an, traversant la ville d'est en ouest, et passe devant les points suivants : hôtel Yanjing, hôtel Minzu, place Tian'anmen, Wangfujing et hôtel de Pékin, Magasin de l'Amitié, hôtels Jianguo et Jinglun, notamment. Un ticket coûte dix fens, soit un mao. L'accès au métro coûte également un mao. Il n'y a pour le moment que deux lignes. La première part de la gare de Pékin, s'arrête juste en bas de l'hôtel Chongwenmen, derrière Qianmen, et rejoint l'avenue Fuxing, dans le prolongement de Chang'an après le carrefour de Xidan puis continue vers l'ouest. La seconde délimite un carré dont le côté inférieur est la première ligne et les trois autres suivent en gros le tracé des anciennes murailles de la ville : sur Xidan, Fuchengmen, Xizhimen, au nord, Xinjiekou, Andingmen, à l'est Dongzhimen, Chaoyangmen et Jianguomen, non loin du Club International.

En vélo. En laissant une pièce d'identité à un réparateur ou à un marchand de vélo et environ cinq yuans pour la journée, on peut se promener en toute quiétude dans la foule des deux millions de cyclistes qui sillonnent quotidiennement la ville. Le réparateur de vélos qui se trouve en face du Magasin de l'Amitié est généralement de bonne volonté, ainsi que celui qui se trouve du côté de la rue de l'hôtel Chongwenmen, au 94 Chongwenmen dajie.

Hôtels

Lorsqu'on est voyageur individuel, on se heurte immédiatement aux problèmes d'hôtel. Demander une chambre dans un hôtel à Pékin, Shanghai ou à Xi'an semble être la chose la plus insolite qui soit. Impassible, la personne de la réception vous répondra que tout est complet comme s'il ne pouvait en être autrement. Les chambres s'obtiennent habituellement par un intermédiaire chinois, et votre intermédiaire, si vous êtes voyageur individuel, est malheureusement la CITS, c'est-à-dire qu'il y a très peu à en attendre. A Pékin, la CITS vous propose deux hôtels, l'un assez sordide et mal desservi (Qiaoyuan) et l'autre, plus correct, (le Guanghua fandian) en général complet.

Pour obtenir une chambre dans ces deux hôtels il faut d'abord se rendre à l'agence pékinoise de la CITS, au rez-de-chaussée de l'hôtel Chongwenmen, 2 rue Qianmen dongdajie, tél. 75.71.81. Les bureaux sont ouverts de 8 h à 11 h 20 et de 13 h à 16 h 30 sauf le dimanche. D'une façon générale, les hôtels les plus accessibles sont ceux gérés par des sociétés étrangères, mais ils appartiennent tous à la catégorie luxe. Dans la catégorie bon marché un certain nombre de guest-houses autrefois réservées aux Chinois acceptent

désormais des étrangers ; d'autres, plus récentes, ont été construites par des collectivités. Vous pouvez vous adresser directement à eux. L'ouverture sur l'étranger a créé un véritable « boum » dans l'hôtellerie. Au début des années 80, Pékin comptait seulement quatre ou cinq hôtels pour étrangers. Le décor était poussiéreux, le service interminable et maussade. Les prix plus que raisonnables.

○ *Hôtels de luxe*

• **Hôtel de Pékin.** Au carrefour de Wangfujing et de l'avenue Chang'an. L'hôtel de Pékin reste, malgré l'arrivée des nouveaux hôtels, le plus prestigieux et le mieux situé de Chine. Du dernier étage, on aperçoit la place Tian'anmen, la Cité Interdite, la célèbre artère commerçante de Wangfujing. De 250 à 350 yuans pour une chambre double. Tél. 500.77.66.

Hôtel Jianguo. Paradis de la consommation occidentale. Prix des chambres : de 360 yuans (pour une single) à 700 yuans (pour une suite). Ajouter 15 % de taxes gouvernementales. Tél. 500.22.33. Télex : 22439 JGHBJ CN. Câble : 6677 Pékin.

Hôtel Sheraton de la Grande Muraille. Cet hôtel mise à fond sur la grandeur. Prix des chambres : 450 yuans (pour une single) et 484 yuans (pour une chambre double). 10 % de taxes. Adresse : 6 Donghuan Beilu. Tél. 500.55.66. Télex : 20045 GWHBJ CN.

Hôtel Lido. Pour touristes très fatigués. 290 yuans la chambre. Adresse : Jiangtailu. Tél. 500.66.88. Télex : 22618 LIDOH CN.

Hôtel Yanxiang. A du mal à se faire à son nouveau standing. Adresse : Liugongfen. Également sur la route de l'aéroport. Tél. 500.66.66. Prix des chambres : de 86 yuans à 202 yuans.

Citons également dans cette catégorie : l'**hôtel Jinglun,** alias le Beijing-Toronto, le **Diaoyutai,** Résidence des Hôtes, l'**hôtel des Collines Parfumées** Xiangshan Hotel (hôtel conçu par le célèbre architecte sino-américain I.M. Pei), l'hôtel **Xiyuan,** l'hôtel **Zhaolong,** l'**hôtel Guoji,** l'hôtel **Taoran.**

○ *Hôtels de bon standing*

Hôtel Yanjing. 19 Fuxingmen Waidajie. Tél. 86.87.21. Prix des chambres : de 106 à 150 yuans.

Hôtel Xinqiao. Rue Dongjiaomin. Tél. 55.77.31. Prix des chambres : la chambre double vaut 113 yuans.

Hôtel Minzu, l'hôtel des Minorités Nationales. Avenue Fuxingmen. Tél. 66.85.41. Prix des chambres : de 120 à 160 yuans.

Hôtel Qianmen. 175 Yong an lu. Tél. 33.87.31. Prix des chambres : entre 120 et 150 yuans.

Hôtel de l'Amitié, Youyi binguan. Rue Baishiqiao, quartier de Haidian. Tél. 89.06.21. Prix des chambres : de 93 yuans à 110 yuans (risque d'augmentation).

Hôtel Huadu. Dans le quartier des ambassades (Sanlitun). Tél. 500.11.66. Prix des chambres : entre 127 et 259 yuans.

Citons encore dans cette catégorie : l'**hôtel de l'Aéroport,** l'**hôtel Zhuyuan** (Parc des bambous), l'**hôtel Heping** (hôtel de la Paix), l'**hôtel des Chinois d'outre-mer,** l'**hôtel Yanshan,** l'**hôtel Ritan,** l'**hôtel Dadu.**

○ *Hôtels bon marché*

Hôtel Lusongyuan. Il est géré par l'Agence de voyage pour les jeunes et accepte directement les clients. Banchang Hutong. Tél. 44.04.36. Prix des chambres : de 60 yuans pour 3 lits à 55 yuans pour une chambre double. Des chambres plus spacieuses coûtent 70 yuans.

Hôtel Feixia. A 10 mn à pied de l'avenue Chang'an (entre l'hôtel Yanjing et l'hôtel Minzu). Tél. 34.24.31. Prix des chambres : avec sanitaires 40 yuans — avec sanitaires collectifs entre 20 yuans (2 lits) et 24 yuans (3 lits).

Hôtel Beiwei. Au coin de la rue Beiwei lu et de la Xijing lu (n° 13). Tél. 33.86.31. Prix des chambres : 44 yuans et 94 yuans pour des chambres doubles avec salle de bains.

Hôtel Tiyu binguan. Rue Tiyuguan (face à l'entrée et du Temple du Ciel). Tél. 75.28.31. Prix des chambres : 72 et 100 yuans (toutes équipées de salle de bains). 6 single rooms à 55 yuans.

Hôtel Guanghua. 38, rue Dongshanhuan bei lu. Tél. 59.51.42. Hôtel géré par la CITS, se munir d'un laissez-passer. Prix des chambres : 45 yuans (sanitaires en commun) et 72 yuans avec salle de bains. Dortoirs à 3 lits : 39 yuans.

Citons encore dans cette catégorie : l'**hôtel Qiaoyuan,** l'hôtel **Leyou,** l'hôtel **Ziyu,** l'hôtel **Wannianqing binguan,** l'**hôtel Wanshou.**

○ *Universités dont les dortoirs peuvent accueillir des touristes*

Toutes les universités se trouvent concentrées à Haidian dans la banlieue nord-ouest de Pékin. Un certain nombre disposent de « guest-house » pour des gens de passage surtout l'été où l'université est en principe fermée deux mois.

Vous pouvez éventuellement en profiter pour suivre les stages de langues que l'Institut de langues organise en juillet, août et septembre.

Les chambres sont en général de deux lits et coûtent 8 à 10 yuans par jour. Les installations sanitaires sont communes.

— L'Institut des Langues : Yuyan Xueyuan. Tél. : 27.75.85.
— l'Université de Pékin : Beida (les plus confortables). Tél. 28.24.71.
— l'Institut des Minorités : Minzu Xueyuan. Tél. 89.07.71.
— l'Institut des Télécom : Youdian Xueyuan. Tél. 66.22.79.
— l'Institut des Sports : Tiyu Xueyuan. Tél. 28.22.31.
— l'Université Qinghua. Tél. 28.21.36.
— l'Institut des Langues étrangères : Waiyu Xueyuan. Tél. 89.03.51.

Restaurants

Un des grands plaisirs de la vie de Pékin, c'est la nourriture. On peut y faire, en une semaine, le tour de la Chine culinaire sans quitter la capitale.

En effet, toutes les cuisines provinciales et locales sont abondamment et prestigieusement représentées à Pékin.

○ *La cuisine du Nord*
— La cuisine pékinoise :
Le canard laqué : le **Pianyifang,** 32, Qian men. Tél. 75.13.79.
La marmite mongole : **Dong laishun,** 16, Dong hua men. Tél. 55.00.69 ou 55.10.98.
Le barbecue : **Beijing Kaorouji,** 14, Qianhaidong yan. Tél. 44.59.21.
La cuisine des palais : **Fangshan Fanzhuang,** le restaurant de Beihai. Tél. 44.25.73 ou 44.03.60 ou 44.35.73.

— la cuisine du Shandong :
Feng zi yuan, 83, Zhushi kou xi dajie. Tél. 33.28.28.

— La cuisine du Shanxi :
Jinyang fandian, 241 Zhushikou Jie. Tél. 33.43.61 ou 33.16.69.

— la cuisine du Sichuan :
Sichuan fandian, 51 Rongxian Hutong. Tél. 33.63.56.

○ *La cuisine du Centre*
— la cuisine du Jiangsu :
Zhenjiang fanzhuang, 1 Xuanwumen beidajie. Tél. 66.12.89.

— la cuisine du Zhejiang et du Jiangxi :
Huaiyang fanzhuang, 217 Xidan beidajie. Tél. 66.43.30 ou 66.05.21.

○ *La cuisine du Sud*
— la cuisine du Hunan :
Xiangjiang fanzhuang, 133 Xidanbei dajie. Tél. 66.14.14.

— la cuisine de Canton :
Minao canguan, à côté de la grande librairie Xinhua dans Wangfujing, dans un petit passage.

— la cuisine du Yunnan et du Fujian :
Kangle canguan, 259, Andingmen Bei dajie. Tél. 44.38.84.

○ *La cuisine du Xinjiang*
Xinjiang fandian — en face du Zoo. Tél. 89.07.21.

○ *Les cuisines étrangères*
— cuisine coréenne :
Yanji lengmian guan, 181 Xisi bei da jie. Tél. 66.29.84.

— cuisine pakistanaise :
Au dernier étage de l'**Hôtel Xinqiao.**

— cuisine russe :
Beijing Zhanlanguan canting, le restaurant du Palais des Expositions côté ouest du Palais.
Tél. 89.06.61.

— cuisine japonaise :

Au premier étage de l'**Hôtel de Pékin**.

— cuisine française :
Maxim's, 2, Qianmen Dongdajie à Chongwenmen. Tél. 75.40.03.

— cuisine allemande :
Restaurant occidental de l'**Hôtel des Minorités**.

— cuisine végétarienne :
Beijing sucai canting, 74 Xuan wu Men. Tél. 33.42.96.

Qu'acheter ? Où acheter ?

Faire des courses à Pékin est un grand plaisir et une des meilleures façons de voir les foules chinoises de près. Vous serez bien sûr dévisagé et des petits attroupements risquent de se former autour de vous lorsque vous vous arrêterez près d'un comptoir ou devant la vitrine d'un magasin, mais la foule n'est jamais hostile et, si vous lui souriez, vous vous ferez instantanément des dizaines d'amis.

Il y a en gros deux grandes catégories de souvenirs qui feront plaisir lorsque vous les offrirez : les objets de luxe et les petits bibelots de la vie courante chinoise. Vous trouverez un rayon d'objets de luxe dans tous les grands magasins, dans les boutiques réservées aux étrangers, dans les hôtels et au magasin de l'Amitié. Pour ce qui est des objets usuels, le plus grand choix se trouve au grand magasin de Wangfujing et dans celui de Xidan.

Les quatre grands quartiers commerçants de Pékin sont Wangfujing, Xidan, Tashala et Dongdan. Il y a aussi le Magasin de l'Amitié, réservé aux étrangers, le marché du Peuple, la rue des Antiquaires : Liulichang, les brocanteurs et les mille et un quincailliers de Pékin.

Les adresses utiles à Pékin

○ *Ambassades :*
France : 3, Sanlitun dongsanjie. Tél. 52.13.31 à 13.35.
Belgique : 6, Sanlitun lu. Tél. 52.17.36.
Suisse : 3, Sanlitun dongwujie. Tél. 52.27.36.
Grande-Bretagne : 11, Guanghua lu. Tél. 52.19.61.
Pologne : 1, Ritan lu, Jianguomenwai. Tél. 52.12.35.
République démocratique allemande : 3, Sanlitun dongsijie. Tél. 52.16.31.
Mongolie extérieure : 2, Xiushui beijie, Jianguomenwai. Tél. 52.12.03.
URSS : 4, Dongzhimen beizhongjie. Tél. 52.20.51, 52.12.67 (consulat).
États-Unis : 3, Xiushui beijie, Jianguomenwai. Tél. 52.38.31.
Italie : 2, Sanlitun dongerjie. Tél. 52.21.31.
Espagne : 9, Sanlitun lu. Tél. 52.36.29.

○ *Compagnies aériennes :*
CAAC : 117, Dongsi xidajie. Tél. 55.73.19, 55.25.15. Après 17 h : 55.44.15.
Air France : Jianguomenwai 12-71. Tél. 52.38.94.
Bristish Airways : Jianguomenwai 12-61. Tél. 52.36.01.
Japan Airlines : Hôtel Jinglun. Tél. 50.22.21.
Lufthansa : Jianguomenwai 2-2-52. Tél. 52.26.26.
Pakistan international : Jianguomenwai 12-43. Tél. 52.39.89.
Pan American : Hôtel Jinglun. Tél. 50.19.85.
Philippines Airlines : Jianguomenwai 12-53. Tél. 52.39.92.
Qantas : Hôtel Jinglun. Tél. 50.24.81.
Tarom : Ambassade de Roumanie,

Ritanlu dongerjie. Jianguomenwai. Tél. 52.35.52.

Aéroflot : Jianguomenwai 5-53. Tél. 52.35.81.

Thai Airways international : Hôtel Sheraton — Grande Muraille. Tél. 50.55.66.

Swissair : Jianguomenwai 12-33. Tél. 52.32.84.

Aéroport de Pékin : Tél. 55.25.15.

○ *Autres adresses utiles.*

Agence de tourisme de Chine : CITS, 2, rue Qianmen dongdajie au rez-de-chaussée de l'hôtel Chongwenmen. Tél. 75.71.81. Bureaux ouverts de 8 h à 11 h 20 et de 13 h à 16 h 30.

Gare de Pékin : Chaoyang men. Bureau réservé aux étrangers au rez-de-chaussée à gauche dans le hall de départ du transsibérien. Vente et réservation de billets. Tél. 55.48.66.

Bureau de la Sécurité publique, service visas pour étrangers : rue Bei chizi dajie. Donghuamen (entrée est de la Cité Interdite). Tél. 55.31.02. Ouvert de 8 h à 11 h 30 et de 13 h à 16 h.

Banque de Chine : Xijiaomin xiang (sud de la place Tian'anmen). Tél. 33.04.52.

Poste centrale : Dianbao dalou. Fuxingmen nei. Tél. 66.49.00.

Hôpital de la capitale : Shoudu yiyuan. Dongdan beidajie. Consultations : le lundi, jeudi et vendredi de 8 h à 17 h et le mardi, mercredi et jeudi de 8 h à 11 h 30. Tél. 55.37.31 ext. 555.

Médecin français : Sanlitun bangong lou 4-1-3-1. Tél. 52.16.42.

Médecin australien : Jianguomenwai 1-2-9-3. Tél. 52.20.71.

Pékin : un peu d'histoire

Pékin n'a pas toujours été la capitale de la Chine et ne s'est pas toujours appelé Pékin. Avant l'unification de la Chine sous Qin shi huang en 221 avant J.-C., de nombreux petits royaumes se disputaient le pouvoir. Pékin, nommé alors la ville de **Ji**, fut la capitale du royaume de Yan du Ve au IIIe siècle avant J.-C.

Sous les Tang, de 618 à 907, Pékin s'appela **Yuzhou** puis tomba en 936 aux mains des fondateurs de la dynastie des Liao qui la baptisèrent **Yanjing**. La pagode *Tianning si*, à l'Ouest de Pékin daterait de cette époque. C'est la plus vieille pagode de Pékin. Puis la dynastie des Liao fut remplacée par la dynastie des Jin en 1135 qui firent de Yanjing leur capitale en la rebaptisant **Zhongdu**.

Zhongdu fut complètement rasée en 1264 par les Mongols qui reconstruisirent leur capitale légèrement au Nord et lui donnèrent le nom de **Khanbaliq** qui devint alors la capitale des trois dernières dynasties chinoises : les Yuan (1280-1368), les Ming (1368-1644) et les Qing (1644-1911).

Dans son récit de voyage, le célèbre Vénitien Marco Polo (1254-1324) décrivit la prospérité de Pékin sous les Yuan, et tout particulièrement la richesse et la splendeur de la cour de Koubilai Khan. Selon lui, « *les murs du palais et les cloisons des chambres sont tout couverts d'or et d'argent... Et le plafond de la couverture est ainsi fait qu'il n'y a autre chose qu'or, argent et peinture* ». Les tuiles « *sont vernissées si bien et si habilement qu'elles sont resplendissantes comme cristaux ; si bien que très loin aux environs le palais est resplendissant* ». « *A l'arrière du palais sont de grands bâtiments dont les chambres et salles reçoivent les choses privées du seigneur telles que son trésor en or, argent, pierres précieuses et perles, ainsi que sa vaisselle d'or et d'argent.* » A la fin de chaque année, « *il vient en présent au seigneur de plusieurs parties de l'empire qui sont désignées, plus de cent mille chevaux blancs très beaux et très riches... Ces jours-là, tous ses éléphants, qui sont bien cinq mille, sont tous recouverts de draps frangés très beaux, et chacun porte sur son dos deux écrins très beaux et très riches tout pleins de la vaisselle d'or et d'argent du seigneur... Tout cela défile devant le grand sire, et c'est la plus belle chose à voir qui soit au monde ».*

A en croire les historiens, ces spectacles dignes des plus belles pages des Mille et Une Nuits se poursuivirent sous les dynasties Ming et Qing. Lorsque la dynastie des Ming renversa celle des Yuan en 1368, la capitale fut transportée à Nankin et Pékin prit le nom de **Beiping**, « paix du Nord ». A l'heure actuelle, le gouvernement de Taiwan considère toujours Nankin (Nanjing, capitale du Sud) comme la capitale de la Chine et continue à appeler Pékin « Beiping ».

En 1403, Pékin redevint la capitale et prit le nom de **Beijing**, capitale du Nord, nom qui est resté le sien jusqu'à nos jours. De 1403 à 1928, date à laquelle le gouvernement nationaliste déplaça à nouveau la capitale à Nankin, Pékin fut la capitale de la Chine. Le 1er octobre 1949, le président Mao proclama la république populaire de Chine, dont la constitution précise que la capitale est Pékin.

Depuis 1949, le visage de Pékin a énormément changé. Ce qui frappe en premier lieu est la disparition des puissantes murailles qui entouraient autrefois la ville tartare. Pendant la Révolution culturelle, il fut décidé que les vieilles murailles freinaient le développement urbain et gênaient les communications. Maintenant, de larges avenues

bordées d'immeubles de 14 ou 15 étages ont pris la place de ces murailles. La place Tian'anmen est aussi une création du régime. Les gigantesques édifices modernes qui la bordent ont remplacé des centaines de petits édifices qui abritaient autrefois les bureaux des organes du gouvernement central. En 1976, la place fut encore agrandie pour l'édification du mausolée de Mao et l'ancien quartier des légations étrangères fut en partie démoli. Les tours et les immeubles modernes remplacent petit à petit les vieilles ambassades et leurs dépendances.

Mais les problèmes qui se posent aux urbanistes pékinois sont nombreux. D'après le n° 32 de *Beijing Information*, *« les matériaux de construction sont insuffisants ; les travaux d'infrastructure sont menés sur une trop grande envergure et traînent sans cesse ; cela a causé un grand gaspillage de forces humaines, matérielles et financières. Les logements et les établissements nécessaires au commerce, aux services publics, médicaux et culturels sont insuffisants, et les communications difficiles. Eau, électricité, gaz et chauffage central n'arrivent pas à répondre aux besoins ».*

Pour ne pas trop mutiler l'aspect traditionnel de Pékin, il est prévu de déplacer un certain nombre d'usines dans dix villes satellites.

A LA DÉCOUVERTE DE PÉKIN

Il faudrait toute une vie pour visiter cette grande métropole au passé si riche.

Nous ne donnons ici que les principaux sites habituellement visités par les touristes qui ne disposent que de quelques jours. Pour une visite détaillée, on se reportera au guide *Pékin et ses environs*, publié par les mêmes auteurs dans la même collection.

Si on ne passe que trois jours à Pékin, on pourra organiser son temps comme suit :

1er jour : Place Tian'anmen
Cité Interdite
Temple du Ciel

2e jour : Palais d'Été
Temple des Lamas
Promenade à Wangfujing

3e jour : Grande Muraille
Tombeaux des Ming

La place Tian'anmen

D'une surface de quarante hectares, la vaste place Tian'anmen est le véritable cœur de Pékin et de la Chine. C'est sur cette place que sont célébrées les fêtes du 1er octobre et du 1er mai ; c'est aussi là qu'un million de Pékinois a rendu un dernier hommage au président Mao ; c'est là aussi que se sont déroulées les émeutes du 5 avril 1976.

Au centre de la place se dresse le monument aux Héros du peuple. C'est un obélisque en granit de 38 m de haut.

Au sud de la place se trouve le mausolée de Mao Zedong qui fut inauguré le 9 septembre 1977, un an après sa mort. On peut le visiter sur demande auprès de l'Agence de tourisme.

A l'est, le musée d'Histoire et de la Révolution et, à l'ouest, le palais de l'Assemblée du Peuple ont été construits en une année, en 1959. Ce sont deux bâtiments gigantesques : le palais de l'Assemblée du Peuple offre une surface disponible de 171 800 m².

Au nord, la place donne sur l'avenue Chang'an, large de 80 m et sur la porte Tian'anmen, la « porte de la Paix Céleste », emblème national de la Chine moderne.

La porte Tian'anmen

Construite sous les Ming, elle est percée de cinq passages qui mènent à l'intérieur du palais impérial.

La Cité Interdite

Le palais Impérial, *Gu gong*, fut construit sous les ordres de l'empereur Yong Le, des Ming, entre 1407 et 1420. Les empereurs Ming et Qing s'y succédèrent jusqu'en 1924, date à laquelle Pu Yi, dernier empereur Qing, abandonna définitivement ses appartements.

On arrive à la Cité Interdite elle-même, en pénétrant dans le palais par la porte Tian'anmen puis en franchissant deux vastes avant-cours. On se retrouve devant la porte du Midi, *Wu men*, dont la construction rappelle un peu celle de nos châteaux forts. Elle fut édifiée en 1420, puis restaurée à plusieurs reprises, notamment en 1979. C'est ici que l'empereur recevait les soldats qui rentraient victorieux de la guerre.

Vous êtes maintenant sur le point d'entrer dans la Cité Interdite proprement dite. Il faut acheter à un guichet situé sur la droite un ticket pour passer la porte du Midi. Les heures d'ouverture sont 8 h 30 - 16 h 30 mais on ne peut plus acheter de ticket après 15 h 30. La Cité Interdite est entourée par des douves dont on franchit le côté sud, la rivière d'Or, par l'un des cinq ponts en marbre blanc qui symbolisent les cinq vertus. A partir de ce point, les portes majestueuses, les cours immenses et les palais se succèdent apparemment sans fin. Les tuiles des toits sont jaunes, couleur de l'empereur et les murs violets, car le pourpre est la couleur de l'étoile polaire, centre du cosmos, comme l'empereur est le centre de l'empire.

En remontant du sud vers le nord,

on visite en premier lieu le **palais de l'Harmonie Suprême**, *Tai he dian*. Vous remarquerez sur la terrasse en marbre blanc un cadran solaire et l'emplacement d'une mesure à grain, symboles de la justice impériale. Les cigognes et les tortues en bronze sont des symboles d'immortalité. C'est dans ce palais qu'étaient annoncés les résultats des examens impériaux et que l'empereur recevait les candidats admis. C'est aussi dans ce palais que se déroulaient les cérémonies les plus importantes : le couronnement, les anniversaires de l'empereur, les fêtes des solstices et du nouvel an, etc.

La longue galerie, *hongyige*, qui court sur le côté ouest de la cour et la délimite, abrite des expositions temporaires qui sont souvent très intéressantes.

Sur la même terrasse que le palais de l'Harmonie Suprême, le **palais de l'Harmonie Parfaite**, plus petit que le précédent, contient un trône, une chaise à porteurs et divers ustensiles tels que des encensoirs. C'est ici que l'empereur se préparait avant de se rendre dans le palais voisin pour les grandes cérémonies.

Le **palais de la Préservation de l'Harmonie**, *Bao he dian*, est le dernier des trois grands palais, *San da dian*, qui forment la première partie de la Cité Interdite, la partie officielle et donc la plus majestueuse. Dans le *Bao he dian* se trouve exposée une belle collection de terres cuites, bronzes et autres reliques anciennes. C'est ici que l'empereur offrait des banquets aux ambassadeurs et autres dignitaires chinois et étrangers.

Vous avez maintenant terminé la visite des *San da dian* et vous redescendez par le vaste escalier de marbre qui mène à l'entrée des trois palais de derrière, *San hou dian*. Après avoir passé la grande porte qui mène à ces palais d'une nature plus privée que les trois premiers, vous suivrez un large sentier surélevé et entouré d'une balustrade de marbre blanc qui mène au **palais de la Pureté Céleste**, ou *Tian qing gong*. Ce palais était autrefois la chambre à coucher de l'empereur puis il devint une salle de réception. On y voit maintenant un trône imposant auquel l'empereur accédait par un triple escalier. Les armoires et autres meubles sculptés de bois sont de magnifiques spécimens de l'art du meuble chinois.

Derrière ce palais se trouve le **palais de l'Union**, *Jiao tai dian*. C'est là qu'étaient gardés, et que se trouvent toujours, les lourds sceaux impériaux gravés dans le jade et dans d'autres matériaux précieux. On remarquera aussi à gauche une horloge à carillon qui fut construite au début du XIXe siècle dans le palais même et qui marche toujours, et à droite une clepsydre, horloge qui marque l'heure à l'aide d'eau s'écoulant dans trois grandes cuves.

Le dernier des trois palais de derrière est le **palais de la Tranquillité Terrestre**. Il servait de chambre nuptiale à l'empereur. On quitte les trois palais par la **porte de la Tranquillité Terrestre**, *Kun ming men*, et l'on pénètre dans le jardin impérial. Vous y trouverez, sur la droite, un petit pavillon où l'on vend des souvenirs et des boissons.

Mais la Cité Interdite recèle encore bien d'autres trésors. Les trois palais de derrière sont flanqués par les six palais de l'Est et les six palais de l'Ouest, les appartements privés de l'empereur et des concubines impériales. Les six palais de l'Ouest et le **palais de la Nourriture de l'Esprit** ont conservé leur mobilier des XVIIIe et XIXe siècles. *Ci Xi* habita dans le **palais du Long Printemps,** *Chang chun gong,* joliment décoré de peintures inspirées du roman *Le Songe du Pavillon Rouge.*

Le **palais de l'Abstinence,** *Zhai gong,* et les six palais de l'Est ont été transformés en autant de petits musées où sont exposés porcelaines, bronzes et bijoux d'une valeur inestimable.

On ne visite pas l'angle nord-ouest de la Cité Interdite, mais l'angle nord-est a également été transformé en une série de petits musées. On y accède par la porte *Jing yun men* qui se trouve tout au fond à droite de la grande cour où sont exposés les gigantesques chaudrons de bronze et qui délimite la frontière entre les palais du devant et ceux de derrière. On trouve tout de suite sur la gauche la salle du culte des ancêtres, où se succèdent des expositions temporaires.

Au-delà de cette salle se trouve la porte Xiqingmen, où il faut de nouveau acheter un ticket d'entrée pour visiter les **musées des Trésors impériaux.** Ce ticket ne donne accès qu'à une partie des musées. Pour certains, il faut à nouveau acheter des tickets dont le prix va de 5 fens à 3 yuans, selon la qualité des objets exposés. Dans cette partie orientale de la Cité, vous verrez un mur aux Neuf Dragons, *Jiu long bi,* en céramique polychrome, et, au nord de ce mur, une série de portes et de petits palais : le palais de la Longévité et de la Tranquillité, *Ning shou gong,* et ses annexes. C'est ici que l'empereur Qianlong passa les quatre dernières années de sa vie de 1795 à 1799, après avoir transmis le pouvoir à son successeur.

Dans les salles et galeries de ces palais sont maintenant exposées en permanence les collections de peintures (atten-

tion, beaucoup ne sont que des reproductions), de porcelaine, d'objets précieux en or et en jade. On verra aussi le musée du théâtre aménagé dans le théâtre privé de l'impératrice Ci Xi.

Vous comprendrez en lisant cette très schématique présentation de la Cité Interdite qu'elle mérite à elle seule plusieurs longues promenades.

Aux alentours de la Cité Interdite

○ *La colline du Charbon*
En quittant la Cité Interdite par la porte du Nord, on rejoint directement la colline du Charbon. Du sommet de cette colline, on a une vue unique sur l'enfilade géométrique des toits jaunes de la Cité Interdite.

Sous les Yuan, le site de la colline du Charbon était occupé par un grand parc privé. Puis, sous les Ming, on raconte que ce parc servit à entreposer du charbon en grandes quantités pour prévenir l'éventualité d'un siège. C'est de là que viendrait le nom « colline du Charbon ». Plus tard, lorsque furent creusées les douves qui entourent la Cité Interdite, on empila la terre dans le parc voisin et cela donna les cinq collines que l'on peut voir à l'heure actuelle.

Sous les Qing, l'empereur Qian Long fit construire cinq pavillons dont les tuiles vernissées scintillent au soleil. Le pavillon le plus élevé s'appelle *Wan chun ting,* **pavillon du Printemps Éternel.** En 1655, le parc soigneusement planté d'arbres et de fleurs rares fut rebaptisé *Jing shan,* la **colline du Paysage,** nom qu'il a gardé jusqu'à nos jours.

A l'Est de la colline se trouve un vieil acacia, à une branche duquel le dernier empereur des Ming se serait pendu le 17 mars 1644, jour où *Li Zicheng* envahissait la capitale à la tête de ses rebelles. Derrière la colline se trouve le *Shouhuang dian*, **palais de la Longévité Impériale**, où se trouvait autrefois l'autel ancestral des empereurs, maintenant transformé en palais des Enfants. On s'y promène au printemps pour admirer un splendide parterre de pivoines, la fleur chinoise par excellence.

○ *Les douves*

En quittant la colline du Charbon par la porte sud, vous pourrez retourner à la Cité Interdite pour la découvrir, de l'extérieur cette fois-ci. Au lieu de pénétrer par la *porte Shenwumen*, il faut tourner à gauche et longer d'un côté les hautes murailles violettes et de l'autre les larges douves sur lesquelles évoluent gracieusement les patineurs en hiver.

Le temple du Ciel

Le temple du Ciel, *Tian tan*, d'une conception grandiose, est sans aucun doute le plus beau temple de Chine. C'est ici que l'empereur, le fils du ciel, venait « *entrer en communication avec le ciel* » au moment du solstice d'hiver. Il se chargeait de tous les péchés de son peuple et demandait à être la seule victime du courroux céleste, en cas de calamité. Ce jour-là, seul l'empereur avait le droit de se tenir devant l'autel où il récitait les prières traditionnelles, après une nuit entière passée dans le recueillement.

L'ensemble du temple occupe une surface de 273 ha. L'autel, *Qiniandian*, ou **temple de la Prière pour les Bonnes Récoltes**, a été édifié en 1420. La base circulaire est formée de trois terrasses superposées en marbre blanc. La salle proprement dite est un édifice en forme de cône qui fait 30 m de diamètre et qui est couvert d'une triple toiture en tuiles bleues. La charpente, fort complexe, est constituée par un ensemble de 28 colonnes dans lesquelles n'a été planté aucun clou. Il faut absolument voir cet édifice dans la lumière rasante d'un beau crépuscule, le relief et les couleurs ressortant alors avec une intensité presque insoutenable.

On se rend de l'autel principal au *Huangqingyu*, la **Voûte Céleste Impériale**, par une large avenue surélevée qui fait 40 m de long. La Voûte Impériale est un petit temple rond situé au centre d'une enceinte grise parfaitement ronde également. C'est ici qu'étaient rangés pendant l'année les objets du culte du ciel. On remarquera un phénomène acoustique intéressant : si une personne murmure en faisant face au mur de l'enceinte, elle sera entendue par tous ceux qui se tiendront à l'écoute en d'autres points de l'enceinte.

Le tertre circulaire, *Huang qiu tan*, à l'extrémité sud du complexe, fut construit en 1530, puis rebâti en 1749. Il se compose de trois terrasses circulaires en marbre blanc. On remarquera, à gauche de l'enceinte extérieure, un grand fourneau en céramique, où l'on brûlait les animaux lors des sacrifices. Le nombre des marches, des dalles et des piliers de marbre est toujours de neuf ou d'un multiple de neuf, car ce chiffre est le symbole de l'univers et de l'empereur. Si l'on se tient parfaitement au centre du tertre et que l'on pousse un cri vers le ciel en levant la tête, on entendra un mystérieux écho.

Le temple du Ciel est situé dans un vaste parc où l'on pourra voir également, de l'extérieur, le **palais de l'Abstinence**, *Zhai gong,* et un petit pavillon de forme tout à fait originale : ce sont en fait deux petits pavillons ronds juxtaposés. Ce pavillon se trouve au nord du parc. Il était autrefois dans le parc interdit au public de *Zhongnanhai* et a été reconstruit ici en 1978. D'après la tradition, c'est l'empereur Qian Long qui l'aurait fait construire pour souhaiter longue vie à sa mère lors de son soixantième anniversaire. Dans le parc se trouvent aussi plusieurs terrains de jeu pour enfants et une petite guinguette qui sert du thé et de la limonade. Près de la porte principale, au sud-ouest, des cirques ambulants viennent parfois planter leur tente. L'accès au parc coûte dix centimes.

Le temple des Lamas

Yonghegong. Vous trouverez le **temple des Lamas** dans le coin nord-est de Pékin, juste au sud du nouveau périphérique de la capitale. C'est un des grands centres du bouddhisme tibétain et un des plus beaux temples de Pékin. Il vient d'être magnifiquement restauré et est fréquenté par les touristes et quelques croyants bouddhistes.

Les bâtiments les plus anciens datent de 1694. C'était à l'époque la résidence d'un prince mandchou qui allait devenir empereur de 1723 à 1736 sous le nom de Yong Zheng. Peu après son accession au trône, Yong Zheng fit transformer son ancienne résidence et la rebaptisa *Yonghegong*, ce qui signifie, **palais de l'Éternelle Harmonie**. Il fit également changer les tuiles vertes du toit en tuiles jaunes, de la couleur de l'empereur. C'est la raison pour laquelle le **temple des Lamas** est le seul à avoir des tuiles jaunes. En 1732, Yong Zheng offrit une partie de ce temple à des lamas et il fut officiellement transformé en temple à part entière en 1744.

On y entre en passant sous trois portiques richement colorés et on se trouve devant une succession de cinq grands bâtiments ; on remarquera le *Wanfolou*, **pavillon des Dix Mille Bouddhas**, tour de trois étages abritant une statue du Bouddha de 18 mètres de haut, sculptée dans un seul tronc en bois de santal. On pourra aussi voir des objets religieux comme une représentation en bronze du **mont Sumeru**, qui est, selon la tradition bouddhique, le centre de l'univers au-dessus duquel se trouve le paradis, et des statues dites « obscènes » représentant des divinités aux multiples bras s'étreignant amoureusement. De vieux moines, miraculeux rescapés de la Révolution Culturelle, habitent encore le **temple des Lamas**, et le gouvernement chinois a fait venir 26 novices de Mongolie Intérieure pour perpétuer la tradition. Ces novices, qui ont 15 à 30 ans, étudient la langue tibétaine et les disciplines religieuses de la Secte Jaune à laquelle appartient le temple. On peut voir de nombreuses représentations du fondateur de cette secte, **Tsongkapa**.

L'anniversaire de sa date de naissance, le 21 novembre 1357, est à nouveau l'occasion de célébrations : ce jour-là on peut entendre le son des cloches de bronze, des tambours et des chants des lamas, et respirer la délicate odeur de l'encens.

L'entrée coûte 50 fens.

Les parcs du nord-ouest de Pékin

La banlieue nord-ouest de Pékin est la plus riche en parcs et en monuments anciens des environs de Pékin. Situés à 45 mn ou à une heure environ de Pékin, ces parcs offrent un très agréable but de promenade pour retrouver la verdure et l'air frais un samedi après-midi. Au cours d'une de ces excursions, vous pourrez visiter les *Collines Parfumées*, le *temple des Nuages Azurés*, le *temple du Bouddha Couché*, le nouveau et l'ancien *Palais d'Été*, l'*Université de Pékin*, entre autres.

○ *Le Palais d'Été*

Rares sont les touristes qui passent ne serait-ce que quatre jours à Pékin sans visiter le Palais d'Été, *Yi he yuan*. C'est surtout le cadre extraordinaire du palais qui fait sa célébrité : les bâtiments, dont la magnificence ne peut pas se comparer avec celle des palais de la Cité Interdite, sont gracieusement éparpillés le long des collines naturelles. A leur pied s'étend le vaste *lac Kunming* qui occupe les trois quarts de la surface du parc et dont l'immensité est artistiquement meublée par des ponts en dos d'âne, des îles éparses et quelques barques. L'hiver, le lac se transforme en une gigantesque patinoire où les meilleurs sportifs pékinois aiment à faire de magistrales démonstrations de leur souplesse et de leur rapidité. En toutes saisons, la vue du *lac Kunming* est un spectacle dont on ne se lasse pas !

Les empereurs mandchous de la dynastie des Qing ont toujours aimé se faire construire des palais d'été pour fuir les chaleurs de la capitale. Lorsqu'en 1860 les troupes anglaises et françaises mirent à sac l'ancien Palais d'Été, dont nous décrivons les ruines plus bas, l'impératrice *Ci Xi* (Tseu Hi) dut passer vingt ans sans résidence secondaire.

Elle décida en 1888 qu'elle se ferait construire un nouveau palais pour son soixantième anniversaire et choisit comme site *Wanshoushan*, la **montagne de la Longévité**, sur l'emplacement d'anciens bâtiments construits par l'empereur Qian Long pour sa mère, *Niuhulu*. Ci Xi fit rebaptiser le parc *Yi he yuan*, le **Jardin où l'on cultive la Concorde**. Les fonds impériaux étaient alors à sec ; la fortune personnelle de

Ci Xi l'était également. Elle résolut le problème en s'appropriant 24 millions de taëls qui étaient destinés à la flotte de guerre pour construire sa modeste « maison de campagne ». Ce geste digne de la plus capricieuse des courtisanes mais étonnant chez un chef d'État valut une cuisante défaite aux Chinois infligée par les Japonais en 1894.

Les bâtiments sont concentrés au nord-est du lac. Le plus proche de l'entrée est la salle des audiences, où se traitaient les affaires d'État. Cette disposition interdisait à tous ceux qui venaient pour des raisons officielles de traverser ou d'apercevoir les appartements privés de la Cour. Un petit chemin qui se faufile entre des arbustes et des rochers baroques mène au lac que l'on découvre tout à coup. L'effet de surprise ainsi créé est très réussi.

En tournant à droite, on se trouve devant le **palais des Vagues de Jade**, *Yulantang*, où le malheureux empereur *Guang Xu* passa les dix dernières années de sa vie, séquestré par Ci Xi. Il y mourut en 1908. En continuant vers l'ouest on rejoint la rive nord du lac, sur le bord de laquelle court une longue galerie de 728 m, dont les poutres sont toutes peintes de motifs différents. La plupart de ces dessins représentent des paysages célèbres de Hangzhou, le Palais d'Été étant en effet inspiré par le célèbre lac de Hangzhou et ses montagnes.

La première cour carrée est le **palais de la Joie et de la Longévité**, le *Shou tang*, résidence de l'impératrice.

En continuant la promenade sur les bords du lac, on arrive devant le plus grand édifice du Palais d'Été, le **palais des Nuages Ordonnés**, *Pai yun dian*, dans lequel Ci Xi organisait de grandes fêtes. Devant le palais s'élève une grande arche, *Pai lou*, en tuiles vernissées qui mène à un large promontoire de marbre blanc. On peut visiter le palais en escaladant à flanc de coteau le versant Sud du Wanshou shan. On verra d'abord la **pagode du Foxiangge**, puis, tout au sommet, le **Zhihuihai**, curieux édifice entièrement décoré d'effigies de Bouddha en céramiques vertes et jaunes. Du sommet on a une vue magnifique sur les toits courbes du Palais, le lac et au loin les Collines Parfumées.

En retrouvant la longue galerie et en continuant vers l'ouest, on arrive bientôt au *Tingliguan*, le **Pavillon où l'on écoute les loriots**, maintenant transformé en « restaurant trois étoiles ». On peut y déguster du poisson frais, sorti tout frétillant du lac voisin, et s'y faire photographier en longue robe brodée de mandarin. Le cadre de ce restaurant est assez extraordinaire : c'était autrefois un théâtre et l'on peut en été manger directement sur la scène en plein air.

A l'extrémité ouest de la longue galerie se trouve enfin le fameux **bateau de marbre**, plus amusant qu'esthétique. Arrivé à ce point de la promenade, on peut choisir de tourner à gauche pour faire le tour entier du lac et admirer ses ponts de pierre, le **pont à Dix-Sept Arches**, le **pont de la Ceinture de Jade** et l'**île du Roi-Dragon**. On peut aussi continuer vers le nord et bifurquer à droite par un petit sentier qui suit la crête des collines et rejoint le sommet de Wanshoushan.

En redescendant vers l'est, on retrouve un ravissant petit ensemble de pavillons pressés autour d'un étang à lotus, le *Xiequyuan*, où l'impératrice Ci Xi aimait venir se reposer après ses longs banquets. Le promeneur fatigué appréciera autant que l'impératrice dut le faire le calme et l'harmonie de ce jardin, où sont maintenant organisées de petites expositions artistiques.

Il y aurait encore beaucoup à écrire sur les mille et un recoins du Palais d'Été, mais le plus agréable est encore d'y louer une barque et d'admirer les jeux de lumière depuis le milieu de l'ineffable lac Kunming.

Le Palais d'Été se trouve au-delà de l'université de Pékin. On peut s'y rendre en voiture ou par le bus n° 332 qui part du zoo.

LES ENVIRONS DE PÉKIN

Les excursions suivantes peuvent s'effectuer dans la journée.

La plupart des voyageurs utilisent des cars de tourisme pour visiter la Grande Muraille, les tombeaux Ming, le réservoir, etc. CITS organise des excursions qui coûtent environ 70 yuans pour la journée. Il faut réserver auprès du bureau du CITS à l'hôtel Chongwenmen. Les cars ramassent leurs clients au pied des hôtels Jinglun, Huadu et Grande Muraille. L'hôtel Lido a également organisé une visite de la Grande Muraille par hélicoptère ! Il faut se renseigner à la réception de cet hôtel pour obtenir les heures de départ.

Pour les plus aventureux, il existe des cars de tourisme chinois, qui coûtent entre 10 et 20 yuans, selon le parcours choisi. Pour acheter votre billet, rendez-vous au coin nord-est du grand rond-point qui se trouve derrière la porte Qianmen. Il vaut mieux acheter son ticket la veille. Le jour du départ, rendez vous à la station de bus qui se trouve à côté du guichet où vous avez acheté le ticket.

Les parcours proposés sont les suivants :

1) Badaling, Tombeaux Ming, Réservoir des tombeaux Ming.
2) Collines Parfumées, Biyunsi, Wofosi, Palais d'Été.
3) Collines de l'Ouest, Collines Parfumées, Wofosi, Biyunsi.
4) Tombeaux Ming.
5) Tombeaux de l'Est, des empereurs Qing.

La plupart des cars partent à 8 h et reviennent vers 17 h. Vérifiez tout de même bien les horaires, certains cars partant parfois à 7 h 30.

La Grande Muraille

Wan li chang cheng, le « long mur de 10 000 li », est une des constructions humaines les plus stupéfiantes et la seule qui puisse se voir de la lune, raconte-t-on.

Deux siècles avant J.-C., l'empereur Qinshi huangdi conçut le projet surhumain de construire un rempart qui protégerait la Chine des attaques des « barbares venus du Nord ». Des portions de rempart avaient déjà été édifiées avant Qinshi huangdi et ce dernier entreprit de les réunir entre elles. Il fallut 700 000 criminels et prisonniers de guerre pour venir à bout de cette impossible tâche.

Un devin avait prédit que les difficultés ne seraient surmontées que « *si dix mille hommes étaient ensevelis vivants sous la muraille* ». Qinshi huangdi, qui ne reculait pourtant devant rien, hésita à sacrifier une telle force de travail et trompa le ciel en ensevelissant un homme dont le nom comprenait le caractère « dix mille ». Grâce à ce subterfuge, paraît-il, les travaux se poursuivirent sans encombre.

Depuis la dynastie Qin, la grande muraille a été restaurée et renforcée au cours des siècles, mais c'est sous les Ming que furent déployés les plus gros efforts. A la fin du XVe siècle, une nouvelle Grande Muraille serpentait sur 6 350 km, de la passe de Jia Yu, au Gansu, jusqu'à la passe de Shan-hai, au Hebei.

La partie de la muraille que l'on visite actuellement, **Badaling**, date de cette époque. Elle mesure 7,8 m de haut en moyenne. 6,5 m de large à la base et 5,8 m au sommet. Les tours de garde construites à intervalles réguliers servaient de postes de sentinelles et de logement pour les soldats. Un escalier permet d'accéder au chemin de ronde, qui part vers la droite et vers la gauche. La montée est raide dans les deux sens et le vent souvent glacial. Il ne faut pas oublier d'apporter des vêtements très chauds pour cette excursion.

Vous pouvez vous rendre à Badaling par un train spécial qui part tous les jours à 8 h 05 de la gare de Pékin. L'Agence de tourisme se charge de la vente des tickets (6 yuans). Le train repart directement sur Pékin à 12 h 38. Le voyage de 75 km est confortable et le paysage varié et intéressant.

Si vous prenez un taxi, vous pourrez visiter dans la même journée les tombeaux des empereurs Ming et faire une halte à la passe Juyong, à l'entrée des montagnes au-delà du village de *Nankou*.

A l'ouest de la passe se trouve une belle porte de marbre blanc surmontée d'une terrasse de guet. Cette porte, édifiée en 1345, est élégamment décorée par de superbes bas-reliefs de la dynastie des Yuan. On aperçoit quatre Bouddhas *lokapala*, l'oiseau mythique *garuda*, et des inscriptions bouddhiques en six langues : le sanscrit, le tibétain, le mongol (en caractères *phagspa*), le turc ouïghour, le chinois et le tangout. Cette dernière langue, très rare, a été déchiffrée en 1903 à Pékin par le Français Morisse.

Depuis octobre 1985, il est possible de visiter une autre section de la Grande Muraille. Elle se trouve à **Mutianyu** et sert à désengorger Badaling des millions de visiteurs qui le visitent annuellement. Mutianyu est moins éloigné de Pékin (environ 60 kilomètres), la route qui y mène est meilleure et un téléphérique est prévu qui conduira les touristes fatigués au sommet d'une des tours de guet de cette section de la Grande Muraille. Comme Badaling, Mutianyu date de la dynastie des Ming et on peut en visiter une section qui fait environ deux kilomètres de long. Du haut des remparts, en scrutant le nord, on peut apercevoir d'anciennes sections de la Grande Muraille qui remontent à la dynastie des Han et des Qin.

Un moyen agréable mais assez onéreux de visiter la Grande Muraille consiste à la survoler. Depuis avril 1985, un service d'hélicoptères vous propose pour la somme de 60 yuans, un vol de 30 minutes entre les tombeaux Ming et la section Badaling de la Grande Muraille. Les départs se font des tombeaux Ming.

Les treize tombeaux des Ming

Les treize tombeaux des Ming se situent au nord de Pékin, à une cinquantaine de kilomètres du centre de la ville. On ne peut s'y rendre que par la route. Répartis sur 40 km², ils se trouvent dans un vallon exposé au sud, dominé par le *mont du Dragon* à gauche et à droite par le *mont du Tigre*.

A partir du troisième empereur de la dynastie, les Ming se sont fait construire treize tombeaux disséminés au pied et sur le versant des montagnes. Les deux premiers empereurs Ming ont leur tombeau à Nankin.

Chaque tombeau comporte trois parties essentielles : la tour de la stèle, des édifices où se préparaient et où étaient déposés les sacrifices et le tumulus proprement dit. Chaque ensemble de bâtiments est entouré d'un mur d'enceinte rouge.

A l'entrée de la vallée sacrée, on découvre un grand portique en marbre blanc de 31 m de large érigé en 1540 sous le règne de l'empereur Jia Qing. La route passait autrefois sous ce portique mais elle a été déviée pour des raisons essentiellement agricoles. En suivant la route pendant un kilomètre environ, on arrive à la **Grande porte rouge**, l'entrée de la nécropole proprement dite. Au-delà de la porte se dressent le pavillon de la stèle, supportée par une gigantesque tortue, et deux belles colonnes de marbre. C'est là que commence la fameuse **Voie des Esprits**, longue de 7 km. Des deux côtés s'alignent 24 statues d'animaux (lions, chameaux, éléphants, chevaux et les animaux mythiques *xie chi* et *qi lin*) et 12 statues représentant des mandarins, militaires et civils, et des sages. Puis on parvient au portique du dragon et du phénix, *Ling xing men*, et de là on aperçoit les treize tombeaux à l'ombre des pins et des cyprès.

Sur les treize tombeaux Ming deux seulement ont été restaurés : Ding Ling, le seul qui ait été fouillé, et Chang ling, le plus ancien et le plus étendu.

Depuis juillet 1985, des travaux sont en cours dans la vallée des tombeaux Ming pour aménager un terrain de golf, qui comportera deux circuits de 18 trous. Cette initiative qui, espérons-le, ne défigurera pas trop les lieux, émane d'une corporation japonaise qui finance les travaux.

Pour les nombreuses autres merveilles de la capitale, référez-vous à la carte de Pékin ou au guide systématique de la ville de Pékin publié dans la même collection.

Le Hebei

La province du Hebei, dont le nom signifie « *au nord du fleuve* », c'est-à-dire au nord du Fleuve Jaune, est bordée au nord par les provinces de Mongolie Intérieure et du Liaoning, au sud par celles du Shanxi, du Henan et du Shandong. Elle possède en outre une région côtière qui donne sur la mer de Bohai. La province abrite deux municipalités autonomes, celles de Pékin et de Tianjin, qui ne relèvent pas de sa juridiction. 53 millions d'habitants y occupent 187 000 km².

Le Nord de la province est montagneux et relativement peu habité. La Grande Muraille serpente dans les contreforts du plateau mongol et ajoute beaucoup à ce paysage rude. Le Sud de la province est occupé par une vaste plaine, beaucoup plus riche et plus fertile que le Nord accidenté. Le paysage y est assez monotone, les champs de blé succédant aux champs de maïs ou de sorgho. Au Sud, ce sont les champs de coton qui envahissent la plaine.

La capitale de la province, Shijiazhuang, est devenue une importante ville industrielle, qui trouve son énergie dans les mines de charbon de la région de Jingxing, à l'Ouest de la province.

Le climat du Hebei est continental, c'est-à-dire qu'il y fait très froid et sec en hiver (— 15 °C n'est pas une température exceptionnelle) et très chaud et humide en été (plus de 40°).

Les permis

Les villes ouvertes du Hebei sont les suivantes : Beidaihe, Cangzhou, Chengde, Lanfang, Potou, Qinhuangdao, Shijiazhuang, Xingtai et les districts de Zunhua (Tombeaux Qing), de Zhuoxian, de Zhaoxian, de Luanping et la section de la Grande Muraille qui se trouve dans les monts Jinshan, district de Jixian, non loin de Tianjin.

Avec permis, on peut se rendre dans les villes industrielles de Baoding, Handan et Tangshan, tristement connue pour le tremblement de terre de 1976 qui la rasa presque complètement.

TIANJIN

Tianjin (Tientsin) est la troisième ville de Chine. Près de sept millions d'habitants, une superficie de 11 000 km², c'est avec Pékin et Shanghai une des trois municipalités autonomes de Chine, avec sa propre administration centrale. Tianjin se trouve à 120 km au sud-est de Pékin et à 50 km du golfe de Bohai. Son port, *Xingang*, est le plus grand port artificiel de Chine.

Un peu d'histoire

Depuis que les empereurs Yuan eurent installé leur capitale à Pékin au XIIIᵉ siècle, l'importance stratégique et commerciale de Tianjin ne cessa de croître. Située juste au sud de l'endroit où viennent confluer le *Haihe* et le tronçon nord du Grand Canal, ainsi que les rivières *Yongding* et *Ziya*, Tianjin a toujours été un point de jonction fluvial important permettant l'échange des marchandises entre la Chine du Nord, la Chine du Sud et Pékin. Grâce à son port, c'était aussi le lieu de transit obligatoire de tous les navires étrangers chargés de marchandises pour Pékin.

Sous les Ming, en 1404, la défense de la ville fut assurée par l'installation d'une garnison et la construction d'une muraille percée de quatre portes.

Le destin de la ville changea radicalement en 1858 lorsque les Chinois signè-

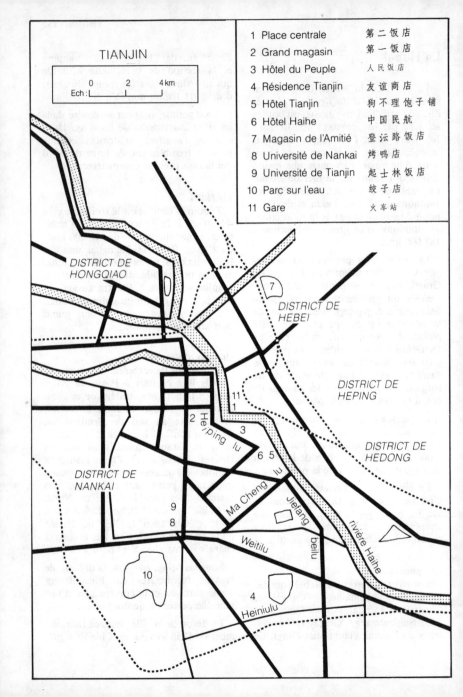

TIANJIN

Ech : 0   2   4 km

1	Place centrale	第二饭店
2	Grand magasin	第一饭店
3	Hôtel du Peuple	人民饭店
4	Résidence Tianjin	友谊商店
5	Hôtel Tianjin	狗不理饱子铺
6	Hôtel Haihe	中国民航
7	Magasin de l'Amitié	登沄路饭店
8	Université de Nankai	烤鸭店
9	Université de Tianjin	起士林饭店
10	Parc sur l'eau	绞子店
11	Gare	火车站

DISTRICT DE
HONGQIAO

DISTRICT DE
HEBEI

DISTRICT DE
HEPING

DISTRICT DE
HEDONG

DISTRICT DE
NANKAI

Helping lu

Ma Cheng lu

Jiefang beilu

rivière Haihe

Weitilu

Heiniulu

rent un traité commercial avec la France et la Grande-Bretagne et accordèrent à ces deux puissances une concession dans la ville. Les Chinois refusant de ratifier immédiatement le traité, la ville fut bombardée et occupée en 1860 par les troupes anglo-françaises. Tianjin fut alors ouverte au commerce étranger.

En 1900, au moment de la révolte des Boxers, les armées japonaise, anglaise, française, américaine, allemande, austro-hongroise et russe occupèrent la ville. Tous ces pays ainsi que la Belgique et l'Italie installèrent des concessions qui se développèrent rapidement. En 1949, ces neuf concessions étrangères occupaient une surface neuf fois plus importante que la ville chinoise elle-même. Chaque concession était un véritable petit État dans l'État avec ses propres écoles, prisons, lois, cimetières et soldats. Les quartiers construits dans le style national du pays qui les occupait offraient une grande variété architecturale.

En 1937, la ville fut occupée par les Japonais qui ne la quittèrent qu'en 1945. Depuis 1949, le commerce et l'industrie n'ont cessé de se développer et Tianjin, redevenue ville chinoise à 100 %, rivalise* avec Shangai dans le domaine des industries textile, chimique, alimentaire, etc.

Le 28 juillet 1976, le grand séisme de Tangshan frappa durement Tianjin qui resta une ville sinistrée pendant plus de 18 mois. Certains vieux immeubles hérités des concessions internationales se sont complètement écroulés et tous les quartiers nord de la ville ont été sévèrement touchés. De nombreux bâtiments neufs de cinq à six étages ont été construits dans les quartiers périphériques pour abriter la population.

Tianjin pratique

○ *Comment s'y rendre*

Les résidents peuvent se rendre à Tianjin avec leur propre voiture en prenant soin d'emporter un bidon d'essence car il n'y a pas de station d'essence sur la route. Il est impossible de s'écarter de la route Pékin-Tianjin. En train, le voyage dure deux heures. Il existe plusieurs trains par jour : 6 h 34, 8 h, 8 h 40 et 9 h 10. Pour le retour, vous pouvez prendre le train du soir à 7 h 47.

Par avion. Tianjin est relié à Pékin (31 yuans), Canton (425 yuans), Chengdu (prix non communiqué), Harbin (219 yuans), Hong Kong (tous les jours), Nankin (145 yuans), Shanghai (186 yuans), Xi'an (prix non communiqué) et Urumqi (prix non communiqué).

Par bateau. Des bateaux partent de Dalian pour le port de Tanggu (5 par mois) ainsi que de Yantai (30 heures).

○ *Hôtels*

Partiellement détruits par le grand tremblement de terre de 1976, qui acheva le processus de décomposition déjà bien avancé de la plupart des hôtels de Tianjin, les immeubles du centre de la ville ont été reconstruits ou restaurés. Parmi les hôtels de style colonial, qui rappellent un peu l'époque des concessions internationales, les étrangers ne sont plus guère reçus qu'au :

Lishunde da fandian, ou Astor Hotel, 199 Jiefang beilu. Bâti en 1901, cet hôtel a été restauré en 1985. Il comprend salle de bal, café, tables de billard, centre commercial, salon de beauté, etc. Le prix de la chambre simple se situe entre 100 et 150 yuans la nuit, 150 à 200 yuans pour la chambre double. Tél. 39.00.13. Télex : 23266 TJHTL CN. L'hôtel est situé dans le centre commerçant de la ville. On y accède de la gare par le bus n° 13.

Parmi les hôtels modernes citons :

Shuijinggong fandian, ou Crystal Palace Hotel, Youyi lu, Binshui dao, à 7 kilomètres de la gare. Dix restaurants, une piscine, un sauna, etc. Les chambres, payables en dollars, sont autour de 75 à 90 dollars pour la nuit pour une chambre double. Tél. 87.771. Télex : 23276 TJHOT CN.

Yanyuan International hotel, Zishan lu, district de Hexi, à 7 kilomètres de la gare. Salle de bal, de conférences internationales, 6 restaurants, etc. La chambre double est à 215 yuans la nuit. Tél. 33.41.46.

Parmi les hôtels de style soviétique, ont été restaurés :

Tianjin youyi binguan, Hôtel de l'Amitié, 94 Nanjing lu, district de Heping, à 2,5 kilomètres de la gare. On peut demander à être logé en dortoir pour 10 à 15 yuans la nuit. Sinon la chambre double est à 50 yuans. Tél. 39.03.70. Télex : 23264 FRHTL CN.

Tianjin Binguan, Tianjin Grand Hotel, Youyi lu, district de Hexi, à 7 kilomètres de la gare, par le bus n° 13 puis le n° 26. Particularité de l'hôtel : l'eau chaude provient de sources naturelles qui sont censées avoir un effet bénéfique sur les maladies de peau et le diabète. La chambre double est à 50 yuans et on peut demander à dormir en dortoir. Tél. 87.276. Télex : 23276 TJHOT CN.

Tianjin di yi fandian, Hôtel de Tianjin n° 1, 198 Jiefang beilu, à côté du Magasin de l'Amitié, en plein centre de la ville. L'hôtel abrite les locaux de la CITS. Il est desservi par le bus n° 13. Tél. 36.438.

Signalons encore deux hôtels pour Chinois qui acceptent les étrangers et qui se trouvent dans le vieux centre de Tianjin : l'*hôtel Renmin fandian,* 52 Chifeng dao (tél. 236.67) et l'*hôtel Huizhong fandian,* 14 rue Huazhong. lu. Tél. 253.60.

○ *Restaurants*

— Cuisine chinoise :

Le meilleur restaurant de la ville est le *Dengyun lou,* 94 Binjiang dao (tél. 235.94). Il est renommé pour ses plats de fruits de mer et sa cuisine du Shandong.

Un autre restaurant très connu des Chinois est le *Goubuli baozi pu* qui signifie littéralement « la boutique des petits pains farcis dont les chiens ne veulent pas ! ». Vous y mangerez les meilleurs *baozis* (petits pains farcis) de Chine. Ce restaurant a plus de cent ans et est installé dans une vieille maison chinoise où il est difficile en général de se faire une petite place. Il se trouve dans une arrière-cour, au 97 Shandong lu, dans le vieux centre de Tianjin. Tél. 232.77, ouvert de 10 h 30 à 19 h 30.

Le *Tianjin Kaoya* (canard laqué), 142, rue Liaoning lu. Tél. 233.35.

— Cuisine occidentale :

Le célèbre Kiesling au coin de la rue Xuzhou lu et de la rue Shanghai lu (tél. 320.30), rebaptisé *Tianjin fandian.* Le rez-de-chaussée fait salon de thé. A l'étage, on vous sert toute une variété de plats français, italiens et allemands. Une section spéciale vous offre la possibilité de dîner avec les anciens couverts en argent. C'est un peu plus cher !

De nombreux cafés se trouvent tout au long de la rue Heping. La cuisine de Tianjin offre toute une gamme de gâteaux à base de riz ou de pâte d'amande.

○ *Adresses utiles*
CAAC, 57 Hubei lu. Tél. 370.55 ou 342.90.

○ *Qu'acheter ?*
Les tapis de Tianjin. Usine n° 1 route de Jintang, pont n° 2 dans le district de Hedong. Les tapis de Tianjin sont des tapis de laine très épais décorés de motifs chinois.

Les cerfs-volants sont une spécialité de Tianjin. Ils peuvent s'acheter à la fabrique d'artisanat qui se trouve à l'ouest de la rue Huanghe lu, dans le quartier de Nankai.

Les affiches du Nouvel An que l'on accroche sur la porte à l'occasion du Nouvel An chinois. Elles représentent en général des divinités chinoises ou des enfants joufflus. On en trouve parfois de très anciennes dans une boutique qui se trouve 111, rue Sanlihe dans le quartier de Hexi.

Antiquaires : Wenyuange, 263, rue Heping lu ; Yilingge, 175, Liaoning lu.

A voir à Tianjin

La ville ne possède pas de monuments historiques suffisamment remarquables pour être cités ici. L'intérêt d'une visite à Tianjin réside plutôt dans les promenades que l'on peut faire dans les quartiers du centre et les visites d'usines et de parcs.

Les deux artères principales de Tianjin sont la **rue de la Paix** et la **rue de la Libération**. Dans la rue de la Paix, située dans l'ancienne concession française, grouille sans cesse une foule d'acheteurs et de badauds : c'est le quartier commerçant. La rue de la Libération se trouve dans l'ancienne concession britannique. C'est un quartier administratif et vous y verrez l'hôtel de Tianjin, l'ancien hôtel Astor.

La vieille ville chinoise. Ce dédale de petites rues et de boutiques, se trouve au nord-ouest de l'ancienne concession française. Au sud de la vieille ville, les Européens avaient aménagé un champ de course et un club international. On y trouve maintenant le nouveau centre universitaire. Quelques étudiants logent à l'université Nankai.

Le Parc sur l'eau. Non loin de là, plus au Sud, se trouve le Parc sur l'eau, *Shuishang gongyuan*, le plus beau parc de Tianjin. Les trois cinquièmes du parc sont occupés par un vaste lac et les petits kiosques et pavillons ont été bâtis sur treize îles. Dans ce parc on pourra visiter un musée où sont exposées des peintures Ming et Qing.

Les usines et le port. Une usine fréquemment visitée par les étrangers est l'usine de tapis n° 1 qui emploie 1 400 ouvriers. On peut également visiter une usine de très mignonnes figurines en terre cuite, célèbres depuis le XIXe siècle. Pour voir le port de *Xingang*, il faut une autorisation spéciale que l'on aura pris soin de réclamer à Pékin. Ce port peut accueillir des bateaux de plus de 10 000 tonnes, qui viennent de tous les coins de la terre. La route qui mène à Xingang traverse la région des salines, en activité depuis plus de huit siècles, qui fournissent près de 30 % de la production nationale de sel.

CHENGDE

Chengde est une ville de 270 000 habitants qui se trouve au nord de la province du Hebei, à quatre heures et demie de train de Pékin. Chengde est en soi une ville sans grand intérêt mais doit sa célébrité au palais du Jehol que l'empereur Kang Xi des Qing fit construire en 1703. Le palais, le parc dans lequel il est situé et les temples qui l'ornent font de Chengde un lieu de promenade unique en Chine où l'on peut à la fois jouir du calme, de la nature et de somptueuses reliques du passé.

Un peu d'histoire

L'empereur Kang Xi entama en 1703 la construction d'un palais d'été auquel il donna le nom de *Bishu shanzhuang*, « hameau de montagne pour fuir la chaleur ». Ce n'est qu'en 1790, sous l'empereur Qianlong, que les travaux prirent fin. Six mois par an, les dignitaires de la Cour déménageaient dans ce palais où l'empereur fuyait les chaleurs estivales de Pékin. Les ambassadeurs étrangers devaient s'y rendre lorsqu'ils avaient à traiter d'affaires importantes et c'est ici que l'empereur Qianlong reçut l'ambassade anglaise de Lord Macartney en 1793. Les étrangers donnèrent au palais le nom de palais du Jehol, d'après le nom de l'affluent du *Luan he,* le *Re he* ou *Jehol,* le « fleuve chaud », qui arrose la vallée de Chengde.

Chengde pratique

○ *Comment s'y rendre*

Un train part tous les matins de Pékin à 7 h 20 et arrive à Chengde vers 12 h 30. Pour le retour, ce même train quitte Chengde à 13 h 58 et arrive à Pékin à 19 h 26. Le voyage est très plaisant dans les deux sens car le paysage de petites montagnes est très varié. De la gare, prendre le bus n° 7 pour se rendre dans le quartier des hôtels.

○ *Hôtels*

Chengde Binguan, Chengde Hotel, 33 Nanyingzi dajie, tout près du palais impérial. Chambre double de 20 à 40 yuans, dortoir à 10 yuans. Tél. 25.51.

Xinhua fandian, Xinhua Hotel, 4 Xinhua lu, aussi près du palais impérial.

Chambre double de 34 à 60 yuans. Tél. 58.80. Télex : 7391 CHENGDE.

○ *Restaurants*

Chengde, ancienne ville d'été impériale, a gardé dans ses cuisines quelques recettes traditionnelles de la dynastie des Qing. On peut goûter ces raretés dans les restaurants suivants :

Restaurant de l'hôtel Chengde, 33, Nanyingzi dajie : viande d'ânesse épicée, faisan, lièvre, filet de chevreuil.

Restaurant de l'hôtel Xinhua, 4 Xinhua lu : œufs de crevettes braisés au ginseng, chevreuil, caramel de melon.

Qiucuilou, 38 Nanyingzi dajie : chevreuil, etc.

Fangyuanju, dans le palais, patte de chameau, citron frit.

Auberge du Palais impérial, 127 Xiao nan men, brochettes de serpent, carpe, plats végétariens, etc.

A voir à Chengde

Le Bishu shanzhuang. Situé au nord de la ville, le palais et son parc occupent une surface de 560 ha et la muraille qui les entoure fait 10 km de long. Il faut consacrer au moins une demi-journée à cette visite. On verra d'abord le palais Impérial, de dimensions et de style infiniment plus modestes que le palais Impérial de Pékin. Il se compose de petites cours carrées qui se succèdent sur un axe nord-sud. Les salles, soigneusement repeintes dans des couleurs sobres ont été transformées en autant de petits musées historiques et archéologiques.

En quittant le palais par le nord, on se retrouve dans les parcs impériaux. Ces parcs se divisent en trois parties : les lacs, les plaines et les montagnes, qui sont censées représenter la Chine en miniature. La « région des lacs » rappelle les paysages du Sud, *Suzhou*, *Jiaxing* et *Hangzhou* alors que celle des montagnes est censée ressembler au Nord de la Chine. Les plus beaux bâtiments ont été construits au bord de l'eau : le *Shuixinxie*, « portail au cœur de l'eau », le *Jinshanting*, « pavillon de la montagne d'or », le *Yanyu lou*, « maison des brumes et de la pluie », où sont exposées de vieilles horloges serties de diamants et de pierreries offertes par les ambassadeurs européens aux empereurs chinois. Au Nord-Est de la région des lacs se trouve la source du *Re he*, le « fleuve chaud ».

Plus au nord encore, la « région des plaines » était autrefois plantée de forêts touffues où s'ébattaient des biches en liberté. Ces forêts ont malheureusement disparu pour céder la place à un hôpital militaire. Au nord-ouest, la « région des montagnes » occupe les quatre cinquièmes du parc. La plupart des bâtiments qui s'y trouvaient ont été détruits par les seigneurs de la guerre au début du siècle, puis par les envahisseurs japonais. Il ne reste plus qu'un seul pavillon, perché au sommet d'une montagne, comme un appel à l'escalade.

Les temples de l'Extérieur. Les *Wai ba miao*, ou « huit temples de l'Extérieur », ont été construits entre 1713 et 1780. Il y en avait onze autrefois mais il n'en reste plus que sept aujourd'hui, et le chiffre huit de leur nom laisse les historiens perplexes. La plupart des temples de Chengde sont des temples lamaïstes. En effet, le lamaïsme était la religion officielle de la dynastie des Qing, d'origine mandchoue. Cette religion permettait également de cimenter l'alliance entre le gouvernement central et deux minorités nationales alors puissantes : les Mongols et les Tibétains, de même confession. Ceci explique que la plupart des stèles érigées dans les temples de Chengde soient rédigées en quatre langues : chinois, mongol, tibétain et mandchou.

Les temples se trouvent au nord et à l'est de la ville, au-delà des parcs impériaux, à quelques kilomètres du centre ville. On peut s'y rendre à pied ou prendre un autobus sur la route qui longe la rivière. A l'est de la rivière se trouvent, du sud au nord, le *Puren si*, **temple de l'Amour Universel**, le *Pushan si*, **temple de la Bonté Universelle** (détruit), le *Pule si*, **temple de la Joie Universelle** et le *Anyuan miao*, **temple de l'Éternité Tranquille**, aussi appelé **temple de la Vallée de l'Ili** (au Xinjiang), parce qu'il a été bâti en 1764 sur le modèle d'un temple de cette région.

De ces quatre temples, on ne peut visiter actuellement que le *Pule si*. Celui-ci fut construit en 1766 et rappelle le temple du Ciel à Pékin. Le bâtiment principal, le **pavillon de la Lumière de l'Aurore**, est de forme circulaire et son double toit est couvert de tuiles jaunes. On remarquera dans ce pavillon une très belle statue tantrique de facture chinoise mais de style tibétain. En montant sur la colline derrière le *Pule si*, on a une très jolie vue sur la vallée tout entière. Une promenade d'une heure sur le même sentier mène à l'étrange formation rocheuse que l'on peut apercevoir de partout à Chengde. Ce rocher qui s'appelle le « Rocher du battoir et de la planche à linge » ressemble un peu à une chaise géante. Il est possible de grimper sans trop d'efforts sur la « chaise » jusqu'au pied du dossier.

Le deuxième groupe de temples se trouve au nord de la ville. Il se compose, d'est en ouest, du *Puning si*, du *Puyou si* (détruit), du *Xumifushou miao*, du

Putuozongsheng miao, du *Shuxiang si,* du *Guangan si* et du *Lohan tang.* Ces deux derniers ont été détruits.

Le *Puning si,* **temple de la Paix Universelle,** fut construit en 1775 sur le modèle du grand temple tibétain de Samyé. Le bâtiment principal abrite un impressionnant Bouddha de bois qui mesure 22,28 m de haut et pèse dix tonnes. On peut aussi voir dans un des premiers bâtiments sur la gauche quelques statues de *Lohan,* disciples du Bouddha, qui se trouvaient dans le *Lohan tang* ou « salle des arhats ». Certaines de ces statues sont à moitié calcinées. Le *Lohan tang* a en effet été frappé par la foudre et, l'incendie n'ayant pu être jugulé, seules quelques statues ont pu être récupérées. L'arrangement des petits pavillons qui ont été construits sur une hauteur derrière le bâtiment principal est chargé de symboles lamaïstes. Le pavillon triangulaire, les pavillons de la lune et du soleil, la pagode polychrome, représentent les diverses étapes de la vie du Bouddha avant qu'il n'ait atteint le nirvâna.

Le temple *Xumifushou* fut construit en 1780 en l'honneur d'un chef religieux tibétain, le Panchen Lama de la sixième dynastie. Les bâtiments sont donc de style tibétain, sur le modèle du temple *Tashilunpo,* au Tibet. On admirera tout particulièrement les toitures ornées d'animaux mythiques du temple central, qui se trouve au milieu d'une vaste terrasse de briques rouges et du temple secondaire, construit en retrait sur la colline. Ce superbe ensemble est dominé par une petite pagode en briques vernisées qui rappelle celle des Collines Parfumées de Pékin.

Le temple *Putuozongsheng* couvre une surface de 220 ha. C'est le plus grand temple de Chengde et il fallut quatre ans — de 1767 à 1771 — pour le construire. C'est une imitation du plus célèbre centre religieux du Tibet, le *Potala* de Lhassa. Il est actuellement en réfection mais on peut tout de même visiter quelques-unes des dizaines de petits bâtiments blancs qui s'étagent au pied du grand bâtiment central de briques rouges, véritable forteresse à l'intérieur de laquelle se trouve le temple principal à la toiture faite de tuiles d'or. Quelques reliques comme des statues tantriques en bronze sont encore exposées dans les divers bâtiments mais l'ensemble est en assez mauvais état.

Le dernier de ces temples, le *Shuxiang si,* construit en 1774, est également en réfection. Ses bâtiments rappellent le temple du même nom qui se trouve au Wutaishan dans le Shanxi. C'est dans son enceinte que furent traduits les principaux *sûtras* tibétains en langue mandchoue, langue de la Cour. La traduction prit dix-huit ans.

Les temples ferment à 17 h et n'ouvrent qu'à 8 h 30 ou 9 h. Le prix de l'entrée est de 20 ou 30 fens selon les temples. Il est à noter que ce prix est différent de celui que paient les touristes chinois : 5 ou 10 fens.

Le site de Chengde est étudié avec des développements supplémentaires dans le guide consacré par les mêmes auteurs à *Pékin et ses environs.*

BEIDAIHE

Beidaihe est une importante station balnéaire, située sur la mer de Bohai. C'est, de Pékin, la station la plus accessible et donc la plus fréquentée, à la fois par les résidents étrangers de Pékin, et les nombreux citadins de Pékin et Tianjin. Chaque été, Beidaihe reçoit plus de deux millions de visiteurs.

Le climat y est beaucoup plus agréable qu'à Pékin : les températures moyennes de l'été n'y sont que de 23°. Mais on y vient surtout pour sa belle plage de sable fin, qui s'étend sur dix kilomètres et s'agrémente de petites criques naturelles. Malgré son très important littoral, la Chine ne possède en effet que très peu de plages, la plupart des côtes étant ensablées par les alluvions du Fleuve Jaune ou du Yangtsé.

C'est un ingénieur anglais qui, en 1897, lança la mode de Beidaihe. Il travaillait alors aux travaux de prospection du chemin de fer Tianjin-Shanhaiguan et découvrit ce site enchanteur. Peu après, des missionnaires étrangers, des diplomates et des capitalistes chinois s'y firent construire des villas. En 1898, les notables de la dynastie des Qing y firent ouvrir un « site de villégiature pour les personnalités des divers pays ». En 1934, on y comptait déjà 705 villas et de nombreuses installations telles que des hôtels, des théâtres, des salles de bal, des terrains de golf, etc. Après la libération, on y a construit 37 sanatoriums et les hauts dirigeants chinois, tel Deng Xiaoping, aiment y passer quelques jours, dans l'une des villas réservées à la nomenklatura chinoise.

Le bourg de Beidaihe, qui est en train de se transformer rapidement pour répondre à une demande de plus en plus importante, est entièrement tourné vers l'industrie du tourisme. On peut y acheter des tapis et des paniers en paille.

Beidaihe pratique

○ *Comment s'y rendre*
En train. Le voyage prend environ cinq heures à partir de Pékin (tableau ci-dessous).

○ *Hôtels*
Zhonghaitan binguan, Central Beach Hotel, 30 Haibin Xijing lu, donne directement sur la plage et se compose de nombreux petits bâtiments perdus dans les pins. Très bonne cuisine et calme parfait. La chambre double est à 40 yuans. Tél. 23.98.

Jinshan binguan, Jinshan Hotel, 5 Jinshanzui lu. Donne sur une plage et comprend tous les luxes d'une station balnéaire : billard, bowling, sauna, tennis, massage, etc. Inauguré en 1986, il appartient à la catégorie des hôtels de luxe pour un prix raisonnable : 70 yuans la chambre double. Tél. 26.78.

Haiyue binguan, Haiyue Hotel, 5 Jinshanzui lu, juste à côté du Jinshan Hotel. Inauguré aussi en 1986, mais un peu moins luxueux que son voisin : 50 yuans la nuit pour une chambre double. Tél. 23.98.

Xishan binguan, West Hill Hotel, à Qinhuangdao. Donne sur la mer. Chambre double à 40 yuans. Tél. 26.78.

○ *Restaurants*
On vient à Beidaihe pour déguster les gâteaux de la pâtisserie Kiessling et du restaurant du même nom qui se trouve juste derrière. Succursale d'un restaurant allemand de Tianjin, Kiessling est justement renommé pour ses crabes au

n° 347	271	201	Stations	n° 202	272	348
8 h 40	22 h 20	14 h 30	Pékin	10 h 44	17 h 30	21 h 35
14 h 43	3 h 14	19 h 04	Beidaihe	6 h 11	12 h 33	16 h 53
15 h 07	3 h 38	19 h 33	Qinhuangdao	5 h 39	12 h 06	16 h 26
	4 h 05	20 h 04	Shanhaiguan	5 h 08	11 h 31	

gratin. Il se trouve en plein cœur du bourg, 96, Dongjing lu. Tél. 20.43.

A voir à Beidaihe

On vient à Beidaihe pour se baigner plus que pour y faire du tourisme. Mais pour ceux qui souhaitent visiter la région, CITS organise des promenades d'une journée à Qinhuangdao et Shanhaiguan.

Qinhuangdao (2,23 millions d'habitants) est le troisième port du pays après Shanghai et Dalian. De gros travaux d'aménagement sont en cours et on prévoit une capacité de manutention annuelle supérieure à 100 millions de tonnes.

Shanhaiguan se trouve à 17 km au nord-est de la zone portuaire. Son nom signifie « la passe entre la mer et la montagne ». En effet, la chaîne Yanshan, qui traverse la Chine du Nord, s'étend jusqu'à la côte de la mer de Bohai. Entre le pied des monts et la côte, il n'y a qu'un passage de 7,5 km de large. Au cours des siècles, les stratèges se sont disputés cette passe et y ont fait construire des ouvrages de défense dont l'un est la passe Shanhaiguan, point de départ de la Grande Muraille. Cet imposant monument fut construit sous les Ming et comprend plusieurs terrasses, sept forteresses et dix portails. Près de la passe se trouve un temple de dimension moyenne, érigé pour rendre hommage à Meng Jiangnu, héroïne qui vivait à l'époque du règne de Qin Shihuangdi. Son mari ayant été recruté de force pour construire la Grande Muraille, elle vint l'y rejoindre. Ne le trouvant pas, elle pleura trois jours et trois nuits, jusqu'à ce que la muraille s'ouvre, laissant apparaître le corps de son mari, enseveli sous les rochers.

On peut loger dans l'hôtel Shanhaiguan Trade Service Hotel.

SHIJIAZHUANG

Shijiazhuang, capitale du Hebei depuis 1967, ne présente aucun intérêt pour le touriste. Situé à une jonction ferroviaire à 250 km de Pékin, Shijiazhuang n'est guère connu que par la tombe du Dr Norman Béthune, sur laquelle les Canadiens progressistes aiment venir se recueillir.

Shijiazhuang est relié par avion à Pékin (60 yuans), Changsha (196 yuans), Canton (297 yuans), Nankin (135 yuans), Shanghai (184 yuans), Zhengzhou (66 yuans).

Norman Béthune, *Bai Qiuen* en chinois, est une des personnalités étrangères les plus connues en Chine, essentiellement grâce à un texte de Mao qui a immortalisé son « esprit de dévouement total à la cause du peuple ». S'étant mis au service de l'Armée rouge, il mourut d'une septicémie en 1939, après avoir opéré un blessé.

De Shijiazhuang, on peut visiter Zhengding (10 km au nord) et le monastère Longxing, et le district de Zhaoxian (40 km au sud-est) et le pont de marbre blanc qui s'y trouve. Ce pont a été construit au VIIe siècle et serait le plus vieux pont en arche de Chine. Il donne pourtant l'impression d'avoir été refait récemment. Malgré tout, les bas-reliefs qui s'y trouvent ne manquent pas d'élégance.

○ *Hôtel*

Hebei binguan, Hebei Guesthouse, 23 Yucai jie, à 5 kilomètres de la gare. Cuisine chinoise et... française. 620 lits dans une immense bâtisse sans charme, mais des prix modiques : 40 yuans la chambre double. Tél. 48.961.

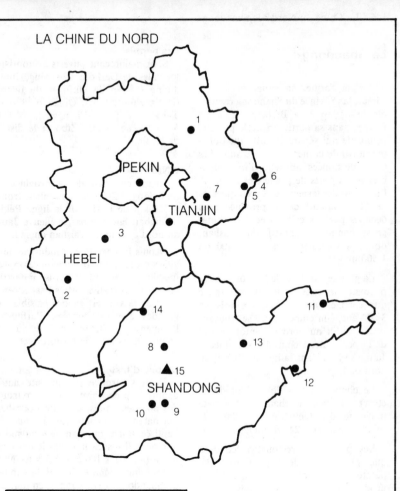

LA CHINE DU NORD

PEKIN

TIANJIN

HEBEI

SHANDONG

SHANDONG	HEBEI
8 Jinan	1 Chengde
9 Qufu	2 Shijiazhuang
10 Yanzhou	3 Baoding
11 Yantai	4 Qinhuangdao
12 Qingdao	5 Beidaihe
13 Weifang	6 Shanhaiguan
14 Dezhou	7 Tangshan
15 Mont Taishan	

Le Shandong

Par sa forme, sa situation et son climat, la province du Shandong ressemble beaucoup à la Bretagne. Elle est formée dans sa partie orientale par une péninsule qui sépare le golfe du Bohai (au nord) de la mer Jaune (au sud). Ses côtes découpées abritent d'innombrables petits ports de pêche très actifs. A l'intérieur des terres, les trois cinquièmes des 153 300 km² de la province sont occupés par des collines et des montagnes, comme le massif du Taishan, dont les sommets dépassent 1 400 ou 1 500 m.

La grande calamité de la province fut pendant des siècles le Fleuve Jaune qui changea de lit vingt-six fois en 3 000 ans, son embouchure se trouvant située tantôt au nord et tantôt au sud de la péninsule. Depuis 1933, le Fleuve Jaune se jette dans la mer de Bohai, au nord de la province.

Le climat est très doux, humide en été et relativement chaud en hiver, la moyenne des températures allant de — 1° en janvier à 24° en juillet.

Les principales ressources économiques proviennent de l'agriculture : blé, patates, coton, arachides, tabac, etc. La production agricole a permis l'essor de l'industrie légère : industrie textile, manufactures de cigarettes, industrie alimentaire, etc. D'importants gisements de houille et de fer sont exploités dans la région des collines. Mais aujourd'hui encore les campagnes du Shandong restent souvent très arriérées et le niveau de vie de sa population (environ 75 millions d'habitants) a de la peine à décoller.

Les permis

Sont maintenant ouverts au tourisme les villes de Dezhou, Dongying, Jinan, Jining (région de Qufu et du district de Yanzhou), Linyi, Qingdao, Rizhao, Tai'an, Weifang (Changwei), Weihai, Yantai, Zaozhuang, Zibo et le district de Kenli.

JINAN

Jinan, chef-lieu de la province du Shandong, 3 202 000 habitants se trouve à 350 km de Pékin sur la ligne Pékin-Shanghai, encadré par le Fleuve Jaune au nord et le mont Taishan au sud.

Depuis la libération, l'industrie de la ville s'est considérablement développée : métallurgie, machines-outils, industries chimiques et textiles. Mais l'aspect extérieur de la ville est encore paisible : de grandes avenues bordées d'arbres et l'immense lac Daming offrent au promeneur leurs îlots de verdure.

Un peu d'histoire

Jinan se trouve sur un site habité depuis la préhistoire : on y a retrouvé des poteries noires, dites de Longshan, qui datent du néolithique. La ville fut baptisée Jinan, qui signifie « au sud de la rivière Ji » sous la dynastie des Han, il y a plus de 2 100 ans. Sous les Ming et les Qing, Jinan était déjà la capitale du Shandong et elle connut, en tant que centre de communications florissant et ville politique importante, un développement régulier.

Au début du XXᵉ siècle, la province du Shandong commença à s'industrialiser sous la direction des Allemands, des Anglais, puis des Japonais. Jinan profita de l'inauguration de la voie de chemin de fer Qingdao-Jinan en 1904 puis en 1912 de la ligne Tianjin-Nankin pour devenir un centre de communications moderne. En 1906, la ville fut ouverte au commerce étranger et eut rapidement des rues modernes, un tramway et l'éclairage électrique.

Jinan pratique

○ *Comment s'y rendre*
Le train :

Jinan est au croisement de plusieurs lignes ferroviaires et, par conséquent, d'un accès facile. Il serait fastidieux de citer tous les trains qui s'y rendent et nous nous contenterons de signaler quelques trains qui permettent de rejoindre et les autres villes importantes du Shandong.

Ville	Heure	n° du train		Heure
Pékin	22 h 05	161	125	10 h 38
Jinan	5 h 50			19 h 03
Tai'an	7 h 11			20 h 21
Yanzhou	8 h 31			21 h 37
Yanzhou	8 h 13	162	126	20 h 32
Tai'an	10 h 02			22 h 07
Jinan	11 h 06			23 h 11
Pékin	18 h 50			7 h 10

Ces trains continuent sur Shanghai et Nankin, à l'aller, partent de Shanghai au retour.

Pour visiter l'intérieur du Shandong :

Ville	Heure	n° du train		Heure
Jinan	7 h 48 ←——— 25		——→ 303	18 h
Qingdao	14 h 17			
Yantai				4 h 35
Yantai	←——— 26		304 ——→	20 h 36
Qingdao	9 h 33			
Jinan	15 h 59			7 h 30

Le train n° 26 continue sur Pékin ; le train n° 25 vient de Pékin.

En avion :

Jinan est relié à Pékin (73 yuans), Dalian (145 yuans), Hefei (87 yuans), Lianyuangang (61 yuans), Nankin (93 yuans), Qingdao (63 yuans), Shanghai

(138 yuans), Xi'an (164 yuans), Yantai (83 yuans), Zhengzhou (91 yuans).

○ *Hôtels*
Hôtel Qilu, Qianfoshan lu. Tél. 479.61. Construit avec des capitaux mixtes sino-Hong Kong, c'est un hôtel très moderne où la nourriture est exécra-

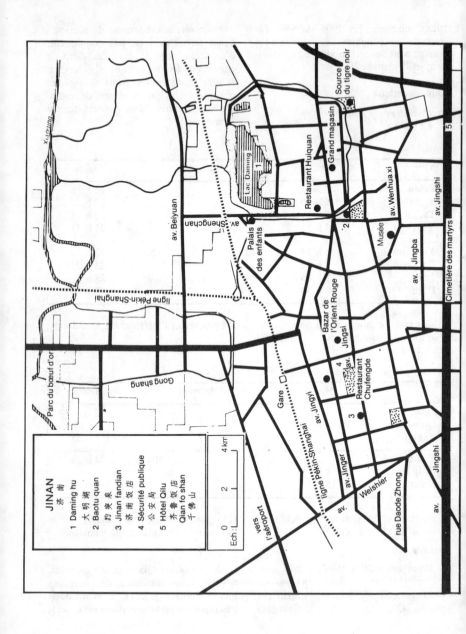

JINAN
济南

1 Daming hu
  大明湖
2 Baotu quan
  趵突泉
3 Jinan fandian
  济南饭店
4 Sécurité publique
  公安局
5 Hôtel Qilu
  齐鲁饭店
  Qian fo shan
  千佛山

Ech : 0 2 4 km

vers l'aéroport

Parc du bœuf d'or

X. Luonui

ligne Pékin-Shanghai

av. Beiyuan

av. Shengchan

Gong shang

Lac Daming

1

Restaurant Huiquan

Source du tigre noir

Grand magasin

av. Wenhua xi

Palais des enfants

2

Musée

av. Jingba

av. Jingshi

Bazar de l'Orient Rouge

av. Jingsi

Gare

4

Restaurant Chufengde

3

av. Jingyi

av. Jinger

av. Weishier

rue Daode Zhong

av. Jingshi

ligne Pékin-Shanghai

Cimetière des martyrs

5

ble. On ne peut pas tout avoir ! Chambres à partir de 70 yuans.

L'hôtel de Jinan, *Jinan Fandian*, est un grand hôtel sans grâce mais relativement confortable. L'agence de tourisme locale y a ses bureaux. Ils se trouvent au nord-ouest de la ville, au n° 372 de *Jingsan lu*, au carrefour de *Weiliu lu*. Tél. 353.51. A partir de 45 yuans.

Zhenzhuquan fandian, l'hôtel de la Source aux Perles, Quancheng lu. Tél. 219.71. On y accède par les bus n° 1 ou n° 3.

Shandong binguan, l'aile Nord, *Beiyuan*, se trouve à Jingyi lu weisan lu. Tél. 200.41. L'aile Sud, *Nanyuan*, se trouve à Jingsan lu weisi lu. Tél. 338.94. On y accède par les bus n° 1 et n° 11.

Dongjiao fandian, Jiefang lu dongduan. Tél. 438.16. Par le bus n° 1.

Nanjiao binguan, Najiao binguan lu 2 hao. Tél. 239.31. A 4 km de la gare et 10 km de l'aéroport.

○ *Adresses utiles*
Poste principale, Jinger lu weier lu. Tél. 234.53.

Gare de Jinan, on y accède par les bus n° 9, 11 et 14.

Pour tout renseignement, téléphoner au 201.61. Il existe un poste où l'on peut se renseigner sur les disponibilités de chambres d'hôtels au 212.40.

Gare routière, Jinan jiluo lu, accessible par les bus municipaux n° 4 et 5. Tél. 206.85.

CAAC, Jinger weiliu lu. Tél. 331.91 (pour réserver), 342.41 (pour renseignements).

Taxis, station à la gare ferroviaire. Tél. 247.66.

CITS, tél. 353.52, dans l'hôtel de Jinan.

A voir à Jinan et dans les environs

○ *Dans le centre de la ville*
Les sites historiques de Jinan ne sont pas très nombreux. La réputation de la ville provient des quelque cent sources qui appartiennent à quatre grands groupes : la source du Jet d'eau, la source des Perles, la source du Tigre noir et la source des Cinq Dragons. Les autres sites sont le lac Daming, la colline des Mille Bouddhas et le musée provincial du Shandong. La visite de Jinan et de ses sites ne nécessite pas plus d'une journée. Si vous voulez voir les monuments qui se trouvent à quelques dizaines de kilomètres au sud de la ville, il faudra compter une journée supplémentaire.

La source du Jet d'eau. Cette source, *Baotu quan*, est la plus célèbre de la ville. Trois sources naturelles, à température constante de 18°, jaillissent de l'eau. Ce n'est pas très spectaculaire mais les petits ponts et les bâtiments qui entourent l'étang sont charmants. On remarquera un petit pavillon, sur la droite quand on vient de l'entrée, où est censée avoir vécu **Li Qingzhao**, célèbre poétesse et lettrée, née à Jinan en 1084, qui écrivit d'émouvantes odes à la mémoire de son mari défunt.

Non loin de Baotu quan se trouve une belle mosquée, entièrement rénovée.

Le musée provincial du Shandong. A deux kilomètres au sud-ouest de ce parc se trouve le musée provincial du Shandong. Il est situé dans un ancien temple très bien entretenu et contient quelques beaux objets d'art : vases et poteries Ming, objets funéraires, outils datant de la civilisation Longshan. Le musée est ouvert de 8 h 30 à 11 h 30 et de 14 h à 16 h, sauf le dimanche.

Le lac Daminghu. Le lac Daminghu s'étend au nord-est de la ville et sa circonférence est d'environ six kilomètres. On s'y promène en barque d'une île à l'autre pour y visiter les petits pavillons « à la chinoise » qui abritent maisons de thé et petites expositions. Les saules qui se reflètent dans l'eau verte font de ce lac un lieu de promenade romantique fort prisé des habitants de la ville.

La colline des Mille Bouddhas. Au sud de la ville se trouve un ancien monastère situé sur une colline de la chaîne de Lishan, *Qianfo shan*, la colline des Mille Bouddhas. Le monastère fut fondé sous les Sui, il y a près de 1 500 ans.

On voit d'abord, à mi-côte, un premier portail, puis quelques dizaines de marches qui mènent au grand portail et aux bâtiments du monastère proprement dit. Ce dernier est maintenant transformé en un petit musée. Les statues du Bouddha qui ornaient autrefois les grottes de la colline ont toutes été détruites pendant la Révolution Culturelle. Moins de la moitié ont été restaurées depuis.

○ *Les excursions à partir de Jinan*
Le monastère Shentong. On pourra visiter avec des cars affrétés par CITS une série de monuments qui appartenaient autrefois au monastère Shentong. Ces cars partent à 8 h et reviennent à 15 h.

Ce monastère, fondé au début du IVe siècle, se trouve dans l'actuelle municipalité de *Zhong gong*, à une cinquantaine de kilomètres au sud de Jinan. On y accède par une petite route de campagne qui serpente entre les collines du Shandong. Vestiges de l'ancien monastère, construites au cours des

siècles, la **tour des Quatre Portes**, *Simen ta*, la **pagode du Dragon et du Tigre**, la **pagode à Neuf Pointes** et la **falaise des Mille Bouddhas** ont toujours été un but de promenade intéressant. Les statues de divinités et du Bouddha de la falaise des Mille Bouddhas sont sculptées à même le roc. Elles mesurent entre cinquante centimètres et deux mètres de haut. La plupart de ces statues datent du début des Tang.

Le monastère de la Falaise Magique, *Lingyansi*. Plus au sud encore, non loin de *Wan De*, se trouve la montagne de Ling yan, sur laquelle a été fondé en 357 le monastère de la Falaise Magique. On peut s'y rendre en train, en passant par Wan De. Le train 511 part du Jinan à 9 h 00 et arrive à 10 h 04. Celui de 11 h 02 (le 555) arrive à 12 h 18. Pour le retour, le 559 part de Wan De à 15 h 06.

Le site du monastère, au pied d'une haute falaise, est très beau en soi. Une forêt de stûpas donnera envie aux âmes sensibles de se recueillir sur les monuments funéraires d'une centaine d'abbés qui dirigèrent le monastère durant les dynasties Tang, Song, Yuan, Ming et Qing.

La pagode Bizhita, de neuf étages, domine l'ensemble. Elle date des Song. Le **temple des Mille Bouddhas**, *Qianfo dian*, se visite également. Ce temple, construit sous les Tang, a été bien restauré et offre un grand intérêt architectural.

TAIAN ET LE MONT TAISHAN

A deux heures de train au sud de Jinan se trouve la petite ville de Taian. On s'y rend pour visiter le grand temple du *Daimiao* et surtout pour escalader le mont Taishan, ascension qui demande deux jours. Vous passerez la nuit au sommet de la montagne et redescendrez le lendemain matin. Il est tout à fait possible de la faire sans guide, ce qui la rend économique. On dépose en général l'essentiel de ses bagages dans le centre d'accueil de la ville de Taian où on peut aussi louer une chambre et s'y reposer quelques heures avant ou après l'ascension.

Taian pratique

o *Comment s'y rendre*
De Jinan. Le train n° 161 part à 5 h 54 et arrive à 7 h 10. Pour le retour, le train n° 162 part de Taian à 10 h 02 et arrive à Jinan à 11 h 06.

De Pékin. On peut prendre le train n° 125 qui part de Pékin à 21 h et arrive à Taian à 5 h 13. Pour le retour, le train n° 120 part de Taian à 1 h 34 et arrive à Pékin à 10 h 31, ou le train n° 46 qui part de Taian à 11 h 06 et arrive à Pékin à 19 h 57.

On peut aussi se rendre de Taian à **Qu fu** en passant par la gare de **Yanzhou.** Le train n° 161 arrive à Yanzhou à 8 h 23 du matin.

o *Hôtels à Taian*
Le centre d'accueil de la ville de Taian est également le siège de l'agence de tourisme locale. C'est là que vous laisserez vos bagages et réserverez votre train pour poursuivre votre voyage. Le centre se compose de petits bâtiments indépendants et le confort y est très sommaire : pas d'eau chaude et très peu de chauffage. Les trains venant et partant de Taian ayant des horaires impossibles, vous serez peut-être tout de même content d'y passer une partie de la nuit.

L'auberge qui se trouve au sommet du mont Taishan est encore plus rudi-
mentaire : ni eau courante ni toilettes à l'occidentale. Mais la nuit n'y coûte que six yuans et vous serez de toute façon trop fatigué pour prêter attention à ces détails.

Taishan binguan, Taishan Guest-house, Daizong Fangjie, à 2 km de la gare. Chambres doubles à partir de 40 yuans. Tél. 46.94.

A voir à Taian

Le temple du Taishan. A deux pas du centre d'accueil de la ville de Taian se trouve le temple du Taishan, *Daimiao*, immense groupe architectural de 96 000 m². Construit sous les Han, il a été considérablement agrandi sous les Tang et les Song (VII-XIIIe siècle). Parmi les pins et les cyprès séculaires, se dressent stèles, pavillons et palais. Le palais *Tian kuang*, construit en 1090, est un monument tout en bois de 48,7 m de long sur 20 m de large, à double toiture de tuiles jaunes, et aux murs rouges. C'est l'un des trois plus grands palais qui existent en Chine, les deux autres étant le palais de l'Harmonie Suprême dans le palais Impérial de Pékin et le palais Dacheng à Qu fu. Il abrite une peinture murale de 62 m de long sur 3 m de haut, une œuvre des Song qui décrit une tournée dans l'empire du dieu du mont Taishan.

Dans l'aile gauche du temple, on verra une première cour latérale où poussent six thuyas qui auraient été plantés en 110 avant J.-C. Le long de la muraille du temple sont encastrées des stèles précieuses calligraphiées par les plus grands lettrés de Chine, tel **Mi Fu**, au cours des siècles. Au fond de cette cour, un petit magasin propose des estampages de ces stèles.

L'ascension du mont Taishan

Le Taishan est la plus célèbre des cinq montagnes sacrées de la Chine : le **Songshan**, ou « pic du Centre », au Henan, le **Taishan**, ou « pic de l'Est », le **Hengshan**, ou « pic du Sud » au Hunan, le **Huashan**, ou « pic de l'Ouest » au Shanxi et le **Hengshan** ou « pic du Nord » dans le Shaanxi.

Le mont Taishan n'est pas très élevé, 1 524 m, mais il se trouve dans une plaine qui se situe à peine à 25 m au-dessus du niveau de la mer, et le pic semble, de ce fait, doublement imposant.

Son ascension demandera quatre heures aux sportifs, six ou sept heures au touriste ordinaire, mais ce sera de toute façon une épreuve d'endurance. Ne vous surchargez pas : l'auberge située au sommet de la montagne prête de gros manteaux molletonnés car il y fait frais, même en été.

Pour ceux qui sont moins traditionnels, ou simplement moins sportifs, l'ascension du mont Taishan peut se faire en voiture jusqu'à **Zhongtianmen**, la « porte Céleste du Milieu », puis à partir de là en téléphérique jusqu'au sommet.

Le Taishan fut un lieu de pèlerinage des empereurs et aujourd'hui encore on peut voir des petites vieilles aux pieds bandés qui font l'ascension, soutenues par leurs enfants et dont le but n'est sûrement pas d'admirer le paysage. C'est en effet au pied du Taishan que viennent se rassembler les âmes des morts et le Taishan était considéré comme le grand magistrat des enfers. C'était une divinité-montagne au même titre que le Fuji au Japon ou l'Olympe en Grèce.

Le chemin qui mène au sommet s'ouvre par un portique monumental, le *Daizong fang*, construit en 1730. L'ascension commence par un chemin dallé légèrement en pente qui va bientôt être remplacé par des marches de pierre. On passera devant le temple de *Wangmu chi*, la reine mère d'Occident, qui date des Tang. C'était la première halte des empereurs au cours de leur pèlerinage.

La vraie montée commence à la première porte céleste, *Yitian men*. Arrivé à la tour des Dix Mille Immortels, *Wanxian lou*, construite en 1620, vous vous trouverez devant la salle où l'empereur recevait les hommages de la Cour. Après une ascension assez raide, vous atteindrez le palais de la déesse Du mu, *Dumu gong*, beau bâtiment aux murs violets et aux tuiles de couleur. D'une fenêtre, on aperçoit un pan de la montagne et pendant la saison des pluies une triple cascade.

Vous arriverez bientôt à une bifurcation. Un chemin sur la droite mène à la vallée du Sûtra sur pierre, *Shijing gu*. Un canon bouddhique est gravé sur le lit de la rivière en grands caractères de 50 cm de haut. On peut encore en lire 1 043 bien que certains furent gravés vers 570 et d'autres sous les Ming.

Il faut retourner sur ses pas pour retrouver le chemin qui mène bientôt à la Porte Céleste du Milieu, *Zhongtian men*. Vous trouverez là un restaurant et un hôtel où les plus fatigués pourront passer la nuit.

A partir de ce point, on redescend jusqu'au pont du Pas sur les Nuages, *Yunbu qiao*, dans une très jolie vallée creusée par un torrent impétueux. La partie la plus ardue de l'ascension commence au-delà du pavillon des Cinq Pins, *Wusong ting*. On admirera les innombrables calligraphies qui ornent les plus beaux rochers sur le bord de la route.

C'est à partir du petit arc de triomphe appelé *Shengxian fang* que commence un monumental escalier de pierre qui mène jusqu'à la porte céleste du sud, *Nantian men*. Ce dernier portique annonce la fin de l'escalade, le but de vos efforts. La vue splendide que l'on obtient du sommet, surtout au coucher du soleil, vous récompensera de votre peine !

L'auberge où l'on passe la nuit se trouve sur le plateau qui s'étend au sommet du Taishan. On verra aussi le temple des Nuages Colorés, *Bixia si*, beau palais dédié à la déesse du mont Taishan. Les bâtiments sont recouverts de tuiles de fonte pour mieux résister aux intempéries. Sur le point le plus élevé se trouve un temple taoïste, le *Yuhuang ding*, sommet de l'Empereur de Jade, auprès duquel on peut lire sur une stèle : « *C'est ici que se tint Confucius et qu'il prit conscience de la petitesse du monde* », référence à une des paroles du vieux sage, rapportée par Mencius.

Il faut contempler le lever du soleil un peu en contrebas de ce dernier temple sur le rocher appelé *Riguang feng*. C'est un spectacle grandiose fort apprécié des Chinois qui applaudissent lorsque le soleil apparaît « comme il faut » du sein de la mer de nuages qui vire progressivement du rose clair au rouge orangé, avant de se détacher sur l'horizon comme une lanterne gigantesque. C'est une des rares occasions pour le touriste, emmitouflé dans son manteau, dans la pénombre qui précède le lever du soleil, de passer totalement inaperçu au milieu d'une foule chinoise.

On redescendra par le même chemin. A partir de *Zhongtian men*, on peut aussi bifurquer sur la droite et descendre par la route de l'ouest. Si vous vous êtes mis d'accord sur une heure avec un guide, il vous attendra avec une voiture au pied de la montagne. Un luxe que vous apprécierez !

Qu Fu

Qu Fu est la ville où Confucius vécut et enseigna. Tout le temps que dura la campagne de critiques contre Confucius, la petite ville de Qu Fu fut pratiquement rayée de la carte de Chine. Depuis 1979, les étrangers sont à nouveau autorisés à visiter ses vestiges prestigieux et de gros efforts ont été faits pour réparer les dégâts causés par la Révolution Culturelle. Sans pour autant « réhabiliter » le célèbre philosophe dont la doctrine influença profondément la morale traditionnelle chinoise, le gouvernement a choisi une attitude nuancée à son égard et reconnaît la profondeur, sinon la justesse, de ses propos les plus connus. Les Chinois se plaisent également à rappeler que Mao Zedong cite fréquemment Confucius dans ses écrits.

Un peu d'histoire

Confucius naquit en 551 avant J.-C. à Qu Fu, capitale du petit royaume de Lu. Après sa mort en 479, le duc Ai de Lu fit transformer en temple la maison où il avait habité. Ce temple a été restauré et reconstruit au cours des siècles. Sous les Han, Liu Yu, prince de Lu, fit construire un grand palais dont il ne reste plus que quelques vestiges. De 1522 à 1567, les empereurs Ming firent construire des murailles pour protéger le temple de Confucius et la résidence de ses descendants. Ces murailles ont été rasées récemment, mais on visite encore le temple, la résidence et la tombe de Confucius.

Comment se rendre à Qu Fu

Il faut descendre à la gare de **Yanzhou** qui se trouve à 16 km à l'ouest de Qu Fu. De là, on prendra un autobus pour Qu Fu. Le dernier bus part à 17 h.

Vous pourrez venir par le train n° 161 en provenance de Jinan ou de Taian et repartir le lendemain par le train n° 162 qui rentre sur Jinan, ou bien continuer vers le sud en direction de Kaifeng et Zhengzhou par le train n° 103 qui part à 8 h 33 et arrive à Kaifeng à 16 h 01.

○ *Hôtels*
Queli binshe, Queli Hotel, 1, Queli jie, construit dans le style chinois traditionnel, à côté de la résidence des descendants de Confucius. La chambre à un lit est à 70 yuans, à deux lits à 80 yuans. Tél. 805.

Kongfu fandian, Confucius Mansion Hotel, 1 Donghuamen dajie, dans la résidence des descendants de Confucius. La chambre à un lit est à 100 yuans, la double à 50 yuans, allez comprendre... Tél. 374.

A voir à Qu Fu

Le temple de Confucius. Il se trouve dans la partie ouest de la ville. Il a été construit en 739 à l'emplacement du premier temple édifié en 478 avant J.-C. La dernière grande restauration qu'il connut dans l'histoire date de 1723, sous les Qing.

Il est orienté suivant un axe nord-sud et sa construction est parfaitement symétrique par rapport à cet axe. Il comprend sept portes et six cours, toutes différentes et ornées de vieux cyprès qui auraient été plantés sous les Han.

Le premier grand temple, quand on vient de l'entrée principale, est le pavillon de la Constellation des Lettrés, *Guiwen ge,* consruit en 1190. C'est là que les prêtres de ce temple s'exerçaient aux cérémonies officielles des fêtes du printemps et de l'automne.

On verra ensuite l'arbre *kuai* qui est censé être un rejeton de l'arbre que planta Confucius à cet emplacement même.

Derrière se trouve le Grand temple de Confucius, *Dacheng dian.* Le temple mesure 26 m de haut et 47 m de large. Le toit est supporté par dix colonnes de marbres décorées par des dragons sculptés en bas-reliefs. Ce temple date de 1724 et c'est un des trois plus grands de Chine.

Dans le dernier bâtiment situé sur l'axe central, la salle des Souvenirs du Sage, *Shengji dian,* on verra la légende de Confucius gravée sur une série de 105 pierres. Ces images et les textes qui les accompagnent ont été gravés en 1592.

La partie orientale de l'ensemble du temple est occupée par la demeure de Confucius.

La résidence des descendants de Confucius. Les descendants de Confucius, *Kong* en chinois, ont toujours pris soin de maintenir la lignée. Le dernier des descendants directs, **Kong Decheng,** se trouve actuellement à Taïwan, et plus personne n'occupe la résidence qui a été transformée en hôtel.

La tombe de Confucius. A un kilomètre de ce qui fut la porte nord de Qu Fu, se trouve l'entrée du cimetière de la famille de Confucius, appelé la forêt du Grand Sage, *Zhisheng lin.* L'allée principale mène à un temple derrière lequel se trouve un tertre de huit mètres de diamètre, la tombe de Confucius. Ne manquez pas de visiter ce cimetière où sont également enterrés les disciples et les membres de la famille de Confucius. Les grands arbres et le calme qui y règne donnent à cet endroit une dimension émouvante.

La côte du Shandong

QINGDAO

Qingdao se trouve sur le littoral sud de la péninsule du Shandong, à neuf heures de train de Jinan.

C'était encore en 1898 un petit hameau de pêcheurs lorsque les Allemands l'occupèrent en obtenant du gouvernement mandchou un bail de 99 ans. Qingdao se transforma alors rapidement en une ville moderne dotée de l'électricité et d'un des meilleurs ports de Chine qui se mit à concurrencer Tianjin. C'est à l'heure actuelle le quatrième port de Chine.

Aujourd'hui Qingdao, dont le nom signifie « l'île verte », compte 1 500 000 habitants et possède une industrie moderne : des usines textiles, l'usine de locomotives Diesel, que l'on peut visiter, et on y fabrique la célèbre bière de Qingdao. Située sur une colline entourée de trois côtés par la mer, Qingdao a gardé de l'occupation allemande un petit côté occidental, avec ses maisons indépendantes couvertes de tuiles rouges et perdues dans la verdure.

Qingdao pratique

○ *Comment se rendre à Qingdao*
Par train. De Pékin, le train n° 25 part la nuit à 1 h 10 et arrive le lendemain à 14 h 17. Un autre part dans l'après-midi à 13 h 05 et arrive à Qingdao le lendemain matin vers 9 h. D'autres trains directs existent à partir de Xi'an (31 heures), Jinan et de Shanghai (24 heures).

Par bateau. De Dalian ou de Shanghai, il est préférable de prendre le bateau. De Dalian, la traversée dure 26 heures et il y a quatre bateaux par semaine avec des prix allant de 84 yuans (luxe) à 7 yuans (quatrième classe).

De Shanghai, quatre bateaux par semaine assurent la traversée qui dure 27 heures. Les tarifs s'étalent entre 103 yuans, 52 yuans, 26 yuans et 9 yuans. Les billets s'achètent au 222, rue Renmin lu ou à la CITS de Shanghai.

A Qingdao, on achète les billets au départ du bateau près du magasin de l'Amitié.

Par avion. Qingdao est relié à Pékin (144 yuans), Canton (366 yuans), Dalian (85 yuans), Jinan (63 yuans), Nankin (123 yuans), Shanghai (154 yuans), Shenyang (145 yuans), Xi'an (169 yuans) et Zhengzhou (96 yuans).

○ *Adresses utiles*

CITS, les bureaux sont situés à l'intérieur de l'hôtel Huiquan fandian.

CAAC, 29 rue Zhongshan lu (la rue principale de Qingdao). Tél. 86.047.

Antiquaire, à côté de la CAAC en direction du sud.

Marchés, dans le quartier de la cathédrale, Sifanglu, Dexianlu.

○ *Hôtels*

L'*hôtel Badaguan* se trouve à l'extérieur de la ville, à l'intérieur d'un parc, en face de la plage n° 2. C'était autrefois la résidence des personnalités politiques. On peut séjourner dans la « Villa de pierre », véritable château où séjourna

Chiang Kaishek, sinon dans les anciennes villas de Lin Biao, Song Qingling (veuve de Sun Yatsen) ou encore celle de Jiang Qing. Toutes ces villas sont des pavillons d'architecture allemande. Le prix des chambres varie entre 50 et 250 yuans. Calme et repos assuré, avec un petit rien de rétro. Tél. 86.800.

Huiquan binguan, Huiquan Hotel, 9 Nanhai lu, à 4 km de la gare, en face de la plage n° 2. Chambres doubles à partir de 52 yuans. Tél. 85.215.

Youyi fandian, Friendship Hotel, 12 Xinjiang jie, à 2 km de la gare, sur la mer, au nord de la ville et à côté du Magasin de l'Amitié. Chambres à partir de 45 yuans. L'eau chaude n'est disponible que le soir après 20 h. Tél. 27.286.

Qingdao ying binguan, Qingdao Guesthouse, 26 Longshan lu, à 5 km de la gare, construit dans un style architectural allemand, restauré en 1979. La chambre double à partir de 40 yuans. Tél. 86.120.

Zhanqiao binguan, Zhanqiao Hotel, 31 Taiping lu, à 0,5 km de la gare. Une bâtisse plutôt sévère au sud de la ville. Chambres à partir de 42 yuans. Tél. 32.184.

Heping binguan, Peace Hotel, 10 Xinjiang lu, derrière le Magasin de l'Amitié, juste à côté du débarcadère des bateaux de passagers, au nord-ouest de la ville. Chambres à partir de 40 yuans. Tél. 28.698.

Huaqiao fandian, Overseas Chinese Hotel, 72 Hunanlu, à l'est de la gare. Accueille difficilement les « longsnez ». Dortoirs. Tél. 85.738.

○ *Restaurants*

La vie nocturne de Qingdao se passe au Club des marins, au nord de la ville. Le restaurant du club sert des plats à base de fruits de mer à des prix très raisonnables. Il est ouvert jusqu'à 11 h. On y sert l'excellente bière de Tsingdao.

Le Chunhelou a la réputation d'être le meilleur restaurant de la ville, c'est aussi le plus cher. Il est situé au 146 de la rue Zhongshan lu. Tél. 273.71.

Le restaurant Qingdao, à côté de la CAAC. Tél. 267.47. Il offre une grande variété de fruits de mer et autres spécialités comme l'épaule de porc en terrine.

Le restaurant Haibin, rue Guangxi lu. Tél. 244.47 au Sud de Zhongshan lu. Spécialités : ailerons de requin, crevettes et abalones, poulet phénix et crabes frits.

Dans le quartier de la cathédrale, vous trouverez de nombreux petits restaurants ambulants qui vous invitent à manger dehors, pour quelques yuans.

A voir à Qingdao

Il n'y a guère de monuments historiques ou artistiques, C'est pourquoi il vaut mieux se rendre à Qingdao en été afin de profiter de ses très belle plages. On peut longer le littoral sur plus de cinq kilomètres à partir de la grande jetée de **Zhanquiao** et visiter en passant le **parc Lu Xun** dans lequel se trouve un intéressant musée marin.

La plus belle excursion que l'on puisse faire de Qingdao mène au **mont Laoshan**, célèbre pour ses sources d'eau minérale et ses vieux temples bouddhiques et taoïstes. Sur sa face sud, on peut visiter les palais **Shangqing** et **Taiqing**, la grotte **Mingxia**, la porte céleste du Sud, **Nantian men**, le **palais de la Paix** (dynastie des Song), etc.

YANTAI

Yantai contrôle au sud le détroit qui relie la mer Jaune au golfe de Bohai au sud, comme Dalian le contrôle au nord. C'est un grand port de pêche. La ville, de quelques centaines de milliers d'habitants, s'étend au pied du mont Yantai, qui signifie « terrasse de fumées ».

Ouverte au commerce étranger en 1862, Yantai était connue sous le nom de **Zhifu**, ou **Chefoo**. C'est une ville qui n'a pas de monuments mais qui jouit d'un climat agréable.

Il y pousse du raisin de haute qualité, qui permet la fabrication de vin, *putaojiu*, de brandy, *bailandi*, et du célèbre vin de roses, *meiguijiu*.

Yantai pratique

○ *Comment se rendre à Yantai :*

En train. De Pékin, le train express n° 247 (20 heures) part à 23 h 37 et arrive le lendemain soir à 19 h. De Qingdao, un train part à 8 h 32 et arrive dans l'après-midi à 14 h.

En bateau. De Dalian, un bateau part chaque jour pour Yantai (27 yuans en première et 13 yuans en seconde). La traversée se fait en une nuit. Les billets s'achètent à l'embarcadère à l'est du Club des marins.

En avion. Yantai est relié à Pékin (122 yuans), Dalian (62 yuans), Jinan (83 yuans) et Shanghai (188 yuans).

○ *Hôtels*

Zhifu binguan, Zhifu Hotel, Dongjiao, à 9 km de la gare, à côté de la plage n° 2 mais loin de la ville. Seul moyen de transport : le taxi. Chambre double à 40 yuans. Tél. 24.381.

Huaqiao binguan, Overseas Chinese Hotel, à 12 km de la gare, 15 Huanshan lu. Dortoir à partir de 10 yuans ; au terminus du bus n° 3. Tél. 22.431.

Yantai shan binguan, Yantai hill Hotel, 26, Haian jie, malheureusement réservé aux Chinois, dans une charmante résidence face à la mer.

○ *Restaurants :*

Le restaurant Huibin lou se trouve sur la ligne de bus n° 3, avant d'arriver à l'hôtel Yantai shan. Le restaurant Pengren se trouve à l'Ouest du Huibin également sur le trajet du n° 3. Ce sont des restaurants très ordinaires. Une gargotte de *hunduns* (raviolis en soupe) se trouve non loin de l'hôtel Yantai shan, en direction du Sud.

○ *CITS.* Les bureaux se trouvent dans l'enceinte de l'hôtel pour Chinois d'outre-mer au terminus du n° 3.

○ *Excursion :*

A 75 km de Yantai se dresse le château de Penglai accroché au flanc de la falaise. Penglai est la « Terre des dieux », souvent citée dans le taoïsme. L'empereur Qinshi Huangdi qui se voulait immortel y envoya des expéditions à la recherche de l'élixir de longévité ; celles-ci, n'ayant rien trouvé, préférèrent disparaître plutôt que de se présenter bredouilles devant le terrible empereur. Le trajet de Yantai à Penglai dure deux heures et coûte environ 2 yuans. Au retour, le dernier bus sur Yantai est à 14 h 30. Un restaurant de fruits de mer se trouve à proximité.

BASSIN MOYEN DU HUANGHE

SHAANXI

SHANXI

HENAN

SHAANXI	SHANXI	HENAN
		5 Sanmenxia
1 Xi'an	10 Taiyuan	6 Zhengzhou
2 Xian yang	11 Datong	7 Luoyang
3 Yan'an	12 Linfen	7' Monts Songshan
4 Nanniwan	13 Yangquan	8 Anyang
4' Monts Huashan	14 Monts Wutaishan	9 Kaifeng

Le bassin moyen du Fleuve Jaune

Le Fleuve Jaune, *Huang He*, se dirige du massif tibétain au Qinghai vers le golfe de Bo Hai dans la mer de Chine. Il traverse le désert des Ordos et la plaine de loess du Nord, berceau de la civilisation chinoise qui couvre les sept provinces : Shaanxi, Henan, Shanxi, Shandong, Gansu et Ningxia.

Le système hydrographique du fleuve a changé de nombreuses fois au cours de l'histoire. La légende de *Yu* raconte qu'au 3e millénaire avant J.-C l'empereur **Yao** ordonna à son ministre **Yu** de régulariser le cours du fleuve. Celui-ci divisa le cours du *Huang He* en neuf provinces et détourna son cours vers le nord, tandis que son lit était drainé pour prévenir des inondations.

Durant toute la période féodale où la Chine fut divisée en de nombreux États, le fleuve était une arme redoutable dans les querelles entre seigneurs. Ces derniers construisaient des digues pour détourner les eaux vers leur voisin. L'histoire du *Huang He* est marquée par une longue série d'inondations catastrophiques. Les tentatives pour contrôler le fleuve ont toujours été une tâche importante des gouvernements chinois. Les grands empires qui firent l'unité de la Chine mirent l'accent sur de grands travaux d'irrigation et la construction de canaux. Le plus important étant le *Grand Canal* qui reliait les régions riches du Sud du Yangzi aux capitales impériales du Nord. Cependant la plupart des travaux, mis à part le Grand Canal, n'étaient pas menés selon un schéma unifié mais par tranches et souvent localement.

Le *Huang He* est très chargé d'alluvions et il accumule des dépôts énormes dans son lit, mettant son niveau largement au-dessus des terres environnantes. Lorsque des brèches se produisent dans les digues, ce sont des régions entières qui sont inondées. Par ailleurs, les eaux ne peuvent plus retourner dans le lit et doivent trouver un autre chenal. C'est ce qui explique les fréquents changements naturels du cours du fleuve, à sa sortie des montagnes, au-delà de Loyang.

En 1955, un vaste plan d'aménagement du *Huang He* entra en fonction pour contrôler les eaux, construire des centrales électriques, rendre le fleuve navigable, créer un vaste réseau d'irrigation et aménager des terrasses en utilisant le limon fertile du fleuve. Ce plan prévoit à très long terme (70 ans) la construction de quarante-quatre barrages ainsi que la construction de centrales électriques d'une capacité de 110 millions de kw. Le fleuve devrait être rendu navigable jusqu'à Langzhou dans le Gansu pour les remorqueurs de 500 tonnes. Le plan prévoit également la construction d'un canal reliant le Fleuve Jaune à la rivière Wei. En effet, le sable et le loess de la plaine centrale sont fertiles à condition d'être irrigués. L'agriculture, du fait des faibles précipitations, dépend entièrement du Fleuve Jaune.

Autrefois, le fleuve était l'objet d'un culte populaire. Chaque année, une jolie fille était élue, nourrie et parée comme une fiancée ; on la plaçait ensuite sur un lit nuptial. Celui-ci était entraîné par les flots et sombrait. L'élue allait ainsi rejoindre le « comte du fleuve ». Cette pratique cruelle était destinée à s'attacher la protection du fleuve.

Les villages sont faits de maisons en pisé avec à l'intérieur le *kang* qui est une couche de briques haute de 50 cm occupant toute la longueur de la pièce, chauffé par un système de tuyaux reliés au poêle. Cinq à six personnes peuvent y dormir et prendre les repas assis autour d'une table basse.

Cette plaine est une des principales zones agricoles de Chine. Les provinces du Henan et du Shaanxi sont devenues les plus grosses productrices de blé du pays. Les autres cultures sont les patates douces, le *gaoliang*, le soja, le millet, le maïs et un peu de riz. Le bassin du *Huang He* est également producteur de coton, de sésame, de tabac et de cacahuètes.

Depuis les années vingt, l'industrie s'est largement développée. Zhengzhou est devenu un centre ferroviaire très important. La région est riche en charbon et en fer et des aciéries ont été créées à Anyang. Luoyang possède la première usine de tracteurs de Chine. Des industries métallurgiques, textiles, alimentaires, et des cimenteries ont été créées dans les différentes villes du bassin du *Huang He*.

Toute cette zone a un passé chargé d'histoire. Dans la région d'*Anyang* on a retrouvé les vestiges de *Yin*, dernière capitale des Shang, au 2e millénaire avant J.-C. *Chang An* (Xi'an) et *Luoyang* ont été tour à tour des capitales impériales jusqu'à la fin des Tang. *Kaifeng* fut la brillante capitale des Song.

Le Shaanxi

La province du Shaanxi est bordée à l'ouest par la province du Shanxi. Le nom de ces deux provinces ne se distinguant que par les caractères et la différence de ton de la première syllabe, les Chinois ont adopté la transcription conventionnelle de Shaanxi. Certains préfèrent transcrire Shenxi, d'autres Shânxi.

Trente millions d'habitants se répartissent dans les trois zones géographiques bien distinctes de la province : au Nord, les plateaux de lœss, au Centre la vallée de la Wei, affluent du Fleuve Jaune et au Sud la chaîne des monts Qingling et la vallée de la Han. Xi'an, capitale provinciale, se trouve dans la vallée de la Wei, affluent du Fleuve Jaune, au Sud la chaîne des monts Qingling et la vallée de la Han.

Xi'an est considérée comme le berceau de la civilisation chinoise. On y retrouve en effet des vestiges de villages néolithiques. Le climat de Xi'an et du Nord du Shaanxi est un climat continental, aux étés très chauds (jusque 40°) et aux hivers très froids (jusque − 18°) alors que le Sud du Shaanxi jouit d'un climat subtropical grâce à la barrière protectrice des monts Qingling.

Les permis

Sont officiellement ouverts au tourisme : les villes de Baoji, Hancheng, Hanzhong, les monts Huashan, Tongchuan, Xi'an, Xianyang, Yenan et les districts de Huaying, Pucheng, Huangling, Nanzheng, Mianxian, Liuba et Lueyang.

XI'AN

Capitale de la province du Shaanxi qui se trouve au cœur du plateau de loess, berceau de la civilisation chinoise. Elle est à 900 km de Pékin, dans la vallée de la rivière Wei, non loin de l'endroit où celle-ci se jette dans le Fleuve Jaune. Elle compte une population de 3 millions d'habitants.

Un peu d'histoire

L'histoire de Xi'an remonte à plus de 6 000 ans, au néolithique. On en verra la trace au site de Banpo.

Xi'an devint la capitale des Zhou de l'Ouest au IIᵉ avant J.-C. Vers 210 avant J.-C., l'empereur Qin Shihuangdi, ayant unifié l'empire chinois, y installa ses palais. Les murailles actuelles correspondent à l'espace de l'ancienne ville Qin. La dynastie Han qui succéda aux Qin détruisit la ville et la reconstruisit plus loin. Après une éclipse, elle retrouva son importance sous les Tang ; elle était alors, avec un million d'habitants, la plus grande agglomération du monde.

Presque entièrement détruite lors de la chute des Tang, Xi'an n'était plus alors qu'un bourg sans importance dont la superficie ne dépassait pas le sixième de celle de l'ancienne ville Tang. Toute cette région du Nord-Ouest connut d'ailleurs un déclin économique : le contraste entre une masse paysanne misérable et l'opulence des marchands de sel est très souvent mentionné dans les textes. Conséquence de cette misère, des rébellions paysannes éclatèrent qui furent décisives dans la chute des trois dernières dynasties.

Plus tard, de 1935 à 1946, la province accueillit à Yan'an le noyau dirigeant des forces de guérilla communiste. Xi'an en 1949 comptait 400 000 habitants ;

elle en a aujourd'hui 3 millions. La ville s'étend largement au-delà des murailles. Des villes satellites correspondant aux zones industrielles ont été créées à 20 km de la cité, ceci dans le cadre d'une politique déterminée de freiner la croissance des grandes villes et de décentraliser l'industrie vers les campagnes. A Xi'an même, un plan de conservation des vieux quartiers et des monuments a été établi.

Xi'an est devenue la capitale économique de la région du Nord-Ouest. C'est un centre culturel important avec une trentaine d'universités.

Xi'an, porte de l'Asie Centrale

La « route de la soie », ces mots très simples sont parmi les plus évocateurs d'un passé exotique et fastueux. Les mythes et les légendes de la route de la soie, les pays reculés qu'elle traverse, ses trésors ont attiré maints explorateurs, voyageurs et pilleurs au cours des 2 000 ans d'histoire qu'elle a connus. La soie chinoise était connue de l'Empire romain depuis le IVe siècle avant J.-C. mais c'est en 138 avant J.-C. que la route de la soie fut ouverte par **Zhang Qian**, le célèbre diplomate qui fut envoyé en mission par **Han Wudi** vers les pays de l'Ouest. A partir de cette époque, des commerçants venus des plaines du Gange ou des rives de la Méditerranée se rendirent régulièrement en Chine, jusqu'à **Chang'an**, l'actuelle **Xi'an**, pour rechercher cette denrée très précieuse qu'était la soie. En même temps que la soie, ce sont les techniques, les religions, les arts et les plantes inconnues qui s'échangèrent d'un bout à l'autre du continent eurasien au cours des siècles.

La route de la soie suivait en fait plusieurs parcours. Un premier parcours, au Nord, partait de **Chang'an**, passait par **Lanzhou**, **Jiuquan** et **Dunhuang** (actuel **Gansu**) puis longeait le Nord du bassin du **Tarim** par **Turfan**, **Kuqa** et **Baicheng** avant de rejoindre **Kashgar** (dans l'actuel **Xinjiang**). Un second parcours, au Sud, bifurquait à partir de **Dunhuang** et longeait le Sud du bassin du **Tarim** par **Loulan**, **Ruoqiang**, **Hotan** et rejoignait la route du Nord à **Kashgar**.

Là, la route de la soie se scindait à nouveau et une route partait vers **Samarkand** et la **Perse**, l'autre route descendant vers l'**Afghanistan** et l'**Inde**. **Dunhuang** et **Kashgar** (actuelle **Kashi**) se trouvaient donc à des carrefours particulièrement actifs, ce qui leur permit de connaître un essor économique considérable. **Dunhuang** attira vers elle des artistes exceptionnels qui réalisèrent les fresques et les sculptures des **Grottes de Mogao**. D'autres villes, moins célèbres aujourd'hui, mais tout aussi importantes à l'époque, nous ont laissé quelques vestiges de leur splendeur passée : les ruines des anciennes cités de **Gaochang**, **Jiaohe** et **Subashi**, les fresques des **grottes de Kizil**, parmi tant d'autres témoignages d'une culture florissante et raffinée.

Aucune ville, aucun site ne fera mieux comprendre la très grande diversité des cultures qui se sont croisées sur la route de la soie que la vallée de la Wei, au cœur de laquelle se trouve Xi'an. Que ce soit sous les Han de l'Ouest (206 avant - 8 après J.-C.), les Sui (581-618) ou les Tang (618-907), c'est à partir de Xi'an que se tissèrent les innombrables réseaux qui permirent à tant de civilisations et de peuples de se rencontrer. Aujourd'hui encore la ville de Xi'an et ses environs évoquent puissamment la grande aventure de ces cavaranes qui, partant pour cinq, dix ans, se lançaient à l'assaut des déserts mal connus, à la rencontre d'autres hommes aux mœurs complètement différentes des leurs.

Sous les Han, c'est sans doute au palais Weiyang, au Nord de Xi'an, que Zhang Qian prit congé de l'empereur Wudi. Puis, sous les Sui, Xi'an, qui s'appelait alors Daxing, s'orna de jardins, de monuments et de temples, comme le Daxingshan si. Sous les Tang, enfin, Xi'an, alors Chang'an, devint un haut-lieu du bouddhisme, religion importée de l'Inde par la route de la soie, comme en témoignent les pagodes de la Grande et de la Petite Oie et les temples du Sud de la ville, berceaux des plus grandes sectes de l'Extrême-Orient. En même temps, apparaissaient des temples zoroastriens, manichéens et nestoriens, comme en témoigne la fameuse stèle exposée au musée du Shaanxi.

Partant de Xi'an, les caravanes marquaient une première étape à Xianyang, à 20 km à l'Ouest, dans la vallée de la Wei. C'est autour de Xianyang qu'on trouvera le plus grand nombre de sites monumentaux : les tombeaux des empereurs Han et Tang, placés là comme d'austères gardiens de l'empire, pour rappeler aux voyageurs de passage leur muette et solennelle présence. Plus à l'ouest encore, après Binxian, se trouve le temple du Grand Bouddha, le premier d'une longue série de sanctuaires rupestres sur la route de la soie.

Xi'an pratique

○ *Topographie de la ville*
Xi'an est construite sur un plan en damier tout comme Pékin. Deux grandes artères se coupent en croix au point où se dresse la tour de la Cloche, *Zhong lou*, qui marque le centre ville.

La gare ferroviaire se trouve au Nord de Xi'an, en haut de la *Jiefang lu* et la gare routière à la porte Sud de Xi'an.

○ *Comment s'y rendre*
En avion. On peut prendre l'avion pour Xi'an au départ des villes suivantes : Pékin (186 yuans), Canton (288 yuans), Changsha (190 yuans), Chongqing (110 yuans), Chengdu (108 yuans), Guilin (203 yuans), Hangzhou (222 yuans), Harbin (374 yuans), Kunming (202 yuans), Lanzhou (82 yuans), Nankin (167 yuans), Shanghai (231 yuans), Shenyang (285 yuans), Taiyuan (90 yuans), Urumqi (384 yuans), Wuhan (113 yuans), Xiamen (382 yuans), Yan'an (51 yuans), Yinchuan (122 yuans), Xining (131 yuans), Zhengzhou (73 yuans).

En train. Tous les trains, ou presque, passent par Xi'an : ceux qui viennent de Shanghai ou de Pékin, ceux qui vont à Urumqi ou au Sichuan, pour ne citer que ces régions. Le tableau ci-contre n'est donné qu'à tire indicatif et n'est pas exhaustif. Les tickets de train pour le jour même s'achètent directement à la gare de Xi'an. Les réservations se font au Bureau de réservations de Lianhulu, Beidajie, Shangchang Ouest, tél. 258.64. Les renseignements téléphoniques sont donnés au Guibinlou, tél. 269.76.

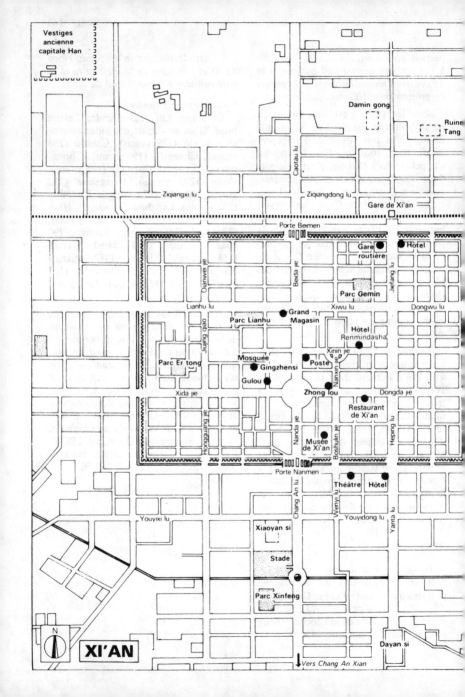

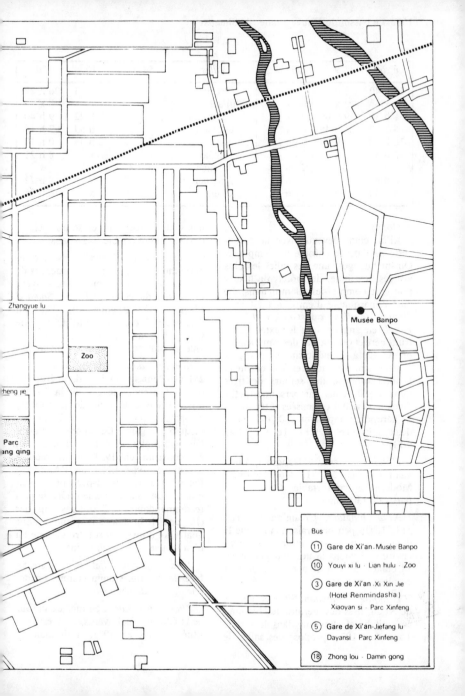

Zhangyue lu

Musée Banpo

Zoo

heng jie

Parc
ang qing

Bus

⑪ Gare de Xi'an - Musée Banpo

⑩ Youyi xi lu - Lian hulu - Zoo

③ Gare de Xi'an - Xi Xin Jie
(Hotel Renmindasha)
Xiaoyan si - Parc Xinfeng

⑤ Gare de Xi'an - Jiefang lu
Dayansi - Parc Xinfeng

⑱ Zhong lou - Damin gong

n° 69	9	53/52	Villes	54/51	10	70
14 h 40	8 h 57		Pékin	↑	18 h 43	20 h 22
x	x	x	Shijiazhuang		x	x
1 h 30	19 h 05	x	Zhengzhou		8 h 22	9 h 40
6 h 30	21 h 45	x	Luoyang		5 h 55	7 h 16
10 h 58	5 h 04	4 h 20	Xi'an	22 h 28	22 h 45	0 h 19
2 h 51	x	3 h 42	Lanzhou	8 h 42	x	8 h 21
x	x	21 h 23	Jiuquan	15 h 37	x	x
2 h 43	x	4 h 13	Liuyuan	9 h 06	x	8 h 22
18 h 30	x	19 h 57	Urumqi	16 h 50	x	16 h 05

○ *Hôtels*

Xi'an étant devenu, avec la découverte de l'armée enfouie de l'empereur Qinshi huangdi, une des villes les plus visitées de Chine, des hôtels de luxe y poussent comme des champignons. Le plus remarquable d'entre eux est le : *Jinhua fandian* ou *Golden Flower Hotel*, en anglais dans le texte. Construit, géré et occupé par des Américains, on y vit à l'américaine et les prix sont évidemment adaptés à la clientèle. L'hôtel propose des séjours de trois nuits à 380 yuans par personne (petits déjeuners, visites organisées et transferts à l'aéroport compris) ou 280 yuans pour deux nuits. Tél. 329.81. Télex : 70145 GFH CN.

Hôtel Tancheng, 7 Nanduan, Lingyuan lu. Tél. 54.171. 406 chambres. Moderne et confortable. Chambres à partir de 130 yuans.

Xi'an binguan, Chang'an lu. Tél. 513.51. Un peu plus raisonnable que le *Jinhua*, et nettement moins fastueux : environ 75 yuans la nuit par personne. 14 étages, un bar et une boîte de nuit en plein air, l'été.

Huaqingchi binguan. Situé en dehors de Xi'an, près des thermes de Huaqing, ce petit hôtel construit dans le « style Tang » en 1977, propose des salles de bains alimentées par les sources chaudes. Chambre double : 42 yuans.

Il existe de nombreux hôtels de catégorie moyenne à Xi'an, et en dehors de Xi'an. Les groupes sont assez souvent logés loin du centre ville, au *Shaanxi binguan* (à Zhanbagou), ou au *Chang'an binguan* (district de Chang'an) par exemple. Les hôtels en ville les plus connus sont les suivants :

Renmin dasha, Dongxinjie. Tél. 251.11. Pour s'y rendre : de l'aéroport, on peut prendre le car de la CAAC qui s'arrête à la tour de la Cloche, Zhonglou, puis le bus n° 3 qui va jusqu'à la gare. Descendre à l'arrêt Guangchangjan. Cet hôtel immense a été construit en 1953 sur le modèle soviétique, type hôtel de l'Amitié à Pékin. Malgré son aspect peu engageant, c'est tout de même l'hôtel le plus recommandable de Xi'an : pas trop cher (10 yuans le lit dans une « suite » pour quatre) et d'un confort rétro comme on n'en trouve plus qu'en Chine.

Jiefang fandian, Jiefanglu. Juste en face de la gare. Connu comme un des pires hôtels de Chine.

Zhonglou fandian, en face de la tour de la Cloche. Seul avantage : il est bien situé. Ouvert en 1983, il donnait en

1985 l'impression d'avoir vingt ans tant le délabrement est rapide : fuites dans les salles de bains, tapis et murs maculés, service lamentable. Tél. 210.00. Chambre double : 55 yuans.

Shengli fandian, Hepingmenwai, au Sud de la porte Heping. On s'y rend de la gare par le bus n° 5.

Xiaozhai fandian, au Sud de la ville, entre les pagodes de la Grande et de la Petite Oie, à Xiaozhai xilu. On y accède par le bus n° 3. Bien qu'excentré, l'hôtel présente l'avantage d'être bon marché (3,4 yuans la chambre en dortoir) et le service y est amical, mais la propreté des chambres est douteuse.

○ *Restaurants*
Dongya fandian, 46 Luoma shi. Tél. 284.10. Il est considéré par les résidents étrangers de Xi'an comme le meilleur restaurant de la ville.

Wuyi fandian, 351 Dong dajie. Tél. 238.54. Il est célèbre pour ses 106 espèces différentes de raviolis (*jiaozi*).

Xi'an fandian, 298 Dong dajie. Tél. 230.53. Spécialités de la région : poisson à la vapeur, nouilles pimentées, gâteaux de l'Impératrice (petits fours à la pâte d'amandes).

Heping fandian. Tél. 247.26.

Xian Sichuan, Sichuan lu. Tél. 277.36.

Minsheng, Jiangsu lu.

Qingya. Restaurant musulman. Tél. 282.68.

○ *Adresses utiles*
CAAC, 296 Xishaomen, tél. 422.64.

CITS se trouve dans le bâtiment du fond du Renmin dasha. Les guides proposés par CITS de Xi'an sont connus pour être parmi les plus désagréables de Chine.

Sécurité publique, 138 Xidajie, tél. 251.21.

○ *Qu'acheter ?*
L'artisanat du Shaanxi est un des plus florissants de Chine. On remarquera surtout les sacs, vêtements et figurines de tissu coloré fabriqués par les paysans des environs. Les meilleurs endroits pour les acheter se trouvent non loin des grands sites touristiques : la tombe de l'impératrice Wu Zetian et la grande fouille de l'armée de terre de Qinshi Huangdi. Il faut marchander âprement et on arrive généralement à ne payer qu'un ou deux yuans les articles proposés.

Le magasin de l'Amitié de Xi'an, Nanxin jie, vend des films pour diapos, des beaux cloisonnés, tapis, fourrures à des prix raisonnables.

Trois magasins d'antiquités : au 2e étage de la tour du Tambour, *Gulou*, au 375, Dong dajie et dans le Musée provincial.

○ *Les promenades*
La ville moderne de Xi'an est d'un abord un peu ingrat. De nombreux bâtiments modernes se succèdent le long d'avenues rectilignes et sans grand caractère. Il ne faut pourtant pas se laisser rebuter par ce premier abord et trouver le temps de flâner dans l'un de ses plus charmants quartiers qui se trouvent au centre de la ville. Partez de la tour de la Cloche, marchez par les petites rues jusqu'à la tour du Tambour puis perdez-vous dans le dédale des ruelles du quartier musulman avant d'arriver à la mosquée. Vous y verrez quantité d'artisans d'un autre âge (ferronniers, réparateurs, potiers) et la ville vaquant à ses activités quotidiennes.

Pour faire du shopping, il faut partir de la tour de la Cloche, à nouveau, mais vers l'est cette fois-ci, dans la grande avenue Dong dajie. C'est là que sont concentrés les plus grands magasins de la ville. Notez le petit théâtre populaire qui joue de l'opéra local, sur le côté nord de Dong dajie, juste avant le croisement avec Nanxin jie, où se trouve le magasin de l'Amitié. Si on annonce une représentation pour le soir, ne manquez pas d'y aller. L'atmosphère n'a rien à voir avec les spectacles aseptisés pour touristes.

A voir à Xi'an

○ *Dans le centre*

La tour de la Cloche. Elle se trouvait sous les Tang au centre de la ville impériale. Au XVIe siècle, sous les Ming, elle fut reconstruite plus à l'est, sur le nouvel axe nord-sud où elle se situe maintenant, au carrefour des quatre rues *Da jie*. La tour *Zhonglou* est haute de 27 m avec une base carrée de 35 m de côté. Ouverte de 8 h à 12 h et de 14 h à 18 h. Entrée : 10 fens.

La tour du Tambour. Au nord-ouest de la tour de la Cloche. D'époque Ming également (1370), la tour, *Gulou*, fut restaurée après la Libération. Le premier étage est occupé par une exposition d'antiquités à vendre, réservée aux étrangers. Ouverte de 8 h à 12 h et de 14 h à 18 h. Entrée : 10 fens.

La grande mosquée, Qing zhen si. Elle se trouve dans une petite ruelle, *Hua jue gang* derrière le *Gulou*, la tour du Tambour. Cette mosquée fut édifiée sous les Tang en 742 ainsi que l'indiquent les deux stèles à l'entrée. Elle fut agrandie sous les dynasties suivantes. Les bâtiments actuels datent des Ming. L'ensemble est construit dans un style entièrement chinois. Le *pavillon des Sans Soucis*, dans la première cour, est

le minaret de la mosquée. Dans la cour principale, le *pavillon du Phénix* est un lieu de repos. Au fond, la salle des prières ressemble aux salles centrales des temples bouddhistes. On remarquera le plafond aux caissons ornés de caractères arabes.

La bibliothèque est à gauche du minaret. C'est là que l'iman donne ses leçons. Sur un des murs, se trouve un plan de la Mecque, dû à l'imagination du peintre. La mosquée est toujours restée un centre religieux important. L'iman actuel a d'ailleurs pu se rendre à un pèlerinage de la Mecque.

La communauté musulmane *Hui* de Xi'an compte 30 000 personnes, la plupart croyants. (Voir le paragraphe : *les Minorités nationales*, dans le chapitre : *La répartition des populations*.) C'est à l'époque des Yuan que se formèrent beaucoup de communautés musulmanes en Chine du Nord et au Yunnan. Leurs descendants se sont pour la plupart fondus avec les populations de langue et de culture chinoises mais ont toujours voulu préserver leur particularisme.

Le musée de la Province. Au sud-ouest de la rue *Nan da jie*, dans la rue *Bo shu lin*. Il occupe l'ancien *temple de Confucius*. Ce musée est un des plus riches de Chine en ce qui concerne les originaux. Rappelons qu'une grande partie du patrimoine chinois est partie par caisses entières à Taiwan lors de la chute de Chiang Kaichek et que l'autre fut dilapidée auparavant au profit des étrangers.

Le musée compte trois pavillons et la célèbre *Forêt des Stèles*. Le premier pavillon renferme des vases rituels en bronze de l'époque des Zhou et des Royaumes Combattants ainsi que de superbes cloches, utilisées comme instrument de musique. De l'époque Han, on verra le plan de Chang An (Xi'an), des statuettes de chevaux et de soldats en céramique.

Le deuxième pavillon. Exposition de sculptures de pierres d'époque Sui et Tang. On y verra le cercueil d'une fillette de neuf ans, appartenant à une grande famille, les fameuses fresques de chevaux Tang, provenant du tombeau de *Taizong*, fondateur de la dynastie Tang, qui se trouve près de Xi'an à Zhaoling. Ces fresques sont considérées comme l'un des chefs-d'œuvre de la sculpture Tang. Deux des six bas-reliefs sont aux U.S.A.

Le troisième pavillon retrace l'époque Sui et Tang. Y sont exposés les mille pièces du tombeau de la fillette de neuf ans, un plan de Chang An de l'époque Tang, des statuettes de cavaliers et autres figurines de céramique dénotant une influence étrangère, des exemplaires de porcelaine « trois couleurs », typique de l'art Tang, et des miroirs de bronze.

La Forêt des Stèles. Elle fut aménagée au XIe siècle sous la dynastie Song pour servir d'archives aux *Douze Classiques*, gravés sur cent quarante stèles sous les Tang (837). Sur la stèle d'entrée sont gravées des *Stances confucéennes* rappelant les règles d'obéissance. La première stèle à gauche dans la 2e salle est la stèle de *Si Ngan Fou*, souvent évoquée par les jésuites pour appuyer l'existence d'un ancien royaume chrétien en Chine. Cette stèle relate la fondation en 781 de la première église nestorienne.

Le musée est ouvert de 8 h 30 à 17 h. L'entrée : 5 fens.

Les murailles. Xi'an est une des rares villes de Chine où les murailles anciennes aient été conservées et restaurées. Ces murailles, qui forment un quadrilatère de 11,9 km, ont été construites à la fin des Tang, en 904, à une époque où la Chang'an d'alors avait perdu son rôle de capitale et se sentait le besoin de se protéger, les armées impériales n'étant plus sur place pour la défendre. Les douves qui ont été remises en eau, et la muraille actuelle datent du début des Ming (1374). Quatre portes monumentales, placées aux quatre points cardinaux, permettent l'accès au centre ville. A chaque coin de la muraille se dressent des tours de guet.

Les parcs. Deux parcs se trouvent dans l'enceinte de la ville. Le *Lianhua gongyuan*, « parc aux lotus » au nord-ouest dans la rue *Lianhua* et le *Geming gongyuan*, « parc de la révolution », au nord-est dans la rue *Xi wu lu*, tout près de l'hôtel.

Office de liaison de la Huitième armée de route. Pour ne pas oublier que Xi'an a aussi joué un rôle dans l'histoire contemporaine, on peut visiter ce petit bâtiment reconverti en musée. On y montre les chambres où vécurent Zhou Enlai et Deng Xiaoping, entre autres dirigeants célèbres, ainsi que de nombreux documents de l'époque de la guerre anti-japonaise.

○ *Au sud des murailles*

La pagode de la Petite Oie. En chinois *Xiao Yan ta*. A 3 km de la porte Sud, où l'on prendra le bus 3 ou 15. A cet emplacement, un temple fut fondé par l'impératrice *Wu Zetian* des Tang. En 684, un moine célèbre y séjourna pour y traduire les sûtras ramenés d'Inde. En 706, une pagode de quinze étages fut édifiée à côté, mais deux étages furent endommagés au cours d'un tremblement de terre où le temple fut détruit. Ouvert de 7 h 30 à 19 h 30. Entrée : 5 fens.

La pagode de la Grande Oie (en chinois *Da Yan ta*) et le **temple de la Grande Bienveillance** se dressent à 8 km de la porte sud. Prendre le bus 5 ou 19. En 647, un temple fut élevé par l'empereur *Tai zong*, afin d'honorer sa mère. Plus tard, le moine *Xuan zang* y séjourna après un voyage de 17 ans en Inde (qui fut le thème d'un roman célèbre : *Le Singe Pèlerin*) pour y traduire les sûtras ramenés de son voyage. Une pagode fut alors élevée pour y renfermer les précieux documents. A l'origine, elle avait cinq étages. Deux furent ajoutés en 701. En 1227, le temple fut quasiment détruit par un incendie. Les bâtiments actuels datent des Ming et des Qing.

Dans la première salle, se trouvent des statues de *Huashen* et des deux disciples du Bouddha, *Jia Ye* et *A Nan*, spécialistes des sûtras.

Dans la deuxième salle, on trouve une belle statue d'Amitofu, d'époque Ming ; des gravures qui représentent *Xuan zang* portant les sûtras et une lanterne signifiant qu'il a marché nuit et jour ; d'autres gravures montrent des moines coréens *Yuan Shi* et *Gui Yi*. Ouvert de 8 h 30 à 17 h. Entrée : 5 fens.

Daxingshan si. Directement au sud de la pagode de la Grande Oie, à 1 km, se trouve le temple Daxingshan si qui est considéré comme le berceau de la secte ésotérique d'inspiration lamaïste, la secte Mizong. Il fut fondé à la fin du III⁰ siècle. A partir du VII⁰ siècle, de nombreux moines indiens vinrent s'y installer pour traduire les textes sacrés du bouddhisme. Presque complètement détruit à la fin des Qing, le temple a été reconstruit en 1956.

○ *La banlieue nord*
Les vestiges du palais Tang. A 1 km

des murailles, *Da ming gong*. On ne voit aujourd'hui que les terrasses sur lesquelles se dressaient les grandes salles *Lin de dian* et *Han Yuan dian*.

Les vestiges de la ville Han. Ils se trouvent à 3 km au nord-ouest des murailles. On aperçoit quelques pans de remparts de terre et la terrasse sur laquelle s'élevait le palais *Wei Yang gong*.

De l'ancien palais fabuleux de l'empereur *Qin Shihuangdi* il ne reste rien.

Dans les environs de Xi'an

○ *A l'est de Xi'an*
Le *mausolée de Qin Shihuangdi* est devenu, avec la Grande Muraille, l'un des sites les plus visités de Chine. Pour s'y rendre, on peut prendre le bus n⁰ 61 qui part de la gare routière et qui vous laissera au chef-lieu de Lintong, ou un bus qui part de Xiba lu, près de la gare ferroviaire, et vous laissera aussi à Lintong. De là, il faut prendre un second bus local. Il est plus simple de se joindre aux visites organisées par CITS. Des cars partent tous les matins à 7 h 30 des hôtels Renmin dasha, Zhonglou fandian et Jiefang fandian et font le tour des sites suivants : Village Banpo, Source Huaqing, Grande Fouille. Le tour prend la journée et coûte moins de dix yuans. Renseignez-vous auprès de ces hôtels.

Né en 259 avant J.-C., mort en 210 avant J.-C., Qin Shihuangdi, de son vrai nom Ying Zheng, est monté sur le trône à l'âge de 13 ans. Il est le fondateur de la dynastie des Qin et le premier empereur de Chine, puisque c'est lui qui réussit pour la première fois à centraliser le gouvernement entre les mains d'une seule et même administration. Le tumulus sous lequel se trouve la tombe proprement dite de Qin Shi-huangdi se trouve à 1 km du mont Lishan. Il n'a pas encore été ouvert. D'après les textes historiques de Sima Qian (IIe siècle avant J.-C.), la tombe est un immense palais enfoui, aux plafonds décorés d'or et de perles, avec des rivières artificielles dans lesquelles coulerait du mercure ! On ne peut pour le moment qu'apercevoir le tumulus sur lequel on a planté des conifères.

A environ 1 500 mètres de ce tumulus se trouve l'armée enfouie. Elle fait certainement partie du vaste ensemble funéraire dont on ne peut pas encore donner les dimensions exactes. D'après Sima Qian, toujours, cette œuvre gigantesque mobilisa 720 000 personnes et dura trente-six ans. Elle ne fut terminée que peu de temps avant la mort de l'empereur. Après la chute de la dynastie, qui survint peu de temps après la mort de l'empereur, un des anciens généraux de Qin Shihuangdi, Xiang Yi est censé avoir profané la tombe.

En 1974, des paysans qui creusaient des puits découvrirent une fosse contenant 6 000 statues de guerriers et de chevaux qui devaient constituer la garnison du tumulus. Des fouilles furent entreprises aussitôt, qui permirent de découvrir deux autres fosses renfermant respectivement 1 000 et 73 statues. Ces trois fosses sont toutes des constructions souterraines de bois et de terre. Lorsque la tombe fut profanée, *Xiang Yi* y fit mettre le feu, les poutres qui recouvraient les fosses s'effondrèrent sur les statues et par la suite des infiltrations d'eau causèrent de grands dommages.

Les guerriers mesurent entre 1,78 et 1,87 m. Ils sont coiffés de casques et revêtus de cuirasses. A travers les parures, les expressions, et la taille, on distingue des généraux, des conseillers, et quatre sortes de soldats : les cavaliers, les fantassins, les arbalétriers et les conducteurs de chars.

Les chevaux ont 1,70 m de haut et 2 m de long. Un char a pu être excavé de la troisième fosse.

Un musée a été élevé au-dessus la deuxième fosse. La salle d'exposition, de 230 m de long et 72 m de large, ne couvre qu'une partie de la fosse. Le musée a été ouvert officiellement le 1er octobre 1979 à l'occasion du 30e anniversaire de la République populaire de Chine. Y sont exposés également des épées, des lances en bronze, des arcs et des flèches ainsi que des milliers d'armes en alliages à base de cuivre ou de fer et même des flèches d'un alliage toxique de cuivre et d'aluminium.

En 1980, deux chariots et leurs équipages de quatre chevaux furent découverts à l'ouest du tumulus. Le chariot n° 2 est exposé dans une petite salle à gauche de la grande fouille. Les tickets d'entrée pour Chinois coûtent 20 fens et pour étrangers 5 yuans. Tirez-en les conclusions que vous pourrez... Considéré comme une des plus importantes découvertes de l'archéologie chinoise, ce chariot est effectivement une vraie splendeur. Les quatre chevaux, un peu plus petits que nature, sont remarquablement expressifs. Leur harnais, leur mors sont incrustés d'or et d'argent et le chariot lui-même est en bronze avec incrustations d'or. L'état de conservation dans lequel ce chariot a été retrouvé est aussi une merveille en soi.

Huaqingchi se trouve au pied du mont Lishan, ou montagne du Cheval Noir, à 30 km de Xi'an, sur la route qui mène à la Grande Fouille. L'existence d'une source chaude à cet endroit remonterait à l'Antiquité. Les empereurs résidant à

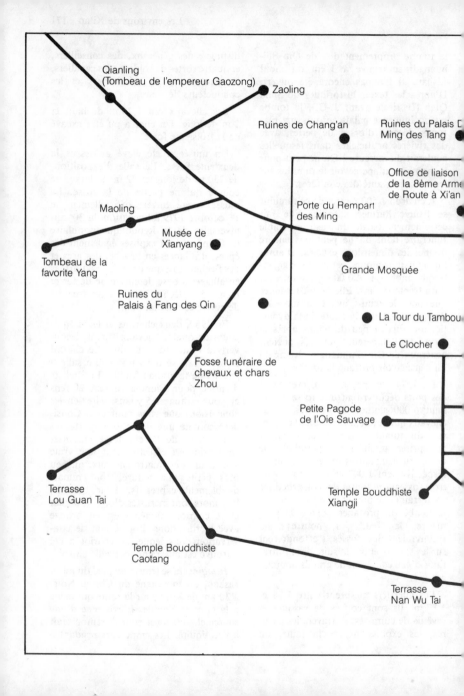

Qianling
(Tombeau de l'empereur Gaozong)

Zaoling

Ruines de Chang'an

Ruines du Palais [
Ming des Tang

Office de liaison
de la 8ème Arme
de Route à Xi'an

Porte du Rempart
des Ming

Maoling

Musée de
Xianyang

Grande Mosquée

Tombeau de la
favorite Yang

Ruines du
Palais à Fang des Qin

La Tour du Tambou

Le Clocher

Fosse funéraire de
chevaux et chars
Zhou

Petite Pagode
de l'Oie Sauvage

Terrasse
Lou Guan Tai

Temple Bouddhiste
Xiangji

Temple Bouddhiste
Caotang

Terrasse
Nan Wu Tai

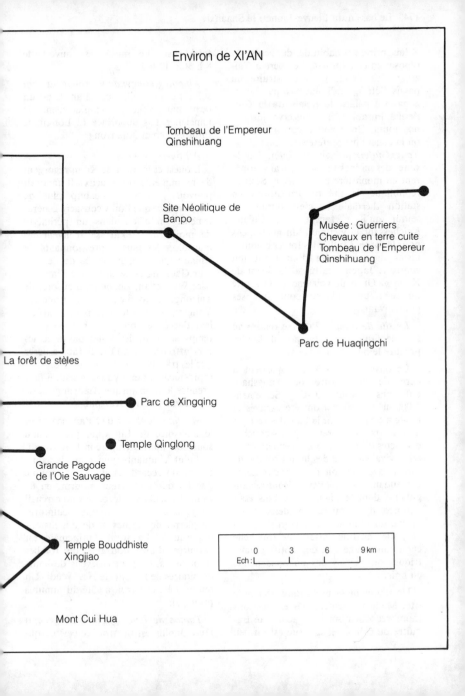

Environ de XI'AN

Tombeau de l'Empereur
Qinshihuang

Site Néolitique de
Banpo

Musée: Guerriers
Chevaux en terre cuite
Tombeau de l'Empereur
Qinshihuang

Parc de Huaqingchi

La forêt de stèles

Parc de Xingqing

Temple Qinglong

Grande Pagode
de l'Oie Sauvage

Temple Bouddhiste
Xingjiao

Mont Cui Hua

Ech : 0   3   6   9 km

Xi'an prirent l'habitude de venir s'y reposer en été. En 644, l'empereur Tai-zong, des Tang, y fit construire un palais d'été agrandi plus tard par Xuanzong. Ce palais, **le palais de la Glorieuse Pureté** a été conservé jusqu'à nos jours. On y voit encore la vasque où la concubine préférée de *Xuan zong, Yang Guifei,* prenait son bain. Par la suite, des moines taoïstes le transformèrent en monastère au Xe siècle. Sous la république, le site fut transformé en station thermale et c'est durant un séjour qu'il y faisait, que Chiang Kaichek fut la victime d'un guet-apens pour le forcer à rallier les forces communistes dans le cadre d'un front uni contre le Japon : ce fut « l'incident de Xi'an ». On peut voir encore la grotte où se réfugia Chang pour fuir ses poursuivants.

Le site de Banpo. Pour se rendre au site néolithique de Banpo, il faudra prendre le bus n° 11 à la gare.

Découvert en 1953, il appartient à l'ère de la culture de Yangshao, 6 000 ans avant J.-C. Seulement 3 000 m² sur 50 000 ont été excavés et le site a été recréé sur la base des vestiges découverts. Le site révèle quatre couches distinctes d'habitats. Les premiers habitants vivaient dans des huttes rondes de torchis avec un toit de roseaux. Leurs descendants bâtirent des maisons rectangulaires dont le plancher en bois était enfoncé d'un mètre en dessous du niveau du sol. On a découvert six fours de potier où l'on faisait une très belle céramique rouge avec des motifs géométriques ou parfois des poissons peints en noir.

Un musée de la préhistoire occupe le site. Malheureusement, les explications (nombreuses) n'ont pas encore été traduites du chinois et la visite est un peu fastidieuse. Le musée est ouvert de 8 h 30 à 17 h 30.

Xingqing gongyuan se trouve au coin sud-est des murailles de Xi'an. C'est un beau parc situé à l'emplacement de l'ancien palais du prince Li Longji, le futur empereur Xuanzong.

○ *A l'ouest de Xi'an*

L'ouest et le nord de Xi'an regorgent de monuments somptueux. Il faudrait pouvoir y passer beaucoup plus de temps que ce que l'on y consacre généralement. En effet, dans un périmètre de moins de 50 km, se trouvent les mausolées les plus impressionnants de Chine : Qianling, mausolée de l'empereur Gaozong et de sa femme l'impératrice Wu Zetian, Zhaoling, mausolée de Taizong, le tombeau de la princesse Yongtai, etc. Ces tombeaux sont difficiles d'accès et on perd beaucoup de temps si on ne les visite pas avec les cars affrétés par CITS. Il faut espérer que les transports publics s'amélioreront rapidement. Pour s'y rendre seul, il faut prendre le train jusque Xianyang et, de là, un bus jusqu'à Xingping.

Maoling. A 45 km de Xi'an, se trouve le mausolée de Liu Che, plus connu sous son nom d'empereur Han Wudi. Il fallut cinquante ans pour le construire, un record, et il ne fut terminé que lorsque l'empereur mourut, en 87 avant J.-C. On y a découvert un cercueil en jade et de nombreuses sculptures de pierre, de formes et de dimensions imposantes. La tombe principale est entourée d'une douzaine de tombes secondaires, où sont ensevelis de hauts dignitaires de la cour de Han Wudi. Un musée a été construit à côté du tumulus principal.

Tombe de Huo Qubing. Le général Huo Qubing est un stratège célèbre qui vécut de 140 à 117 avant J.-C. Pour le remercier de ses bons et loyaux services Han Wudi lui fit construire ce mausolée, richement décoré de statues massives d'hommes et d'animaux. Ces sculptures en ronde-bosse sont les plus anciennes jamais trouvées en Chine.

Zhaoling se trouve à 70 km de Xi'an dans le district de Liquan. C'est le mausolée de l'empereur Taizong, qui est à l'origine de cette coutume de bâtir des mausolées pour les empereurs de la dynastie des Tang au sommet d'une colline naturelle. Ce mausolée couvre une surface de 20 000 hectares et plus de 200 membres de la famille impériale, généraux et hauts fonctionnaires y sont ensevelis. C'est de là que proviennent les célèbres « Six Chevaux de Zhaoling », dont quatre sont exposés au Musée provincial du Shaanxi, à Xi'an.

Qianling. Qianling se trouve à 6 km du siège du district de Qin, à l'ouest de Zhaoling. C'est la colline naturelle de Liangshan qui servit de mausolée à Gaozong, fils de Taizong, 3e empereur des Tang et de son épouse, la terrible Wu Zetian, qui régna pendant vingt-et-un ans après la mort de son époux. En 1958, des archéologues ont découvert l'entrée du passage, mais les fouilles ne sont pas encore commencées. Il s'agit là d'un site grandiose perdu au milieu des collines de loess.

En remontant la voie d'accès, on verra successivement : deux obélisques octogonaux, des chevaux ailés, deux autruches, symbolisant le Sud, cinq paires de chevaux, dix paires de statues représentant des généraux en armures, deux stèles de plus de six mètres de haut. L'une est dédiée à *Gaozong*, l'autre est la *stèle Sans Inscription*, l'impératrice *Wu Zetian* laissant à ses successeurs le choix de l'opinion à émettre sur son règne. Viennent ensuite soixante et une statues de pierre représentant les chefs de minorités nationales et les ambassadeurs de pays amis venus assister aux funérailles de l'empereur, enfin une paire de lions, défendant l'enceinte même de la tombe.

Au sud de *Qianling*, il y aurait, d'après les textes, plus de soixante-dix tombes secondaires de dignitaires de l'époque. Parmi ces tombes, on pourra visiter celle de la princesse *Li Xianhui*, petite-fille de l'impératrice. La tombe fut profanée. Il y reste donc peu de chose, si ce n'est le cercueil, les fresques, très belles, et des niches, contenant de superbes figurines de céramique « trois couleurs ». Dans la salle du cercueil, le plafond est couvert d'une fresque représentant le cosmos. Le tombeau du prince *Zhang Huai*, fils de *Wu Zetian*, a été excavé ; on peut voir le sarcophage fait de trente-trois plaques de pierre dont les fresques sont toujours intactes.

Shunling se trouve dans le district de Qindu, au nord-est de Xianyang. C'est le mausolée de la mère de Wu Zetian, née Yang. Il est relativement petit mais les sculptures qui ornent l'entrée de la tombe sont remarquables. On notera surtout un lion de granit de 3 m et une licorne de 4 m de haut. Non loin de là, les archéologues ont découvert la tombe de Wu Sansi, neveu de Wu Zetian.

Plus à l'ouest encore se trouve le premier centre rupestre de la route de la soie, le Dafosi, ou temple du Grand Bouddha, dans le district de Binxian. On peut y admirer le plus grand Bouddha du Shaanxi. Il date du VIIe siècle et mesure 24 mètres de haut.

D'autres vestiges : la pagode *Chongwen,* des Ming. C'est une pagode octogonale de 89 mètres de haut. Le *Qianfo tieta,* ou pagode de fer des Mille Bouddhas, date de 1590 (Ming).

Les peintres-paysans du Hu xian. A 50 km à l'ouest de la ville, dans le district de Hu xian, où l'on se rend en train, vous découvrirez les « peintres-paysans ». Ils étaient présentés il y a quelques années, avant la chute de la bande des quatre, comme les pionniers d'un art populaire en rupture avec la peinture traditionnelle. Les thèmes de cette peinture, qui est la première tentative d'un art réaliste-socialiste « naïf », sont vastes, mais s'inspirent toujours du travail de la campagne et des détails de la vie quotidienne. Il semble qu'elle ait reçu peu d'échos auprès du public chinois. On visite le **village des peintres** et le **musée.**

Louguantai. A 15 km au sud-est de Huxian se trouve un important temple taoïste, le Louguantai. Son origine remonterait au IIe siècle avant J.-C. mais c'est sous les Tang qu'il connut sa période la plus florissante. On peut encore y voir aujourd'hui la terrasse où Lao zi est censé avoir prêché, plusieurs pavillons, stèles, deux étangs sacrés, un *gingko* qui aurait mille ans, le « cyprès de Lao zi » et des sculptures en pierre. Le paysage alentour est également connu pour sa beauté.

Xianyang. Cette petite ville industrielle, n'a pas gardé grand-chose de son glorieux passé de capitale impériale de l'empereur Qin Shihuangdi. On s'y rend par le train à partir de Xi'an (une vingtaine de km), ou par le bus n° 59. L'intérêt de Xianyang est son musée. Il se trouve dans la section centrale de la rue Zhongshan. Installé dans un temple de l'époque des Ming, il comprend six salles. On y a exposé des vestiges de l'époque de la dynastie Qin : outils, instruments de mesure, textes anciens, mais c'est surtout la remarquable armée de terre de la dynastie des Han de l'Ouest que l'on vient admirer. Cette armée comprend 3 000 pièces : des chevaux, des soldats et des officiers en terre cuite, aux expressions toutes différentes. Les figurines ont environ 60 cm de haut et font évidemment penser aux soldats enfouis de Qin Shihuangdi, en plus petits.

On peut également voir à Xianyang, dans le quartier Qindu, rue Renmin lu, Zhongduan, le centre d'artisanat de la province du Shaanxi. On y fabrique les célèbres *piying*, ou marionnettes de peau qui servent au théâtre d'ombres du Shaanxi. Une petite troupe d'artistes y fait des démonstrations de 20 minutes qui donnent une idée de cet art dont les origines remontent au début de notre ère. On peut également acheter quelques-unes de ces figurines de couleurs vives, finement découpées dans le cuir.

○ *Au sud de Xi'an*
Le sud de Xi'an regorge de temples. Ce sont essentiellement des temples bouddhiques qui connurent leur heure de gloire sous les Tang. Xi'an était alors la capitale du bouddhisme en Chine et, d'une certaine façon, en Extrême-Orient. En effet de nombreux moines et savants vinrent du Japon pour apprendre auprès des célèbres religieux de Xi'an. Depuis quelques années, Xi'an retrouve ce rôle et, à nouveau, les pèlerins japonais se pressent en foule sur les lieux d'origine de leur foi.

Le *Xingjiao si* se trouve à 20 km de Xi'an. Il a été construit en 669 pour abriter la dépouille du célèbre moine Xuanzang. Brûlé sous les Qing, le temple a été reconstruit en 1929 puis à nouveau en 1939. On peut encore voir une belle pagode à cinq étages ainsi que quelques petits bâtiments alentour.

Le *Huayan si* se trouve directement à l'ouest du Xingjiao si. Il fut construit en 640 et seules deux pagodes subsistent. Celle de l'Est a été édifiée pour le moine Duxun, elle comprend sept étages. Celle de l'Ouest, de six étages, a été édifiée pour le moine Dengguan, quatrième père fondateur de la secte Huayan, une des dix grandes sectes du bouddhisme chinois, issue de ce temple. Deux stèles témoignent des restaurations effectuées sur les pagodes.

Le *Dugong si* se trouve au nord du Huayan si. Il est dédié au poète Du Fu. Du Fu vécut dix ans à Chang'an aux alentours de 746 et le temple fut bâti à la fin des Tang en souvenir de son séjour dans la capitale. Restauré en 1577 et en 1702, le temple contient toujours une statue de celui qui est considéré, avec Li Bo, comme le plus grand poète de Chine.

Le *Xiangji si*. A 17 km de Xi'an. C'est le berceau de la secte la plus répandue au Japon : la secte de la Terre Pure, *Qingtu*. Il fut bâti en mémoire du second père fondateur de la secte, le moine Shandao. On peut encore y voir une pagode de 11 étages et 33 m de haut. En 1980, on a célébré le 1 300e anniversaire de la mort de Shandao et des centaines de moines et de pèlerins japonais sont venus tout exprès pour participer à la cérémonie.

Le *Caotang si* se trouve à 50 km de Xi'an. Il fut construit en 855 en l'honneur du moine indien Kumaradjiva. Admirablement situé dans un beau paysage naturel, il s'enorgueillit encore d'une pagode des Huit Trésors, Babao shita.

HUASHAN

Huashan, qui signifie « Montagne aux Fleurs » est une des 5 montagnes célèbres de Chine, à ne pas confondre avec les 4 montagnes sacrées du bouddhisme. Les autres montagnes célèbres sont les monts Hengshan de l'Ouest et du Nord, les Songshan et les Huangshan. Huashan, située à 120 km à l'est de Xi'an, est consacrée au culte taoïste ; de nombreux temples peuvent encore être visités.

Comment s'y rendre

Les trains directs ne s'arrêtent pas tous à Huashan, mais à la station de Mengyuan. De Mengyuan un train petite vitesse vous conduit à Huashan en 15 minutes.

Mengyuan ou Huashan se trouvent sur les lignes Zhengzhou-Luoyang-Xi'an ou Taiyuan-Xi'an.

Le train n° 285 : départ Taiyuan 20 h 30, arrivée Huashan 8 h 45.

Le train n° 35 en provenance de Pékin (10 h 19) via Taiyuan (19 h 19), arrive à Mengyuan à 5 h 44.

Le train n° 291 : départ Zhengzhou 22 h, départ Luoyang 0 h 13, arrivée à Huashan à 6 h 45.

Le train express n° 9 : départ Zhengzhou 21 h 02, départ Luoyang 23 h 31, arrivée à Mengyuan à 4 h 42.

Les hôtels

L'hôtel *Yuquan yuan* « résidence de la Source de Jade », se trouve au pied de la montagne à 20 minutes à pied de la gare.

Le refuge de *Zhenyue gong*, près du pic de l'Ouest (Xi Feng).

Par ailleurs, il existe une dizaine d'auberges localisées à proximité des sites les plus fréquentés : le palais de Zhenyue Gong, le pic de l'Ouest, les grottes Yingyang, la Porte Céleste du Sud. Un grand nombre de temples vous offrent également l'hospitalité mais dans des conditions assez précaires.

L'ascension

La résidence de la Source de Jade est le point de départ pour l'ascension de Huashan. On passera successivement les deux portes, les « 18 Détours » d'où l'on a parfois une vue sur le Fleuve Jaune, avant d'arriver à Qing Keping (la Hache verte) où vous pourrez faire une halte au refuge de Xidao yuan. L'ascension se poursuit ensuite par des escaliers jusqu'au pic du Nord (Beifeng). Du pied de la montagne au pic du Nord il faut compter 4-5 heures de marche. Du pic du Nord au pic de l'Ouest (3 heures) on traverse la passe de Jinzheng en passant par le palais de Zhenyue Gong. Du pic de l'Ouest, appelé aussi pic du Lotus, avec, au sommet, le palais des Nuages de Jade, vous pourrez admirer le coucher de soleil avant de revenir sur vos pas pour passer la nuit à Zhenyue Gong. De Zhenyue Gong vous attaquez le pic le plus difficile car le plus abrupt : le pic de l'Est. De là, on parvient au pic du Centre et enfin au pic du Sud, le plus élevé.

Pour redescendre, il faut prévoir 10 heures ; avec un bon rythme de marche, Huashan peut se visiter en 2 jours. L'ascension est assez difficile, il faudra vous munir de chaussures de sports et de gants. A partir de septembre, il faudra prévoir un imperméable, ainsi qu'un duvet ; il peut y avoir une différence de 10 degrés entre le village de Huashan et le sommet.

YENAN

Yenan (ou Yan'an) est une grosse bourgade de 30 000 habitants située sur la rivière Yan à près de 270 km au nord de Xi'an, dans la province du Shaanxi. Yenan est considérée par les historiens chinois comme le berceau de la révolution, et sa visite constitue en quelque sorte un pèlerinage en terre sainte.

Le spectacle naturel de la vallée et des environs de Yenan, montagnes de loess profondément creusées par l'érosion, champs en terrasses témoins de la lutte incessante menée par l'homme contre la nature, est un spectacle grandiose et inoubliable.

Un peu d'histoire

En octobre 1935, Mao Zedong et la huitième armée de route parvenaient au terme de la Longue Marche qui leur avait fait parcourir plus de 10 000 km. Yenan devint la capitale du gouvernement communiste chinois et le resta pendant douze années entières. C'est ici que **Mao, Zhu De** et **Zhou Enlai** menèrent leurs opérations militaires de guérilla qui devaient leur rapporter en 1949 la victoire finale contre le Guomindang.

Comment se rendre à Yenan

Le train ne venant pas encore jusqu'au fond de ces vallées tortueuses, il faut se rendre à Yenan en avion. Les habitants de la ville, eux, mettent plus de vingt-quatre heures en autocar pour rejoindre Xi'an. Les vols sont irréguliers, en fonction du temps, mais le circuit classique est le suivant : Xi'an - Yenan - Taiyuan, le tout en avion. De Taiyuan, le vol coûte 42 yuans, de Pékin, 111 yuans et de Xi'an 39 yuans.

A voir à Yenan

Le siège du gouvernement communiste. On visite à Yenan, *Zaoyuan* et *Yangjialing*, les diverses demeures qu'occupa Mao Zedong entre 1935 et 1947. L'état-major de la révolution communiste s'était installé à la lisière de la ville, presque dans la campagne, et les chambres qu'occupaient les dirigeants et leurs troupes tiennent à la fois de la grotte et de la chaumière : elles sont creusées à même le loess à flanc de coteau. Le sol de terre battue, les collines et les murs arrondis en forme de voûte, tout est de couleur ocre. Le jour pénètre dans ces cellules d'une austérité monacale par la porte-fenêtre en forme d'ogive à travers du papier tendu sur de fins croisillons de bois. Des photos de Mao, de ses fils et de ses proches compagnons d'armes sont exposées aux endroits précis où elles ont été prises, leur donnant ainsi un relief émouvant. On visite aussi la grande salle dans laquelle se déroulèrent le septième congrès du PCC ainsi que les *Causeries sur les Lettres et les Arts de Yenan*, où furent énoncés les principes qui allaient faire la loi en matière artistique et provoquer certains des avatars qualifiés aujourd'hui d'ultra-gauchistes.

Le musée révolutionnaire de Yenan. Il retrace à l'aide de photos et de grands panneaux didactiques l'histoire du parti avant la libération.

La pagode. Dominant Yenan, au sud-est du haut d'une colline isolée, la pagode de Yenan est restée comme le symbole de la révolution. Elle date des Song et a été restaurée.

Le village de Nanniwan

A 45 km de Yenan se trouve le village de **Nanniwan** également ouvert aux touristes. Ce village illustre à merveille « l'esprit de Yenan » selon lequel cadres et militaires doivent se fondre avec les paysans, travailler avec eux et « *ne compter que sur leurs propres forces* ». Nanniwan a été fondé pour défendre l'entrée stratégique de la base et y créer des cultures.

Le Henan

Le Henan est une des provinces les plus petites et les plus peuplées de Chine : 75 millions d'habitants s'y pressent sur une surface de 167 000 km², ce qui fait près de 450 habitants au km². Située, comme son nom l'indique, « au sud du fleuve » (Jaune), le Henan est le véritable berceau de la civilisation chinoise et c'est dans cette province que l'on a découvert, et que l'on continue de découvrir, des vestiges permettant de reconstituer de plus en plus précisément les 3 500 ans d'histoire de la Chine.

Les permis

Sont officiellement ouverts au tourisme les villes de Anyang, Hebi, Luoyang, Kaifeng, Jiaozuo, Luohe, Sanmenxia, Shangjiu, Xuchang, Zhengzhou, Zhoukou, Zhumadian et les districts de Gongxian, Linxian, Xinxiang et Xinyang.

Comment s'y rendre

Les villes de Kaifeng, Zhengzhou, Gongxian et Luoyang se trouvant sur la même ligne ferroviaire qui va de Xuzhou à Xi'an, les horaires suivants permettront de se faire une idée des distances entre chacune d'elles. Les trains directs ne sont pas très nombreux sur cette ligne pour le moment. Il est question de l'électrifier bientôt afin d'augmenter la fréquence et la rapidité des déplacements dans cette partie de la Chine. Nous ne donnons ici que les horaires d'une seule navette (tableau p. 182).

Train n° 437		Train n° 438
Kaifeng	14 h 51	13 h 00
Zhengzhou	16 h 34	11 h 07
Gongxian	19 h 27	8 h 21
Luoyang	21 h 22	6 h 53

ZHENGZHOU

Zhengzhou est depuis 1954 la capitale de la province du Henan. Elle est située à 25 km au sud du Fleuve Jaune (*Huang He*), au cœur d'un nœud ferroviaire. Elle compte plus de 700 000 habitants.

Un peu d'histoire

Le site de l'actuelle Zhengzhou fut il y a très longtemps, au XVᵉ siècle avant notre ère, une des capitales de la première dynastie de l'âge du bronze, celle des *Shang*.

Par la suite, Zhengzhou resta un petit bourg sans importance jusqu'à la construction, au XIXᵉ siècle, de la voie ferrée Pékin-Canton et d'une ligne est-ouest (*long-hai*), plaçant la ville au centre du plus grand carrefour ferroviaire de la Chine. En 1923, les cheminots de la ligne de chemin de fer Pékin-Hankou organisèrent la première grève du mouvement ouvrier chinois, connue aujourd'hui sous le nom de *Grève du 7 février*. Au centre de la ville la *Pagode du 7 février* commémore cet épisode de la lutte de la classe ouvrière chinoise.

Après la libération, la situation stratégique de Zhengzhou, la richesse de son sous-sol où se trouvent du charbon, du

fer et de la bauxite, allaient en faire la capitale économique de la province.

Aujourd'hui on voit une ville nouvelle, issue du premier plan quinquennal. En 1956, elle fut divisée en grandes zones : mécanique, textile, entrepôts et administration. Les quartiers d'habitation ont été conçus au centre de la ville. Une politique de reboisement efficace a permis que 32 % de la surface de la ville soit occupée par des arbres et des parcs. La population atteint aujourd'hui 700 000 habitants.

L'expansion économique de Zhengzhou ne devrait pas remettre en cause l'urbanisme de la ville. On prévoit de construire des villes nouvelles. L'une d'elles existe déjà dans la région des mines de bauxite ; une autre est en construction près du barrage, avec des aménagements pour le tourisme. Deux autres sont prévues : une, spécialisée dans l'industrie chimique, et l'autre pour les mineurs, sur le site du bassin houiller.

Zhengzhou pratique

○ *Comment s'y rendre*
En train. Pour se rendre de Zhengzhou à Kaifeng, à Luoyang ou une autre ville du Henan, consultez l'horaire donné dans la préface sur le Henan. De Pékin ou du Sud de la Chine, il est très facile de se rendre à Zhengzhou car il se trouve sur la ligne Pékin-Canton qui est sillonnée par de très nombreux express et omnibus.

En avion. Zhengzhou est relié à Pékin (108 yuans), Changsha (128 yuans), Canton (217 yuans), Nankin (93 yuans), Qingdao (96 yuans), Shanghai (140 yuans), Shenyang, Wuhan (78 yuans), Xi'an (73 yuans), Yichang (112 yuans).

○ *Hôtels*
Zhongzhou binguan, hôtel Zhongzhou. Jinshui he lu. Tél. 242.55. Les chambres doubles vont de 30 yuans à 70 yuans et les chambres en dortoir sont autour de 5 yuans. L'hôtel est confortable, situé dans un beau cadre et les chambres ont l'air conditionné. On peut s'y rendre de la gare par le bus n° 2.

Er qi binguan, Hôtel du 7-Février. Jiefang xilu. En plein centre ville, à côté du Monument du 7-Février, cet hôtel est essentiellement fréquenté par les Chinois d'outre-mer. Les chambres, sans air conditionné et avec toilettes en commun coûtent moins de 10 yuans.

Zhengzhou fandian, Jinshuilu. Tél. 245.70. Des chambres en dortoir très peu chères.

Hôtel International (Guoji fandian) Jinshui lu. Tél. 234.13. Chambres à partir de 50 yuans.

○ *Adresses utiles*
CITS, 8 Jinshui he lu. Tél. 227.01. Un représentant se trouve aussi, en principe, au rez-de-chaussée du Zhongzhou binguan.

CAAC, 38 Erqi lu, section Nord. Tél. 243.39.

Le théâtre du Peuple, *Renmin Juyuan*, au sud du parc du Peuple.

La poste centrale et la **librairie** se trouvent près de la place du 7 Février. Le quartier qui se trouve entre cette place et la gare est assez pittoresque. Vous y trouverez de nombreuses échoppes et quelques petits restaurants où vous pourrez manger des *baozi* et des *shaomai*.

Antiquaire, avenue Erqi, section Nord. Tél. 264.33.

Magasin de l'Amitié, 234, avenue Erqi.

Restaurant Jinshui, Dashiqiao.
Tél. 230.30.

A voir à Zhengzhou et dans les environs
Le musée de la province du Henan
Ouvert de 8 h à 11 h et de 14 h à 17 h. Fermé le lundi.

Situé dans la *Jin Shui lu* à l'ouest de l'hôtel Zhengzhou. Ce musée est très riche de pièces dont la plupart ont été excavées après 1949. Ces objets viennent pour la plupart des environs de Zhengzhou : de *Wang Gang, Da he cun*, des districts de *Xi xian* et de *Shan xian*.

Au rez-de-chaussée : l'âge de la pierre, du bronze et du fer.

Au premier étage : dans une première salle on trouve des tripodes, céramiques de l'époque des Royaumes Combattants.

Dans la deuxième salle, on remarquera des photos des murailles de Zhenghan, ancienne capitale du royaume de Zheng, à 45 km de Zhengzhou.

Dans la troisième salle se trouvent des objets funéraires datant de l'époque des Han de l'Est, des porcelaines et des miroirs.

Dans la quatrième salle, les Wei du Nord et les dynasties du Nord et du Sud sont représentées. On y verra la photo de la plus vieille pagode de Chine qui se trouve au pied du mont Song shan, des céramiques « trois couleurs » et de très belles tuiles peintes provenant des tombeaux des dynasties du Nord et du Sud.

La dernière salle est consacrée aux Song et aux Qing, avec la reproduction de la célèbre peinture de Kaifeng, réalisée par le peintre *Zhang Zeduan*.

Le musée du Fleuve Jaune
Ouvert de 8 h à 12 h et de 14 h à 17 h 30, ce musée se trouve non loin du musée de la province du Henan, dans un bâtiment de la rue *Wen hua lu*. Cette exposition a été organisée par le comité d'aménagement des eaux du Fleuve Jaune. On pourra y voir à l'aide de tableaux très bien faits la configuration du fleuve et surtout les travaux d'aménagement réalisés au cours des siècles : grands réservoirs, digues, canaux de dérivation, reboisement et aménagement des terrasses en utilisant le limon du fleuve.

Les usines
La centrale électrique. A *Hua Yuan kou* au nord de la ville. (Prendre le bus n° 10 dans la *Renmin lu*.) Réalisée en 1974, c'était alors la plus grande centrale de Chine.

On visitera également la commune à proximité. Les terres autrefois incultes ont été fertilisées grâce au limon du fleuve et à des travaux d'irrigation.

C'est là que se produisit une tragédie en 1938. Chiang Kaishek fit volontairement ouvrir une brèche dans les digues afin de provoquer une inondation qui stopperait l'avance des Japonais, ce qui provoqua la mort de 900 000 personnes et la submersion de 54 000 km² de terres.

La station de pompage de Mang shan. Elle se trouve à 30 km au nord-ouest de la ville, à un endroit où le fleuve atteint une largeur de 3,5 km. La station fut installée entre juin 1970 et octobre 1972. Elle fournit l'eau à toute la ville et irrigue 10 000 mu (1 mu = 1/15 ha). On pourra visiter toute l'infrastructure des écluses, aqueduc, canal et salle des turbines. Du sommet de la station on a une vue superbe sur le Fleuve Jaune.

Les usines de la ville. Elles se trouvent pour la plupart dans la *Jian Shi lu*. On pourra demander à visiter l'usine de jade, le travail de ce matériau étant une spécialité de la région. L'usine fut fondée en 1958. Le jade utilisé vient principalement de la région de Naiyang mais aussi de la province du Liaoning et du Xin jiang (jade blanc). On y fabrique quatre types d'objets : fleurs, animaux, personnages et oiseaux, en vente dans l'usine même.

Signalons aussi quelques parcs : le **parc Dong fang hong**, « Orient rouge », près de l'hôtel Zhengzhou ; le **parc Renmin gongyuan** ou parc du Peuple, à l'ouest de Jin Shui lu ; le **parc zoologique** à l'ouest de la ville, dans la *Jian shi lu* (prendre le bus n° 1).

L'ancienne capitale Shang

Découvert en 1953, le site se trouve à 10 km au nord de la ville à **Da he cun**. Il s'agirait de la *cité Ao* fondée au XVe siècle avant J.-C. par le dixième roi de la dynastie. Située en un point où abondent les vestiges des cultures néolithiques *Yangshao* et *Long shan*, elle semble avoir été conçue à l'image des gros villages de la fin du néolithique, protégée par un mur en terre battue et damée dont on peut voir encore les bases. On y verra aussi d'anciens fours, avec des moules de bronze.

Les tombes Han de Mixian

On visite généralement ces tombes en se rendant au monastère de Shaolin, à Dengfeng. On y arrive après environ 1 h 45 de route. Ces tombes ont été découvertes en 1960. Les deux tombes sont orientées vers le sud, distantes d'environ trente mètres l'une de l'autre.

Elles sont de dimensions imposantes et très richement décorées de fresques. La première, qui se trouve à l'est, est la plus grande. Elle comprend trois grandes salles et trois alcôves. Chaque porte est richement sculptée. On remarquera notamment sur la porte centrale les quatre figures traditionnelles que sont l'oiseau vermeil (constellation du Sud), le guerrier noir, le dragon vert et le tigre blanc.

La tombe de l'Ouest se compose également de trois pièces, remarquables par les fresques qui ornent leurs murs. Dans la première pièce, on verra la fresque intitulée « Accueil de l'hôte ». Dans les pièces du fond, les fresques ont généralement pour sujet des légendes chinoises. On remarquera parmi elles une belle scène de chasse et une scène de combat entre deux lutteurs torse nu, qui fait penser aux lutteurs *sumo* japonais. Dans la pièce centrale, la fresque la plus longue mesure sept mètres et représente une scène de banquet, avec toutes les festivités attenantes.

DENGFENG

Le nom de Dengfeng n'évoque pas grand-chose, et pourtant les environs de ce modeste chef-lieu de district sont riches en sites et en monuments superbes. C'est là que se trouvent le Songshan, le pic sacré du Centre et le fameux monastère de Shaolin, pour ne citer qu'eux. On s'y rend généralement pour une excursion d'une journée, à partir de Luoyang ou de Zhengzhou. Dengfeng mérite plus que cela et, si vous le pouvez, passez-y au moins une nuit.

Dengfeng pratique

○ *Comment s'y rendre*
Si vous n'avez pas beaucoup de temps

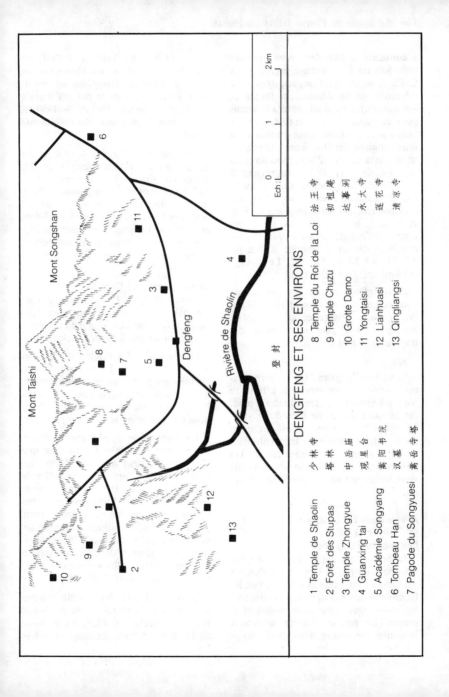

DENGFENG ET SES ENVIRONS

1 Temple de Shaolin　少林寺
2 Forêt des Stupas　塔林
3 Temple Zhongyue　中岳庙
4 Guanxing tai　观星台
5 Académie Songyang　嵩阳书院
6 Tombeau Han　汉墓
7 Pagode du Songyuesi　嵩岳寺塔

8 Temple du Roi de la Loi　法王寺
9 Temple Chuzu　初祖庵
10 Grotte Damo　达摩洞
11 Yongtaisi　永大寺
12 Lianhuasi　莲花寺
13 Qingliangsi　清凉寺

à consacrer à Dengfeng, vous pouvez vous joindre à un voyage organisé par CITS à partir de Luoyang (hôtel de l'Amitié) ou de Zhengzhou (hôtel de Zhongzhou). Il vous en coûtera 15 yuans pour le transport et, éventuellement, 8 yuans pour le guide. Vous pouvez aussi faire comme les touristes chinois et partir de la gare de Zhengzhou dans un car qui démarre à 7 h et revient à 16 h 30 le même jour (5 yuans). De la gare routière de Zhengzhou, enfin, des cars partent vers Dengfeng à 7 h, 9 h, 10 h 30, 12 h 30 et 13 h 30. De Dengfeng vers Zhengzhou, à partir de la gare routière, des cars partent à 6 h 30, 7 h 30, 8 h 30 et 11 h 30. Le voyage (83 km), dure 2 h 30 et coûte 1,90 yuan.

A Dengfeng même, des bus locaux vous amèneront au monastère de Shaolin, à l'observatoire et au temple de Zhongyue. On peut aussi louer des minibus à l'hôtel de Dengfeng.

○ *Hôtel*
Songshan binguan. De la gare routière, orientez-vous vers l'est. L'hôtel se trouve à environ quinze minutes à pied, sur la route qui mène hors de la ville. 60 yuans la chambre. C'est un hôtel assez rudimentaire mais bien entretenu et on y mange très correctement. Un représentant de CITS se chargera de vous renseigner sur les possibilités locales.

A voir dans les environs de Dengfeng
Les monts Song shan

Le Song shan, appelé aussi Zhongyue Gaoshan, ou pic du Centre, est l'un des cinq monts sacrés de la Chine. Pour les Chinois, il existe cinq points cardinaux : les quatre que nous connaissons et le centre. Le pic du Centre se trouve justement au centre d'un carré imagi-

naire qui irait du Taishan, à l'est, au Huashan, à l'ouest, au Hengshan au sud, et jusqu'au Hengshan au nord. Théoriquement, c'est le pic qui devrait être le plus respecté. En fait, le Taishan est, de loin, le plus sacré des cinq monts sacrés.

Ne vous attendez pas à trouver au Song shan des monts escarpés ou des à-pics vertigineux. La montagne est en fait assez modeste d'apparence. Pour les Chinois, elle se compose de 72 sommets auxquels correspondaient autrefois 72 temples. Beaucoup ont disparu et on ne visite plus maintenant qu'une dizaine de sites.

Le monastère de Shaolin

Ouvert de 8 h à 17 h. Entrée 10 fens. Les pèlerins peuvent y loger pour 1,50 yuan. Il faut environ 30 mn en car pour arriver au temple à partir de Dengfeng.

Le monastère fut fondé sous les Wei du Nord en 527. Un moine indien, Boddhidarma, connu en Chine sous le nom de **Da mo** s'y installa et y fonda la célèbre école de méditation **Chan**, dont une extension sera le *Zen* japonais.

La pratique de la méditation exigeait une immobilité totale. On raconte que *Da mo* resta neuf ans assis devant un mur. Le Chan préconise en effet le rejet de toutes les théories et se fonde essentiellement sur l'introspection. Peu à peu les moines de cette école, pour pallier à cet immobilisme contraignant mirent au point une série de mouvements qui allaient donner naissance à la « boxe de Shao lin » connue aujourd'hui sous le nom de Kong fu.

Sous les Tang, deux mille moines vécurent dans ce temple. Leur puissance était redoutable. En 1928, un seigneur de la guerre occupa les lieux et mit le feu aux bâtiments. L'incendie dura 45 jours et endommagea gravement les lieux.

○ *Description du temple*

Premier niveau. A gauche, se trouve une stèle commémorant la traversée du Yangzi sur un roseau de *Da mo* en route vers Shaolin. Il a les yeux révulsés, en état d'illumination et porte une longue barbe.

Deuxième niveau. On arrive à une première enceinte où sont les résidences des moines. Dix moines vivent encore là, dont le plus jeune a 58 ans. La deuxième enceinte est occupée par la salle d'entraînement. Au centre, une statue de *Da mo*, à droite du moine *Jin Naluo* de l'époque Yuan.

Puis on arrive au temple. Au centre se trouve un Bouddha Ming. Une très belle fresque représente les *500 Luohan*. On remarquera trois niveaux. En bas le fleuve, au milieu le vent et en haut le fer, le paradis se trouvant au-delà.

Dans la salle qui se trouve derrière le temple, on verra une autre série de fresques absolument remarquables. L'une, qui date de la fin des Qing, représente les moines s'exerçant à la boxe de Shaolin. Sur le mur de gauche, treize moines de Shaolin sauvent *Li Shimin*, le fondateur de la dynastie des Tang, en lutte contre *Wang Shichang*, général de la dynastie Sui. Sur le mur de droite, un épisode de la révolte des Turbans rouges. Les moines de Shaolin arrêtent les insurgés et leur refusent le passage.

La forêt des stûpas

Au sud-ouest du monastère, se trouve la forêt des stûpas. On compte 220 petits stûpas renfermant les cendres des moines de six dynasties des Tang aux Qing. Ils sont tous orientés vers le sud, c'est-à-dire vers l'Inde, patrie du Bouddha. Le site est d'une grande beauté. La végétation se mêle admirablement aux vestiges du temple et des stûpas.

Le temple du pic du Centre, Zhongyue miao

Ouvert de 8 h à 17 h, entrée : 10 fens.

Le temple se trouve situé en face du pic Taishi, dans l'ensemble des monts Song shan. Ce pic Taishi symbolise la femme principale d'un empereur mythique de la Chine ancienne, Yu des Xia, et le temple lui est dédié. Il fut fondé sous les Qin, au IIIe siècle avant J.-C. et il est considéré comme un des plus anciens temples taoïstes de Chine. Les bâtiments principaux ont été reconstruits sous les Qing, aux XVIe et XVIIe siècles. Sept grandes salles se succèdent, séparées par des cours agrémentées de pins et de cyprès aux formes intéressantes. Dans la première cour, sur la droite, se trouvent quatre gardiens de bronze, plus grands que nature, posés à même le sol. Leur air féroce est censé repousser les malfaiteurs. Ils dateraient de la dynastie des Song du Nord. La dernière salle est dédiée à l'épouse de l'empereur Yu et on peut y voir une amusante statue contemporaine devant laquelle les fidèles viennent encore déposer des offrandes. Dans la cour centrale, vous remarquerez quatre petites terrasses qui n'ont aucune utilité apparente : elles représentent les quatre autres pics sacrés de Chine, venus rendre hommage au pic du Centre.

L'observatoire, Guanxingtai

A 15 km de Dengfeng, c'est le plus ancien de Chine ; haut de 9,4 m, il fut construit sous les Ming par l'astrologue

Guo Shoujing qui inventa le calendrier solaire « Shoushi » dans lequel une année solaire est composée de 365,2425 jours (soit un décalage de 26 secondes par rapport au calendrier grégorien).

L'académie Songyang, à 3 km de Dengfen, a été fondée sous les Song ; on y remarquera une stèle d'époque Tang, ainsi que deux très vieux cyprès que l'empereur *Wu Di* (dynastie Han) surnomma les « Grands Généraux ».

La pagode Gaoyuesi ta

Pour visiter cette pagode, il vous faudra peut-être vous y rendre à pied car elle est un peu isolée, au pied de la montagne. A partir de Dengfeng, la promenade prend environ une heure et demie. Elle fut construite sous les Wei du Nord, en 520. C'est la plus ancienne pagode de briques de Chine. Elle fait 15 étages et mesure plus de 40 mètres de haut. C'est un des rares exemples de pagodes dodécagonales. L'escalier de bois qui permettait de monter au sommet ayant malheureusement brûlé depuis des siècles, on ne peut contempler la pagode que d'en bas.

Le monastère du roi de la Loi, Fawangsi

Ce temple se trouve au Nord de la pagode, et on y accède par un sentier qui grimpe dans la montagne, derrière la pagode. Fondé en 71 de notre ère, c'est l'un des plus anciens temples bouddhiques de Chine. Il n'est en effet postérieur que de trois ans au temple du Cheval-Blanc de Luoyang qui est considéré comme le plus ancien. Il a été fondé par l'empereur Han Wudi, pour honorer un moine indien. Une bonne partie des bâtiments anciens ont disparu mais il reste encore quelques grandes salles qui ont été reconstruites sous

les Qing. Le site de ce temple est particulièrement beau et les gens de la région s'y rendent lors de la fête de la Lune pour guetter le lever de la lune sur le mont Songshan.

GONGXIAN

Gongxian se trouve sur la ligne de chemin de fer qui relie Zhengzhou à Luoyang, à mi-chemin entre les deux. Gongxian est encore très peu visitée des touristes malgré les superbes grottes bouddhiques.

Comment s'y rendre

On peut s'y rendre en train, par la ligne Zhengzhou-Luoyang, ou par le bus n° 905 qui part de la gare routière de Zhengzhou à 7 h l'été (à 6 h 30 en hiver) en direction de **Gao Shan**.

A voir

Les grottes. A 3 km au sud de Rong Yang se trouvent cinq grottes qui furent creusées sous les Wei du Nord et sculptées entre 517 et 534. On peut y voir trois grandes statues de bodhisattva et 238 petites niches, abritant des statues religieuses.

Les tombeaux Song. Au sud-ouest de Gongxian, sur les premiers contreforts des monts Songshan, se trouvent huit tombeaux des empereurs de la dynastie des Song du Nord. Les petits mausolées annexes renferment les tombes des impératrices et d'autres membres de la famille impériale. Bel alignement de 54 énormes statues de pierre.

LUOYANG

Cette ville du Henan est située au sud du Fleuve Jaune, sur un de ses affluents, la rivière Luo, dans un bassin relié au nord à celui de la rivière Wei, et, par là, à la plaine septentrionale.

Un peu d'histoire

C'est un ancien centre de communications et un lieu de peuplement depuis le XIᵉ siècle avant notre ère. Longtemps ville royale, sous les Zhou du VIIIᵉ au VIᵉ siècle avant J.-C., la ville devint en l'an 25 de notre ère, capitale de l'empire Han, puis sous les Trois Royaumes, capitale de celui de Wei (220-265). Restaurée à la fin du VIᵉ siècle sous les Wei du Nord, elle comptait alors plus de 100 000 habitants. Abandonnée lors des guerres de la fin de cette période, elle sera sous les Sui reconstruite sur une plus grande échelle et deviendra, jusqu'à la chute des Tang, la capitale orientale, la véritable capitale étant Chang'An (Xi'an).

Luoyang est durant toute cette période un centre économique de première importance car elle draine par un réseau complexe de voies d'eau et de canaux les produits et richesses du Sud de la Chine (Jiang nan).

Sous les Cinq Dynasties (907-960) commence, avec les guerres, un lent déclin. Luoyang est concurrencée en outre par l'essor économique du sud-est chinois. Au cours de la période Song, Luoyang devint capitale occidentale par rapport à Kaifeng. Au cours de la dynastie Ming et de la période Mandchoue, elle ne sera plus qu'une petite capitale de province oubliée.

A la libération, sa population atteignait à peine 100 000 habitants et son industrie se limitait à une mine de charbon et quelques échoppes d'artisanat, l'ensemble de la ville étant dans une extrême désolation.

Sous le nouveau régime, la ville reprit un second souffle avec le plan d'industrialisation mis au point avec l'aide soviétique. Luoyang se couvrit alors de cités ouvrières d'un style plutôt austère, agrémentées quelque peu par des rideaux d'arbres. La ville aujourd'hui n'a pas moins de quatre cents usines, dont certaines d'échelle nationale comme l'usine de tracteurs, la plus grande de Chine, et une usine de roulements à billes. La population est maintenant de 2 500 000 habitants, ce qui représente un accroissement énorme.

Luoyang pratique

Pratiquement rien ne reste de la splendeur passée de la ville qui est aujourd'hui une vaste cité ouvrière. Il n'existe pas de centre ville. Un seul quartier revêt encore un certain pittoresque, c'est la vieille ville, petit quartier d'échoppes situé à l'extrémité est de la ville.

Les bus. Le nᵒ 1 se rend à la vieille ville. On pourra le prendre derrière l'hôtel dans la *Youyi lu.* Les nᵒˢ 4 et 8, dont les arrêts se trouvent devant l'hôtel, vous conduiront jusqu'au centre.

Achats. Les lanternes rouges de Luoyang que vous trouverez au palais des Beaux-Arts. Les peintures de pivoines.

○ *Comment se rendre à Luoyang*

En train. Pour les horaires sur la ligne Xuzhou-Luoyang, référez-vous à l'introduction sur la province du Henan. Les trains qui passent par Luoyang ne sont pas très nombreux pour le moment, mais on peut s'y rendre directement de Pékin, Xi'an, Taiyuan, Shanghai *via* Nankin et toutes les autres villes sur ces lignes.

En avion. L'aéroport prévu à Luoyang n'était pas encore construit en 1987. Le plus proche est celui de Zhengzhou.

○ *Hôtels*

L'*hôtel de l'Amitié* (Youyi binguan),

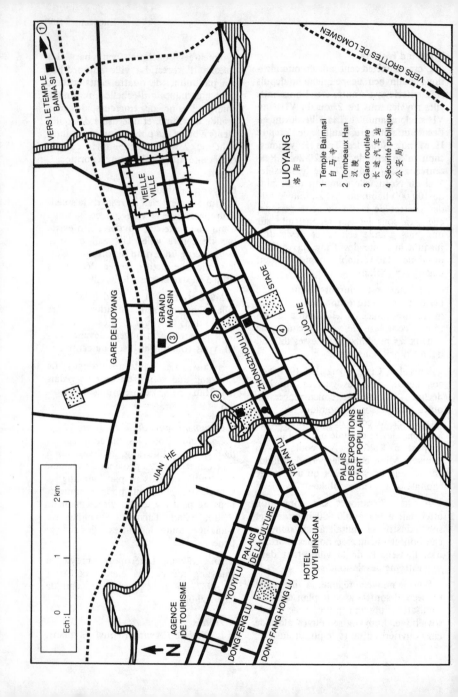

6 Xiyuan lu. Confort austère des années 70. Une nouvelle aile a été construite. Ne manque pas à la tristesse habituelle des hôtels de l'Amitié. Prix raisonnables : 60 yuans la chambre. La cuisine y est épouvantable mais les Français pourront bénéficier de quelques gâteries de la part du chef de salle qui travailla dans sa jeunesse au service d'un amiral français.

International Hotel. Plus récent mais aussi plus cher. Tél. 71.55.

○ *Restaurants*
La cuisine n'est pas le point fort de Luoyang. Signalons cependant pour ceux qui veulent échapper aux cantines des hôtels le *Huashan fandian*. Tél. 27.34.

A voir à Luoyang et dans les environs

Le temple du Cheval Blanc

Le temple de *Bai Ma si*, temple du Cheval Blanc, est situé à 13 km à l'Est de la ville. Le premier temple fut édifié sous les Han de l'Est. Avec ses 1 900 ans d'histoire, il est considéré comme le plus ancien temple bouddhique de Chine, même si les bâtiments actuels datent des Ming.

La tradition veut que deux moines indiens, **Zhu Lufan** et **Ma Tanga**, soient arrivés à Luoyang, apportant les précieux sûtras sur un cheval blanc.

Ce temple fut un centre actif de l'École de méditation *Chan*, ancêtre du Zen japonais.

Au fond de la première cour, la **salle des quatre gardiens célestes** portant chacun leur attribut : le roi de l'Est, reconnaissable au dragon vert ; celui de l'Ouest portant un *pipa* (instrument de musique) ; celui du Sud, une ombrelle et celui du Nord une pagode.

Au fond de la deuxième cour, le **Da Fo dian**. A l'intérieur une statuette Ming en terre cuite, avec au centre le Bouddha Çakyamuni, entouré des deux bodhisattva *Wen Shu* et *Pu Xian* ainsi que des deux disciples *Jia Ye* et *A Nan*.

Au fond de la troisième cour, le **Da Xiong dian** avec à l'intérieur trois Bouddhas qui dateraient des Yuan (XIIIe et XIVe siècles) et qui représentent les *San Fo Shi Fo* ou « Bouddhas des Trois Ages » symbolisant le Passé, le Présent et l'Avenir. Le dernier, Amitofu, est le populaire en Chine. Présence des dix-huit luohan.

La terrasse de la Fraîcheur. En chinois *Qing liang tai*. Elle daterait des Yuan. On remarquera la stèle « au texte tronçonné » où les caractères s'alignent horizontalement et non verticalement.

Le Piluge. Au fond, avec une stèle relatant l'arrivée des sûtras. De chaque côté, deux pavillons renfermant à gauche la statue de *Zhu Fulan* et à droite celle de *Ma tanga*.

En remontant dans la deuxième cour, la **salle des Ancêtres**, où se trouvaient les statues des six premiers Grands maîtres de l'école Chan, est encore en réparation. La salle de méditation où l'on pouvait voir autrefois un Bouddha de jade blanc est fermée.

La pagode Qi Gong ta. A l'Est de ce temple, la pagode Qi Gong ta. Les étages inférieurs datent des Song du Nord (Xe siècle). La pagode, haute de 30 m, a treize étages.

Non loin du temple, tous les 10 jours a lieu le **Miao hui** ou réunion du temple, à l'occasion de laquelle se tient un marché très important attirant tous les paysans des environs.

Le temple est ouvert de 8 h à 17 h. Il se trouve à 13 km au nord-est de la ville. De l'hôtel de l'Amitié, prendre le bus n° 8 jusqu'à Xiguan, le terminus, puis le bus n° 6 jusqu'à Baimasi, le terminus.

Le musée de Luoyang et le parc Wang Cheng

Le musée. Il occupe depuis 1958 l'emplacement de l'ancien temple de **Guan Yu**, général célèbre de l'époque des Trois Royaumes qui symbolisera plus tard le dieu de la Guerre. Ce temple fut construit sous les Ming.

Le musée de Luoyang est très riche de découvertes archéologiques locales. Plusieurs sites néolithiques ont été trouvés non loin de Luoyang, dont le site de l'ancienne capitale de la dynastie des Xia, *Er li tou*. Par ailleurs de nombreuses pièces ont été retrouvées sur les sites des capitales Han, Wei du Nord et Tang.

Le musée se trouve sur le trajet du bus n° 10, Longmen lu.

Le parc Wang Cheng. Derrière le musée, ce parc se trouve sur l'emplacement de l'ancienne ville Zhou.

Une expositon de lanternes, pour lesquelles Luoyang s'est acquis une grande renommée, est organisée chaque année dans le parc, à l'occasion de la **fête des Lanternes** qui se tient le quatorzième jour du 1er mois lunaire.

Le parc est également très connu pour ses pivoines, plus de 200 espèces, qui s'épanouissent au cours des deux dernièrese semaines d'avril. Les Chinois viennent de loin pour les admirer.

Les tombeaux. De l'autre côté de la rivière qui traverse le parc, on pourra voir les tombeaux de deux fonctionnaires de l'époque Han. De très belles fresques ornent les murs des salles intérieures. Le bélier symbolise le bonheur,

tandis que le rouge signifie sécheresse. On y verra également des représentations du tigre blanc, du dragon vert, de la tortue noire et de l'oiseau rouge représentant chacun respectivement l'Ouest, l'Est, le Nord et le Sud.

Dans une des pièces, deux dragons montés chacun par une femme et un homme signifient le paradis. Une autre fresque au fond d'un des tombeaux relate la dispute entre **Liu Bang**, fondateur de la dynastie Han, et **Xiang Yu**, chefs de la grande insurrection qui balaya les Qin.

Les vestiges néolithiques du village Yangshao. A 70 km à l'ouest de Luoyang. On s'y rend à partir de Mianchi situé sur la ligne de chemin de fer et à 8 km du site qui fut découvert en 1921. La culture de Yangshao remonte à la fin du Néolithique, au IVe millénaire av. J.-C. Elle s'étendait aux provinces du Henan, Shenxi et Shanxi.

Les usines

Vous pourrez demander à visiter les deux plus grandes usines de la ville.

L'usine de tracteurs. Construite en 1955 avec l'aide de l'URSS. C'est la plus importante du pays.

L'usine de roulements à billes. Construite en 1954. Tout comme l'usine de tracteurs, elle dépend directement du gouvernement central et non de l'administration de la province.

Les logements sociaux. Il est également intéressant de visiter les quartiers d'habitations de ces usines et de voir comment un espace social vivant a pu naître au milieu de ces ensembles.

LES GROTTES DE LONG MEN

A 12 km au sud de la ville, se trouvent les grottes de Long Men, qui, avec celles de Yungang (Shanxi), Dunhuang et Maiji Shan (Gansu), offrent les plus beaux spécimens de sculpture bouddhique chinoise.

Les sanctuaires de Long Men furent fondés en 494, sous la dynastie des Wei du Nord, issue de la tribu des *Toba* (Tabghatchs) qui réussirent pour un temps à unifier le Nord de la Chine morcelée par les royaumes barbares.

Les Wei du Nord avaient eu pour précédente capitale Datong (Shanxi), où ils avaient fait creuser les premières grottes bouddhiques de **Yungang**. En 494, ils déplacèrent leur capitale à Luoyang où ils firent à nouveau creuser une série de sanctuaires et de statues colossales qui devaient être des monuments à la gloire du bouddhisme.

L'art de Long Men est dominé par un style anguleux et un grand raffinement dans l'expression. Par rapport aux premières sculptures, les traits du visage du Bouddha se sont affinés et ont gagné en intensité spirituelle. Le drapé, qui se ressent d'une influence gréco-bouddhique, est mis en valeur aux dépens du corps. Les plis de la robe coulent le long du corps, animés d'un mouvement propre. Ce nouveau style, déjà manifeste dans les grottes tardives de Yungang, atteint son apogée à Long Men dans la grotte de **Bin Yang**. Une grande ferveur religieuse domine les premières grottes de Long Men.

A partir du VIe siècle, une évolution se produisit sous l'influence de l'Inde. Le corps ne fut plus dissimulé par une cascade de plis, au contraire, le vêtement se mit à adhérer au corps, mettant en valeur des formes rondes.

La douceur mystique fait place à une dignité grave et majestueuse dénonçant par là les qualités sensuelles de la sculpture indienne. Ce style atteint son apogée sous les Tang où les Bouddhas acquièrent encore en puissance telle la statue colossale du Bouddha que **Gao zong** fit élever.

Les grottes de la première période

La grotte de Bin yang. Elle fut probablement achevée en 523. Sur chacune des parois intérieures se détache une grande statue du Bouddha assis, flanqué de bodhisattva debout ou des disciples favoris Jia Ye et A Nan. Le Bouddha central est superbe. De chaque côté de l'entrée, les parois sont décorées de bas-reliefs représentant les divinités mineures et des scènes tirées des Jataka.

La grotte à la fleur de Lotus. Ou *Lianhua dong*. Creusée en 527. Une grande fleur de lotus orne le plafond. La figure centrale est *Çakyamuni* entouré des bodhisattva : *Wenshu* et *Puxian*. Sur le plafond de nombreuses *apsara*.

La grotte de Gu yang. Commencée en 494, c'est une des premières grottes de Long Men. On retrouva à l'intérieur dix-neuf plaquettes de calligraphie Wei apportant des témoignages précieux sur cette époque.

Au centre se trouve *Çakyamuni* et à droite *Maitreya*. On remarquera les visages anguleux et les corps allongés camouflés par l'amoncellement des plis du manteau. Sur la gauche on discernera des scènes de vie courante et en particulier des modèles de maison des Wei du Nord. De même des scènes de vie religieuse ; la scène des *Jataka* qui retrace la naissance du Bouddha : les six pas du Bouddha sont symbolisés par six fleurs de lotus, au-dessus des dragons apportent l'eau pour le bain.

Par la suite, la statue du Bouddha central fut restaurée. L'artiste lui donna alors les traits de *Lao Zi*, père du taoïsme. On prit l'habitude depuis d'appeler la grotte *Lao jun dong.*

Les grottes de la deuxième période

A Long Men l'activité décroît à partir de 536 et pendant tout le VIᵉ siècle, mais elle reprend sous le Tang au VIIᵉ siècle.

La grotte de Feng xian si. En 672, l'empereur *Gai Zong* ordonna la sculpture d'une statue colossale du Bouddha, manifestement pour rivaliser par sa taille avec celui de Yungang. Il devait effectivement le surpasser par la puissance du modelé et le raffinement des proportions. Les bodhisattva, debout de chaque côté du colosse, sont encore bien conservés. On remarquera la rondeur et l'ampleur des corps, très différents de ceux de la première période. Ce même goût de la puissance se retrouve sur les gardiens, présentés deux par deux — un gardien céleste et un titan — de chaque côté de la paroi. Leur face grimaçante, leurs muscles saillants et leur attitude belliqueuse illustrent le sens du réalisme propre à l'époque Tang. Cette grotte fut achevée sous le règne de l'impératrice Wu Zetian. Le Bouddha central est haut de 17,14 m, la tête mesure à elle seule 4 m et les oreilles 1,9 m. A l'origine la grotte se trouvait protégée par un temple en bois qui a disparu depuis.

La grotte des 10 000 Bouddhas. En chinois *Wan Fo dong.* Située plus au sud, elle fut creusée sous les Tang, en 680. Il y a en réalité 15 000 Bouddhas dans la grotte. Le Bouddha central est *Amitofu* sur un support de lotus à huit

pétales soutenus par quatre *Lishi*, ou titans, défenseurs du bouddhisme.

Nous avons décrit ici les grottes les plus spectaculaires et les plus célèbres ; il en existe bien d'autres. En tout 1 352 niches creusées sur 1 km dans les collines de Long Men, mais aussi dans celles de **Xi shan** face à la rivière *Yi*, affluent du Fleuve Jaune. Pour visiter ce site, il est préférable de se faire accompagner d'un guide.

On peut se rendre aux grottes par le bus nᵒ 3, à partir de Xiguan, la « porte de l'Ouest », ou en car touristique (80 fens le ticket) à partir de la station qui se trouve devant l'hôtel de l'Amitié (coin sud-est).

Le tombeau de Guan Yu

En revenant des grottes de Longmen, vous pourrez vous arrêter, sur le trajet du nᵒ 3, à la station Guan lin, qui se trouve à mi-chemin de Luoyang et des grottes. Au nord de la station, à environ vingt minutes à pied, se trouve le Guan lin, temple consacré à la mémoire de Guan Yu, célèbre général de la période des Trois Royaumes qui serait enseveli là. Guan lin signifie littéralement « Forêt de Guan Yu ». En fait, le terme de « forêt » est parfois employé à la place de « cimetière », comme dans le cas de Kong lin, à Qu Fu, lieu de sépulture de Confucius.

KAIFENG

Kaifeng a longtemps été appelée **Bian-liang**, ce qui signifie « pont sur la Bian », du nom de la rivière qui traverse la ville. Située dans la province du Henan, à 80 km à l'est de Zhengzhou et à 20 km au sud du Fleuve Jaune, c'est un centre de communication important et une place stratégique au milieu de la grande plaine de la Chine du Nord.

Un peu d'histoire

Une ville y fut édifiée dès le IVe siècle avant notre ère, sous les Royaumes Combattants (475-221).

Le creusement de plusieurs canaux, entrepris beaucoup plus tard, sous les Sui, aboutit au percement du Grand Canal qui trouvera son plein emploi sous les Tang. La région devint alors un grand centre d'importation des produits du Sud-Est (*Jiang Nan*).

A partir des Cinq Dynasties, la ville est appelée Kaifeng, ou « capitale orientale ». Mais ce n'est qu'avec les Song du Nord qu'elle devint capitale de l'empire et connaît un développement sans précédent. Elle est alors à la fois centre du pouvoir et métropole commerciale. La ville, d'abord cernée par une triple enceinte, sera bientôt percées d'avenues, verra se développer de nouveaux bazars et marchés et comptera environ 700 000 habitants, ce qui en fait la plus grande agglomération du monde à l'époque.

Les strictes mesures de surveillance urbaine qui avaient cours sous les Tang ayant été abandonnées, le négoce atteindra à *Bian liang* un degré de prospérité inouï. Les affaires se traitent de jour comme de nuit et l'animation de cette cité est incessante. De nombreuses chroniques nous sont connues qui nous en décrivent tous les aspects ; par exemple la *Chronique des splendeurs de rêve de la capitale orientale*, œuvre de **Meng Yuanlao** (1147). Cette vie urbaine sera reconstituée plus tard à Hangzhou, la capitale des Song du Sud.

La ville est à l'apogée de son éclat et de sa prospérité quand elle tombe brusquement aux mains des envahis-

seurs *Jürchen* (tribus toungouses de Mandchourie) en 1126 qui la pillent et la détruisent complètement.

Kaifeng ne devait plus par la suite retrouver sa prospérité d'antan. Sous les Ming et les Qing, elle ne sera qu'une petite capitale de province sous le nom définitif de Kaifeng.

Une autre catastrophe survint en 1642, date où la ville fut emportée par une crue du Fleuve Jaune. Une ville nouvelle fut reconstruite sous les Qing mais celle-ci resta fermée à tout développement. A la veille de la libération, Kaifeng ne possédait que trois fabriques.

Aujourd'hui Kaifeng compte 500 000 habitants. L'industrie reste relativement peu développée : transformation mécanique, textile, huileries. Les activités artisanales de broderie ont connu un regain de vitalité et sont axées sur l'exportation. La ville a perdu sa fonction de capitale provinciale mais reste un centre commercial pour les zones rurales de l'Est du Henan.

Un fait digne d'être relaté concerne l'existence à Kaifeng d'une **communauté juive** dont les premières familles seraient arrivées il y a très longtemps sous la dynastie Han. Lors d'une enquête faite par les jésuites au XVIIIe siècle, il ne restait que sept familles s'alliant les unes aux autres. Elles avaient assimilé un certain nombre de rites chinois mais avaient conservé plusieurs cérémonies de l'Ancien Testament, comme la circoncision, l'agneau pascal et le Sabbat. Trois stèles nous renseignent sur cette présence juive à Kaifeng, mais elles se trouvent à l'intérieur de l'hôpital de la ville.

Kaifeng pratique

La ville a toujours été très fermée aux étrangers et ne s'est ouverte au tourisme qu'en 1978. Elle est encore aujourd'hui assez peu visitée. Ne vous étonnez donc pas si vous êtes l'objet d'une grande curiosité. Aucune carte n'existe. Renseignez-vous cependant à la gare.

Hôtel Liuyuan. Rue *Bianjing* : prix des chambres à deux lits : de 50 à 60 yuans.

Hôtel Kaifeng. Ziyou lu, rue très commerçante au sud de la ville. 30 yuans la chambre.

Juste avant d'arriver au carrefour qui se trouve à droite de l'hôtel se trouvent une **librairie** et un **cinéma**. Au carrefour, la rue qui part sur la droite est la rue *Gun Zhongshan* (Sun Yatsen). Elle est très belle avec des maisons en bois joliment décorées, d'époque Qing.

Devant l'hôtel, derrière les immeubles neufs, vous découvrirez un vieux quartier où se tient tous les matins un **marché**.

Une autre rue commerçante se trouve non loin de l'hôtel, toujours sur la droite. C'est la deuxième rue à droite. Là vous trouverez le **magasin de l'Amitié**, un grand magasin, une échoppe d'artisanat. L'antiquaire qui se trouve au n° 18 ne vend hélas rien, c'est un centre d'achat de pièces d'art.

○ *Comment s'y rendre*

Kaifeng se trouve sur la ligne de chemin de fer *Xi'an-Xuzhou-Lianyun*. On pourra prendre le train à Luoyang, le trajet ne dure que trois heures.

Pour retourner à Pékin, il vous faudra revenir en arrière jusqu'à Zhengzhou.

A voir à Kaifeng et dans les environs

Au nord de la ville

Le pavillon des Dragons. Ou *Long Ting*. Il se trouve au nord-ouest de la ville, au bout de la rue *Sun Zhongshan* (Sun Yatsen), à l'emplacement où se dressaient autrefois les palais impériaux des Song du Nord. Sous la dynastie Ming, un fils de l'empereur fit construire à cet endroit un palais qui disparut par la suite lors de l'inondation de 1642. Sous les Qing, on édifia une salle d'examen. Reconstruit plus tard sous l'empereur *Kang Xi* en 1734, l'ensemble prit le nom de **palais de la Longévité.** C'était un bâtiment imposant construit en haut d'une pyramide de plusieurs terrasses, une voie impériale longue de soixante-douze marches était réservée à l'empereur.

On l'appelle aujourd'hui pavillon des Dragons à cause de la pierre se trouvant à l'intérieur et représentant sur chacune des faces un dragon. On remarquera aussi de chaque côté du pavillon un animal mythologique qui, disait-on, rapportait à l'empereur les critiques que l'on pouvait faire sur sa personne.

De part et d'autre du pavillon, deux lacs artificiels proviennent de l'inondation de 1642.

La pagode de fer. Ou *Tie ta*. C'est une curiosité de Kaifeng. Elle se dresse au nord-est de la ville. A l'origine un temple construit en 559 occupait le site. Après un incendie, une pagode faite avec le bois de l'ancien monastère fut élevée. Ayant brûlé elle aussi, on construisit une seconde pagode en 1049, sous les Song du Nord, haute de 54 m et à 13 étages. De forme octogonale, elle est entièrement recouverte de tuiles vernissées brunes d'où le nom de pagode de fer. Ces tuiles sont très belles, ornées d'*apsara*, de dragons, de bodhisattva et de licornes.

Elle a subi de grands dommages en raison des inondations et des guerres mais elle fut restaurée sous les Ming. En 1957, elle fut classée monument historique et restaurée avec grand soin. Du haut de la pagode, vous aurez une vue magnifique sur le Fleuve Jaune.

Au sud de la pagode, à l'intérieur d'un kiosque, vous verrez un Bouddha entièrement en bronze, pesant plus de douze tonnes et haut de 5,14 m.

A l'est, une salle d'exposition retrace l'histoire de la pagode. Y est exposé également un Bouddha de jade blanc, offert en 1938 par les Chinois d'outre-mer de Birmanie. A l'arrière de cette salle se trouve une autre pièce où sont exposés des calligraphies et des rouleaux de peinture.

Au sud de la ville
Le monastère du Service du pays, soit *Xiangguo si*. Ce temple comprenait à l'origine, sous la dynastie des Qi du Nord (VIe siècle), des bâtiments splendides dont une salle du Bouddha, décorée de peintures et de calligraphies fameuses, où l'empereur venait régulièrement faire des sacrifices. Des foires très animées avaient lieu le premier et le quinzième jour du mois.

Le temple fut restauré une première fois sous les Tang par le bonze *Hui Yun* qui fit ériger une statue de fer de dix-huit pieds, représentant Maitreya (*Mi luo fo*). L'empereur Tang conféra à ce temple le titre de *Xiang Guo si*. Détruit à la fin de la dynastie par un incendie, il fut reconstruit sous les Cinq Dynasties. C'était alors un des plus grands temples du pays. Il atteignit sous les Song du Nord l'apogée de sa prospérité.

A la fin des Ming, il fut gravement endommagé par l'inondation, mais il fut réparé sous la dynastie mandchoue. La dernière restauration est récente, puisqu'elle date de 1972.

Les grandes salles sont aujourd'hui occupées par des expositions. A l'entrée, une énorme cloche fondue sous les Qin pèse cinq tonnes.

Dans *la première salle* est exposée une paire de *luohans* faisant partie des 500 d'origine.

La deuxième salle renferme des pièces de collection d'époque Ming et Qing. C'est certainement une des plus belles expositions que l'on puisse voir en Chine. On remarquera un paravent de laque sculpté et serti de pierres précieuses qui s'est longtemps trouvé dans le bureau du Premier ministre Zhou Enlai. Il fut offert par un seigneur de guerre à l'impératrice Ci Xi lors de son soixantième anniversaire. On pourra voir également des jades, des laques, de magnifiques brocarts Qing, et, entre autres, deux tenues de l'empereur Dao Guang et de l'impératrice, ainsi que des cloisonnés Ming et une montre de l'empereur.

Dans *la troisième salle* se trouve une statue représentant la *Miséricorde aux mille mains et mille yeux*, entièrement en bois. Elle fut sculptée sous le règne de Qian Long (1736-1744).

Dans la quatrième salle, on fera attention à une carte des mausolées des empereurs Song du Nord qui se trouveraient entre Luoyang et Zhengzhou. Sur les côtés, des expositions de peintures.

La Terrasse à musique. Au sud-est de la ville on découvrira un très beau parc, avec, à l'intérieur, l'ancienne Terrasse à musique, dont l'existence remonterait à la période des *Printemps et Automne*, avant notre ère. Sous les

Tang, des poètes célèbres s'y retrouvaient : **Du Fu, Li Bai**, etc.

Les Ming firent construire sur cette terrasse un temple consacré à *Yu le Grand* d'où le nom actuel de Terrasse du roi Yu qu'on lui donne aussi.

Non loin de là, on pourra voir la **pagode Fan ta**, datant des Song du Nord. Elle est hexagonale, en briques. Des neuf étages d'origine, six furent détruits sous les Yuan.

Autres choses à voir

Les silos et la minoterie. Accompagné par un guide de l'agence de tourisme, on pourra visiter les silos à grains du sud de la ville. Ils furent élevés en août 1972, dans le cadre des mesures de sécurité en vue d'un conflit armé. Le silo peut contenir 500 tonnes de céréales, essentiellement du blé. Il est protégé contre l'humidité et la température est maintenue entre 16 et 22°. Une minoterie est adjacente, son rendement est de 30 tonnes par jour.

Une usine de broderie. La renommée de la fameuse broderie de Bian remonte aux Song du Nord. Après la libération, en 1955, sept brodeuses s'organisèrent en coopérative. Elles disposaient alors de cinq machines. Aujourd'hui, la petite usine compte 360 employés, à 95 % des femmes. Les produits sont de deux types : faits main ou faits machine. L'usine produit plus de trente variétés de produits courants et de produits décoratifs destinés à l'exportation. Vous pourrez voir, au cours de votre visite, la reproduction brodée de la célèbre peinture de Kaifeng réalisée sous les Song du Nord par le peintre **Zhang Zeduan**.

L'usine d'allumettes. La petite usine d'allumettes de Kaifeng est constituée de quatre ateliers. Elle fournit la moitié de la population de la province. Elle fut créée après la libération, en 1949.

ANYANG

Anyang, petite ville située tout au nord de la province du Henan, est un des berceaux de la civilisation chinoise.

Anyang pratique

Hôtels

Anyang Binguan. 1, avenue Youyi lu. Tél. 21.57. C'est un très grand hôtel, moderne et propre mais à peine chauffé et sans eau chaude pour le moment. Les bureaux de la *Lüxingshe* s'y trouvent. Tél. 21.45.

Daxing Binguan : l'autre hôtel de la ville.

Comment se rendre à Anyang. Anyang se trouve sur la ligne de chemin de fer qui va de Pékin à Zhengzhou, à huit heures et demie de Pékin et à trois heures et demie de Zhengzhou. Les trains sont fréquents.

A voir

La pagode Wenfeng. Dans Anyang même, on visitera la jolie pagode *Wenfeng*, des Cinq Dynasties, du haut de laquelle on a une belle vue sur la vieille ville.

Le site archéologique. En 1899, une découverte archéologique de toute première importance a été faite à trois kilomètres du nord-ouest de la ville : les vestiges de **Yin Xu**, capitale de la dynastie des Shang (1711-1066 avant J.-C.). C'est l'archéologue **Wang Yirong** qui fit cette découverte en achetant des « os de dragon » comme remède chez un pharmacien. Sur ces os étaient inscrits des caractères archaïques à qui l'on donna le nom de *jia gu wen*.

Gravés sur des omoplates de bovidés ou des carapaces de tortues, ces messages, passés au feu, servaient à la divination. Wang Yirong parvint à en déchiffrer quelques-uns et c'est grâce à lui que furent découverts les vestiges de ce qui fut la capitale de la Chine d'environ 1300 à 1066 avant J.-C.

Les fouilles se poursuivent encore à l'heure actuelle mais on n'en voit pas grand-chose sur place. Un petit musée a été construit à *Xiaotun* où sont exposés quelques beaux bronzes, des objets en jade, des instruments de musique et des *jia gu wen*.

Le Shanxi

La province du Shanxi est une province centrale du Nord de la Chine. Bordée à l'est par le Hebei, au sud par le Henan, à l'ouest par le Shaanxi et au nord par la Mongolie, c'est une province dont la surface est occupée à 70 % par des massifs montagneux, d'où son nom, « l'Ouest montagneux ». Son relief accidenté explique la relativement faible densité de sa population qui est de 25 millions d'habitants.

Les plaines fertiles et riches en minerais du centre de la province furent l'un des premiers berceaux de la civilisation chinoise. C'est de là que partirent les soldats de Qin, qui devaient unifier la Chine pour la première fois, au IIe siècle avant J.-C. A cette époque les montagnes du Nord de la province, à travers laquelle courait la Grande Muraille, servaient de remparts aux tribus nomades. La province aura un rôle de bastion chaque fois que l'empire sera fort et unifié et deviendra une région puissante et quasi autonome chaque fois qu'il se morcellera.

L'industrialisation de la province commença assez tardivement, dans les années trente. Taiyuan est maintenant un grand centre sidérurgique, et la région de Datong recèle le tiers des réserves de charbon de la Chine entière.

Les permis

Sont officiellement ouverts aux touristes les villes de Changzhi, Datong, Taiyuan et Yangquan (Dazhai) et les districts de Hongdong, Pingyao et Ruicheng. Les monts Wutaishan se visitent avec un permis que l'on obtient assez facilement.

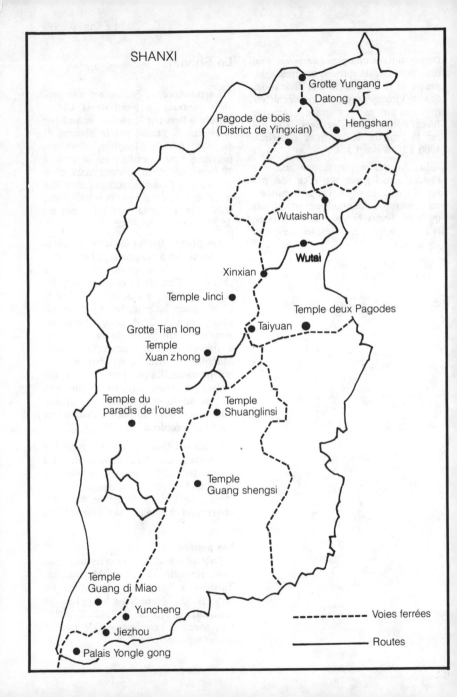

SHANXI

Grotte Yungang
Datong
Hengshan
Pagode de bois
(District de Yingxian)
Wutaishan
Wutai
Xinxian
Temple Jinci
Temple deux Pagodes
Grotte Tian long
Taiyuan
Temple
Xuan zhong
Temple du
paradis de l'ouest
Temple
Shuanglinsi
Temple
Guang shengsi
Temple
Guang di Miao
Yuncheng
Jiezhou
Palais Yongle gong

- - - - - Voies ferrées

———— Routes

TAIYUAN

Taiyuan est la capitale de la province du Shanxi. Elle est située en plein cœur de la province, sur les bords de la rivière Fen. C'est une ville de près de 2 millions d'habitants, avec de grandes réserves de fer et de houille. La ville moderne est une ville industrielle, assez laide mais ses environs sont riches en monuments historiques d'une grande beauté.

Un peu d'histoire

L'histoire de Taiyuan remonte à la plus haute antiquité chinoise : des fouilles ont révélé de nombreuses reliques datant de la première moitié du deuxième millénaire avant J.-C. Comme Datong, Taiyuan devint très vite une ville-garnison aux marches de l'empire, fréquemment pillée par les hordes barbares qui déferlaient en provenance des steppes du Nord, frontière fragile entre le monde de la steppe et le monde civilisé. Vers l'an 1000, Taiyuan était connu sous le nom de Jin Yang. C'est en l'honneur du premier roi de Jin que fut fondé le monastère *Jin ci*. Sous les Tang, l'impératrice Wu Zetian en fit sa « capitale du Nord ». Jin Yang parvint alors au faîte de sa splendeur, mais fut rasée de fond en comble 979 sous les Song, pour avoir refusé de se rallier à l'empereur. Une nouvelle ville fut créée sur les cendres de l'ancienne. A la fin du XIXe siècle et au début du XXe siècle, des sociétés étrangères (françaises, anglaises et russes) s'implantèrent à Taiyuan pour y construire des voies de chemin de fer et exploiter les richesses minières de la région. Cette pénétration se heurta à une violente résistance de la part des Chinois, et en juin 1900, 44 étrangers furent massacrés sur la place publique. Aujourd'hui Taiyuan est toujours une ville de l'industrie lourde, vivant de ses réserves de fer et de houille,

et les sociétés étrangères reviennent s'y implanter... !

Taiyuan pratique

○ *Comment s'y rendre*

En train. De Pékin le train n° 387 qui part à 21 h 26 et arrive à Taiyuan à 8 h 55. De Datong : le train n° 343 qui part à 22 h 30 et arrive à 7 h 10, ou le train n° 341 qui part à 7 h 50 et arrive à Taiyuan à 15 h 45 après avoir traversé une région montagneuse d'une très grande beauté. Le paysage vu du train est splendide. De Wutaishan : par les bus qui partent à 5 h et à 6 h et arrivent vers 12 h-13 h à Taiyuan.

En avion. Il existe des vols de Pékin (86 yuans), Chengdu (190 yuans), Canton (290 yuans), Lanzhou (169 yuans), Shanghai (226 yuans), Shenyang, Xi'an (90 yuans), Xining (192 yuans), Yan'an (53 yuans).

○ *Hôtels*

Trois hôtels se trouvent non loin de la gare sur l'avenue principale de Taiyuan : Yingze Dalu.

Le *Yingze bingguan*. Une grande bâtisse assez peu accueillante, mais c'est là que vous pourrez négocier au mieux le prix des chambres qui varie selon la ténacité du client. La CITS se trouve au rez-de-chaussée de l'hôtel. Tél. 232.11. 40 yuans la chambre double.

Bingzhou fandian se trouve en face du parc du 1er-Mai, à côté de la Banque de Chine. 80 yuans la chambre.

Le *Sanjin Dasha* est à côté, le plus proche de la gare. C'est un bâtiment récent de 14 étages, terminé en 1982. Il faut compter entre 50 et 80 yuans la chambre.

L'hôtel *Jinci*. Très grand hôtel,

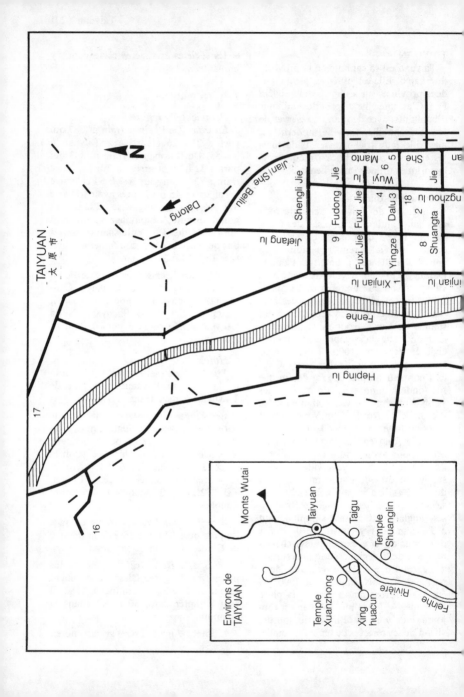

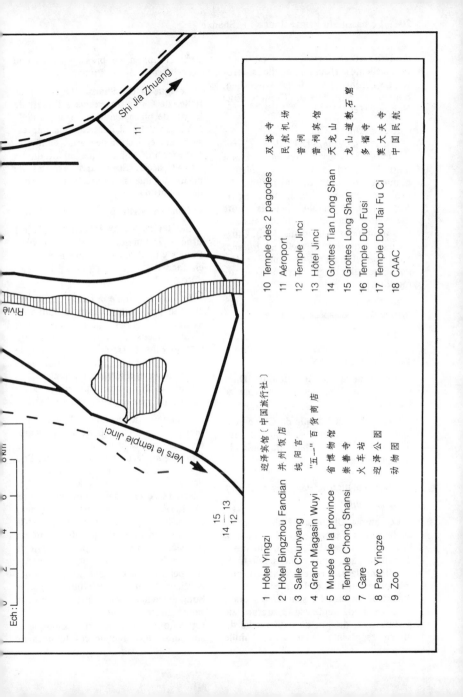

Ech : L

Shi Jia Zhuang

11

Rivlè

Vers le temple Jinci

15 13
14   12

1 Hôtel Yingzi   迎泽宾馆（中国旅行社）
2 Hôtel Bingzhou Fandian   并州饭店
3 Salle Chunyang   纯阳宫
4 Grand Magasin Wuyi   "五一"百货商店
5 Musée de la province   省博物馆
6 Temple Chong Shansi   崇善寺
7 Gare   火车站
8 Parc Yingze   迎泽公园
9 Zoo   动物园

10 Temple des 2 pagodes   双塔寺
11 Aéroport   民航机场
12 Temple Jinci   晋祠
13 Hôtel Jinci   晋祠宾馆
14 Grottes Tian Long Shan   天龙山
15 Grottes Long Shan   龙山道教石窟馆
16 Temple Duo Fusi   多福寺
17 Temple Dou Tai Fu Ci   窦大夫寺
18 CAAC   中国民航

moderne et confortable. La cuisine y est excellente surtout lorsqu'elle est arrosée de Fenjiu, le vin de la rivière Fen, boisson très appréciée des Chinois. Jinci Nanjiao. Tél. 299.41.

○ *Restaurants*

Dans la rue Yingze Dalu, de nombreuses gargotes vous servent à très bon marché et tard la nuit de succulentes nouilles, spécialité de la région. Le meilleur restaurant de la ville est le Jinyuan chun fandian dans la petite rue Maoer hutong. Signalons aussi le restaurant pour musulmans (Hui), Qingheyuan, qui sert le meilleur *tounao*, autre spécialité : c'est une soupe épaisse dans laquelle baigne un morceau de mouton.

Restaurant Jinyuanchun. Recommandé pour ses spécialités locales.

○ *Adresses utiles*

CITS, rez-de-chaussée de l'hôtel Yingze bingguan. Tél. 229.57.

Bureau de la Sécurité publique. Dans une rue parallèle, derrière la Ying ze Dalu.

La CAAC, la Banque de Chine et le magasin de l'Amitié se trouvent tous dans la rue Yingze Dalu, non loin du Yingze bingguan.

A voir à Taiyuan et dans les environs

Dans la ville

Le temple **Chongshan si**, « temple de la Bonté Vénérée ». Il se trouve à l'ouest de la Jianshe lu, rue qui passe devant la gare, non loin des hôtels de la Yingze dalu, au cœur d'un quartier très pittoresque. Les bâtiments actuels datent des Ming. La salle Dabei dian, face au Sud, renferme 3 statues de bodhisattva, de 8 m de haut ; celle du milieu représente Guanyin aux mille

yeux et aux mille bras, à sa gauche Wenshu, à sa droite Puxian.

Le **musée du Shanxi**. Un des plus riches de Chine, se trouve à l'ouest de la grande place, dans une rue parallèle à Yingze dalu. Il contient une impressionnante collection de statues en pierre, d'inspiration bouddhique allant du Ve au Xe siècle. Sont aussi exposés de beaux spécimens de porcelaine, cloisonnés, peintures, etc.

Dans les environs

Le **Jin ci**. Ce très beau temple est situé à 25 km au sud-est de la ville. Pour s'y rendre, on prendra le bus n° 8 en face de la grande place ; le trajet dure une heure.

La date exacte de la fondation du Jin ci n'est pas connue mais on sait qu'il existait déjà au Ve siècle grâce à des textes anciens qui y font allusion. En 979, lors de la destruction de la ville, le temple fut épargné et de nouveaux bâtiments s'ajoutèrent aux anciens. Le Jin ci fut à nouveau agrandi sous les Song puis sous les Ming et les Qing.

On admirera en entrant dans le complexe du Jin ci les toits richement sculptés aux angles fortement relevés du *Shuijingtai*, le premier édifice que l'on aperçoit. Sur la « terrasse des hommes de métal » se trouvent quatre farouches guerriers de fer dont le plus vieux date de 1089. Le plus important bâtiment s'appelle le *Shengmudian*, « temple de la sainte mère ». Il date du début du XIe siècle. On y accède par un pont de marbre blanc, le pont volant. C'est un très bel exemple d'architecture Song qui contient de superbes statues, d'époque Song également. Au centre se trouve la sainte mère, divinité du temple. Elle est entourée par ses quarante-quatre suivantes. Pas une de ces femmes ne ressemble à l'autre. Elles ont des costumes, des âges et des postures très variés et une grâce unique se dégage de l'ensemble. Il est seulement regrettable qu'elles aient été recouvertes de peintures criardes à une époque tardive.

Une des attractions du parc qui entoure les bâtiments du temple sont les sources chaudes qui jaillissent par endroit. La principale est la **source A Jamais Jeune**, la *Nanlaoquan*.

Le **temple Xuanzhong si**. Dans la même direction que le Jin Ci, à 70 km au Sud-Ouest de Taiyuan se trouve le monastère de Xuanzhong. 12 moines, revêtus de la tunique safran, y vivent encore. C'est ici que fut fondée la secte de la « Terre Pure », *Qing Tu*. Cette secte, toujours florissante au Japon, y envoie ses délégations de pèlerins. Les bâtiments qui datent des Ming, sont situés au sommet d'une petite montagne qui fait partie de la chaîne de montagnes Jiaocheng. Le monastère contient une douzaine de stèles dont une « Ode à la statue de Maitreya », écrite par une femme, relate la visite de l'empereur Li Shimin à l'abbé Dao Chuo au VIIe siècle, qui apporta un fabuleux soutien à la puissance de ce monastère.

Le **temple des Deux Pagodes**, *Shuangta si* se trouve à 4 km au sud-est de la ville, à 45 mn à pied de la gare. Aucun bus ne vous y conduit. Le temple fut construit durant le règne de Wanli des Ming. Les deux pagodes auraient été dressées à la mémoire de la mère de Wanli. Elles sont en brique — imitation bois. Le temple lui-même n'a pas de poutres.

Les **grottes de Tianlong shan** sont à 40 km au sud-ouest de Taiyuan. Les sculptures des grottes sont un peu plus récentes que celles de Yungang à Datong. Les falaises des pics de l'Est et de l'Ouest sont creusées de 24 grottes d'époques diverses : Wei, Qi Sui et Tang. On remarquera dans la grotte n° 9 du pic de l'Ouest, une statue de Maitreya assis : à ses pieds, une statue de Guanyin entourée de Wenshu sur le lion et de Puxian sur l'éléphant. De nombreuses têtes de bouddhas, des bas-reliefs ont pris la direction de l'étranger et il ne reste que les traces des pillages.

Les **grottes de Longshan**. Elles ont pour caractéristique d'être de l'époque Yuan, ce qui est assez rare. Les sculptures sont d'inspiration taoïste, ce qui est également assez rare. Les statues sont revêtues des robes de mandarins chinois. Ces grottes sont situées à 20 km au sud-ouest de Taiyuan dans le village de Xizhen.

DATONG

Datong, le plus important centre industriel du Nord de la province du Shanxi, a une population de 800 000 habitants et se trouve dans une vaste plaine, à 1 200 m d'altitude. La ville doit son essor économique à son rôle de nœud ferroviaire entre le Hebei, le Shanxi et la Mongolie et à ses ressources minières, de houille et de soude.

Un peu d'histoire

Datong a connu une longue histoire. Située entre deux branches parallèles de la Grande Muraille, Datong fut une garnison importante pour la protection du pays contre les invasions des barbares venus du Nord. La dynastie des Wei du Nord en fit sa capitale en 386. C'est durant cette dynastie que les célèbres grottes bouddhiques de Yungang furent sculptées dans le flanc d'une colline. Datong perdit son rôle de capitale en 494 lorsque l'empereur Xiao Wen se déplaça avec sa Cour à Luoyang.

Datong connut un regain de grandeur sous la dynastie des Liao qui en firent l'une de leurs capitales secondaires en 960. Les deux monastères *Hua yan* datent de cette époque. Sous les Ming, Datong n'était qu'une simple ville de garnison dont on peut encore apercevoir les fortifications.

Datong pratique

○ *Comment s'y rendre*

On peut facilement visiter Datong en une journée. En voyageant de nuit on part de Pékin à 22 h 55 par le train n° 295 qui arrive à 6 h 58. Pour le retour sur Pékin signalons le train n° 44 qui part à 11 h 36 et arrive à 18 h 40 et le train n° 90 de 22 h 44 qui arrive à 7 h 03. On peut repartir vers Huhehot par le train n° 43 de 17 h 21 ou vers Taiyuan à 11 h 50 par le train 201.

○ *Hôtels*

Le *Datong binguan* ne possède que 200 lits et est souvent plein. On vient d'y installer une nouvelle tuyauterie qui amènera l'eau chaude dans les chambres, qui ne sont pas d'un très grand confort. Les prix sont modestes, 50 yuans pour une chambre double, 10 yuans pour une chambre en dortoir.

Hôtel Yungang, 21 Yingbin donglu. Tél. 36.202. Chambres à partir de 55 yuans.

A voir à Datong

Les grottes bouddhiques de Yungang

Avec les grottes bouddhiques de *Dunhuang,* celles de *Luoyang* et celles de *Maijishan,* les grottes de *Yungang* forment l'un des plus beaux ensembles de grottes bouddhiques de Chine. Les grottes se trouvent à 16 km à l'ouest de la ville de Datong creusées sur plus d'un

kilomètre dans le flanc d'une montagne. Il reste aujourd'hui 53 grottes, tournées vers le sud, et plus de 51 000 statues qui ont souffert du rude climat continental de cette région désertique, et de l'oubli total dans lequel étaient tombées les grottes, considérées jusqu'au début du XXe siècle par la tradition confucianiste comme une manifestation d'idolâtrie barbare. Les traces sont en outre encore visibles des coups de burin donnés par des collectionneurs peu scrupuleux. Bref, l'érosion et la main de l'homme ont grandement détérioré les sculptures, qui restent malgré tout d'une très grande beauté.

L'ensemble des grottes de Yungang a été classé monument historique en 1961 et les autorités chinoises ont entrepris de les restaurer. Nous avons pourtant constaté avec désolation l'abondance des graffiti, de date souvent toute récente, laissés par les touristes chinois.

Un peu d'histoire. Le début du Ve siècle chinois peut être considéré comme un des tournants décisifs de l'histoire du bouddhisme en Chine. Un clergé s'organise et les pèlerinages vers les pays indianisés se multiplient pour aller « chercher la Loi », c'est-à-dire pour rapporter en Chine des textes religieux, les sûtras.

La dynastie des Wei du Nord s'est développée pendant une période de grands troubles (386-534) alors que les « barbares » se disputaient la Chine. Les Tuoba, ou Tabgatch, d'origine inconnue, parviennent à unifier la Chine du Nord et installent leur capitale à Datong en 386.

A partir de la deuxième moitié du Ve siècle, le bouddhisme devient une sorte de religion d'État. Le moine Tan Yao est nommé directeur du clergé bouddhique vers 470 et c'est lui qui

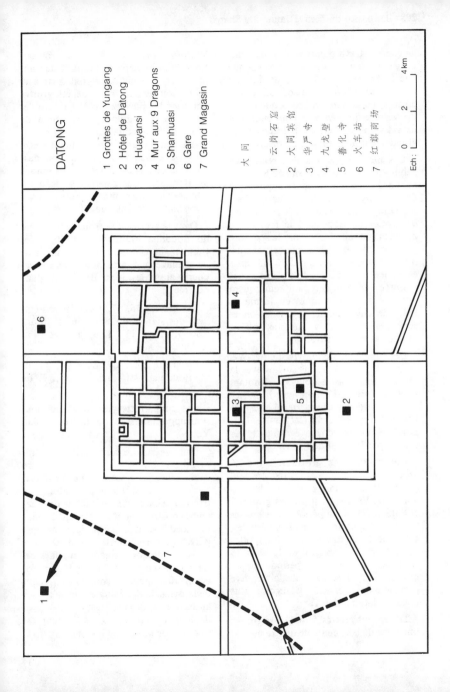

DATONG

1 Grottes de Yungang
2 Hôtel de Datong
3 Huayansi
4 Mur aux 9 Dragons
5 Shanhuasi
6 Gare
7 Grand Magasin

大同

1 云岗石窟
2 大同宾馆
3 华严寺
4 九龙壁
5 善化寺
6 火车站
7 红旗商场

Ech:
0   2   4 km

lancera les travaux aux grottes de Yungang en 489. C'est à cette époque que la ferveur bouddhique atteint son apogée en Chine. L'essor du bouddhisme en Chine et conséquemment l'ouverture du pays vers une religion et un art venus de l'étranger influencèrent grandement la statuaire chinoise.

Des pèlerins qui s'étaient rendus au début du Ve siècle sur le site de Bamiyan au nord-ouest de Kaboul rapportèrent de leurs voyages une technique architecturale nouvelle : celle de la construction de grottes creusées dans le roc, et un art de la statuaire inspiré par la statuaire grecque telle qu'on la retrouve transformée et adaptée dans les statues indiennes et iraniennes. Dans les détails des scènes sculptées de Yungang, on remarquera des dessins géométriques en forme de fleur de chèvrefeuille et des colonnes sculptées dans un style proche de l'art ionique et corynthien.

Les empereurs de la dynastie des Wei maintinrent des relations suivies avec la région des oasis autour de Khotan. Comme l'art de Khotan était influencé par celui du Gandhara (nord-ouest de l'Inde) et par celui du Cachemire, l'art des Wei du Nord fut également très inspiré par le Nord de l'Inde.

Description des grottes. Il y a 21 grottes principales. Les grottes 16 à 20 datent de la première période, la plus ancienne. Ensuite viennent les grottes 7 et 8 de la deuxième période. Les grottes 9, 10 et 12 sont de la troisième période ; celles de la quatrième sont les grottes 5, 6, 11 et 13. Les grottes 4, 14 et 15 sont de la cinquième période et les grottes 1 et 21 seraient de la dernière période ; la grotte 3, beaucoup plus tardive, daterait des Tang.

Devant les grottes 5, 6 et 7 se trouve une série de bâtiments de quatre étages,

le *shifo gusi*, ou « vieux couvent des Bouddhas de pierre », qui date de l'année 1652. Ces bâtiments ont servi à la protection de l'intérieur de ces grottes qui sont les plus belles de l'ensemble. La grotte 5 contient un Bouddha de 17 m de haut et la grotte 6 une tour carrée qui mesure 15 m de haut. Cette tour est entièrement sculptée de bas-reliefs et de niches contenant des statues du Bouddha. Ces bas-reliefs racontent une des vies antérieures de Bouddha qui s'appelait alors Çakyamuni.

Dans la grotte 13 se trouve une statue du Bouddha Maitreya la main levée. Cette main est soutenue par un petit personnage à quatre bras. On remarquera aussi les sept Bouddhas dans l'entrée.

Les grottes 16, 17, 18 et 19 contiennent des statues du Bouddha mesurant respectivement 13 ; 15,6 ; 15,6 et 17 m de haut.

La grotte 20, à ciel ouvert, contient un Bouddha assis, austère et figé, de 13,7 m de haut.

Ces cinq grottes les plus anciennes sont appelées les « cinq grottes de Tan Yao ».

Pour se rendre aux grottes, il faut prendre le bus n° 3 qui part du centre de la ville, et descendre au terminus. Sur la route, à 8 km de Datong, se trouve le *Guanyin tang*, temple de Guanyin, construit en 1038. Devant le temple se dresse une paroi de céramique polychrome recouverte des deux côtés par trois dragons jouant dans la mer. Ce mur ressemble au **Jiu long bi**, « paroi des neuf dragons », construit au début de la dynastie des Ming et qui se trouve au centre de la ville. Il mesure 45,5 m de long et 8 m de haut. Ce mur est l'orgueil de la ville de Datong.

Les monastères de Hua yan si

A l'ouest de la ville se trouvent deux monastères voisins, le *Shang hua yan si* et le *Xia hua yan si*, le « monastère d'en haut » et celui d'en bas. *Hua yan* est le nom d'une secte bouddhique fondée sous les Tang qui donna son nom aux monastères. Le monastère d'en haut fut fondé sous les Liao en 1064 et reconstruit en 1140. Le bâtiment principal, *Da xiong bao dian,* de dimensions imposantes, possède un très beau toit de ligne pure. Il date de 1140 alors que tous les bâtiments alentour sont de date beaucoup plus récente. L'intérieur du grand temple est richement décoré de fresques Qing et de statues Ming sans grand intérêt.

Le monastère d'en bas a aussi été fondé sous les Liao, en 1038. Le seul édifice qui ait survécu jusqu'à nos jours est la bibliothèque d'une très grande beauté. Les statues qui se trouvent à l'intérieur sont d'époque Liao. Elles sont en terre cuite et représentent des divinités bouddhiques d'une grâce et d'une dignité inégalables.

Le monastère Shan hua

Ce monastère a été fondé sous les Tang au VIIIe siècle puis reconstruit sous les Jin de 1128 à 1143. C'est un bel ensemble, bien conservé et soigneusement restauré. On admirera les quatre grandes statues des « gardiens célestes » dans le premier portique et les grandes statues du Bouddha dans le temple principal qui semblent être aussi d'époque Liao.

Pour ceux qui souhaiteront passer plus d'une journée à Datong, nous signalons que l'agence de tourisme organise la visite d'une mine de charbon, de la dernière usine de locomotives à vapeur de Chine et d'une biscuiterie souterraine construite dans la perspective d'une guerre atomique qui forcerait les habitants à vivre sous terre, ainsi que d'un hall d'exposition à la mémoire des quelque 10 000 Chinois victimes des massacres japonais durant l'Occupation.

Une promenade dans la rue principale, qui passe devant la « paroi des Neuf Dragons », permet d'admirer les vieilles maisons et échoppes de Datong, construites à l'ancienne.

A PARTIR DE DATONG

Hengshan

Située à 70 km au sud de Datong, c'est une des cinq montagnes sacrées de Chine. Récemment ouverte aux étrangers on ne peut s'y rendre pour le moment qu'accompagné par l'Agence de voyage chinoise. L'excursion dure une journée et vous revient à 120 yuans pour la voiture et 16 yuans pour l'accompagnateur. Le chemin parcouru fait partie des « 18 sites » de Hengshan. On remarquera à mi-chemin une tour de garde Ming, les vallées déchiquetées par l'érosion et les villages troglodites. Après 2 h de trajet on aperçoit le **temple Xuan kong si** ou « temple suspendu dans les airs » au creux d'une vallée encaissée à flanc de montagne. Le temple fut fondé sous les Wei du Nord puis reconstruit sous les Liao, les Ming et les Qing. Il a été repeint en 1980.

Ce temple étonnant suit les contours de la falaise à laquelle il s'accroche, suspendu au-dessus du vide grâce à un savant système de poutres plantées dans la roche. C'était autrefois un passage obligatoire pour les pèlerins en route à Datong. Il servait, comme les 17 autres monastères du Hengshan, à la fois de lieu de culte et d'auberge. Sa particularité est d'être le seul temple syncrétiste de Chine, et dans ses 45 pièces encore en bon état, on peut aussi bien voir des statues bouddhistes que taoïstes ou confucéennes. Les figures bouddhistes occupent la position centrale, avec à leurs côtés Lao Zi, les Huit Sages, Guan Di, etc.

Le temple a été fondé au VIIe siècle par une secte syncrétiste que dirigeait Qiu Chuji. Gengis Khan honora cet homme en lui donnant le titre de Supérieur taoïste de Chine. Aujourd'hui encore un vieux moine continue à recevoir les fidèles.

A 10 km du temple, à Hunyuan, chef-lieu de district accessible de Datong par autobus, l'auberge *Di er zhaodaisuo* propose des chambres impeccables pour 5 yuans. On peut y louer des vélos et passer quelques jours à explorer ce village qui ne semble pas avoir été touché par les Quatre Modernisations et vit au rythme de la Chine éternelle.

Dans le district de Yingxian, à 50 km de là, se trouve une pagode octogonale d'une grande beauté. Construite en 1056, elle faisait partie du monastère Fogong si, qui a brûlé. Haute de 67 m, c'est, dit-on, la dernière pagode de bois qui subsiste de cette époque en Chine. On peut voir à l'intérieur de splendides statues du Bouddha d'époque Liao.

WUTAI SHAN

Les monts Wutai situés au nord-est du Shanxi dans le district de Wutai Xian, sont une des quatre montagnes sacrées du bouddhisme en Chine (les autres étant Emei shan dans le Sichuan, Putuoshan dans le Zhejiang et Jiuhua shan dans l'Anhui). Wutai shan signifie les « 5 terrasses », la plus haute est celle du Nord (3 058 m). C'est le plus haut sommet de la Chine du Nord, que les

Chinois escaladent pour voir la fameuse « Lumière du Bouddha » qui, lorsque les nuages s'effacent, laisse apparaître une ouverture en forme de diaphragme, dans laquelle se reflète votre silhouette. Les monts Wutai sont dédiés au culte du bodhisatva Wenshu (Mañjuçrî en sanskrit). La légende raconte que Wenshu aurait fait de cet endroit désolé, battu par les vents, un paradis de fraîcheur, grâce à une pierre miraculeuse, « la pierre de fraîcheur » volée aux Rois-Dragons. Les premiers temples remontent à l'époque de la dynastie des Han de l'Est. L'empereur Ming Di (58-75 après J.-C.) fit construire le temple *Xiantong si* peu après la construction du temple *Baima si* de Luoyang considéré comme le premier temple bouddhique en Chine. Par la suite, Wutaishan devint un haut lieu de pèlerinage et l'on comptait 360 temples au début du siècle. L'invasion japonaise, la guerre civile puis la réforme agraire de 1949 à 1956 entraînèrent la destruction de la moitié des temples. La Révolution Culturelle acheva le désastre et il ne reste plus aujourd'hui que 58 temples ravagés par le temps et les stigmates de l'histoire. Les restaurations en cours sont faites dans un but touristique et altèrent le caractère sacré des lieux. Une grande partie des temples est regroupée dans le bourg de Taihuai. Les autres sont isolés dans la montagne ou dans le creux d'un vallon. Ils ne sont parfois accessibles qu'après plusieurs heures de marche. On distingue deux types de temples : les temples bouddhistes et les temples lamaïstes créés sous les empereurs mandchous de la dernière dynastie, convertis à la religion tibétaine.

Chaque année au 1er juin du calendrier lunaire (ce qui correspond à une date qui peut varier entre fin juin et mi-juillet) a lieu la grande fête de

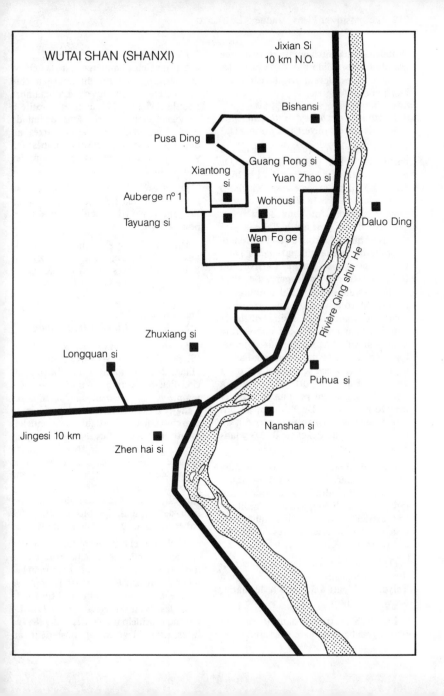

Wutaishan durant laquelle se tient une grande foire « Miao hui » qui attire les paysans et les éleveurs de la Chine du Nord et de Mongolie.

○ *Comment se rendre à Wutaishan*

Wutaishan est ouvert aux étrangers.

On peut se rendre à Wutaishan à partir de Pékin ou de Taiyuan. De Pékin : le train n° 387 part à 21 h 26 et arrive à Xinxian (appelé aussi Xinzhou) le lendemain à 7 h 18. De Xinxian vous pouvez prendre un bus local pour Wutaishan, qui part à 8 h 20 de la gare routière qui se trouve à l'extrémité opposée de la rue qui part de la gare. Un ramassage se fait à l'arrivée du train, à la sortie de la gare. Le billet coûte 3,9 yuans et le trajet dure quatre heures. Si vous voulez vous arrêter en cours de route pour visiter quelques temples, vous pouvez louer une voiture pour 240 yuans (forfait pour 2 jours, logement et repas du chauffeur inclus) à la CITS (fermée le dimanche) ou à une société de transport qui se trouve à 5 mn de la gare en prenant le premier carrefour à droite. De Taiyuan, un bus direct pour Wutaishan part vers 6 h du matin. Le prix du ticket est de 5,7 yuans et le trajet dure six heures.

Pour le retour vous pouvez prendre un bus qui part à 5 h ou à 6 h jusqu'à Xinxian et attendre le train pour Pékin qui part à 20 h 50. Signalons qu'il est très difficile d'obtenir des couchettes, essayez de les réserver auprès de la CITS dès votre arrivée.

De Wutaishan vous pouvez vous rendre directement en bus jusqu'à Taiyuan ; départ à 5 h et 6 h du matin, arrivée vers 12 h.

La CITS se trouve dans la rue qui part à gauche de la gare routière.

○ *Hébergement*

La meilleure auberge est la *Di yi zhaodaisuo,* en haut du bourg à côté du temple Xiantong si. La chambre double revient à 12 yuans et la suite à 36 yuans mais les prix se discutent de même que ceux des repas : fixés au début à 18 yuans, ils sont tombés à 6 yuans puis à 2,5 yuans (prix pour les Chinois).

D'autres auberges moins chères se trouvent en bas du bourg ; c'est assez bruyant mais vous pouvez vous loger pour 4-5 yuans.

Un nouvel hôtel vient d'ouvrir, le *Qixiange Binguan,* situé à la sortie du bourg. Chambres à partir de 60-70 yuans.

Les temples

Sur la route Xinxian-Wutai shan

Le temple *Nanshen si,* « temple de l'Esprit du Sud », se trouve dans le petit village de Lijiazhuang avant d'arriver au chef-lieu de district, Wutai cheng. Ce temple a été construit en 782 sous les Tang ; c'est le plus vieux spécimen d'architecture en bois qui existe actuellement en Chine. Les lignes sont très pures, la structure en bois ne porte aucune décoration et le toit est formé d'une seule arête. L'intérieur ne possède ni plafond ni piliers. 17 statues Tang sont disposées sur une estrade. L'expression des visages, les plis naturels des robes dénotent une influence indienne.

A Wutai cheng la route se sépare en deux. Celle de gauche traverse la montagne. A 25 km de l'embranchement et un peu à l'écart de la route se trouve le temple *Foguang si.* Il fut fondé sous les Wei du Nord (471-479). Le bâtiment principal date des Tang (857) ; il est donc légèrement postérieur au

Nanshen si. On remarquera les fenêtres à treillage peu communes. Cette salle contient un ensemble unique de 327 statues Tang. On peut voir à l'extrémité droite une petite statue de l'impératrice douairière Lian Guanyu (Tang) qui fit d'importants dons au temple. Une partie des luohans ont été détruits lors de l'inondation de 1954.

Au sud du bourg Taihuai

10 km avant d'arriver dans le bourg, vous pénétrez dans la vallée des temples. Nous vous signalons ici les plus accessibles à pied.

Le *Jinge si*, « Pavillon d'Or », est le plus spectaculaire car ses tuiles de bronze sont recouvertes de feuilles d'or. Une autre curiosité de ce temple est la statue de « Guanyin aux mille bras ». Haute de 18 m, elle est d'une facture assez rare dans la statuaire bouddhique. Elle est sculptée dans un mélange de bois et d'argile, moulée dans du bronze et recouverte d'une couche d'or. Des deux côtés s'alignent 24 divinités. A droite on aperçoit une statue de l'empereur Taizong des Tang et une autre du moine Daoyi. Sur les parois du mur, des fresques décrivent les supplices de l'enfer.

Zhenhai si se trouve à flanc de montagne à 5 km du bourg, sur la gauche ; c'est un charmant petit temple dont le nom signifie « temple de la Mer des Charmes ». La communauté religieuse se réduit à 17 moines, dont un petit moinillon de 10 ans, vivant tous dans un grand dénuement. Vous traversez successivement la salle des Gardiens, la salle des Trois Bouddhas et la salle de Wenshu. Dans le jardin de la pagode, un très beau stûpa en céramique est couvert de bas-reliefs racontant la vie du Bouddha.

Un peu plus loin, vous apercevez sur votre droite le *monastère de Nanshan*

si, « temple de la Montagne du Sud », dont l'origine remonte aux Liang postérieurs (907-921). Il fut reconstruit sous la République (1914-1937) par le moine Puji grâce aux dons d'un riche marchand mandchou, Jiang Tucheng. On accède au temple par un escalier de 108 marches. Ce temple représente peu d'intérêt mais le panorama sur la vallée des temples est superbe et les 18 luohans que l'on peut voir dans la salle principale, sculptés dans l'argile, méritent le détour ; ils ont des expressions étonnantes, en particulier celle du « moine endormi ».

En continuant sur la droite, vous arrivez à Puhua si, « temple de l'Universel », reconstruit au début du siècle. Il a pour particularité un très grand Yin bi, « mur écran », qui représente les 3 souverains mythiques. De même, la statue du Bouddha Maitreya (Mile) ne se trouve pas dans le hall d'entrée mais à l'extérieur.

A l'écart de la route principale, à gauche après le temple Zhenhai si, à environ 7 km de Taihuai vous arrivez au temple de *Longquan si*, « temple de la Source du Dragon » dont l'origine remonte aux Song. Les bâtiments actuels datent du début du siècle ; la richesse des ornements nous révèle l'influence que pouvait avoir le bouddhisme il n'y a pas si longtemps encore. On y accède par un magistral escalier de 108 marches aux balustrades lourdement chargées de sculptures. Au sommet le portique d'entrée est une véritable dentelle de pierre. On traverse successivement la salle des Gardiens avec le Bouddha Mile (Maitreya), la salle des bodhisattvas (Guanyin, Puxian et Wenshu), la salle des Trois Bouddhas (Shijiamuni, Omituo fo et Yaoshi). A l'ouest du temple se dresse le stûpa du moine Puji qui fut l'abbé du monastère de Nanshan si. Au sommet du stûpa sont retracés les quatre grands moments de la vie du moine, qui mourut au début du siècle.

En revenant vers le bourg, le temple de *Zhuxiang si*, « temple de la Statue », est connu pour sa statue de Wenshu chevauchant un animal mythique apparenté au lion. A l'intérieur une fresque représente les 500 luohans traversant l'océan.

Dans le bourg de Taihuai

Ce charmant bourg de montagne est en réalité une cité de temples qui, avec ses ruelles dallées, ses portiques, donne une idée de ce que pouvaient être les villes chinoises. Au sommet se dresse le *Pusa ding* « pavillon des Pusas » qui est un temple lamaïste. C'est là que résidait le « Premier Bouddha vivant » de Wutaishan, le grand lama Zhasake.

En contrebas se trouve le plus ancien temple de Wutaishan : *Xiantong si*, « temple de l'Illustre Harmonie ». La légende raconte que les deux moines indiens Zhulufan et Matanga, qui apportèrent les textes de la Nouvelle Loi, furent charmés par la beauté du site qui leur rappelait le Cachemire et firent construire un temple en 65 après J.-C. L'ensemble est assez hétéroclite ; à côté des salles habituelles se dresse un curieux édifice en pierre appelé « la salle sans Charpente », occupé par un gigantesque Bouddha haut de 6 m, entièrement en bronze, assis sur le mont Suméru (Himalaya). La partie la plus belle du temple est la « salle de Bronze », construite sous les Ming par l'artisan Li Fu qui y travailla trente-huit ans. 10 000 Bouddhas ont été sculptés sur des panneaux entièrement en bronze. La salle est dédiée au bodhisattva Wenshu. Devant la salle il ne

reste que deux pagodes en bronze sur les cinq d'origine qui représentaient les cinq terrasses de Wutaishan. La tour de la Cloche abrite une cloche haute de 3 m, qui pèse exactement 9999,5 grammes (le chiffre de 10 000 étant réservé à l'empereur). Plus de mille caractères de sûtras y sont tracés. Un peu plus bas, la pagode blanche est l'édifice que l'on aperçoit lorsque l'on arrive à Wutaishan. A l'origine elle faisait partie du temple Xiantong si ; sous les Ming des bâtiments furent construits pour en faire un temple indépendant : « le temple de la Pagode », *Tayuan si*. La bibliothèque dispose d'une curieuse structure en forme de tourniquet haut de 10 m qui rappelle le moulin à prière tibétain. Plus de 20 000 brochures (dont 2 000 exemplaires uniques) en chinois, tibétain, sanscrit et mongol s'entassent à l'étage supérieur.

Le temple *Guangrong si*, « temple de l'École Universelle », est à droite du pavillon des Pusas. Il n'a ni porte d'entrée (*shan men*), ni salle des Gardiens. Deux estrades sont disposées dans la salle des Bouddhas ; sur le palier supérieur, le Bouddha Pilu (Visnu) est entouré des bodhisattvas Wenshu et Puxian. Sur l'estrade inférieure, le Bouddha Omituo fo est entouré de Guanyin et de son frère Dashizhi. Sur les côtes les 18 luohans sont en bronze coulé.

Le temple *Yuanzhao si*, « temple qui veille sur les Sépultures Impériales », est un temple lamaïste. Il porte encore les traces de la fureur populaire ; les cœurs et les yeux des statues ont été arrachés. C'est dans ce temple que le célèbre moine indien Zhilisa enseigna les sûtras avant de se rendre à Pékin. A sa mort en 1434, l'empereur fit élever à sa mémoire la Pagode blanche de

Pékin ainsi que celle qui se trouve dans le temple. *Yuanzhao si* fut le premier temple lamaïste de Wutai shan.

Le temple *Luohou si*, d'époque Tang, devint lamaïste en 1792. Dans la dernière salle une vasque en forme de lotus supporte 4 Bouddhas, 24 divinités et 18 luohans. Autrefois un système actionnait les pétales du lotus qui s'ouvraient et se refermaient sur les Bouddhas. La salle est actuellement fermée au public.

Le temple *Guangren si*, « temple de la Grande Bienveillance », qui se trouve en bas du bourg a été transformé en hôtel. On quitte la vieille ville pour pénétrer dans le nouveau bourg, animé par les restaurants, gargotes, boutiques-souvenir, auberges, bars qui diffusent généreusement au village de la musique disco. Wutaishan vit désormais à l'heure du tourisme, les pèlerins ont fait place à une horde de touristes chinois, caméras en main qui défilent devant les moines complaisants, pas mécontents de renflouer un peu les caisses du temple.

La visite des temples peut se faire en deux jours, mais si vous disposez de plus de temps, vous pourrez vous évader un peu ; il n'y a pas une colline ou un vallon qui ne cache un temple. Le temple *Daluo ding* est à une heure de marche sur la colline qui se dresse de l'autre côté de la rivière. Le temple *Bishan si* est au nord de Taihuai, le temple *Cifu si*, derrière le pavillon des Pusas. Le temple *Jixian si*, à 10 km au nord-ouest de Taihuai, est connu pour sa statue de « Wenshu à la Lanterne » et il en est d'autres dont le nom a sombré dans l'oubli, mais dont les ruines ne révèlent que mieux la splendeur et l'aspect insolite des lieux.

LE SUD DU SHANXI

Le Sud de la province du Shanxi est un endroit encore inconnu des touristes. Il recèle des richesses culturelles étonnantes qui laissent imaginer la splendeur de ces capitales du Nord, qui ont sombré aujourd'hui dans l'oubli. Cette région a été officiellement ouverte aux touristes en 1985. La plupart des sites se trouvent non loin de la ligne de chemin de fer Taiyuan-Xi'an.

Vous pouvez toujours vous munir d'un billet Taiyuan-Xi'an valide trois jours et vous arrêter en chemin.

En fonction du temps dont vous disposez, vous pourrez voir le palais *Yongle* à l'extrémité sud du Shanxi, non loin le temple *Guandi*, à mi-chemin entre le Sud de la province et Taiyuan ; le temple *Guangsheng si* et, un peu plus au sud à partir de Linfen, le « Petit Paradis de l'Ouest », le temple *Dongyue miao*, les chutes de Hukou sur le Fleuve Jaune.

Le palais Yongle

Le palais Yongle se trouve près de Ruicheng dans le village Yongle du district Lecheng xian. Pour y arriver, descendre à la station de Jiezhou et de là prendre un bus.

Construit sous les Yuan (1325), le palais fut déplacé à cet endroit en 1959 lors de la construction du grand réservoir de Sanmenjia.

Les trois salles principales sont Sanqing dian, Chunyang dian et Chongyang dian. Les murs de ces salles sont recouverts de très belles fresques dont la plupart furent réalisées sous les Yuan. Ces fresques sont peintes dans le style Tang de la tradition des grottes de Dunhuang. Celles de la salle Sanqing dian représentent 300 divinités rendant hommage au maître taoïste Shi Tianzun. Haut de 4 m sur une longueur de 90 m, l'ensemble est réalisé dans de très belles couleurs, le dessin est minutieux, les expressions des visages très vivantes.

Les fresques des autres salles sont postérieures de trente ans ; les paysages dominent ; celles de la salle Chunyang sont consacrées à la vie du taoïste Lu Dongbin, tandis que celles de Chongyang retracent la vie d'un autre maître, Wang Chongyang.

Le temple Guandi si

Guandi si se trouve près de Jiezhou dans le district de Yuncheng xian, au village Guanyu jia xiang (village de la famille Guanyu). C'est le plus grand et le mieux conservé des temples consacrés à Guan yu. Guan yu est une grande figure de l'imagerie populaire ; il était à l'origine un général de l'époque des Trois Royaumes dont les exploits ont été immortalisés par le célèbre roman des *Trois Royaumes*. Il fut par la suite, élevé au rang de divinité et de nombreux temples furent consacrés à son culte.

Le temple Guandi si fut fondé sous les Sui (589) sur le modèle d'un palais, divisé en deux parties : le parc Jieyi yuan et le temple lui-même, divisé en deux cours. Les bâtiments principaux sont dans la partie Nord. La porte principale, Duan men, puis la porte de la Lune, Wu men, nous font accéder à la bibliothèque impériale, « Yushu lou ». Derrière la bibliothèque, se dresse la grande salle Chongning dian reposant sur 26 piliers ornés de bas-reliefs. On passe ensuite sous un portique pour déboucher sur les pavillons de l'Épée et « des Printemps et Automnes ». Ce dernier, haut de 2 étages, contient une statue de Guanyu en train d'étudier les annales des « Printemps et Automnes ».

L'ensemble des bâtiments est souvent surchargé de sculptures qui font regretter la pureté des lignes des temples Tang. Les tuiles vernissées jaune-bleu-vert s'harmonisent bien avec les cyprès du parc.

Le temple Guangsheng si

Ce temple, connu pour sa superbe pagode *Feihong ta*, se dresse au pied de la montagne Houshan, non loin de Hongtong. Les premiers bâtiments du temple furent construits sous les Han (147) ; il fut ensuite agrandi sous les Tang (769) où il prit le nom de Guangsheng si, temple de la Victoire. En 1303, il fut entièrement détruit par un tremblement de terre. Les bâtiments actuels datent des Yuan et des Ming. Le monastère se divise en deux temples. La partie la plus belle du temple est la pagode Feihong ta, une des mieux conservées de Chine. Haute de 47 m, avec 13 étages, elle est recouverte de tuiles vernissées tricolores (jaune-vert-bleu) et de milliers de figures représentant des Bouddhas, pusas, apsaras, animaux et autres éléments décoratifs. La salle Mituo est la bibliothèque du temple qui renferme une collection de sûtras vieux de plus de 800 ans. Dans la partie basse, la salle du roi Mingying est intéressante pour ses fresques de l'époque Yuan. Réalisées à la fin de la dynastie (1324), elles décrivent toute une vie de Cour de l'époque. On remarquera celle sur le théâtre, mettant en scène 11 personnages avec des intruments de musique.

Le temple du « Petit Paradis de l'Ouest », *Xiao Xitian*.

Descendre à Linfen entre Taiyuan et le Sud de la province. De Linfen, un bus vous conduit à 65 km au nord-ouest de Linfen à Xixian où se trouve le temple connu aussi sous le nom de monastère aux Mille Bouddhas. Il fut construit vers la fin des Ming sous l'ère de l'empereur Chong Zhen (1634). On y accède par un escalier de 241 marches. La première salle est la salle de Weituo (protecteur du bouddhisme) ; ensuite on traverse la « salle sans Charpente » avant d'arriver à la salle principale, Daxiong baodian. Face à l'entrée, 5 Bouddhas reposent au milieu d'un monument du plus extravagant baroque que l'on puisse imaginer. Chaque Bouddha est assis à l'intérieur d'une niche sur un trône de lotus. Il s'agit de Shijia, Mile (Maitreya), Pilu (Vishnu), San Dashi et Mi Ruan. Chacun a devant lui deux Pusas. A droite et à gauche des niches, sont alignés les 10 premiers disciples de Shijiamuni. Sur les colonnes et sur les murs, au milieu des éléments les plus hétéroclites, on essaiera de reconnaître les « 33 rois » légendaires. On est loin de la sérénité et de la ferveur religieuse de la statuaire bouddhiste des Tang et ce temple illustre assez bien la dégénérescence de l'art bouddhique, en même temps que la richesse du clergé.

Parmi les autres curiosités à voir

A Linfen, petite ville sur le site de l'ancienne Ping Yang, ancienne capitale des Yao, on peut visiter le temple **Yao miao** dont l'origine remonte aux Jin.

Le **temple du Bouddha** de Fer, *Tie Fo si*, est une pagode en brique de 30 m de haut, ornée de 64 plaques de tuiles vernissées. A l'intérieur une tête de Bouddha en fer haute de 6 m a été coulée sous la dynastie Tang.

A partir de Linfen, sur la route de Xixian, à 2,5 km de Puxian, le temple **Dongyue miao** au sommet du mont Baishan, est un temple taoïste.

Au sud-ouest de Puxian sur le Fleuve Jaune, les chutes de **Hukou** sont les plus grandes chutes d'eau après celles du Guizhou.

La petite ville de Linfen peut être votre base pour plusieurs excursions dans la région. Vous pourrez loger à l'hôtel de Linfen réservé aux étrangers : *Linfen bingguan*.

DAZHAI

Dazhai est un petit village des monts Taihang, dans le Shanxi. C'est ici que fut mise en pratique, de manière exemplaire, la légende de *Yu Gong*, le vieux fou qui déplaçait les montagnes. Dazhai, phare de la Chine agricole pendant plus de vingt ans, a quelque peu perdu de son prestige depuis 1977, mais les agronomes et autres amoureux de la campagne trouveront toujours un intérêt à sa visite.

En 1964, le mot d'ordre *Que l'agriculture prenne exemple sur Dazhai* fut lancé par le président Mao. La brigade de Dazhai, située à plus de 1 000 m d'altitude, s'est valu la célébrité en accomplissant un véritable tour de force : en 1953, cinquante hommes et femmes sous la direction de **Chen Yonggui**, qui devint par la suite membre du bureau politique, s'associèrent pour collectiviser leurs moyens de production et remodeler une nature ingrate. Le plus dur fut la construction des champs en terrasses de *Langshaichang*. En hiver 1955, les paysans construisirent trente-huit digues et terrasses aptes à la culture. Tout fut détruit lors des pluies torrentielles en été. Les digues furent reconstruites en 1956 pour être détruites à nouveau en 1957. Les champs en terrasses furent alors repensés et construits en forme courbe, suivant le tracé de la colline ; les murs furent consolidés et les fondations approfondies. Depuis, les

quarante-quatre terrasses cultivées ont tenu le coup et produisent en moyenne 400 kg par *mu* (un *mu* vaut un quinzième d'hectare) de céréales par an.

Le musée. On visitera à Siyang, cheflieu du district, le musée Dazhai qui retrace l'épopée de cette brigade de choc.

○ *Hôtels*

Dazhai possède deux grands hôtels dont les proportions imposantes frappent d'autant plus maintenant que le flot de touristes d'antan s'est réduit à un mince filet souvent à sec.

○ *Comment se rendre à Dazhai*

Le chemin de fer n'allant pas jusqu'à Dazhai, il faut descendre à la gare de *Yangquan* (sur la ligne Pékin-Xi'an via Taiyuan), où l'on peut passer la nuit si on le désire. Un mini-bus conduit ensuite les touristes jusqu'à Dazhai. Le trajet dure près de deux heures.

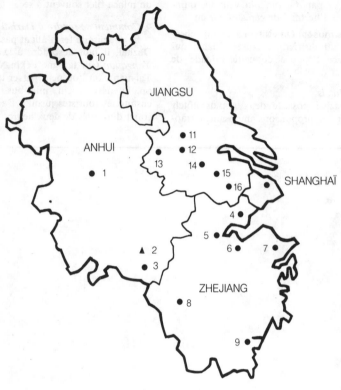

LA REGION DU BAS YANZI

JIANGSU

ANHUI

SHANGHAÏ

ZHEJIANG

ANHUI	ZHEJIANG	JIANGSU
1 Hefei	4 Jiaxing	10 Xuzhou
2 Monts Huangshan	5 Hangzhou	11 Yangzhou
3 Tunxi	6 Shaoxing	12 Zhenjiang
	7 Ningbo	13 Nankin
	8 Quzhou	14 Changzhou
	9 Wenzhou	15 Wuxi
		16 Suzhou

La région du Bas-Yangzi

La région du Bas-Yangzi est située entre la rivière Huai au nord et la baie de Hangzhou au sud. C'est un large delta formé des dépôts d'alluvions du Yangzi (ou Yangtsé) qui, depuis sa source située dans les monts Tanggula, au Tibet, est au terme d'un parcours de 6 300 km. C'est une région arrosée par un grand nombre de rivières et de lacs dont le plus grand est le lac Tai hu. C'est un pays d'eau, où l'essentiel des transports se fait sur les canaux. Le plus important est encore le Grand Canal, construit sous les Sui, puis sous les Ming, et dont la dernière reconstruction date de 1958.

Trois provinces se partagent cette région, le **Jiangsu**, le **Zhejiang,** et l'**Anhui** à la limite desquelles, légèrement au sud de l'embouchure du Yangzi, s'étend la **municipalité de Shanghai**.

Shanghai

Avec une population de 13 millions d'habitants, Shanghai est la ville la plus peuplée de Chine. Comparativement aux autres municipalités de Pékin et Tianjin dont la superficie est plus grande, c'est dans cette ville que la densité de population est la plus élevée du pays. A l'heure actuelle, Shanghai est le plus grand centre industriel et commercial de Chine.

Un peu d'histoire

Jusqu'au XVᵉ siècle, Shanghai ne fut qu'un petit village dont l'activité principale était la pêche. Au XVIᵉ siècle des fortifications furent construites pour la protéger contre les pirates japonais. Shanghai se tourna ensuite vers le commerce et le tissage ; mais son véritable essor date de l'arrivée des étrangers au XIXᵉ siècle.

En réaction contre la volonté chinoise de fermer le port de Canton aux Anglais et d'enrayer ainsi le trafic de l'opium, la flotte anglaise s'empare de Shanghai en juin 1842. Par le traité de Nankin de 1842, les Anglais, puis les Français et les Américains obtiennent le droit d'établir des concessions échappant complètement à l'autorité chinoise.

Profitant des révoltes qui secouent la ville et ses environs — les armées Taiping assiègent Shanghai puis se déclenche la révolte des « petits couteaux » —, les Occidentaux prennent en 1854 le contrôle des douanes qui constituent un rouage important de l'appareil d'État chinois.

La communauté étrangère ainsi que les activités commerciales se développent ensuite. Les investissements étrangers de Shanghai iront en augmentant, se répartissant dans les chantiers navals, les ateliers de préparation des produits d'exportation et fabrication de produits destinés à la consommation intérieure.

Au début du XXᵉ siècle se développe également à Shanghai un capitalisme chinois. Dans la principale artère commerçante, *Nanjing lu,* s'élèvent les premiers grands magasins chinois, ceux de la compagnie *Sincere.* Cependant, ce secteur économique reste tributaire de la conjoncture internationale.

Shanghai, devenue la plus grande ville de Chine et la base des milieux financiers chinois et occidentaux, est aussi le principal centre du mouvement ouvrier. De 1918 jusqu'en 1927, il y a de très nombreuses grèves. C'est à Shanghai qu'est fondé le Parti communiste en juillet 1921. Le soulèvement ouvrier de 1927 est réprimé dans le sang par le Guomindang. Après l'occupation japonaise, les grèves reprennent, Shanghai sera finalement libérée en mai 1949.

Malgré les profonds changements intervenus dans la vie de la cité, Shanghai n'a pas perdu son caractère révolutionnaire : le prolétariat urbain, ainsi que l'élite intellectuelle, existent ici dans des proportions bien plus fortes que dans n'importe quelle autre ville en Chine.

Les responsables du régime ont d'ailleurs toujours été amenés à utiliser ce potentiel de contestation de Shanghai : en le laissant se développer pour provoquer un changement de ligne, ou bien en le bridant une fois la nouvelle ligne politique installée au pouvoir !

L'économie

Au niveau économique, Shanghai occupe toujours une place de premier ordre. Sa production industrielle est supérieure à celle de n'importe quelle autre municipalité ou province, exception faite pour le Liaoning. Filature, aciérie, chantier naval, raffinerie, engrais chimiques, machine-outil, moteur Diesel, équipement électrique, sont les grands secteurs industriels de la municipalité. L'industrie textile, coton, laine, soie, fibres synthétiques, est la première du pays. La production d'acier est la seconde après celle d'Anshan. Dans le domaine agricole, les terres des 199 communes de la municipalité de Shanghai ont la plus haute productivité du pays ; deux récoltes de riz et une de blé d'hiver sont faites par an.

COMMENT SE RENDRE A SHANGHAI

L'avion

○ *Les liaisons aériennes intérieures*

Vols quotidiens sur Canton (264 yuans), Pékin (211 yuans), Chengdu (327 yuans), Guilin (235 yuans), Ningbo (34 yuans), Shenyang (295 yuans), Wuhan (123 yuans), Xiamen (173 yuans), Xi'an (231 yuans).

Plusieurs vols par semaine sur Changchun (341 yuans), Changsha (158 yuans), Chongqing (298 yuans), Dalian (239 yuans), Fuzhou (138 yuans), Guiyang (288 yuans), Hangzhou (28 yuans), Harbin (379 yuans), Hefei (66 yuans), Jinan (138 yuans), Kunming (398 yuans), Lanzhou (296 yuans), Nankin (47 yuans), Qingdao (154 yuans), Taiyuan (226 yuans), Tianjin (186 yuans), Urumqi (633 yuans), Zhengzhou (140 yuans).

○ *Les liaisons aériennes internationales*
Shanghai est relié par avion aux États-Unis (Los Angeles, San Francisco et New York), au Japon (Tokyo, Nagasaki et Osaka) et à Hong Kong (plusieurs vols par jours).

Le train
De Shanghai, un faisceau de lignes ferroviaires se dirige au nord et au sud du Yangzi.

○ *Les lignes du Nord* desservent entre autres : Pékin via Nankin, Jinan, Tianjin (train n° 14, 22 et 46), Xi'an via Nankin, Kaifeng, Luoyang (train n° 139/138), Urumqi via Xi'an, Lanzhou (train n° 52/53). Prix du billet aller simple en couchette dure (en yuans), Pékin : 44,1 ; Xi'an : 45,4 ; Kaifeng : 30,5 ; Luoyang : 35,7 ; Lanzhou : 58,8 ; Urumqi : 105.

○ *Les lignes du Sud* relient principalement Shanghai à : Fuzhou via Yingtan (train n° 45), Canton via Zhuzhou, Hengyang (train n° 49), Kunming via Hengyang, Guilin, Liuzhou, Guiyang (train n° 79), Chongqing via Zhuzhou, Guiyang (train n° 191/194). Prix du billet aller simple en couchette dure (en yuans), Fuzhou : 36,9 ; Canton : 51,4 ; Guilin : 48,6 ; Liuzhou : 52,1 ;

Guiyang : 65,2 ; Kunming : 81 ; Chongqing : 68,6.

Nous signalons les horaires des principaux trains pour des villes proches comme Wuxi, Suzhou ou Hangzhou, villes qui peuvent être visitées à l'occasion d'un arrêt de quelques jours à Shanghai.

Prix du billet aller simple en classe « assis dur » (en yuans), Suzhou : 2,2 ; Wuxi : 3,2 ; Hangzhou : 4,6.

VOYAGES EN BATEAU AU DÉPART DE SHANGHAI

Shanghai : l'occasion rêvée de prendre le bateau en Chine ! Oui, Shanghai est devenue pour les touristes individuels l'un des ports d'où il est relativement aisé de rallier certaines villes chinoises en bateau. De Shanghai, on peut ainsi se rendre à Hong Kong mais également atteindre certains ports de la mer de Chine comme Ningbo, Fuzhou, Qingdao... ; sans oublier la possibilité de remonter le fleuve Yangzi.

Où acheter son billet ?

Ce ne sont pas les agences qui manquent ! Mais un bureau central situé au 222, Renmin lu (tél. 26.12.61) vend des billets pour toutes destinations. D'autres agences ne délivrent des tickets que pour certaines destinations ; ainsi pour :

95	332	334	46	120	Train n°	119	45	333	331	96
5.52	7.22	8.46	10.18	12.20	**Shanghai**	15.08	13.15	19.03	14.35	20.19
	8.40	9.53		13.53	**Suzhou**	13.47		17.36	12.57	
	9.20	10.31	11.51	14.31	**Wuxi**	13.07	11.21	16.47	12.10	
8.34					**Hangzhou**					17.12

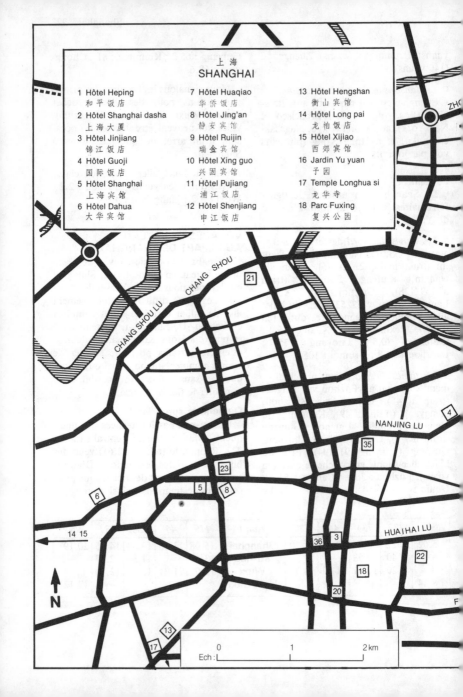

上 海
SHANGHAI

1 Hôtel Heping
  和平饭店
2 Hôtel Shanghai dasha
  上海大厦
3 Hôtel Jinjiang
  锦江饭店
4 Hôtel Guoji
  国际饭店
5 Hôtel Shanghai
  上海宾馆
6 Hôtel Dahua
  大华宾馆

7 Hôtel Huaqiao
  华侨饭店
8 Hôtel Jing'an
  静安宾馆
9 Hôtel Ruijin
  瑞金宾馆
10 Hôtel Xing guo
  兴固宾馆
11 Hôtel Pujiang
  浦江饭店
12 Hôtel Shenjiang
  申江饭店

13 Hôtel Hengshan
  衡山宾馆
14 Hôtel Long pai
  龙柏饭店
15 Hôtel Xijiao
  西郊宾馆
16 Jardin Yu yuan
  予园
17 Temple Longhua si
  龙华寺
18 Parc Fuxing
  复兴公园

CHANG SHOU

CHANG SHOU LU

CHANG SHOU

21

NANJING LU

4

35

23

5 8

6

14 15

N

36 3

HUAIHAI LU

22

18

20

F

13

17

0   1   2 km
Ech :

19 Parc du Peuple
人民公园

20 Ancienne résidence de Sun Yat sen
孙中山先生故居

21 Temple Yu Fo si
玉佛寺

22 Maison du 1er Congrès du P.C.
中国共产党第一次全国代表大会会址

23 Palais des enfants
少年宫

24 Musée Lu xun
鲁迅先生墓

25 Musée d'Art et d'Histoire
上海博物馆

26 Embarcadère Shiliupu
十六铺码头

27 Embarcadère Waihong (Hong Kong)
国际客运站

28 Embarcadère de Gongpinglu
公平路码头

29 Embarcadère, pour promenade
浦江游船码头

30 Sécurité
公安局

31 Magasin de l'Amitié
友谊商店

32 Restaurant Yangzhou
扬州饭店

33 Restaurant Xinya
新亚饭店

34 Restaurant Hui
回民饭店

35 Restaurant Luyancun
绿阳春饭店

36 Jinjiang Club
锦江俱乐部

37 Librairie en langues étrangères
外文书店

Shanghai à	Durée	Tarif classe spéciale	Tarif 3e classe
Ningbo	12 h	60 Y	5,7 Y
Wenzhou	21 h	91,2 Y	8,7 Y
Qingdao	26 h	103,2 Y	9,8 Y
Dalian	36 h	152,8 Y	14,6 Y

— Wenzhou, Qingdao, Dalian : agence sur Gongping lu.

— Hong-Kong : agence de la compagnie « Shanghai Ocean Shipping Co », 225, Jiangxi zhonglu.

— Wuhan (remontée du Yangzi) : agence au 6, Huangli lu.

Prix et durée des traversées

Pour Hong-Kong. Durée : 56 heures ; départ : chaque semaine de l'embarcadère Waihong ; tarifs : classe spéciale : 216 à 234 yuans ; 1re classe : 180 à 198 yuans ; 2e classe : 156 à 170 yuans ; 3e classe : 130 à 143 yuans ; 4e classe : 111 yuans.

Pour Ningbo, Wenzhou, Qingdao, Dalian : les bateaux appareillent de l'embarcadère de Shiliu Pu ; une liaison quotidienne pour chacun de ces ports.

Pour la remontée du Yangzi à destination de Wuhan, les bateaux appareillent de l'embarcadère de Shiliu Pu. Deux départs chaque jour : un bateau assure une liaison rapide en 56 heures et 6 arrêts, l'autre une liaison lente en 66 heures et 12 arrêts. Le billet pour Wuhan par le bateau rapide revient à 44 yuans en 2e classe, 19,2 yuans en 3e classe.

SHANGHAI PRATIQUE

Adresses utiles

Compagnies aériennes : *CAAC :* 789, Yan'an zhonglu. Tél. service international 53.22.55 ; service intérieur 53.59.53 ; câble : CAACSHA.

Cathay Pacific Airways : Jinjiang hotel. Tél. 37.78.99.

Japan Air Lines : 1202 huaihai zhong lu. Tél. 37.84.67.

Pan American World Airways : Hôtel Jing'an binguan. Tél. 53.02.10.

Agences de tourisme :
China International Travel Service (CITS) : 59 Xianggang lu. Tél. 21.72.00.
China Travel Service Shanghai : 104 Nanjing xi lu. Tél. 22.66.06, 22.62.26 ext. 53.
China Youth Travel Service (CYTS) : 5, Shaanxi lu. Tél. 56.38.32.
Bureaux de la Sécurité, service des permis : 210, Hankou lu.
Consulat général de France : 1431, Huai zhonglu. Tél. 37.74.14.
Librairies :
Librairie en langues étrangères : 390, Fuzhou lu. Tél. 22.41.09.
Librairie Xinhua : 345, Nanjing lu.

Banques : *Banques de Chine :* 23, Zhongshan lu. Tél. 21.74.66. *The Chartered Bank :* 185, Yuan Ming Yuan lu. Tél. 21.82.53. *The Hong Kong and Shanghai Banking Corporation :* 185, Yuan Ming Yuan lu. Tél. 21.60.30.

Magasin de l'Amitié : 33, Zhongshan lu. Tél. 21.96.48, 21.01.69.

Magasins d'antiquités : Shanghai Friendship Store (Antique and curio branch) : 694, Nanjing lu. *Shanxi shop :*

557, Yan'an lu. *Chuan Xin shop* : 1297, Huaihai lu. *Shanghai antique and curio store* : 21.82.26, Guangdong lu. Tél. 21.61.31, 21.65.29.

Grands magasins : Magasin municipal : 635, Nanjing lu. Magasin municipal : 690, Nanjing lu. Magasin central N° 1 : 800 Nanjing lu.

Les hôtels

Huating Sheraton : (1 000 chambres). Une citadelle construite sur le modèle « Grande Muraille-Sheraton » de Pékin. Très excentré dans l'ancienne concession française. 100 dollars la chambre standard.

Heping : 20, Nanjing donglu. Tél. 21.12.44. C'est certainement l'hôtel le mieux situé de Shanghai. Il donne en effet sur l'avenue Zhongshan lu — l'ancien Bund — et la rue Nanjing lu. Il fut construit en 1928 et son décor est entièrement d'époque !

Au rez-de-chaussée, on trouvera : la librairie, un magasin d'artisanat, le bureau de l'agence de tourisme, la poste, le bureau de réservation pour le train et l'avion. Il y a aussi un « coffee shop » ouvert toute la journée.

Une salle de billard et de ping-pong se trouve à l'entresol.

Le restaurant est au huitième étage et offre une très belle vue sur le port de Shanghai. La cuisine est correcte.

Prix des chambres : entre 42 et 150 yuans pour une chambre à deux lits. L'annexe sud de l'hôtel Heping se trouve juste en face, de l'autre côté de Nanjing lu ; il y a également un restaurant au rez-de-chaussée, ainsi qu'une poste.

Shanghai Dasha : 20, Suzhou beilu. Tél. 24.62.60. Le bâtiment de 17 étages,

d'architecture très laide, est situé au confluent des rivières Suzhou et Huang Po. Le restaurant se trouve au premier étage ; au rez-de-chaussée il y a la poste, la librairie, le salon de coiffure.

Les prix des chambres sont les mêmes que pour l'hôtel Heping.

Jinjiang : 59, Maoming Nan lu. Tél. 53.42.42. Il est situé au cœur de l'ancienne concession française. En dépit de son apparence austère, cet hôtel est très confortable. Le bâtiment au Nord fut construit en 1931 et s'appelait à l'époque l'hôtel Cathay. Chambre simple : 35 yuans ; double : 70-160 yuans ; suite de 150 à 300 yuans.

Guoji (Park Hotel) : 170, Nanjing xilu. Tél. 22.52.25. Prix des chambres entre 60 et 130 yuans.

Shanghai Hotel : 505, Wulumuqi beilu. Tél. 31.23.12. Ouvert en 1983, c'est l'un des hôtels les plus modernes de la ville ; il est proche du Palais des Enfants et de l'hôtel Jingan. Chambre à partir de 132 yuans.

Dahua : 914, Yan'an xilu. Tél. 52.30.79. Cet hôtel travaille beaucoup avec le China Youth Travel Service ; il est un peu tristounet mais les chambres doubles sont correctes ; chambres à partir de 65 yuans.

Huaqiao : 104, Nanjing xilu. Tél. 22.62.26. Juste au Nord du parc du Peuple, il accueille plutôt des Chinois d'outre-mer mais peut accepter des voyageurs individuels ; chambre à partir de 65 yuans.

Jing'an : 370, Huashan lu. Tél. 56.30.50. Dans les années trente, c'était un bâtiment résidentiel allemand ; aujourd'hui rénové, il offre des chambres entre 82 et 145 yuans.

Longpai : 2409, Hongqiao lu. Tél.

32.93.88. Construit en 1982, il se trouve à un kilomètre de l'aéroport ; vraiment trop éloigné du centre ! Chambre double à 130 yuans.

Hengshan : 534, Hengshan lu. Tél. 37.70.50. A mi-chemin entre la gare et l'aéroport ; trop éloigné du centre ville ! Chambre double à 60 yuans.

En dehors de grands hôtels tout en hauteur, Shanghai offre des possibilités d'hébergement dans des « villas-hôtels » situées au milieu de jardins agréables. Comprenant des villas d'architecture occidentale des années trente, ou chinoise moderne, ces structures hôtelières offrent des chambres souvent très confortables.

Signalons les hôtels suivants :

Ruijin binguan : 118, Ruijin er lu. Tél. 37.26.53. Le mieux situé et certainement le plus confortable. Chambre double de 120 à 200 yuans.

Xingguo binguan : Jing'an si. Tél. 37.45.03. Li Hong zhang, célèbre ministre à la fin du XIXe siècle, venait se promener dans les jardins attenants à cet hôtel ; c'est tout dire ! Chambre double : de 50 à 80 yuans ; suite : à partir de 150 yuans.

Xijiao binguan : 1921, Hongqiao lu. Tél. 37.96.43. Proche de l'aéroport, il est particulièrement éloigné du centre ; chambre double : 240-310 yuans.

Shanghai a connu ces dernières années une grande augmentation du prix des chambres d'hôtel ; il est aujourd'hui difficile de trouver des hôtels offrant des prix raisonnables pour étudiants et voyageurs peu fortunés. Il faut signaler toutefois deux hôtels qui proposent des lits en dortoir :

Shenjiang : 740, Hankou lu. Tél. 22.51.15. Proche du parc du Peuple ;

chambre simple : 15 à 20 yuans ; double : 30 yuans ; chambre à 3 lits : 40 yuans.

Pujiang : 17, Huangpu lu. Tél. 24.63.88. Bien situé à proximité du Shanghai Dasha, du club des Marins et du Bund ; confort rudimentaire ; lit en dortoir : 19 yuans, petit déjeuner compris.

Les années 1985 et 1986 ont été les années du boom dans la construction hôtelière. Les hôtels de la nouvelle génération offrent un confort et un service de qualité, mais sont malheureusement construits dans la périphérie de Shanghai au milieu des quartiers dortoirs. Signalons : le **Jinsha hotel**, le **Yinyuan**, le **Hongqiao**, le **Hilton**... Le prix des chambres varie entre 110 et 300 yuans.

Les restaurants

La cuisine de Shanghai est réputée pour ses poissons et ses fruits de mer ; elle est cependant beaucoup moins raffinée que la cuisine cantonaise. A la différence de Pékin et de Canton, Shanghai a peu de grands restaurants pour les étrangers, mais davantage de petites gargotes.

Yangzhou : 306, Nanjing lu. Tél. 25.58.26 ; cuisine shanghaienne.

Sichuan : 457, Nanjing lu. Tél. 22.22.46 ; cuisine du Sichuan (naturellement !).

Xinya : 719, Nanjing lu. Tél. 22.36.36 ; cuisine cantonaise.

Hui : 710, Fuzhou lu. Tél. 22.42.73 ; cuisine musulmane.

Gongdelin shi shu : 41, Huangle lu. Tél. 53.13.13 : cuisine végétarienne.

Luyancun : 763, Nanjing lu. Tél.

53.87.97 ; cuisine du Jiangsu et du Sichuan.

Hong Fang : 37, Shaanxi lu. Tél. 56.57.48. Cuisine française et occidentale. Il s'appelait avant la libération « Chez Louis » et était mondialement connu pour son soufflé au grand marnier !

Yanyunlou fandian : 755, Nanjing dong lu. Tél. 22.61.74. Cuisine de Pékin : excellent canard laqué.

Renmin fandian : à l'intérieur du parc Renmin. Tél. 53.73.51. A la fois pâtisserie et restaurant. Spécialisé dans la cuisine de Suzhou.

Shanghai fandian : 242, Fuyou lu. Tél. 28.27.82. Cuisine shanghaienne.

Huaihai fandian : 123, Xizang nan lu. Tél. 28.40.40. Cuisine de Suzhou.

Les salons de thé

Donghai Fandian : 143, Nanjing lu. C'était l'ancien café « Chez Sullivan » du temps des concessions. Aujourd'hui, la jeunesse dorée de Shanghai s'y donne rendez-vous. Rockers à vélo, cheveux mi-longs, mais sans blouson de cuir, punks coiffés en brosse mais sans épingles à nourrice dans les narines, viennent avec leurs dulcinées déguster ici des petits gâteaux délicieux. Café froid avec glace.

Wu xing ting : En face du jardin Yu Yuan dans la vieille ville. Dans un cadre agréable, c'est plutôt le lieu de rendez-vous des clubs du troisième âge du quartier et des environs. L'ambiance bien que bruyante y est imprégnée d'une profonde sagesse. En été, dès l'ouverture à 5 h 30, un petit « marché » de grillons et criquets se tient dans ce salon de thé ; vous pourrez ainsi vous offrir dans une toute petite boîte un grillon vivant qui se mettra à chanter... en hiver. Ces insectes sont particulièrement économiques puisqu'ils peuvent survivre plusieurs mois avec le minuscule morceau de pastèque fourni dans la boîte ! De plus, ils supportent très bien les voyages en avion, au fond d'une poche ou dans une valise !

Sur Nanjing xilu, signalons deux pâtisseries-café : le « Kaige Coffeshop » au n° 1001 et le « Shanghai Coffeshop » au n° 1442.

Comment se déplacer à Shanghai

Les bus. Le réseau de bus et de trolleybus est très dense et permet d'aller partout. La circulation commence à 4 h du matin et se termine pour certaines lignes vers 22 h. Quelques lignes fonctionnent toute la nuit.

Sur le plan de la ville en chinois, les lignes d'autobus sont en rouge, les lignes de trolleybus en bleu. D'autre part, on peut acheter dans les hôtels le plan en chinois du réseau de bus pour la ville et sa banlieue. Pour se rendre dans les différents endroits à visiter, nous indiquons les lignes qui passent à proximité du commencement de Nanjing lu, c'est-à-dire de l'hôtel Heping.

Les taxis. On peut obtenir un taxi, soit en se présentant dans les principaux hôtels ou bien en téléphonant à la réception, soit en attendant aux nombreuses stations de taxis qui parsèment la ville.

Taxis attachés aux hôtels. Heping. Tél. 21.12.44 ; Shanghai. Tél. 24.62.60 ; Jin jiang. Tél. 53.42.42.

Stations de taxis. Taxi Company of Shanghai. 66, Nanjing dong lu. Tél. 21.65.64. Touring Car : 104, Nanjing xi lu. Tél. 22.57.96. Friendship Taxi Service : 400 Changle lu. Tél. 53.63.63. Shanghai Taxi Service : 816, Bejing dong lu. Tél. 56.44.44.

Les Sanlun che : voici quelques adresses de stations de tricyclettes à moteur ; on paye à la fin de la course.

Dans le centre : sur Jiangxi lu entre Hankou lu et Fuzhou lu ; sur Nanjing lu devant le parc du Peuple.

Au nord : devant la gare, rue Baoshan lu.

Au nord-ouest : sur Jiangning lu, au carrefour avec Jangting lu.

A l'ouest : carrefour Huai hai lu et Fuxing lu ; carrefour de Nanjing lu avec Yan'an lu.

Dans le secteur de la vieille ville : carrefour de Renmin lu et Henan lu ; sur Zhong shan lu, après les terminus des trolleybus n°s 12 et 25.

A LA DÉCOUVERTE DE SHANGHAI

Le jardin Yu Yuan

Au milieu du dédale de petites ruelles, dans la partie nord-est de l'ancienne ville, se trouve, dans la rue Fuyu lu, le jardin Yu Yuan. Son entrée principale donne sur son grand bassin traversé par un pont en zigzag au milieu duquel se dresse le célèbre salon de thé *Wuxing ting*.

Ce jardin fut construit au XVIe siècle par un haut fonctionnaire de la ville. En 1853, pendant la révolte des « petits couteaux », il servit de quartier général à cette société secrète. L'histoire de cette révolte est d'ailleurs relatée dans un petit pavillon de ce jardin.

La promenade dans ce véritable petit labyrinthe est très agréable et permet d'y découvrir une trentaine de kiosques et pavillons, de traverser de nombreuses petites cours et de courir après les dragons qui serpentent sur le faîte du mur d'enceinte.

Heures d'ouverture : 8-10 h et 14-17 h. Prix d'entrée : 0,1 yuan.

Pour s'y rendre à pied, il faut entre 30 et 40 minutes du début de Nanjing lu.

En bus : prendre le trolleybus n° 25 qui passe sur Zhongshan lu et descendre au terminus. Cinq minutes à pied à travers les petites rues de l'ancienne ville vous mèneront à ce jardin.

Le temple Longhua si

On peut y voir la seule pagode, bien que légèrement penchée, qui soit encore debout à Shanghai. Elle a sept étages, entourés chacun par un balcon en bois. Le temple se trouve de l'autre côté de la rue ; sa première construction remonte à 247 après J.-C., sous le royaume des Wu (période des **Trois Royaumes**). Incendié en 880, il fut reconstruit en 977 ; les bâtiments actuels endommagés pendant la Révolution Culturelle sont maintenant restaurés.

Pour s'y rendre : au départ de l'hôtel **Heping,** il faut 45 mn en bus. Prendre le trolleybus n° 27 sur Nanjing lu jusqu'au carrefour avec Simenyi lu, puis prendre le bus n° 41 sur Simenyi lu jusqu'au terminus. Ce trajet en bus permet de découvrir la ville ainsi que certains aspects un peu moins touristiques : les cités ouvrières.

L'ancienne concession française

On y trouve la maison où s'est tenu le premier congrès du parti communiste chinois, le parc Fu Xing et l'ancienne résidence de Sun Yatsen.

C'est au numéro 106 de la rue Xingye lu qu'eut lieu la première réunion du parti communiste. Malgré l'assurance de vos accompagnateurs chinois, cette réunion est entachée, historiquement parlant, de quelques mystères qui sont loin d'être éclaircis : le 1er juillet est-il la date exacte de cette réunion ? Le nombre exact de participants est-il bien de douze ?

En traversant la cour intérieure de la maison, on accède à un petit musée qui retrace la genèse de cet événement, ainsi que la glorieuse destinée de certains des participants. Mis à part les traîtres passés au Guomindang et les dirigeants les plus glorieux, la vie des « autres » participants est soigneusement passée sous silence ! L'exposition de photographies est intéressante.

Le parc Fu xing. A cinq minutes à pied, on peut passer dans la rue Chunqing lu devant ce parc qui mérite un petit arrêt.

La maison de Sun Yatsen. Un peu plus loin, au 7 de l'impasse Xiangshan lu, donnant dans Sinan lu, se trouve l'ancienne résidence où mourut en 1925 le docteur Sun Yat sen. Cette maison, d'architecture française, a été transformée en musée.

Pour s'y rendre : prendre le trolleybus n° 26 au terminus, rue Sichuan lu, puis descendre rue Huaihai lu.

Les nostalgiques, les curieux et les fouineurs pourront chercher un prétexte pour découvrir à pied cette ancienne concession française de Shanghai. Que sont, en effet, devenus plus de quarante ans après certains lieux comme le Canidrome situé sur les cartes de l'époque au carrefour de l'avenue du Roi-Albert et de la route Hervé-de-Sieyes ; le « French Riffle Range » — route Joseph-Frelup ; les Abattoirs — boulevard de Montigny ; le couvent du Sacré-Cœur — rue Bourgeat, ou bien les Écuries municipales — route de Zikawei ?

Le temple Yufo si

Le temple Yufo si, ou temple du Bouddha de Jade, est situé 170, Anyuan lu.

Heures d'ouverture : de 8 à 17 h les mardi, jeudi et vendredi et de 12 à 17 h les lundi, mercredi et samedi : fermé le dimanche. Prix d'entrée : 0,35 yuan.

Pour s'y rendre : prendre sur Jiangxi lu, juste après le carrefour avec Nanjing lu, le trolleybus n° 16 qui vous déposera devant le temple.

C'est, pour l'instant, le seul temple ouvert aux touristes étrangers. Les bâtiments sont relativement récents puisqu'ils furent reconstruits vers 1918. Dans le premier bâtiment, situé à droite de l'entrée, trône une statue en bois d'un Bouddha ainsi que celles, très menaçantes, de ses quatre gardiens. Dans le premier pavillon central, on peut voir la statue de Çakyamuni accompagné de ses disciples. Après avoir traversé la deuxième cour, il faut monter au premier étage du bâtiment suivant pour admirer le célèbre Bouddha de Jade.

Sur les côtés de la grande pièce court la bibliothèque qui renferme une très belle collection de classiques bouddhiques. La statue en jade du Bouddha assis ainsi que celle du Bouddha allongé qui se trouve dans un autre pavillon, ont été ramenées de Birmanie à la fin du XIXe siècle par un moine chinois. Les salles latérales renferment également de très beaux objets religieux.

Le musée Lu Xun

C'est dans le parc **Hong kou**, situé dans le nord de Shanghai, que reposent les cendres du célèbre écrivain mort en 1936. En 1956, fut construit dans le parc le musée, qui retrace la vie de Lu Xun et ses activités.

Dans ce musée sont exposés ses lettres, ses manuscrits ainsi que de très nombreuses photographies le montrant en compagnie de sa famille et de ses amis. On peut également voir toutes ses œuvres et lire tous les travaux et articles qui ont été écrits sur lui à l'étranger.

Pour s'y rendre : le trolleybus n° 21 descend Beijing lu et prend Sichuan lu pour traverser la rivière Suzhou ; aller jusqu'au terminus. Le trolleybus n° 18, dont le terminus est également devant le parc Hong kou, coupe Nanjing lu vers le milieu au niveau du carrefour avec Xizang lu.

Le musée d'art et d'histoire

Ce musée présente de précieuses collections de bronzes, de céramiques et d'estampes, exposées dans un ordre chronologique.

Le premier étage est consacré aux bronzes : cloches de l'époque Zhou, instruments aratoires et instruments de torture de la dynastie Shang ; bronzes de l'époque « Printemps et Automne » puis de la dynastie Qin aux Tang. Une dernière salle est consacrée aux bronzes provenant des différentes minorités.

Le deuxième étage traite des poteries et céramiques : statuettes funéraires des périodes Han, Sui et Tang ; porcelaines dites « craquelées », céramiques polychromes des Yuan et Ming.

Le troisième étage montre des peintures, estampes et sculptures. Collections d'estampes provenant des dynasties Song, Yuan, Ming et Qing.

Le musée se trouve dans le coin sud-ouest du carrefour Yan'an lu avec Henan lu, à 5 mn de Nanjing lu. Heures d'ouverture : 10-17 h tous les jours sauf dimanche.

L'ancien Bund

L'ancien Bund s'appelle aujourd'hui l'avenue Zhongshan lu.

C'est sur cette grande avenue, qui longe la rive gauche du Huang pu, que se dressent les bâtiments et gratte-ciel témoins des anciennes concessions étrangères à Shanghai. En remontant les bords du fleuve à partir de la rivière Suzhou, on passe devant le magasin de l'Amitié, le building de la Banque de Chine, celui de l'hôtel Heping, l'ancien bâtiment des douanes dont le carillon sonne à 6 h, matin et soir, les notes de l'Orient Rouge, l'ancien siège d'une banque, occupé par le Comité révolutionnaire de la ville.

Shanghai est une ville qui se réveille de bonne heure le matin. Un peu partout dans les squares qui bordent les quais et sur les trottoirs de l'avenue, des gens de tous les âges accomplissent les exercices lents du *taiji quan* ou bien s'entraînent à l'escrime avec des bâtons. Sirènes de bateaux, cacophonie de klaxons, timbres des vélos, constituent à toute heure le décor musical de cette avenue.

La vieille ville

On aura plaisir à visiter la vieille ville à n'importe quelle heure de la journée. Mais c'est le matin, entre 5 et 8 h, que l'animation y est la plus intense. Les petits marchés envahissent les rues où ne peuvent circuler les voitures. De bonne heure, les enfants se lavent les dents dans la rue avant d'aller à l'école. Les seaux d'aisance sont lavés à grande eau sur le trottoir. Les poêles à briques de charbon commencent à fumer. Des hommes et des femmes peinent sur leur tricycle dont la cargaison monte dangereusement en hauteur. Les femmes font la lessive et la suspendent à de longues tiges de bambou entre les premiers étages en bois des maisons.

Cette promenade vous conduira certainement jusqu'au jardin Yu Yuan. A la fin de votre visite, rien ne vous empêche de prendre le thé dans le pavillon *Wuxing ting,* au milieu de la pièce d'eau, avec les vieux du quartier qui viennent y passer le temps et jouer aux échecs.

En descendant la rue Henan lu vers le sud, vous pouvez vous enfoncer dans la partie sud-ouest de la vieille ville. La promenade dans les petites ruelles pavées de cailloux est agréable et beaucoup plus calme. Les maisons n'ont souvent pas d'étage. Dans la rue Xueqian jie, se dresse le temple **Wen miao,** l'ancien temple de Confucius. Il est malheureusement en très mauvais état.

Nanjing lu

Rue la plus connue de Shanghai, Nanjing lu part du fleuve, au pied de l'hôtel Heping, et traverse la ville vers l'ouest sur plus de cinq kilomètres. C'est la principale rue commerçante.

On y trouve des librairies, drogueries, papeteries, magasins de radios et télévisions, des grands magasins, des cinémas. Aux emplacements les plus dégagés, de gigantesques panneaux publicitaires pour des firmes étrangères ont été dressés.

La rivière Suzhou

Sur ses bords, il règne une activité intense, aussi bien sur les chalands que dans les entrepôts avoisinants. On peut remonter cette rivière du premier pont métallique traversé par Zhongshan lu, jusqu'au sixième.

La rue Huaihai lu

L'ancienne avenue du Maréchal-Joffre traverse l'ancienne concession française. Elle passe à proximité de l'ancienne résidence de Sun Yatsen et de la maison où s'est tenu le premier congrès du parti communiste chinois.

Les folles nuits de Shanghai

Avant la libération, maisons de jeux, fumeries d'opium et autres établissements de plaisirs donnèrent à Shanghai une réputation mondiale de ville de débauche.

Aujourd'hui, il en est tout autrement bien qu'à la faveur des désordres de la Révolution Culturelle, certaines « activités délictuelles » soient réapparues et d'ailleurs sévèrement réprimées actuellement. Le touriste et le nostalgique de passage en seront quittes pour passer des nuits bien tranquilles à Shanghai. Outre les promenades et dîners dans les restaurants de la ville, voici d'autres petites suggestions pour égayer vos soirées :

Le cirque. La ville possède d'excellentes équipes d'acrobates, de clowns et de jongleurs qui se produisent au cirque de Shanghai situé dans la rue Nanjing lu. Il est prudent de réserver longtemps à l'avance.

Le club des travailleurs. Situé dans la rue Yan'an lu, ce vaste immeuble qui s'appelait jadis **Le Grand Monde,** comporte de nombreuses salles où sont présentés des pièces de théâtre, des orchestres et d'autres activités culturelles ; on peut également y prendre le thé. Le club ferme à 22 h 30.

Les soirées de l'hôtel Heping. Du swing avec les dîners dansants au huitième étage. Du jazz New Orleans et classique au « coffeeshop » (rez-de-chaussée) avec un excellent et surprenant groupe de musiciens chinois rescapés des années 40. Au violon, Lian Ming, 73 ans, à la batterie, Chen Yu Kian, 64 ans, à l'alto, Wan Jian Ming, 60 ans et au ténor Jiu Zong Lian, 66 ans.

Les soirées de l'hôtel Jinjiang. Bar et discothèque au rez-de-chaussée. Juste en face de l'hôtel, vous trouverez le « Jinjiang Club » qui occupe les locaux de l'ancien Club sportif français ; salle de billard, salle de jeux, bowling, plusieurs salles de restaurants dont une servant une cuisine japonaise ; superbe décor Art Déco ; entrée : 2 yuans.

Les promenades en bateau sur le Huang pu

Rien que pour faire l'aller-retour, on peut prendre le bateau pour traverser le fleuve *Huang pu*. Il n'y a rien à voir d'intéressant de l'autre côté, mais par contre, la traversée vous offre une très belle vue générale sur l'ancien Bund et tous ses gratte-ciel. L'embarcadère se trouve au terminus des trolleybus n°s 12 et 25, au pied d'une tour servant de sémaphore. On y achète pour 6 fens un jeton qui vous donne droit de faire la traversée dans les deux sens. L'aller-retour prend une vingtaine de minutes.

L'agence chinoise de voyages organise des promenades en bateau sur le Huang pu jusqu'à l'embouchure du Yangzi ; il en coûte entre 20 et 25 yuans, repas compris. Théoriquement, la promenade a lieu de 19 h à 21 h 30 les lundi, mercredi, vendredi, samedi, dimanche, et de 13 h 30 à 17 h les mardi, jeudi et samedi mais il est plus prudent de se renseigner à l'hôtel. Si vous décidez de faire seul cette promenade en bateau, il ne vous en coûtera que 6 yuans. L'embarcadère est situé en face de Beijing lu à trois minutes à pied de l'hôtel Heping.

Le Jiangsu

Le Jiangsu est la province qui a la plus forte densité de population et la plus grosse concentration de villes. Le Nord est la région du Subei qui n'appartient pas à cette zone du Bas-Yangzi : c'est une région très pauvre qui reçoit peu de précipitations.

La culture du riz dans le Sud, le Jiangnan, et l'élevage du ver à soie dès le VIIe siècle firent la richesse de la province. Au XIIe siècle, c'était le cœur de l'économie chinoise.

Aujourd'hui encore, le Jiangsu est un grenier à grains que sa production place en deuxième position après le Sichuan. On y fait deux récoltes de riz par an et une récolte de blé d'hiver.

Le Jiangsu, par l'importance de son industrie, vient d'autre part au troisième rang après Shanghai et le Liaoning. Le processus d'industrialisation de la province remonte au XVIe siècle avec principalement l'industrie du tissage de la soie et du coton. Les principales villes du textile sont Suzhou, Wuxi, Changzhou et Nankin.

La sidérurgie est moins développée et plutôt limitée à Nankin. On trouve du charbon à Suzhou dans le Nord ainsi que du phosphate et du sel. Quelques usines de locomotives à Changzhou, et de machines-outils à Nankin, Wuxi et Suzhou. Conserverie alimentaire et extraction d'huile sont des activités importantes de la province. Signalons aussi le célèbre vinaigre de Zhenjiang.

Les villes les plus importantes et les plus florissantes de la province sont toutes situées dans la zone du Bas-Yangzi : il s'agit de Nankin, capitale de la province, Suzhou, Wuxi et Changzhou.

Les permis

La province du Jiangsu est très riche en villes touristiques et de nombreuses villes sont ouvertes aux étrangers : Changzhou, Nankin, Suzhou, Wuxi, Yangzhou, Zhenjiang, les districts de Changshu, Huaian, Lianyungang, Nantong, Xuzhou, et Yixing sont accessibles sans permis.

NANKIN

Nankin, dont le nom signifie « capitale du Sud », fut en effet la capitale de divers royaumes pendant près de sept siècles. Située sur la rive méridionale du Yangzi, c'est le centre politique, économique et culturel de la province du Jiangsu. Sa population dépasse quatre millions d'habitants.

La ville est entourée par les *Montagnes pourpres* et la *Ville de pierres,* qui dominent la partie ouest de la ville. Pour dépeindre la splendeur du site, les anciens comparaient les Montagnes pourpres à un dragon enroulé et la Ville de pierres à un tigre accroupi.

Un peu d'histoire

La création de Nankin en tant que ville murée remonte à la période des Printemps et des Automnes (770-476 av. J.-C.). Le site de la ville fut occupé dès le quatrième millénaire par des clans installés à *Beiyingyang,* près de la colline de la Tour du Tambour, *Gulou.*

Elle apparaît pour la première fois dans l'histoire à l'époque des Printemps et Automne. Elle se trouvait alors à la frontière de trois royaumes (Wu, Yue, Chu). On raconte que les célèbres épées du roi de Wu auraient été forgées à l'emplacement de l'actuelle *Chaotian Gong.* Le roi de Yue ayant conquis l'État de Wu, commença à construire

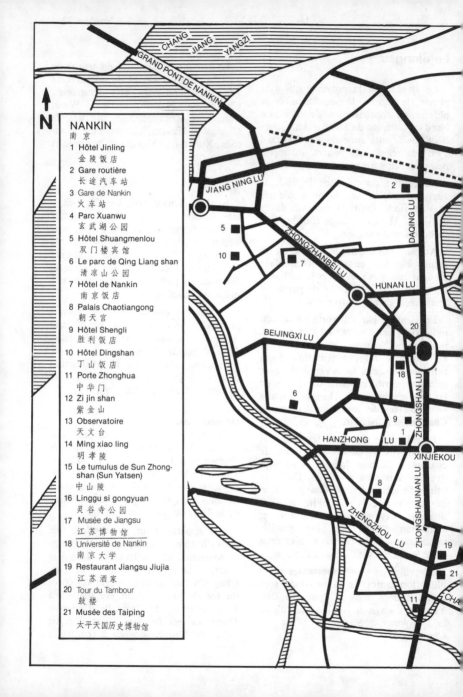

N

NANKIN
南京

1 Hôtel Jinling
金陵饭店

2 Gare routière
长途汽车站

3 Gare de Nankin
火车站

4 Parc Xuanwu
玄武湖公园

5 Hôtel Shuangmenlou
双门楼宾馆

6 Le parc de Qing Liang shan
清凉山公园

7 Hôtel de Nankin
南京饭店

8 Palais Chaotiangong
朝天宫

9 Hôtel Shengli
胜利饭店

10 Hôtel Dingshan
丁山饭店

11 Porte Zhonghua
中华门

12 Zi jin shan
紫金山

13 Observatoire
天文台

14 Ming xiao ling
明孝陵

15 Le tumulus de Sun Zhongshan (Sun Yatsen)
中山陵

16 Linggu si gongyuan
灵谷寺公园

17 Musée de Jiangsu
江苏博物馆

18 Université de Nankin
南京大学

19 Restaurant Jiangsu Jiujia
江苏酒家

20 Tour du Tambour
鼓楼

21 Musée des Taiping
太平天国历史博物馆

CHANG JIANG YANGZI

GRAND PONT DE NANKIN

JIANG NING LU

ZHONGZHANBEI LU

DAQING LU

HUNAN LU

BEIJINGXI LU

ZHONGSHAN LU

HANZHONG LU

ZHONGSHAUNAN LU

XINJIEKOU

ZHENGZHOU LU

CHA

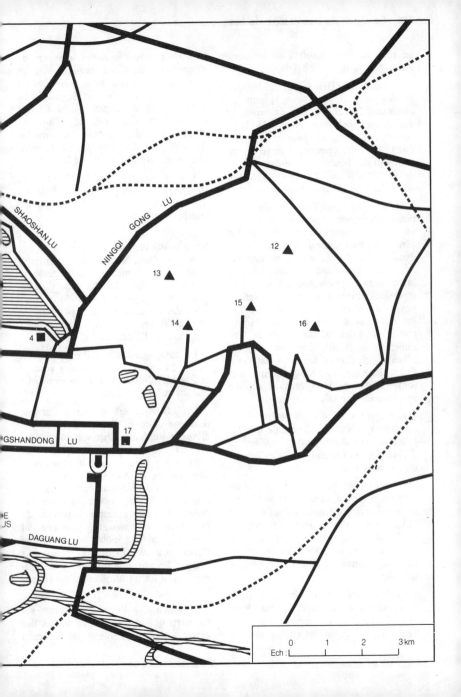

un mur de terre au-delà de la porte *Zhonghua men.*

A partir du IIIe siècle, la ville se développa et devint, sous le nom de **Jiankang,** la capitale des dynasties du Sud qui se succédèrent jusqu'à la réunification de l'empire sous la dynastie Tang. De cette époque, il reste cependant peu de choses : les tombes royales de la dynastie des Liang et la *falaise des Mille Bouddhas* à Qixia shan.

Sous les Sui et les Tang, la ville perdit beaucoup de son importance mais resta un centre florissant du bouddhisme. En 1368, **Zhu Yuanzhang,** fondateur de la dynastie des Ming, en fit sa capitale avant de reconquérir le Nord. La ville lui doit sa physionomie actuelle. Elle était alors traversée par de belles avenues pavées de marbre et le palais impérial fut construit sur un plan qui inspira par la suite les architectes de la Cité impériale de Pékin. Il en reste aujourd'hui peu de choses. Une fois installés à Pékin, les empereurs Ming continuèrent toujours à considérer Nankin comme une seconde capitale.

Les ateliers de tissage étaient alors nombreux à Nankin, de même que les fours à céramique, sur la colline de *Yuhua tai,* contribuant à l'essor économique de la ville.

L'année 1840 vit éclater la guerre de l'opium et c'est à Nankin que sera signé le premier des « traités inégaux ». En 1853, l'armée des insurgés Taipings fit de Nankin leur *capitale céleste.* Elle le resta jusqu'en 1864, année où la répression causa à la ville des dommages terribles.

En octobre 1911, la révolution « bourgeoise », conduite par **Sun Yat-sen** (Zhong Shan en chinois), mit fin à l'empire, et Nankin fut choisie comme capitale provisoire. Après le succès de l'expédition du Nord menée contre les seigneurs de guerre par le *Guomindang* et le P.C.C. associés, Chiang Kaishek s'installa dans l'ancien palais du roi céleste Hong, le chef des Taipings. Nankin restera la capitale du Guomindang et pour les autorités de Taiwan, elle est encore la capitale de la Chine.

Les Japonais occupèrent la ville durant la deuxième guerre mondiale. Le 23 avril 1949, Nankin fut libérée par les troupes communistes.

Nankin aujourd'hui

Aujourd'hui, Nankin compte environ 2 000 usines et mines avec un total de 500 000 ouvriers répartis dans l'industrie métallurgique et sidérurgique, mais aussi dans la mécanique, la pétrochimie et le raffinage du pétrole, les produits d'optique et l'électronique.

La campagne autour de Nankin est riche. Les récoltes principales sont le riz, le blé d'hiver, le thé, le coton, les melons et les légumes.

Un effort a été entrepris dans le domaine culturel. On compte 800 000 élèves et étudiants. L'université de Nankin est une des plus importantes du pays. On y trouve aussi le plus grand observatoire de Chine. Enfin la zone est riche de traditions culturelles, qui réapparaissent à l'heure actuelle : le *théâtre Kun* par exemple, originaire de la région de Shaoxing, province du Zhejiang, un peu moins populaire que l'opéra dit de Pékin. Les conteurs publics, les marionnettes chinoises, figurent parmi les traditions en plein renouveau.

Nankin a pour l'essentiel conservé ses remparts qui, contrairement à ceux des autres villes, ne suivent pas un plan régulier. Au nord-ouest, ils bordent le Yangzi, puis longent le lac Xuanwu au sud. A l'est, ils enveloppent l'ancien palais Ming et au sud-est et sud de la ville, ils suivent le cours de la rivière Qinhuai.

La rue Zhongshan lu se prolonge vers le nord à partir du Gulou, le rond-point de la tour du Tambour, jusqu'au fameux pont de Nankin. C'est là que se trouvent les trois hôtels réservés aux étrangers.

La gare principale de Nankin se trouve au Nord du lac Xuanwu. La ville n'est pas très étendue et bien desservie par le réseau des bus urbains.

Nankin pratique

o *Les bus*

N° 32 (trolleybus). A partir de la Zhongshan beilu, il traverse toute la rue Zhongshan lu centrale jusqu'au monument aux Héros, à Yuhua tai, au sud de la ville.

N° 31. Il se dirige également vers le Sud, en longeant la rue Taiping lu jusqu'à la Jiankang lu.

N° 1. Il circule sans interruption de la gare de Nankin jusqu'à la Jiankang lu, en passant par Gulou, la tour du Tambour, Xinjiekou, le plus grand carrefour, et la rue Taiping lu.

N° 13. Il part de la Shuixi men, à l'ouest de la ville, près du parc de Mo Chou, remonte la Zhongshan beilu Nord jusqu'au niveau de l'hôtel de Nankin et se dirige vers la porte Zhongyang men, au Nord, où se trouve la gare routière.

o *Comment se rendre à Nankin*

En train. Nankin est bien desservi par le train. On s'y rend facilement à partir de Suzhou, Wuxi, Changzhou, Zhenjiang, etc. mais de Canton ou de Hangzhou, il faut changer de train à Shanghai. Le tableau suivant donnera un ordre de grandeur quant aux horaires, les trains étant beaucoup plus nombreux que ce que nous citons. Le trajet Pékin-Nankin dure environ 39 heures.

	45	21	Train n°	22	46
Heure	17 h 18	21 h 55	**Pékin**	14 h 46	5 h 45
	8 h 31	12 h 57	**Nankin**	23 h 42	14 h 33
	13 h 15	16 h 56	**Shanghai**	19 h 53	10 h 18

En avion. Nankin est relié par des vols réguliers à : Pékin (173 yuans), Changsha (132 yuans), Chengdu (274 yuans), Chongqing (226 yuans), Dalian (208 yuans), Fuzhou, Canton (214 yuans), Guilin (235 yuans), Hangzhou (56 yuans), Jinan (93 yuans), Qingdao (123 yuans), Shanghai (47 yuans), Shenyang (248 yuans), Tianjin (145 yuans), Wuhan (80 yuans), Xiamen (206 yuans), Xi'an (167 yuans), Zhengzhou (93 yuans).

En bus. De Nankin, on peut se rendre à Yangzhou, Hangzhou, Wuxi, Changzhou, Huangshan, etc. en bus. Les bus longue distance partent généralement très tôt le matin. Renseignez-vous auprès de la gare routière, 1, rue Jianning, à Zhongyangmen. Tél. 329.73. La gare routière se trouve à l'ouest de la gare ferroviaire et on peut s'y rendre par les bus n°s 1, 10, 32 et 33.

En bateau. Deux départs quotidiens

pour Shanghai et Wuhan sur le Yangzi. Du quai central, Zhongyang matou. On y accède par le bus n° 10 de la gare et le bus n° 31 des hôtels Nanjing fandian, Dingshan, Shuangmen binguan. De Nankin sont également organisés des voyages en bateau sur le Grand Canal par CITS. Un car amène les voyageurs à Yangzhou où ils embarquent pour une croisière à travers le Jiangsu. Renseignez-vous auprès de CITS.

A vélo. L'agence de tourisme de Nankin organise des voyages à vélo à travers le Jiangsu. Il faut se renseigner auprès de CITS ou directement dans les hôtels, qui, pour la plupart, louent des vélos. Le circuit est le suivant : Nankin-Yangzhou (120 km), Yangzhou-Zhenjiang (24 km) avec la traversée du Yangzi en ferry, Changzhou-Yixing (60 km), Yixing-Wuxi (64 km), Wuxi-Suzhou (69 km). Un camion suiveur est prévu en cas de coup de pompe !

○ *Adresses utiles*

Gare routière. 1, rue Jianning (bus n° 1). Tél. 329.73. Bus en direction de Yangzhou, Yixing, Zhenjiang, Hefei...

CAAC. 76, rue Zhongshan dong lu. Tél. 433.78.

Taxis. Tél. 338.90.

Poste centrale. 25, rue Zhongshan lu.

CITS. 313, rue Zhongshan Beilu. Tél. 859.21 ou 869.68.

○ *Hôtels*

Nanjing fandian. 259, rue Zhongshan bei lu. Pour s'y rendre de la gare, prendre le bus n° 1 jusqu'à Zhongyang men, puis le bus n° 13. L'arrêt se trouve dans la rue en face de l'hôtel. Confort rétro. Tél. 341.21.

Hôtel Shuangmen lou. Prendre le bus n° 10 jusqu'à la gare de l'Ouest, de

là, le n° 32. Descendre au début de la rue Zhongshan bei lu, sur la droite la rue Shuangmen, au numéro 38. Tél. 859.65. Chambre : 65-130 yuans.

Hôtel Dingshan binguan. C'est le plus excentré de tous. Pour s'y rendre, même itinéraire que pour le Shuangmen lou. 90, rue Chaha'r lu. Moderne, mais déjà assez délabré. Tél. 859.31. Chambre double : 130 yuans.

Hôtel Shengli fandian en plein centre de la ville. 75 rue Zhongshan lu. Le moins cher de Nankin. Tél. 481.81. Chambre double : 60-70 yuans.

Hôtel Dongjiao binguan. Au pied du mont Zijin.

Hôtel Jinling fandian. L'hôtel le plus moderne de Nankin. Il comporte 36 étages. 5, rue Zhongshan lu. Tél. 441.41. Au sommet un restaurant panoramique. Chambre double : 200-350 yuans.

○ *Restaurants*

Le Jiangsu Jiujia. 126, Jiankang lu. C'est là qu'ont souvent lieu les banquets de mariage. On retiendra des spécialités à base de crabe et de canard. La spécialité de Nankin est le canard salé. Tél. 236.98.

Sichuan Jiujia. 171, Taiping lu. Cuisine assez épicée.

Le restaurant du Shengli fandian. Spécialité du poulet mendiant. Réservez d'avance. Tél. 422.17.

Yong he yuan. Gongyuan lu. Connu depuis 50 ans pour ses petits gâteaux et plats légers. Dans le quartier du Fuzimiao, le temple de Confucius.

Le restaurant musulman Maxiangxing. 94, rue Zhongshan dong lu. Tél. 425.85 spécialité de poulet en soupe.

○ *Les petites gargotes*

Chez Eugène. Le nom lui a été donné par les étudiants étrangers qui en sont des habitués. Il se trouve dans la Zhongshan zhong lu entre Gulou et Xinjiekou après le carrefour de Zhujiang lu, non loin de l'université. C'est un snack chinois très populaire et ouvert tard la nuit.

A ce même carrefour, un petit restaurant de *guotié,* raviolis frits, et de *hundun,* soupe de raviolis. A proximité, rue Guangzhou lu un restaurant de pâtes.

○ *Magasins*

Le magasin de l'Amitié. Youyi shangdian 3-9, Daqing lu.

Le magasin populaire. Renmin Shangdian au carrefour de Xinjiekou.

Un antiquaire. 7-11, Hanzhong lu. Tél. 445.50.

Artisanat. 199, Zhongshan lu.

Librairie en langues étrangères. 137, Zhongshan dong lu.

Rue commerçante de la dynastie Ming. Situé autour de l'ancien temple de Confucius, un petit quartier de Nankin à été entièrement refait dans le style architectural des Ming. Il est réservé aux activités de loisir : terrains de jeu, boutiques, restaurants.

○ *Théâtres*

Baihua Pingtan (contes populaires). Contes et ballades chantées dans le dialecte de Suzhou. 48, Zhongshan lu. Tél. 439.42.

Théâtre Qinhuai. 118, rue Gongyuan jie. Tél. 231.23.

On trouvera au sud de la ville des échoppes de tissus locaux appelés *cubu :* par exemple 204, Zhonghua lu, au carrefour avec la Jiankang lu. Dans la Jiankang lu sur la première rue à votre droite vous pénétrerez dans un quartier plein d'échoppes de tissus, fripiers, etc.

A voir à Nankin

Une visite de deux jours permettra de voir les sites les plus intéressants de Nankin qui sont, pour la période Ming, le tombeau de l'empereur **Hongwu** ; pour la période des Taipings, le musée de l'Empire céleste de la grande paix, installé dans l'ancien palais du roi de l'Est ; et, pour la période moderne, le mausolée de Sun Yatsen. Le musée de la province du Jiangsu est un des plus beaux musées de Chine. Dans le cadre des réalisations du socialisme, on pourra visiter le célèbre pont de Nankin.

Les collines environnantes, les forêts alentour, les nombreux parcs et les avenues ombragées de la ville sont des buts de promenades agréables.

Notons que beaucoup de monuments ont été détruits lors de la répression des Taipings.

○ *Le nord-ouest de la ville*

La tour du Tambour, *Gulou.* Située non loin de la **tour de la Cloche,** comme dans toutes les villes, elle se trouve à l'emplacement des remparts septentrionaux. Elle était autrefois munie d'une clepsydre et d'un tambour de veille.

Les collines boisées. Au sud-ouest de la place de Gulou, vers les remparts de l'Ouest, s'étend une zone de collines boisées, où se trouvent l'*université de Nankin* et le grand *stade de Wutai shan.* Sur la colline *Qingliang shan,* on pénètre dans un magnifique parc qui abritait autrefois des résidences d'été permettant de fuir les fortes chaleurs.

Les fresques d'époque Taiping. En prenant la petite rue en face de ce parc, on arrive sur une grande artère, la Hankou lu. Sur la droite, au n° 74 de la rue Dangzi jie, se trouve l'ancienne résidence d'un fonctionnaire Taiping. Il faudra une autorisation de CITS pour pouvoir y pénétrer. L'intérieur est orné de fresques de cette époque.

Le palais qui fait face au ciel. En poursuivant dans la rue Dangzi jie, on débouche sur ce palais, *Chaotian gong,* au sud de la colline du même nom. C'est ici, à l'époque du royaume de Wu, qu'étaient rassemblés les forgerons. Le lieu s'appelait alors « ville de la forge ». Sous les Song, on y construisit un palais qui prit son nom actuel au début de la dynastie Ming. Les bâtiments sont aujourd'hui occupés par des musées.

Les vieux du quartier aiment à se rassembler sur la place tandis que des enfants s'entraînent le soir au *Wushu,* art martial chinois.

○ *Le sud de la ville*

Si vous continuez au-delà de Chaotian gong, vous pénétrez dans la vieille ville chinoise. C'est un quartier sillonné de canaux qui s'étend autour de deux axes, la Zhonghua lu et la Jiankang lu, et qui est bordé au sud par les murailles de la ville.

Le parc du lac Mochou, *Mochou hu.* Vers les remparts de l'Ouest, à l'extérieur de la porte Shuixi men, au terminus du bus n° 13. Les abords du lac ont été aménagés en jardin public. **Mochou** est une héroïne du temps de l'empereur Wu des Liang.

Le parc de l'Île du Héron blanc. *Bai lu zhou.* Il s'étend le long des remparts sud-est. C'est un très joli jardin qu'il vous faudra trouver à travers un dédale de ruelles.

Le palais du roi de l'Est. A l'Est du

quartier dans la zone Zhanyuan lu se dresse le palais du roi de l'Est, un des généraux du chef de l'insurrection Taiping. Du temps de Chiang Kaishek c'était le siège du ministère de l'Intérieur. Depuis 1959 les autorités locales y ont aménagé un musée, retraçant l'épopée Taiping. En 1979, le parc attenant à la résidence a été ouvert au public.

La colline de la Pluie de Fleurs. Au Sud de la porte Zhonghua men se dresse la colline *Yuhua tai.*

Sous l'empereur Wudi des Liang, un moine installé sur cette colline aurait été si éloquent au cours d'un prêche, qu'une pluie de fleurs serait tombée sur l'assistance, d'où le nom de la colline qui était autrefois couverte de temples. Aujourd'hui s'y dresse une grande stèle à la mémoire des 100 000 révolutionnaires exécutés par le Guomindang. L'endroit est célèbre pour la beauté de ses cailloux qui sont désormais vendus très cher, aux étrangers bien sûr !

C'est sur ce site que s'élevait autrefois la **pagode de Porcelaine** construite par l'empereur Yong le, sous les Ming, en l'honneur de sa mère, et détruite lors de la répression des Taipings.

Le tombeau du roi de Bornéo. A l'ouest de la colline de la Pluie de Fleurs. Ce roi est mort à Nankin, en 1408, au cours d'une visite à l'empereur Ming.

La colline de la Tête de Bœuf. Pour atteindre cette colline, *Niushou shan,* il faudra prendre le bus à la station routière qui se trouve à la porte Zhonghua men. Vous descendrez à l'arrêt de Nantanglin shan.

A proximité de cette colline ont été découvertes deux tombes de la dynastie des Tang du Sud, X° siècle. Il s'agit des sépultures des deux premiers empereurs de cette dynastie. Chaque tombeau est orné de très belles fresques. Pour les visiter il sera nécessaire de demander l'autorisation d'un responsable de la commune voisine.

○ *Le centre de la ville*

Xinjiekou. Le nom signifie « nouveau carrefour ». C'est le quartier commerçant de Nankin. A deux pas de là se dresse le palais de la Culture des ouvriers, où se tiennent régulièrement divers spectacles.

L'Assemblée provinciale. Au numéro 292 de la Changjiang lu, se dresse l'ancien siège du Guomindang qui fut installé à l'époque dans l'ancienne résidence du roi Taiping, **Hong Xiuquan.** Ce palais ne se visite malheureusement pas car il accueille aujourd'hui les membres de l'Assemblée consultative du Jiangsu. La rue Hanfu jie prolonge cette rue. Sur la gauche, on repérera une petite rue : *Meiyuan xincun,* la « nouvelle rue du jardin des pruniers ». Les deux maisons du n° 30 ont accueilli de mai 1946 à mars 1947 la délégation du PCC conduite par Zhou Enlai.

Le temple Bilu si. Au bout de la rue Hanfu jie, ce temple était encore en activité en 1966. Une usine s'est depuis installée sur les lieux.

○ *L'est de Nankin*

Wuchao men. A l'est de l'avenue Zhongshandong lu, vous apercevrez les quelques vestiges de ce qui fut le palais Ming construit par le fondateur de la dynastie en 1368 : le grand portail de Wu Chao men, formé de cinq arches.

Le musée. Au bout de la Zhongshandong lu, à l'est des vestiges du palais Ming, se trouve le musée de la Province du Jiangsu. C'est un musée historique passionnant dont les salles montrent des reliques des origines de l'homme à nos jours. Vous pourrez y voir, entre autres choses, des bronzes vieux de 3 000 ans et des originaux de peintres très célèbres.

○ *Le nord de Nankin*

Le lac Xuanwu. Au nord-est des remparts, s'étend le lac Xuanwu, dont le nom signifie « lac du Nord ». Cinq îles, portant chacune le nom d'un continent, sont reliées entre elles par des digues. Le site est très beau et n'a rien à envier au célèbre lac de l'Ouest de Hangzhou. Le lac est bordé au sud d'une série de petites collines. Sur l'une d'elles se dresse le **temple du Chant du Coq**, *Jiming si,* actuellement occupé par une petite usine. C'est au pied de cette même colline que se trouvait autrefois la fameuse université impériale, *Guozi jian.*

Sur une colline voisine se trouve la **pagode Jiuhua,** construite sous l'occupation japonaise.

Le pont de Nankin. Commencé en 1960 sur un projet soviétique, achevé en 1968 en pleine Révolution Culturelle et sans aucune aide extérieure, ce pont a été édifié en un point où le Yangzi est très large et où le courant est particulièrement rapide. Son achèvement a mis un terme à la traditionnelle séparation entre la Chine du Sud et la Chine du Nord.

C'est un pont à deux étages. Le niveau inférieur, où passe une double voie ferrée, est long de 6,7 km. Le niveau supérieur, où passe la route, éclairée par des lampadaires rétro, est long de 4,5 km et large de 19,5 m.

On peut voir une maquette du pont et une exposition retraçant les différentes phases de sa construction à l'étage supérieur du grandiose pilier sur lequel viennent s'ancrer les câbles soutenant le tablier. Tout en haut, une terrasse permet d'observer le fleuve.

Les gros navires qui remontaient le Yangzi jusqu'à Wuhan ne peuvent plus passer depuis que le pont a été construit.

L'île des Huit Diagrammes. A l'est du pont, sur le Yangzi, on peut apercevoir l'île *Bagua zhou,* l'« île des Diagrammes ».

La pagode Yangji. Sur la rive opposée, des collines surplombent le fleuve. Au sommet de l'une d'elles, se trouve la pagode Yangji. Pour s'y rendre, prendre le bus n° 8 à Zhongyang men jusqu'au terminus.

○ *Les collines de l'Ouest*

Les collines de l'Ouest, connues sous le nom de *Zijin shan* qui signifie « monts de pourpre et d'or » sont couvertes d'une très belle forêt et s'étendent au-delà de la porte Est de la ville *(Zhongshan men).* Le bus n° 9, que l'on prend à Xinjiekou, vous amène jusqu'au site.

Le tumulus de l'empereur Hongwu. Construit en 1380 pour le premier empereur Ming. La *Voie sacrée* et l'allée conduisant au tombeau sont très belles. Le long de l'allée, large de trois mètres, se succèdent les animaux de pierre, les statues des fonctionnaires civils et militaires de l'époque.

Le mausolée de Sun Yatsen (Sun Zhongshan). Il se dresse à l'est du tumulus de Hongwu, sur le versant sud. Avant de parvenir à l'enceinte même du mausolée, il faudra escalader les centaines de marches d'un escalier monumental et passer par trois portiques recouverts de tuiles d'un très beau bleu. Les couleurs, bleu et blanc, rappellent le drapeau du Guomindang. L'escalier est en granit de Suzhou.

A l'intérieur du mausolée. Au plafond le drapeau du Guomindang ; au fond de la rotonde le cercueil de Sun Yatsen et une statue en marbre le représentant, due au sculpteur français Paul Landowski. L'ensemble fut construit de 1926 à 1929 pour recevoir la dépouille du grand révolutionnaire qui reposait alors à Pékin au temple des Nuages Azurés, *Biyun si.*

Le temple de la Vallée des Esprits. *Linggu si.* A l'est du mausolée, il fut fondé en 1381 par Hongwu. Du temple il ne reste que le *Wuliang dian,* un bâtiment sans aucune charpente de bois, caractéristique très rare dans l'architecture chinoise. C'est dans ce bâtiment que se faisait la lecture des Classiques. Par derrière, on accède à un parc et à une pagode construite sous le Guomindang au début du siècle.

L'observatoire de Nankin. Rattaché à l'Académie des sciences, il entra en fonction en 1934. On y verra à l'intérieur des reproductions d'instruments de mesures dont l'invention remonte à la dynastie Qing.

La tombe du moine Baozhi (VIe siècle). En contrebas de la colline, avec à proximité une très belle stèle d'époque Tang sur laquelle est gravé un poème de **Li Bai.**

○ *Sur la route de Qixia si*

A l'est de Nankin, sur la route du temple de Qi Xia, un certain nombre de sites sont à voir. Pour s'y rendre, prendre le bus à la station qui se trouve au début de la rue Hanfu jie.

Les tombeaux des conseillers. A 3 km au Nord de la porte Taiping men, non loin de la route, on aperçoit les tombeaux de deux grands conseillers de l'empereur Hongwu. On peut encore voir les stèles ainsi que les statues de pierre.

Les tombeaux des huit empereurs Liang. VIe siècle. Ils se trouvent un peu plus au nord que les deux précédents. On ne voit l'emplacement que de quatre tombeaux, avec les statues de pierres représentant des chimères dont le rôle était de chasser les mauvais esprits.

Le monastère de Qixia si. Il fut fondé en 487, restauré sous les Tang puis sous les Yuan. Les bâtiments actuels ne remontent guère au-delà de la fin du XIXe siècle. Le monastère se trouve à 25 km de Nankin.

Ce temple était un centre bouddhiste important : **Jian Zhen**, un moine japonais, y séjourna trois ans sous les Tang. Après avoir été occupé par l'armée pendant la Révolution Culturelle, le temple est à nouveau en activité.

Le temple est ouvert au public. A droite, se trouve une très belle pagode de pierre, haute de cinq étages, qui fut construite sous l'empereur Wendi des Sui (599-616). Des bas-reliefs relatent les grands moments de la vie du Bouddha. Soixante-quatre petites statues du Bouddha ont été sculptées sur les huit côtés de la pagode.

La falaise des Mille Bouddhas. Non loin de la pagode se trouve cette falaise, *Qianfo ling*. Les Bouddhas sont sculptés à l'intérieur de grottes dont les plus anciennes remontent aux Qi (474-502). Beaucoup de ces Bouddhas ont été mutilés lors de la Révolution Culturelle, à un moment où s'est exprimée de façon très violente une remise en cause d'un passé dont les Chinois ont du mal à s'affranchir.

SUZHOU

Suzhou est située au Sud de la province du Jiangsu, à 80 km à l'Ouest de Shanghai, proche du lac Taihu et en bordure de l'ancien Canal impérial.

Un peu d'histoire

Suzhou est avec Shaoxing et Chengdu (Sichuan) une des plus vieilles villes de la vallée du Yangzi. Elle apparaît dans l'histoire au VIe siècle, lorsque le roi de Wu en fit sa capitale en 518 avant J.-C. Le nom de ce roi est encore attaché à de nombreux sites de la ville.

Durant la période des Six Dynasties, du IIIe au VIIe siècle, la région du Bas-Yangzi bénéficia de l'arrivée massive d'émigrés du Nord fuyant l'avancée des barbares. Nankin, la capitale, et Suzhou devinrent alors une des bases de la sinisation de la Chine du Sud. Sous les Sui et les Tang, la ville prit le nom de Suzhou. Le creusement du Grand Canal en fit un centre commercial important. Mais c'est sous les Song qu'elle connaîtra son apogée. La ville s'inscrivait alors dans un vaste rectangle, entourée et traversée par des canaux. Le commerce et le tissage de la soie sont les activités principales. Marco Polo, qui y séjourna sous les Yuan au XIVe siècle, la dépeint comme une cité de marchands et de gens habiles à tous métiers. Sous les Ming et les Qing, cette industrie de la soie continue à se développer. Mais la ville est de plus en plus appréciée comme lieu de villégiature réservé à une élite : un proverbe rappelle qu'« *en haut il y a le paradis, en bas il y a Suzhou et Hangzhou* ». En 1860, l'armée des insurgés Taiping prend Suzhou. L'actuel musée d'histoire était alors la demeure d'un roi Taiping. Par la suite elle tombe dans l'orbite économique de Shanghai ouverte aux capitaux étrangers. Des

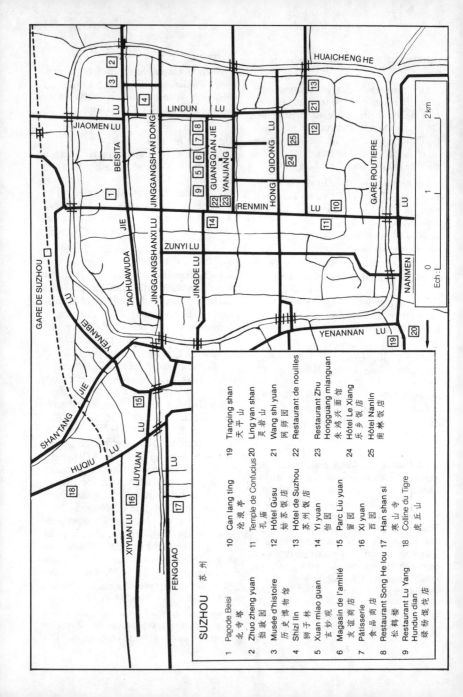

SUZHOU 苏州

1 Pagode Beisi
 北寺塔
2 Zhuo zheng yuan
 拙政园
3 Musée d'histoire
 历史博物馆
4 Shizi lin
 狮子林
5 Xuan miao guan
 玄妙观
6 Magasin de l'amitié
 友谊商店
7 Pâtisserie
 食品商店
8 Restaurant Song He lou
 松鹤楼
9 Restaurant Lu Yang
 Hundun dian
 绿杨馄饨店

10 Can lang ting
 沧浪亭
11 Temple de Confucius
 孔庙
12 Hôtel Gusu
 姑苏饭店
13 Hôtel de Suzhou
 苏州饭店
14 Yi yuan
 怡园
15 Parc Liu yuan
 留园
16 Xi yuan
 西园
17 Han shan si
 寒山寺
18 Colline du Tigre
 虎丘山

19 Tianping shan
 天平山
20 Ling yan shan
 灵岩山
21 Wang shi yuan
 网师园
22 Restaurant de nouilles
 Restaurant Zhu
 Hongguang mianguan
 朱鸿兴面馆
23 Hôtel Le Xiang
 乐乡饭店
24 Hôtel Nanlin
 南林饭店
25

concessions étrangères s'installent. L'industrie de la soie reste l'activité principale.

Depuis la libération, les industries légères sont diversifiées, l'artisanat a été réorganisé en vue de l'exportation : soie, broderie, jade, laque et confection d'éventails de santal. Par ailleurs, des industries chimiques et électroniques ont été créées.

Sur le plan agricole, la région est très riche et bénéficie du microclimat du lac Taihu. Les rendements de riz atteignent 5 000 kg par hectare. On y fait également une récolte de blé d'hiver, de coton et de millet. Suzhou est aussi célèbre pour ses crabes, pêchés en automne et distribués dans toute la Chine.

La tradition culturelle

Suzhou enfin est au cœur d'une région riche de traditions culturelles. On pourra y voir des pièces du théâtre *Kun* ainsi que du théâtre local et y entendre des conteurs publics. Et n'oublions pas ce qui est le charme de Suzhou, à savoir ses parcs, véritables joyaux dans une ville pleine de charmes.

Topographie de la ville

La ville est entourée d'un canal : le Huaicheng he. Elle a la forme d'un damier coupé de plusieurs canaux inférieurs. Le bus nº 1 suit la Renmin lu, ou rue du Peuple qui traverse la ville du Nord au Sud, de Ping men, la porte de la Paix, à Nan men, la porte du Sud. La Guanqian jie est la rue commerçante de Suzhou. Au Nord, le bus nº 4 part de la Yan'an lu et arrive jusqu'à la Youyi lu dans le Sud-Est de la ville.

Suzhou pratique

○ *Comment s'y rendre*

Suzhou se trouve sur la ligne de **chemin de fer** Shanghai-Pékin qui dessert aussi Wuxi, Changzhou, Zhenjiang et Nankin. Plusieurs trains par jour. Le prix du billet Shanghai-Suzhou coûte approximativement 3 yuans en place assise dure et 5 yuans en place molle. Les billets s'achètent à l'hôtel Heping fandian à Shanghai ou à la gare.

11 h 51	13 h 30	**Shanghai**		15 h 30	13 h 58
12 h 58	14 h 54	**Suzhou**		14 h 08	12 h 34
13 h 39	15 h 44	**Wuxi**		13 h 26	11 h 51
14 h 21	16 h 33	**Changzhou**		12 h 44	11 h 12
15 h 21	17 h 41	**Zhenjiang**		11 h 17	10 h 03
16 h 18	18 h 59	**Nankin**		10 h 20	8 h 55

Par le bus. De Hangzhou et de Yangzhou, on peut se rendre en bus à Suzhou. De Hangzhou : départ, 7 h du matin. Durée du trajet, 4 h 30 (3,8 yuans). De Yangzhou : départ, 7 h 30 du matin. Durée du trajet, 7 h (5,5 yuans).

Hôtels

○ *Hôtels de 1re catégorie.* Les prix varient autour de 110-200 yuans.

Suzhou fandian, 115, Youyi lu. Tél. 46.16. De la gare, bus nº 1 (3 stations) et bus nº 4 (6 stations). L'aile « soviétique » a été complètement rénovée et une aile nouvelle de confort à l'occidentale a été récemment construite. Chambres à 50 yuans dans l'ancienne aile.

Nanlin Hotel, l'hôtel le plus luxueux de la ville. A l'ouest du Suzhou fandian.

Le **Gusu fandian**. Dans l'enceinte du Suzhou fandian. Hôtel préfabriqué construit par les Australiens. Chambres à partir de 70 yuans.

○ *Des hôtels plus abordables* sont à la disposition des touristes :

Lexiang fandian. Dans le centre ville. Il se trouve dans une ruelle Dajingang qui part de la Renmin lu. De la gare bus n° 1 (4e station). Prix des chambres : autour de 80 yuans.

Suyuan fandian (Royal Garden). Cet hôtel ouvert en 1986 offre déjà un aspect délabré surprenant. Il se dresse à l'extrémité sud de la Renmin lu au terminus du bus n° 1. Prix des chambres : 100 yuans. Il existe des dortoirs de 4 lits : 18 yuans par personne.

Signalons aussi le **Zhuhui fandian** dans une ruelle du même nom qui donne dans la Renmin lu. Prix des chambres : 80 yuans.

Le **Dongfang fandian**. Rue Hongqiao lu. Chambres doubles : 65 yuans. Possibilité de lits en dortoirs de 4 (18 yuans par personne).

Adresses utiles

La **gare routière**. Pont Renmin qiao. Tél. 48.67. La gare se trouve au nord de la rue Renmin lu. Bus n° 1.

Sécurité publique, 7, rue Dashitou. Tél. 5661.

La **CITS** se trouve dans le bâtiment Ouest de l'hôtel Suzhou fandian. Ils organisent des tours de la ville pour 12 yuans. Départ 8 h 15, retour 16 h 15.

Restaurants

Songhe lou, 141, rue Guanqian jie. Tél. 32.70. C'est le plus vieux restaurant de la ville, célèbre par la variété et la qualité de ses plats. Il est préférable de réserver à l'avance. Nous vous recommandons le *xiang su ya* (canard « crispé »), le *xiaren shaoxie huang* (hachis de crevettes et de crabes), le *ya she* (langues de canard), le *chuncai tang* (soupe aux plantes aquatiques du lac Taihu) et enfin le poisson-écureuil, le fameux *songshu guiyu*.

Si vous n'êtes pas parvenus à obtenir une table au Songhe lou, vous pourrez toujours vous rabattre sur deux restaurants qui se trouvent à côté : le **Yusi jiujia** et le **Jinghua caiguan** dont les cuisines supportent très bien la comparaison avec leur illustre voisin.

Wangtian yuan. Célèbre pour ses pâtisseries. Une halte agréable après la visite du Jardin de l'harmonie (Yi Yuan) situé à proximité.

Le **Xinju fengcai**, 657, rue Renmin lu. Tél. 37.94. Prendre le bus n° 1 jusqu'à hauteur de Beisi ta. Il offre également de très bonnes spécialités de la région, entre autres un très bon poulet à la pastèque : le *gua ji*.

Luyang hundun dian. Tél. 51.61. Le restaurant « des Hunduns du Peuplier Vert » se trouve dans la Guanqian jie, au coin de la première rue à droite en provenance de la rue Renmin lu. Spécialités de *hunduns, jiaozis* et *baozis* qui sont des variétés de raviolis et de petits pains cuits à la vapeur.

Yinchang fu cai, 2 rue Shilu. Tél. 28.32. Bus n° 2. Spécialités de Suzhou.

Achats

Toutes les **boutiques d'artisanat** se trouvent dans la **rue Guanqian** jie (n°s 38, 27, 91). On y trouve le **thé Biluochun**, un des dix grands thés chinois, de la broderie, de la soie et du *cubu* qui est un tissu en coton assez grossier.

Magasin de l'Amitié, Youyi Shangdian, 92, rue Guanqian jie.

Antiquaire, 433, rue Renmin lu.

Magasin de peintures et de **calligraphies**, 28 rue Guanqian jie.

A voir à Suzhou

Le point de départ pour les visites ci-dessous, telles que nous les décrivons, est la rue Youyi où se trouvent les hôtels.

○ *Le nord-est de la ville*

Beisi ta. Depuis le IIIe siècle, le site a toujours été occupé par un temple et une pagode. La pagode actuelle, toute en bois, haute de neuf étages a été reconstruite en 1625. Ses bas-reliefs retracent les épisodes de sa construction. Elle est en cours de restauration.

La Forêt des Lions. C'est un parc, le *Shizi lin*, au nord-est de la ville. On s'y rend par le bus n° 4 jusqu'à la Jinggang lu. Prendre en direction de l'est la deuxième rue à gauche, la Yuanlin lu. Le jardin date de la fin des Yuan. Il fut construit en souvenir d'un maître célèbre, **Zhong Feng**, adepte de l'école Dhyana (Zen) qui avait longtemps vécu en un lieu retiré dit la *falaise des Lions*.

Le jardin de la Politique des Simples. En continuant la rue vers la Beisita lu, sur la droite, se trouve cet autre jardin, le *Zhuozheng yuan*, qui fut aménagé sous les Ming au XVIe siècle par un haut fonctionnaire retiré à Suzhou après une vie politique agitée. Son fils perdit le jardin au jeu. Sous les Taipings, 1853-1864, il appartint à l'un des chefs de la révolte qui occupait la résidence voisine. Les visiteurs pourront apprécier les *baozis* de la maison de thé.

Le musée d'histoire. A côté du parc, ancienne résidence du chef Taiping Li Xiucheng. Il retrace l'histoire locale.

○ *Le centre de la ville*

L'artère principale est la **Guanqian jie**, la « rue qui passe devant le temple ». Pour s'y rendre, prendre le bus n° 4 ou 2. Après la libération, lorsque les grandes artères furent élargies, celle-ci fut préservée et interdite à la circulation.

Le temple du Mystère. Derrière le magasin de l'Amitié, on débouche sur une vaste place occupée par un ancien temple taoïste, appelé « temple du Mystère », *Xuanmiao guan*. La grande salle, salle des Trois-Qing, les trois divinités suprêmes du panthéon taoïste, fut construite en 1181, puis restaurée plusieurs fois sous les Ming et les Qing. Durant la Révolution Culturelle, le temple fut réquisitionné par les gardes rouges et squattérisé un certain temps avant d'être transformé par la municipalité en librairie, un peu sombre au goût des gens de Suzhou.

Le jardin de l'Harmonie. Suivre la Guanqian jie vers la Renmin lu, à 500 m à droite se trouve le *Yiyuan*, « jardin de l'Harmonie », dernier-né des jardins de Suzhou, qui date de l'époque Qing.

○ *Le sud de la ville*

Le jardin du Maître des Filets. Dans la Youyi lu, un peu à l'ouest de l'hôtel de Suzhou. Ce jardin, le *Wang shi yuan*, fut aménagé par un fonctionnaire originaire de Yangzhou. Abandonné par la suite, il fut restauré au XVIIIe siècle et prit son nom actuel. De petites dimensions, avec de très belles perspectives, il devient l'été le cadre d'une belle exposition de lanternes chinoises. Rappelons que Suzhou était célèbre avec Fuzhou (Fujian) pour la beauté de ses lanternes. Des conteurs s'y produisent le soir.

Le temple de Confucius. On suit la Youyi lu vers l'ouest jusqu'à la Renmin lu à gauche, et, sur la droite, on aperçoit le toit du temple de Confucius, *Kong miao*, bâti sous les Song, détruit lors de la répression des Taipings et reconstruit récemment à la fin du XIXᵉ siècle. Aujourd'hui, une partie du temple est occupée par une école secondaire. Cependant la salle centrale a été classée monument historique en 1978 et les travaux de restauration sont en cours.

Le pavillon des Vagues. En face du temple de Confucius, une petite rue conduit au pavillon des Vagues, *Canglang Ting*. Construit par un lettré célèbre sous les Song du Sud, il devient la propriété d'un général, puis celle d'un monastère. Détruit lui aussi à l'époque des Taipings, il fut réaménagé à la fin du XIXᵉ siècle.

En face, l'ancien *Ke yuan* est désormais occupé par l'Institut de médecine.

La pagode de la Lumière de Bon Augure. Au sud-ouest de la ville, à l'ouest de la Renmin lu, se trouve cette pagode, *Ruiguang ta*. L'existence d'une pagode sur ce site remonte aux Trois Royaumes. Celle que l'on visite aujourd'hui date des Song du Nord (1125), c'est une pagode de neuf étages en brique.

○ *L'ouest de Suzhou*

Le temple de la Montagne froide, le *Han shan si*. La tradition veut que deux célèbres ermites et « poètes hilares » de l'époque Tang, **Hanshan**, « Montagne froide », et **Shide**, « Enfant trouvé »,

y aient séjourné. Les poèmes de Hanshan ont été traduits par M. Pimpaneau sous le titre *Le Clodo du Dharma*, en 1975.

Pour s'y rendre, prendre le bus n° 4 jusqu'au terminus, traverser le canal, continuer sur la gauche. Vous arrivez sur une grande artère, la Shi lu. A droite, il y a une station de bus : là, prendre le bus n° 6 jusqu'au Hanshan si (8 fens).

Le temple a été réouvert en 1978.

Première salle. Statue d'Amitofu, avec, derrière, le gardien céleste, **Wei Du**.

Première cour. A droite, un pavillon où se trouvent les statues des deux moines. Derrière la salle, des stèles, et, sur l'une d'elles, on peut voir une calligraphie du célèbre réformateur **Kang Youwei**. A gauche, un pavillon de *luohan*.

La salle centrale. Les deux personnages qui entourent le Bouddha sont **Wenshu** et **Puxian**. De l'autre côté, une stèle, très souvent reproduite, représente les deux célèbres ermites. A droite, une cloche, don des Japonais en 1905.

Deuxième cour. A droite, se trouve le **pavillon de la Cloche**. La cloche est d'époque Qing. L'originale fut volée par des pirates japonais.

Salle du fond. Une stèle représente **Guan Yin**. En dessous, le général **Guan Yu**, héros du *Roman des Trois Royaumes* et le gardien céleste **Wei Du**.

A la sortie du temple, on remarquera un vieux pont en dos d'âne d'époque Tang.

Le parc de l'Ouest. En revenant du temple de la Montagne Froide, reprendre le bus n° 6 sur la place. Au deuxième arrêt, se trouve le parc *Xi yuan* ou parc de l'Ouest, d'époque Yuan.

L'entrée. Elle est gardée par quatre grands gardiens célestes, pourvus chacun de leurs attributs : l'épée magique, le *pipa*, l'ombrelle et le serpent. Au centre, la statue d'Amitofu appelé aussi « Ni Le au gros ventre ».

La salle centrale. On l'appelle la salle des 18 *luohans*. Au centre, on verra la statue de Çakyamûni. Derrière, une fresque représente **Guan Yin**, dans l'île de Putuo, au large de la province du Zhejiang, où elle se retira pour porter secours à l'humanité.

Les parties latérales. A gauche, la salle des 500 *luohan*. On notera l'expression particulière de deux luohans : **Ji Gong** et **Feng Shen**. En sortant de la salle des luohans, à gauche se trouve l'entrée du jardin. On peut y faire une pause dans la maison de thé.

Toujours dans les parties latérales, à droite, il y a un pavillon renfermant la statue de **Guan Yin** et un restaurant.

Au fond de l'enceinte, le dernier bâtiment est le *Canjin lou*, partie réservée aux moines et interdite au public.

La colline du Tigre. Ou *Hu qiu*. Pour s'y rendre, se référer à l'itinéraire pris pour *Han shan si*. Mais à la station de la rue Shi lu prendre le bus n° 5 jusqu'au terminus.

La légende veut que le roi de Wu (490) ait été enterré en ce lieu, et qu'un tigre monte la garde sur sa tombe, d'où le nom de la colline qui est en grande partie artificielle.

Au sommet. On trouve la pagode penchée, en brique, de sept étages, édifiée en 961.

La Pierre où l'on éprouve l'épée. Elle présente une faille étroite où l'on

pourrait mesurer la rectitude d'une épée. C'est le roi de Wu, dit-on, qui, en voulant essayer ses deux épées, trancha la roche. Ces épées du roi de Wu ont été le thème de nombreuses légendes. Elles auraient été forgées par le meilleur artisan de l'époque à Chaotian Gong (Nankin).

D'autres pierres de la colline racontent des tragédies restées vivantes dans la mémoire populaire.

La Pierre des Mille. On y raconte que le roi de Wu fit sacrifier les ouvriers qui avaient participé à la construction de la tombe royale.

La Pierre tremblante. Les prêches du moine **Shen Kong** étaient si convaincants que les pierres elles-mêmes acquiesçaient.

La Pierre Oreiller. Ce moine s'y reposait d'ordinaire après ses prêches.

La Pierre de la Bonne Épouse. Devenue veuve, une femme fut vendue comme esclave, mais préféra se donner la mort pour rester fidèle à son époux. De pareils faits étaient souvent donnés en exemple par la morale confucéenne.

Le lac de l'Épée. Paysage très apprécié des Chinois. C'est la reconstitution parfaite d'un site naturel sur un espace réduit.

Le puits. Creusé par **Han Han**, ermite fameux de l'époque des Liang (Xe siècle).

La Troisième Source sous le Ciel. La première est à Jinan et la seconde à Wuxi.

A mi-hauteur. Il y a une maison de thé, rendue célèbre par le passage de nombreux poètes.

A l'est de la colline. On peut voir la tombe des cinq martyrs de la grève que déclenchèrent en 1696 les ouvriers du textile.

Au pied de la colline. La commune de la colline du Tigre y cultive le jasmin et le lotus.

Le Liu Yuan. En revenant de Hu Qiu, on peut se rendre au Liu Yuan, sur la ligne du bus n° 6. Le jardin fut aménagé sous les Qing. C'est le plus grand et, dit-on, le plus beau de la ville car il réunit tous les éléments du jardin chinois.

A voir dans les environs

Au sud-ouest de la ville, on trouve deux sites : la montagne de Lingyan et la montagne de Tianping.

○ *La montagne de Lingyan*

Il faudra d'abord se rendre à la gare routière de Suzhou, au sud de la Renmin lu. Prendre le bus n° 1 ou 13 pour s'y rendre. On y prendra un billet en direction du **lac Taihu**. Environ 1,75 yuan. Un bus part tous les matins à 8 h 30. Il faut une demi-heure de route pour arriver au pied de la colline. Pour le retour, il y a des bus à 13 h 54 et à 14 h 43.

Le temple et la pagode. Au sommet, ils sont d'époque Song, détruits puis reconstruits vers la fin des Ming. L'ensemble se trouve dans un état d'abandon dû à la Révolution Culturelle. On parle d'une restauration des lieux et d'un éventuel retour des moines. La pagode a déjà été restaurée en 1970. Certains indices attestent une occupation des gardes rouges durant la Révolution Culturelle.

Du jardin, où se promenait la belle concubine du roi de Wu, *Xi Shi*, on a vue sur la plaine, avec le lac Taihu au loin.

○ *La montagne Tianping*

En sortant du temple, prendre à gauche. Sur le chemin, si on fait très attention, on pourra voir la tombe d'un général Song, **Han Shizhong**, héros de la région.

La montagne Tianping est surtout appréciée pour ses formes très érodées qui rappellent les montagnes de Guilin, pour la vue qu'on y a sur le lac Taihu et pour la vertu médicinale de ses sources.

En chemin, le visiteur de ces lieux essayera de découvrir un site connu des Chinois sous le nom des **Quatre sapins millénaires**. La légende raconte qu'avant notre ère, un moine planta trois sapins. Durant un orage, un des arbres fut brisé en deux et chacune des deux parties reprit vie, d'où des formes étranges.

WUXI

Wuxi est située non loin du lac Taihu, au sud du Yangzi, sur la ligne de chemin de fer qui relie Nankin à Shanghai, à 145 km de cette dernière. Sa population n'est pas loin d'atteindre 800 000 habitants. Le climat y est tempéré grâce au micro-climat que crée le lac. La zone est si fertile qu'on l'appelle « *la terre du poisson et du riz* ». Le lac Taihu est, par sa taille, un des plus grands lacs de Chine. Avec 2 240 km². Il constitue la principale attraction touristique de la ville.

Wuxi est une ville de textile connue pour la qualité de ses soies. La tradition de sériciculture est vieille de plus de mille ans, mais les premières industries de tissage furent établies vers le milieu du XIXe siècle. Depuis la libération, cette activité s'est développée en vue de l'exportation, tandis que se créaient d'autres branches d'industrie légère.

Un peu d'histoire

Wuxi signifie « *dépourvue d'étain* ». C'est une très vieille ville dont il reste peu de vestiges historiques. Les origines de la ville remontent aux Zhou, au premier millénaire avant J.-C., quand le duc de Tai, fils aîné du prince de Zhu, fonda l'État de *Juwu*, avec pour capitale le village de Mei, près de l'actuelle Wuxi. Wuxi porta à l'origine le nom de Yaoxi, « *pourvue d'étain* ». Son nom actuel vient de l'épuisement des mines qui se trouvaient à proximité, sur la colline Xi shan.

Wuxi pratique

○ *Les déplacements entre Wuxi et la région*

Par le train. Il existe des trains sur Suzhou (42 km, 40 mn), sur Shanghai (128 km, 1 h 45), sur Changzhou (1 h), sur Zhenjiang (2 h), et sur Nankin (2 h 45). Voir horaires à Suzhou.

Par le bus. On peut se rendre en bus à Yangzhou et à Hangzhou. Wuxi-Yangzhou (158 km) : bus à 5 h 30 et à 12 h (4,10 yuans). De Yangzhou : départ à 5 h 30 et 12 h 30. Pour Hangzhou (222 km), un bus direct part à 7 h 30 (5,20 yuans).

Par le bateau. Un bateau touristique assure deux liaisons par jour avec Hangzhou. Le prix du billet varie entre 3 et 5 yuans. Le trajet dure treize heures, départ 8 h et 13 h 30.

On peut aussi se rendre à Suzhou en bateau en quatre heures pour 5,5 maos, départ 6 h 20 et 12 h 00. Si vous venez de Suzhou nous vous conseillons de prendre le bateau (6 h 10 et 12 h 10), plus agréable que le train, car c'est une excellente occasion de naviguer à travers les canaux et sur le lac Taihu. A Wuxi, les départs se font au quai Gongyun matou à 2 mn de la gare. A Suzhou, l'embarcadère est au pont Renmin qiao, au Sud de la gare routière.

○ *Les hôtels*

Les trois hôtels pour étrangers se trouvent hors de la ville au bord du lac. Le **Hubin fandian** est le plus proche, à côté du jardin Liyuan. Tél. 267.12. De la gare ou du quai vous pouvez prendre le bus n° 11, descendre à la place Gongnongbing (3 stations), de là prendre le bus n° 1 jusqu'au parc Linyuan (3 stations). Le prix standard pour une chambre double avec air conditionné est de 50 yuans. Dans l'enceinte même de l'hôtel, les Australiens ont construit un hôtel préfabriqué tout comme à Suzhou, c'est le **Shuixiu fandian**. Les chambres doubles avec air conditionné coûtent 50 yuans.

L'hôtel le plus charmant reste cependant le **Taihu fandian** construit dans les années cinquante, dans un superbe parc au bord du lac. Destiné à l'origine à être un centre de villégiature pour les cadres, il s'est peu à peu ouvert aux étrangers. Les chambres, sans air conditionné, sont cependant spacieuses. Les prix sont meilleur marché, une chambre double : 50 yuans ; un lit en dortoir de 3 ou 4 lits : 10 yuans. Le seul problème est qu'il est très mal desservi. De la gare, il faut prendre le bus n° 2 jusqu'au terminus, devant le parc Meiyuan ; de là vous devrez marcher vingt minutes environ avant d'arriver à l'hôtel. En taxi, la course s'élève à une dizaine de yuans ; le *sanlunche* (voiture à 3 roues) est plus économique. Beaucoup de Chinois d'outre-mer descendent dans cet hôtel.

Dans la ville, il existe deux hôtels pour Chinois qui reçoivent avec quelque réticence les étrangers. Le **Wuxi fandian** est le plus propre des deux, il se trouve

26, rue Gongnongbing (tél. 245.53). De la gare, le bus n° 11 vous amène à la place Gongnongbing (3ᵉ arrêt) ; l'hôtel est à 2 mn de marche en direction du Sud. Chambre double : 60-80 yuans.

Le **Liangxi fandian** est dans une petite rue, Shixin gang. De la gare, vous marchez jusqu'au grand magasin Baihuoshangdian où vous prenez le bus n° 11 : 1 station puis vous prenez le bus n° 12. Descendez à la deuxième station. Les chambres dans ces deux hôtels sont à 40 yuans avec salle de bains ; il s'agit bien sûr de prix pour les étrangers mais il est difficile de les faire baisser.

L'**hôtel Jinyuan Guobinyuan**. Près du parc Meiyuan. Tél. 230.01. Chambres doubles entre 60 et 130 yuans.

○ *Les restaurants*

Les spécialités de Wuxi sont les crabes d'eau douce : les *pangxie* ; les petites côtelettes de porc dans une sauce légèrement sucrée : les *paigu* ; des plats à base de tortue (*yuan*) et le fameux « poisson d'argent » : le *yin yu*. Les restaurants les plus réputés de Wuxi sont le **Liyuan fandian** connu pour ses spécialités de poisson et de tortue. Il est situé à proximité du parc Liyuan et est ouvert de 10 h 30 à 13 h 30.

L'autre restaurant est le **Cai feng yuan caiguan**, au coin de la Zhong shan lu et de la Jiefang beilu. Tél. 257.49. Il est préférable de réserver. Pour s'y rendre, prendre le bus n° 2 ou 11 et descendre à Shengli men. Signalons enfin le **Jiangnan fandian** sur la rue commerçante de Wuxi : 435, rue Zhongshan lu. Les **hôtels Wuxi** et **Liangxi** ont de très bons restaurants. Enfin, si vous voulez manger sur le pouce, nous vous signalons le succulent *huishan* qui vous calera l'estomac. Ce gâteau a une tradition vieille de 400 ans, quand les moines de Huishan l'offraient à leurs visiteurs. Dans les bars de la Zhongshan lu vous pourrez déguster le *suan mei tang*, ou jus de prune, assez rafraîchissant.

○ *Adresses utiles*

La **CITS**. Les bureaux se trouvent en face de la gare à 2 mn à pied, 55 rue Chezhan lu. Tél. 30.24. Ils organisent des croisières de luxe sur les « bateaux-dragons », répliques impériales, sur le lac Taihu. Vous pouvez aussi leur demander de vous arranger une visite dans un atelier de broderie ou dans une filature de soie.

La **gare routière** se trouve également à côté de la gare, au 38, rue Chezhan lu.

Le **quai d'embarquement** pour le lac Taihu se trouve au quai Gongyun matou. De la gare se diriger vers l'ouest en direction du pont Gongyun qiao (ne traversez pas le pont). La Société des transports fluviaux de Wuxi (Wuxi geyun zhan) vous propose des tours sur le lac Taihu pour 2,60 yuans la journée (parc Liyuan, presqu'île de la Tortue, île Sanshan), ce qui vous coûtera moins cher que les croisières de la CITS. Les départs se font à 7 h 40 le matin.

C'est de là que partent aussi les bateaux pour Yangzhou et Hangzhou.

○ *Quelques magasins*

Le **marché Dongfanghong** est le grand magasin qui se trouve sur la place. On y trouvera des produits d'artisanat local, entre les figurines de Huishan modelées dans l'argile. L'inspiration pour ces petits personnages, après avoir été pour l'essentiel tirée des héros révolutionnaires, est revenue aux figures traditionnelles tirées de l'opéra de Pékin et à ces gros bébés, symboles de la fortune et du bonheur.

Un **magasin d'artisanat** se trouve 192, Renmin lu, à côté du Dongfanghong. Autour de la place, dans les ruelles, de nombreuses échoppes vendent du *cubu* (tissu de coton tissé par les paysans).

Antiquaire. Il y en a un dans une librairie-bibliothèque, près du marché Dongfanghong.

A voir à Wuxi

○ *Les bords du lac Taihu*

La presqu'île de la Tortue. Ou *Yuantou Zhu.* Le bus n° 1 vous amène sur les lieux. Cependant, si vous résidez à l'hôtel Taihu, vous pourrez vous rendre à pied, à travers le parc, jusqu'au rivage. Là, un passeur vous amènera sur l'île d'en face occupée par un sanatorium. Il vous faudra traverser l'île puis prendre un pont avant d'arriver à la presqu'île de la Tortue. Le parc de Yuantou Zhu est ouvert jusqu'à 21 h. Après avoir traversé deux portiques, un plan du parc vous indiquera la route à suivre.

L'île des Trois Montagnes. Pour se rendre dans cette petite île, *Sanshan*, au large de la presqu'île de la Tortue, vous pourrez utiliser les bateaux publics comme font de nombreux touristes chinois en villégiature à Wuxi (attention le dernier bateau est à 14 h) ou bien passer par l'agence de tourisme qui mettra à votre disposition de superbes vedettes.

Le jardin des Pruniers, ou *Mei yuan.* Il existe plusieurs possibilités pour s'y rendre. Par le bus n° 2 à partir de la ville. De *Yuantou Zhu,* prendre à la sortie du parc une barque qui vous conduira au jardin des Pruniers pour la somme de 5 fens. Mais prenez garde au fait que, là aussi, le dernier bateau est à 14 h. Au cours de la traversée, vous apercevrez certainement des pêcheurs

installés au milieu du lac dans des espèces de baquets en bois. De *l'hôtel Taihu,* vous vous rendrez au *Mei yuan* à pied.

Excursions sur le lac : 10 yuans la journée, 5 la demi-journée ; il existe des dîners-promenades pour 40 yuans tout compris.

Le parc du lac Lihu, ou *Li yuan.* Il se trouve non loin de l'hôtel Lihu, sur le trajet du bus n° 1. Ce jardin est récent, puisqu'il date de 1927. A l'origine, il s'agissait de deux jardins privés, qui ont été réunis et ouverts au public en 1951. Situé en bordure du lac Li hu, l'élément eau constitue l'essentiel du paysage, avec des digues, de très belles essences et une galerie de 300 m qui permet de traverser le parc de bout en bout.

Le nom de Li vient d'un personnage historique, **Fan Li,** qui s'était épris de la belle **Xi Shi,** promise au roi de Wu. Les amants passèrent une nuit au bord de ce lac.

○ *La ville*

Wuxi est, dans l'ensemble, une ville moderne, et beaucoup d'édifices ont été construits après la libération : le siège de l'Assemblée provinciale, à l'ouest de la rue Zhongshan lu, le Palais des sports, Tiyu guan, au sud-ouest de la ville, le Théâtre des paysans-ouvriers-soldats, sur la place Gongnongbing.

Cependant nous invitons les visiteurs à flâner dans les ruelles qui bordent les canaux et à découvrir par eux-mêmes le charme de ces quartiers où toute la vie des gens se déroule dehors, devant vous.

Le parc Xihui. Prendre le bus n° 10 à la place Dongfanghong ou Gongnongbing.

Le parc, Xihui gongyuan, se situe à l'ouest de la ville. C'est le seul endroit où l'on pourra voir des bâtiments anciens remontant pour certains aux Ming. Le Xihui groupe plusieurs parcs qui s'étendent entre les deux collines Xi shan et Hui shan.

La colline Xi shan. La colline, au sommet de laquelle se dresse une pagode d'époque Ming, est face à l'entrée du parc.

La colline Hui shan. Après avoir passé le **Parc zoologique** sur la gauche, on se dirigera vers la colline Hui shan, jusqu'au **jardin Jichang yuan.** Ce jardin fut aménagé au XVIe siècle sous la dynastie Ming et fut pris plus tard comme modèle lors de l'aménagement du jardin de l'Harmonie au Palais d'Été de Pékin. Au fond du parc, on se régalera d'un thé fait avec l'eau de la source qui coule non loin, et dont les propriétés sont vantées.

Le pavillon des Bambous. En face du Jichang yuan, se trouve l'ancien temple de Hui shan, appelé aujourd'hui *Zhulu shanfang* ou pavillon des Bambous. Ce temple remonte à l'an 420, mais un incendie le détruisit. Reconstruit par la suite, il prit son nom actuel en 1619 et fut incendié une deuxième fois ; les bâtiments actuels datent de la fin des Qing. Sous les Ming, un peintre célèbre **Wang Fujiao** y séjourna.

On peut voir dans le pavillon de droite une des toiles du maître : *Deux peintures de bambous.* Dans ce même pavillon, des stèles décrivent les six séjours que l'empereur **Qian Long** des Qing fit dans cet endroit.

Le musée d'histoire. A droite du temple, un musée d'histoire, avec à l'intérieur quatre salles réservées aux découvertes archéologiques de la région.

La source. A gauche du temple, la « Deuxième source sous le ciel », la

première étant à Jinan, dans le Shandong. Elle est appelée aussi source de Hui shan. Elle fut découverte sous la dynastie Tang, en 779. La source surgit sous un pavillon surmonté d'une calligraphie de **Zhao Zi'ang**, un philosophe légiste de la dynastie Yuan.

YANGZHOU

C'est une petite ville située au nord du Yangzi. Elle sombra dans l'oubli après avoir connu une prospérité que peu de villes égalèrent. Considérablement endommagée lors de la répression des Taipings, elle est, aujourd'hui encore, très peu industrialisée. Elle fut ouverte à nouveau aux étrangers en 1977. La population est de 400 000 habitants.

Un peu d'histoire

Yangzhou s'appelait à l'origine **Guang ling**. Elle prit son importance sous les Sui lors de la construction du Grand Canal. La ville se trouvait à un carrefour de canaux et tout ce qui venait du sud devait y transiter. L'empereur Sui, **Wendi**, voulait en faire sa seconde capitale. Sous les Tang, elle devint la troisième ville de Chine. Des textes relatent la richesse des commerçants, intermédiaires favoris de l'administration. Les marchands étrangers y étaient particulièrement nombreux. L'un d'eux, **Marco Polo**, aurait été chargé par l'empire mongol de l'administration de la ville pendant trois ans.

La ville connut des heures sombres : le massacre, en 766, des étrangers et en 1645 celui dû à l'invasion des troupes mandchoues. Peu à peu la ville périclita au profit de Nankin et de Suzhou où les grands axes du commerce s'étaient transférés. Sous les Qing la ville resta un lieu d'agrément très apprécié des empereurs tandis que certains poètes et peintres venaient s'y isoler. L'un deux, **Tao Shi**, est célèbre pour y avoir tracé un grand nombre de jardins.

La ville est restée célèbre pour l'art de ses conteurs, ou art du *Yangzhou pinghua*. Ces conteurs qui se produisaient autrefois dans la rue le font aujourd'hui dans les salles de spectacles. Chaque conteur avait son répertoire d'histoires, prises le plus souvent dans les romans populaires comme *Les Trois Royaumes* et *Au Bord de l'Eau* ; répertoire qu'ils se transmettaient de génération en génération. Actuellement le plus célèbre est la petite-fille du conteur **Wang Shaotang, Wang Litang**.

Yangzhou pratique

○ *Topographie de la ville*

Notons les artères principales. Le point de départ sera l'hôtel Xiyuan qui se trouve au nord de la ville.

A l'est de l'hôtel. A la sortie de l'hôtel, prendre à gauche puis la première rue sur la droite, *Guoqing lu*, la « rue de la Fête Nationale » qui descend vers le sud jusqu'à la rivière. C'est une rue très commerçante et ombragée qui connaît un trafic incessant de vélos, de charrettes et de voitures. Les bus n°s 1 et 3 descendent cette artère ; le bus n° 1 est circulaire.

Parallèle à la rue Guoqing lu, à l'ouest de celle-ci, la rue *Wenhe lu* aboutit au nord dans l'artère qui passe devant l'hôtel, à l'ouest de celui-ci. En la descendant, on arrive à un carrefour où l'on débouche, sur la gauche, dans une autre rue commerçante, la rue *Ganquan lu*. Le bus n° 5 parcourt ces deux rues.

La gare routière de Yangzhou est de l'autre côté du pont vers le sud.

○ *Comment s'y rendre*

En bus. Yangzhou n'est pas desservie par le train ; les déplacements se font avec les bus locaux. De Wuxi : départ à 5 h 30 et 12 h 30 (4,10 yuans). De Suzhou (sept heures de trajet) : départ à 7 h 30 (5,5 yuans).

De Nankin, des bus partent toutes les heures de 6 h à 17 h 30. Le trajet dure deux heures trente (2,30 yuans).

De Yangzhou vers Nankin : départ toutes les heures de 6 h 30 à 16 h 30.

Vers Wuxi : départ 5 h 30 et 12 h 30.

Vers Suzhou : départ 7 h 30.

Vers Zhenjiang : départ entre 5 h 15 et 9 h 45 le matin et à 14 h, 15 h 30 et 17 h l'après-midi.

○ *Hôtels*

Le **Xiyuan fandian** est l'hôtel réservé aux étrangers. Il se trouve au nord de la ville. De la gare routière on prend le bus n° 1 ou 3 qui remonte vers le Nord l'artère principale Guoqing lu, jusqu'au terminus. Le site est très agréable, dans un parc. Des bâtiments plus luxueux ont été construits, mais les anciens, sans air conditionné, restent bon marché. Les chambres de la nouvelle aile sont à 67 yuans. Un lit en dortoir coûte 7 à 10 yuans.

Hôtel Xiyuan, 1, Fengle Shangjie. Tél. 226.11. Chambres doubles : 50 yuans.

○ *Restaurants*

Il y a deux types de cuisine dans la province du Jiangsu : celle de Suzhou et celle de Yangzhou. Parmi les spécialités de Yangzhou nous citerons les fameuses « têtes de lion » (*shizi tou*) qui sont des boulettes de viande, le poisson cuit à la vapeur (*qingzheng yu*), le « canard crispé » (*xiangsu ya*). La cuisine de Yangzhou est célèbre aussi

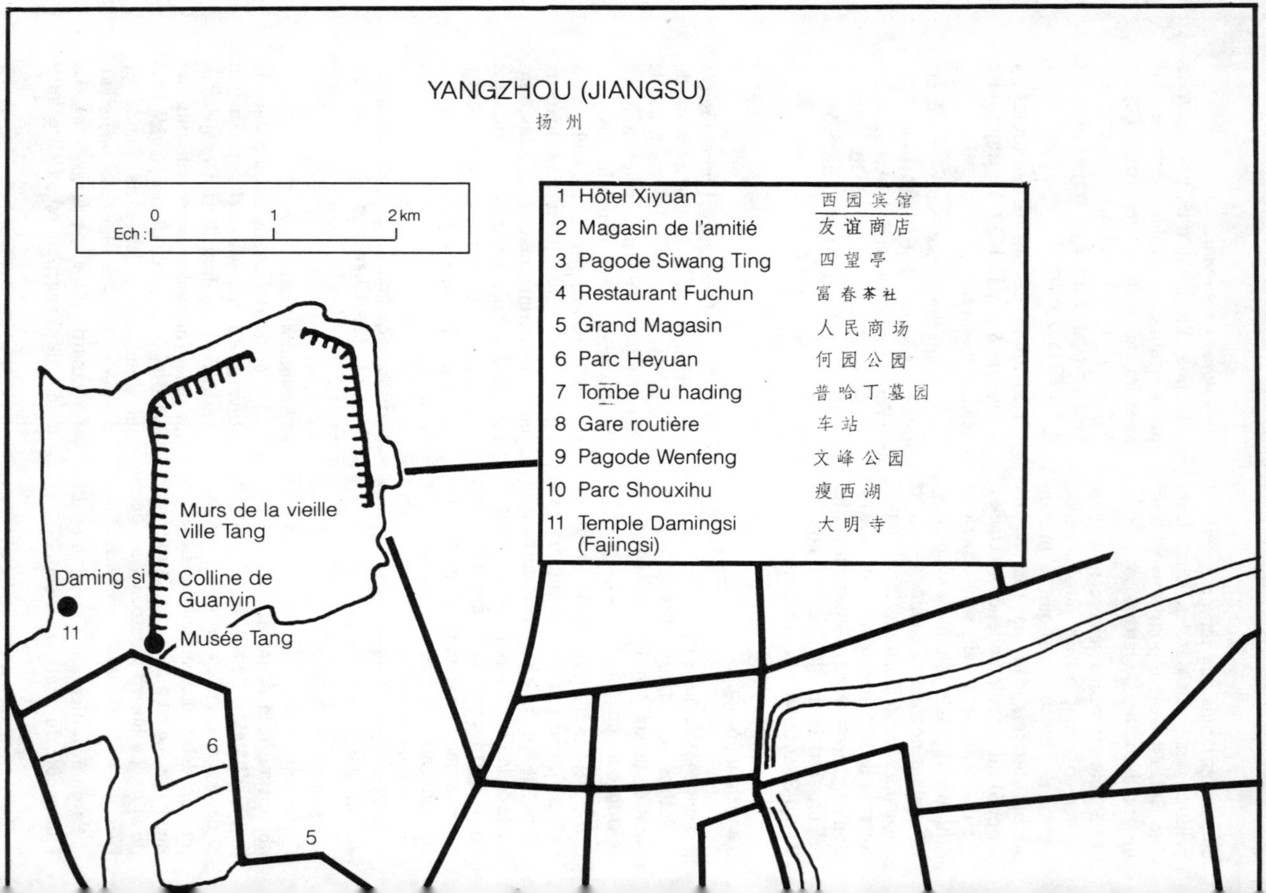

YANGZHOU (JIANGSU)
扬 州

Ech:1 | 0 ——— 1 ——— 2 km

1	Hôtel Xiyuan	西园宾馆
2	Magasin de l'amitié	友谊商店
3	Pagode Siwang Ting	四望亭
4	Restaurant Fuchun	富春茶社
5	Grand Magasin	人民商场
6	Parc Heyuan	何园公园
7	Tombe Pu hading	普哈丁墓园
8	Gare routière	车站
9	Pagode Wenfeng	文峰公园
10	Parc Shouxihu	瘦西湖
11	Temple Damingsi (Fajingsi)	大明寺

Daming si

Murs de la vieille ville Tang

Colline de Guanyin

Musée Tang

11

5

6

pour ses gâteaux succulents et variés et ses jambonneaux.

Le haut-lieu de la gastronomie de Yangzhou est le **Fuchun chashe**, célèbre maison de thé dont le nom signifie « printemps prospère ». Elle a perdu de sa splendeur d'antan mais reste un endroit où l'on peut déguster les spécialités de Yangzhou. Elle se trouve dans une petite ruelle, 39, rue Desheng qiao (tél. 223.14). De l'hôtel prendre le bus n° 1 ou 3, descendre au 2e arrêt ; la ruelle se trouve légèrement en amont sur la droite. On se régalera des desserts de la maison : *feicui shaomai, qianceng yougao*, qui sont des petits pains sucrés et fourrés.

Une autre **maison de thé** qui sert des spécialités de la ville se trouve à l'intérieur du parc Zhichun à côté de l'hôtel. Elle est ouverte entre 6 h et 10 h 30 le matin et entre 15 h et 18 h 30 l'après-midi.

○ *Adresses utiles*
La **CITS** : les bureaux sont à l'intérieur de l'hôtel Xiyuan. Tél. 248.04.

La **gare routière** se trouve à l'extrémité Sud de l'artère principale Guoqing lu. Bus n°s 1 ou 3.

Antiquaire : 60, rue Gangquan lu.

Le magasin de l'Amitié (Youyi shangdian) se trouve en haut de la rue Guoqing lu tout près de l'hôtel.

Le **grand magasin** de Yangzhou se trouve au milieu de la rue Guoqing lu, à hauteur de la Gangquan lu.

A voir à Yangzhou

○ *Au nord de la ville*
Le parc de Shouxi hu. Très beau parc occupé par le lac Shouxi. L'entrée se situe non loin de l'hôtel. On pourra louer, pour 2 yuans, une barque

coquette conduite souvent par une paysanne qui vous amènera, au terme d'une jolie promenade, au **pont des Cinq Pavillons**, *Wuting qiao*, appelé encore « pont du Lotus », *Lianhua qiao*, en raison de sa forme. Il fut construit sous les Qing en 1755 et est formé de trois arches.

Non loin du pont on aperçoit un stûpa blanc, **Bei ta**, de style népalais, qui rappelle la pagode du parc Beihai à Pékin. A proximité, le **temple Lianhua si** semble avoir perdu sa fonction religieuse et être aux mains de squatters.

Le temple de la Pureté des Lois. Proche du Shouxi hu se trouve ce temple, *Fajing si*, dont la restauration devrait être achevée.

Les premiers édifices furent élevés à l'époque des Six Dynasties du Sud. Le temple s'appelait alors *Daming si*, c'est-à-dire « temple de la Grande Lumière ». Ce n'est qu'en 1765, sous les Qing, qu'il prit le nom de Fajing si. Il a retrouvé son nom de Daming si depuis 1986.

En 601, l'empereur des Sui fit construire une pagode de 9 étages, mais elle fut incendiée par la suite. Sous la dynastie des Tang, de 688 à 763, des échanges s'établirent avec des moines japonais. En 753, le supérieur du temple, **Jian Zhen**, en conflit avec le pouvoir, se rendit au Japon avec quatre autres moines. Il y mourut, au monastère de Nara. Deng Xiaoping, au cours d'un récent voyage au Japon, se rendit à ce monastère, geste symbolique destiné à renouer les relations entre les deux pays. Les Japonais offrirent à cette occasion un Bouddha de bronze pour le temple de Yangzhou.

Pour se rendre au temple Daming si, prendre le bus n° 5, dont un arrêt se trouve à la sortie du parc de Shouxi hu.

Le parc de l'Ouest, Xiyuan. Attenant au Daming si, le parc Xiyuan fut tracé en 1751 sous le règne de Qianlong, de la dynastie Qing. A l'intérieur on pourra voir une série de stèles commémorant le passage de l'empereur Qianlong et la « Cinquième Source sous le Ciel ».

Non loin de l'arrêt de bus n° 5 qui ramène à Yangzhou, on remarquera, au sommet de la colline de Guanyin, un **temple abandonné**, autrefois dédié à Guanyin. Non loin de là se trouve les ruines de la vieille ville construite sous les Tang. Un petit musée contient les reliques qui ont été trouvées sur le site.

o *Dans la ville*

Le musée d'Histoire. Le temple **Shigong si.** Au nord de la Guoqing lu, tout près de l'hôtel. Ce temple était dédié à l'origine au héros Shi Kefa, fonctionnaire de Yangzhou, qui préféra se suicider plutôt que se soumettre à la dynastie étrangère des Qing.

Le temple accueille aujourd'hui le musée d'Histoire de la ville. On y verra de très belles collections retrouvées dans une tombe d'époque Han, découverte près de la ville à la commune de Gan quan. La plus intéressante de ces pièces est un corps entièrement recouvert de plaques de jade.

Deux cercueils de l'époque des Cinq Dynasties et des Song du Nord se trouvent au fond du temple. Dans le jardin, on remarquera des sculptures Tang et la tombe de Shi Kefa, bien que son corps n'ait pas été retrouvé.

Le pavillon des Quatre Panoramas. Dans la rue Wenhe lu. De chaque angle du pavillon (*Siwang ting*), on aura une vue différente mais tout aussi belle de la ville.

Le site de la tombe de Pu Hading. On l'appelle à tort la « Mosquée de Yangzhou ». Pu Hading était un missionnaire musulman résidant à Yangzhou à l'époque de la dynastie des Yuan, époque où les marchands arabes venaient nombreux en Chine. Dans le jardin, de nombreuses stèles confirment cette présence arabe. Ce « cimetière » arabe se trouve non loin du pont Jiefang. Pour s'y rendre il vous faudra prendre le bus n° 1, circulaire.

Les parcs. Un certain nombre de parcs pourront être visités dans la ville pour qui sait fouiner et oser entrer, car tous, loin s'en faut, ne sont pas ouverts au public.

Tout près de l'hôtel, le **Jardin Rouge,** *Hong yuan*, est ouvert mais une partie est occupée par une maison de repos.

Le jardin Ge yuan. Rue Dongguan. Construit sous les Qing pour un riche marchand de l'époque, Huang Yingtai. Sa composition architecturale représente les quatre saisons.

La mosquée Xianhe fondée sous les Yuan, en pleine restauration, doit rouvrir en 1988. Elle a été fondée en 1250 par le missionnaire Pu Hading.

Le palais labyrinthe construit par l'empereur Yang Di des Sui.

La section du **Canal Han** creusé sous le roi Fuchai de l'État des Wu en 486.

La pagode Shita, près du **pavillon des Quatre Panoramas.**

La pagode Wenfeng ta que l'on aperçoit en arrivant à Yangzhou.

Le jardin He, *Heyuan*. Il se trouve au Sud de la ville. Bus n° 2 à partir du grand magasin de la Guoqing lu. Descendre à l'arrêt suivant devant l'hôtel Xinyang fandian : le jardin se trouve au 77, rue Xuning men jie. Il date de la fin des Qing.

○ *Le Grand Canal*

Construit sous l'empereur Yang Di de la dynastie des Sui, en 605 puis prolongé sous les Yuan, il couvre 1 794 km de Hangzhou à Pékin. Il servait au transport des céréales. On peut faire une croisière d'une semaine sur le **Grand Canal de Suzhou à Yangzhou** sur le yacht *Taihu*. L'itinéraire couvre **Wuxi** et le **lac Taihu,** **Danyang** et les 20 statues de pierre Song le long des berges, les grottes de **Yixin**. A Zhenjiang on y verra les trois collines : la **colline Beigu** avec au sommet le **temple Ganlu**. Le **mont Jiao** et le **monastère Dinghui** qui a plus de 1 800 ans. Enfin la **colline Jin** et le vieux **monastère Jinshan** fondé par le moine *Fahai* sous les Tang. Du sommet de la **pagode Cishou** très belle vue sur la ville.

Des voyages sur le Grand Canal peuvent être organisés à partir de Nankin. Le voyage en bateau couvre une distance de 220 km. De Nankin, on part en car pour Yangzhou et de là, on se rend successivement à Zhenjiang, Changzhou, Wuxi et Suzhou. Renseignez-vous auprès de CITS à Nankin.

CHANGZHOU

Un peu d'histoire

La ville apparaît dans l'histoire dès l'époque des Chunqiu (VIe siècle avant J.-C.) sous le nom de Piling. Sa fortune est liée à l'histoire du Grand Canal dont la construction débuta sous les Sui. La ville prit alors le nom de Changzhou et devint un centre économique. La qualité de ses tissages et de son artisanat firent de cette petite ville le premier fournisseur de la maison impériale. Sous la république, les filatures de la famille Huang étaient les plus importantes du pays. Mais peu à peu la ville périclita avec le déclin du Grand Canal abandonné au profit du chemin de fer. Depuis 1980, la politique d'ouverture et les réformes économiques ont redonné vie à Changzhou qui s'est lancée dans l'aventure de l'électronique. Producteur de circuits intégrés et autres composants, Changzhou est devenue, avec Wuxi, une nouvelle Silicon Valley.

Changzhou est un excellent lieu pour observer la vie du Grand Canal. Encore peu fréquentée par les touristes, la vieille ville a gardé tout son cachet et les habitants sont restés très accueillants.

Changzhou pratique

○ *Les hôtels*

Changzhou fandian. Situé dans le centre ville, dans la rue Nan Dajie. Confortable ; les chambres doubles sont autour de 40 yuans, mais on peut trouver un lit pour 10-15 yuans. Bus n° 2 de la gare.

Un autre hôtel se trouve à la sortie Sud de la ville : le **Baidang fandian**. Sur le trajet du bus n° 2.

○ *Les restaurants*

Le **Luyang fandian**. Près du Changzhou fandian, dans la rue principale, Jiefang lu. La cuisine y est excellente et les prix très abordables.

Non loin de là, dans la rue Nan Dajie, un **salon de thé** très sympathique.

○ *Comment s'y rendre*

Le trajet le plus intéressant est, bien sûr, celui du Grand Canal à partir de la ville la plus proche c'est-à-dire Wuxi (5-6 heures de trajet). Les **bateaux** sont assez sales, surpeuplés mais plus sympathiques que les bateaux-dragons, répliques des péniches impériales que la CITS met à la disposition des touristes fortunés. Jusqu'à présent il était assez difficile de pouvoir prendre les bateaux, les autorités du port refoulant les « intrus » vers la CITS. Cela devrait être plus facile depuis l'ouverture sans permis de Changzhou. Il passe une quinzaine de bateaux par jour.

Par **train**. Changzhou se trouve sur la ligne de chemin de fer Nankin - Zhenjiang - Changzhou - Wuxi - Suzhou - Shanghai. A 1 h de Wuxi et à 2 h de Suzhou ou de Nankin. C'est certainement la voie la plus rapide. Trains réguliers toute la journée.

A partir de Changzhou, on pourra poursuivre sur Zhenjiang par le Grand Canal (8-9 h de trajet) avec arrêt possible à Danyang, ou par le train. Il existe également un **bus** direct Changzhou-Dingshu dans le district de Yixing. Départ le matin à 6 h et retour le soir à 17 h.

A voir à Changzhou

Le **pavillon Wanshou ding** se trouve à l'entrée d'un parc dans les faubourgs de l'Est. Construit en 1757, l'empereur Qianlong s'y arrêta six fois et ses séjours sont commémorés par six stèles. Le pavillon Yizhou ding au sud-est de la ville, sur les bords du Grand Canal fut élevé en l'honneur du poète Su Dongpo.

Le **parc des Pruniers Rouges, Hongmei ge**, est au Nord de Yizhou ding. Il s'étend à l'emplacement de l'ancien temple *Yuanmiao guan*. L'histoire raconte qu'un ancien fonctionnaire de district, Gong Zibing, chargé de dresser la liste des prisonniers se révolta contre l'arbitraire de la justice et mit le feu aux dossiers. Condamné à être exilé dans le Yunnan, il ramena au bout de plusieurs années un prunier rouge qu'il planta sur les lieux de son « crime ». A l'intérieur du parc, l'ancienne résidence

de Qu Qiubai, un des pères fondateurs du parti communiste a été transformée en musée. Au sud du parc, on pourra visiter le temple **Tianning si** (temple de la Tranquillité Céleste) construit au Xe siècle, dont il ne reste plus aujourd'hui que la salle du Bouddha. La **pagode Wenbi ta** se trouve à l'intérieur du parc, vieille de 1400 ans ; la structure en bois a été brûlée par les Japonais ; il ne reste que la partie en tuile.

Parmi les autres curiosités de la ville, signalons la « **ville submergée** » qui serait les ruines de l'ancienne ville de l'époque des Chunqiu. On peut encore voir des murailles larges de 5-6 m et les douves, mais le site, faute d'entretien est en voie de disparition. On visite aussi le **palais Hu Wangfu** qui est le seul vestige des 5 palais construits pour les « rois » du Royaume de la Paix Céleste de Hong Xiuquan, chef de la révolte des Taï ping (Paix Céleste) qui éclata en 1850. Ce palais, qui se trouve dans l'enceinte de l'hôpital n° 1 de la ville était autrefois l'ancien quartier général de Chen Runshu, lieutenant de Hong Xiuquan, chargé de la défense de Chuanzhou. Aujourd'hui les bâtiments sont menacés de destruction pour être remplacés par des logements sociaux.

DANYANG

Danyang est une autre étape sur le Grand Canal entre Changzhou et Zhenjiang. 20 statues de pierre datant des Song s'alignent le long des berges.

Le district de Yixing

De nombreux bus locaux vous conduiront de Changzhou ou de Wuxi à Yixing et à Dingshu. Le trajet dure 2-3 heures et les départs sont très fréquents, toute la journée.

La ville de Yixing ne présente aucun

intérêt, mais elle est le point de départ pour la visite des **grottes de Shanjuan**. Les grottes se trouvent à 27 km au sud-ouest de Yixing. Départ des bus entre 6 h du matin et 16 h 20. Les **grottes naturelles de Zhanggong** sont à 1 h 30 de Yixing. Elles intéressent les amateurs de spéléologie. 4 bus par jour entre 8 h 40 et 14 h 30. De Zhanggong, vous pouvez continuer sur les **grottes de Linggu** ou, comme nous vous le conseillons, poursuivre sur le village de **Dingshu**. Dingshu est la capitale de la poterie. Forte d'une tradition de plus de 5000 ans, Dingshu s'est rendue célèbre pour ses céladons. Aujourd'hui encore c'est, avec Jingdezhen (Jiangxi), le premier centre de production ; la matière première est du pur kaolin, avec trois couleurs naturelles : pourpre, vermillon et jaune-riz. Les théières de Yixing sont les plus belles, les couleurs ne s'altèrent pas et elles vont au feu.

ZHENJIANG

Zhenjiang, sur la rive sud du Yangzi, est avant tout pour les Chinois, la ville du vinaigre, le meilleur de Chine. C'est malheureusement aussi une ville industrialisée qui a peu gardé de ses 2 500 ans d'histoire.

Zhengzhou se trouve à environ 1 h de train de Nankin ou de Wuxi et à 1/2 h de Changzhou. Les liaisons sont très fréquentes. On peut également s'y rendre par le Grand Canal à partir de Changzhou ou de Yangzhou. De Zhenjiang vous pourrez vous rendre en bus à Yangzhou. Le trajet dure 1 heure et les départs se font entre 6 et 10 h le matin, 13 et 16 h l'après-midi, de la gare routière, 441, rue Jiefang lu.

Zhenjiang pratique

○ *Hôtels*
Jinshan fandian est situé à l'ouest de la ville, rue Jinshan Xilu. De la gare, prendre le bus n° 2 jusqu'au terminus. Les chambres doubles sont entre 30 et 40 yuans. 12 yuans au tarif étudiant.

Un autre hôtel se trouve dans le centre : **Jingkou fandian** appelé aussi **hôtel des Chinois d'outre-mer (Huaqiao fandian)**, 407, rue Zhongshan lu. Les chambres à 2 ou 3 lits sont au prix de 12 yuans le lit. Cet hôtel était jusqu'à présent réservé aux Chinois. C'est là que se trouvent les bureaux de la CITS. De la gare, prendre le bus n° 2, descendre à la 2e station et continuer avec le bus n° 4.

○ *Restaurants*
Le restaurant du **Jinshan fandian**. Spécialités : les têtes de lion (*shizi tou*) qui sont des boulettes de viande, le poisson cuit à la vapeur (*qing zhen yu*) et le poulet *xiangshu ji*.

Yanchun fandian, le meilleur restaurant de la ville. Les spécialités sont les *shizi tou*, la soupe de crabe (*xiehuang tang*). Le restaurant se trouve sur le trajet du bus n° 2, descendre à la station rue Renmin jie, de là vous marchez en direction de l'est jusqu'au carrefour ; le restaurant se trouve dans une petite traverse sur la gauche.

○ *Shopping.*
Le **magasin d'artisanat** se trouve dans la rue Zhongshan lu (Bus n° 2 et 4) au carrefour Dashi kou. C'est le centre commercial de la ville.

A voir à Zhenjiang

Plus que la ville en elle-même, ce sont les paysages le long du Yangzi qui sont les principaux sites.

La **colline Jiaoshan** au nord-est de la ville. De l'hôtel Jinshan prendre le bus n° 2 jusqu'à Dashi kou puis le bus n° 4 jusqu'au terminus. De là un ferry vous amène sur une petite île au milieu du Yangzi. Au pied de la colline, se trouve le **temple Dinghui si** dont l'origine remonte aux Han de l'Est (194). Le temple fut détruit par un incendie sous les Yuan, les bâtiments actuels sont d'architecture Ming. Parmi les autres constructions signalons une **canonnière** qui date de la guerre de l'Opium, et, au sommet, le **pavillon Xijiang** d'où l'on a une très belle vue sur le fleuve.

La **colline Beigu shan**, au nord-est de la ville. Bus n° 4 à 3 stations de Jiaoshan. On y visite le **temple Ganlu si** ainsi qu'une très belle **pagode** de fer des Song dont il ne reste que 4 étages, deux ayant été emportés lors d'un orage.

Le **parc Jinshan** se trouve à 10 mn à pied à l'est de l'hôtel Jinshan, au sommet d'une colline. Le **temple Jinshan si** a été fondé sous les Jin occidentaux (265-313). Son histoire est liée à la fameuse légende du « Serpent Blanc ». Le moine Fahai aurait sauvé le jeune Xuxian, séduit par la Fille Blanche *(bai niang niang),* en réalité le Serpent Blanc. Des grottes immortalisent cette histoire : la grotte du Dragon Blanc *(Bailong),* la grotte de Fahai, la grotte Chaoyang, la grotte Xianren (grotte de l'Esprit). De la pagode Cishou, haute de 13 m, construite au début de la dynastie des Qing, en bois dans le style des Song, on a une très belle vue de la ville.

Le Zhejiang

La province, dont le nom vient de la rivière Zhejiang qui signifie « zigzag », se situe au sud du Jiangsu. C'est la plus petite province de Chine. C'est une plaine alluviale tempérée, avec une forte densité de canaux.

Les conditions sont idéales pour l'agriculture. La culture du riz y fut développée à partir du VIIe siècle. On fait aujourd'hui deux à trois récoltes de riz par an. La productivité à l'hectare situe la province au deuxième rang de Chine et la production représente 4 % de la production totale du pays. Le Zhejiang produit également la moitié de la production totale de jute et possède un grand nombre de productions spécialisées : la soie et le coton, qui alimentent les industries de Shanghai ; le thé dont elle est la première province exportatrice ; les oranges et le bambou.

L'industrie du Zhejiang représente 2 % de la valeur totale de la production chinoise. Ce sont surtout des industries légères : textile et conserverie alimentaire. Depuis la construction du chemin de fer, une industrie métallurgique s'est développée.

Les villes les plus importantes sont **Hangzhou**, capitale de la province, et **Ningbo**, premier port de la région avec 300 000 habitants. A l'est du Zhenjiang, se trouvent de nombreuses îles dont la plus grande est **Putuo shan**, lieu de pèlerinage du bouddhisme. La pêche y est une activité importante.

Les permis

Sont officiellement ouverts aux touristes les villes de Deqing (Moganshan), Hangzhou, Huzhou, Jiaxing, Lishui, Ningbo, Putuoshan, Quzhou, Shaoxing et Wenzhou, et les districts de Tiantai, Qingtian et Jinyun.

HANGZHOU

Hangzhou est la capitale de la province du Zhejiang. Située à l'est du lac de l'Ouest, *Xi hu*, au nord-ouest de l'embouchure du fleuve Zhejiang et à l'extrémité sud du Grand Canal.

Un peu d'histoire

C'est une ville beaucoup plus récente que Suzhou ou Shaoxing. A l'origine, le lac Xi hu était un golfe marin où venait se jeter le fleuve Zhejiang, avec, au sud, la colline Wu shan et, au nord, la colline Baoshi shan. Peu à peu les dépôts du fleuve formèrent un vaste banc de sable qui relia les deux collines entre elles et sépara une partie du golfe de la haute mer, ce qui donna naissance au lac. Une petite agglomération se créa sur ce banc de sable.

Cependant, au sud-est, les eaux du fleuve et celles de la mer s'affrontaient de façon redoutable durant les marées d'équinoxe, produisant dans l'estuaire un terrible mascaret.

A partir du VIe siècle, tout un jeu de digues, d'écluses et de canaux furent aménagés. Ce fut aussi l'époque du creusement du Grand Canal. Tous ces ouvrages contribuèrent à l'essor de la ville. Les travaux d'endiguement continuèrent au cours des siècles suivants.

Après la chute de Kaifeng aux mains des envahisseurs Jin, les Song transférèrent leur capitale à Hangzhou et la dynastie prit le nom de Song du Sud (1127-1279). Ce fut pour la ville le début d'un essor fulgurant. Ce phénomène d'urbanisation, caractéristique de l'époque Song, est parfaitement retracé par

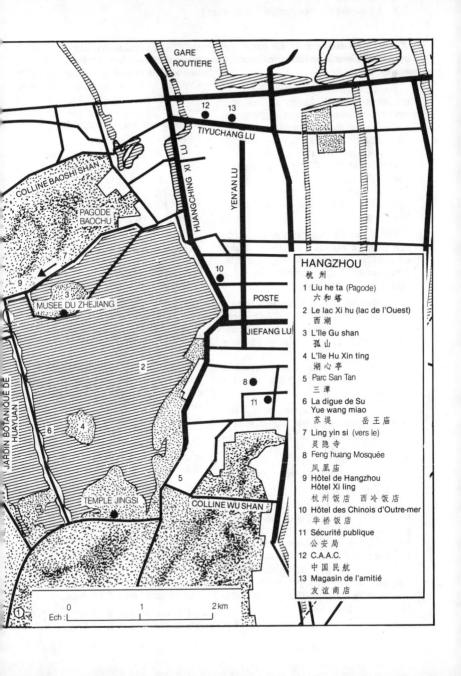

GARE
ROUTIERE

TIYUCHANG LU

COLLINE BAOSHI SHAN

PAGODE
BAOCHU

HUANGCHING XI LU

YEN'AN LU

12 13

10

POSTE

JIEFANG LU

MUSEE DU ZHEJIANG

3

2

JARDIN BOTANIQUE DE HUAYUAN

6   4

5

8

1'1

TEMPLE JINGSI

COLLINE WU SHAN

HANGZHOU
杭 州

1 Liu he ta (Pagode)
  六和塔

2 Le lac Xi hu (lac de l'Ouest)
  西湖

3 L'île Gu shan
  孤山

4 L'île Hu Xin ting
  湖心亭

5 Parc San Tan
  三潭

6 La digue de Su
  Yue wang miao
  苏堤   岳王庙

7 Ling yin si (vers le)
  灵隐寺

8 Feng huang Mosquée
  凤凰庙

9 Hôtel de Hangzhou
  Hôtel Xi ling
  杭州饭店 西冷饭店

10 Hôtel des Chinois d'Outre-mer
   华桥饭店

11 Sécurité publique
   公安局

12 C.A.A.C.
   中国民航

13 Magasin de l'amitié
   友谊商店

0   1   2 km
Ech :

J. Gernet dans son livre *La vie quoti-dienne en Chine à la veille de l'invasion mongole.*

Dans cette ville surpeuplée, qui atteignait 900 000 habitants, les premiers bâtiments à étages apparurent. Les marchés se tenaient partout et certains quartiers devinrent des lieux de divertissement. La richesse de la ville impressionna plus d'un voyageur, dont Marco Polo qui la visita sous les Yuan. Les étrangers vinrent nombreux dans cette ville, attirés par un commerce florissant.

Par la suite, lorsque Hangzhou perdit son rang de capitale, elle resta un lieu de prédilection pour les empereurs, les fonctionnaires et les artistes qui y faisaient des séjours fréquents.

La ville souffrit terriblement durant la révolte des Taiping au XIXe siècle. De nombreux temples furent détruits. Elle fut ouverte au commerce étranger et une voie ferrée fut construite, qui relia Shanghai à Hangzhou. Durant la seconde guerre mondiale, la ville fut occupée par les Japonais.

Depuis 1949, le gouvernement a jeté les bases d'une industrialisation importante. L'industrie de la soie s'est considérablement modernisée. Une industrie de machines-outils, des industries chimiques et alimentaires ont été créées.

Durant et après la Révolution Culturelle, Hangzhou fut le théâtre de nombreux affrontements dont la violence s'explique par sa proximité avec Shanghai, où la branche radicale de la révolution détenait le pouvoir. Durant l'année 1975-76, des grèves éclatèrent et il fallut que des membres du gouvernement se déplacent en personne pour tenter d'établir des compromis.

Aujourd'hui, la ville compte 850 000 habitants. C'est la première ville touristique du pays. Les Chinois sont nombreux à s'y rendre en voyage de noces. Certains hôtels se sont spécialisés dans ce type de clientèle et offrent un service spécial : fleurs, décoration de papier rouge traditionnel, signe du « double bonheur ».

Les autorités s'attachent à ouvrir largement la ville aux touristes étrangers. Jusqu'en 1977, la ville en recevait environ 5 000 par an. En 1978, elle en a reçu 21 000. Actuellement d'énormes hôtels sont en construction.

Hangzhou pratique

○ *Les déplacements*

Il existe des **trains** rapides entre Hangzhou et Shanghai (un peu moins de trois heures). Prix du ticket 3,30 yuans en place assise dure et 5,80 yuans en places molles (+ 75 % pour les étrangers).

Pour Canton, le voyage dure à peu près trente heures. Les couchettes dures coûtent 38,90 yuans et les molles 80,80 yuans (+ 8,30 yuans pour les rapides et 75 % pour les étrangers). Plusieurs trains par jour desservent Ningbo via Shaoxing (quatre heures entre Ningbo et Hangzhou et une heure pour aller à Shaoxing).

En **bateau**. C'est une occasion unique de voyager sur le Grand Canal. Des bateaux assurent la liaison avec Wuxi et Suzhou. De Wuxi et de Suzhou, voir les horaires dans les villes respectives.

De Hangzhou à Suzhou : départ à 5 h 30 ; arrivée à 18 h. Départ à 17 h 30 ; arrivée le lendemain à 7 h. Prix en couchettes 5,10 yuans.

De Hangzhou à Wuxi : départ à 6 h 30 ; arrivée 19 h 30. Départ à 20 h ;

arrivée le lendemain à 9 h. Prix en couchettes 5,40 yuans.

L'embarcadère se trouve rue Huancheng beilu (rue derrière la CAAC). Bus n° 52 jusqu'à Wulin men, et bus n° 53 (1 station) jusqu'au port Hangzhou geyun zhan. Les guichets sont ouverts de 8 h du matin à 20 h.

Par bus. Des monts Huangshan, les bus sur Hangzhou partent à 6 h 10 et arrivent à 15 h ; un autre part à 6 h 30. Prix du ticket : 6,90 yuans. De Hangzhou, les bus sur Huangshan partent à 6 h 10, 6 h 40, 7 h 20 et 7 h 30. De Hangzhou à Shaoxing des bus partent à 9 h 10, 9 h 20, 11 h 50, 12 h 50 et 14 h 50. Prix du ticket 1,60 yuan.

Les bus pour Ningbo partent à 6 h 40 et 14 h 30. Prix du ticket : 5,35 yuans. Pour les monts Tiantai shan deux bus partent tous les matins à 7 h et à 8 h (5,35 yuans).

Par avion. Liaisons aériennes avec Pékin (211 yuans), Fuzhou (112 yuans), Canton (237 yuans), Guilin (207 yuans), Hefei (96 yuans), Nankin (56 yuans), Ningbo (33 yuans), Shanghai (28 yuans), Shenyang (321 yuans), Tianjin (196 yuans), Wuhan, Xiamen (160 yuans), Xi'an (222 yuans).

Les hôtels

○ *Hôtels catégorie luxe.* Prix des chambres : de 150 à 200 yuans.

Hangzhou fandian sur la rive nord du lac, 2, Yuefei jie. Tél. 229.21. Construit par les Soviétiques, l'aménagement intérieur a été complètement refait dans un décor somptueux. Un des plus beaux hôtels actuellement en Chine, il est géré par la chaîne d'hôtels Shangri-la.

Xiling fandian. Hôtel moderne, situé derrière le Hangzhou fandian. Tél. 240.68.

Hôtel de l'Amitié, 53, Pinghai lu. Tél. 206.39. Chambre double : 120 yuans.

Wanghu lou (1984). Immeuble de 8 étages dans le centre ville avec vue sur le lac. Très bien situé. Tél. 710.24. Chambre double : 100-150 yuans.

○ *D'autres hôtels offrent des chambres à des prix plus abordables :* 60-100 yuans. Signalons :

Xinxin fandian, rue Huanhu beilu. Tél. 240.74. Il se trouve au nord de Hangzhou sur la colline Gelingshan. La vieille aile date des années 20, la partie récente a été construite en 1980.

Huaqiao fandian, 92, Hubin lu. Tél. 234.01. Il est bien situé au bord du lac, près du centre ville mais il reste malheureusement accessible en priorité aux Chinois d'outre-mer. Les chambres y sont encore bon marché : 40-50 yuans la chambre.

○ *Dans la même catégorie, on trouve des hôtels dispersés dans les collines de l'ouest.* Assez excentrés, ils sont néanmoins des lieux de séjour agréables à condition de disposer d'une bicyclette :

Huagang fandian. Prix des chambres : 80-100 yuans. Quelques chambres simples à 40 yuans et des lits en dortoirs : 6-10 yuans par personne.

Zhejiang binguan. Prix des chambres : 80-100 yuans. Tél. 256.01. Offre un service de location de bicyclettes.

Liutong binguan. Chambre double : 50 yuans, lits en dortoir : 10-15 yuans par personne.

○ Toujours dans les collines de l'ouest, *deux anciennes résidences pour V.I.P.* offrent des chambres spacieuses à des prix très raisonnables. Il s'agit du **Xihu zhaodaisuo** (Tél. 268.67) et du **Huajiashan binguan** (Tél. 264.50). Chambres à partir de 75 yuans.

Signalons aussi, au sud du lac, le **Dahua Fandian** : son restaurant a la réputation d'être une des meilleures tables de Hangzhou.

○ *Restaurants*

Les spécialités de Hangzhou sont le *dongpo rou* (porc braisé), le *xihu cu yu* (carpe au vinaigre), les *longjing xiaren* (crevettes aux feuilles de thé de Longjing), les crabes (août et septembre) et le *xihu caitang* (soupe aux plantes aquatiques), enfin, les desserts.

Les meilleurs restaurants de la ville sont :

Le **Tianxiang lou** se trouve dans l'artère principale de la ville : 676, rue Jiefang jie. Il est assez cher : il faut compter 9 yuans par plat. Tél. 220.38.

Le **Hangzhou jiujia** : 52, rue Yen'an lu, qui est la rue qui part du bas de la Jiefang jie. Il est connu pour son « poulet mendiant ». Tél. 234.77.

Louwai lou caiguan : c'est le plus vieux restaurant de Hangzhou, situé sur la presqu'île de Gushan à 5 mn de l'hôtel Hangzhou fandian. Il est moins cher que les autres, avec un excellent service dans une salle très agréable qui donne sur le lac.

Parmi les restaurants plus ordinaires, signalons le **Xihu yuefendianxiadian** en face du mausolée de Yuefei à 5 mn du Hangzhou fandian et le **Kaiyuan fandian** au coin de la Jiefang jie et de la Zhongshan lu, spécialisé dans les plats de nouilles. Tél. 259.71.

Suxiangzhai, Yen'an lu. Tél. 232.35. Restaurant végétarien.

A l'intérieur de la ville, le **Shan-** **waishan** près du jardin botanique. Il est préférable de réserver. Tél. 266.21.

Le **Tianwaitian**, à l'entrée du temple Lingyinsi. Tél. 224.29.

Adresses utiles

CAAC, rue 304 Tiyuchang. Tél. 242.59. Au Nord de la ville. Pour s'y rendre, bus n° 52 du centre.

CITS. Dans le hall du Hangzhou fandian. Utile pour les réservations de train, avion.

La **Compagnie des transports fluviaux**, Hangzhou geyun zhan : rue Huancheng beilu (qui est la rue juste derrière la CAAC). Les guichets sont ouverts de 5 h du matin à 20 h. L'embarcadère se trouve au même endroit.

La **gare routière** : rue Changzheng lu, au Nord du croisement avec la Huancheng beilu, non loin de la porte Wuli men.

La **Sécurité publique** : rue Huimin lu, au sud de la ville. Tél. 224.01. Les bureaux sont ouverts de 8 h à 11 h 30 et de 14 h à 17 h.

Location de bicyclettes : rue Baochu lu. En venant du Hangzhou fandian, c'est une petite rue sur la gauche avant d'arriver dans la ville.

La **librairie** en langues étrangères, Waiwen shudian, 115, rue Yen'an lu. Les cartes de la ville s'achètent en face de la gare.

Achats

La soie bien sûr, mais aussi des articles typiques de la ville que les Chinois connaissent bien : ombrelles de soie ou en papier huilé, éventails, les fameux ciseaux du maître Zhang Xiaoquan, le thé de Longjing (thé du Puits du Dragon), les chrysanthèmes séchés que l'on ajoute au thé. Le plus grand magasin d'artisanat se trouve 1, rue Jiefang lu, au coin de la rue Hubin lu. Un autre se trouve à Longxiangqiao. On pourra acheter le thé rue Yen'an lu à côté du restaurant Hangzhou Jiujia. N'oublions pas le toujours présent magasin de l'Amitié ; il est situé assez loin du centre à côté de la CAAC. Signalons aussi l'antiquaire de la rue Hubin lu.

Excursions

Excursions sur le lac : bateaux aux parcs Hubin, Zhongshan et Huagang.

Excursions au mont Mogan shan et aux grottes de Yaolin. Départ : Hubin ergongyuan (dans la rue qui longe le lac). Mogan shan : 7,50 yuans pour un jour, 9 yuans pour 2 jours. Les grottes de Yaolin : 7,60 yuans en car et 9 yuans en mini-bus, retour dans la journée.

L'opéra

La région de Hangzhou-Shaoxing est célèbre pour ses opéras locaux : l'Opéra de Yue (Yueju) et le Kunqu, qui sont antérieurs à l'Opéra de Pékin avec des voix et des intrigues différentes. Les rôles sont tenus traditionnellement par des femmes. On pourra assister à des représentations au théâtre de Hangzhou qui se trouve à la jonction de la rue Yan'an lu avec la rue Tiyuchang.

A voir à Hangzhou

○ *Le lac de l'Ouest*
Le lac Xi hu a 5,6 km² de surface et 15 km de circonférence.

Les digues. Celle de *Bai ti* fut construite sous les Tang, à l'instigation du célèbre poète **Bai Juyi**, qui aimait particulièrement la rive occidentale du lac et l'île Gu shan. Depuis, le nom

du poète s'attache à cette digue. A l'extrémité se trouve le « pont cassé » où, raconte la légende du Serpent blanc, la demoiselle Bai et Xu Xian se rencontrèrent.

L'autre digue est *Su ti*, à l'ouest du lac. Elle commence juste en face de l'hôtel Hangzhou et aboutit sur la rive opposée. Longue de 2,8 km, elle est coupée de six ponts. Elle fut construite sous les Song, en 1089, lorsque le poète **Su Dongpo** était gouverneur de Hangzhou.

○ *Les îles*
Hu xin ting, San tan et **Xiaoyin zhou** sont les trois petites îles du lac. La dernière a une forme toute particulière : il s'y trouve quatre lacs, séparés par les digues. Au sud de cette île émergent trois stûpas.

On se rend sur ces îles en bateau. On pourra en prendre un n'importe où sur les bords du lac.

Gu shan. C'est la plus grandes des îles. Elle est reliée à la terre par la digue Bai ti. Au sud-ouest de cette île, le pavillon de la Lune d'Automne sur le Lac paisible, *Huping qiuyue,* est un des dix plus beaux sites du lac. Le pavillon fut construit par l'empereur Kangxi, de la fin des Qing.

Le musée. Au sud de l'île, dans l'ancien pavillon de *Wen lan*, se trouve le musée de la province du Zhejiang. Une partie est consacrée à un jardin botanique.

La section d'histoire retrace certaines phases de l'histoire du Zhejiang, avec, en particulier, tout ce qui a trait à la construction du Grand Canal et aux divers travaux d'aménagements. Elle compte aussi une très belle collection de céramiques. Dans une autre salle, on verra le squelette d'une baleine échouée il y a quelques temps sur les côtes du Zhejiang.

Non loin de là, *le parc Sun Zhong-shan*, aménagé dans une partie de l'ancien palais des empereurs Qing, Kangxi et Qianlong.

Enfin au sud-est de Gu shan, la Société d'épigraphie du pont Xi leng : *Xilengyin she*. Une belle collection d'inscriptions sur pierres.

○ *Au nord du lac*

La colline Baoshi shan. A son sommet s'élève la pagode *Baoshi ta*, de sept étages en brique. Elle fut à l'origine construite sous les Song, en 968, puis restaurée en 1933.

Sur le versant nord de la colline, jaillit la *source du Dragon Jaune*. On y verra un grand nombre de grottes. Non loin de la pagode, signalons une belle esplanade d'où l'on a une très jolie vue.

La tombe de Yue Fei. C'était un général très populaire. Il défendit la dynastie Song contre les envahisseurs Jin qui s'étaient emparés de la capitale, Kaifeng. Quand la Cour s'installa à Hangzhou, il continua la lutte contre les Jin, tandis qu'à Hangzhou certains dignitaires soutenaient une politique de compromis. Le Premier ministre **Qin Gui** se trouvait à la tête de ce courant. Des généraux rivaux de Yue Fei complotèrent son arrestation. Yue Fei fut mis à mort en 1140. Plus tard, en 1162, pour le réhabiliter, les Song transférèrent sa dépouille à Hangzhou et lui élevèrent un temple en 1221, qui s'appelait, à l'origine, *temple du Martyr Loyal*.

La restauration du temple s'est achevée en 1979. La porte centrale est un bâtiment de deux étages, portant l'inscription *Yue wang miao*, « temple du roi Yue ». Après avoir traversé une magnifique cour plantée d'arbres, on

parvient à une grande salle où se trouve une statue moderne du héros, haute de 4,5 m.

A l'ouest, l'ancien temple des ancêtres, transformé aujourd'hui en maison de thé et boutique de souvenirs. Enfin, on arrive à l'entrée de la tombe de Yue Fei. Une allée conduit au *pavillon du Cyprès Fidèle*. De chaque côté se dressent 26 stèles. Après avoir traversé un pont, on arrive à la tombe même. De part et d'autre de l'allée se trouvent des statues de pierres d'époque Ming, représentant des chiens, des béliers, des chevaux et des fonctionnaires. A gauche, la tombe du fils de Yue Fei, **Yue Yun**, avec l'inscription *Les Song continuent à respecter la descendance*.

A côté de la tombe de Yue Fei, on verra les quatre statues de fonte des accusateurs de Yue Fei, les mains liées derrière le dos. Au premier plan, le Premier ministre Qin Gui et sa femme née Wan ; en arrière, les deux généraux qui complotèrent la perte de Yue Fei, Moqi Xie et Zhang Jun. Ils semblent devoir être exposés éternellement à la rancœur des masses !

Le temple est juste après l'hôtel Hangzhou fandian.

Le Jardin botanique et la source de Jade. Derrière le temple de Yue Fei, une route amène au Jardin botanique et à la source de Jade un peu plus au nord. Cette source coule jusqu'à un plan d'eau où l'on pourra voir une grande variété de poissons. Une excellente maison de thé se trouve à côté.

○ *A l'ouest du lac*

On se rendra dans cette zone en prenant le bus n° 7. Tous les sites sont très près les uns des autres.

Le temple de Lingyin si. Appelé aussi *Yunlin si*, « temple de la Forêt des

Nuages ». A l'origine, il s'agit d'un très vieux temple qui remonterait à l'an 326, sous les Jin orientaux. Lors de la rébellion des Taipings, le temple fut complètement détruit et rebâti par la suite. En 1975, il fut restauré à nouveau et ouvert au public.

La Salle du Roi Céleste. Il s'y trouve une statue du Bouddha Mile. De chaque côté, des Gardiens célestes et un brûle-parfum en bois, seraient des vestiges de l'époque Song.

La Grande salle précieuse. Le plafond a 33,6 m de haut. Sur le mur du fond, une grande fresque représente le bodhisattva **Guanyin** sur l'île de Putuo shan, dans le Zhejiang, entouré de *150 luohans.* Au centre, un Bouddha très récent date de 1956. A l'entrée de la salle, on remarquera deux piliers, portant des inscriptions de sûtra, œuvre des Song en 969. De la même époque sont les très beaux stûpas de neuf étages, hauts de 20 m.

Les grottes de Feilai feng. Tout près du temple, au sommet de la *colline de l'Aigle sage,* on découvrira les très belles grottes rupestres de Feilai feng dont le nom signifie « Pic venu en volant ». La qualité des roches est très différente de celles des collines avoisinantes. La légende veut que ce pic soit arrivé d'Inde, déjà creusé de grottes.

Parmi ces grottes, la plus ancienne est *Qingling dong.* Il s'y trouve un Bouddha Amitofu, Guanyin et une quantité de petits Bouddhas de 20 à 40 cm. L'ensemble est très beau et aurait été creusé sous les Cinq Dynasties, en 951.

Au nord-est de la première se trouve la grotte *Yuru dong* et, derrière, la grotte *Longhong dong,* toutes deux creusées sous les Song et les Yuan.

A mi-pente de la colline, on remarquera un pavillon. Il fut construit sous les Song au XIIe siècle par le général **Fei Shizhong**, à la mémoire de son compagnon d'armes, Yue Fei.

La colline Beigao shan. Au nord-ouest de Lingyin si, on pourra gravir la colline Beigao shan, traverser une jolie forêt de bambous et arriver à l'ermitage **Tao Guang** qui fut construit sous les Tang par le moine poète du même nom. Depuis 1961, il a été transformé en salon de thé, d'où l'on a une vue étonnante sur les environs.

Le jardin Hua pu. Toujours à l'Ouest, mais en se rapprochant du lac, on trouve le jardin d'agrément Hua pu, où l'on pourra voir de très beaux parterres de fleurs. C'est la promenade favorite des habitants de Hangzhou.

○ *Le sud du lac*
La commune du Puits du Dragon. La commune populaire de Longjing, dont le nom signifie « puits du dragon », peut être visitée. Vous y verrez les collines avoisinantes couvertes d'arbres à thé, et les ateliers où est traité le *thé de Longjing,* un thé vert à l'arôme très délicat. C'est un des thés les plus appréciés en Chine.

Les grottes de Yan xia. A l'est de Longjing. Ce sont les plus vieilles grottes de la région. Les visages de leurs sculptures sont très expressifs et tout à fait fascinants. La nature semble aussi avoir participé à la réalisation de ce très bel ensemble : certaines formes sont particulièrement suggestives.

La source de Hu Pao. Plus au sud. On pourra s'y rendre par les bus n°s 4 ou 15. On raconte que la source aurait été creusée par un tigre. L'eau a d'intéressantes particularités : on en fera la preuve en remplissant à ras bord un bol ; on pourra y ajouter des pièces d'un fen sans faire déborder le bol. Dans la maison de thé, aménagée dans le temple, vous pourrez boire un thé fait avec cette eau.

Non loin, se trouve un pavillon contenant des statues, assez inhabituelles, de 500 sages.

La pagode Liuhe ta, ou pagode des Six Harmonies. Elle se trouve près du fleuve Zhejiang. Elle est haute de 60 m, avec quinze étages à l'extérieur et sept à l'intérieur. A l'origine, elle fut construite en 970 pour obtenir la protection des dieux de la rivière. Elle était également utilisée comme phare. Elle fut reconstruite sous les Song et remaniée par la suite.

La colline Yuhuang shan. On peut monter au sommet de la colline. Au cours de l'ascension, on remarquera un vieux temple taoïste et l'on verra en contre-bas le Cercle des huit trigrammes, *Bagua tian,* au centre duquel s'élevait un autel céleste dont il ne reste rien. Il y a autour huit carrés de rizières. C'est là qu'autrefois l'empereur se rendait solennellement pour creuser le premier sillon.

Le temple Jing si. Il est situé non loin du lac, près de la ville. Il fut fondé il y a plus de mille ans, mais saccagé durant la révolte des Taipings. De nombreuses légendes s'attachent au moine **Ji gong** qui est censé l'avoir construit. La renommée de ce moine retomba sur le temple. Il y a, à l'intérieur, de très belles fresques. On ne peut malheureusement pas le visiter.

○ *Autres choses à voir à Hangzhou*
La ville. Elle a été presque entièrement reconstruite après la répression des Taipings.

Deux parcs. Le *Hu bin gongyuan* longe le lac, au nord-est.

Le *Liulang wenying* se trouve juste au sud de la ville. Aménagé sous les Song, il compte parmi les dix plus beaux paysages de Hangzhou.

La mosquée, ou temple du Phénix, se trouve au 325 Zhongshan lu. Son existence remonterait au XVe siècle. Quatre stèles retracent les différents moments de cette mosquée et en particulier les restaurations qui furent entreprises.

Au Sud de la ville, on peut voir la colline de **Wu shan** et les **monts Phénix** où se trouvaient, sous les Song, le palais Impérial et les somptueuses demeures des riches commerçants.

Excursions à partir de Hangzhou

○ *Les monts Mogan shan*
A 80 km au nord-ouest de Hangzhou. On peut s'y rendre en bus à partir de Hangzhou. Le trajet dure 4-5 heures, à partir de Hangzhou avec des bus excursions ou avec des bus locaux à la gare routière. L'ascension commence au village de **Yucun** mais les bus vous conduisent en général au sommet, à **Yinshanjie,** où se trouve l'hôtel Moganshan (200 lits) composé de 6 villas de 3 étages. L'hôtel est agréable et vous pourrez y déguster les spécialités du coin à savoir les cuisses de grenouille, et les plats à base de bambou. L'endroit était autrefois un lieu de villégiature pour les Européens de Shanghai qui fuyaient les chaleurs d'été.

○ *Les monts Tiantai shan*
A 200 km au sud de Shaoxing et de Ningbo. On peut s'y rendre en bus à partir de ces deux villes. Des bus partent également de Hangzhou (voir ci-dessus)

et de Wenzhou. **Le temple Guoqing si** fut fondé sous les Sui. Il est à l'origine de la secte Tiantai dont l'enseignement s'est diffusé au Japon. Une centaine de moines vivent aujourd'hui dans ce monastère dont la restauration a été financée en partie par le Japon. Le temple héberge les visiteurs de passage. Des chambres sont à leur disposition pour la modique somme de 5 yuans, très bien entretenues, avec des sanitaires impeccables. Le régime est végétarien. Vous y passerez des heures agréables au rythme des moines avec la première prière à 3 h du matin et l'extinction des lumières à 20 h. Légèrement isolé du bourg Tiantai, des tricycles, *sanlunche*, vous y amènent, il est préférable de vous entendre avec le chauffeur pour le retour, afin qu'il vienne vous chercher. Les bus pour Hangzhou partent à 6 h.

Les moines vous demandent en général un permis, qu'il est assez difficile d'obtenir car le monastère n'est pas vraiment ouvert aux étrangers (sauf aux Japonais). Cela dit, une fois que vous êtes dans les lieux, les moines vous offrent l'hospitalité.

○ *Les grottes de Yaoling*

Ces grottes, découvertes sous les Tang, furent chantées pendant des siècles par des poètes qui les présentèrent comme le « pays des merveilles ». Elles sombrèrent par la suite dans l'oubli, jusqu'à ce qu'elles soient redécouvertes en septembre 1979 par une expédition scientifique. Les « merveilles » de Yaoling sont encore peu fréquentées par les touristes. Les voyageurs en route pour les monts Huangshan pourront y faire une étape. Elles sont situées à 85 km au sud-ouest de Hangzhou, à proximité de la petite ville de Tonglu, On s'y rendra en bus à partir de Hangzhou.

Les grottes de Yaoling, de formation calcaire, ont été travaillées par l'érosion au cours des siècles. Elles couvrent une superficie de 28 000 m² et sont composées de 6 salles reliées par des passages. Vous vous trouverez plongé dans une symphonie de couleurs, de formes et de sons.

○ *Les grottes de Lingqi et la rivière Xin'an jiang*

Les grottes de Lingqi et la rivière Xin'an jiang, avec le lac Qiandao hu (lac aux Mille Iles), peuvent constituer une deuxième étape sur votre route en direction de Huangshan. La **rivière Xin'an jiang** prend sa source aux monts Huangshan à environ 100 km des grottes et du lac. Les **grottes de Lingqi** forment un ensemble de **17 grottes** dont 3 seulement sont ouvertes au public : **Lingqi, Qingfeng** et **Aiyun**. Une légende rapporte que quatre esprits, le Dragon, le Phœnix, la Tortue et la Licorne vécurent en paix dans la grotte de Lingqi, jusqu'au jour où elle fut découverte par les gens de la région. La grotte couvre un espace de 2 800 m², divisé en deux salles : le palais du Lotus et le palais de Cristal où l'on attirera votre attention sur un stalagmite haut de 8 m dénommé « fils du Dragon ». Il s'agirait d'une incarnation du fils du Dragon. A l'intérieur, un vaste bassin était autrefois un lieu de sacrifices dédiés au dieu de la Pluie.

La **grotte Qingfeng** est située non loin de là, à 100 m sur la rivière Shou chang (affluent de Xin'an jiang). Elle est célèbre surtout pour les « souffles » qui la parcourent. Une ouverture de 90 m permet une circulation des courants, frais l'été et chaud l'hiver, maintenant une température constante de 23°. 5 chambres de paysages merveilleux s'étendent sur 2 900 m².

Aiyun se trouve à 800 m de Qingfeng.

Un chemin de 390 m vous conduit à travers un paysage de stalagtites et de stalagmites. L'attraction est un stalagtite ayant à peine 10 cm de circonférence et haut de 7 m, si fin qu'il vous suffira de l'effleurer du doigt pour émettre une note sonore.

Un pont de 380 m relie la grotte Lingqi à la petite ville de **Baisha**, dans le district de Jiande, sur les bords du lac Qiandao hu. Un barrage construit en 1960 lors des fantastiques mobilisations du « Grand Bond en avant » est devenu aujourd'hui un lieu de villégiature. De nombreuses maisons de repos et hôtels se dressent tout autour du lac.

Les grottes de Lingqi sont accessibles par bus à partir de Hangzhou. Départ tous les jours. On peut également s'y rendre par train de Hangzhou jusqu'à Jinhua situé sur la ligne de chemin de fer Shanghai-Hangzhou-Canton. De Jinhua, des bus et des taxis assurent la liaison avec les grottes à partir de 8 h jusqu'à 17 h 30. C'est le chemin conseillé, si vous venez de Huangshan pour rallier rapidement Shanghai, Hangzhou, Canton ou Nanchang.

Des grottes de Lingqi, pour vous rendre à Huangshan, vous pourrez prendre le bateau de **Maozhuyuan**, situé sur les bords du lac, jusqu'à Shendu dans l'Anhui et, de là, le bus jusqu'à Huangshan.

Vous pouvez également poursuivre sur les **monts Wuyi** dans le Fujian, en train de Jinhua jusqu'à Shangrao (Jiangxi), en direction de Nanchang et, de là, en bus jusqu'au monts Wuyi.

SHAOXING

Cette petite ville de 120 000 habitants se trouve dans la province du Zhejiang, entre Hangzhou et Ningbo.

Un peu d'histoire

Shaoxing est une des plus vieilles villes de Chine. Là se trouvait la capitale de l'Etat de Yue, durant la période des Royaumes Combattants, au Ve siècle avant J.-C. Sous les Han, les fours de l'ancienne Yue zhou, Shaoxing, produisaient les célèbres *poteries de Yue*, poteries grises recouvertes d'une couche vert-olive. Lorsque les Song installèrent leur capitale à Hangzhou, les fours se remirent en action pour produire les plus beaux céladons de l'époque.

Par ailleurs, Shaoxing est réputée pour avoir été, au cours des siècles, une pépinière de fonctionnaires lettrés. C'est là que naquirent deux figures de la Chine moderne, l'écrivain féministe, héroïne de son temps **Qiu Jin** (1875-1907) et le plus grand écrivain contemporain **Lu Xun** (1881-1936).

Sur le plan économique, Shaoxing n'a jamais bénéficié d'un grand essor, et, comme toutes les villes du Bas-Yangzi, elle a été saccagée durant la révolte des Taipings. Aujourd'hui, elle est encore peu industrialisée et l'activité la plus importante est la production de son fameux vin jaune.

Shaoxing a gardé beaucoup de caractère. Les rues sont encore pavées de dalles de pierres provenant de carrières proches.

Shaoxing pratique

○ *Comment s'y rendre*

Des **bus** locaux desservent Hangzhou-Shaoxing, les monts Tiantai shan, les monts Yandangshan et Wenzhou. D'autres assurent la liaison Hangzhou-Shaoxing-Ningbo. On peut également prendre le **train** à partir de Hangzhou, en direction de Ningbo. (Voir Ningbo).

Hôtel Shaoxing, 9, Huanshan lu.

Tél. 34.83. Chambres à partir de 40 yuans.

A voir à Shaoxing et dans les environs

○ *La ville*

Dans la ville, on peut visiter la maison natale de **Lu Xun** et le musée de Lu Xun. Également le musée consacré à **Qiu Jin**, héroïne révolutionnaire qui lutta pour la chute de l'empire et fut fusillée en 1907.

Le pavillon des Orchidées. C'est *Lanting hui*, où le célèbre calligraphe **Wang Xizhi** (307-365) se livra avec quarante de ses amis à un concours de poésie improvisée resté célèbre dans l'histoire de la littérature chinoise. Il se trouve au terminus du bus n° 3.

Le parc Shen Yuan. A l'époque des Song du Sud, les lettrés y tenaient leurs réunions académiques et de plaisir !

La bibliothèque Qing Teng. Chambre de travail du célèbre calligraphe des Ming, **Xu Wei**. *Qing teng shuwu.*

Les ponts. Deux ponts de pierres, d'époque Song (XIIIᵉ siècle), situés l'un au sud l'autre au nord de la ville, *Bazi qiao* et *Baoyou qiao*.

La pagode du temple Yingtian. D'époque Song, restaurée plusieurs fois sous les Ming et les Qing, elle se trouve sur la colline *Tashan ling* au sud-ouest de la ville.

Quelques fresques. Elles datent des Taipings. Il faut demander une autorisation de la Luxingshe pour les visiter car elles se trouvent dans d'anciennes résidences transformées en bureaux ou en maisons d'habitation.

○ *Le tombeau de l'empereur Yu le Grand*

Dayu ling et **Dayu miao**. Le tombeau et le temple de Yu le Grand. A quelques kilomètres au sud-est de la ville, au pied du mont Gui ji. C'est là que fut enterré l'empereur Yu le Grand, fondateur de la dynastie des Xia. L'état actuel des bâtiments ne remonte pas au-delà du XVIIIᵉ siècle. Sur le trajet du bus n° 2.

La visite du temple. En entrant par la porte du sud-ouest, on remarquera sur la droite le pavillon aux stèles du mont Goulou. Après avoir franchi la porte centrale, on verra sur la droite : un pavillon abritant des stèles Ming, un autre abritant des stèles Qing et le *pavillon de la Pierre-Bateau*.

En revenant vers le centre, avant de pénétrer dans la salle centrale, on remarquera le pavillon de la stèle de Qianlong. A droite de la salle centrale, le pavillon de la stèle de la fondation du temple.

Les fragments de céramique, dont regorgent les environs du temple rappellent que cette zone fut un des plus grands centres de céramique, à l'époque du royaume de Yue, sous les Han et jusqu'aux Song du Sud. Certaines de ces pièces de poterie de Yue ont été retrouvées à Bornéo et au Moyen-Orient.

C'est à cet endroit que se faisait un émaillage connu en Occident sous le nom de « pi-se ». Les sites des fours ont été découverts dans les années trente.

○ *Le lac Dong hu*

Sur le trajet du bus n° 1. Un parc fut aménagé sur le site à la fin de l'époque Qing, tout près des carrières de dalles de pierres très fines exportées dans toute la Chine et dont sont pavées les rues de la ville. On pourra louer à l'entrée du parc des petites barques et se promener dans les méandres entre des grottes aux formes très particulières. La plus célèbre d'entre elles est la grotte de *Xian tao* au sommet de laquelle pousse la « pêche de longévité ». On dit que qui parviendra au sommet pour cueillir cette pêche deviendra immortel après l'avoir mangée.

○ *L'usine de production de vin jaune*

C'est dans cette usine que l'on produit la meilleure qualité de vin jaune connu dans toute la Chine et à l'étranger. Les ingrédients nécessaires à la fabrication de ce vin produit depuis 2 500 ans sont le riz glutineux et l'eau du lac Dong hu, dont dépend la qualité du vin. L'usine produit quatre qualités de vin, avec un pourcentage d'alcool qui varie de 16 à 20 %.

La légende raconte que le héros populaire **Wu Song**, personnage du roman *Au Bord de l'Eau*, but une bonbonne entière de ce vin avant de tuer de ses mains nues un énorme tigre.

NINGBO

Le principal port de la province est situé au Sud de Hangzhou. Son importance remonte à la dynastie Tang. C'est de là que partaient les bateaux qui faisaient commerce avec le Japon. Au XVIe siècle, les Portugais s'y établissent et détournent à leur profit le commerce avec le Japon interdit aux Chinois. En 1842, après la guerre de l'Opium, Ningbo devient un port ouvert aux étrangers. Aujourd'hui la ville compte 900 000 habitants ; c'est une ville industrielle avec une importante industrie agro-alimentaire. Une partie de la vieille ville qui date des Ming subsiste encore.

Sur une colline qui domine le fleuve Yongjiang, on aperçoit les restes d'un fort Ming d'où le général Qi Jiguang mit en déroute les pirates japonais qui sévissaient le long des côtes du Zhejiang.

Le temple **Tiangong si** se trouve au pied des monts Taibai, à l'Est de la ville. Le moine japonais Dogen y séjourna en 1223 avant de retourner au Japon où il fonda la secte Sōtōshu.

Non loin de là sur la colline Yuwang, on peut visiter le **monastère du roi Asoka** à l'intérieur duquel se dresse un des 18 stûpas qui renferme les reliques du Bouddha Çakyamuni.

Le **temple Baoguo si** se trouve à 15 km à l'Ouest de Ningbo, dans les monts Biaoqi. Entièrement en bois, c'est un très bel ensemble qui date du XIe siècle.

Renseignements pratiques

Ningbo est relié par **bus** et par **train** à Shaoxing et à Hangzhou. Il existe également des bus entre Ningbo, Tiantai shan et Wenzhou.

Liaisons aériennes entre Pékin, Hangzhou (33 yuans) et Shanghai (34 yuans).

○ *Hôtel*

Hôtel Huaqiao, 130, Liuhe jie. Tél. 631.75. Chambres à partir de 50-60 yuans.

Trains					
8 h 20	11 h 33	**Hangzhou**	↑	17 h 30	12 h 23
9 h 40	12 h 53	**Shaoxing**		16 h 16	10 h 57
12 h 25	15 h 30	**Ning bo**	↑	13 h 50	8 h 30

PUTUO SHAN

Un peu d'histoire

L'île de Putuo shan fait partie de l'archipel Zhou shan situé dans le golfe de Hangzhou. C'est une des 4 montagnes bouddhistes de Chine, consacrée au culte du Pusa Guanyin. Son nom est une abréviation du sanskrit « *potolaka* » qui signifie « une belle fleur blanche ». Sous les Tang, le culte de Guanyin se développa et une centaine de temples furent construits au milieu d'une végétation luxuriante. Un grand nombre d'entre eux furent détruits durant la Révolution Culturelle. Guanyin est pour les bouddhistes une incarnation d'Avalokitesvara (Bodhisattva de la Miséricorde) et son culte en Chine fut confondu avec celui d'une ancienne divinité chinoise, Da Bei, 3e fille du roi Chuzhuang. La légende raconte que Da Bei voulant devenir nonne fut persécutée par son père. Pour la sauver, les dieux la transformèrent en une fleur de lotus et lui permirent de renaître dans l'île Putuo shan ; par la suite, elle guérit son père atteint d'une grave maladie. Son père fit ériger une statue de sa fille, « *quan shou quan yan* » qui signifie « absolument entière », mais le sculpteur comprit « *qian shou qian yan* », c'est-à-dire « mille bras, mille yeux » ; c'est ainsi que Guanyin est souvent représentée sous cette forme. Ce culte de Guanyin sous une forme féminine se généralisa sous les Ming, mais aujourd'hui encore, dans le Guangdong et le Henan, on trouve un Guanyin barbu. Le culte de Guanyin à Putuo shan est également lié au moine japonais *Hui E* (Tang). Ce dernier, de retour au Japon, emporta une statue de Guanyin, mais son bateau fut arrêté par une centaine de fleurs blanches qui lui barrèrent le passage. Voyant là un signe du Bouddha, le moine s'installa à Putuo shan où il se construisit un petit ermitage, premier temple de Putuo shan connu sous le nom « Guanyin qui refuse de quitter le pays ».

Putuo shan pratique

○ *Comment se rendre à Putuo shan*

Putuo shan fait partie de l'archipel Danshan ; un **ferry** assure 4 traversées par jour à partir du ravissant port de pêche Shenjiamen sur Danshan. Horaires : 7 h, 9 h, 13 h, 14 h 30 (à vérifier). Durée de la traversée : 40 mn.

A partir de Shanghai : 2 **bateaux** par semaine. Traversée 12 h. Départ de Shanghai : 19 h 30.

A partir de Hangzhou : **train** jusqu'à Ningpo. 5 trains par jour. Durée du voyage : 4-5 h. De Ningpo à Putuo shan, le bateau « *Fuding shan* » part tous les matins à 7 h et arrive vers 12 h à Putuo shan.

A partir de Wenzhou : bateau jusqu'à Dinghai sur l'île Danshan (2 bateaux par semaines, traversée 14 h). De Dinghai, un autobus vous conduit à Shenjiamen. Départ toutes les 30 minutes ; dernier bus à 17 h. Durée : 50 mn.

○ *Hébergement*

Auberge Xiulai Xiaozhuang, à côté du temple Puji si. Confortable.

Le **pavillon Wenchang ge**, à côté de la pagode « précieuse », *Duobao ta*.

Le **refuge Yanzhe an**, près du temple Fayu si.

Le **temple Fayu si** dispose lui-même d'un hôtel.

A **Shenjiamen**, il existe plusieurs hôtels. Il est préférable d'aller à la

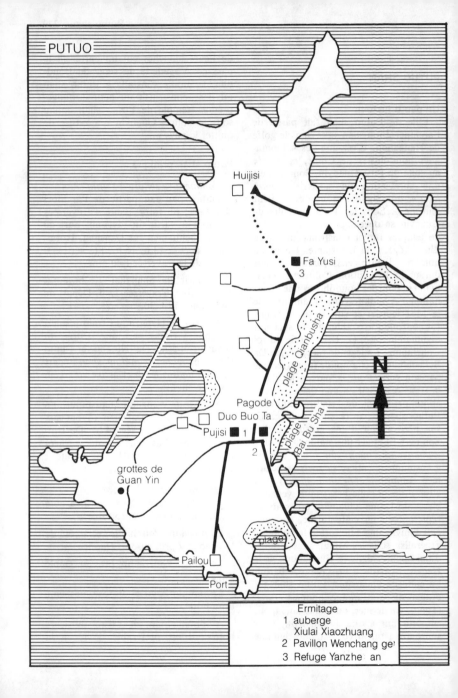

PUTUO

Huijisi

Fa Yusi
3

plage Qianbusha

N

Pagode
Duo Buo Ta

Pujisi ■ 1 ■

2

plage
Bai Bu Sha

grottes de
Guan Yin

plage

Pailou

Port

Ermitage
1 auberge
Xiulai Xiaozhuang
2 Pavillon Wenchang ge'
3 Refuge Yanzhe an

guest-house du district de Putuo shan, Putuoshan Zhaodaisuo.

A voir à Putuo shan

○ *Les trois grands monastères*

Pu ji si, « temple de la Sauvegarde », fut construit sous les Song (1080), au Sud de l'île. D'une superficie de 11 400 m², il suit l'agencement classique des temples. On visite surtout la salle Yuantong dian, « salle de la Compréhension parfaite de toute chose ». Au centre, la statue de Guanyin haute de 9 m, en bois ; sur les côtés, les 32 réincarnations de Guanyin. C'est à cet emplacement que fut construit le premier temple de Hui E. Par la suite le temple Song fut brûlé sous l'occupation hollandaise (1669), reconstruit sous le règne de Kang Xi, puis saccagé durant la Révolution Culturelle et restauré en 1981.

Fayu si, « temple de la Loi ». A l'entrée du temple, on remarquera un « Mur des Esprits » (*yingbi*) portant l'inscription « la force de l'Esprit ne peut se concevoir ». A l'intérieur on traverse successivement la salle des Gardiens, la salle du Bouddha de Jade où se trouve une effigie du Bouddha Shijiamuni en jade blanc de Birmanie (fin des Qing), Yuantong dian, salle dédiée à Guanyin, appelée aussi « salle des Neuf Dragons ». Cette salle se trouvait à l'origine dans la Cité Interdite des Ming à Nankin, elle fut démontée et déplacée à Putuo shan. C'est un très beau bâtiment avec une façade vert-or ; à l'intérieur, le plafond est constitué en forme de voûte céleste, avec, au milieu, suspendue une énorme boule entourée de neuf madriers sur lesquels sont sculptés neuf dragons qui semblent se battre pour la balle.

Huiji si, « temple de la Complaisance », à 300 m au-dessus de la mer, au sommet du mont Bouddha. Autrefois, il ne s'agissait que d'un simple pavillon de pierre avec une statue du Bouddha. Il fut agrandi et devint un temple sous les Ming. Les bâtiments actuels datent des Qing. On visitera la salle de Guanyin (Yuantong dian), la salle de l'Empereur de Jade, le pavillon de Da Bei (autre nom de Guanyin) et la bibliothèque.

Parmi les autres monuments que l'on peut voir à Putuo shan :

— un **portique (Pai Lou)**, sur le port, connu sous le nom de « Miracle de la Jeune Fille » ;

— le **pont de la Porte Céleste**, au Sud, au-dessus de la mer ;

— l'**étang Haiying** (*Haiying chi*), situé devant le temple *Puji si*. Il est entouré de pavillons reliés par des ponts ;

— la **Pagode Précieuse** (*Duo bao ta*), au sud-est du temple *Puji si*. D'époque Yuan, elle est bâtie sur 5 étages dont les 4 premiers sont couverts de bas-reliefs racontant la vie du Bouddha ;

— la **grotte de Guanyin** (*Guanyin gutong*).

Au cours de vos promenades, vous découvrirez des rochers aux formes bizarres et autres lieux chargés de légendes.

Sur la côte orientale, deux superbes plages de sable fin, connues sous le nom de **Qianbu sha** et **Baibu sha**, « Plage des Mille Pas » et des « Cent Pas », font de Putuo shan un lieu unique en Chine. Ce n'est pas un hasard si les Anciens l'appelaient « le paradis bouddhique en mer ».

Le reste de l'île est couvert de cyprès et de pins, dont certains, ont plus de

800 ans. La meilleure saison pour s'y rendre est l'été où les températures varient entre 20 et 30° . Le printemps est assez pluvieux.

WENZHOU

Si après votre visite de la province du Zhejiang, vous souhaitez continuer sur le Fujian, ne manquez pas de vous arrêter à Wenzhou, ville insolite marquée par le christianisme, l'émigration vers les pays européens et qui, aujourd'hui, renoue avec son ancienne tradition d'ouverture sur l'étranger. De là, vous pourrez vous rendre aux monts Yandang shan, un des plus jolis paysages de Chine.

Un peu d'histoire

Wenzhou, « petite » ville de 500 000 habitants, est située au sud du Zhejiang, à 20 km de l'embouchure du fleuve Oujiang. Dès l'époque Tang, Wenzhou apparaît comme un port, commerçant avec le Japon. Sous les Song, elle affirme sa vocation marchande. Riche, elle sera durant des siècles un centre économique et culturel important. En 1877, elle est ouverte au commerce avec l'étranger ; une petite communauté de missionnaires et de marchands s'installent. Au début du XXᵉ siècle, le déclin de la ville déclenche une importante émigration en direction de la France et de l'Italie où les gens de Wenzhou se font une réputation de maroquiniers et de restaurateurs. En 1949, sa position en face de Taiwan la condamne à l'isolement ; aucune infrastructure ni industrie n'est développée dans la région. Aujourd'hui encore la ville est à douze heures d'autobus de Hangzhou, avec des heures d'attente pour prendre le bac qui assure la traversée jusqu'à Wenzhou. Son récent statut de « ville

ouverte », décidé en 1984, devrait annoncer une nouvelle ère de prospérité. Le Plan de développement prévoit l'agrandissement du port, une liaison ferroviaire Wenzhou-Jinhua sur l'axe Shanghai-Canton, l'ouverture d'un aéroport. Wenzhou située dans la zone semi-tropicale est une des régions les plus fertiles de Chine, célèbre pour ses mandarines et ses variétés de thé (*Maofeng, Xiangguliao, Huangtang*). Son sous-sol est également très prometteur : gisements de granit, d'alun pour l'exploitation desquels des projets de coopération ont été signés avec des pays étrangers.

La ville est actuellement un ensemble de paradoxes, en plein boum économique, les petites activités privées fleurissent un peu partout, donnant naissance à un « affairisme » quelque peu chaotique. La contrebande semble être l'activité la plus florissante.

Les mendiants, les « belles de nuit », les petits revendeurs à la sauvette font partie du décor de cette ville encore peu connue des étrangers et donc peu contrôlée. Vous prendrez plaisir à découvrir la ville à travers ses marchés libres, ses échoppes d'artisans habiles à travailler le bois et la pierre.

Peu de monuments sont à voir. Signalons le temple *Jiangxin si* sur une petite île au milieu du fleuve Oujiang avec une pagode de 7 étages datant de l'époque Song. Le *temple protestant* dans la rue Chengxi jie et la *cathédrale* non loin de l'hôtel des Chinois d'outre-mer nous rappellent l'existence d'une communauté chrétienne. Avant d'arriver à Wenzhou, dans le district de Qingtian, on remarquera ses montagnes couvertes de tombes en forme de fauteuil dont beaucoup portent le signe de la croix. La cathédrale a presque cent ans ; elle fut rénovée il y a trois ans grâce aux dons des Chinois d'outre-mer. 7 prêtres et 5 sœurs, c'est tout ce qu'il reste d'une communauté qui possédaient autrefois des rues entières du quartier avec hôpital, écoles...

Wenzhou pratique

○ *Comment s'y rendre*
Des **bateaux** assurent la liaison Shanghai-Wenzhou. Les bateaux partent du quai Shilipu ; on peut y acheter les billets pour le jour même ou la veille du départ. Sinon il faudra se rendre au bureau 222, Renmin lu. Il existe 4 classes de 7 yuans à 45 yuans.

De Hangzhou vous pourrez prendre un **bus** direct à air conditionné mis en service récemment. Départ chaque matin à 5 h 45 à la gare routière de Wulin men. Retour sur Hangzhou tous les jours à 5 h 35.

De Wenzhou, vous pourrez continuer sur le Fujian avec un bus qui vous amènera d'abord à Fu an située à la frontière et de là à Fuzhou.

○ *Où loger*
L'**hôtel des Chinois d'outre-mer** est celui que l'on vous indiquera en premier, c'est le seul hôtel réservé aux étrangers. Les chambres sont abordables, 20 yuans maximum, mais l'hôtel est plutôt sinistre et très mal entretenu. Nous vous conseillons d'essayer les petits hôtels privés dont le nombre ne cesse de grandir. Signalons cependant **Jiushan lüguan, Xizhan lüguan, Songtai lüguan et Liming lüguan.** Les prix varient de 1 yuan pour les dortoirs à 6-8 yuans pour une chambre double.

Hôtel Jingshan binguan, 35, Xueshan lu. Tél. 59.01. Chambres à partir de 60 yuans.

○ *Les restaurants*
A tous les coins de rue et à toute heure du jour, vous trouverez des gargotes qui vous offrent des *guotie* (raviolis frits) ou des soupes de *hundun* aux algues. Munissez-vous de vos propres baguettes, les cas d'hépatite étant très fréquents dans le Sud.

Sur le port vous trouverez des restaurants privés spécialisés dans les fruits de mer.

Le meilleur restaurant de la ville, **Wenzhou fandian**, dans la rue Wuma jie, offre une variété de plus de 200 plats de fruits de mer. Le maître-cuisinier Jin Cifan vous suggérera les palourdes frites, le poisson au Meicai, les ailerons de requin, les crabes et crevettes « frappées ».

A partir de Wenzhou

○ *Les monts Yandang shan*
Les monts Yandang shan sont parmi les plus beaux paysages de Chine, situés à 3 h d'autobus de Wenzhou. Un autobus part tous les jours à 13 h de Luheta, petit village de l'autre côté du fleuve. Une navette à 12 h 30 au départ du quai principal de Wenzhou assure la correspondance. La région est splendide, couverte de rizières qui s'étalent de la montagne jusqu'à la mer.

Dans le bourg de **Yandang shan**, vous trouverez de petits hôtels, mais nous vous recommandons l'adorable petite **auberge de Lingfeng** (Lingfeng zhaodaisuo) située au pied du pic Lingfeng, à 20 mn à pied du bourg, et au départ de la plupart des excursions. Les chambres sont spacieuses, propres, certaines équipées de sanitaires.

Pour vos excursions en montagne, nous vous conseillons de prendre un guide dans le bourg, le tarif était de 2 yuans en 1984. La principale attraction est le **pic Lingfeng** avec ses temples bouddhistes, taoïstes, le plus souvent les deux à la fois. A proximité de l'auberge, un temple bouddhiste a été construit à l'intérieur d'une gigantesque faille. Derrière l'auberge, un **temple taoïste, Beitou dongtian**, appartient à l'école Longmen, créé par le maître céleste Zhang, dont le dernier descendant se trouve à Taïwan. Cette secte que l'on appelle taoïsme populaire, pour le distinguer du taoïsme ésotérique ou philosophique, est très populaire dans le Sud, et fait une large place aux pratiques de magie et de sorcellerie. Après l'avoir déserté durant la Révolution Culturelle, quelques moines y revinrent en 1973. Le plus âgé a 89 ans et recopie inlassablement le *Yijing, Livre des Mutations*. Les plus jeunes sont deux novices de 18-20 ans. Le temple est au dernier étage d'une bâtisse de 3 étages (où vit la petite communauté) en bois, construite à l'intérieur d'une grotte. On remarquera les trois figures principales ; au centre, l'Empereur Jaune (empereur mythique), à gauche le bodhisattva Guanyin, à droite la divinité taoïste Dou Mu (la Mère). Les moines sont isolés du monde et leur bibliothèque a été brûlée avec leurs derniers exemplaires du *Daodejing, le Livre du Dao*. Lors de mon passage, le jeune novice me pressa de lui céder l'exemplaire que je tenais sur moi. La plupart des temples sont de simples grottes avec 4 à 7 moines et bonzesses, la plupart âgés, vivant ensemble dans des conditions très rudimentaires, derniers témoins du taoïsme. Certains ermites vivent encore dans la montagne à au moins un jour de marche du village.

Une autre excursion vous amènera à la **cascade du pic Lingyan** où d'autres temples peuvent encore être visités.

Vous pourrez aussi sillonner en tracteur les villages aux alentours et vous arrêter dans les petits temples de campagne, souvent neufs. Dans le **village de Baiyunguan**, un temple taoïste, transformé en grange, est actuellement restauré par les paysans. On peut y voir à côté des statues neuves en plâtre, peinturlurées de rose ou autres couleurs vives, de belles fresques anciennes représentant l'apocalypse.

Pour vous rappeler que vous n'êtes pas très loin de la mer, les petits restaurants privés du bourg de **Yandang shan** vous offrent une variété de fruits de mer que vous choisissez à leur étalage.

De Yandang shan, vous pourrez continuer sur les monts Tiantai en direction de Hangzhou. Un bus part du bourg tous les matins à 6 h.

L'Anhui

L'Anhui se trouve à l'ouest des provinces côtières du Jiangsu et du Zhejiang. D'une surface de 130 000 km², la région est peuplée de près de 50 millions d'habitants. Deux cours d'eau importants, la Huai et le Yangzi (Yangtsé), la divisent en trois régions distinctes. Le nord de l'Anhui est appelé **Huaibei**, « le nord de la Huai », et fait encore partie des grandes plaines du nord de la Chine. C'est une région qui a connu de nombreuses inondations catastrophiques et de grands travaux d'irrigation et de contrôle des eaux y ont été réalisés depuis la libération. La région du Centre s'appelle le **Huainan**, « le sud de la Huai ». C'est une région de collines et de petites vallées. Enfin la troisième région s'appelle le **Wannan** ou « sud de l'Anhui ». Région montagneuse et boisée, c'est là que se trouvent les célèbres **monts Huangshan**.

L'Anhui est une province essentiellement agricole : coton, riz, patates douces et soja y sont récoltés en grandes quantités. 10 % du thé chinois viennent du Huainan. Bien que fertile, la province de l'Anhui n'est pas toujours parvenue à nourrir son importante population : les terribles famines des années noires (1959-1961) y firent des centaines de milliers de morts et on peut encore apercevoir des villages fantômes dont la population a entièrement disparu, chassée ou décimée par la famine. Certaines tentatives d'irrigation, réalisées également pendant le Grand Bond en avant, eurent pour résultat d'alcaliniser des terres cultivables et de les rendre, à tout jamais peut-être, impropres à la culture.

Depuis 1979, l'Anhui connaît une nouvelle prospérité : c'est devenu une province-pilote sous l'impulsion de **Wan Li**, l'actuel vice-Premier ministre, qui fut longtemps le premier secrétaire de la province de l'Anhui.

Les permis

Sont officiellement ouverts aux touristes les villes de Bozhou, Chaohu, Chuzhou, Fuyang, Hefei, Lu'an, Suzhou, Tongling, Tunxi, Wuhu, ainsi que les districts de Fuyang, Fengyang, Jin, Qingyang, She et les monts Huangshan, Jiuhuashan et Ma'anshan.

HEFEI

Capitale de la province de l'Anhui, **Hefei**, 800 000 habitants, est située à l'Est de la Chine, à 300 km au sud-ouest de Nankin. Son histoire remonte à la dynastie des Han. Devenue capitale de la province de l'Anhui en 1949, Hefei est un grand centre industriel : équipements miniers, industries chimiques, textiles, mécaniques, matériaux de construction et teintureries. On y visitera le **parc Baohe**, qui se trouve dans la Yan'an lu, le **temple Mingjiao**, qui se trouve dans la Huaihe lu et le **musée** de la province.

Hefei pratique

○ *Comment s'y rendre*
En avion. Vols sur Pékin (168 yuans), Chengdu, Fuyang (33 yuans), Canton (199 yuans), Fuzhou (208 yuans), Hangzhou (96 yuans), Jinan (87 yuans), Nanchang (93 yuans), Shanghai (66 yuans), Wuhan (64 yuans), Xi'an (164 yuans), Zhengzhou (91 yuans).

En train. De Shanghai : le train n° 88/89. Départ, 5 h 36 ; arrivée, 15 h 16. De Jinan : train n° 127. Départ, 2 h 10 ; arrivée, 12 h 30. De Pékin :

train n° 127. Départ, 18 h 30 ; arrivée, 12 h 30.

On peut également se rendre en **bus** à Hefei à partir de Nankin : départs tous les jours.

Adresses utiles
Hôtel Daoxianglou, Yan'an lu. Tél. 747.91. Chambre double : 40-70 yuans.

Hôtel Jianghuai, 68, avenue Changjiang. Tél. 722.21. C'est là que se trouve le bureau de la *Lüxingshe*. Chambre double : 40 yuans.

Gare ferroviaire. Mingguang lu. Tél. 34.81.

CAAC. 73, Changjiang lu. Tél. 37.98.

Magasin d'antiquités. 45, Huizhou lu. Tél. 56.96.

Magasin d'artisanat. 45, Huizhou lu. Tél. 56.96.

TUNXI
Petite ville située dans le Sud-Est de la province de l'Anhui, elle se trouve à 84 km des **monts Huangshan**. C'est un célèbre marché de thé qui connut un grand essor sous les Song. Le thé de la région est le *tunlucha*.

Tunxi est une étape obligatoire dans l'excursion aux **monts Huangshan**.

Comment s'y rendre
Tunxi est reliée par **bus** à Hangzhou, Jingdezhen (Jiangxi). Le trajet entre Tunxi et les monts Huangshan dure environ trois heures ; départ de Huangshan à 6 h du matin (1,95 yuan).

Tunxi est située sur la ligne de **chemin de fer** qui va vers Wuhu au nord et vers Jingdezhen au sud.

Par avion. A partir de Hefei (43

yuans) les mardi, mercredi, samedi ; de Shanghai (53 yuans) le mercredi.

En bateau. Un ambitieux projet d'aménagement de la rivière Xinanjiang permettra, en 1989, de venir à Tunxi en bateau à partir de Hangzhou.

LES MONTS HUANGSHAN
Ils se dressent à l'Est de la Chine, dans la province de l'Anhui à 376 km de Shanghai et à 280 km de Hangzhou. Le site de Huangshan correspond à un ensemble de 72 pics dont les plus hauts, à 1 800 mètres d'altitude, sont le pic de la Fleur de Lotus (*Lianhua feng*), le pic de la Capitale du Ciel (*Tiandu feng*) et le pic de la Clarté (*Guangming feng*). Les merveilles des monts Huangshan ont été chantées au cours des siècles par les poètes dont le plus célèbre est Li Bo. Depuis, les Chinois et les étrangers se pressent en masse pour admirer ses rochers aux formes étranges, ses pins accrochés à la paroi rocheuse, sa « mer de nuages » et son lever de soleil.

Huangshan pratique

○ *Comment s'y rendre*
En avion. Des avions relient Shanghai et Hefei à Tunxi, la ville la plus proche. De là, un bus à air conditionné parcourt les derniers 84 km jusqu'au pied de la montagne en 3-4 heures.

De Hefei : vols les mardi, mercredi et samedi (43 yuans). De Shanghai : un vol par semaine, le mercredi.

En autobus. De Hangzhou, des bus partent de la gare routière (au nord de Huancheng bei lu) à 6 h 10 et 6 h 40. Prix du ticket : 6,90 yuans. Les bus arrivent vers 13 h 30 à Huangshan. Lorsqu'on vient de Shanghai, Wuxi, Suzhou ou Zhenjiang, le moyen le plus rapide est de prendre le train jusqu'à

Hangzhou ou jusqu'à Wuhu (train n° 342/343) et ensuite le bus ou le train. Dans l'un et l'autre cas, il vous faudra passer la nuit soit à Hangzhou soit à Wuhu. A Wuhu, vous pourrez passer la nuit à l'hôtel Wuhu fandian (rue Dazhai lu). Les chambres doubles sans air conditionné avec les sanitaires en commun coûtent 9 yuans. Vous pouvez avoir une chambre à air conditionné mais ce sont des chambres à 4 lits et le prix est de 30,60 yuans. L'hôtel est relié à la gare et à la gare routière par le bus n° 4, qui fonctionne de 5 h du matin à 21 h (départs toutes les 15 minutes).

Signalons enfin un **bus** direct au départ de Shanghai à 5 h 30. Il met 14 heures pour arriver à Huangshan. Prix du ticket 11,40 yuans.

De Huangshan, des bus partent en direction de : Hefei à 5 h 30, arrivée 16 h 30 (8,70 yuans) ; Nankin à 5 h 50, arrivée 16 h 00 (7,90 yuans) ; Jiuhuashan à 5 h 55, arrivée 13 h 30 (4,05 yuans) ; Hangzhou à 6 h 10, 6 h 30 et 6 h 50, arrivée vers 15-16 h ; Wuhu à 6 h 30 et 6 h 40 ; Shanghai à 5 h 30, arrivée 18 h 30.

En train. Depuis 1985, on peut se rendre au Huangshan par le train en venant de Nankin. Un train partant de Nankin à 21 h arrive à Tunxi le lendemain matin à 6 h.

○ *Hôtels*

Le camp de base de Huangshan est équipé de toute l'infrastructure classique du tourisme : hôtels, magasins de l'Amitié, CITS, guides ; rien ne manque sauf peut-être le calme et la solitude dans un endroit qui fait, somme toute, encore rêver. L'hôtel du camp de base réservé aux étrangers est le *Taoyuan binguan* et se trouve à proximité de la gare routière. Au sommet, après toute une journée d'escalade, vous pourrez passer la nuit à l'**hôtel Beihai binguan**. On vous propose en général une chambre double à 66 yuans et les sanitaires sont communs. Nous vous conseillons de prendre vos repas à l'extérieur : c'est beaucoup moins cher et vous n'aurez pas à attendre 3/4 d'heure avant d'être servi. Lors de votre descente par le chemin de l'Ouest, vous pourrez faire une halte à mi-chemin à l'**auberge de Yupinglou** (à 15 km du sommet), dans des chambres à 7 yuans le lit. Le confort est rudimentaire : toilettes à l'extérieur, pas de douche. A 8 km de là, un temple, le **Banshan si**, met des dortoirs à la disposition des voyageurs (3 yuans par lit).

○ *Conseils pratiques*

Les différences de température étant assez importantes au sommet des Huangshan, vous devrez vous munir de pulls de laine. L'hôtel Beihai binguan tient à votre disposition des manteaux. Si vous allez aux Huangshan au mois de mai, n'oubliez pas les imperméables, les chaussures de sport et les gants.

La meilleure saison pour aller aux Huangshan est le mois de mai ; c'est en effet durant la saison des pluies que vous aurez l'occasion de voir ce phénomène de la mer de nuages qui se produit après la pluie. En automne et en hiver, par contre, ce phénomène est assez rare.

○ *L'ascension*

Si vous voulez vraiment avoir le temps de profiter de votre séjour à Huangshan, vous devrez y rester cinq jours au moins. Vous pouvez évidemment le faire en deux jours et même en un jour si vous voulez mettre à l'épreuve vos talents de grimpeur !

L'ascension se fait en général par la route Est, qui est la plus rapide du camp de base au sommet. La distance est de 7,5 km. Vous passez devant un temple : Yunyu si. Vous arrivez au **sommet Beihai** en 2-3 heures. Au sommet, un certain nombre de promenades sont à faire : la **terrasse Qing Jingtai, Shizi lin** (« forêt des lions »), le **pic Shixin** avec, en contrebas un gouffre vertigineux où se terrent les singes, un peu plus loin **Shicun, Xihai** (« mer de l'Ouest »). Pour le lever du soleil, le meilleur poste d'observation est **Paiyun ding** « pavillon des nuages qui se dispersent », à 1,5 km du Beihai binguan ; les sommets éclairés l'un après l'autre émergent progressivement des nuages qui les dissimulent. Le retour se fait par la route de l'Ouest qui est beaucoup plus escarpée (c'est pourquoi il est préférable de le faire à la descente) ; vous pourrez tout à loisir admirer ces paysages de gouffres et de sommets qui sont d'une beauté saisissante. La partie la plus abrupte est le chemin qui mène au pic Tiandu, ce sentier qui fait 3 km de long est une véritable échelle suspendue au-dessus d'un précipice. Du « refuge de l'écran de jade », **Yupinglou**, on a une vue superbe sur l'ensemble des pics de Huangshan, le pic Tiandu (1 810 m) et le pic Lianhua feng (1 860 m). Depuis 1986, un téléphérique facilite l'ascension.

JIUHUA SHAN

Située dans le district de Qingyang xian au nord-ouest de Huangshan, la chaîne de Jiuhua shan est constituée de 99 pics dominés par le pic Shiwang, 1 341 m. Perdue au milieu d'une végétation luxuriante, hors des sentiers battus par le tourisme, cette montagne s'est acquis depuis toujours la réputation d'être la montagne la plus pittoresque du Sud-Est. D'une beauté rivalisant avec celle de sa voisine Huangshan, ses

versants sont couverts de pins et de bambous. Au milieu de cet écrin de jade, de ravissants villages aux modestes maisons blanches font de ce lieu une retraite idéale qui vous transportera au cœur de la Chine, et hors du temps.

Un peu d'histoire

Jiuhua shan est un des 4 hauts lieux du Bouddhisme avec Emei shan, Putuo shan et Wutai shan. Sous la dynastie Tang, lors du règne de Yuanyin (785-805), Jiuhua shan fut consacré au culte de Dizang wang, le Bodhisattva Ksitigarba, « Trésor de la Terre », un des quatre Pusas chinois, celui qui juge les âmes au seuil des réincarnations et les délivre des enfers. Quelque 300 temples habités par plus de 4 000 moines en firent un haut-lieu de pèlerinage. Aujourd'hui encore, on fête la naissance du Pusa Dizang wang chaque année le 14 septembre dans les 50 temples.

Jiuhua shan pratique

○ *Comment s'y rendre*

De Huangshan, vous pourrez poursuivre votre chemin **par la route** en plein cœur de l'Anhui. Des **bus** partent chaque matin à 5 h 50 et 8 h. Vérifiez les horaires qui ont pu être légèrement modifiés depuis que Jiuhua shan est ouvert sans permis. Le trajet dure 7 h ; le prix du billet est de 4 yuans.

De Shanghai, vous devez prendre un **train** qui part à 5 h du matin et arrive à Tonglin à 15 h 15, et attendre le lendemain pour prendre le bus de Jiuhua shan qui part à 5 h du matin. Vous pouvez également descendre à Wuhu par le même train (arrivée à 12 h) mais il vous faudra y passer une nuit. Le **bus** de Wuhu à Jiuhua shan part le matin à 6 h. Durée du trajet : 4 heures

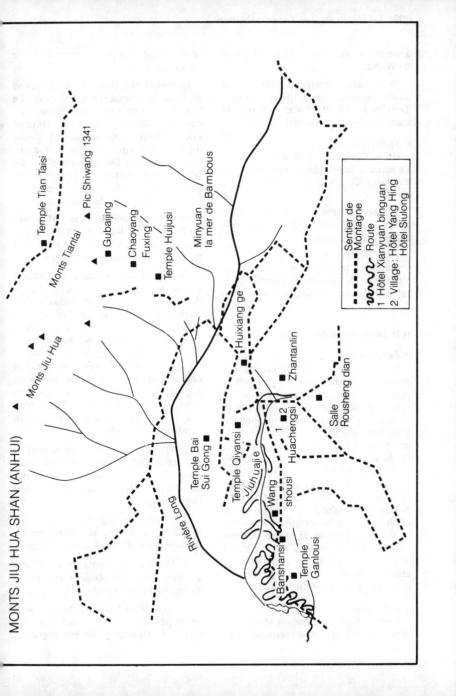

MONTS JIU HUA SHAN (ANHUI)

Temple Tian Taisi

▲ Pic Shiwang 1341

Monts Tiantai

■ Gubaijing

Chaoyang
Fuxing

Temple Huijusi

Minyuan
la mer de Bambous

Monts Jiu Hua

Huixiang ge

Zhantanlin

Salle
Rousheng dian

Temple Bai
Sui Gong

Temple Qiyansi

Jiuhuajie

1 2
Huachengsi

Wang
shousi

Banshansi

Temple
Ganlousi

Rivière Long

Sentier de
Montagne
Route
1 Hôtel Xianyuan binguan
2 Village: Hôtel Yang Hing
       Hôtel Siulong

à partir de Tonglin, 5 heures à partir de Wuhu.

De Nankin, le trajet en **train** est plus court. Le train part à 10 h et arrive à Tonglin à 15 h 30. Il s'agit en fait du train qui part de Shanghai.

○ *Hébergement*
Hôtel Dongyan, Xiayuan bingguan. Le meilleur hôtel. Il se trouve au centre du bourg. 20 yuans pour les plus belles chambres.

L'**hôtel Yangming** et l'**hôtel Jiulong** sont d'allure plus modeste mais très corrects et moins chers.

Deux temples vous offrent de bonnes conditions d'hébergement à des prix très modiques : le **temple Zhantanlin** et le **temple Qiyuan si**, tous deux à proximité du bourg.

A la découverte de Jiuhua shan

○ *Les paysages*
Li Bai, dans un verset célèbre sur Jiuhua shan, compare ses 9 pics principaux à 9 lotus, *Jiu hua*. Le nom lui resta : montagne des Neuf Lotus. Parmi les sites les plus connus, nous citerons **Minyuan**, avec une très belle forêt de bambous. Près de Minyuan, les pins de **Fenhuang** aux formes étranges, dissimulés dans la brume. La mer de nuages que l'on peut voir du pic **Lianfeng**, enfin le lever de soleil du **mont Tiantai**. Nous vous conseillons, durant votre séjour, de vous laisser guider par votre intuition en prenant le temps de vous asseoir dans la cour d'un temple et d'observer, sinon de bavarder avec les moines, de découvrir une atmosphère particulière, sans horaire, sans guide.

○ *Les temples*
Dans le **bourg de Jiuhua shan**. Une dizaine de temples sont regroupés dans ce charmant petit bourg, cœur de la vie de Jiuhua shan.

Le **temple Huacheng si**, le plus grand de tous, fut fondé sous les Tang. La légende raconte qu'un roi étranger du pays de Xinluo, après avoir traversé l'océan, arriva à Jiuhua shan. Les gens du pays, pensant qu'il s'agissait d'une réincarnation de Dizang wang Pusa, lui construisirent un temple. Les bâtiments actuels datent des Ming, comme la plupart des temples de Jiuhua shan.

La **salle Rousheng dian**. Mausolée du Pusa Dizang wang. Il fut élevé pour protéger le stûpa qui renfermerait, selon la croyance populaire, les os du Pusa.

Le **temple Baisui Gong**, au sommet du mont Dongyan. Caché dans un écrin de verdure, l'accès à ce ravissant petit temple de montagne se fait par un escalier. On pourra voir à l'intérieur une statue du moine Wuxia qui vécut sous les Ming. On raconte qu'il mourut à l'âge de 126 ans après avoir passé la plus grande partie de sa vie assis dans une grotte du pic Dongyan. Après sa mort, son corps resta intact durant trois ans. L'empereur le consacra Pusa et fit construire ce temple.

Signalons encore un très beau temple, **Zhantanlin**, où se tiennent les plus belles cérémonies à l'occasion de la naissance du Pusa, **Qiyuan si**, le pavillon **Huixiang ge**...

A l'ouest du bourg, vous découvrirez les **temples Ganlou si, Wanshou si, Banshan si** et d'autres moins connus.

A Minyuan, les temples les mieux conservés sont les **temples Hui ju si, Xiangshan si** et **Puji yan**.

Un certain nombre de temples sont regroupés autour du mont Tiantai ; l'**autel de Gubaijing**, les **ermitages de**

Chaoyang yan et **Fuxing yan,** enfin le **temple Tiantai si.**

On sera étonné de voir que la plupart de ces temples sont de modestes maisons blanches à flanc de montagne ; les fenêtres sont en bois, les toits recouverts de tuiles noires. La configuration intérieure est très différente de celle des temples habituels ; ils sont plus ramassés, avec des maisons en carré. La salle principale se trouve en général dans la dernière cour. La décoration intérieure est assez minutieuse ; sculptures en bois, très fines. Fenêtres, portes, ornements, tout est finement travaillé. Il s'agit d'une architecture très intéressante et tout à fait particulière à l'endroit.

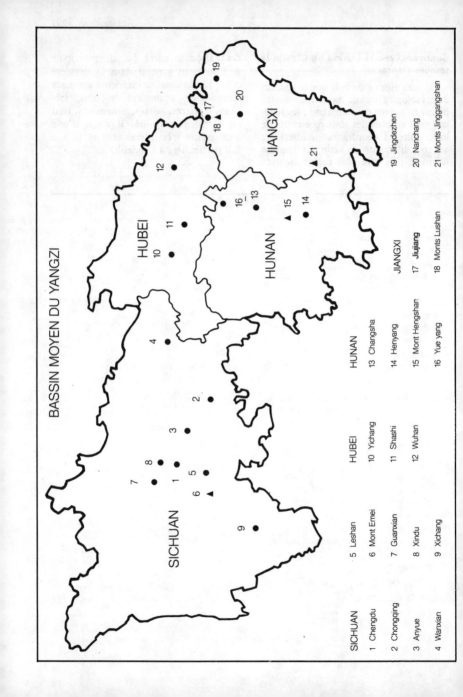

BASSIN MOYEN DU YANGZI

SICHUAN

HUBEI

HUNAN

JIANGXI

SICHUAN
1 Chengdu
2 Chongqing
3 Anyue
4 Wanxian

5 Leshan
6 Mont Emei
7 Guanxian
8 Xindu
9 Xichang

HUBEI
10 Yichang
11 Shashi
12 Wuhan

HUNAN
13 Changsha
14 Henyang
15 Mont Hengshan
16 Yue yang

JIANGXI
17 Jiujiang
18 Monts Lushan

19 Jingdezhen
20 Nanchang
21 Monts Jinggangshan

Le bassin moyen du Yangzi

Le Sichuan

Certaines régions du Sichuan sont parmi les plus fertiles de Chine. Presque totalement fermé sur lui-même par les hautes montagnes qui l'entourent, le Sichuan a longtemps joui d'une réputation de petit paradis sur terre, lointain et inaccessible, où poussent sans effort riz, fruits et légumes·de toutes espèces. Depuis la libération, la population a augmenté extrêmement rapidement et atteint maintenant près de 100 millions d'habitants. La surpopulation et les désordres de la Révolution Culturelle ont grandement affaibli la province qui se remet difficilement de dix années de troubles.

Avec ses 560 000 km², le Sichuan est plus étendu que la France. On peut distinguer deux grandes régions géographiques : à l'est, le bassin du Sichuan et à l'ouest, les hauts plateaux. Le bassin du Sichuan couvre près de 200 000 km². A cause de ses collines de grès rouge, il a été surnommé le « bassin rouge ». Il est encadré par quatre chaînes de montagnes atteignant 3 000 m de hauteur. Ce bassin, qui comprend la plaine de *Chengdu* irriguée par la rivière Min, constitue la partie la plus peuplée de la Chine.

L'Ouest du Sichuan occupe la partie orientale du plateau tibétain. Son altitude dépasse en général 3 000 m. Sa plus haute montagne, le pic *Gong xia* s'élève à 7 590 m. De puissantes rivières

ont creusé des vallées profondes et étroites, comme celle de la rivière *Du* que l'armée rouge dut traverser au prix de mille efforts durant la Longue Marche.

Le climat du bassin rouge se prête admirablement à l'agriculture et permet deux à trois récoltes annuelles. La moyenne des températures est de 4 à 8 °C en janvier, 24° en été. Les pluies sont abondantes, surtout en juillet et août pendant la mousson. Sur les hauts plateaux, les températures tombent souvent en dessous de zéro en hiver et les pluies sont rares.

On peut accéder au Sichuan par avion, par train de Xi'an, au nord, ou de Kunming et Guiyang au sud, et surtout par bateau, le *Yangzi* reliant Chongqing à Wuhan et Shanghai. Des petits bateaux à vapeur peuvent remonter le Yangzi jusqu'à Yibin, en toute saison. Les rivières *Jialing, Min* et *Tuo*, orientées nord-sud et se jetant dans le Yangzi, sont également navigables. Le dispositif fluvial du Sichuan représente un dixième du dispositif fluvial de la Chine entière.

Bien que la province du Sichuan s'industrialise progressivement, ses ressources principales restent agricoles. C'est la première province de Chine pour le riz. Viennent ensuite l'orge, le maïs et les patates douces, pour les régions sèches. On cultive aussi du coton, des oléagineux et de la canne à sucre ainsi que le mûrier (pour la soie), le thé, le jute, etc. Les hauts plateaux, moins fertiles, sont des régions d'élevage et d'exploitation forestière.

La région de Chongqing est riche en charbon, et des installations sidérurgiques s'y sont implantées. Les mines de sel gemme de la région de Zi Gong sont soigneusement exploitées depuis des siècles. On a également découvert quelques gisements de pétrole et de gaz naturel en plein cœur du Sichuan.

Le Sichuan a été rouvert aux touristes étrangers en 1978 et on ne peut pour le moment en visiter que deux régions : celle de **Chongqing**, d'où l'on peut prendre le bateau pour Wuhan, et celle de la capitale **Chengdu**, d'où sont organisées des excursions au mont Emei.

Les permis

Sont ouverts aux touristes les villes et districts de Changning, Chengdu, Chongqing, Dazu, Deyang, Dukou, Emei, Fengdu, Fengjie, Fuling, Gongxian, Guanxian, Guangyuan, Jianguanxian, Ma'erkangxian, Meishan, Mianyang, Naochong, Naopingxian, Neijiang, Songpanxian, Wanxian, Wushan, Wuzi, Xichang, Xindu, Xingwenxian, Yibin, Yuyang, Zigong, Zhongxian et la Région Autonome de la Nationalité Qiang à Maowen.

CHENGDU

Chengdu, capitale de la province du Sichuan, était une des villes les plus plaisantes de Chine ; l'imparfait est de rigueur depuis qu'un vent de construction frénétique s'est abattu ces dernières années sur la ville, engendrant le saccage des quartiers les plus pittoresques au mépris d'une réelle unité architecturale.

Ses larges avenues bordées de grands arbres sont peu encombrées et le climat tempéré qui y règne permet à ses habitants de se reposer le soir devant le pas de leur porte, à demi étendus sur des fauteuils de bambou dans un doux farniente.

La population de la municipalité est de 3,7 millions d'habitants, avec près d'un million et demi pour la ville proprement dite. Chengdu se trouve à 2 048 km en train de Pékin. Au cœur d'une riche région agricole, c'est devenu un important centre industriel avec 1 900 usines employant plus de 500 000 ouvriers dans le textile, la métallurgie et le charbon, entre autres. C'est également un important centre culturel, avec douze instituts supérieurs, l'Université du Sichuan, l'Institut de l'opéra du Sichuan et l'Institut des minorités nationales où l'agence de tourisme organise des visites guidées.

Un peu d'histoire

Chengdu existait déjà à l'époque des Printemps et des Automnes (770-475 avant J.-C.). Au IIᵉ siècle avant notre ère, de riches familles y possédaient déjà terres, parcs et même entreprises sidérurgiques. Chengdu devint la capitale du royaume de Shu à l'époque des Trois Royaumes (221-263). A cause des tissus de brocart qui s'y fabriquaient, Chengdu fut baptisé sous les Han **Jinguan cheng**, « la ville du Magistrat des brocarts ». Puis, à l'époque des Cinq Dynasties, elle fut renommée **Furong cheng**, « la ville des Hibiscus ».

Chengdu avait gardé son aspect traditionnel et ses murailles carrées jusqu'en 1949 mais ces dernières ont été rasées depuis la libération et si le centre n'a guère changé, les faubourgs s'industrialisent rapidement.

289	95	9	7	Train n°	8	10	96	290
		12.09	6.56	**Pékin** ↑	22.40	20.06		
		23.21	17.54	**Luoyang**	11.22	8.11		
		6.48	1.07	**Xi'an**	4.01	0.47		
8.00	19.57	22.38	17.06	**Chengdu**	12.20	8.24	5.51	19.28
(24 h)	6.10	9.20		**Chongqing**		21.55	19.25	(24 h)
9.05				**Kunming** ↓				19.30

Chengdu pratique

○ *Comment s'y rendre*
En avion. A partir, entre autres, de Pékin (316 yuans), Chongqing (52 yuans), Guangzhou (272 yuans), Shanghai (272 yuans), Xi'an (108 yuans), Lhassa (421 yuans), Guilin (195 yuans), Kunming (114 yuans).

En train. Chengdu est reliée directement aux villes suivantes : Pékin, Luoyang, Xi'an, Chongqing et Kunming.

○ *Hôtels*
Hôtel Jinjiang, 180, Renmin lu. Tél. 2.44.81. C'est un grand hôtel de 900 lits de construction ancienne mais offrant une gamme de confort relativement variée. Le restaurant du 2ᵉ étage est peu recommandable, la qualité de la cuisine et du service étant vraiment trop fluctuante (à l'image, entre autres, du fonctionnement des ascenseurs du grand hall !). On y trouve les services suivants : banque, poste, magasins, salon de coiffure, salle de télex, bureau de la CITS, comptoir de réservation pour l'avion. Disons-le de suite, ces deux derniers « services » sont à éviter à tout prix. Pour réserver votre place d'avion : allez directement aux bureaux de la CAAC. Quant à la CITS, sa réputation n'est plus à faire, à Chengdu en particulier.

Chambre double avec air conditionné, baignoire, télé et frigo : 60 et 70 yuans ; avec air conditionné uniquement : 44 yuans ; lit en dortoir (chambre à 3 lits) : 25 yuans. A signaler que ces dortoirs sont très corrects avec une salle d'eau commune et relativement propre à chaque étage.

Le bus n° 16, qui passe devant l'hôtel, traverse la ville du nord au sud et dessert les deux gares de Chengdu.

Hôtel Chengdu, Dong feng lu, à l'angle avec la rue Sanduan lu. C'est l'hôtel moderne de 15 étages ; il est malheureusement excentré ; on y trouve tous les services d'un grand hôtel. Chambre double : 50 yuans ; lit en dortoir (chambre à 5 lits) : 10 yuans. Tél. 44.112 et 43.312.

Hôtel Rong Cheng. Cet hôtel pour Chinois peut accepter des étrangers lorsque le Jinjiang est complet en pleine saison touristique (juillet-août). Il est situé dans un quartier sympathique. Chambre double : 40 yuans ; à un lit : 20 yuans. Tél. 229.31.

Hôtel Bin jiang lu guan, rue Bin jiang lu er duan. Il est à 15 minutes à pied de l'hôtel Jinjiang sur la rue qui borde la rivière Jinjiang.

Une enseigne lumineuse aux couleurs criardes « Coffee-Shop : Au bord de l'eau », un escalier profond qu'il faut descendre et une humidité qui se fait de plus en plus pénétrante ; nous sommes

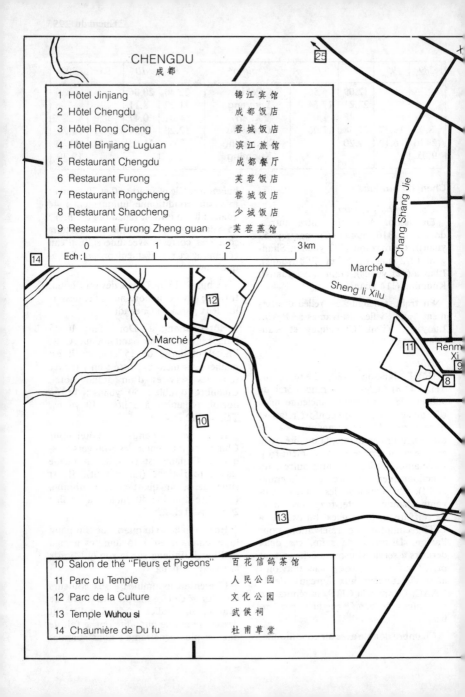

CHENGDU
成都

1 Hôtel Jinjiang	锦江宾馆
2 Hôtel Chengdu	成都饭店
3 Hôtel Rong Cheng	蓉城饭店
4 Hôtel Binjiang Luguan	滨江旅馆
5 Restaurant Chengdu	成都餐厅
6 Restaurant Furong	芙蓉饭店
7 Restaurant Rongcheng	蓉城饭店
8 Restaurant Shaocheng	少城饭店
9 Restaurant Furong Zheng guan	芙蓉蒸馆

Ech : 0   1   2   3 km

Chang Shang Jie

Marché

Sheng li Xilu

Renm
Xi
9

8

12

Marché

10

13

10 Salon de thé "Fleurs et Pigeons"	百花信鸽茶馆
11 Parc du Temple	人民公园
12 Parc de la Culture	文化公园
13 Temple Wuhou si	武侯祠
14 Chaumière de Du fu	杜甫草堂

Gare du Nord

Renmin Zhong lu

Hua Xilu

Zhong lu

23

16

Renmin

Jiefang Zhoug lu

15	Parc Wang jiang Lou	望江公园
16	Temple de Wen shu Yuan	文殊院
17	Palais des expositions	展览馆
18	Bâtiment des télécommunications	电讯大楼
19	"Underground department store"	
20	Antiquaire	文物商店
21	Librairie Xinhua	新华书店
22	CAAC	中国民用航空总局
23	Sécurité	公安局
24	Location de vélo	租用自行车公司
25	Station de bus Lao Xi Men	西门汽车站
26	Gare des bus longues distances	成都汽车站
27	Palais de la culture	文化宫

27

20

Hongxing Zhong lu

17 19 18

Renmin Nan lu

22

Shengli Xi lu

5

Marché

Dong Feng lu

Shengli

Zhong lu

Hongxing Zhong lu

2

4

26

15

↓ Gare du Sud

dans le **Chengdu Underground** : un abri anti-atomique transformé en hôtel-café-salle d'exposition. Sur la gauche, une première salle avec télévision et magnétoscope, puis un couloir où l'on peut acheter gâteaux et boissons, ensuite une enfilade de galeries aménagées avec banquettes et tables, les murs décorés de peintures modernes. Beaucoup de jeunes bien habillés fréquentent en couple ou en bande ce lieu très « branché » ; ils n'hésitent pas à lancer quelques regards de complicité à l'étranger de passage. Le plus frappant surtout c'est que ce lieu est géré par des jeunes.

Cet hôtel mérite une visite ; si vous ne souffrez pas de rhumatismes, vous pouvez vous y installer en dépannage, histoire d'attendre qu'un lit se libère à l'**hôtel Jinjiang**. Lit en dortoir : 8 yuans.

○ *Restaurants*
La cuisine sichuanaise est connue dans le monde entier. Vous pourrez la goûter dans l'un des quatre restaurants les plus réputés de la ville :

— **restaurant Chengdu**, 642, Shengli Zhonglu. C'est le plus grand restaurant de la ville.

— **restaurant Furong**, 124, Renmin Nanlu. C'est le plus proche de l'hôtel Jinjiang.

— **restaurant Rongcheng**, 130, Shaanxi jie. C'est le restaurant de l'hôtel Rongcheng ; le chef peut y faire des prouesses culinaires.

— **restaurant Nulican**, 477, Shengli Xilu.

Mentionnons également le **restaurant Shaocheng** sur Shengli Xi lu : un petit restaurant mais on notera surtout le premier étage avec un salon de thé, billard, télévision et beaucoup de jeu-nes ; mais aussi le restaurant à la vapeur, **Furong zheng guan**, 150, Shengli Xi lu (presque en face du restaurant Shaocheng). *Jiaoxi, siomai* et nouilles froides au poulet ; une petite gargote correcte et tenue par des jeunes organisés en coopérative.

○ *Salons de thé*
Les salons de thé — *Cha dian* — et les jardins de thé — *Cha yuan* — sont une véritable institution à Chengdu. Bien calé dans un fauteuil en bambou, on ne peut manquer d'apprécier ces lieux de détente, de rencontre où les Chinois passent tout bonnement le temps ; c'est aussi pour eux un lieu aux rites mille fois répétés.

Pour 15 fens, vous aurez droit à une tasse, un couvercle, une soucoupe, une dose de thé et de l'eau chaude à profusion versée par des serveurs qui passent périodiquement avec leur bouilloir en cuivre. Le couvercle maintient le thé chaud ; sa forme très légèrement ovale permet de s'en servir pour remuer le précieux liquide mais aussi de le déguster à petites gorgées sans en avaler les feuilles.

Les salons de thé ont été des lieux de transmission de la culture populaire avec les conteurs qui s'y produisaient ; les personnes âgées s'en souviennent et apprécient encore ; les jeunes, quant à eux, semblent aujourd'hui s'en désintéresser.

Si vous passez quelques jours à Chengdu, ne manquez pas de faire une halte au salon de thé du Parc du Peuple — **Renmin Gong yuan** — ou au salon de thé « Fleurs et Pigeons Voyageurs ». Ce dernier — **Bai hua xin ge cha yuan** — est situé rue Yi huan lu xi duan ; devant son entrée se tient un marché aux pigeons voyageurs ; inutile d'apporter sa loupe, on vous en prêtera une sur place pour sélectionner la bestiole d'après son iris. Lors de mon passage, le cours du pigeon se tenait entre 1,6 et 2 yuans.

Des **troupes de théâtre** sichuannais se produisent dans certains jardins de thé ; voici le nom de deux d'entre elles avec les lieux où elles jouent régulièrement :

— la troupe « Mian jiang chuan ju tuan » : **rue Hua xing lu.**

— la troupe « Bi jiang chuan ju tuan » : palais de la culture (**Wen hua gong**).

Demandez à la réception de votre hôtel et insistez auprès de votre interprète pour connaître le programme de ces deux troupes.

○ *Rues, galeries commerçantes et marchés libres*

Le quartier compris entre les rues Jiefang Zhong lu, Shengli Zhong lu, Hongxing Zhong lu et Dongfeng lu : c'est le quartier commerçant de Chengdu. De très nombreux stands (patentés) en particulier dans les rues Qing nian lu et Li zhi xiang ; après leur fermeture (vers 18 h), ces deux rues deviennent alors de véritables marchés libres où chacun vient vendre sa production personnelle.

La rue **Chang shang jie** donne sur Shengli Xilu en face de l'extrémité nord du Parc du Peuple (Renmin gong yuan).

L'**Underground Department Store,** sur Renmin Donglu, à côté du bâtiment des télécommunications. Donner une occupation aux jeunes demeure un problème crucial auquel s'attachent les autorités de Chengdu ; ce magasin en est l'un des résultats concrets. Cet abri anti-atomique a été aménagé en galerie marchande : plusieurs centaines de stands numérotés tenus par des jeunes ; on y trouve à peu près de tout excepté viandes et légumes. On peut d'ailleurs faire le même constat en traversant à vélo les vieux quartiers de Chengdu : bon nombre de petits commerces et petits métiers sont exercés par des jeunes regroupés en coopératives, ateliers de réparation, de confection, restaurants, etc. Ces commerces font recette car on y est mieux servi, plus vite et avec plus d'attention que dans les magasins d'État ; le profit y est certainement pour quelque chose !

Le **marché aux peintures et calligraphies : Renmin nanlu,** sur le trottoir du « Jinjiang », à 500 m à gauche en sortant de l'hôtel. Ce « marché » se tient à partir de la tombée de la nuit ; pittoresque, classique et touristique ; la calligraphie : 2 yuans. Ceux qui veulent se faire une idée de la peinture moderne chinoise se rendront au « Coffee Shop : Au bord de l'eau », dans l'abri anti-atomique (voir la rubrique hôtels).

○ *Achats*

La minorité nationale la mieux représentée du Sichuan est la minorité tibétaine. Vous pourrez donc acheter à Chengdu de superbes couteaux tibétains ainsi que des tissus de couleurs vives. L'artisanat local produit de beaux objets en bambou et en laque.

Magasin d'artisanat : 10, rue Chunxi lu.

Magasins d'antiquités : 61, rue Shangye chang ; et aussi dans le parc du temple Wu hou si.

Chengdu Sichuan Brocade Factory : rue Qing yang gong.

Chengdu Sichuan Embroidery Factory : rue Heping jie.

○ *Adresses utiles*
CAAC, 31, Beixinjie. Tél. 230.38, 230. 87, 221.41.

Les billets pour Lhassa ne s'achètent pas à l'un des guichets du hall mais dans un bâtiment donnant sur la cour de derrière (traverser le hall, prendre sur la droite le couloir menant à la cour, c'est à droite).

L'agence de voyage CITS, dans l'hôtel Jinjiang. Particulièrement incompétente, inefficace et inamicale.

Bureaux de la Sécurité : Xinhua Donglu.

Location de vélos : Stand de location dans le garage à vélos de l'hôtel Jinjiang, en sortant de l'hôtel, 300 m à gauche.

Autre stand au 105, rue Jiefang Zhong lu.

A voir à Chengdu

Plus que ses monuments peut-être, c'est l'atmosphère de Chengdu qui séduira le visiteur. Les restaurants sont nombreux et la cuisine excellente, partout des salons de thé largement ouverts sur la rue offrent un spectacle de *dolce vita* et dès que l'on quitte les artères principales, on découvre la vieille ville avec ses maisons blanches aux poutres apparentes et ses petites boutiques prospères. Un loueur de vélos situé non loin de l'hôtel au 1401 de la rue *Hong zhao bi*, rebaptisée *Jiefang lu* vous permettra de découvrir la ville agréablement du haut d'une grande bicyclette noire, pour la modique somme de 1,20 yuan par jour.

Wu hou ci. Le temple de Wu hou, situé au sud-ouest de la ville, est dédié à la mémoire de **Zhuge Liang** (181-234), l'un des plus grands stratèges et hommes politiques de l'histoire chinoise. La légende populaire fait de lui la personnification de l'intelligence et de nombreux temples lui sont consacrés en Chine.

La construction de Wu hou ci, qui couvre actuellement une superficie de 37 000 m², remonte à la dynastie des Tang. En 760, le poète **Du Fu** fait allusion, dans un vers, à la forêt de cyprès qui l'ombrage. Sous les Qing, l'empereur **Kang Xi** fit construire en 1672 de nouveaux bâtiments et restaurer les anciens.

On peut voir, se succédant du sud au nord, la porte principale, la deuxième porte, le pavillon de Liu Bei, le pavillon intermédiaire et le pavillon de Zhuge Liang. Après avoir passé la porte principale, on remarquera sur la droite des stèles Tang et sur la gauche des stèles Ming remarquablement bien conservées. La plus grande stèle Tang, qui date de 809, a été calligraphiée par **Liu Gongchuo,** gravée par **Lu Jian** et son texte a été rédigé par **Pei Du.** Ces trois hommes sont considérés comme des maîtres dans leur art respectif.

Le pavillon de Liu Bei (161-223). Il abrite en son centre la statue qui lui est consacrée. **Liu Bei,** descendant des empereurs Han, est le fondateur du royaume de Shu (au Sichuan), dont **Zhuge Liang** était le conseiller. Dans l'allée couverte de gauche, se trouvent des statues des ministres guerriers et dans l'allée de droite, les statues des ministres lettrés de Liu Bei.

Le pavillon de Zhuge Liang. Dedans se trouve la statue coloriée du célèbre stratège. Devant sa statue, sont exposés trois tambours de bronze. Le plus grand, du VIᵉ siècle avant J.-C., est censé avoir appartenu à Zhuge Liang.

En quittant le pavillon de Zhuge Liang vers la gauche, on se trouve devant la tombe de Liu Bei, mort en 223. Le tumulus n'a pas encore été fouillé. En poursuivant vers la gauche, on rejoint un parc public où les promeneurs du dimanche viennent pique-niquer et boire du thé, confortablement installés sur des chaises en bambou. Il y a un petit magasin d'antiquités au nord du parc et un magasin de souvenirs au sud.

La chaumière de Du Fu. Sur la bordure ouest de la ville, dans un cadre rustique de bambous et de rizières, se trouve le parc de la « chaumière » du très grand poète Du Fu (712-770), *Du Fu caotang*. **Du Fu** et son contemporain **Li Bai** sont les deux plus célèbres poètes chinois. Du Fu, qui vécut sous les Tang, connut une existence vagabonde. Né au Henan, il quitta son village natal à l'âge de 20 ans pour voir la Chine. Il passa dix ans à Chang'an (actuellement Xi'an), puis visita le *Gansu* et arriva à Chengdu en 759 pour passer près de quatre ans dans sa « chaumière », où il composa plus de 240 poèmes. Il décrit dans l'un d'eux une nuit d'orage durant laquelle un grand vent arracha son toit de chaume. Sensible aux malheurs du peuple, il conclut son poème par la question :

« Quand y aura-t-il des palais de mille et dix mille chambres pour abriter tous les pauvres lettrés de l'empire et dans lesquels on ne verra plus que visages souriants ? »

La chaumière du poète fut détruite après sa mort puis reconstruite sous les Song, agrandie et rénovée sous les Ming et les Qing.

La partie gauche du jardin comprend, au nord du ruisseau qui l'arrose, trois petits bâtiments. Dans le bâtiment du centre se trouve la statue en pied du poète. Les deux bâtiments de côté ren-

ferment diverses éditions chinoises et étrangères des œuvres de Du Fu. En retrait, à droite, se trouve la fameuse « chaumière ». Avant de retraverser le ruisseau, on s'arrêtera dans les pavillons qui forment la **Porte violette**. D'extraordinaires calligraphies miniatures y sont exposées. On ne peut les lire qu'à l'aide de verres grossissants. Leur auteur, **M. Zhao Ziren**, se fera un plaisir de graver tout un poème à l'intérieur de votre alliance ou sur la tige de vos lunettes, pour quelques yuans.

Les chemins ombragés par une forêt de bambous, les cours intérieures artistiquement envahies par une luxuriante végétation et les pavillons soigneusement repeints en couleurs sobres offrent un lieu de promenade reposant et poétique.

Wangjiang lou. Le pavillon d'où l'on regarde la rivière. Ce pavillon est situé dans un parc, sur le bord de la rivière Jin jiang. On remarquera le joli pavillon à quatre étages du haut duquel on a une vue splendide. Le parc est placé sous le signe du bambou : on peut se perdre dans de véritables forêts tranquilles composées de 120 espèces différentes de cet élégant roseau.

Le musée de la province du Sichuan. Le musée est ouvert de 8 h 30 à 11 h 30 et de 14 h 30 à 17 h 30. Il mérite une petite visite. On remarquera au rez-de-chaussée de belles statues en pierre venant du mont Emei ainsi qu'un cheval en terre cuite datant des Han de l'Ouest. Au premier étage, des briques en relief qui décrivent la vie quotidienne sous les Han et des statues bouddhiques des Liang et des Tang qui ont été récemment découvertes à l'ouest de Chengdu.

Le zoo. Situé sur la bordure nord de la ville, le zoo est un agréable but de promenade, surtout pour ceux qui tiennent à voir des pandas. N'oubliez pas que les pandas vivent encore en liberté dans les forêts sauvages du Sichuan.

Le parc de la culture. Au nord de la ville, sur la route qui mène à la gare, on peut voir le temple **Wenshu** et le parc qui l'entoure, *Wenshu yuan*. Ce temple contient une célèbre statue du Bouddha qui fut réalisée au Tibet, statue qui est encore vénérée à l'heure actuelle. Le temple Wenshu est en activité à l'heure actuelle. Il offre un spectacle inattendu en Chine populaire.

Le palais des Expositions. Le lugubre palais des Expositions situé en plein centre de Chengdu, et à moitié masqué par une gigantesque statue de Mao, abrite des expositions temporaires d'artisanat, d'industrie, de peintures, etc. Il a été construit sur l'emplacement de l'ancienne résidence du vice-roi, qui datait du XIVe siècle. Celle-ci a été détruite au cours de la Révolution Culturelle.

LES EXCURSIONS A PARTIR DE CHENGDU

De Chengdu, on peut effectuer plusieurs excursions.

Xindu

La ville de Xindu, à 18 km au nord de Chengdu, peut se visiter en une demi-journée.

○ *Comment s'y rendre*
Un bus pour Xindu part toutes les heures de *Yingxiong kou*, en face du marché des Ouvriers-paysans-soldats. Le trajet dure 45 mn.

○ *A voir*
A Xindu, on visite le Baoguang si et le parc de Gui hu.

Le temple de la Précieuse Lumière. C'est le temple bouddhiste le plus actif de la région de Chengdu, *Baoguang si*. Une vingtaine de bonzes y vivent encore et de nombreux pèlerins, tibétains entre autres, s'y rendent encore pour faire brûler de l'encens, adorer les statues du Bouddha et écouter la lecture quotidienne des sûtras. Ce temple a profité du patronage des hauts dirigeants originaires du Sichuan, comme **Deng Xiaoping, Guo Moruo, Chen Yi** et **Zhu De**, et a été soigneusement protégé pendant la Révolution Culturelle.

Le temple a été fondé sous les Tang en 880. Détruit sous les Ming, il a été reconstruit sous les Qing en 1671. En 1956, il a été déclaré « trésor culturel provincial ».

Le temple dans son ensemble comprend une pagode de treize étages datant de la dynastie des Tang, cinq bâtiments principaux et seize cours.

Dans le *Daxiongbao dian*, « pavillon du trésor », on peut voir un Bouddha de jade blanc, importé de Birmanie au début du siècle, et seize peintures Qing.

Le plus grand pavillon, *Zangjing lou*, « pavillon des textes sacrés tibétains », est richement décoré de peintures Ming et Qing. On remarquera une peinture dont chacun des traits est formé par des centaines de petits caractères, et une peinture exécutée par l'impératrice douairière **Ci Xi** (Tseu Hi).

Dans les deux petits pavillons, situés à droite et à gauche du *Zangjing lou*, sont exposés de nombreux objets précieux, dont la *stèle aux Mille Bouddhas*, sculptée en 540. Les peintures les plus précieuses sont exposées dans un pavillon qui n'est pas ouvert au public mais que vous pouvez demander à visiter. On y voit des peintures Song (**Empereur**

Huizong), Yuan (**Zhao Mengfu**), Ming (**Wen Zhengming**) et quelques autres grands peintres contemporains comme **Xu Beihong** et **Zhang Daqian**.

La partie droite du temple comporte encore un *Lohan tang*, salle des arhats, où sont réunies 576 statues de 2 m de haut représentant les disciples du Bouddha. Ces statues datent de la fin du XIXe siècle et, bien qu'amusantes, ne présentent pas un grand intérêt artistique.

La partie gauche du temple est occupée par un salon de thé où l'on peut se délasser agréablement.

Le lac des Osmanthes. A un kilomètre environ du Baoguang si se trouve le *Gui hu*, le lac des Osmanthes. C'est un joli petit parc dont l'attraction principale est un lac couvert de lotus et d'herbes aquatiques. Il a été aménagé par **Yang Sheng'an**, un lettré Ming qui vécut de 1488 à 1559.

La commune de Wugui. L'Agence de tourisme organise, toujours à Xindu, la visite de la commune de Wugui, la « commune des cinq canneliers ». Dans la région de Chengdu et à Xindu, la campagne est riche et verdoyante et offre un spectacle d'une grande beauté. Les fermes recouvertes de toits de chaume sont entièrement protégées du vent et des regards par d'épais bosquets de bambous qui forment autant d'îlots de verdure au milieu des champs.

Le barrage de Guan xian

Situé à une soixantaine de kilomètres au nord-ouest de Chengdu, le système d'irrigation de Dujiang yan, dans le district de Guan xian, a été bâti en 250 avant J.-C. par **Li Bing** et son fils. Ce complexe fort ingénieux a permis à la région de Chengdu de devenir au cours des siècles la région la plus riche et la mieux protégée des inondations comme de la sécheresse, de toute la Chine. Il a été agrandi depuis la libération et permet d'irriguer plus de 6,67 millions d'hectares.

Vous pourrez voir, au nord du barrage, le **Temple des deux rois**, consacré à Li Bing et à son fils, qui reçurent le titre de « roi » après leur mort.

Le voyage au complexe hydraulique de Dujiang yan prend la journée et peut être effectué, sans autorisation spéciale, en autobus à partir de la station de bus de *Lao ximen*, « la vieille porte de l'Ouest ».

Le mont Emei

Une excursion au mont Emei nécessite plus de temps. L'ascension du mont Emei prend en moyenne cinq jours, trois pour la montée et deux pour la descente.

○ *Comment s'y rendre*

On se rend au mont Emei de Chengdu par le train n° 189 qui part à 8 h et arrive à 9 h 35.

○ *L'ascension*

Le mont Emei se trouve à près de 200 km au sud-ouest de Chengdu. Il s'élève à 3 099 m au-dessus de la mer et à 2 000 m au-dessus de la plaine du Sichuan. C'est un des plus grands sanctuaires bouddhistes de Chine et les pèlerins continuent à s'y rendre en foule pour vénérer la divinité **Puxian**, Samantabhadra en sanscrit. La beauté du paysage attire également les non-croyants et la longue route qui mène jusqu'au sommet offre un spectacle d'une grande animation. Les voyageurs passent la nuit dans des temples aménagés qui ne sont pas d'une très grande propreté ni d'un très grand confort et l'on trouve des buvettes un peu partout dans la montagne pour se restaurer. Il n'est donc pas nécessaire d'apporter de sac de couchage ni de provisions importantes mais chocolat et fruits confits seront bienvenus pour restaurer les forces des marcheurs. Se munir de bonnes chaussures de marche, d'un gros pull et si possible d'un imperméable léger.

Les multiples temples éparpillés le long de la route ont beaucoup souffert des sévices de la guerre contre les Japonais et de la Révolution Culturelle.

On part du temple **Baoguo si**, construit au XVIᵉ siècle, puis on passe devant le **Fuhu si**, « temple du Tigre couché », le plus grand ensemble du mont Emei. Les bâtiments actuels datent de 1652. On verra ensuite le **Da E si** puis le temple **Quingyin ge**, « pavillon du son pur ». Ce temple a été fondé au IVᵉ siècle de notre ère. Il est entouré par deux torrents de montagne qui se réunissent en un seul devant son portique et s'écoulent en cascade. On passe en général la nuit au temple **Hongchun ping**. Le lendemain, on passe devant le **Xianfeng si**, « temple du pic des Immortels », avant d'atteindre le **Xixiang chi**, « l'étang où se lave l'éléphant », d'après une légende qui veut que le dieu Puxian ait mené son éléphant se baigner dans cet étang.

On peut passer la nuit dans un refuge aménagé non loin à cet usage. Le sommet, **Jin Ding**, le « pic d'Or », offre une vue splendide sur les pics et vallées environnantes. On peut passer la nuit dans le refuge et de gros manteaux sont fournis par les hôteliers car il y fait très frais. Il faut avoir vu les trois spectacles suivants : le lever du soleil qui embrase progressivement les nuages matinaux ; la mer de nuages fantomatiques qui

masque et dévoile alternativement le paysage ; la « lumière du Bouddha » qui peut être aperçue entre 10 h et 16 h : le phénomène ne dure que quelques minutes durant lesquelles on peut voir sa propre silhouette reflétée dans le ciel.

A la descente, on se dirige vers le **Wannian si**, « temple des Mille Ans », où on peut passer la nuit. Le temple a été fondé au IVᵉ siècle. Il contient une statue Song (980) du dieu Puxian sur son éléphant. L'ensemble fait plus de 3 m de haut. Le lendemain matin, on rejoindra rapidement **Guihua chang** d'où on prendra un bus pour **Emei xian**. Le trajet dure 1 h 30.

Leshan

L'excursion à Leshan ne nécessite plus l'obtention d'un permis. Ceux qui voudront se rendre à Leshan prendront un autobus à la gare routière de **Emei xian**. Le trajet dure 2 h.

La ville de Leshan, appelée autrefois **Jiading**, est une ville dont l'histoire remonte à plus de 1 300 ans. Les rivières Qingyi, Daduhe et Minjiang y confluent. La ville se trouve d'un côté de la rivière, de l'autre s'élèvent les monts Lingyun et Wuyou.

○ *Le mont Lingyun et le Grand Bouddha*

Sur une pente abrupte du mont Lingyun, qui tombe directement dans la rivière, se dresse un énorme Bouddha sculpté à même le roc, flanqué de deux guerriers armés. Les guerriers mesurent plus de 10 m et le Grand Bouddha contemple les trois rivières qui confluent à ses pieds du haut de ses 70 m. Une passerelle vertigineuse a été creusée sur le flanc de la montagne, sur le côté gauche du Bouddha. Cette statue fut sculptée en l'an 713 sur l'ordre du bonze

Haitong du temple Lingyun, sous la dynastie des Tang. On croyait que l'influence bénéfique de la statue ralentirait le courant des eaux et assurerait la sécurité des bateaux. Il fallut neuf ans pour venir à bout de ce gigantesque chef-d'œuvre. Un système de drainage invisible, installé dans le corps de la statue, lui permit d'échapper à la détérioration qu'aurait dû causer l'érosion dans cette région humide.

○ *Le mont Wuyou*

Au sud-est du mont Lingyun se trouve le mont Wuyou, couvert d'arbres et de bambous. Sur le sommet, le temple Wuyou fut construit au milieu de la dynastie des Tang. Dans ce temple, sont exposées des stèles et des calligraphies célèbres.

Le paysage de toute cette région est d'une beauté rare, surtout au coucher du soleil lorsque les derniers rayons illuminent le grand Bouddha.

Un service de bateaux assure la liaison entre la ville de Leshan et les monts Lingyun et Wuyou. Un pont suspendu relie les deux montagnes.

Jiuzhaigou

Jiuzhaigou est un gigantesque parc naturel qui se trouve à plus de 200 km au nord de Chengdu. On s'y rend par la route en suivant le cours de la rivière Min. On y verra l'un des plus splendides paysages de montagnes de Chine, ainsi qu'une très grande variété d'animaux sauvages en liberté : singes, oiseaux, pandas. Il y a en tout trois vallées et neuf villages dans cette réserve. Les villages sont occupés par des « minorités nationales » Qiang et tibétaines. Comme l'un de ces villages se trouve à la même altitude que Lhassa, capitale du Tibet, une excursion à **Jiuzhaigou**

vous permettra de « voir » le Tibet à moindre frais.

A mi-chemin entre Chengdu et Jiuzhaigou, la route traverse le district autonome **Qiang de Maowen**. On ne manquera pas de s'arrêter dans la région (à **Songjibao** puis au village de **Heihu**) pour admirer les constructions en pierres sèches des Qiang ; d'une part, les vieux châteaux abandonnés de 7 à 12 étages qui s'élèvent au centre des villages ou au sommet d'une montagne ; d'autre part, les habitations villageoises aux toits horizontaux.

CHONGQING

Avec 6 millions d'habitants, Chongqing est l'une des plus grandes villes de Chine et aussi un important centre industriel. Elle est située dans le Sud-Est du Sichuan, au confluent du Yangzi et du Jia ling.

La vieille ville, qui compte un million d'habitants, est coincée sur une péninsule étroite au confluent des deux fleuves. Les nouveaux quartiers s'étendent au nord-ouest et sur la rive droite du Yangzi.

Chongqing a l'un des climats les plus pénibles de Chine : en été, ses températures élevées ainsi que ses pluies fréquentes en font l'un des trois grands « fours » du pays ; le brouillard d'autre part recouvre Chongqing pendant une centaine de jours par an.

Un peu d'histoire

L'histoire ancienne de cette ville reste encore mal connue. En 1891, Chongqing est ouverte aux étrangers. Un programme d'urbanisation et d'implantation industrielle est lancé en 1928. Mais le développement de la ville remonte à la dernière guerre sino-japo-

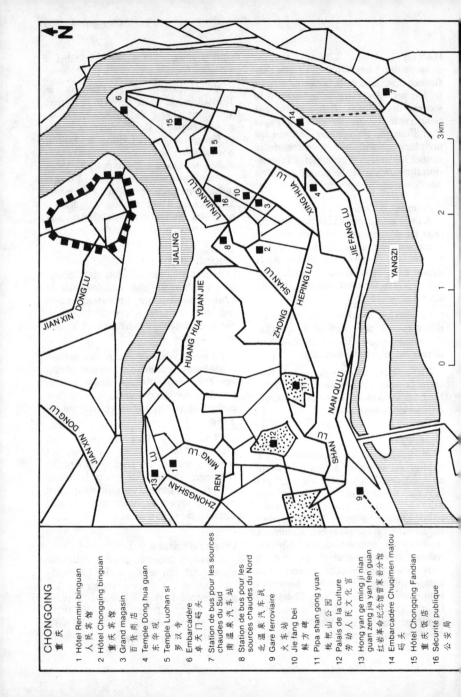

CHONGQING
重庆

1 Hôtel Renmin binguan
   人民宾馆
2 Hôtel Chongqing binguan
   重庆宾馆
3 Grand magasin
   百货商店
4 Temple Dong hua guan
   东华观
5 Temple Luohan si
   罗汉寺
6 Embarcadère
   朝天门码头
7 Station de bus pour les sources
   chaudes du Sud
   南温泉汽车站
8 Station de bus pour les
   sources chaudes du Nord
   北温泉汽车站
9 Gare ferroviaire
   火车站
10 Jie fang bei
   解放碑
11 Pipa shan gong yuan
   枇杷山公园
12 Palais de la culture
   劳动人民文化宫
13 Hong yan ge ming ji nian
   guan zeng jia yan fen guan
   红岩革命纪念馆家岩分馆
14 Embarcadère Chuqimen matou
   码头
15 Hôtel Chongqing Fandian
   重庆饭店
16 Sécurité publique
   公安局

naise : de 1938 à 1945, Chongqing fut la capitale de guerre du gouvernement nationaliste. Pendant l'avance japonaise, les usines, les laboratoires, les universités avaient été déplacées des zones de combats de la côte est et installées à Chongqing. Pendant la guerre, une représentation du parti communiste, dont faisait partie **Zhou Enlai**, resta dans cette ville, assurant la liaison entre le parti et le gouvernement nationaliste. A la fin de la guerre, Chongqing comptait déjà deux millions d'habitants. C'est également dans cette ville que se sont tenues, en août 1945, les négociations entre **Mao** et **Chiang Kaichek** pour tenter de mettre sur pied une conférence politique consultative.

Aujourd'hui, Chongqing est un grand centre économique : l'industrie lourde y est très développée : aciéries, cimenteries, usines de matières plastiques, d'équipement électrique, de machines-outils, etc.

Chongqing pratique

○ *Comment s'y rendre*

En avion. Chongqing est relié à Pékin (281 yuans), Changsha (175 yuans), Chengdu (52 yuans), Canton (122 yuans), Guilin (136 yuans), Kunming (113 yuans), Nankin (226 yuans), Shanghai (298 yuans), Wuhan (144 yuans), Xi'an (110 yuans).

En train. Chongqing est assez mal situé en ce qui concerne les liaisons ferroviaires. Pour venir de Pékin, il faut passer par Chengdu. Il y a tout de même un train direct, le train n° 9 qui part de Pékin à 12 h 09 et arrive à Chongqing à 9 h 20, deux jours plus tard. De Chengdu, les trains sont fréquents et mettent onze heures ; même chose pour Guiyang.

En bateau. C'est généralement de Chongqing que l'on part pour entreprendre la célèbre descente des gorges du Yangzi. Il y a un bateau par jour qui effectue la descente. Le bateau part généralement à 7 h du matin du quai n° 4 (*di si matou*).

○ *Hôtels*

Renmin binguan. 175, Remnin lu. Tél. 534.21. Cet hôtel occupe une aile du palais du Peuple. C'est celui qui offre le plus de confort ; prix des chambres : 42 yuans par jour. L'aspect extérieur est nettement plus impressionnant que celui des chambres. En dortoir : 6 yuans.

Chongqing binguan. 235, Minsheng lu. C'est le plus central. Cet hôtel pour Chinois accueille cependant des étrangers. Il y a un poste radio dans chaque chambre, mais pas d'air conditionné ; prix de la chambre : 100 yuans par jour. En dortoir : 6 yuans.

Yuzhou binguan. Dapingzheng jie. Hôtel complètement à l'écart, au nord-ouest.

Chongqing fandian. 43. Xinghua lu. Celui-ci n'accepte pas les étrangers. Cependant, il y a une cantine au rez-de-chaussée où l'on peut prendre des boissons fraîches, ce qui est évidemment très agréable lorsque l'on se promène dans le centre ville en plein été !

Xiaoquan binguan, Nanwenquan. Cet hôtel récemment construit se trouve près des Sources du Sud (*Nanwenquan*), à 25 km de la ville.

○ *Adresses utiles*

Compagnie aérienne. CAAC 190, Zhongshan lu. Tél. 526.43, 529.70 et 528.13.

Banque de Chine. 74, Xinhua lu. Le bureau de change est au premier étage.

Bureau de la Sécurité. Sur Linjiang lu.

Grand magasin. Place Jiefang.

Lüxingshe. Palais du Peuple, Renmin lu. Tél. 514.49.

○ *Comment se déplacer à Chongqing.*

Chongqing est une ville très étendue et les distances, notamment dans le centre, ne sont pas aussi courtes que ce que la carte en chinois pourrait laisser croire. Du fait du relief extrêmement vallonné, les vélos sont rares dans les rues et les trajets de transports en commun se comptent sur les doigts d'une main.

Les bus. Schématiquement, il y a trois grands trajets de bus et trolleybus en partant de l'extrémité sud de la péninsule :

Trajet rive droite de la rivière Jialing : bus nᵒˢ 13 et 14. Le terminus est au centre ville et ils passent devant l'hôtel Renmin binguan.

Trajet rive gauche du Yangzi : bus nᵒ 12. Il part de l'extrémité de la péninsule et aboutit à la gare.

Trajet central : trolleybus nᵒˢ 1, 2, 3. Ils partent du monument de la Libération et empruntent la rue Zhongshan lu vers le Nord et passent devant l'hôtel Chongqing binguan. La ligne de trolleybus nᵒ 5 part du monument de la Libération et va vers l'extrémité de la péninsule.

Les taxis. On peut en demander à la réception des hôtels. Il y a une station de taxis sur la place, à l'extrémité de la péninsule, près de la porte Chaotian men.

A voir à Chongqing

Chongqing, qui a été très sérieusement bombardée pendant la seconde guerre mondiale, ne compte presque plus de monuments anciens, mais contrairement à ce que tout le monde pense, il reste encore quelques temples, saccagés pendant la Révolution Culturelle, qui, s'ils étaient restaurés, contribueraient beaucoup à redorer l'image touristique de Chongqing.

Le parc de la Colline aux Loquats, Pipashan gongyuan. Quand il n'y a pas trop de brume au-dessus de la ville, on a une belle vue du sommet du parc, *Pipashan gongyuan*, sur le Yangzi et le nouveau pont en construction, mais aussi sur la ville au Nord. Avant la sortie Sud du parc, se trouve le **musée municipal** de Chongqing.

L'ancienne représentation de l'armée rouge pendant la seconde guerre mondiale : *Zengjia yan*, sur Zhongshansi lu.

Dans la banlieue nord-est, on peut également visiter les anciennes prisons du Guomindang, qui ont été transformées en musée.

○ *Les promenades et le shopping*

Le grand centre commercial est le quartier du monument de la Libération : le début de la rue Zhongshanyi lu, et la rue Minzu lu.

En continuant la rue Minzu lu, monument de la Libération, après le carrefour avec Linjiang lu, se trouve l'ancien temple bouddhiste **Lohan si** dont l'entrée donne sur le trottoir de droite juste avant le bâtiment des sapeurs-pompiers de la ville. La cour d'entrée est bordée de chaque côté de nombreuses statues du Bouddha qui n'ont pas toutes la tête sur les épaules. Le bâtiment est à l'abandon, mais il vaut un petit arrêt quand même.

En descendant vers le fleuve la rue Kaixuan lu qui part de Xinhua lu, après le terminus du bus n° 9, on passera devant l'ancien temple taoïste **Tunhua guan.**

Si l'on veut se promener le long de la rive gauche du Yangzi, il ne faut absolument pas manquer de passer par les rues : Yueliang jie, Baixiang jie et Renhe jie. Ces trois petites rues qui se suivent passent dans un vieux quartier aux maisons de bois et aux nombreux escaliers donnant sur le fleuve. Elles sont envahies le matin par les paysans venus vendre leurs légumes au marché libre.

Les excursions au départ de Chongqing

D'agréables excursions sont possibles au départ de Chongqing. Les sources chaudes du Sud, à ne pas manquer, demandent une après-midi. L'excursion vers les sources chaude du Nord demande par contre une journée.

Les sources chaudes du Nord. Distance : 56 km. Le bus part du carrefour de Linjiang lu avec Zhongshanyi lu, au niveau de la porte Liujiang men ; départ toutes les heures entre 6 h 30 et 9 h 30. Pour le retour, il y a des bus toutes les heures entre 16 h 30 et 20 h ; prix de l'aller simple : 1 yuan. Sur place : un parc et une piscine municipale.

Les sources chaudes du Sud. Il faut d'abord traverser le Yangzi, ce qui coûte 5 fens. On prend son billet à l'embarcadère Chuqimen matou. Le bateau vous dépose de l'autre côté à Haitang xi. La station de cars est située sur la gauche, en haut des escaliers. Le prix du billet de car est de 0,4 yuan, la durée de 40 mn et la distance 25 km. Les départs sont toutes les heures pendant toute la journée.

DAZU

Dazu se trouve à 160 km à l'ouest de Chongqing, perdu dans les collines verdoyantes du Sichuan. C'est un petit village encore assez peu visité, qui a gardé son aspect traditionnel, avec ses fabriques artisanales de nouilles fraîches que l'on peigne comme de longs cheveux, ses porte-bébés en osier que les grands-pères accrochent à leur dos et son rythme paisible. On s'y rend pour visiter les sculptures bouddhiques de trois ensembles de grottes qui sont presque aussi prestigieuses que celles de Dunhuang (au Gansu), de Longmen (au Henan) ou de Yungang (au Shanxi).

Dazu pratique

○ *Comment s'y rendre*

Le seul moyen de se rendre à Dazu est la route. Le **voyage en car** est assez fatigant car la route n'est pas trop bonne et on ne peut pas s'y rendre, de Chongqing, en moins de quatre heures. Il y a des cars qui partent de Minzu lu. Le voyage coûte 4,5 yuans. Des cars à air conditionné partent de la station qui se trouve en face de Chongqing binguan et font le voyage pour 10 yuans.

Un système moins fatigant est de prendre **le train** qui va de Chengdu à Chongqing et de descendre à la station Youtingpu. Youtingpu se trouve à 30 km de Dazu et des autobus font assez régulièrement la navette. De Chongqing, prendre le n° 308 qui part à 7 h 16 et arrive à 12 h 23. De Chengdu, prendre le n° 307 qui part à 7 h 20 et arrive à 14 h 29.

○ *Comment s'y déplacer*

La **CITS** de Dazu, qui se trouve dans le seul hôtel existant, le **Dazu Binguan**, propose des excursions en car. Un tour d'une journée comprenant les sites de

Baoding et de Beishan coûte 4,80 yuans. Un tour d'une demi-journée comprenant uniquement Baoding coûte 4,30 yuans. Le Dazu Binguan n'est pas l'hôtel le plus confortable de Chine mais nous l'avons trouvé correct. D'autres voyageurs l'ont trouvé « répugnant ». Ça devait être pendant les congés des femmes de ménage ! Le prix des chambres est compris entre 40 et 50 yuans.

A voir à Dazu

Il y a trois centres principaux de sculptures rupestres à Dazu. On peut y voir plusieurs dizaines de milliers de statues datant de la fin des Tang à la fin des Song.

Le site de Baoding. La colline de Baoding se trouve à 15 km au nord-ouest de Dazu. C'était autrefois un important monastère du bouddhisme tantrique, de la secte Mizong. Les pèlerins s'y rendaient aussi nombreux qu'au mont Emei. Puis, le monastère est peu à peu tombé dans l'oubli et ce n'est qu'en 1951 qu'il y est à nouveau fait officiellement allusion après un silence de plus de 500 ans !

L'originalité de ce site est sa forme — encaissé dans une vallée en fer à cheval — et son unité. Il a en effet été entièrement réalisé du vivant d'un seul homme, *Zhao Zhifeng*, qui passa plus de 70 ans (de 1179 à 1249) à collecter des fonds pour faire sculpter ses statues. Il n'y a pas d'autre exemple de grottes rupestres réalisées en aussi grand nombre en un laps de temps si court. Les sculptures sont organisées en 31 grands ensembles. A côté de chacun de ces ensembles se trouve un texte calligraphié d'explication et de prières au Bouddha.

En descendant dans la vallée, on voit d'abord un *ensemble de gardiens* à l'aspect féroce. Suit une sculpture expliquant les « Six voies de la transmigration ». Les *trois statues* aux cheveux bouclés qui suivent sont des représentations de *Zhao Zhifeng* quand il était jeune, d'âge mûr et vieux.

On visitera ensuite une grotte avec *trois statues gigantesques* de Bouddha, Manjusri et Samantabhadra. Ces statues mesurent sept mètres de haut. Au bout de la paroi sud de l'ensemble se trouve le pavillon de Mahakaruna, et, à l'intérieure une très impressionnante statue d'Avalokitesvara aux mille mains.

Le plus grand ensemble de statues se trouve au creux du fer à cheval, en quelque sorte. Il s'agit d'une *statue du Bouddha* entrant en nirvana entouré de ses disciples. La statue du Bouddha mesure 31 mètres et, pour donner une impression de grandeur encore plus saisissante, les pieds du Bouddha couché ne sont pas sculptés, la paroi de la colline s'arrêtant aux genoux. Dans l'angle, se trouve une niche conçue avec beaucoup d'ingéniosité : profitant d'une source dans la montagne, le sculpteur a représenté la naissance du Bouddha, arrosé par neuf dragons.

La grotte qui suit illustre le *sutra du Roi des Paons*, que l'on voit représenté assis sur un paon aux ailes déployées. Vient ensuite une scène charmante où l'ont voit Bouddha enseignant la sagesse. Les visages sont recueillis et les costumes richement rendus.

La grotte suivante raconte, sur deux niveaux, *les soucis des parents pour leurs enfants* au cours de la conception, de la naissance, de l'éducation (on voit même une mère lavant des couches), puis du mariage, etc.

L'ensemble qui suit décrit comment, de son vivant, *Bouddha* s'était montré filial à l'égard de ses parents. Cet

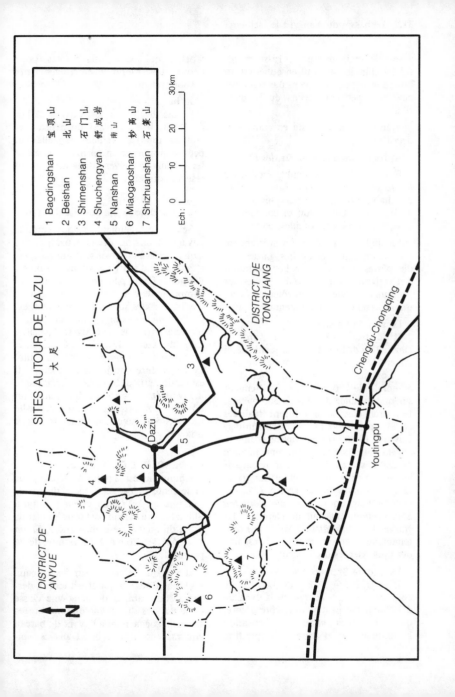

SITES AUTOUR DE DAZU
大足

Ech:
0   10   20   30 km

1 Baodingshan 宝顶山
2 Beishan 北山
3 Shimenshan 石门山
4 Shuchengyan 舒成岩
5 Nanshan 南山
6 Miaogaoshan 妙高山
7 Shizhuanshan 石篆山

DISTRICT DE ANYUE

N

DISTRICT DE TONGLIANG

Dazu

Chengdu-Chongqing

Youtingpu

ensemble était destiné à rassurer les fidèles chinois qui, tout en adhérant au bouddhisme, ne pouvaient pas renoncer aux principes confucéens de la piété filiale.

Vient ensuite un vaste ensemble qui décrit *le Paradis*.

Après le paradis, bien sûr, *les Enfers*.

Enfin, le dernier ensemble représente *les dix épreuves de maître Liu*, le maître de Zhao Zhifeng, pour parvenir à l'état de Bouddha. On le voit se coupant un bras, s'arrachant les oreilles, etc.

En quittant la vallée, on voit encore un ensemble de dix buffles gardés par dix pâtres. On compare la méditation à l'activité du pâtre qui, en restant tranquille, parvient à contrôler le buffle, qui représente l'activité mentale.

Le site de Beishan

Il se trouve à 2 km au nord de Dazu. Très différent du précédent site, il ressemble plus, par sa forme, au site de Longmen. Il s'agit en effet d'un ensemble de 290 grottes qui s'étendent sur une distance de plus de 500 mètres. Les premières statues furent réalisées en 892 par un militaire, Wei Junjing. Environ 10 000 statues furent sculptées par la suite, s'étalant sur une période de 250 ans. Les statues se trouvent sur les quatre côtés de la colline. La grotte la plus grande est la *grotte 136*. On peut y voir une *statue du Bouddha Shakyamuni*, assis sur un éléphant. La *statue du Bodhisattva Avalokiteshvara* tenant un chapelet, *grotte 125*, est une des plus célèbres de Beishan.

Le site de Shimenshan

Il se trouve à 23 km de Dazu et se compose de statues datant de la dynastie des Song. On peut y voir, côte à côte, de nombreuses statues d'inspiration bouddhique et d'autres d'inspiration taoïste, qui sont intéressantes pour l'étude des rapports entre ces deux grandes religions.

Xi hu

Le lac de l'Ouest se trouve à 25 km de Dazu. Il est couvert de petites îles (108 au total) au milieu desquelles on peut se promener en barque et admirer les oiseaux qui vivent dans cette petite réserve naturelle.

○ *A partir de Dazu*
Le grand Bouddha couché d'Anyue.

Selon le témoignage de certains voyageurs, on a pu se rendre, par la route, à un autre grand site de sculptures rupestres dans le district de Anyue, voisin du district de Dazu, par la route. Ce site, qui comprend de nombreuses statues datant des Tang et des Song essentiellement, est pratiquement inconnu pour le moment et n'est pas officiellement ouvert. Il se situe à équidistance de Dazu et de Chengdu et on ne peut s'y rendre que par la route. Le trajet dure une journée entière et il est rendu particulièrement fatigant par le mauvais état des routes. Sur place, un hôtel au confort rudimentaire accueille les valeureux héros du tourisme à tout prix.

LA DESCENTE DU YANGZI

Chongqing est le point de départ pour la descente du Yangzi. Celle-ci dure trois jours jusqu'à Wuhan et cinq jusqu'à Shanghai. Le bateau part tous les matins à 7 h du quatrième embarcadère, *Si ma tou*, qui se trouve à la pointe de la péninsule.

Il y a quatre classes sur les bateaux « Orient Rouge » qui effectuent la descente. Les cabines de deuxième classe (il n'y a pas de première) sont situées sur le deuxième pont à l'avant du bateau et comprennent deux lits. Dans les cabines troisième et quatrième classes, il y a une dizaine de lits superposés. Dans les cabines de quatrième classe, on ne trouvera ni sandales en plastique ni bouteilles thermos.

Pour manger cela coûte 12 yuans par jour si vous commandez vos repas. Nous ne saurions trop recommander d'aller acheter les plats en quatrième classe : cela vous reviendra moins cher et la cuisine est meilleure !

Prix du billet pour la descente Chongqing-Wuhan : 112 yuans en deuxième classe, 61 yuans en troisième, 35 yuans en quatrième classe. Chongqing-Shashi : 87 yuans, 40 yuans et 25 yuans respectivement.

Wan xian

Wan xian s'étend à flanc de collines sur la rive gauche du Yangzi. Située à 327 km en aval de Chongqing, Wan xian occupe une position géographique importante : c'est la « porte de l'Est » du Sichuan. A cet endroit, le Yangzi est à une altitude de 200 m et il lui reste encore 1 841 km à parcourir avant de se jeter dans la mer de Chine.

○ *Un peu d'histoire*

La création de la ville remonterait à plus de deux mille ans, à l'époque Qin. Jusqu'au VIe siècle de notre ère, la ville fut connue sous le nom de **Wan chuan**, la « ville aux dix mille rivières ».

Depuis le début de ce siècle, Wan xian est devenue un port commercial sur le Yangzi. Son développement date de l'arrivée des étrangers : en 1902, la ville est ouverte pour la première fois à l'Angleterre, puis à tous les autres pays en 1925. De 1925 à 1936, Wan xian et sa région ont tiré la plupart de leurs revenus de la production et de la vente aux firmes étrangères d'huiles végétales pour l'aviation. La région a connu pendant cette période des famines et des révoltes paysannes : en mai 1921, Wan xian est attaquée par des bandes paysannes.

○ *La ville aujourd'hui*

Aujourd'hui, la ville est un important centre de redistribution pour l'Est et le Nord du Sichuan, l'Ouest du Hubei et du Hunan et le Sud du Shanxi. Elle compte 350 000 habitants et 200 usines chimiques, textiles, tanneries, conserveries, moteurs électriques et Diesel.

Il y a cinq groupes culturels, dont une troupe spécialisée dans les opéras sichuannais. Cette ville est également très connue pour son artisanat de bambou et de rotin.

De Chongqing, après avoir descendu pendant une journée le Yangzi, le bateau

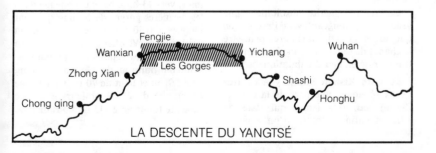

LA DESCENTE DU YANGTSÉ

arrive à Wan xian vers 17 h — cela dépend de la force du courant. Il y fait escale quelques heures avant d'attaquer les trois gorges du fleuve. Le bateau appareille vers 2 h du matin. Les touristes qui effectuent la descente du Yangzi profitent de cet arrêt pour se promener en ville : c'est largement suffisant !

○ *Promenade*
Les trois principales rues que seront peut-être amenés à emprunter les touristes sont : Yima lu, Erma lu et Dianbo lu. En quittant l'embarcadère et après avoir monté un escalier, l'on prend sur trois cents mètres une route qui grimpe en serpentant : elle coupe la rue Yima lu, parallèle à la rive, puis donne plus haut dans la rue Erma lu. En prenant sur la droite la rue Erma lu, on passe sur la gauche la rue Dianbo lu qui grimpe sur la colline.

La poste ainsi que les guichets du port où l'on peut acheter ses billets de bateau, se trouvent sur Yima lu.

Dans la rue Erma lu, on trouvera : à l'extrémité ouest, le **parc Xishan hu**, au centre de la rue l'hôtel de Wan xian, puis le grand magasin, la librairie et enfin à l'extrémité est, donnant près du pont **Wanan qiao**, le magasin d'artisanat. De l'autre côté de ce pont qui enjambe la rivière Zhutuo jiang, la vieille ville s'étend sur les flancs d'une colline au sommet de laquelle on a une très belle vue sur Wan xian.

Ce quartier mérite absolument une visite. En y longeant vers l'est la rue qui suit le Yangzi, vous aurez peut-être la chance de tomber sur un vieux temple, transformé en lieu d'habitation.

Le parc Xishan hu. Il y a de très beaux séquoias, une tour de la cloche, **Zhong lou**, très laide, qui date de 1932 et enfin la tombe d'un aviateur soviétique abattu pendant la guerre sino-japonaise.

Le rocher Tai bai. A son sommet s'élèvent les restes d'un pavillon détruit pendant la Révolution Culturelle. Le poète **Li Taibai**, alias Li Bai, qui vécut sous la dynastie des Tang y fit ses études. Au pied de ce « rocher », il y a la pièce d'eau **Liubei chi** qui fut creusée sous la dynastie Song et qui est alimentée par l'eau d'une source naturelle.

○ *Wan xian pratique*
Pour ceux qui veulent passer la nuit et la journée du lendemain à Wan xian.

Hôtel Wan xian. Confort rudimentaire : toilettes communes et douches communes se trouvent au rez-de-chaussée, dans la cour ; prix de la chambre : 12 yuans par jour (sans air conditionné, naturellement).

Les gorges du Yangzi

La portion du fleuve comprise entre Wan xian et Shashi est la plus intéressante et aussi la plus impressionnante.

Le bateau quitte Wan xian entre 2 et 3 h du matin et aborde les premières gorges de Qu tang xia vers 8 h. Longues de 8 km, elles sont les plus grandioses.

Le bateau aborde ensuite les deuxièmes gorges vers 10 h. En début d'après-midi, vers 13 h, le bateau s'engage dans les dernières gorges de Xi ling qui sont longues de 30 km et se terminent au voisinage de **Yi chang**. On termine en passant par les écluses du très impressionnant **barrage de Gezhouba**, long de 2 561 m et haut de 70 m. Ce barrage est équipé de 21 générateurs et a une capacité totale de 2 715 millions de kW.

La fin de la croisière

Le bateau arrive à Shashi vers 17 h. Voir *Shashi* pp. 323 *sq*. On peut continuer en bus sur Wuhan ou rester à bord jusqu'à Wuhan ou Shanghai.

XICHANG

Cette ville est un centre administratif relativement important du Sud-Sichuan sur la ligne de chemin de fer Kunming-Chengdu. Xichang est située dans une cuvette bordée de montagnes habitées par des Tibétains, Yi et Lisu. A l'est s'étend le district autonome Yi de Liang-shan, à l'ouest le district autonome tibétain de Mu li, au sud-ouest les districts autonomes Yi de Yan Yuan et de Ning Lang. Ces districts sont pour l'instant fermés aux étrangers (malheureusement !). La ville présente peu d'intérêt touristique mais l'ambiance qui y règne avec ses marchés fréquentés par des Tibétains peut inciter le voyageur individuel à y rester une journée.

Les hôtels

Maison d'accueil Qiong hai bin zhao dai suo : elle est située dans une zone de villégiature pour cadres à 7 km au Sud de Xichang. Chambre double : 34 yuans.

Maison d'accueil n° 1, *Liang shan zhou di yi zhao dai suo :* cet hôtel pour Chinois accepte les voyageurs individuels ; son confort est plutôt rudimentaire mais il est relativement bien situé en ville. Chambre à deux lits : 9 yuans.

Les promenades

Les rues commerçantes Xia xi jie, Shang xi jie et **Da gang kou zhong jie.** En sortant de la maison de réception n° 1, prendre sur la droite, puis la première rue sur la droite et la continuer pendant 20 minutes. L'ambiance de ces rues est extraordinaire, en particulier à l'extrémité ouest de la rue Shang xi jie qui donne à proximité de la porte du Sud.

Les remparts (ou du moins ce qu'il en reste). De la porte du Sud, on pourra continuer sur la rue construite sur l'emplacement des anciens remparts de la ville, passer la porte de l'Ouest : un quartier très sympathique à visiter lorsque l'on rentre par cette dernière porte (prendre sur la droite). Au fond d'une petite ruelle très étroite, vous aurez, peut-être comme moi, la chance de tomber sur un petit temple apparemment très fréquenté par les personnes âgées du quartier.

A voir à Xichang

Le mont Lushan. Au sud-ouest de la ville, il culmine à 2 000 m d'altitude ; au sommet, se dresse le pavillon des « Cinq Ancêtres », *Wu zu yan* d'où l'on a une belle vue panoramique sur la région et le lac Qiong hai. On visite le temple Guang fu si qui s'étage sur les flancs de la montagne ; aujourd'hui il ne reste plus qu'une dizaine de bâtiments de ce temple construit à l'époque Tang.

Dans l'enceinte du temple Guang fu si, on ne manquera pas de prêter attention à une centaine de stèles qui constituent ce que les Chinois appellent la « forêt de stèles des tremblements de terre », *Di zhen bei lin*. En effet, ces stèles, véritables chroniques historiques de la région, commémorent les principaux tremblements de terre qui ont affecté Xichang, entre autres ceux de 1536 (époque Ming), 1732 et 1850 (époque Qing). Sur ces stèles parfaitement datées, est relatée la vie avant, pendant et après chaque séisme et sont mentionnés également les pertes humaines et les dégâts matériels engendrés.

Le lac Qionghai. Au sud de Xichang, il s'étend sur 31 km² ; on peut naturellement y faire des promenades en bateau (se renseigner à l'hôtel) ; ce lac est réputé dans la région pour les canards qui y sont élevés. Pour être dégustés, ces canards sont ouverts en deux, aplatis, salés puis séchés au soleil.

Le Hubei

Le Hubei partage avec le Hunan le grand bassin agricole du lac Dongting dans le cours moyen du Yangzi. La province est bordée au nord par le Shaanxi et le Henan, à l'est par l'Anhui, au sud par le Hunan et le Jiangxi, à l'ouest par le Sichuan. Son nom, qui signifie « au nord du lac » vient du fait qu'elle est située au nord du lac Dongting.

Mis à part la partie ouest, montagneuse, voisine du Sichuan, le Hubei est principalement constitué par les plaines alluviales du bassin de la Huai et du Yangzi. Ce dernier, dont les crues sont contrôlées par des digues renforcées et deux bassins de dérivations, est navigable en amont jusqu'à Wuhan pour les gros bateaux de haute mer. Les bassins de la Huai et du Yangzi sont très peuplés et intensivement cultivés ; la population du Hubei approche les 50 millions d'habitants.

Avec des hivers relativement doux, des étés chauds et humides, de fortes pluies annuelles, les conditions sont favorables à la culture du riz. Le riz, le soja et le blé d'hiver sont les principales productions agricoles de la province qui est la cinquième pour la production de grains et de soja. Les récoltes de thé et de coton sont également importantes.

Les principales ressources naturelles du Hubei sont : le cuivre, l'anthracite, le gypse et le phosphate. Les industries de la province sont largement concentrées dans les environs de Wuhan et le Hubei n'est, par la valeur de sa production, que la douzième province industrielle de Chine.

Les centres importants de la province sont : Wuhan et Shashi.

Les permis

Sont officiellement ouverts aux touristes les villes de Jiangling, Jingzhou, Puqi, Shashi, Xiangfan, Yichang, et les districts de Dangjiangkou, Huanggang, Honghu, Jianli, Shiyan (monts Wudangshan) et Xianning.

WUHAN

Capitale du Hubei, Wuhan regroupe trois villes — **Hankou, Hanyang, Wuchang** — situées au confluent du Yangzi et de la rivière Han. Elle occupe une position géographique centrale, à égale distance de Pékin, Guangzhou et Shanghai.

Un peu d'histoire

Dans l'histoire ancienne, le centre régional était situé plus à l'ouest, à Jiangling. Mais dès le VIIe siècle après J.-C., le développement agricole de l'Est du Hubei encouragea la population à se fixer aux alentours de Wuhan.

Des trois villes qui composent Wuhan, **Wuchang**, située sur la rive droite du Yangzi, est la plus ancienne. Sous les Yuan et les Ming, Wuchang fut la capitale provinciale du Huguang qui comprenait à l'époque les provinces actuelles du Hubei et Hunan. Aujourd'hui, elle abrite le siège administratif de la province du Hubei.

Située sur la rive gauche du Yangzi au sud de la Han, **Hanyang** est la plus petite des trois municipalités. Son développement remonte au XIXe siècle : dans le cadre d'un plan de modernisation du pays, le gouvernement chinois y fit construire en 1891 la première aciérie moderne du pays. Au début du XXe siècle, un arsenal et d'autres usines furent également installés.

Hankou qui s'étend au nord de la Han ne fut pendant longtemps qu'un petit village de pêcheurs. Son développement date de 1861 quand la ville fut ouverte aux étrangers. Anglais, Français, Russes et Japonais y établirent des concessions.

Wuhan a été associée aux grands moments de l'histoire moderne de la Chine. C'est à Wuchang, le 10 octobre 1911, que fut déclenchée la révolution qui devait renverser l'empire mandchou. Le développement d'un prolétariat combatif fit de Wuhan un centre de lutte important. Le gouvernement révolutionnaire y établit sa capitale de 1926 à 1927. Le président Mao y dirigea également l'Institut du mouvement paysan. Pendant la guerre, Wuhan fut occupée par les troupes japonaises.

Wuhan, avec près de 4 millions d'habitants, est l'un des principaux centres industriels de Chine. La construction du grand pont sur le Yangzi, achevée en 1957, a contribué à l'essor de la ville. Celle-ci est la troisième ville productrice d'acier après Anshan et Shanghai ; cet acier est utilisé dans l'industrie lourde de la région, dans les usines de locomotives, de rails de chemin de fer et de grosses machines-outils.

Wuhan pratique

○ *Comment s'y rendre*

En train. Wuhan se trouve sur les lignes ferroviaires Pékin-Canton et Pékin-Nanchang. Vous trouverez ci-dessous quelques horaires de trains.

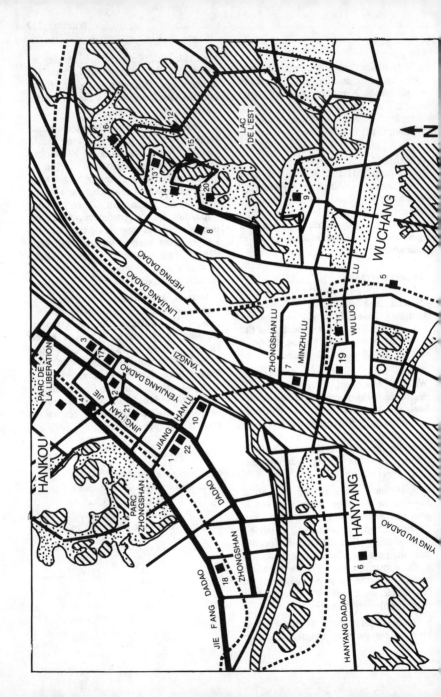

WUHAN

武汉

1 Hôtel Xuan gong
璇宫饭店

2 Hôtel Jiang han
江汉饭店

3 Hôtel Shengli
胜利饭店

4 Gare de Hankou
汉口车站

5 Gare de Wuchang
武昌车站

6 Temple Gui Yuan si
归元寺

7 Zhong yang nong min yun dong jiang xi suo
中央农民运动讲

8 Musée provincial
省博物馆

9 Université
武汉大学

10 Bâtiment des douanes
海关

11 Colline du Serpent
蛇山

12 Pavillon au cœur du lac
湖心厅

13 Pavillon du ciel éternel
长天楼

14 Galerie au bord du lac
濒湖画廊

15 Pavillon de la poésie
行吟阁

16 Monument aux 9 héroïnes
九女墩

17 Sécurité publique
公安局

18 Restaurant Si ji mei
四季美

19 Huang he lou
黄鹤楼

20 Dong hu fengjingqu
东湖风景区

21 Restaurant Lao tung cheng
老通城

22 Restaurant Guangdong can guan
广东餐馆

0 1 2 3 km

WUHAN

15	47	Trains n°	16	48
22 h 30	19 h 04	**Pékin** ↑	8 h 46	6 h 00
	11 h 15	**Hankou**		13 h 28
14 h 30	11 h 47	**Wuchang**	17 h 00	12 h 53
8 h 20	6 h 12 ↓	**Canton**	21 h 40	18 h 45

Attention ! Il n'y a pas de station nommée « Wuhan ». Descendez à Wuchang ou à Hankou, en fonction de l'hôtel où vous désirez loger, ou du quai où vous embarquerez.

En avion. Wuhan est relié à Pékin (200 yuans), Changsha (49 yuans), Chengdu (192 yuans), Chongqing (144 yuans), Fuzhou (143 yuans), Canton (149 yuans), Hefei (64 yuans), Nanchang (62 yuans), Nankin (80 yuans), Shanghai (123 yuans), Shashi (36 yuans), Yichang (51 yuans), Zhengzhou (78 yuans).

En bateau. On se rend à Wuhan pour prendre le bateau vers Chongqing. On peut également descendre vers Shanghai. Le voyage jusqu'à Chongqing prend cinq jours (deux seulement dans l'autre sens) et jusqu'à Shanghai 48 heures. Un service de bateaux rapides devrait être incessamment mis en service entre Wuhan et Nankin, qui permettra de rejoindre Nankin en 10 heures (contre 40 pour le moment).

Les bateaux, quelles que soient leurs destinations, partent tous de Hankou, quais 15 à 18, au bout de Minquan lu, entre le bâtiment des douanes et le quai Wangjiagang. En descendant de bateau, vous trouverez des taxis à trois roues *sanlunche* très peu onéreux. Chaque *sanlunche* peut transporter deux voyageurs, à condition qu'ils ne soient pas trop chargés de bagages. Pour acheter son ticket de bateau, il faut se rendre au bureau qui se trouve à l'intersection de Minsheng lu et du quai.

En car. On peut se rendre en car de Wuhan à Shashi. Le voyage coûte 3,50 yuans, dure cinq heures et permet d'admirer la campagne verdoyante du Hubei. Départs quotidiens à 7 h et à 13 h de Hankong lu, à deux pas de Hankou fandian. Pour tout renseignement supplémentaire, vous pouvez vous adresser au Bureau de tourisme de la province du Hubei, Hubeisheng lüxing fuwushe, en face du Xuangong hôtel.

○ *Comment se déplacer à Wuhan*

La carte qui est vendue dans les hôtels et les librairies n'est pas d'un très grand secours pour se déplacer dans Wuhan : seules les grandes artères y sont mentionnées, les lignes de bus et de trolleybus n'y sont pas indiquées. Voici quelques indications pour vous simplifier la tâche.

Pour se rendre de Hankou à Hanyang. Prendre sur l'avenue Zhongshanda dao le bus n° 24 jusqu'à son terminus à Hanyang, au carrefour de Yingwuda dao avec Hanyangda dao.

Pour se rendre de Hankou à Wuchang. Il existe deux solutions.

Par le bateau. C'est certainement la solution la plus rapide. On prend le bateau à Hankou, à 300 m en amont du bâtiment des douanes — *Wuhan guan*. La traversée coûte 6 fens. On débarque à l'embarcadère de Wuchang — *Zhong hua*. A proximité, sur la droite, se trouve une grande station de bus. Le bus n° 14 vous dépose à l'entrée ouest du parc de l'Est (0,16 yuans) ; le bus n° 15 vous dépose sur l'avenue Wuluo lu, au sud du parc de l'Est.

En bus. A Hankou, prendre le bus n° 2 sur l'avenue Zhongshanda dao, jusqu'à la rue Liji lu. Il faut ensuite continuer à pied pendant cinq minutes sur Zhongshanda dao, puis prendre sur Wusheng lu le trolleybus n° 1 qui passe à Hanyang, traverse le pont sur le Yangzi et vous dépose à Wuchang, près du lac de l'Est.

Les taxis. On peut évidemment obtenir un taxi auprès de la réception des hôtels. Compte tenu des distances qui sont assez grandes, notamment entre Hankou et Wuchang, le prix de la course en taxi est en général élevé.

○ *Hôtels*

Il y a un très grand nombre d'hôtels à Wuhan et il ne devrait pas être trop difficile de trouver à se loger.

A Hanyang :

Qingchuan fandian, 1, Xima Jie. Tél. 44.11.41. Facilement repérable, c'est l'immeuble le plus moderne de Hanyang. Il se trouve sur la berge du fleuve, au pied de la très esthétique tour de télévision de Wuhan. C'est un hôtel confortable, avec air conditionné, télévision dans les chambres, etc. Malgré les apparences, il a été construit sans capitaux étrangers. Chambre double : 50 yuans ; simple : 30 yuans.

A Wuchang :

Wuchang fandian : Jiefang lu, n° 457. Tél. 711.49.

Wugangsi zhao. Hepingda dao, Wuchang. Cet hôtel accueille les experts étrangers qui travaillent au combinat métallurgique. Il est situé tout près du magasin de l'Amitié.

A Hankou :

Xuan gong. 45, Jianghan lu, Hankou. Tél. 244.04. Cet hôtel est le plus proche de l'embarcadère où arrivent les bateaux qui descendent le Yangzi, et est situé dans le quartier commerçant de Hankou. On y trouvera une poste, une banque, un restaurant au premier étage et un *coffee shop* au dernier étage. Prix des chambres : de 40 à 100 yuans.

Jiang han. 245, Shengli jie. Hankou. Tél. 21.253. Prix des chambres : entre 80 et 100 yuans. L'hôtel fut construit par les Français au début du XXᵉ siècle.

Wuhan fandian, Jiefang dadao, n° 332. Tél. 566.11. Encore un hôtel nouvellement construit. On y installait l'air conditionné en septembre 85, date à laquelle il devait être inauguré.

Xinhua fandian, Jianshe dadao. Tél. 558.19. Tout neuf, excentré et d'accès difficile.

Shengli. 222, Shengli jie, Hankou. Tél. 21.241. Son restaurant est un des meilleurs de la ville. Les chambres ne sont malheureusement pas souvent balayées... Leur prix oscille entre 30 et 50 yuans.

○ *Restaurants*

A Hankou :

Laotong cheng. Dazhi lu, près de l'avenue Zhongshanda dao. C'est un excellent restaurant : le président Mao s'y est rendu. Spécialités : les omelettes de soja, *dou pi.* Tél. 215.62.

Guangdong canguan. Jianghan lu, situé à deux pas de l'hôtel Xuan gong. Tél. 235.75.

Siji mei. Zhongshan dadao, n° 888. Tél. 228.42.

A Wuchang :

Wuchang canguan. Pengliuyang lu n° 188. Spécialités : les plats de poissons de la région. Tél. 720.29.

A Hanyang :

Ye wei xiang. Yingwuda dao. Spécialités : plats de gibier.

o *Adresses utiles*

Compagnie aérienne. CAAC 209, Hankoulijibei lu. Tél. 512.48 et 523.71.

Agence de tourisme. Lüxingshe, 1395, Zhongshan lu, Hankou. Câble : Hankou 1962. Tél. 235.05.

Les gares : direction Pékin et Canton : gare de Hankou, *Jing han jie.* Direction Shanghai : gare de Wuchang, *Zhongshan lu.*

Bureau de vente des billets de chemin de fer à Hankou : 24, Baohua jie.

Bureaux de la sécurité. Service des permis de circulation intérieure, Chezhan lu.

Magasins d'antiquités. 1039, Zhongshanda dao, Hankou. Tél. 214.53. Et devant le Musée de la Province du Hubei.

A voir à Wuhan

Le temple Guiyuan si. A ne pas rater. Situé à Hanyang, il fut construit sous les Qing. On peut y admirer, dans la salle centrale, les statues des cinq cents disciples : *luohan.*

Le site de l'Institut central du mouvement paysan. Avenue Lujiangda dao, Wuchang. Mao Zedong y enseigna en 1927. Cet ancien institut abrite maintenant une école.

o *Promenades*
A Hankou

Le quartier commerçant. Au carrefour de Zhongshanda dao avec Jinghan jie. Sur Zhongshanda dao, proche de ce carrefour, on trouve des librairies, un

magasin d'antiquités, plusieurs grands magasins.

L'ancien quartier des concessions. On peut longer à partir du bâtiment des douanes vers l'hôtel Shengli, l'avenue Yanjiangda dao.

Le parc Zhongshan hu. Il donne sur Jiefangda dao.

A Wuchang

Le parc du lac de l'Est. Zhongbei lu, Wuchang. C'est le plus grand parc de Wuhan, en chinois *Dong hu*, en entrant, sur la droite se trouve le **musée provincial** du Hubei. En longeant sur la gauche le lac de l'Est, on passe divers pavillons : le pavillon de la Poésie — *Xingyin gui ;* la galerie au Bord du Lac — *Binhuhua long ;* le pavillon du Ciel infini — *Changtian lou* ; le pavillon au Cœur du lac — *Huxin ting* — que l'on peut atteindre en barque pour quelques fens. Au nord de ce parc, se dresse la colonne à la mémoire des neuf héroïnes (*Jiunü dun*) de l'armée Taiping, qui furent capturées à Wuhan et tuées en 1855.

La tour de la Grue jaune. Elle est située sur la colline She shan, au début de l'avenue Wuluo lu, Wuchang. Cette tour, *Huang he lou*, existait à l'époque des Trois Royaumes (220-265). De nombreux poètes s'y arrêtèrent pour y écrire des poèmes. Le bâtiment actuel est de construction très récente ; du dernier étage, on a une vue sur Wuhan et le pont sur le Yangzi.

XIANNING

Xianning est située à une centaine de kilomètres au sud de Wuhan sur la ligne de chemin de fer Wuhan-Canton.

La région, dont le paysage vallonné est joli, est connue pour ses sources d'eau chaude, ses plantations d'arbres

161	247	Trains n°	150	248
16 h 48	8 h 20	**Wuchang**	21 h 07	11 h 30
18 h 01	9 h 33	**Xianning**	19 h 59	10 h 14

Gui hua (osmanthe) qui donnent un alcool et un miel réputés. La rivière des Sources chaudes, *Wenquan he*, traverse la région et passe à Wenquan zhen, à 6 km de Xianning.

Comment s'y rendre

De Wuhan il faut prendre le train à la gare de Wuchang. (Horaires ci-dessus.)

Wenquan zhen

C'est dans ce gros bourg de Wenquan zhen qu'est situé **l'hôtel Quanshan binguan** qui accueille les touristes. Les différents bâtiments de l'hôtel sont étagés sur le flanc de la colline des Sources, *Quanshan*. Le prix des chambres va de 32 yuans pour la chambre située le plus en altitude sur la colline et de laquelle on a une très belle vue sur la région, à 14 yuans pour celles se trouvant dans le bâtiment principal. L'eau chaude de l'hôtel vient directement des sources de la colline.

L'intérêt d'un petit séjour reposant à Wenquan zhen réside dans la possibilité, si rare au cours d'un voyage touristique en Chine, de se promener dans la campagne et, à l'occasion, d'y rencontrer des paysans qui ne soient pas appointés par l'agence du tourisme ! Longer la rivière Wenquan he, en aval de la petite centrale hydroélectrique, constitue une promenade très agréable.

Dans la région, on pourra également visiter à trois kilomètres une plantation de thé, à une vingtaine de kilomètres le réservoir **Nan quan** et une grande plantation de bambou de 6 600 ha entre Wenquan zhen et Chibi. A l'est de Chibi, il y a de nombreux temples dont l'un — **Wuhou si** — est transformé en petit musée archéologique : des miroirs en bronze et des pointes de flèches de la dynastie Han ainsi que des pièces de monnaie y sont exposés.

SHASHI

Shashi, ville de dimension moyenne, est située à l'ouest du Hubei, sur la rive gauche du Yangzi, à 488 km de Chongqing et à 200 km de Wuhan.

Au cours de la descente du Yangzi à partir de Chongqing, le bateau y fait une escale le deuxième jour en début de soirée, vers 20 h 30, entre Chongqing et Wuhan. Depuis peu, les touristes ont pris l'habitude de descendre à Shashi et d'y passer la nuit avant de repartir sur Wuhan. Comme on arrive tard le soir, nous recommandons d'y passer deux nuits.

Un peu d'histoire

La fondation de Shashi remonte à la dynastie Shang (1766-1122 avant J.-C.). Ce fut une ville très importante de l'État de Chu pendant la période des « Printemps et des Automnes » (770-476 avant J.-C.). Au cours de l'histoire, la région fut le théâtre de nombreuses batailles et Shashi fut détruite et reconstruite plusieurs fois.

Après la première guerre sino-japonaise, la ville est ouverte en 1895 au commerce japonais. Shashi compte actuellement plus de 200 000 habitants.

L'industrie légère — conserverie alimentaire, filature — y est assez développée.

A 7 km au nord-ouest, s'étend la ville de **Jingzhou** qui est jumelée administrativement avec Shashi. Jingzhou est encore entourée d'une muraille qui fut dressée pour la première fois à la fin de la dynastie Han et reconstruite pour la dernière fois sous les Qing ; celle-ci est percée de quatre portes.

Shashi pratique
On ne peut pas acheter de carte de la ville.

Les principales artères de Shashi sont les rues Zhongshan lu, Beijing lu et Renmin lu. Les rues Zhongshan lu et Beijing lu sont plus ou moins parallèles et suivent les contours de la rive gauche du Yangzi. La première est la plus proche du fleuve et son extrémité est donne près de l'embarcadère ; la deuxième est beaucoup plus au nord. Au centre ville, la rue Renmin lu coupe perpendiculairement les deux premières ; en la remontant du carrefour avec Zhongshan lu, il faut un bon quart d'heure à pied pour atteindre Beijing lu. La rue Beijing lu continue ensuite sur 7 km vers le nord-ouest et arrive à Jingzhou.

○ *Hôtels*
Zhanghua binguan, 100 Zhongshan lu. Tél. 34.01. C'est un hôtel traditionnel chinois, au confort très relatif. La cuisine est, par contre, excellente. Chambre simple à 30 yuans, double à 60.

Jiangjin fandian, Gongyuan lu. Tél. 34.91. Relativement confortable. Restaurant au premier étage. Prix des chambres : 16 yuans, sans air conditionné.

Beijing fandian, Beijing lu, et **Shashi fandian**, en face du **Beijing fandian**, sont d'un standing nettement inférieur.

A Jingzhou, on peut loger au **Jingzhou binguan** mais ce n'est pas recommandé étant donné l'état lamentable des chambres.

○ *Adresses pratiques*
Restaurant. Hao mo : Zhongshan lu.

Magasin d'artisanat : Beijing lu.

Comment s'y rendre. En bateau, de Chongqing.

Pour aller à Wuhan. Vous pouvez soit continuer le voyage en bateau mais ce trajet n'est guère intéressant, soit prendre le car qui a au moins l'avantage de vous faire traverser la campagne. Wuhan est à 200 km par route de Shashi. Le car part à 6 h du matin et le prix du billet est de 6 yuans.

A voir à Shashi
Shashi est une ville agréable où il fait bon se promener. La ville n'est pas trop poussiéreuse, comparativement à Wan xian par exemple, et les rues sont bordées de très nombreux arbres.

La pagode Wanshoubao ta. Située à l'ouest de la ville, sur le bord du Yangzi, elle fut construite sous les Ming et comporte sept étages. C'est l'empereur Shizang qui fit construire cette pagode en 1552 pour les 60 ans de sa concubine favorite, Maotai fei. Construite entièrement en brique, elle est octogonale et mesure 31 mètres de haut. On a voulu lui donner l'aspect extérieur du bois et il y avait autrefois une centaine de statues de Bouddha disposées dans les niches qui ornent ses pans. Le premier étage de la pagode se trouve actuellement à une dizaine de mètres sous la surface du sol, dans une espèce de cuvette. Ce phénomène est dû à l'accumulation des alluvions apportées par le Yangzi voisin. Le corridor qui longe la berge et mène à la pagode est, en été, le plus agréable endroit de Shashi à cause de la brise qui y souffle en permanence.

Le parc Zhongshan hu. Beijing lu. Il y a un petit zoo et quelques serres.

Le pavillon des Printemps et Automnes, situé dans la partie nord-ouest de la ville, fut construit sous les Qing en mémoire du général Guan yu de la période des Trois Royaumes, et fut nommé pavillon des Printemps et Automnes car on racontait que le général prenait grand plaisir à la lecture des *Annales des Printemps et Automnes.*

Au centre de la ville, le temple de Zhang Hua, construit sous les Ming sur le site de l'ancienne tour Zhang de la période des Printemps et Automnes, abrite dans ses jardins un prunier de plus de 2 000 ans qui fleurit chaque année.

JINGZHOU

Située à 7 km, Jingzhou mérite absolument une visite. Le bus n° 1 qui passe sur Beijing lu à Shashi, vous déposera à la porte est de la ville pour 0,4 yuan.

Une très belle promenade consiste à faire le tour de la muraille, de la porte est vers la porte nord. Cette dernière est d'ailleurs la mieux conservée. Cette balade le long des étendues d'eau qui bordent la muraille prend une heure, et, avant d'atteindre la porte nord, on traversera un petit village tout en longueur sur le bord de la route. On pourra également se promener sur les remparts d'où l'on a une très belle vue sur la campagne environnante.

En se rendant de Shashi à Jingzhou, on longe un canal vieux de 2000 ans. Il est question de le nettoyer et d'y faire naviguer des bateaux de plaisance qui permettront aux touristes d'effectuer le chemin plus confortablement. La ville actuelle comprend 80 000 habitants.

Signalons l'hôtel Jingzhou situé sur Binguan lu qui propose des chambres entre 40 et 60 yuans.

A voir à Jingzhou

Le temple Tai Hui, situé à l'extérieur de l'enceinte de la ville, a un charme tout particulier malgré son état de délabrement. Il fait en ce moment l'objet des restaurations qui seront sûrement longues. Construit en 1393 par le douzième fils du premier empereur Ming qui lui avait concédé Jingzhou, c'était à l'origine un palais. La décoration de ce palais fut jugée excessive relativement au rang de son propriétaire. Par exemple, il avait fait sculpter de magnifiques colonnes représentant des dragons enroulés qu'on peut encore admirer aujourd'hui. On trouvait ce prince ambitieux et on lui prêtait l'intention d'usurper le pouvoir. L'empereur envoya des officiels pour enquêter : ils le déclarèrent coupable. En apprenant la nouvelle, le prince changea le nom de palais en celui de temple. Mais la Cour impériale ne lui pardonna pas, et ce malheureux prince se suicida par le feu.

Ce « temple-palais » envahi par les herbes, dangereusement entouré d'arbres, est actuellement ouvert au culte ; de nombreux bâtonnets d'encens à demi consumés et fichés dans la cendre, en témoignent. Il a été saccagé pendant la Révolution Culturelle, portes arrachées, statues brisées. On dit que ce sont les paysans qui ont sculpté les deux effrayants personnages que l'on voit à l'intérieur ; un dignitaire à la face rouge écarlate, tenant un livre, et sans doute un Bouddha, ceint d'une écharpe verte.

Le musée de Jingzhou. Intéressant musée où sont exposés de nombreux objets funéraires trouvés dans les tombes se trouvant à proximité de l'ancienne capitale du royaume Chu, **Jinan cheng.** Le corps d'un homme, enterré sous la dynastie Han en 167 avant J.-C., est également exposé. Il fut trouvé en parfait état de conservation. Plus de 500 objets, trouvés dans sa tombe, sont visibles dans ce musée.

Jinan cheng, la ville d'où proviennent ces extraordinaires reliques, se trouve à 5 km au nord de Jingzhou. D'après les textes historiques, une vingtaine de rois successifs en firent leur capitale entre 689 et 278 avant J.-C. On trouve d'innombrables traces de ce prestigieux passé dans son sous-sol et notamment dans un *ancien cimetière* qui couvre 52 000 m² et comprend plus de 200 tombes. La *tombe de Wu Daifu,* dont les trésors sont exposés au musée de Jingzhou, faisait partie de cet ensemble.

LES MONTS WUDANG SHAN

Les monts Wudang shan s'étendent sur 400 km dans le nord-ouest du Hubei, à 50 km de Junxian. 72 pics entourent le pic Tianzhu (1 613 m), du sommet duquel on a une vue panoramique sur la chaîne de montagnes Shennongjia. On surnomme cette chaîne le « toit de la Chine centrale ». C'est autour du pic Tianzhu que se tient un des plus grands centres taoïstes de Chine. On y célèbre le culte d'une divinité taoïste, *Zhenwu,* souverain du royaume mythique *Jingle,* pays de la Pureté et de la Félicité. Le premier temple fut fondé sous les Tang ; il s'agit du temple des Cinq Dragons, **Wulong**

gong, mais la majeure partie des bâtiments datent des Ming. En 1412, l'empereur Zhu Di fit construire en dix ans un ensemble de 10 temples (*guan* et *gong*), 36 monastères, 72 grottes et 12 pavillons. Du pied de la montagne au sommet de laquelle se dresse le Palais d'Or, **Jindian,** la « Voie des Dieux » *Shendao*, serpente sur 35 km.

Wudang shan pratique

○ *Comment s'y rendre*
De Pékin. Train n° 241 ; départ le matin à 5 h 54 ; arrivée à Shiyan le lendemain matin à 8 h 10.

De Shiyan. Des bus locaux se rendent tous les jours à Wudang shan (se renseigner à la gare routière).

○ *Hôtels*
Les temples vous offrent l'hospitalité dans des conditions assez modestes, mais l'accueil est chaleureux.

○ *Qu'acheter ?*
Wudang shan est renommée pour ses **plantes médicinales.** Sur les 1 800 plantes inventoriées par le célèbre médecin Li Shizen, 400 furent découvertes dans les monts Wudang shan.

A voir à Wudang shan

L'itinéraire débute à **Xuanyue men,** la porte du Pic Noir. Vous visiterez successivement le temple **Yuzheng gong,** temple du Pur Esprit, construit en 1417 à la mémoire du maître taoïste Zhang Sanfeng (connu aussi sous le nom de Yu Dongren) à qui les habitants de la région donnèrent le nom de « Pur Esprit ». A l'intérieur, une statue du saint portant des chaussures de paille et un chapeau en bambou. A 1,5 km, le temple **Yuanhe guan,** temple de l'Harmonie Originelle (1413-1418), au

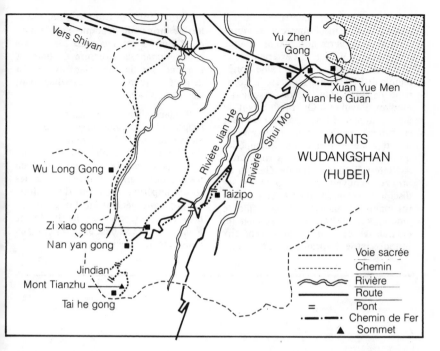

Voie sacrée ---------

Chemin - - - - - - -

Rivière ~~~~~

Route ————

Pont ==

Chemin de Fer -·-·-·-

▲ Sommet

sinistre souvenir puisqu'il servait de prison aux moines qui transgressaient les canons taoïstes. Beaucoup plus loin, à mi-chemin, le temple **Fuzhen guan**, temple de la Vérité Éternelle (1414) appelé aussi **Taizi po**, le Versant du Fils de l'Empereur (ici Zhenwu) avec une très belle charpente en bois. Derrière, un bâtiment de 5 étages renferme de très belles tapisseries murales couvertes de lotus et de phœnix. Le temple **Zixiao gong**, temple des Nuages Pourpres (1413), est le mieux conservé. Dressé sur une triple terrasse, il resplendit sous les tuiles vert-jade et bleu lapis-lazuli. A l'intérieur se trouvent des statues de bronze et de terre cuite. Derrière la salle, dans la montagne, on accède à une grotte naturelle, la grotte du Fils

de l'Empereur, où l'on découvre un petit temple de pierre avec, au centre, une statue de Zhenwu, et, sur les côtés, des stèles datant des Yuan (1291) et retraçant l'histoire de Wudang shan. Le **temple Nanyuan gong**, temple du Rocher du Sud, est un des sites les plus connus de Wudang shan. Construit sous les Yuan (1314) à flanc de montagne, au cœur de la végétation et des nuages, il est entièrement en pierre imitant une structure en bois. A l'intérieur, 500 fonctionnaires défunts ont été taillés dans la pierre. Devant le temple, on remarquera un brûle-parfum reposant sur un pilier haut de 2,9 m sculpté en forme de dragon. Y faire brûler de l'encens porte bonheur. 9 escaliers de 120 marches conduisent au sommet : le mont Tianzhu, en contrebas duquel s'étend « la Cité Pourpre » entourée d'un mur de pierre de 1 500 m, chaque pierre pesant 500 kg. A l'extérieur de la porte sud s'élève le **temple Taihe gong**, temple de l'Harmonie Universelle, construit en 1416. On accède ensuite au **Jindian**, Pavillon d'Or (1416) : haut de 5,5 m, large de 5,8 m, il est entièrement en bronze, pailleté d'or, reposant sur une terrasse en pierre. Les intempéries n'ont aucunement altéré les structures. A l'intérieur, une statue de Zhenwu en bronze recouvert d'or entouré de ses disciples, « l'enfant d'or » tenant dans ses mains des tablettes, et la « fille de jade » portant l'insigne de la Dignité, « l'Eau et le Feu », deux généraux brandissant le drapeau et tirant l'épée.

Notons enfin le **Gutong dian**, pavillon de bronze de l'époque Yuan ; haut de 2,9 m, il est recouvert de bronze coulé, imitant la structure de bois. A l'origine sur le pic Tianzhu, il fut déplacé dans la salle **Zhuanzhan dian** sur le pic Xiaolan.

Wudang shan fut le théâtre de nombreuses révoltes populaires, toutes liées au taoïsme dont elles tirèrent leurs mots d'ordre et leurs aspirations. Sous les Qing, le 17 mai 1857, 218 paysans en insurrection furent massacrés par les forces impériales non loin du Jindian. Le populaire général He Long, ancien bandit devenu chef de la 3e Armée Rouge, installa sa base avec ses bureaux dans le temple Zixiao dian.

Le Hunan

Le Hunan est localisé littéralement « au sud du lac Dongting », c'est-à-dire dans le sud de la région du cours moyen du Yangzi. Cette province occupe le bassin de drainage du fleuve Xiang jiang qui coule du sud au nord et se jette dans le lac Dongting, le deuxième lac de Chine par sa superficie. Les travaux effectués depuis 1949, en amont du Yangzi, ont supprimé les crues du lac et diminué son envasement.

A l'époque des Royaumes Combattants (476-221 avant J.-C.), le Hunan fit partie de l'État de Chu. Il ne se développa et ne prit de l'importance qu'à partir du VIII\ :sup:`e` siècle de notre ère. Cette province était un des greniers à riz de l'empire. La capitale actuelle, Changsha, reste encore aujourd'hui un centre important du commerce du riz. Sous les Yuan et les Ming, le Hunan était rattaché administrativement au Hubei, au sein du Hu guang.

A Shaoshan, un petit village situé à 50 kilomètres au sud-ouest de Changsha, naquit en 1893 Mao Zedong. L'histoire du Hunan reste maintenant intimement associée au nom du président Mao. Il fit ses études d'instituteur à Changsha. Pendant les années vingt, il organisa le mouvement communiste et syndical dans la province. Il tentera d'y déclencher une insurrection armée en 1927 avant de se replier ensuite dans les monts Jinggang shan au Jiangxi. L'ancien secrétaire du parti communiste — *Hua Guofeng* — occupa d'importantes fonctions au Hunan : celle entre autres de secrétaire du parti de la province de 1959 à 1976.

Avec une population de 50 millions d'habitants, le Hunan reste une province essentiellement agricole. Elle contribue pour 15 % à la production totale de riz du pays et pour 5 % à celle du coton. La production de thé est également importante. Le Hunan est riche en métaux non ferreux : antimoine, mercure, manganèse et tungstène. La production industrielle de la province reste encore faible et ne représente que 2 % en valeur de la production industrielle du pays.

Les permis

Sont officiellement ouverts aux touristes les villes de Changde, Changsha, Chenzhou, Dayong, Hengyang, Jinshi, Jishou, Lengshuijiang, Loudi, Shaoshan, Shaoyang, Xiangtan, Yiyang, Yongzhou, Yueyang, Zhuzhou, Zixing, les monts Hengshan et Qingyanshan, et les districts de Anxiang, Anren, Changde, Chenxian, Dong'an, Fenghuang, Guidong, Guiyang, Hanshou, Lianyuan, Linli, Lixian, Nanxian, Qiyang, Rucheng, Sangzhi, Taojiang, Taoyuan, Xupu, Yizhang, Yonghsun, Yongxing, Yuan, Yuanjiang, Zhijiang, et les districts autonomes des minorités Dong à Xinhuang et Yao à Jianghua.

CHANGSHA

Changsha est la capitale provinciale de Hunan. Elle s'étend sur les deux rives du fleuve Xiang jiang qui se jette, 70 km plus au nord, dans le lac Dongting. La ville compte un million d'habitants.

Un peu d'histoire

A l'époque des Royaumes Combattants (476-221 avant J.C.), le site de Changsha aurait déjà été habité, mais le nom de la ville n'apparaît que sous les Qin. Sa situation géographique au

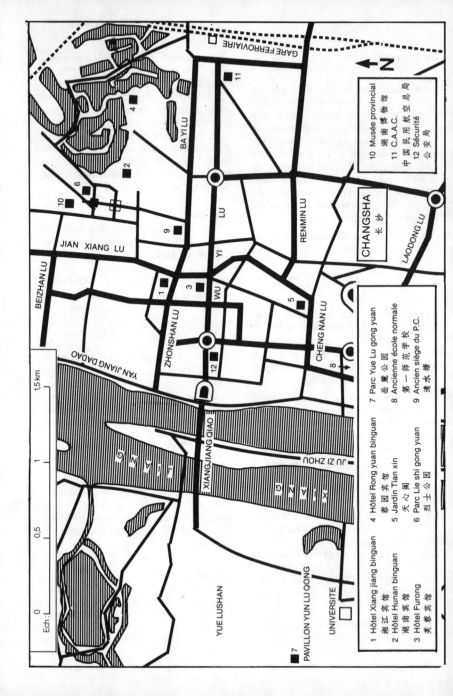

Ech: 1 :

| 0 | 0,5 | 1 | 1,5 km |

YAN JIANG DADAO

JIAN XIANG LU

BEIZHAN LU

ZHONSHAN LU

BA YI LU

RENMIN LU

LAODONG LU

WU YI LU

CHENG NAN LU

CHANGSHA 长沙

GARE FERROVIAIRE

N

XIANGJIANG QIAO

JIN ZI ZHOU

JIANG

XIANG

YUE LUSHAN

UNIVERSITE

PAVILLON YUN LUQONG

1 Hôtel Xiang jiang binguan 湘江宾馆
2 Hôtel Hunan binguan 湖南宾馆
3 Hôtel Furong 芙蓉宾馆
4 Hôtel Rong yuan binguan 蓉园宾馆
5 Jardin Tian xin 天心阁
6 Parc Lie shi gong yuan 烈士公园
7 Parc Yue Lu gong yuan 岳麓公园
8 Ancienne école normale 第一师范学校
9 Ancien siège du P.C. 清水塘

10 Musée provincial 湖南博物馆
11 C.A.A.C. 中国民用航空总局
12 Sécurité 公安局

cœur d'une très importante région agricole et au bord du Xiang jiang, en fit un centre de redistribution. Sous les Song, la ville accueillit des établissements d'enseignement. Au début de la dynastie Ming, elle fut entourée d'une muraille dont on peut actuellement voir quelques vestiges. En 1664, la province de Hu guang fut scindée en deux et Changsha devint la capitale du Hunan. La ville s'ouvrit aux étrangers en 1904 ; des comptoirs commerciaux et des missions s'y installèrent. L'achèvement, en 1918, de la ligne de chemin de fer Guangzhou-Wuchang, donna un coup de fouet à ses activités commerciales. Pendant la dernière guerre sino-japonaise, Changsha fut partiellement détruite, sa reconstruction date de 1952.

Changsha est à l'heure actuelle un centre industriel important : l'industrie légère — conserveries alimentaires, usines de porcelaines, usines textiles — et l'industrie lourde — usines de moteurs Diesel et de machines-outils — y sont développées.

Changsha ne présente pour le tourisme que peu d'intérêt, mis à part le fait que Mao, qui naquit dans la région, y fit de 1912 à 1918 une partie de ses études et y revint pour analyser la condition paysanne et écrire son rapport sur le mouvement paysan au Hunan.

Changsha pratique

○ *Comment s'y rendre*
En avion. A partir de Pékin (234 yuans), Chengdu (169 yuans), Chongqing (125 yuans), Canton (93 yuans), Nankin (132 yuans), Shanghai (158 yuans), Wuhan (49 yuans), Xi'an (190 yuans).

En train. Changsha est relié par train direct avec Pékin, Canton et Shanghai.

208/205	48	16	Train n°	15	47	207/206
11 h 52 (24 h) 14 h 18	18 h 45 7 h 25 6 h 00	22 h 20 10 h 46 8 h 46	Canton Changsha Pékin Shanghai	8 h 20 19 h 45 22 h 30	6 h 12 17 h 05 19 h 04	20 h 30 (24 h) 18 h 32

○ *Hôtels*

Xiangjiang binguan 276, Zhongshan lu. Tél. 262.61. Pour s'y rendre de la gare, prendre le bus n° 1. Cet hôtel, réservé aux étrangers, est le plus moderne ; on y trouvera au rez-de-chaussée : un restaurant, la poste, la banque. Prix des chambres : 70 yuans par jour avec air conditionné, 45 yuans sans air conditionné. Lit en dortoir : 10 yuans (chambre à 3 lits).

Hunan binguan : parc Lieshigong yuan. Tél. 263.31. Pour s'y rendre de la gare, prendre le bus n° 12 et descendre au carrefour de Wuyi lu avec Jianxiang lu, puis prendre dans cette dernière rue le bus n° 3. L'hôtel est à trois quarts d'heure de marche à pied du centre ville. Prix des chambres : entre 40 et 60 yuans par jour.

Furong : Wuyi lu. Tél. 253.10. Avec ses 500 chambres, c'est le nouvel hôtel de Changsha à 20 minutes de la gare. Prix des chambres : entre 40 et 80 yuans.

Rongyuan binguan. Tél. 26.72.94.

Agréablement situé près du lac Hongyu, à l'est du parc Lieshigong yuan, cet hôtel est malheureusement trop éloigné des principaux centres d'intérêt de la ville ; chambre double : de 40 à 70 yuans.

○ *Restaurants*

Youyi cun : Zhongshan lu. Situé à dix minutes à pied de l'hôtel Xiangjiang binguan.

Huogong dian : Daqing lu. Le président Mao y a pris des repas !

La cuisine de ces deux restaurants est excellente... quand des groupes touristiques y sont attendus.

○ *Adresses utiles*

Compagnie aérienne CAAC : 5, Wuyidong lu. Tél. 238.20.

Bureaux de la Sécurité : Daqing lu.

China International Travel Service : 130, Sansing lu. Tél. 222.50 ; au carrefour de Sansing lu et Wuyi lu.

Grands magasins :

Au 23, Shaoshan lu ; au 148, Zhongshan lu ; **magasin de l'Amitié**, au carrefour des rues Shaoshan lu et Wuyi lu.

Dans ces magasins, on ne manquera pas de porter une attention particulière aux **articles brodés** qui font la renommée du Hunan dans toute la Chine.

Magasins d'antiquités : dans l'enceinte du musée provincial du Hunan.

A voir à Changsha

Le musée provincial du Hunan. Sur Dongfeng lu, dans la partie nord-est du parc Lieshi gongyuan (visite à ne pas manquer).

Dans les différentes salles du bâtiment central du musée sont exposés un cadavre et des objets exhumés d'une tombe d'époque Han, située à **Mawangdui**, dans la banlieue est de Changsha. La dépouille, dans un très bon état de conservation, est celle d'une femme d'une cinquantaine d'années qui aurait vécu de 193 à 141 avant J.-C. Le corps est conservé dans une salle réfrigérée au sous-sol. Quand il fut trouvé, le corps était enveloppé de 20 couches de soie et de lin. Certaines sont admirablement décorées. Tous les objets qui se trouvaient dans la tombe sont également exposés : des poteries qui contenaient encore des aliments, des intruments de musique, une série de 160 figurines en bois, différentes boîtes en bambou, etc.

L'ancienne école normale. Détruits en 1938 pendant la dernière guerre sino-japonaise, les bâtiments de l'école normale n° 1, du Hunan, ont été soigneusement reconstruits après la libération. C'est en effet là que Mao fit ses études du printemps 1913 à juin 1918.

L'ancien siège du parti communiste du Hunan. Mao y resta de 1921 à 1922. Qing Qingshui tang. Il abrite un petit musée.

○ *Promenades*

Les rues commerçantes. Zhongshan lu. En la remontant vers l'ouest à partir de l'hôtel Xiangjiang binguan.

Daqing lu. En la descendant vers le sud à partir de la place du Premier-Mai.

Les marchés libres. Sur Daqing lu, après le carrefour avec la rue Chengnan lu. Également sur le trottoir sud de l'avenue Wuyi lu avant le pont Xiangjiang qiao.

Le jardin Tian xin et les vieux quartiers. Au coin des rues Chengnan lu et Jiangxiang lu. Ce jardin est situé au sud-est des anciens remparts, sur les murs d'un ancien bastion du haut duquel on a une belle vue sur la ville. Il y a un petit salon de thé. Sur Chengnan lu, avant d'arriver à l'ancien bastion, un escalier mène sur la gauche à un ancien quartier aux ruelles étroites et aux maisons en bois à un étage.

L'île Juzi zhou. On prend le bus n° 16 sur la place du Premier-Mai jusqu'au terminus, à l'extrémité sud de l'île.

Le parc Yuelu gongyuan. Il est situé sur la colline Yuelu shan, sur la rive gauche du Xiang jiang. Après avoir traversé le pont Xiangjiang qiao, on prend le bus n° 5 qui vous déposera au pied de la colline, devant une statue monumentale du président Mao. Plusieurs petites routes serpentent sur les flancs de la colline dont la pente est souvent assez raide ! Au pied de la colline s'étendent les locaux de l'université du Hunan sur l'emplacement d'un très ancien collège chinois — le collège Yuelu — fondé en 976. On passe devant de nombreux petits pavillons, dont les plus importants sont le **Aiwan ting** et le **Yunlu gong.** Ces constructions font partie du monastère Lushan qui daterait du IIIe siècle après J.-C. A côté de ce dernier pavillon, situé à mi-pente, il y a un petit salon de thé où l'on pourra souffler. La promenade vous offrira de très belles vues sur Changsha et ses environs.

○ *Dans les environs de Changsha : les fours de Tongguan*

A 25 km de Changsha, dans le bourg de Tongguan, on visite les vestiges de grands fours à porcelaine ; longs de 40 m, larges de 3 m et hauts de 2 m, ces fours servaient à la cuisson d'objets utilitaires comme des théières, assiettes, bols, etc.

SHAOSHAN

Mao est né dans ce village situé à 131 km au sud-ouest de Changsha. Ce lieu de pèlerinage, à la visite duquel tous les groupes organisés de passage à Changsha ne peuvent échapper, offre à la curiosité des touristes : la maison natale du président Mao, bien sûr ; le musée de Shaoshan, consacré à la vie du Grand Timonier ; l'école primaire sur les bancs de laquelle il usa ses fonds de culottes.

Avant les visites, les touristes étrangers déjeunent au restaurant de l'hôtel du village.

La campagne qui environne Shaoshan est très jolie et mérite une petite promenade. Nous ne saurions trop conseiller de semer vos accompagnateurs et de suivre, tout comme le faisait le Président Mao lorsqu'il était gosse, les petits sentiers qui courent à travers les rizières ; il y en a juste un qui passe devant sa maison et que l'on peut prendre sur la droite, etc.

Pour se rendre à Shaoshan. Il y a un service de train au départ de Changsha.

1	n° du train	2
7 h 30	**Changsha**	17 h 00
8 h 00	**Xiang tan**	16 h 00
9 h 00	**Shaoshan**	15 h 30

XIANG TAN

Cette ville est située à une heure de train de Changsha, en amont sur le fleuve Xiang jiang. Lorsque l'on se rend à Shaoshan, le car ou le train traverse Xiang tan.

Xiang tan est réputée pour sa sauce

de soja dont la marque *Xiangtan* fut même primée en 1915 à l'exposition universelle de Panama ! Cela mis à part, cette ville industrielle est laide et poussiéreuse.

A voir. Les groupes touristiques viennent de Changsha pour y visiter quelques usines : l'aciérie Xiangtangangtie chang, la centrale électrique et l'usine de fils électriques.

Comme monuments historiques, notons : un petit pavillon d'un étage, situé dans le parc Yuhu gongyuan.

Le pavillon Wangheng ting, d'où l'on a une vue sur le fleuve au sud de la ville. A l'ouest de ce pavillon se trouvent les tombes de **Tao Kan** — un responsable de la dynastie des Jin — et de **He Tengjiao** — général de la fin de la dynastie Ming qui résista aux Mandchous et fut tué par ceux-ci.

Comment se rendre à Xiang tan. En plus du train pour Shaoshan qui part de Changsha à 7 h 30, le train n° 149 part à 9 h 15 et le n° 405 à 10 h 01.

Pour le retour vers Changsha, notons le train n° 2 qui part de Xiang tan à 16 h. Il y en a un autre à 18 h 30.

YUEYANG

Yueyang est située à deux heures de train au nord de Changsha. La ville s'étend au nord-est du lac Dongting. La visite peut se faire dans la journée à partir de Changsha.

A voir

La rue qui commence juste en face de la gare donne dans une très longue rue qui longe le lac vers le nord. En la remontant sur la droite, on ne peut manquer **la pagode,** située dans l'un des plus intéressants et des plus vieux quartiers de la ville. En continuant sur cette rue pendant trois quarts d'heure, on arrive au **parc Yueyanglou yuan.** A l'intérieur s'élève la tour *Yueyang lou* dont la première construction remonte à l'époque des Trois Royaumes ; devant cette tour de 3 étages et aujourd'hui entièrement restaurée se trouvent deux petits pavillons — *Sancui ting* et *Xianmei ting* — qui abritent un petit musée.

Promenade sur le lac Dongting. On ne manquera pas de faire une balade en bateau sur le deuxième plus grand lac de Chine et de s'arrêter sur l'**île Jun shan.** Sur cette île, il faut signaler trois petits sites touristiques : le tombeau des deux concubines de l'empereur Shun ainsi que les puits Liuyi et Longxian. D'un point de vue un peu plus terre à terre, l'**île Junshan** est réputée pour ces tortues jaunes dont le sang et la bile entrent dans la composition d'un vin de fabrication locale — le « vin de la tortue et du serpent ». Vous ne manquerez pas d'en acheter aussi comme cadeau car ces tortues, particulièrement économiques puisqu'elles peuvent vivre trois ans sans manger, sont efficaces dans la lutte contre les mites et les moustiques ! La visite de l'île prend entre trois et quatre heures ; départ au pied de la tour Yueyang lou à 7 h et 13 h 30, retour à 11 h et 16 h 30 ; billet : 0,4 yuan le passage.

Yueyang pratique

Pour ceux qui auraient l'intention de **passer une nuit** à Yueyang, il convient d'éviter l'hôtel pour les experts étrangers car il est trop éloigné du centre ville (15 km). Un autre hôtel, **l'hôtel Yuanmeng,** accueille les touristes ; il est situé à 20 mn à pied au nord-est de la gare, au 25, Chengdong jie. Chambre entre 30 et 50 yuans.

Comment se rendre à Yueyang. Le train n° 612 quitte Changsha à 5 h 30 et arrive à Yueyang vers 7 h 30 ; pour le retour il y a des trains pour Changsha à 15 h, 18 h, 20 h et 20 h 30. Autrement, Yueyang étant située sur la grande ligne Pékin-Canton, on pourra s'y rendre par les trains express 16 et 48 de Canton ou 15 et 47 de Pékin.

LES MONTS QING YAN SHAN

Situés au nord-ouest du Hunan, les monts Qing yan shan font partie de la chaîne montagneuse des Wuling shan. Ils s'étendent sur les trois districts de Dayong, Cili et Sangzhi. Cette très belle région a été transformée en parc naturel aujourd'hui ouvert aux étrangers. Pour s'y rendre, il faut prendre à la gare routière de Changsha le bus de 7 h pour Cili ; de Cili, il faut reprendre un car jusqu'à la vallée Suoxi (à 90 km) où l'on visite les **collines de « roche bleue », Qingyan**. Plus à l'ouest, toujours au pied des Wuling shan, on se rendra en bus à Dayong puis Yongshun où l'on y admire la **falaise Bu er men** ; on pourra visiter dans les environs plusieurs villages habités par l'**ethnie Tujia.**

Le Jiangxi

La province du Jiangxi se trouve en Chine du Sud. Elle est bordée au nord par le Yangzi, à l'est par le Zhejiang et le Fujian, au sud par le Guangdong, à l'ouest par le Hunan. D'importantes chaînes de montagnes ceinturent la plaine centrale du Jiangxi, formée par le bassin du fleuve Gan jiang et la région du lac Po yang — le plus grand de Chine avec une superficie de 5 100 km².

Le Jiangxi, tout comme le Hunan, a été, et reste, un grand centre agricole producteur de riz. Entre la Chine du Nord et le Guangdong, l'axe de communication formé par le lac Po yang et le Gan jiang a contribué au développement au cours des siècles de la province. Le commerce de la porcelaine, du thé, des oranges et du bois, fit la réputation de la province.

Au XXe siècle, les monts Jinggang shan, à l'ouest du Jiangxi, servirent de base d'appui révolutionnaire à l'armée communiste de 1927 à 1934. C'est à Rui jin, dans le Sud-Est, que fut fondé le gouvernement central des soviets qui regroupaient, au début des années 30, la moitié de la population de la province.

Trente millions d'habitants vivent aujourd'hui au Jiangxi. La production de grains est importante : deux récoltes de riz par an et une de blé d'hiver quand les conditions le permettent. Le Jiangxi est la première province productrice de charbon de Chine au Sud. Celui-ci alimente les aciéries de Wuhan. Des industries sidérurgiques, mécaniques et textiles ont été implantées dans la province notamment à Nanchang et Jiu jiang.

Les excursions à partir de Nanchang

Le Jiangxi vient de s'ouvrir assez largement au tourisme. Outre Nanchang, la capitale, il est maintenant possible de se rendre dans quatre centres provinciaux : **Jiu jiang**, les **monts Lushan, Jingdezhen** et les **monts Jinggang shan.**

En rayonnant de Nanchang, il faut compter de cinq à six jours pour faire le circuit du Nord-Jiangxi : Nanchang, Jiu jiang, Guling (monts Lushan), Jiu jiang, Jingdezhen, Nanchang ; et trois jours minimum pour le sud-ouest du Jiangxi : Nanchang, Jinggang shan, Nanchang.

Pour ceux qui se rendent ensuite au Hunan, il existe la possibilité de prendre l'autocar de Jinggang shan à Changsha, sans revenir par Nanchang mais en passant par Pingxiang au Jiangxi et Chuzhou au Hunan.

Ces circuits au Jiangxi comportent certains trajets en autocar : cela peut paraître long et pénible mais ne devrait pas effrayer ceux qui ont envie de découvrir la campagne chinoise.

Les permis

Sont officiellement ouverts au tourisme les villes de Fuzhou, Guling, Jian, Jiujiang, Jingdezhen, Nanchang, Pingxiang, Pongze (grotte du palais du Dragon), les monts Lushan et Jinggangshan, et les districts de Chongren, Dexing, Fengxin, Ganxiao, Ji'an, Le'an, Nanfeng, Qianshan, Quannan, Shagao, Wuyuan, Wanzai, Yifeng, Yihuan, Yiyang, Xunwu.

NANCHANG

Nanchang, la capitale provinciale du Jiangxi, est située au sud du lac Po yang, sur la rive droite de la rivière Gan jiang.

Nanchang a une population de 500 000 habitants. Elle est située au cœur du centre agricole du Jiangxi et l'industrie y est développée : conserveries alimentaires, usines textiles, usines de tracteurs, usines de moteurs Diesel et électriques. Nanchang est reliée par voies ferrées à Shanghai, Changsha au Hunan et Jiu jiang sur le Yangzi.

Un peu d'histoire

La ville fut fondée sous les Han et resta jusqu'au XXe siècle un centre de commerce, surtout de la porcelaine.

Après la répression déclenchée à Shanghai, le 12 avril 1927, par **Chiang Kaicheck** contre les syndicats, le parti communiste organisa le 1er août 1927 l'insurrection de Nanchang, dirigée par **Zhou Enlai, He Long, Ye Ting** et **Zhu De**, qui réussira à tenir la ville pendant cinq jours. Le 1er août 1927 est aujourd'hui célébré comme le jour de la création de l'Armée populaire de libération.

Nanchang pratique

○ *Comment s'y rendre*

En avion. De Pékin (247 yuans), Canton (44 yuans), Shanghai (104 yuans), Wuhan (62 yuans), Jingdezhen (23 yuans).

En train. Nanchang est relié par train direct avec Pékin, Canton et Hangzhou. (Tableau page 338.)

○ *Hôtels*

Jiangxi binguan. Bayida dao, au carrefour avec la rue Changzhen lu. Tél. 648.61. C'est dans ce bâtiment d'une dizaine d'étages, relativement

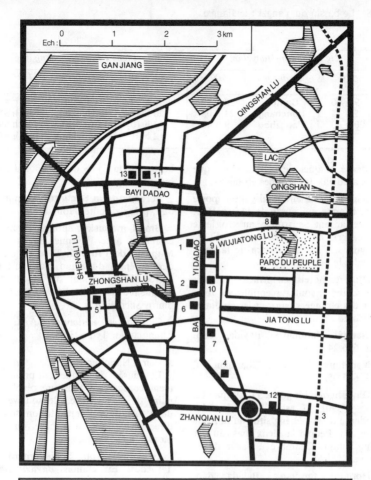

NANCHANG

南 昌

1 Hôtel Jiangxi binguan
江 西 宾 馆

2 Grand magasin
百 货 商 场

3 Gare ferroviaire
火 车 站

4 Gare routière longues distances
长 途 汽 车 站

5 Musée du soulèvement du 1er Août 1927
八 一 起 义 博 物 馆

6 Musée d'histoire de la Révolution
革 命 历 史 展 览 馆

7 Musée archéologique du Jiangxi
江 西 省 博 物 馆

8 Musée des Beaux-Arts et de l'artisanat
美 术 与 手 工 艺 博 物 馆

9 Hall des martyrs de la Révolution
革 命 烈 士 纪 念 堂

10 Palais de la culture
工 人 文 化 宫

11 Sécurité
公 安 局

12 C.A.A.C.
中 国 民 用 航 空 总 局

13 Hôtel Hongdu fandian
洪 都 饭 店

Ligne Canton-Hangzhou			Ligne Pékin-Nanchang		
210	Trains n°	209	145/148	Trains n°	146/147
9 h 00	Canton	20 h 59	0 h 59	Pékin	19 h 40
5 h 34	Nanchang	23 h 08	20 h 44	Hankou	23 h 35
20 h 40	Hangzhou	9 h 40	3 h 10	Changsha	17 h 09
			12 h 31	Nanchang	7 h 47

moderne et quelque peu lugubre, que sont accueillis les groupes étrangers.

Dans le hall d'entrée, il y a une poste et la banque qui ouvre de 11 h à 16 h. Le restaurant se trouve au troisième étage. Prix des chambres : à partir de 50 yuans. Pour s'y rendre de la gare, prendre le bus n° 2.

D'autres hôtels, en principe réservés aux Chinois, sont susceptibles de recevoir des étrangers, surtout les étudiants en Chine :

Jiangxi fandian : Bayida dao. Tél. 636.24.

Nanchang fandian : Zhanqian lu. Tél. 635.95.

Qingshanhu binguan. 11, Wujiao lu. Tél. 64.901. C'est l'hôtel le plus moderne de Nanchang situé au nord du parc du Peuple à deux pas du lac Qingshanhu. Chambre à partir de 60 yuans.

Hongdu fandian : Bayida dao. Tél. 520.20. Lit en dortoir : 10 yuans.

○ *Restaurants*
L'Orient-Rouge (Dongfanghong canting), Shengli lu.

Au Goût Moderne (Shixian lou), Shengli lu. La cuisine de ces deux restaurants est excellente.

○ *Adresses utiles*
China International Travel Service : Changzheng lu. Tél. 625.71. Il y a un bureau de la CITS dans l'hôtel Jiangxi binguan.

Bureaux de la Sécurité : sur Bayida dao, près de l'hôtel Hongdu.

Grand magasin. Zhongshan lu, au carrefour avec l'avenue Bayida dao.
Magasin de l'Amitié. Il se trouve au dernier étage du grand magasin ; une entrée réservée donne sur Bayida dao.
Magasin de porcelaines (Nanchang ciqi dian), Shengli lu.

Compagnie aérienne CAAC, 26, Zhanqian lu. Tél. 623.68.

A voir à Nanchang

Les musées de la ville sont principalement consacrés à l'histoire révolutionnaire de la province : le soulèvement du 1er Août et l'implantation sous la direction de Mao de la base rouge des monts Jinggang shan.

Le musée du Soulèvement du 1er Août. En chinois *Bayichiyijinian guan* sur Zhongshan lu. C'est dans cet hôtel qu'était le quartier général des insurgés. **Zhou Enlai** déclencha l'insurrection à 2 h du matin. On peut visiter sa chambre, l'infirmerie, une salle avec le plan qui donne le déroulement des opérations.

Le musée d'Histoire de la révolution. En chinois *Geminglishizhanlan guan* sur Bayida dao, sur la place du monument du 1er Août. Dans les nombreuses salles sont retracés : l'insurrection du 1er Août ; le soulèvement de la moisson d'automne en septembre 1927 ; le repli dans les monts Jinggang shan ; la mise sur pied d'une armée de libération ; les combats dans les Jinggang shan en 1927-28 ; la réforme agraire dans la base rouge ; la retraite en 1931 des monts Jinggang shan ; puis la longue marche.

Le musée archéologique du Jiangxi. Place du monument du 1er Août. A la fin de la visite, on vous fera essayer un verre à alcool pour gros buveur, et frotter sur les deux poignées d'une bassine : attention il y a un truc !

Le musée des Beaux-Arts et de l'Artisanat. Sur Wujiaotong lu, juste en face du parc du Peuple.

L'université communiste du travail du Jiangxi. Plus de 50 000 étudiants étudient dans une centaine de campus répartis dans la région de Nanchang ; les études y sont associées à la production.

Le jardin des Nuages Bleus. En chinois, *Qingyun Pu* à 11 km au sud de Nanchang. Un petit temple abrite un musée consacré à Zhu Da, encore appelé Ba da shan ren, qui vécu de 1626 à 1705. Ce moine célèbre se retira dans cet endroit à la fin de la dynastie Ming après la victoire des Mandchous ; il produisit de nombreuses peintures dont les photos sont exposées dans le musée.

○ *Promenades*

Quelle déprime ! Avec ses larges avenues, ses bâtiments modernes, Nanchang n'est vraiment pas une belle ville où l'on aime à se promener. Notons cependant quelques axes de promenades :

Les rues commerçantes : Zhongshan lu, Ruijinbei lu. Shengli lu.

Les vieux quartiers. Ils sont compris entre les rues Shengli lu, Yanjiang lu qui longe un bras du fleuve et Zhongshan lu.

Les parcs. Le parc du 1er Août, qui donne sur Changzhen lu. Le parc du Peuple, sur Wujiaotong lu.

JIU JIANG

Cette ville fut de tout temps un port important du Hunan sur la rive droite du Yangzi. En 1862, la ville fut ouverte au commerce étranger. Jiu jiang compte aujourd'hui 300 000 habitants et reste un centre économique de redistribution. A l'Est de la ville un pont enjambe le Yangzi.

Jiu jiang pratique

Comment s'y rendre. Il y a une liaison ferroviaire Nanchang-Jiu jiang. (Voir ci-dessous.)

Comment s'y retrouver. On ne peut pas acheter de carte de la ville mais, pour vous retrouver, sachez qu'il existe quand même un plan situé dans la rue qui longe le Yangzi, devant la gare fluviale. Les grandes rues de Jiu jiang sont : Chaoyang lu qui passe devant le lac Gantang hu et rejoint plus à l'est l'autre grande artère. Dongfang lu. A l'extrémité est de cette dernière se trouve la **gare routière** et à l'extrémité ouest la **gare ferroviaire.**

387	385	97	Trains n°	98	386	388
6 h 22	17 h 45	15 h 17	**Nanchang**	13 h 44	2 h 12	22 h 56
9 h 35	21 h 21	18 h 09	**Jiujiang**	10 h 55	23 h 12	19 h 31

∘ *Hôtels*

Le Nanhu binguan. Tél. 25.26. Situé à 20 minutes à pied du centre ville sur la rue qui longe le lac du Sud, Nanhu. C'est l'hôtel pour les groupes touristiques ; le prix des chambres est compris entre 40 et 60 yuans.

Le Dong Fang binguan ; beaucoup plus central, il se trouve rue Chaoyang lu qui passe devant le lac Gantang hu (en tournant le dos au pavillon Yanshui ting, prendre sur la droite ; l'hôtel se trouve après le premier carrefour, sur le trottoir de gauche). Il faut insister pour avoir un lit en dortoir (5 yuans).

A voir à Jiu jiang

Le pavillon de la Brume et de l'Eau. Ce pavillon, *Yanshui ting*, est situé sur le bord nord du lac Gantang hu et abrite le musée municipal de Jiu jiang. Sa première construction date de l'ère Xining de la dynastie Song (1068-1077). Il fut détruit et reconstruit de nombreuses fois. Le bâtiment actuel date de l'époque Qing et fut bâti par un vieux moine bouddhiste. Le pont qui mène au pavillon date de 1972.

En remontant de l'hôtel vers Dongfang lu, on remarquera la **pagode Dasheng** et le **temple Nengren si** ; tous deux furent reconstruits sous les Qing mais endommagés pendant la Révolution Culturelle. Aujourd'hui il n'y paraît plus rien : miracles du badigeonnage !

Le marché. A ne pas manquer : un marché libre très animé et assez bien approvisionné se tient tous les jours dans la rue qui longe le Yangzi à partir de la gare fluviale. Les paysans du Hubei traversent le Yangzi et viennent y vendre la production de leur lopin de terre.

GULING ET LES MONTS LUSHAN

Entre Jiu jiang et le lac Po yang, à une trentaine de kilomètres au sud de Jiu jiang, Guling est situé au cœur des monts Lushan. Le voyage prend une heure et demie. Après avoir traversé la plaine de Jiu jiang, la route non goudronnée, au bord de laquelle de nombreuses équipes travaillent à casser des cailloux, serpente ensuite dans les monts Lushan. Au cours du trajet des vues saisissantes s'offrent à vous : le Yangzi, le lac Po yang et son embouchure.

Guling est à une altitude de 1 167 m, loin de l'animation qui règne sur les bords du Yangzi.

C'est un centre touristique et une petite ville de repos pour les cadres du régime. Dès 1885, Gulin était un lieu de villégiatures pour les étrangers. Chiang Kaichek et d'autres cadres du Guomindang venaient y travailler et s'y reposer.

Guling pratique

∘ *Comment s'y rendre*

Il existe des liaisons par autocars au départ de Jiu jiang. De Jiu jiang vers Guling : 4 départs de 7 h à 15 h. Les autocars partent de la gare routière de Jiu jiang. En début d'après-midi, avant de s'arrêter à la gare routière, un bus part de la gare ferroviaire à 14 h 30, assurant ainsi la correspondance avec le train qui arrive à 14 h 20 de Nanchang.

De Guling vers Jiu jiang : 4 départs par jour : 7 h, 9 h, 13 h et 15 h. Billet : 1,3 yuan.

∘ *Comment se déplacer*

Guling, est l'endroit idéal pour les promenades reposantes : la ville en elle-même est petite et l'on en a vite fait le tour. Les experts étrangers travaillant en Chine apprécient tout particulièrement la tranquillité de l'endroit.

Si vous voulez faire le tour des environs, il y a deux possibilités : la Lüxingshe mettra à votre disposition un taxi pour une matinée ; cela vous coûtera une vingtaine de yuans.

Un car pour les Chinois part tous les matins à 8 h 30 et fait également le tour des environs en s'arrêtant un quart d'heure à tous les sites intéressants. Le billet coûte 6 yuans et s'achète à une guérite en bois, à côté du plan de la ville qui se trouve devant le parc central Jiexin gongyuan. Le tour dure toute la matinée ; il est conseillé d'acheter son billet une heure à l'avance.

○ *Hôtels*
Lushan binguan : Hexi lu. Tél. 29.32 et 24.97. C'est dans cet hôtel que descendent généralement les groupes de touristes. Chambre double : 40 yuans et lit en dortoir : 10 yuans.

Lulin fandian. 1347, Lulin hu. Tél. 24.24. Proche du lac Lulin ; chambre entre 45 et 70 yuans.

Petit conseil pratique : même en plein été, il est vivement conseillé d'emporter un lainage et un parapluie. Le temps peut changer très vite et la ville se recouvrir d'un épais brouillard. Avant de monter à Guling il est préférable de se renseigner à Jiu jiang sur les conditions météorologiques en altitude.

A voir
La grotte des Immortels. Mao a écrit le 9 septembre 1961 un poème consacré à ce lieu (*Xianren dong*).

Les trois arbres. Des arbres plantés il y a cinq cents ans (*San hao shu*).

Hanpo kou. De ce col, situé au sud-

est de Guling, on a une belle vue sur le lac Po yang.

Le pont Lulinda qiao. Il fut construit en 1954 ; les environs sont très jolis.

JINGDEZHEN
La ville est située dans une région de collines au nord-est du Jiangxi et à l'est du lac Po yang. Ses porcelaines « *fines comme du papier, blanches comme du jade, brillantes comme un miroir et sonores comme un Qin* » ont contribué depuis plus de mille ans à la célébrité de Jingdezhen.

Aujourd'hui l'activité principale de la ville tourne autour de la porcelaine ; sur 300 000 habitants, plus de 80 000 ouvriers travaillent dans des usines de porcelaines et parmi celles-ci quatorze emploient plus d'un millier d'ouvriers chacune.

Selon des documents locaux et les fouilles effectuées dans la région, les débuts de la production de céramique remonteraient à la dynastie Han. Sous les Tang, l'industrie y était très développée. La ville qui s'appelait **Chang nan zhen** prit vraiment son essor sous la dynastie Song. C'est à la suite d'une commande de porcelaines pour la Cour de l'empereur **Jingde** (1004-1007) que fut prise l'habitude d'appeler cette ville Jingdezhen, c'est-à-dire « ville de Jing de ».

A six kilomètres au sud-est de la ville, à **Hu tian**, se trouvent les vestiges d'un four qui fut le premier à cuire de la porcelaine « bleue et blanche » (*Qing hua*) sous la dynastie Yuan.

Jingdezhen pratique
Comment se rendre à Jingdezhen. Il existe une liaison ferroviaire Nanchang-Jingdezhen :

497	n° du train	492
15 h 15	**Nanchang**	10 h 40
6 h 05	**Jingdezhen**	20 h 45

Prix du billet : 8 yuans en première classe, 5,1 yuans en seconde classe.

Liaison par autocar : Jiu jiang - Jingdezhen. Le car part de la gare routière de Jiu jiang à 6 h du matin, passe sur un bac l'embouchure du lac Po yang, puis arrive entre midi et une heure de l'après-midi à Jingdezhen. Prix du billet : 6 yuans. Ce trajet vaut vraiment la peine d'être tenté ne serait-ce que pour le paysage et l'ambiance dans le car.

○ *Hôtels*

Jingdezhen binguan. 60, Fengjing lu. Tél. 49.27. Il est situé à deux pas d'un lac au fond de l'agréable parc Lianhuatang. Chambre de 50 à 80 yuans. Il abrite aussi les bureaux de la Luxingshe.

Jingdezhen fandian. Zhuishan lu. C'est sans nul doute, l'hôtel le plus central et le moins onéreux. Chambre à partir de 20 yuans. Pour s'y rendre de la gare, prendre le bus n° 2.

A voir

Le musée de la Porcelaine de Jingdezhen : *Jingdezhen taocibowu guan.* Il se compose de deux parties : l'une montrant l'évolution du travail de la porcelaine, l'autre consacrée aux réalisations contemporaines. On pourra admirer : des porcelaines monochromes réalisées sous les Tang et les Song, celles d'époque Song étant travaillées au couteau ; des porcelaines polychromes des dynasties Yuan, Ming et Qing.

Les usines de porcelaine. Tout visiteur de passage à Jingdezhen se doit de visiter une usine de fabrication de porcelaine. Les usines généralement visitées sont : l'usine de porcelaines artistiques et l'usine de porcelaines sculptées. Ces visites présentent un double intérêt : tout d'abord technique, en suivant tout le processus de fabrication des porcelaines, ensuite politique par les discussions avec les responsables de ces usines. L'évolution de la demande pour la statue de tel ou tel responsable représente un très bon indicateur de tendance de la vie politique chinoise. Aujourd'hui, à la bourse de la statue en porcelaine, le marché reste ferme : le Bouddha et autres divinités chinoises sont à la hausse ; les bustes politiques perdent par contre quelques points, seul se maintient le buste de Zhou Enlai qui reste une valeur sûre !

L'institut de l'industrie de la céramique mérite également une visite.

Dans un tout autre domaine, on peut visiter une ferme d'État de culture du thé *Jiulongshancha chang.*

LES MONTS JINGGANG SHAN

C'est un haut-lieu du tourisme révolutionnaire dont l'intérêt réside, avant tout, pour le voyageur étranger dans le long trajet en autocar qu'il faut effectuer avant d'y arriver. L'autocar quitte Nanchang à 5 h du matin et le trajet dure 12 heures.

Les monts Jinggang shan sont une zone isolée, couverte de forêts, située au milieu de la chaîne Lo shan, à la lisière du Jiangxi et du Hunan. Le climat y est doux et humide ; la végétation et les cultures poussent bien ; la région reste peu peuplée.

En 1927, après l'échec du soulèvement

de la moisson d'automne au Hunan, Mao Zedong conduisit ses troupes dans les monts Jinggang shan. En avril 1928, les troupes de Zhou Enlai et Zhu De s'y établirent aussi. La base des Jinggang shan devint le prototype d'une longue série de bases révolutionnaires qui s'étendront en Chine du Sud jusqu'en 1934 puis après la Longue Marche en Chine du Nord. Cette base sera le début d'une mise en pratique de la théorie de l'encerclement des villes par les campagnes en s'appuyant sur la lutte armée, l'assise paysanne et la conquête locale du pouvoir.

○ *Hôtel*
Les touristes qui visitent les monts Jinggang shan rayonnent de Ci ping, où est situé l'hôtel **Jinggang binguan**.

A voir
A Ci ping. Le musée de la Révolution : l'ancienne demeure de Mao ; l'an-

cien siège du quartier général du quatrième corps de l'Armée Rouge ; l'ancien siège du Comité de défense de la région frontière Hunan-Jiangxi ; l'ancien siège du service des équipements militaires du quatrième corps de l'Armée Rouge ; l'ancien siège de l'équipe d'instruction des officiers de l'Armée Rouge ; l'ancien siège du service de vente publique.

A Da jing : l'infirmerie.

A Xiao jing : le tombeau à la mémoire des soldats de l'armée rouge.

Huangyang jie : c'est l'une des cinq gorges de la région ; en décembre 1928, s'y déroula une bataille pour briser l'encerclement des troupes du Guomindang.

Le Sud de la Chine

Le Guangxi

Plus du tiers des 32 millions d'habitants que compte le Guangxi appartient à la plus importante minorité vivant en Chine, les **Zhuang** qui occupent 60 % de la superficie de la région. La prise en compte de cette composition ethnique a amené les dirigeants chinois à accorder au Guangxi le statut de *Région autonome de minorité Zhuang*.

Comme pour les autres provinces du Sud-Ouest, la sinisation du Guangxi a été tardive, entre le VIIe et Xe siècle. Le relief difficile et le réseau de communications restreint ont ralenti la pénétration Han et préservé jusqu'à nos jours l'individualité des minorités. Le Xijiang et ses affluents ont constitué au sud-est une voie de pénétration pour les marchands du Guangdong.

Province très pauvre, le Guangxi a connu des troubles tout au long de la première moitié du XIXe siècle. Les tensions entre les différents groupes ethniques — populations allogènes établies avant l'arrivée des Han, premiers colons chinois établis sur les meilleures terres, familles chinoises arrivées tardivement et installées sur les plus mauvaises terres — sont à l'origine du mouvement Taïping. Ce mouvement paysan, nationaliste et moderniste, né vers les années 1840, se transforme en insurrection ouverte en 1850 à Jin tan, pour finalement s'étendre en 1852 au-delà des limites provinciales du Guangxi.

Dans la deuxième moitié du XIXe siècle, les Anglais étendirent leur influence au Guangxi et s'installèrent à Nanning. La province connut de nombreuses famines au début du XXe siècle. Jusqu'en 1949, le Guangxi, dirigé par des potentats militaires locaux, échappa de fait à l'autorité centrale du Guomindang. La province et sa capitale sont occupées par les troupes japonaises. En décembre 1949, les troupes commandées par **Lin Biao** libèrent le Guangxi.

Le Guangxi, région montagneuse dont l'altitude croît d'est en ouest, est une région peu propice à la culture. Les forêts ont été détruites par les cultures sur brûlis et les seules terres fertiles se trouvent dans les quelques plaines alluviales.

Le climat est tropical au Sud, subtropical au Nord. Cependant, il y fait moins chaud qu'au Guangdong. Le Sud-Est du Guangxi est plus favorisé pour l'agriculture et donne deux récoltes de riz par an. La canne à sucre, les oléagineux et les fruits tropicaux sont les principales productions agricoles de cette région.

La région autonome est modérément riche en matières premières mais leur exploitation reste tributaire de la faiblesse des moyens de transport. Le Guangxi a cependant d'importantes réserves de manganèse et d'aluminium. L'industrie légère commence à se développer mais ne contribue que pour 1 % à la production industrielle chinoise.

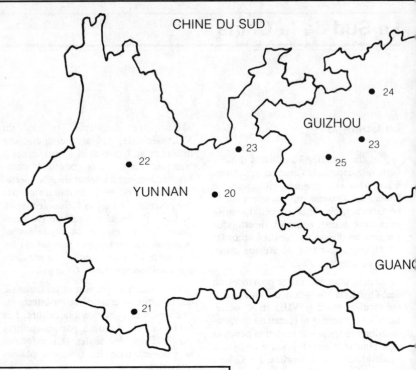

CHINE DU SUD

GUIZHOU

YUN NAN

GUANG

HAINAN
  1 Haikou   GUANGDONG
                      2 Zhanjiang
FUJIAN   3 Maoming
10 Zhangzhou   4 Foshan
11 Xiamen   5 Canton
12 Quanzhou   6 Shenzhen
13 Fuzhou   7 Chaozhou
14 Nanping   8 Shantou
                      9 Shaoguan   GUANGXI
YUNNAN   15 Nanning
20 Kunming   GUIZHOU   16 Beihai
21 Jinghong   23 Guiyang   17 Guilin
22 Dali   24 Zunyi   18 Yangshuo
23 Dongehuan   25 Anshun   19 Linzhou

Les permis

Sont officiellement ouverts au tourisme les villes de Binyang, Guilin, Guiping, Liuzhou, Nanning, Qinzhou, Wuzhou, Wuming, Xing'an, Yulin, et les districts de Longao, Hepu, Lingshan ainsi que les Régions autonomes des nationalités Dong à Sanjiang, Yao à Jinxiu, diverses à Longsheng.

NANNING

Nanning, capitale de la Région autonome du Guangxi, compte 700 000 habitants. Jusqu'au XXe siècle, elle ne fut qu'un centre local de commerce. Aujourd'hui l'industrie légère commence à s'y développer.

La ville est située au Nord de la rivière Yujiang. Elle est assez étendue et ses constructions, récentes, ne dépassent guère trois étages. Les rues sont larges et souvent bordées d'arbres et de palmiers. La ville ne présente pas en elle-même un grand intérêt touristique. Avec son musée provincial et son Institut des minorités nationales, Nanning n'en demeure pas moins le centre culturel de la région.

Nanning pratique

○ *Comment s'y rendre*

En avion. De Pékin (366 yuans), Canton (105 yuans), Guilin (64 yuans), Beihai (46 yuans), Kunming (115 yuans).

En train : Notons simplement l'express qui part de Guilin à 6 h 20 et arrive à 13 h 35 à Nanning.

○ *Hôtels*

Hôtel Yongzhou. Tél. 28.323. C'est l'ancien hôtel de l'Amitié sur Minzhu lu, au carrefour avec Fanxiu lu. Cet hôtel pour les Chinois accueille aussi les étrangers. Un grand bâtiment moderne reçoit ces derniers plus confortablement.

Il y a un restaurant, ainsi que, dans le hall d'entrée du bâtiment pour les étrangers, un réfrigérateur où sont stockées les boissons.

Prix des chambres : 50 yuans par jour avec air conditionné.

Hôtel Min Yuan. Sur Minzhu lu, au carrefour avec Fanxiu lu. Tél. 2892. Il est situé en face de l'hôtel Yongzhou, dans un parc très agréable. Il est composé de plusieurs bâtiments, dont certains plus à l'écart, hébergent de hauts responsables du régime. Dans le bâtiment de trois étages réservé aux étrangers, on trouve une salle de télévision, un comptoir servant de banque, de poste et de bar. Le prix des chambres est le même que pour l'hôtel Yongzhou.

Hôtel Yu jiang. Beaucoup plus central que les deux autres, il se trouve situé en face du pont de Nanning. Il offre tous les services d'un grand hôtel. Le prix des chambres varie autour de 40 yuans ; le lit en dortoir revient à 10 yuans.

○ *Restaurants*

Nanning jiujia. Xinwu lu. Spécialités : les plats de tortue.

Nanhu. Situé dans le parc Nanhu. Spécialités : les plats de poissons.

On trouvera de nombreuses cantines et restaurants populaires dans les rues Fandi lu et Chaoyang lu.

○ *Adresses utiles*

Compagnie aérienne. CAAC, 64, Chaoyang lu. Tél. 233.33 et 242.72.

L'Agence de tourisme. Lüxingshe, Xinming lu. Tél. 20.42. Une agence de la CITS se trouve également à l'hôtel Min Yuan.

Grand magasin du 3 Juillet. Carrefour Fandi lu et Chaoyang lu.

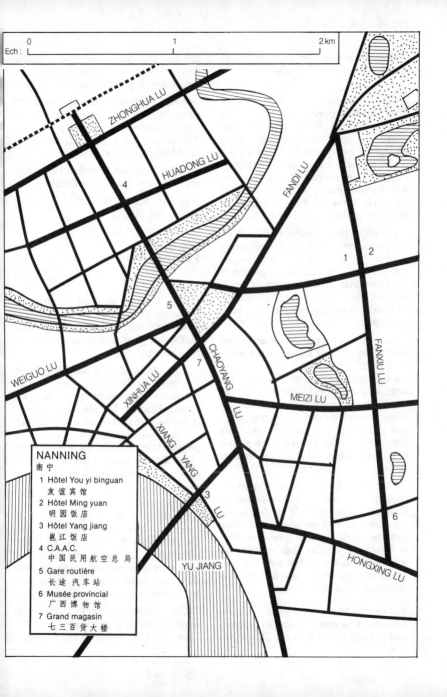

Ech : 0   1   2 km

ZHONGHUA LU

HUADONG LU

FANDI LU

FANXIU LU

WEIGUO LU

XINHUA LU

CHAOYANG LU

MEIZI LU

XIANG YANG LU

YU JIANG

HONGXING LU

NANNING
南宁

1 Hôtel You yi binguan
  友谊宾馆

2 Hôtel Ming yuan
  明园饭店

3 Hôtel Yang jiang
  邕江饭店

4 C.A.A.C.
  中国民用航空总局

5 Gare routière
  长途汽车站

6 Musée provincial
  广西博物馆

7 Grand magasin
  七三百货大楼

Magasin d'artisanat, librairie en langues étrangères, sur Miezi lu.

A voir à Nanning

Le musée provincial. Place Qiyi guangchang. Ce musée est surtout intéressant par ses salles du premier étage, consacrées à la révolte des Taipings. Au rez-de-chaussée sont exposés différents objets anciens trouvés dans la province. Au premier étage, il y a une salle consacrée à une très belle collection de tambours de bronze.

L'Institut des minorités. Fanxiu da dao, sur la ligne de bus n° 4. Cet institut a été créé en 1952, dans le but de former des cadres ainsi que des professeurs pour les minorités. L'institut a été fermé pendant toute la durée de la Révolution Culturelle mais les cours y ont repris maintenant.

Sur les trois cents professeurs, un tiers appartient aux minorités. Le pourcentage de professeurs issus des minorités est supérieur à ceux d'origine Han dans la section de littérature chinoise, mais par contre inférieur dans les sections : histoire du parti, économie politique et philosophie. La visite peut être intéressante ; mais en sortant, on a envie d'en connaître plus sur les minorités et surtout d'en rencontrer !

L'usine textile. L'agence de tourisme organise des visites à l'usine textile du Guangxi. C'est la seule de la région. La visite est intéressante. Cette usine exporte une partie de sa production vers le Japon qui la redistribue ensuite. On aimerait en savoir un tout petit peu plus sur le rôle du Japon dans ses relations commerciales avec la Chine.

○ *Promenades*
L'ancienne ville. Ce quartier est compris entre la rivière et la rue Zhongshan

lu. Les immeubles de style colonial voisinent avec les vieilles maisons chinoises dont le premier étage est en bois.

Rues commerçantes et marchés libres. On en trouvera de nombreux dans le quartier délimité par les rues Xinhua lu, Xiang yang lu, Chaoyang lu et Dongfanghong dadao.

Le parc Renmin. Entrée à l'extrémité nord des rues Fandi lu et Fanxiu lu.

Le parc Nanhu. Yan'an lu, au terminus du bus n° 2.

Excursions à partir de Nanning

Wuming

Situé à 50 km au nord de Nanning. L'agence de tourisme y emmène les groupes touristiques visiter la **commune du Double pont,** commune des minorités Zhuang.

La route empruntée par l'autocar est très belle. Le déjeuner est pris dans les bâtiments administratifs de la commune. Pendant la très longue pause digestive, demandez donc à vos interprètes de vous emmener à pied voir la **pagode Wen jiang** datant de la dynastie Qing. Elle est située à 300 m à pied de l'endroit où vous avez déjeuné.

Yi ling

Sur la route du retour, à 25 km de Nanning, un arrêt est prévu pour visiter les grottes de Yi ling. Les différentes salles sont illuminées de manière à recréer des scènes imaginaires. La visite dure une bonne heure et demie mais n'est intéressante que dix minutes.

Une promenade dans la campagne environnante sera une alternative beaucoup plus enrichissante à cette visite.

Les billets pour Wuming et Yi ling peuvent s'acheter à la gare routière, située Chaoyang lu, non loin de la CAAC.

Guiping

A 250 kilomètres à l'ouest de Nanning, Guiping est situé au confluent des deux fleuves qui vont former la rivière des Perles. Le pôle d'intérêt de cette petite ville est le **monastère Xi Shi An,** haut lieu du bouddhisme en Chine du Sud. Les pavillons de ce monastère en activité s'étendent sur les flancs de la montagne de l'ouest Xi Shan.

GUILIN

Guilin se trouve au Nord-Est du Guangxi, dans une région calcaire dont l'érosion a donné naissance à un relief karstique. Dans la petite plaine de Guilin, entourée de collines élevées, se dressent des pains de sucre aux formes les plus bizarres. De tout temps, la beauté du cadre n'a cessé d'attirer les peintres et les poètes chinois.

Guilin est un centre touristique important pour les Chinois, en particulier pour les jeunes couples fortunés qui viennent y faire leur voyage de noces ; c'est aussi l'étape obligée pour les groupes organisés et les troupeaux de voyageurs individuels. Haut lieu touristique où brillent les devises étrangères, le marché noir, les petits trafics et l'arnaque, Guilin est devenue en quelques années une ville complètement pourrie par le tourisme.

Un peu d'histoire

La fondation de Guilin remonte au IIe siècle avant J.-C. La ville gagna de l'importance avec le creusement du canal Linq qu. Ce canal, toujours utilisé pour l'irrigation, mettait en communica-

tion le Yangzi, au nord, avec le bassin de la rivière des Perles, au Guangdong.

De la dynastie Ming jusqu'en 1914, Guilin fut capitale provinciale du Guangxi. Après avoir été transférée à Nanning, la capitale s'installa encore, de 1936 jusqu'à 1954, à Guilin.

Pendant la guerre sino-japonaise, la ville fut un centre important de résistance et fut partiellement détruite par des bombardements.

Guilin aujourd'hui

L'expansion de Guilin date de la libération. Sa superficie ainsi que sa population ont plus que doublé : la ville compte actuellement environ 350 000 habitants. Le nombre d'usines est passé de 4 en 1949 à 250, contribuant — comme le reconnaissent les responsables — à poser quelques problèmes de pollution dans cet endroit si touristique. Des quartiers insalubres ont été rasés et remplacés par des cités aux immeubles de cinq à six étages.

Parmi les principaux produits fabriqués à Guilin, notons : fertilisants, vêtements, médicaments, pneus, composants électroniques.

Comparativement aux autres villes chinoises, Guilin n'est ni une ville riche, ni une ville pauvre. On y rencontre pourtant encore aujourd'hui des mendiants.

La ville s'étend sur la rive droite de la rivière Li jiang. Elle est traversée au sud par un de ses affluents, le *Tao hua jiang* et bordée à l'ouest par une série de lacs.

La rue Zhongshan lu qui suit grossièrement une direction nord-sud, et la rue Jiefang lu, sont les deux principales artères se coupant perpendiculairement au centre de la ville.

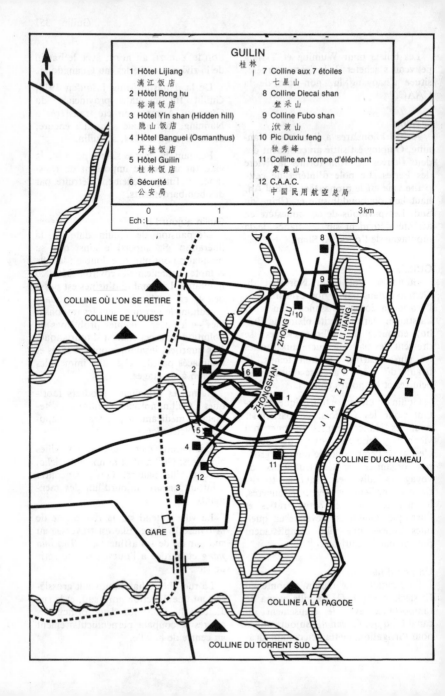

GUILIN
桂林

1 Hôtel Lijiang
   漓江饭店
2 Hôtel Rong hu
   榕湖饭店
3 Hôtel Yin shan (Hidden hill)
   隐山饭店
4 Hôtel Banguei (Osmanthus)
   丹桂饭店
5 Hôtel Guilin
   桂林饭店
6 Sécurité
   公安局

7 Colline aux 7 étoiles
   七星山
8 Colline Diecai shan
   叠采山
9 Colline Fubo shan
   伏波山
10 Pic Duxiu feng
   独秀峰
11 Colline en trompe d'éléphant
   象鼻山
12 C.A.A.C.
   中国民用航空总局

Ech : 0   1   2   3 km

COLLINE OÙ L'ON SE RETIRE

COLLINE DE L'OUEST

ZHONG LU

LIJIANG

ZHONGSHAN

JIA ZHOU

COLLINE DU CHAMEAU

GARE

COLLINE A LA PAGODE

COLLINE DU TORRENT SUD

Guilin pratique

○ *Comment s'y rendre*

En avion. De Canton (99 yuans), Pékin (327 yuans), Chengdu (195 yuans), Chongqing (136 yuans), Guiyang (74 yuans), Hangzhou (207 yuans), Kunming (154 yuans), Nanjing (235 yuans), Nanning (64 yuans), Shanghai (235 yuans), Xiamen (196 yuans), Xi'an (203 yuans).

En train. *De Canton*, il n'y a pas de liaison directe ; un changement est nécessaire à Hengyang. L'aller prend au minimum une journée et demie dont 5 h d'attente à Hengyang. Le prix en première classe est plus élevé que celui de l'avion, environ 80 yuans. *De Shanghai*, Kunming, Pékin et Nanning : un train express quotidien au départ de chacune de ces villes. Il faut signaler que monter dans les trains n°s 79 et 80 qui assurent la liaison Shanghai-Kunming est une véritable gageure, ceux-ci étant généralement pleins à craquer !

Durée du trajet au départ de Shanghai : 29 h ; Liuzhou : 3 h 30 ; Guiyang : 17 h 30 ; Kunming : 32 h ; Pékin : 31 h 30 ; Nanning : 7 h 30.

Voir les horaires ci-dessous.

79	Trains n°	80	5	Trains n°	6
17 h 08 (1 jour)	**Shanghai**	8 h 22 (1 jour)	23 h 05 (1 jour)	**Pékin**	10 h 32 (1 jour)
21 h 44	**Guilin**	4 h 09	6 h 19	**Guilin**	2 h 27
0 h 26	**Liuzhou**	1 h 15	9 h 02	**Liuzhou**	23 h 21
15 h 24 (1 jour)	**Guiyang**	10 h 18 (1 jour)	13 h 35	**Nanning**	19 h 03
6 h 50	**Kunming**	20 h 20			

○ *Hôtels*

Hôtel Lijiang. Tél. 28.81. C'est un grand bâtiment, terminé en 1976, qui domine la ville de ses vingt étages. Son intérêt réside évidemment dans sa terrasse d'où l'on a une très belle vue sur Guilin et ses environs. Un bar y est ouvert en permanence jusqu'à minuit. Au rez-de-chaussée de l'hôtel, on trouvera les services suivants : poste, banque, magasin d'artisanat et d'alimentation, ainsi que les restaurants. La cuisine y est très moyenne. Les chambres sont équipées de lits durs, sans matelas.

Prix de la chambre : de 90 à 160 yuans.

Hôtel Rong hu. Tél. 31.50. Plus petit que le précédent. Les bâtiments de quatre étages sont dispersés dans un parc agréable. L'hôtel est aussi très bien situé devant le lac Rong hu. Les prix des chambres et les services offerts sont les mêmes que pour l'hôtel Lijiang ; la cuisine est par contre meilleure !

Hôtel Yin shan fandian (Hidden Hill Hotel) ; 97, Zhongshan nan lu. En sortant de la gare, à 300 mètres à gauche sur l'avenue Zhongshan nan lu qui passe devant la gare. Très fréquenté par des Chinois d'outre-mer. Chambre double : entre 80 et 100 yuans ; lit en dortoirs : 7 yuans la nuit. Les bureaux du CYTS sont abrités dans les baraquements situés dans la cour de derrière.

Hôtel Bangui fandian (Osmanthus Hotel). 451, Zhongshan nan lu. Tél. 22.61. Toujours sur Zhongshan nan lu, à 20 minutes à pied de la gare ; cet hôtel se trouve à gauche avant le premier pont qui enjambe la rivière Tao hua jiang. Chambre double entre 50 et 90 yuans ; lit en dortoir, 7 yuans. C'est le parfait exemple de la rentabilisation de l'espace (et du souci de faire de l'argent facilement) dans un hôtel avec des lits pour les voyageurs individuels disposés au bout des couloirs !

Hôtel Guilin fandian. Sur le même trottoir que l'hôtel Osmanthus mais de l'autre côté du pont en se dirigeant vers le centre ville ; cet hôtel accueille principalement des Chinois d'outre-mer.

Hôtel Rongcheng. Tél. 23.11. A 4 km du centre, au-delà du pont. Un hôtel immense, essentiellement fréquenté par les groupes, assez joliment conçu à la chinoise, autour d'un jardin dans lequel on trouvera un café et une piscine. On se perd dans les couloirs pour trouver les restaurants, mais la cuisine est assez réussie. Chambre à 100-120 yuans. Le bureau d'accueil propose des locations de bicyclettes à 3 yuans de l'heure ! A éviter, à moins que vous ne soyez très doué pour le marchandage.

○ *Adresses utiles*

Compagnie aérienne. La CAAC 144, Zhongshanzhong lu. Tél. 30.63.

China International Travel Service : hôtel Ronghu, 14, Ronghu bei lu. Tél. 38.70 et 36.28.

China Youth Travel Service : hôtel Yin shan fandian, 97, Zhongshan nan lu. Tél. 23.36.

Bureau de la Sécurité : San duo lu. Tél. 32.02.

Location de vélos : Guilin et ses environs, un paradis pour pédaler ? Oui, les nombreuses échoppes louant des vélos ont fleuri ces dernières années sur Zhong shan lu ; à signaler également

la possibilité de louer des bicyclettes à l'hôtel Osmanthus (2 yuans de l'heure).

« La La Café » : 102, Zhongshan nan lu. Le rendez-vous des routards qui laissent aller leur instinct grégaire : on y retrouve la même ambiance qu'au « Pudding Shop » d'Istanbul ou au « Thai song greet » de Bangkok ; supportable 5 minutes ! A part ça, le café est bon.

A voir à Guilin

Les visites des différents sites de Guilin constituent d'agréables promenades à travers la ville et sa banlieue, et ne nécessitent pas la présence d'un accompagnateur : excepté pour certaines collines beaucoup plus éloignées, la distance séparant ces sites du centre ville n'est pas grande. Les différents points d'intérêt peuvent être regroupés suivant les quatre directions cardinales : chaque groupe se trouve à moins d'une heure de marche à pied des hôtels et demande moins d'une demi-journée pour être visité.

○ *Au nord de la ville*

L'école normale de Guilin. Elle occupe l'ancienne résidence d'un neveu de Zhu Yuanzhang, le fondateur de la dynastie Ming. On peut encore voir l'emplacement de l'enceinte de cette résidence dont l'une des portes bien conservée donne sur la rue Jiefang lu. **Le pic Duxiu feng** se dresse dans la partie nord de l'enceinte.

La colline Fubo shan. Située sur le bord de la rivière Lijiang, elle se dresse au milieu d'un joli parc. A son sommet, on a une très belle vue sur la ville et le pic Duxiu feng. Dans la partie nord-est du parc, on remarque la terrasse ainsi qu'une cloche en bronze de l'ancien temple Qingdingyue si. Sous la colline,

serpente la **grotte de la Perle Rendue**
— *Huanzhudong* — qui débouche sur
la rivière.

La colline des Couleurs Accumulées. Cette colline, *Diecai shan*, se
trouve un peu plus au nord sur le bord
de la rivière. Elle est percée de la **grotte
Ventée** — *Feng dong* — dont les parois
sont recouvertes d'inscriptions. De
l'autre côté de la rue Zhongshan lu, se
dresse la **colline des Trésors Accumulés** — *Baoji shan*.

○ *A l'est de la ville*
En traversant vers l'est le grand pont
de la libération — *Jiefang qiao* — puis
l'île Zijia zhou, on arrive au **Vieux
Pont**, *Hua qiao*. Ce pont en pierre date
de la dynastie Song (1540). Il donne
accès à un grand parc dans lequel se
dressent la **colline aux Sept Étoiles**,
Qixing yan et **la colline du Chameau**,
Jiuhu yan.

○ *A l'ouest de la ville*
Deux collines s'élèvent non loin de la
voie ferrée : la **colline où l'on se retire**,
Yin shan, qui comporte de nombreuses
grottes et au pied de laquelle se trouve
le temple Huagai an qui ne peut être
visité. La promenade sur cette colline
est vraiment très agréable. A faire la
matinée.

Et **la colline de l'Ouest**, *Xi shan*.

○ *Au sud de la ville*
La colline en Trompe d'éléphant.
Cette colline, *Xiangbi shan*, se dresse
au sud de l'hôtel Lijiang, de l'autre côté
de la petite rivière, *Tao hua jiang*. A
son sommet, on aperçoit la pagode
Puxian ta.

En continuant plus au sud la rue
Zhongshan lu, pendant trois quarts
d'heure, on arrive à la **colline du Torrent du Sud**, *Nanxi shan*, d'où l'on a

une belle vue sur la ville et la partie
aval du fleuve. La promenade à pied
jusqu'à cette colline n'est pas très jolie,
on longe en effet de nombreuses cités
ouvrières le long de Zhongshan lu.

Toujours au sud, au même niveau,
mais sur l'île, on voit la **colline à la
Pagode**, *Ta shan*, et sur la rive gauche
de la Lijiang, la **colline Percée**, *Chuan
shan*.

○ *A l'extérieur de la ville*
La grotte des Flûtes de Roseau. Les
spéléologues pourront s'en donner à
cœur joie à Guilin. Le relief karstique
est à l'origine de nombreuses grottes
souterraines, mais la plus impressionnante est sans doute Ludi yan, la grotte
des Flûtes de Roseau. Elle fait deux
cents mètres de long et offre toutes
sortes de spectacles étranges, mis en
valeur, si l'on peut dire, par des éclairages colorés. La partie centrale de la
grotte a les dimensions d'une cathédrale
et peut facilement recevoir un millier de
personnes à la fois, ce qu'elle fit pendant
les alertes aériennes durant la guerre
sino-japonaise. La grotte se trouve au
nord-ouest de la ville, dans la campagne.
On peut s'y rendre par le bus n° 3 ou
le bus n° 13. C'est aussi une agréable
promenade à vélo ; seule la dernière
partie du trajet est en montée.

La rivière Lijiang. Une belle et
agréable excursion de Guilin est la descente de la rivière Lijiang, jusqu'à Yangshuo. La balade en bateau sur 80 kilomètres dure environ cinq heures et
pourra paraître à certains un peu longue
et ennuyeuse sur sa fin. Dans sa portion
la plus intéressante, la rivière se fraie
un passage entre les pains de sucre
karstiques ; on aura aussi tout le loisir
de prendre en photo les nombreux
pêcheurs au cormoran qui longent les
berges, accroupis sur de petits radeaux

faits de 5 ou 6 tuyaux de bambou assemblés.

Pour descendre la rivière Lijiang trois possibilités existent ; la première, la plus problématique mais avec un peu de chance... : prendre seul le bateau pour les Chinois qui part à 6 h 30 et dont le billet coûte 3,5 yuans ; la deuxième : prendre seul l'un des multiples bateaux à touristes qui partent régulièrement de l'embarcadère ; ça vous coûtera 35 yuans. La dernière, enfin, passer par l'intermédiaire de la CITS : c'est évidemment la plus onéreuse ! On vous emmènera en bus jusqu'à Yangti, vous y prendrez le bateau jusqu'à Yangshuo ; vous serez ramené à Guilin en bus.

Yangshuo. Terminus de la promenade sur la rivière Li, **Yangshuo** est un bourg peu étendu qui ne recèle pas véritablement de point d'intérêt touristique propre. Les touristes en groupe ne s'y attardent guère : après avoir débarqué, ils s'égaient dans les nombreuses échoppes situées au-dessus de l'embarcadère puis regagnent leur car. Tourisme oblige..., les prix des objets proposés aux étrangers de passage sont calculés au plus haut, indexés sur le cours au marché noir du yuan FEC. Le voyageur individuel, quant à lui, pourra y faire une halte et passer la nuit pour tirer profit le lendemain de la campagne environnante qui mérite absolument d'être découverte à vélo.

L'hôtel de Yangshuo est convenable et propose des lits en dortoir entre 5 et 10 yuans ; devant l'hôtel, on trouvera un stand de location de bicyclettes. Sur la rue principale, le développement du tourisme individuel a engendré la transformation de quelques gargotes privées servant des nouilles en « coffee-shop » comme au n° 53, le « Lotus Flower Café ».

Le retour sur Guilin peut s'effectuer soit par la route, soit par la rivière. La première solution prend deux heures de temps et ne coûte que quelques yuans ; le billet s'achète à la gare routière. On peut également négocier une place avec le chauffeur (puis l'interprète, puis l'accompagnateur) d'un des nombreux cars touristiques qui stationnent sur le parking à proximité de l'embarcadère. Par la rivière, le billet de retour coûte 18 yuans FEC ; ce prix est négociable à la baisse avec l'équipage des bateaux qui retournent pratiquement à vide sur Yangti. Il vous faudra prévoir de passer la nuit dans ce dernier bourg puis de prendre le lendemain un bus jusqu'à Guilin.

WUZHOU

Centre important de communications fluviales au confluent des rivières Xi jiang et Gui jiang, Wuzhou est, si l'on peut dire, la porte du Guangxi sur Canton. Les Anglais s'y installèrent à la fin du XIXe siècle et en firent une ville de concessions.

Pour le touriste qui remonte la rivière des Perles, Wuzhou est aujourd'hui l'étape obligée pour obliquer ensuite vers Guilin et Yangshuo.

Pour se rendre ou quitter Wuzhou

On se reportera à la rubrique consacrée à la remontée de la rivière des Perles.

Ajoutons que de nombreux bateaux descendent la Xi jiang jusqu'à Canton et qu'un ferry assure la liaison Wuzhou-Hong Kong (départ de Wuzhou à 7 h 30 les mardi, jeudi, samedi et dimanche ; arrivée à Hong Kong le jour même à 16 h 30 ; prix du billet : 56 yuans FEC) ; les billets s'achètent aux bureaux de la gare fluviale. En ce qui concerne

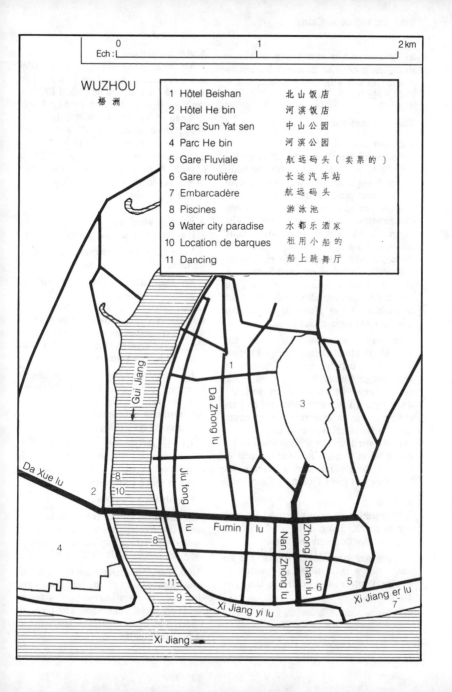

WUZHOU
梧州

1	Hôtel Beishan	北山饭店
2	Hôtel He bin	河滨饭店
3	Parc Sun Yat sen	中山公园
4	Parc He bin	河滨公园
5	Gare Fluviale	航运码头〔卖票的〕
6	Gare routière	长途汽车站
7	Embarcadère	航远码头
8	Piscines	游泳池
9	Water city paradise	水都乐酒家
10	Location de barques	租用小船的
11	Dancing	船上跳舞厅

Gui Jiang

Da Zhong lu

Jiu fong lu

Fumin lu

Nan Zhong lu

Zhong Shan lu

Da Xue lu

Xi Jiang yi lu

Xi Jiang er lu

Xi Jiang

les liaisons en bus pour Guilin et Yang-shuo, on pourra se procurer les billets à Wushou soit à la gare routière, soit à l'hôtel He Bin.

Wuzhou pratique

○ *Hôtels*

Beishan fandian, Da zhong lu. Tél. 22.41 et 21.51. La partie centrale de cet hôtel a été rénovée dans le style papier peint plastifié bleu qui a du mal à accrocher aux murs ! On y trouvera des chambres doubles avec air conditionné à 54, 40 et 36 yuans ; sans air conditionné, 24 yuans. Dans l'aile droite, la plus ancienne : lit en dortoir à 10 yuans. L'hôtel est situé à 30 mn à pied de l'embarcadère ou de la gare routière ; sinon prendre sur Zhong shan lu les bus n°s 1 et 5 qui longent la rive gauche de la rivière Gui jiang.

He Bin fandian, Da xue lu. Tél. 24.10. Hôtel vieillot un peu à l'écart de l'activité urbaine mais qui domine la Gui jiang. Chambre double sans air conditionné : 18 yuans ; lit en dortoir : 4 et 7 yuans. Pour s'y rendre de l'embarcadère ou de la gare routière, comptez une bonne demi-heure à pied ; sinon prendre sur l'avenue Zhong shan lu les bus n°s 8 et 3 qui s'arrêtent devant. A l'entrée de l'hôtel sont en vente les billets de bus pour Guilin et Yangshuo.

○ *Taxis*

Une station de taxis se trouve à droite sur la rue Xi jiang er lu, tout en haut des marches de l'embarcadère.

Pour une promenade touristique en ville, des « taxis-mulets » stationnent devant l'entrée de l'hôtel He Bin, rue Da xue lu.

A voir à Wuzhou

Au menu touristique, peu de sites très emballants ; signalons le **parc Sun Yatsen** à 5 mn à pied de l'hôtel Beishan fandian, le **parc He Bin** (« Aux bords de l'eau ») en face de l'hôtel du même nom ; mais aussi l'**île Xi long zhou** — sur la Xi jiang à 3,5 km en aval — avec son pavillon et sa plage ; enfin, la **pagode Mian ping shan chong chen ta** qui se dresse en face de la ville sur la rive droite du Xi jiang.

A sentir à Wuzhou
L'ambiance commerçante

Voici les principales rues commerçantes de la ville avec ses marchés libres :

En haut de l'embarcadère, sur les avenues *Xi jiang yi lu* et *Xi jiang er lu* : c'est l'animation garantie des arrivées et départs de bateaux... Ayez soin de conserver un œil rivé sur le sol : Paris a ses crottes chien mais Wuzhou a ses pelures de pastèques !

La rue *Nan zhong lu*, à deux pas de la grande place centrale de Wuzhou ; très sympa... on y trouvera surtout des produits alimentaires, légumes et animaux divers.

La rue *Jiu fang lu* qui passe sous le grand pont de Wuzhou (*Wuzhou da qiao*) : son activité tourne autour des tissus et de l'habillement.

L'ambiance fluviale

Wuzhou est un carrefour fluvial assez important ; c'est toute une ambiance dont on pourra s'imprégner, surtout le long des berges de la rivière Gui jiang.

Le plongeon : pour quelques maos, vous pourrez piquer une tête dans l'eau de l'une des deux piscines flottantes de Wuzhou ; celle amarrée au pied de l'hôtel He Bin est la plus spacieuse et la plus fréquentée.

Le coup de rame : sur la rive droite, entre la piscine et le pont, se tient un ponton de location de barques. Attention, le courant étant assez fort, tâchez de ne pas vous laisser entraîner sous le pont avec la barque. Après avoir traversé la rivière, vous pourrez évoluer le long des nombreuses péniches qui stationnent rive gauche, observer la vie de ces bateliers à l'arrière de leur bateau, et à l'occasion vous faire entourer (et asperger !) par les nombreux gosses qui viendront nager autour de votre barque... Les passionnés de construction navale s'en donneront à cœur joie à détailler au raz de l'eau les différents types de coques (en bois, en béton) et d'assemblages (en particulier pour les gouvernails).

Ceux qui préfèrent le pédalo pourront en louer à la piscine amarrée rive gauche en aval du pont.

Le petit creux : après tous ces efforts, vous pourrez passer à table au **Water City Paradise** (*Shui dan le jiu jia*), le grand restaurant flottant de Wuzhou ; la cuisine y est très correcte et un bon repas y revient à 10 yuans ; extinction des fourneaux vers 19 h 30.

Rouler jeunesse : pour clôturer la soirée, le « Dancing » flottant, amarré à 300 m en aval du **Water City Paradise** vous attend : musique disco, sodas, glaces à l'eau, orchestre et jeunesse chinoise désœuvrée... Un pincement au cœur aussi, en se frayant un chemin à travers tous les badauds qui attendent intrigués devant l'entrée du dancing !

LIUZHOU

Comme presque toutes les villes chinoises, Liuzhou a une histoire très riche de plus de 2 000 ans ! Nous retiendrons seulement ici qu'elle fut longtemps une ville de bannissement où étaient relégués les mandarins indésirables à la Cour. L'un d'eux devenu très célèbre, Liu Zong yuan, lui a d'ailleurs donné son nom. Liuzhou s'étend au milieu d'un paysage karstique dans une boucle de la rivière Liu jiang ; elle est située dans une région peuplée par l'ethnie Zhuang et compte un demi-million d'habitants. La ville est assez laide, en particulier autour de la place du Peuple, Renmin guang chang, ceinturée par des bâtiments modernes ressemblant tous à des hôpitaux. C'est, en un mot, un nœud ferroviaire important de la province du Guangxi.

○ *Hôtel*

Liuzhou Binguan : I, You yi lu. Tél. 249.21. Chambre double avec air conditionné : 36 yuans ; dortoir à 3 lits sans air conditionné : 27 yuans. C'est l'hôtel obligé pour les étrangers ! Une salle à manger leur est d'ailleurs réservée ; le prix fixe du repas est de 9 yuans (vu le rapport qualité/prix, il est préférable de manger à l'extérieur). L'hôtel est situé dans un parc parsemé de nombreux bâtiments fréquentés par des cadres en vacances. L'agence de tourisme (CITS) a ses bureaux dans le seul pavillon en brique rouge. Ce parc donne sur les berges de la rivière d'où l'on a une vue agréable sur la région.

Pour se rendre à l'hôtel de la gare centrale : prendre le bus n° 2 et descendre au 6e arrêt ; de l'embarcadère, le plus pratique est de prendre un taxi à trois roues.

A voir à Liuzhou

Le parc Liu hou gong yuan. Dans ce parc est érigée la tombe du grand poète chinois Liu Zongyuan qui vécut sous les Tang. Mandarin envoyé en exil dans la ville, Liu Zongyuan est très apprécié des Chinois pour ses poèmes

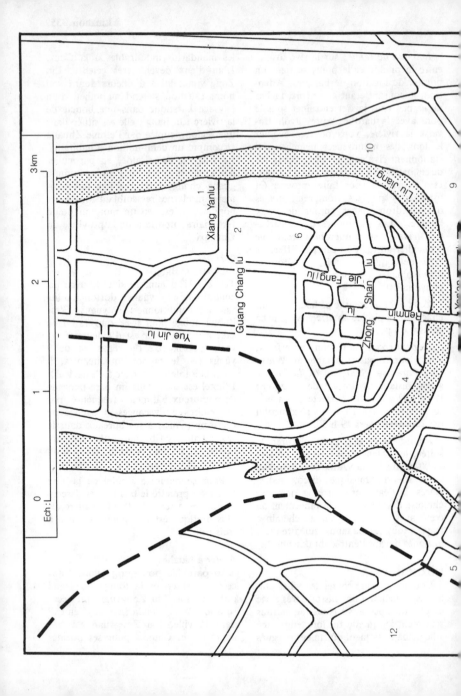

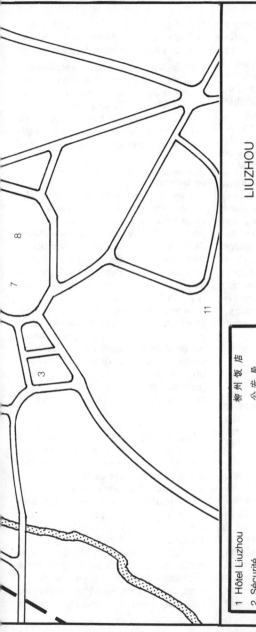

LIUZHOU
柳州

1 Hôtel Liuzhou	柳州饭店
2 Sécurité	公安局
3 Gare routière longues distances	长途汽车站
4 Embarcadère	航远码头
5 Gare Ferroviaire principale	火车站
6 Parc Liu hou	柳侯公园
7 Colline du poisson	鱼峰山
8 Colline du Fouet	马鞍山
9 Colline de la grue	驾鹤山
10 Colline de la pagode aux lanternes	灯塔山
11 Colline de la fosse du grand dragon	龙潭公园
12 Colline de l'oie	鹅山

qui décrivaient à l'époque les conditions de vie du peuple. Les sinologues apprécieront tout particulièrement dans ce parc la stèle gravée de « l'Aubergine » — *Qie zi* — dont le texte à la mémoire de Liu est d'un autre poète célèbre Han Yu (1217 après J.-C.) et la calligraphie d'un calligraphe non moins célèbre, Su dong po. Les non-initiés apprécieront tout bonnement la promenade dans le parc et dans le petit jardin d'acclimatation qui le jouxte dans sa partie nord.

La colline du Poisson, *Yu feng shan.* Haute de 90 m, elle s'élève à proximité de la colline du Fouet — *Ma bian shan* — dans un parc transformé en jardin botanique. Sous la colline du Poisson, on peut visiter 7 grottes reliées les unes aux autres et qui recèlent des statues sculptées sous les dynasties Yuan, Ming et Qing. Cette colline est aussi pour les Chinois un endroit mythique : Liu Sanjie, une chanteuse Zhuang, héroïne mythique de la région, s'y serait envolée vers les cieux.

Les promenades à Liuzhou

Les rues commerçantes et marchés libres. Dans la partie Nord de la ville, une seule rue mérite véritablement le détour : la rue Guang chang lu ; elle est très animée le matin car s'y tient tous les jours un marché libre aux légumes.

Rive droite, après avoir passé le pont, prendre la première et deuxième rue sur la gauche : la rue Yan'an lu, la première, borde la rivière et mène au pied de la colline de la Grue, *Jia he shan* ; on y trouve un marché aux vêtements et divers articles ménagers. La seconde, la rue Qian jin lu, qui n'est d'ailleurs pas mentionnée sur les plans schématiques de la ville, est très pittoresque et mérite absolument la visite ; elle est bordée par de très nombreuses quincailleries et petites gargotes et donne sur un marché (couvert) aux viandes et légumes.

Pour une promenade récréative : vous pourrez longer, à partir du pont, la rive droite dans le sens du courant. De nombreux cafés sont installés sur la berge : l'occasion de faire une partie de billard avec les jeunes du coin mais aussi de contempler la ville et le fleuve.

Remonter la rivière des Perles en bateau

C'est l'appareillage de Canton. Le bateau doit bien faire une soixantaine de mètres de long ; chacun des trois ponts est équipé sur bâbord et tribord de deux rangées superposées de lits en bois. Sur la plage avant, des ballots à ne plus savoir qu'en faire ; des peaux de lézards sèchent sur une bite d'amarrage. A l'arrière : les cuisines et les toilettes. Tout en haut, sur le pont supérieur : les cabines de l'équipage, le poste de pilotage et un impressionnant tas de bois qui servira pour les fourneaux. L'eau du fleuve est marron, presque chocolat ; le bateau peine à remonter le courant malgré ses deux moteurs de 200 chevaux. A partir de Wuzhou, il faut d'ailleurs changer de bâtiment, pour un plus petit d'une même puissance de moteur. Autour de ma couche, c'est la promiscuité ; on s'installe. Les cartes à jouer sortent des poches, les pastèques des filets à provisions. C'est parti pour trois jours de navigation, trois jours de paysages calmes et reposants, parfois grandioses avec des collines karstiques entre Wuzhou et Liuzhou ; trois jours de brouhaha à l'intérieur, de discussions parfois animées entre les Chinois, entre l'équipage et les resquilleurs à chaque arrêt. Inoubliable, vous l'avez compris : remonter la rivière des Perles est à faire, principalement entre Wuzhou et Liuzhou, pour l'ambiance qui règne sur le bateau, pour la découverte de la Chine par le fleuve. L'ambiance batelière est, à cet égard, fort captivante à Wuzhou. Que dire de plus !

Un petit conseil pratique, peut-être : sur le bateau qui assure la liaison Wuzhou-Liuzhou, vous ne trouverez pas de boissons à acheter ; tout juste un grand bidon thermos rempli d'une eau chaude qui a la même couleur que celle du fleuve ! Ceux qui risquent d'y être sensibles (l'eau est potable, je peux le garantir) auront soin de se munir avant le départ d'une gourde bien remplie ou de quelques pastèques pour étancher la soif.

Le trajet Canton-Wuzhou dure 20 h environ et coûte 8 yuans ; le trajet Wuzhou-Liuzhou dure 36 heures environ et coûte 9,5 yuans.

Horaires du bateau Canton-Wuzhou : de Canton, 3 départs quotidiens à 8 h,

12 h et 16 h ; le bateau arrive à Wuzhou le lendemain respectivement à 4 h, 8 h et 12 h.

Horaire du bateau Wuzhou-Liuzhou : de Wuzhou, un seul départ à 18 h tous les jours sauf vendredi et samedi ; arrivée à Liuzhou le surlendemain à 4 h 30.

Les correspondances en bus entre Wuzhou, Guilin et Yangshuo : ceux qui ne souhaitent pas poursuivre le périple vers Liuzhou mais bifurquer vers Guilin ou Yangshuo peuvent emprunter le bus à partir de Wuzhou. Les billets de bus sont proposés et vendus sur le bateau. Le trajet de 387 km entre Wuzhou et Guilin coûte 11,2 yuans : départ du bus tous les jours à 7 h, arrivée à 16 h 30. Le trajet de 323 km entre Wuzhou et Yangshuo coûte 9,4 yuans : départ du bus tous les jours à 7 h, arrivée à 14 h 30.

Le Fujian

Province côtière du Sud, le Fujian est bordé par le Zhejiang au nord-est, le Guangdong au sud-ouest et le Jiangxi à l'ouest ; elle compte environ 25 millions d'habitants pour une superficie équivalant au quart de la France (123 000 km²). Le climat y est tropical avec d'abondantes chutes de pluie et les régions côtières sont soumises à de violents typhons. Le relief du Fujian, essentiellement montagneux, est constitué par des chaînes orientées nord-est/sud-ouest dont l'altitude ne dépasse guère 1 500 m ; les plaines peu étendues sont localisées en bordure des côtes. Conséquence du relief, les fleuves qui arrosent la province ne sont pas très longs mais ont, par contre, un débit très élevé ; le débit du Min jiang, le fleuve le plus important du Fujian avec 500 km de long, est 13 fois supérieur à celui du Fleuve Jaune ! Le relief et la faiblesse des moyens de communication ont longtemps favorisé la marginalisation de cette province par rapport au reste du pays permettant l'épanouissement d'un dialecte local ou bien l'affirmation d'une résistance politique face aux Mongols au XIIIe siècle, face aux Mandchous au XVIIe. Avec ses côtes découpées, ses îles et ses nombreux ports, le Fujian est resté longtemps tourné vers la mer et les conditions de vie difficiles en ont fait un important foyer d'émigration par le passé. Depuis 1949, la construction des lignes ferroviaires reliant **Xiamen** et **Fuzhou** à **Nanchang** et **Shanghai** a contribué à désenclaver la province. Le Fujian s'autosuffit actuellement avec sa production agricole consistant en riz, patate douce, maïs, thé, fruits tropicaux et canne à sucre. Les activités industrielles s'y sont développées ; les plus importantes restent axées sur la pêche et la transformation du bois — cette province étant, comparativement aux autres, encore relativement boisée.

Les permis

La province du Fujian ne s'est ouverte que tardivement au tourisme. Les villes touristiques sont essentiellement des villes côtières : Fuzhou, Quanzhou, Putian et Xiamen. A l'intérieur de la province, également ouverts sans permis : le district de Chong'an, Zhangzhou, et les monts Wuyi.

FUZHOU

Fuzhou, la capitale provinciale du Fujian, est située à l'embouchure de la rivière Min jiang, sur la rive gauche ; c'est aujourd'hui un centre politique, culturel et économique important et sa population s'élève à 1,6 million d'habitants. La ville s'étend à l'intérieur d'un triangle dont les trois coins s'appuient sur les collines **Ping shan, Wu shan** et **Yu shan**. Les banians qui poussent un peu partout dans l'agglomération, lui ont valu le nom de « ville des banians ».

Les premiers vestiges remontent au IIe siècle avant J.-C. et témoignent d'une ville qui aurait été construite par le seigneur Wu Zhu régnant alors sur le Fujian et le Zhejiang. A l'époque Song, Fuzhou résista longtemps sous la bannière du héros **Wen Tianxiang** à l'invasion mongole. Sous la dynastie Ming, la ville connaît un essor commercial important. Après la première guerre de l'Opium et la signature du traité de Nankin en 1842, Fuzhou est ouvert aux concessions étrangères. Au cours de la guerre franco-chinoise de l'été 1884, les Français s'illustreront en bombardant la ville et en coulant la flotte moderne

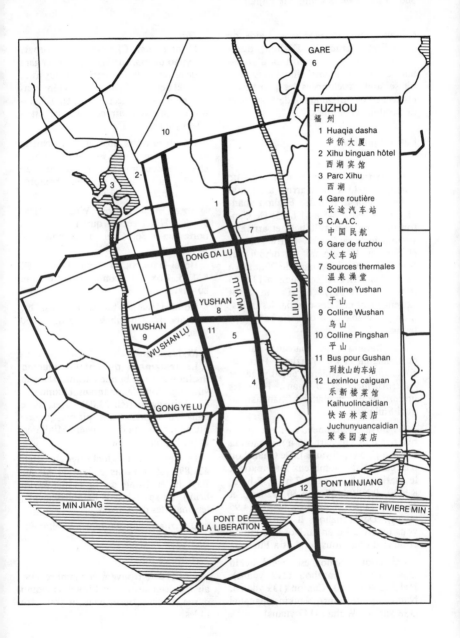

GARE
6

FUZHOU
福州
1 Huaqia dasha
 华侨大厦
2 Xihu binguan hôtel
 西湖宾馆
3 Parc Xihu
 西湖
4 Gare routière
 长途汽车站
5 C.A.A.C.
 中国民航
6 Gare de fuzhou
 火车站
7 Sources thermales
 温泉澡堂
8 Colline Yushan
 于山
9 Colline Wushan
 乌山
10 Colline Pingshan
 平山
11 Bus pour Gushan
 到鼓山的车站
12 Lexinlou caiguan
 乐新楼菜馆
 Kaihuolincaidian
 快活林菜店
 Juchunyuancaidian
 聚春园菜店

DONG DA LU

WU YI LU

YUSHAN
8

LIU YI LU

WUSHAN
9

WU SHAN LU

11

5

4

GONG YE LU

12 PONT MINJIANG

MIN JIANG

RIVIERE MIN

PONT DE
LA LIBERATION

chinoise mise sur pied avec l'aide de conseillers... français. Fuzhou, traditionnellement centre important d'artisanat, est devenue une ville industrielle où se sont développées les papeteries, les usines de mécanique, de textiles et de produits chimiques.

Fuzhou pratique

○ *Comment s'y rendre*

Par le train. L'express n° 45 part de Shanghai à 13 h 43 et arrive à Fuzhou le lendemain à 12 h 28. Fuzhou-Shanghai : express n° 46 à 11 h 23. De Canton un train part à 20 h 18 et arrive le surlendemain à 7 h 32. Entre Xiamen et Fuzhou, le train fait un détour par Nanping, un rapide part de Xiamen à 21 h 58 et arrive le lendemain à 13 h 55 (train n°s 394/391). Le Fujian étant extrêmement mal desservi par les trains, il est préférable de prendre le bateau ou le bus.

Par bateau : Des bateaux partent de Shanghai et de Wenzhou. Prix des couchettes en première : 68,30 yuans et en troisième : 27,30 yuans. Pour les horaires vous renseigner à Shanghai, au quai Shilipu matou.

En bus. De Xiamen, il n'y a qu'un bus par jour qui part à 6 h du matin et arrive à 13 h (7,60 yuans). De Quanzhou par contre de nombreux bus partent le matin : 6 h, 6 h 05, 7 h 10, 7 h 30, 8 h 30, 9 h, 9 h 30, 9 h 50, 12 h 30 et 12 h 40. Le trajet dure six heures (4,95 yuans). De Wenzhou, il faut d'abord vous rendre à Fu'an au Nord de Fujian et de là un bus vous conduit à Fuzhou.

Par avion. Fuzhou est relié à Pékin (334 yuans), Hangzhou (112 yuans), Hefei (208 yuans), Canton (139 yuans), Nanchang (79 yuans), Nankin, Shanghai (138 yuans), Wuhan (143 yuans).

○ *Hôtels*

L'hôtel des Chinois d'outre-mer, Huaqiao dasha, rue Wusi lu. De la gare et de la gare routière prendre le bus n° 2. L'hôtel tient plutôt du capharnaüm mais le personnel y est accueillant. Une chambre double avec air conditionné est à 30-40 yuans.

Un **autre hôtel** un peu plus luxueux se trouve **rue Hubin lu.** Le prix d'une chambre double standard est entre 30 et 40 yuans mais il y a des chambres meilleur marché à 17 yuans.

Hôtel Minjiang, rue Wusi lu. Tél. 578.95. Hôtel récent qui a ouvert ses portes en 1986. Chambre double : 60 yuans.

Hôtel Donghu, 44, Dong Dalu. Tél. 577.55. Prix des chambres : entre 60 et 80 yuans.

Hôtel Haishan binguan, Wusi lu. Tél. 564.44. Chambres à partir de 60 yuans.

○ *Restaurants*

Le **restaurant de l'hôtel Huaqiao dasha** sert de la bonne cuisine. Dans la ville signalons le retaurant **Lexinglou,** 82, Taijiang lu (tél. 23.04). Il est situé dans un quartier très pittoresque de Fuzhou, non loin de la rivière Minjiang, avant le pont Minjiang.

Le restaurant **Juchunyuan** (tél. 428.89) est à l'intersection de la rue Bayi lu et Dong da lu (130, Bayiqi beilu). La spécialité de l'établissement : les boulettes de poisson.

Qingzhen. Restaurant végétarien. Tél. 335.17.

○ *Adresses utiles*

La **CITS** se trouve à la chambre 119, au rez-de-chaussée de l'hôtel Huaqiao dasha. Leurs services peuvent vous être utiles.

Sécurité publique, à l'intersection des rues Wuyi lu et Dongda lu.

CAAC : 408, avenue Bayiqi lu, entre la rue Bayiqi lu et la rue Wuyi lu. Mais vous pouvez également acheter vos billets à la CITS.

La gare routière se trouve au milieu de la rue Wuyi lu ; le bus n° 2 vous y amène.

Une bonne adresse à Fuzhou : les **Bains publics** alimentés par une source d'eau chaude. Ils sont situés non loin de l'hôtel Huaqiao dasha, rue Wenquan lu. Pour la modique somme de 1 yuan, vous pourrez y prendre un bain et vous faire masser.

○ *Excursions*

Le bus n° 37 qui part à l'intersection de la rue Gutian lu avec la rue Bayiqi lu vous amène pour 48 fens au **port de Mawei**. Les trains pour Mawei partent à 7 h 50 et 13 h 30 (30 fens). Pour le retour sur Fuzhou, départ à 11 h 42 et 17 h 20. Le trajet dure 1 heure environ.

Pour les monts Gushan, des bus touristiques partent de l'hôtel Huaqiao dasha ; se renseigner à la CITS.

A voir à Fuzhou

La colline Ping shan. Elle domine au nord de la ville de Fuzhou. A son pied, côté sud, se trouve le **temple Hualin si** construit en bois et datant de l'époque Tang. D'après certains archéologues japonais, l'architecture de ce temple aurait influencé celle des **temples de Nara** au Japon.

La colline Wu shan. Située au sud-ouest de la ville ; sa terrasse panoramique offre une vue splendide sur la rivière Min jiang encombrée de jonques.

La colline Yu shan. A son sommet se dresse une pagode blanche ; on peut visiter un petit temple dédié à la mémoire de **Qi Jiguang** construit au pied de cette colline.

Dans les environs de Fuzhou

Le **mont Gu shan** (colline du tambour) : dans la banlieue est de Fuzhou, au nord de la rivière Min jiang, cette colline s'élève à près de 1 000 mètres d'altitude. A mi-hauteur, sur le versant ouest, s'étend le célèbre **monastère Yong Quan** qui comprend 26 salles construites en 908 après J.-C. La **salle du Royaume du Ciel** contient une imposante statue de **Maitreya**. A l'entrée se dressent deux pagodes octogonales entièrement en faïence et recouvertes chacune de 1 038 bouddhas sculptés. Dans le pavillon qui abritait la bibliothèque du monastère, est exposée une collection de livres saints ainsi qu'une délicate statue de Bouddha en jade blanc de Birmanie. Devant l'entrée de ce pavillon, on remarquera 3 sagoutiers dont deux auraient été plantés par **Shen Yan**, fondateur du monastère, et **Wang Shenzhi**, prince de Min (ancien nom pour la province du Fujian).

A proximité du temple, on visitera les **grottes de Lingyuan** couvertes de calligraphies de styles divers. On notera aussi **la source Heshui** qui jaillit à l'endroit dénommé aujourd'hui la « Tête du Dragon ».

Mawei. Cette petite ville située à 10 km de Fuzhou s'étend à l'embouchure de la rivière Min jiang. On y remarquera **la pagode Luoxing** ; cette construction octogonale de 7 étages est faite d'argile contenant du granite. La pagode aurait été bâtie par **la dame Liu** en souvenir de son mari, ou selon une autre légende, par **Li Nian**, femme de lettres également en souvenir de son mari.

Putian. Ce chef-lieu de district situé au bord de la rivière Han, sur la route Fuzhou-Xiamen, est connu pour sa production de litchis ; les maisons de cette ville ont toutes pour la plupart, la particularité architecturale d'avoir un toit à trois étages espacés de 60 à 70 cm les uns des autres ; les arêtes de ces toits sont également relevées à chaque coin.

XIAMEN

Connue à l'origine sous les noms de **Luyu** ou de **Jiaheyu**, Xiamen est située au sud-est de la province, face à l'île de **Taiwan**. Sa beauté lui vaut encore aujourd'hui le surnom de « jardin sur la mer ». Xiamen, plus connue à l'époque coloniale sous le nom d'**Amoy**, fut l'un des cinq premiers ports « ouverts » aux étrangers après le traité de Nankin de 1842 ; elle fut pour un temps la base de départ d'un trafic de coolies à destination de pays comme Cuba, le Pérou et l'Australie. Xiamen compte aujourd'hui 900 000 habitants environ. Dans le cadre de la politique d'ouverture sur l'étranger du gouvernement actuel, cette ville a été choisie, en raison de ses nombreuses connexions avec les Chinois d'outre-mer, pour l'implantation d'une Zone Économique Spéciale.

Xiamen pratique

○ *Comment s'y rendre*

Par le train. De Fuzhou : le train n° 392/393 part à 22 h 40 et arrive à Xiamen à 14 h 10. De Xiamen à Fuzhou, le train n° 394/391 part de Xiamen à 21 h 58 et arrive à 13 h 55. En raison du détour qu'effectue le train, il est vivement conseillé de prendre le bus.

De Shanghai : le train n° 375 part de Shanghai à 11 h 26 et arrive à 19 h 54 le lendemain. De Xiamen à Shanghai le train n° 376 part à 19 h 24 et arrive le lendemain matin à 5 h 48.

De Zhangzhou : trains à 10 h 09, et 18 h 10 (durée 1 h 50).

Par le bus. De Shantou, il y a des bus qui partent à 6 h 10, 6 h 20 et 6 h 30 ; le bus met neuf heures et s'arrête à Zhangzhou vers 13 h 30.

De Quanzhou, bus à 7 h, 7 h 20, 7 h 50, 8 h 20, 8 h 40, 11 h 40, 12 h 40, 13 h 30, 14 h, 15 h 25. Prix du ticket : 2,75 yuans. Vous traversez de nombreux villages où se sont établis des Chinois d'outre-mer.

De Fuzhou, il n'y a qu'un bus par jour qui part à 6 h 10 (7,70 yuans). Il existe des bus de la CITS qui assurent la liaison entre Shantou et Xiamen et entre Shenzhen et Xiamen. Ce sont des bus directs à air conditionné. Vous pouvez réserver votre place auprès de la CITS (66 yuans).

Par bateau. Il existe deux services par semaine entre Hong Kong et Xiamen : le mardi et le vendredi ; la traversée dure 22 heures. Vous avez le choix entre 3 classes : première (114 yuans), deuxième (109 yuans) et troisième (90 yuans). Les billets s'achètent à la CITS, 77 Queen's Road Central à Hong-Kong et au quai d'embarquement à Xiamen.

Par avion. Vols sur Pékin (371 yuans), Canton (126 yuans), Guilin (196 yuans), Hangzhou (160 yuans), Nanchang (114 yuans), Nankin (206 yuans), Shanghai (173 yuans), Xi'an (382 yuans).

○ *Hôtels*

Le Lujiang dasha. Tél. 229.22. Près du ferry de Gulangyu. Très bien situé dans la ville avec vue sur le port, l'hôtel est accueillant et bon marché : 70 yuans

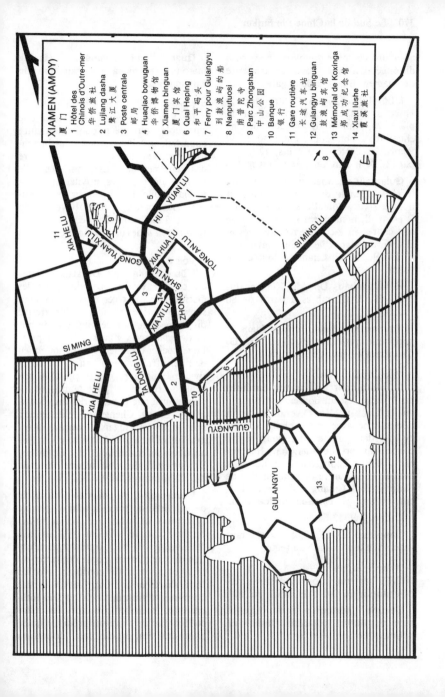

XIAMEN (AMOY)
厦门

1 Hôtel des
 Chinois d'Outre-mer
 华侨旅社
2 Lujiang dasha
 鹭江大厦
3 Poste centrale
 邮局
4 Huaqiao bowuguan
 华侨博物馆
5 Xiamen binguan
 厦门宾馆
6 Quai Heping
 和平码头
7 Ferry pour Gulangyu
 到鼓浪屿的船
8 Nanputuosi
 南普陀寺
9 Parc Zhongshan
 中山公园
10 Banque
 银行
11 Gare routière
 长途汽车站
12 Gulangyu binguan
 鼓浪屿宾馆
13 Mémorial de Koxinga
 郑成功纪念馆
14 Xiaxi lüshe
 霞溪旅社

pour une chambre double avec air conditionné. On peut y acheter une carte de Xiamen. Bus n° 3 de la gare.

L'hôtel des Chinois d'outre-mer : le Huaqiao dasha. Il se trouve sur la place, 70, Xinhua lu. Tél. 256.06. Une chambre double coûte entre 30 et 40 yuans, les dortoirs de 4 lits, 12 yuans par lit. De la gare prendre le bus n° 1.

Gulangyu zhaodaisuo. C'est l'hôtel le plus agréable de Xiamen, construit dans le style colonial des années trente. Il est malheureusement souvent réservé aux cadres en « conférence-vacances ». Il se trouve dans l'île de Gulangyu. Bus n° 3. Tél. 220.52. Chambre double : 50 yuans.

Hôtel Jinbao, Dongdu Xingang lu. Tél. 268.88. Chambres à partir de 80 yuans.

Xiamen mandarin, Huliqu (dans la périphérie résidentielle). Tél. 433.33. Chambres à partir de 150 yuans.

○ *Restaurants*
Le restaurant du Lujiang fandian, au 7e étage, est un bon endroit pour la vue et la cuisine. Vous avez des gargotes bon marché, avec un bon choix de fruits de mer dans la rue Zhongshan lu qui conduit au port. Le **Guangfeng Restaurant,** 40, rue Zhongshan lu, a fait peau neuve ; enfin, un restaurant sur l'île de Gulangyu : le **Gulangyu Restaurant.** A côté du ferry, le bar **Seaside Ice Club.**

Ludao. Tél. 22.64.

Nanputuo. Tél. 29.08. Restaurant végétarien à proximité du temple.

○ *Adresses utiles*
CITS 444, rue Zhongshan lu, au rez-de-chaussée de l'hôtel Huaqiao dasha.

Sécurité publique : sur la place en face de l'hôtel Huaqiao Dasha, un bâtiment de briques rouges.

Quai d'embarquement : Heping matou à 10 mn à pied au Sud du Lujiang fandian.

○ *Plages*
Il y a deux plages à Gulangyu : « une surpeuplée, ouverte au public, et l'autre appartenant à l'armée avec des bungalows réservés aux officiers. A l'heure des réformes de Deng, qui dépouille l'armée de tous ses privilèges, il est probable que dans un futur assez proche, ces plages seront ouvertes au public, à moins qu'elles ne soient transformées en zones de luxe pour étrangers.

A voir à Xiamen
L'île de Gulangyu. Les seuls vestiges de ce qui fut un paradis pour les Occidentaux sont ces charmantes maisons de style colonial que l'on trouve disséminées autour de l'île. Pas de bus ni de *sanlunche,* l'île se visite à pied. Le « Rocher du Soleil », situé au milieu de l'île, offre un beau panorama sur la rivière Lujiang et sur le port. A mi-pente se trouve un petit temple bouddhiste ainsi que le mémorial du général Ming, Zheng Chenggong plus connu sous le nom portugais Koxinga. Gulangyu fut sa base de résistance contre les conquérants mandchous et c'est là que Koxinga entraînait sa troupe forte de 240 000 hommes et de 8 000 jonques.

L'université de Xiamen mérite le détour. Elle se trouve à côté du temple Nanputuo. Le bus n° 2 en face de l'hôtel Lujiang fandian et le bus n° 1 en face du Huaqiao dasha y conduisent. L'entrée du campus est à côté de l'arrêt du n° 1. L'université fut construite avec les fonds des Chinois d'outre-mer. La visite du musée d'anthropologie est très intéressante, vous y trouverez de belles collections de vestiges préhistoriques, pierres taillées, os, carapaces de tortues qui remontent aux dynasties Shang et Zhou, mais aussi des peintures, calligraphies, ornements et vêtements Ming et Qing.

Le temple de Nanputuo.

Les bus nᵒˢ 1 et 2 vous conduisent jusqu'au temple. Le temple fut construit sous les Tang, détruit sous les Ming, et complètement rebâti sous les Qing. L'agencement des salles est conforme à la règle des temples bouddhistes chinois : salle de Maitreya (Mile au gros ventre) protégé par les gardiens et Weituo (derrière Maitreya), la grande salle des Bouddhas (*Daxiong bao*), la salle de la Compassion (*Dabei dian*) qui est la salle des bodhisattvas et enfin la bibliothèque. Sur les côtés de la salle des Bouddhas, on remarquera 8 stèles portant des calligraphies de l'empereur Qianlong qui retracent la répression de la révolte conduite par la société secrète Tian Di.

Nous sommes dans la patrie des « Chinois d'outre-mer » et, à cet égard, le **village de Jimei** au nord de Xiamen en donne une bonne illustration. Face à l'océan, ce site plein de charme avec ses paysages tropicaux et ses maisons d'architecture traditionnelle est marqué par la présence de ces Chinois revenus à la mère patrie : le dialecte, les vêtements, les marchés libres qui regorgent d'articles en provenance de Hong-Kong. L'attraction du village est une école fondée par un natif du pays qui fit fortune à Singapour.

QUANZHOU

S'étendant à l'embouchure de la rivière Jin jiang, Quanzhou a été de tout temps un très important centre de communication entre le Nord et le Sud du Fujian. Déjà, sous la dynastie Tang, la ville était un port et un centre écono-

mique et culturel ; à l'époque Song et Yuan, Quanzhou deviendra l'un des ports les plus importants du monde. De nombreux marchands d'Arabie, d'Inde, de Perse, d'Italie — dont le fameux Marco Polo — resteront vivement impressionnés par l'activité et la richesse de ce port. La présence de ces étrangers a laissé à la ville un caractère particulier. Aujourd'hui Quanzhou est célèbre pour son théâtre de marionnettes — marionnettes à gaine —, ses papiers découpés et ses articles en bambou. Avec ses très belles maisons de briques rouges, c'est également un centre de résidence pour les Chinois d'outre-mer.

Quanzhou pratique

○ *Comment s'y rendre*

En bus. De Xiamen (106 km), les bus partent à 6 h 20, 6 h 50, 7 h 25, 8 h, 13 h 15, 14 h, 14 h 30, 15 h 30 et 15 h 50. Le bus met à peu près trois heures pour arriver à Quanzhou. Prix du ticket 2,65 yuans. De Fuzhou, départ des bus à 6 h 30, 7 h 10, 8 h 20, 9 h 20, 10 h et 12 h, le tarif est 4,95 yuans.

La route qui conduit de Fuzhou à Xiamen en passant par Quanzhou traverse de nombreux villages habités par des Chinois d'outre-mer dont le bourg de Putian qui est un des plus pittoresques.

Des bus de la CITS font le trajet sur Shenzhen via Shantou. Prix 66 yuans. Se renseigner à la CITS.

○ *Hôtel*

L'unique hôtel pour étrangers est l'**hôtel des Chinois d'outre-mer,** Huaqiao dasha, près de la rue principale Zhongshan lu, à 15 mn de la gare routière : vous prenez sur votre gauche et vous descendez la petite rue Jiangwu xiang, vous tournez à gauche et passez la mosquée puis vous tournez à droite à l'intersection. Vous pouvez aussi prendre un *sanlunche* devant la gare. Le tarif des chambres est de 18 yuans une chambre double, et 3 yuans le lit dans une chambre de 3 lits.

○ *Restaurants*

Quanzhou est réputé pour ses fruits de mer. Près de la mosquée, au n° 215 et au n° 243, vous avez deux excellents restaurants. **Le Guoying madang fandian**, 382, rue Zhongshan lu est au coin de la rue Zhongshan lu et de la rue Xiamen lu.

○ *Adresses utiles*

CITS : au rez-de-chaussé de l'hôtel des Chinois d'outre-mer.

CAAC : 334-336, rue Dong jie près de l'intersection avec Zhongshan lu. Les vols ont été interrompus depuis 1985.

Vous pourrez acheter des cartes de la ville près de la gare routière.

A voir à Quanzhou

Le monastère Kaiyuan si. Fondé sous la dynastie Tang, ce monastère est un très bel ensemble architectural. L'édifice le plus important est la Grande Salle où sont exposées de belles statues de Bouddha, de Guanyin aux mille mains et des 18 luohans. Deux pagodes octogonales en pierre et en brique d'époque Song s'élèvent devant la salle ; les sculptures qui les décorent illustrent 40 récits bouddhiques. Le temple se trouve au nord-ouest de la ville, rue Xi lu.

La mosquée de Qingjing si. Construite dans le style arabe, sur le plan de celle de Damas, cette mosquée élevée sous les Song du Nord (1009) est une des plus anciennes de Chine.

Le musée de l'Histoire des communications d'outre-mer, situé derrière le temple Kaiyuan si. On peut y voir la coque d'une jonque chinoise qui date des Song et qui fut excavée près de Quanzhou. Des cartes retracent les expéditions chinoises au temps où la Chine était une puissance maritime. Au XIVe siècle, l'avènement de la dynastie Ming mit un terme au commerce maritime. La politique isolationniste de l'empereur entraîna une crise dans le Fujian où l'activité était concentrée dans les ports. Un commerce illicite s'instaura avec la piraterie qui devint un véritable fléau tandis que la première vague d'émigration commençait vers les pays d'Asie du Sud-Est. La seule exception à cette politique furent les expéditions de l'eunuque Zheng He sous le contrôle de l'État, entreprises de prestige plus politiques que commerciales.

Promenades. Il n'existe pas de bus à Quanzhou. Zhongshanlu est la rue principale avec de nombreuses boutiques. Un autre quartier intéressant est celui de la mosquée.

Dans les environs de Quanzhou, **la colline Wushan**, à 3 km de la ville. Au sommet, une imposante statue de Laozi témoigne du culte taoïste présent dans la région dès le IIIe siècle.

Le cimetière de la colline Ling shan, à proximité de la porte de l'Est. L'origine de ce cimetière remonte à la dynastie Tang. Quatre missionnaires arabes venus prêcher l'islam ainsi que de nombreux étrangers morts à Quanzhou y sont enterrés.

Le pont de Luoyang. Il enjambe la rivière Luoyang jiang à l'entrée de la ville. Construit au XIe siècle sous les Song du Nord, il est entièrement en granite. On remarquera une sculpture de la déesse de la Lune.

LES MONTS WUYI

Marquant la limite avec la province du Jiangxi, les monts Wuyi, qui ont la particularité d'être en grès rouge, s'étendent au Nord de Fujian, à une dizaine de kilomètres de la ville de Chong'an. La rivière Jiuqu, « Neuf méandres », serpente sur 9,5 km soulignant la splendeur de ces montagnes rouges. De nombreux temples sont encore visibles sur les pentes où est cultivé le célèbre thé Wuyi. Les monts Wuyi furent surtout fréquentés par les taoïstes ; les premiers temples datent des Qin et des Han. On y pratiquait la nécromancie et autres sciences occultes.

Wuyi pratique

○ *Pour se rendre à Wuyi shan*

Train de Pékin ou de Shanghai jusqu'à la petite ville de Shangrao dans la province du Jiangxi ; de là un bus vous conduit directement à Wuyi.

Train de Canton, de Xiamen ou de Fuzhou jusqu'à Shaowu (Fujian) puis un bus jusqu'à Wuyi.

Signalons l'aéroport militaire de Chishi, tout près de Chong'an qui devrait être très prochainement ouvert aux vols civils.

○ *Hébergement*

Le chalet du « Pavillon aux Tentures », *Manting shanfang*, aménagé dans l'ancien temple Wuyi Gong, est meublé dans le style chinois ; les chambres y sont confortables et il dispose d'un restaurant.

L'hôtel Jiuqu, au nord du « Cinquième méandre » se trouve au cœur des monts Wuyi dans un cadre enchanteur. Quelques chambres disposent d'une salle de bains. Restaurant.

L'hôtel Wuyi à Chong'an, à 10 km des monts Wuyi. Chambres avec bains. Restaurant.

A la découverte des monts Wuyi

La meilleure saison pour se rendre aux monts Wuyi est l'automne. Les températures sont tempérées toute l'année ; il fait cependant assez frais l'hiver et un temps très pluvieux au printemps et en été.

Les monts Wuyi sont connus pour deux merveilleux paysages appelés « Sansan » (trois-trois) et « Liu-liu » (six-six) ; le premier désignant la rivière aux « Neuf méandres » et le second désignant les 36 pics s'élevant au-dessus de la rivière. La plus belle balade consiste à descendre la rivière Jiuqu. On peut louer un radeau de bambou au petit village de Xingcun situé à quelques kilomètres au sud de Chong'an. Un passeur expérimenté vous conduira à travers les rapides jusqu'au temple Wuyi gong.

Pour ceux qui, séduits par la beauté des monts Wuyi, souhaiteraient y faire un séjour plus prolongé, nous signalons l'ouverture de l'institut « Landing ». Cet institut offre la possibilité de stages de 3 à 4 semaines au printemps et en automne dans diverses disciplines : littérature, peinture, histoire des religions, médecine traditionnelle.

ZHANGZHOU

Ville « des fleurs et des fruits », Zhangzhou est située à l'ouest de Xiamen sur le bord de *la rivière des Neuf Dragons*, **Jiu long jiang** ; pendant la journée, le spectacle des jonques évoluant au milieu d'une végétation luxuriante reste inoubliable. Le philosophe de renom **Zhu Xi**, fondateur du néoconfucianisme, séjourna quelque temps dans cette ville. Ces dernières années, de nombreuses industries s'y sont développées en particulier dans le domaine de l'électronique.

Comment s'y rendre

De Xiamen, train n° 376. Départ 19 h 24 ; arrivée 20 h 39. Train n° 575/578. Départ 9 h 05 ; arrivée 11 h 07.

De nombreux autobus assurent des liaisons régulières entre Xiamen et Zhangzhou.

○ *Hôtel*

Zhangzhou binguan, 38, Yan'an Beilu. Tél. 36.14. Prix des chambres à partir de 40 yuans.

A voir à Zhangzhou

Le monastère des nonnes Kapok ; on prêtera une attention particulière à un poème calligraphié sur le pilier d'un des pavillons du monastère ; celui-ci traduit la haine du peuple de Zhangzhou pour l'un des ministres des Song du Sud.

On visitera également **le temple de la Montagne du Sud** ainsi que **la pagode aux Huit Diagrammes**.

Le Guangdong

Attention : dans ce chapitre, comme dans les autres, nous parlerons de la province du Guangdong, transcription *pinyin* pour « province de Canton », mais de la ville de Canton, et non de Guangzhou comme l'écrivent les Chinois.

La province du Guangdong est la plus méridionale de Chine. Les îles de **Hainan, Dongsha** et **Xisha** sont sous son contrôle administratif. Le Guangdong est la sixième province chinoise par le nombre de ses habitants : 54 millions. Elle a connu au cours des siècles passés une forte pression démographique poussant sa population à émigrer vers les provinces voisines. Guangxi et Sichuan, mais aussi en Asie du Sud-Est : Thaïlande, Malaisie et Singapour, Indonésie, etc.

Le Guangdong entre dans l'orbite chinoise dès le IIIe siècle avant J.-C. C'est sous la dynastie Song (960-1280) que s'intensifie le peuplement Han et que commence l'assimilation progressive des populations indigènes.

A l'heure actuelle vivent des minorités Yao, Miao, Zhuang dans les monts Nanling, et Li dans l'île de Hainan.

L'histoire de la province fut étroitement liée à sa situation géographique propice aux échanges commerciaux entre provinces — route du Nord vers le Hunan et le centre du pays, route de l'Ouest vers le Guangxi, le Yunnan et le Viêt-nam — mais aussi avec le reste du monde. Une colonie s'installe d'ailleurs à Canton au VIIe siècle. L'influence européenne se fait sentir dès le XVIe siècle avec l'arrivée des missionnaires : la province devient un point de pénétration des intérêts étrangers en Chine, surtout à partir du XIXe siècle.

Le Guangdong est situé, en latitude, au niveau du tropique du cancer : le climat est un climat tropical au Sud, subtropical au Nord de la province.

L'agriculture au Guangdong n'occupe que 15 % du sol, principalement dans les deltas et les plaines intérieures. Le riz reste la principale culture : il y a deux récoltes par an et même trois sur l'île de Hainan. Les rendements à l'hectare sont parmi les plus élevés de Chine. Les autres productions agricoles de la province sont : le jute, les oléagineux, le tabac, le thé, la soie, les fruits tropicaux, la canne à sucre et l'élevage. La province contribue pour un huitième à la production agricole totale du pays.

La pêche est la principale activité industrielle du Guangdong. L'industrie légère est spécialement alimentaire est très développée. Le Guangdong est modérément pourvu en ressources minérales excepté pour le tungstène exploité dans le Nord-Est.

Villes et sites ouverts au Guangdong

Guangzhou (Canton), Foshan, Zhaoqing, Shenzhen, Zhuhai, Shantou, Haikou, Zhanjiang, Zhongshan, Jiangmen, Shaoguan, Huizhou, Beihai, Nanhai, Shunde.

CANTON

Un peu d'histoire

Les origines de Canton restent assez mal connues. La première implantation remonterait au IIIe siècle avant J.-C. Très tôt, les activités de la ville se concentrent sur le commerce, et, en 714, la dynastie Tang reconnaît son importance en y nommant un responsable pour le commerce extérieur. Canton devient de fait le premier port de commerce de Chine. Au VIIe siècle, une

importante colonie musulmane s'installe dans la ville. Celle-ci devient pour un temps la capitale du royaume des Han du Sud au Xe siècle.

La première influence européenne date de 1514, lorsque débarque à Canton une ambassade portugaise qui obtient, en 1557, la permission des empereurs Ming de s'établir sur l'île de Macao, située à une centaine de kilomètres en aval de la ville. Les Espagnols, les Hollandais puis les Anglais établissent des échanges commerciaux avec le Guangdong.

Afin de mieux contrôler les activités des compagnies étrangères, les autorités chinoises ne permettent l'ancrage des bateaux qu'au port de **Whampoa**, situé à une vingtaine de kilomètres de Canton. La Compagnie anglaise des Indes orientales devient au XVIIIe siècle la plus importante compagnie étrangère à commercer avec la Chine. A l'instigation et sous le contrôle des Anglais, le trafic d'opium prend de plus en plus d'importance, provoquant l'effet recherché : un déséquilibre du système commercial et monétaire chinois à l'avantage des étrangers.

En 1839, **Lin Zexu**, Commissaire impérial de Canton, fait brûler des caisses d'opium et ferme la ville au commerce étranger. L'Angleterre déclenche les hostilités qui marquent le début des guerres de l'Opium. En 1858, Canton est prise par les Anglais et les Français qui obtiennent, en 1861, le droit d'y établir une concession sur l'île de **Shamian**.

Canton, première ville chinoise à avoir connu l'influence occidentale, devient au début du XXe siècle un important centre d'activités révolutionnaires. En 1911 a lieu un soulèvement contre la dynastie mandchoue. Au début

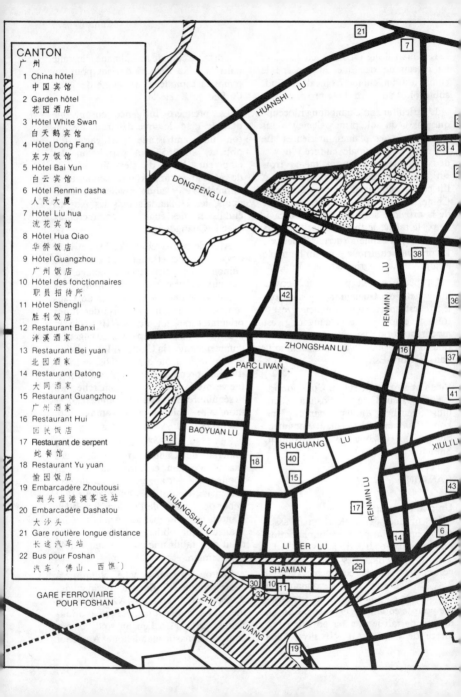

CANTON
广州

1 China hôtel
中国宾馆

2 Garden hôtel
花园酒店

3 Hôtel White Swan
白天鹅宾馆

4 Hôtel Dong Fang
东方饭馆

5 Hôtel Bai Yun
白云宾馆

6 Hôtel Renmin dasha
人民大厦

7 Hôtel Liu hua
流花宾馆

8 Hôtel Hua Qiao
华侨饭店

9 Hôtel Guangzhou
广州饭店

10 Hôtel des fonctionnaires
职员招待所

11 Hôtel Shengli
胜利饭店

12 Restaurant Banxi
泮溪酒家

13 Restaurant Bei yuan
北园酒家

14 Restaurant Datong
大同酒家

15 Restaurant Guangzhou
广州酒家

16 Restaurant Hui
回民饭店

17 Restaurant de serpent
蛇餐馆

18 Restaurant Yu yuan
愉园饭店

19 Embarcadère Zhoutousi
洲头咀港澳客运站

20 Embarcadère Dashatou
大沙头

21 Gare routière longue distance
长途汽车站

22 Bus pour Foshan
汽车(佛山、西樵)

HUANSHI LU

DONGFENG LU

RENMIN LU

ZHONGSHAN LU

PARC LIWAN

BAOYUAN LU

SHUGUANG LU

XIULI LU

HUANGSHA LU

RENMIN LU

LI ER LU

SHAMIAN

GARE FERROVIAIRE
POUR FOSHAN

ZHU

JIANG

23 C.I.T.S.
中国国际旅行社

24 Guangdong Youth Travel Service
中青旅行社

25 C.A.A.C.
中国民用航空总局

26 Sécurité
公安局

27 Librairie en langue étrangère
外文书店

28 Magasin de l'Amitié
友谊商店

29 Magasin Manfang
南方大厦

30 Location de vélo
租用自行车公司

31 Parc d'exposition
中国出口商品交易展览会

32 Institut des cadres du mouvement paysan
农民运动讲习所

33 Mausolée des martyrs de l'insurrection
革命烈士纪念堂

34 Musée de la révolution
革命博物馆

35 Tour Zhenhai
镇海楼

36 Temple des 6 banyans
六榕花塔

37 Mosquée Huisheng si
怀圣寺

38 Temple Guangxiao si
光孝寺

39 Mausolée de Sun yat sen
中山纪念堂

40 Temple Hualin si
华林寺

41 Temple Wuxian si
五仙寺

42 Temple de la famille Chen
陈家祠

43 Cathédrale
天主教堂

44 Mausolée des 72 martyrs
黄花岗七十二烈士墓

45 Musée Luxun
鲁迅博物馆

des années vingt, Sun Yatsen, rentré à Canton, réorganise le Guomindang et lance un programme pour réaménager la ville.

En 1925 et 1926, Mao Zedong dirige l'Institut des cadres pour le mouvement paysan. De grandes grèves ouvrières ont lieu en 1925. Deux ans plus tard, éclate dans la ville une insurrection qui est écrasée comme celle de Shanghai par Chiang Kaichek. Canton, occupée par les Japonais de 1938 à 1945, restera sous le contrôle des forces nationalistes jusqu'en octobre 1949.

Canton aujourd'hui

L'agglomération de Canton compte environ 2,3 millions d'habitants en ville et 1 million en banlieue. Administrativement, la capitale provinciale du Guangdong comprend 6 districts regroupant 33 communes et 16 fermes d'État. La proximité de Hong Kong en fait une plaque tournante commerciale en pleine expansion. L'aéroport est le plus grand de la Chine du Sud et le port de Whampoa peut accueillir des bateaux de 10 000 tonnes.

Les 2 000 entreprises de la ville emploient environ 500 000 travailleurs. L'industrie lourde — aciérie, construction navale et automobile — est encore peu développée. L'industrie légère — bâtiment, alimentaire et textile — a connu par contre une croissance importante depuis la libération : fibres synthétiques, papier, sucre raffiné, ciments, conserves sont les principales productions.

Canton compte une centaine d'hôpitaux, une douzaine d'universités et d'instituts de recherche et plus de mille deux cents écoles accueillant 800 000 élèves. De sérieux efforts pour la limitation des naissances, à Canton et dans la province, ont contribué à faire baisser le taux d'accroissement naturel de 2,95 % en 1965 à 1,26 % en 1976.

Comment se rendre à Canton

○ *Les liaisons aériennes*

Un ou plusieurs vols quotidiens entre Canton et Pékin (425 yuans), Chengdu (272 yuans), Guilin (99 yuans), Haikou (101 yuans), Hangzhou (237 yuans), Kunming (251 yuans), Nanchang (106 yuans), Nankin (214 yuans), Shanghai (264 yuans), Shantou (78 yuans), Shenyang (483 yuans), Tianjin (425 yuans), Wuhan (149 yuans), Xiamen (126 yuans), Xi'an (288 yuans), Xingning (62 yuans) et Zhangjiang (77 yuans).

Un ou plusieurs vols hebdomadaires entre Canton et Beihai (134 yuans), Changchun (511 yuans), Changsha (93 yuans), Changzhou (239 yuans), Chongqing (222 yuans), Dalian (423 yuans), Fuzhou (139 yuans), Guiyang (153 yuans), Harbin (543 yuans), Hefei (199 yuans), Lanzhou (371 yuans), Liuzhou (113 yuans), Nanning (105 yuans), Qingdao (366 yuans), Sanya (166 yuans), Shashi (156 yuans), Shijiazhuang (297 yuans), Taiyuan (290 yuans), Urumqi (692 yuans), Yichang (130 yuans) et Zhengzhou (217 yuans).

○ *Les liaisons ferroviaires*

Canton est relié par train direct avec Pékin, Wuhan, Changsha, Shanghai, Hangzhou, Fuzhou, Guilin, Liuzhou et Nanning. (Cf. tableau page suivante.)

282/ 283	268/ 269	50	48	16	Train n°	15	47	49	270/ 267	284/ 281
				19 h 25	Shenzhen	11 h 17				
20 h 18	20 h 18	11 h 40	18 h 45	22 h 20	Canton	8 h 20	6 h 12	18 h 00	11 h 12	11 h 12
7 h 19	7 h 19	21 h 23	4 h 30	7 h 57	Hengyang	22 h 36	20 h 03	7 h 47	23 h 17	23 h 07
			7 h 35	10 h 46	Changsha	19 h 45	17 h 05			
			12 h 53	16 h 06	Wuchang	14 h 30	11 h 47			
			6 h 00	8 h 46	Pékin	22 h 30	19 h 04			
	9 h 40	23 h 26			Zhuzhou	5 h 46	21 h 02			
	19 h 55	7 h 52			Yingtang	21 h 30	9 h 30			
		16 h 40			Hangzhou		12 h 39			
		19 h 38			Shanghai		9 h 52			
	7 h 32				Fuzhou			21 h 35		
14 h 41					Guilin					16 h 07
17 h 38					Liuzhou					12 h 43
22 h 47					Nanning					8 h 01

○ *Les liaisons maritimes et fluviales*

Pour Hong Kong, Macao et Haikou, les bateaux et overcrafts appareillent de l'embarcadère Zhoutouzi, situé sur la rive Sud (traverser le pont du Peuple, continuer tout droit sur 500 m puis tourner à droite). On peut y acheter son billet de bateau (départ le jour même). Pour les tarifs et les fréquences des bateaux qui font la liaison avec Hong Kong, consulter la rubrique Hong Kong.

Pour Zhaoqing, Wuzhou et Liuzhou, les bateaux partent de l'embarcadère Dashatou, situé rue Yanjiang san lu sur la rive gauche de la rivière des Perles et dans la partie est de Canton. (Pour les horaires et les tarifs, se reporter aux rubriques consacrées à Wuzhou et Liuzhou.)

Canton pratique

Canton est traversée par la rivière des Perles, *Zhu Jiang*, dont elle occupe un coude.

○ *Comment se déplacer à Canton*

En bus. Une trentaine de lignes de bus ainsi que quatre lignes de trolleybus desservent bien la ville et permettent d'atteindre tous les monuments historiques et sites touristiques intéressants.

Pour faciliter les déplacements et éviter un trop grand nombre de changements, nous signalons plus particulièrement six lignes de transport en commun : les lignes de bus n°s 6 et 10 et les quatre lignes de trolleybus n°s 1, 2, 3 et 4. Ces dernières, indiquées en rouge sur la carte en chinois, quadrillent la ville et se coupent en son centre au niveau du carrefour des rues Zhongshan lu et Jiefang lu.

De l'hôtel Dong fang : le terminus des lignes de trolleybus n°s 1 et 3 est situé à 200 m de l'hôtel sur la rue Jiefang lu.

De l'hôtel Bai yun : en sortant de l'hôtel se trouve sur la gauche le terminus de la ligne de bus n° 10 ; en face de l'hôtel il y a l'arrêt du bus n° 6. Ces deux lignes coupent toutes celles du réseau de trolleybus dans la rue Zhongshan lu.

En taxi. En vous présentant à la réception des hôtels, ou bien en téléphonant aux numéros suivants vous obtiendrez un taxi : *Hôtel Dong fang.* Tél. 699.00 ; *Hôtel Bai yun.* Tél. 677.00 ; *Hôtel Guangzhou.* Tél. 322.77 ; *Hôtel Liu hua.* Tél. 688.00 ; *Hôtel Renmin.* Tél. 614.45 ; *Restaurant Xinya.* Tél. 228.24.

En « sanlunche ». Une station de tricycles à moteur, *sanlunche*, se trouve sur le parvis devant la gare principale du côté des « arrivées », à droite en sortant de la gare. Il suffit de faire enregistrer sa destination, de payer et de faire la queue pour attendre un *sanlunche* libre. Pour aller de la gare à Shamian, il vous en coûtera 1 yuan.

En bateau. Si vous souhaitez traversez la rivière des Perles, vous pouvez le faire à partir des nombreux embarcadères qui se trouvent sur le bord du fleuve. L'embarcadère le plus commode se situe sur l'avenue Yanjiang lu, à la hauteur de la rue Renmin lu.

Pour se rendre à Foshan en train, le bateau est un moyen d'atteindre aussi rapidement qu'avec le bus la gare *Shiweitang zhan* d'où partent les trains pour cette ville. L'embarcadère est situé sur l'avenue Yangjiang lu, face au numéro 39, à 100 m en aval du pont du Peuple, Renmin qiao. La traversée coûte 6 fens.

○ *Hôtels*
Canton compte une soixantaine d'hôtels totalisant 15 000 chambres. Pendant les périodes d'affluence, c'est-à-dire aux moments de la foire — entre le 5 avril et le 15 mai et entre le 15 octobre et le 15 novembre —, les étrangers peuvent être amenés à loger dans des hôtels habituellement réservés aux Chinois et souvent éloignés du centre ville.

Hôtels haut de gamme :
Canton se veut une ville internationale ; elle compte aujourd'hui quelques hôtels de grand standing construits en *joint venture* avec des groupes hôteliers de Hong Kong.

White Swan. Ile de Shamian. Tél. 869.68 ; Télex : 44 688 WSH CN. Chambre double : de 230 à 300 yuans ; suite à partir de 400 yuans. Les voyageurs individuels peu fortunés apprécieront les petits déjeuners relativement abordables avec vue sur la rivière !

China Hôtel. Liu hua lu. Tél. 668.88. Télex : 44 888 CHLGZ CN. Chambre double : à partir de 70 dollars.

Garden Hôtel. 368, Huanshi Donglu. Tél. 733.88. Télex : 44 788 GDHTL CN. Chambre double : entre 200 et 400 yuans ; suite : 400 yuans. Situé non loin de l'hôtel Bai yun, c'est le nouvel hôtel de Canton ; il vaut au moins une visite pour la conception architecturale de son grand hall de réception.

Hôtel Nanhu, au sud de la ville, sur les bords du lac Nanhu. Tél. 763.67. Télex : 0945. Situé à une demi-heure du centre ville, le Nanhu est un hôtel de luxe conçu autour d'un lac artificiel, avec piscine dans le parc, salles de conférence, restaurants occidentaux et chinois, etc. L'endroit est délicieux et les privilégiés qui s'y trouvent peuvent en profiter pour aller faire un tour en barque au milieu des lotus en fleurs. Évidemment tout cela n'est pas donné : les prix sont alignés sur ceux du White Swan.

Hôtels de deuxième classe :
Dong fang. 120, Liu hua lu. Tél. 699.00. Télex : 44 139 GZDFH CN. Situé à 500 m de la gare, juste en face de l'entrée principale du parc des Expositions de la foire, l'hôtel Dong fang est particulièrement apprécié des hommes d'affaires.

Le nouveau bâtiment de 11 étages, terminé en 1974, offre 700 chambres. Celles qui sont situées dans les étages supérieurs ont l'air conditionné. Au rez-de-chaussée, on trouve : le salon de coiffure ; la salle de billard ; et une immense salle déprimante et froide où est distillée de la musique de supermarché : le *coffee shop*. Pendant la durée de la foire, un bar est ouvert le soir de 20 h à minuit au dernier étage d'où l'on a une belle vue sur la ville.

Chambre simple : 130 yuans ; chambre double : 200 yuans ; suite : 400 yuans.

Bai yun. Huanshi Dong lu. Tél. 677.00. Situé sur l'avenue Huanshi lu, au nord-est de Canton, l'hôtel des « Nuages blancs » est un peu isolé, à mi-chemin entre le zoo et le parc Yue xin. C'est un hôtel de 33 étages, le plus récent de la ville. On y trouve les mêmes services offerts que pour l'hôtel Dong fang. Chambre simple : 60 yuans ; chambre double : 110 yuans.

Renmin Daxia. Yuanjiang lu 1. Tél. 614.45. Cet hôtel est bien situé, sur la rive gauche de la rivière des Perles. Chambre simple : 60 yuans ; chambre double : 100 yuans.

Liu Hua. Renmin Beilu. Tél. 688.00. Cet hôtel a l'avantage d'être situé à deux pas du parc des Expositions et juste en face de la gare. Chambre à partir de 80 yuans.

Huaqiao. Place Haizhu. Tél. 611.12.

Guangzhou. Place Haizhu. Tél. 615.56.

Hôtels à prix modérés

Ils seront particulièrement appréciés des voyageurs individuels peu fortunés. Ces hôtels sont généralement réservés aux Chinois d'outre-mer et aux « compatriotes de Hong Kong et Macao ». Il arrive que les responsables de ces hôtels acceptent des étrangers.

Shengli. Ile de Shamian. Tél. 612.23. Chambre la moins chère : 40 yuans.

L'hôtel des fonctionnaires. Ile de Shamian. Sur le même trottoir que le

Shengli, il fait l'angle avec la rue qui débouche pratiquement face au White Swan. C'est, pour l'instant le seul hôtel à accepter des étrangers en dortoir. Bravo ! Lit en dortoir (chambre à 5 lits) : 8 yuans la nuit. S'il faut saluer cette tolérance, il faut toutefois préciser que cet hôtel tient plus d'une baraque tenue par des marchands de sommeil. Ça fait l'affaire des routards peu friqués, soit ! mais pour y avoir séjourné quelques nuits, je peux affirmer que cet hôtel doit être celui de Canton qui rapporte le plus. L'entretien des dortoirs y est nul, comme celui des toilettes, des douches, etc. Quant aux draps, il faudra supplier le personnel de l'étage de vous en donner une paire propre...

Signalons également ces troix hôtels pour Chinois :

Heping. 17, Renmin nan lu. Tél. 89.140.

Xinhua. 4, Renmin nan lu. Tél. 86.411.

Xinya. 10, Renmin nan lu. Tél. 87.322.

Tous situés vers le bas de Renmin lu, ils accueillent aussi les touristes dans des chambres double à 40 yuans. Il est par contre très difficile d'y obtenir un lit en dortoir.

○ *Restaurants*

Ban xi. 151, Xiang yang yi lu. Tél. 856.55. Ce restaurant, le plus réputé de Canton, est situé dans un cadre très agréable autour d'un petit lac. *Spécialités :* escalope et soupe de crabe, œufs de caille aux légumes verts. *Prix du repas :* de 15 à 25 yuans par personne.

Bei xiu. « Restaurant de la Beauté du Nord ». 899, Jiefang bei lu. Tél. 309.41. Ce restaurant est situé à 300 m de l'hôtel

Dong fang et facilement repérable au parking à bicyclettes qui se trouve devant l'entrée. *Spécialité :* canard farci aux crevettes. *Prix du repas :* une dizaine de yuans par personne.

Bei yuan. « Restaurant du Jardin du Nord ». 318, Dengfeng Beilu. Tél. 324.71. *Spécialités :* poulet Shao Xing, soupe d'aileron de requin au poulet, boulettes de crabe. *Prix du repas :* 15 à 20 yuans par personne.

Chang Sing Sik. 260, Chang Ti lu. Tél. 235.76. La meilleure table pour les « Dim Sum » ; spécialité cantonaise qui se présente sous la forme de raviolis cuits à la vapeur, fourrés aux fruits de mer, champignons, viande... Ces mets servis dans des petits paniers en osier sont transportés et présentés à la vue du client sur des chariots qui passent régulièrement entre les tables.

Datong. « Restaurant de la Grande Harmonie ». 63, Yuanjiang lu. Tél. 869.83 et 203.18. *Spécialités :* les raviolis à la vapeur, crabe aux champignons. *Prix du repas :* une quinzaine de yuans par personne.

Dong ho. Parc Dong shan. Ce restaurant n'est ouvert qu'à midi.

Dong jiang. « Restaurant de la Rivière de l'Est ». 337, Zhongshansi lu. Tél. 850.31. *Spécialités :* canard braisé, langoustines farcies servies avec des pigeonneaux rôtis. *Prix du repas :* une douzaine de yuans par personne.

Dongshan. « Restaurant de la Montagne de l'Est ». Dongshan gueigang. Tél. 705.56. *Spécialités :* poisson entier à la sauce Songshu, phoque aux champignons.

Guangzhou. 2, Wenchang lukou. Tél. 871.36 et 878.40. *Spécialités :* poulet braisé servi avec cuisses de grenouilles, pattes de canard farcies aux crevet-

tes. *Prix du repas :* 20 yuans par personne minimum, mais ça vaut le déplacement.

Hui. Restaurant musulman. 325, Zhongshan lu. Carrefour de Zhongshan lu et de Weixin lu. Tél. 884.14.

Jingji. « Restaurant économique ». 8, Er ma lu. Shamian. Tél. 887.84. Bonne cuisine européenne.

Liu hua. Parc Liu hua. Tél. 688.00. Fameux pour ses plats de poissons.

Nan yuan. « Restaurant du Jardin du Sud ». 120, Qianjin lu. Tél. 505.32 et 505.42. Excellente cuisine cantonnaise.

Sha ho. Shaho Dajie. Tél. 709.56. *Spécialité :* les nouilles de riz.

She canguan. 43, Jianglan lu. Tél. 838.11. Restaurant spécialisé dans les plats de serpents. *Prix du menu :* minimum 20 yuans par personne.

Su xiang. 167, Zhongshanliu lu. Tél. 868.36. Cuisine uniquement végétarienne.

Taiping. 344, Beijing lu. Tél. 355.29.

Ye wei. 249, Beijing lu. Tél. 303.37 et 309.97. On peut y déguster quelques plats rares, préparés avec du gibier et des animaux sauvages.

Yu Yuan. 90, Liwangnan lu. Tél. 868.38.

Salon de thé

A deux minutes de l'hôtel Dong fang, le **Jardin des Fleurs et des Oiseaux** vous accueillera l'après-midi. Le cadre est agréable. On peut y boire du champagne, du vrai ! Il est situé au 572, Jiefang lu.

○ *Adresses utiles*

Agences du tourisme :

China International Travel Service : 179, Huanshu lu. Tél. 334.54. Il y a un bureau de la CITS à l'hôtel Dong Fang dans le bâtiment le plus ancien, aujourd'hui rénové, au 3e étage ; le personnel y est particulièrement peu aimable !

Guangdong Youth Travel Service : Si bei tong jin n° 1. Tél. 783.69 et 787.02. Non loin du terminus est de la ligne de bus n° 1, dans un quartier peu fréquenté par les touristes. Accueil sympathique ; cette organisation ne peut malheureusement pas faire grand-chose pour les voyageurs individuels.

Compagnie d'aviation : CAAC : 181, Huanshi lu. Service international, Tél. 618.03 ; service intérieur. Tél. 621.23.

Bureaux de la Sécurité : 863, Jiefang bei lu. Faites vous bien traduire les noms de villes mentionnées sur votre permis ; 1 yuan, le permis.

Librairies :
Librairie en langues étrangères : 326, Beijing lu.
Librairie Xinhua : 336, Beijing lu. Librairie chinoise intéressante pour ses affiches.

Magasin de l'Amitié : 369, Huanshi lu. Tél. 762.96.

Magasins d'antiquités : au 146, Wende beilu, Tél. 312.41 ; au 575, Hongshu beilu, Tél. 876.00 ; à l'entrée du temple Guangxiao si.

Grands magasins : le Nan Fang : 49, Yanjiang yi lu, au carrefour de Renmin lu et de Yanjiang lu ; autres grands magasins sur Zhongshan wu lu et Zhongshan si lu.

Location de vélos : il y a un stand de location à deux pas du White Swan, juste en face de l'hôtel des fonctionnaires à Shamian.

Gares routières

Gare routière longue distance : rue Huanshi xi lu à 10 minutes à pied sur la droite en sortant de la gare. Elle dessert Foshan, Zhaoqing, Guilin, Beihai, Haikou, Zhangjiang.

Gare routière du Parc culturel : rue Liuersan lu, en face du parc. Elle dessert également Foshan et Zhaoqing.

La foire de Canton

C'est l'un des événements les plus importants de l'année, qui attire dans la ville un très grand nombre d'hommes d'affaires. A cette occasion, tous les hôtels de la ville et des environs affichent « complet ».

La foire se tient deux fois par an, du 15 avril au 15 mai et du 15 octobre au 15 novembre. Pendant la foire, une promenade dans le parc des expositions permet de mieux se faire une idée sur la variété des produits tant agricoles qu'industriels qui sont exportés par la Chine. Des films sont projetés, montrant différents aspects de la vie chinoise ainsi que du développement de certains secteurs économiques.

Le nombre des participants étrangers n'a cessé d'augmenter au cours de ces dernières années. Le nombre des hommes d'affaires français présents à la foire — de deux cents à trois cents — est bien entendu infime comparé aux quelque trois mille participants japonais représentant plus de deux mille firmes.

○ *Renseignements pratiques concernant la foire*
Adresse du bureau organisateur de la foire : CECFEO : Place Haizhu, Canton. Cable : CECFA, Guangzhou.

Bureaux de liaison avec la foire : il y en a dans les cinq principaux hôtels : Dong fang, Bai yun, Guangzhou, Liuhua et Renmin.

Heures d'ouverture de la foire : de 8 h 30 à 11 h 30 et de 14 h 30 à 17 h 30. Ouverte tous les jours, sauf le dimanche.

Les promenades : rues commerçantes, marchés et vie de quartier

Les grandes artères commerçantes sont principalement les avenues : **Beijung lu**, **Zhongshan lu** (section 4 et 5) et la rue **Renmin lu** (section Sud). **Le carrefour de Beijung lu** avec Zhongshan wulu (section 5 de l'avenue) est à peu près à équidistance des hôtels Dong fang, Bai yun et de l'île de Shamian (40 mn à pied).

La rue du Peuple. La partie commerçante de la rue Renmin lu est celle située près de la rivière des Perles. Au début de Renmin lu, on ne doit pas manquer le plus grand magasin de Canton : le **Nan Fang**. A deux minutes à pied, il y a le plus ancien des **magasins de l'Amitié**, rue Liuersan lu. Dans ce quartier de Canton, il y a un grand nombre de petites échoppes, de librairies, de pharmacies ainsi que des restaurants populaires ou bien des cantines spécialisées dans les plats à la vapeur.

Les petites rues commerçantes. Goûter l'ambiance animée et pittoresque de Canton c'est aussi s'enfoncer dans les petites rues qui partent de ces grandes artères. Ainsi vous pourrez prendre l'une des rues qui partent de chaque côté de Renmin lu en la remontant à partir de la rivière : empruntez sur le trottoir de droite la première (non signalée sur les petites cartes chinoises) puis la seconde — Yide xilu ; sur le trottoir de gauche, les trois rues Shisanhang lu, Heping donglu et Jianglan lu.

Le marché Qing ping. A ne pas rater, surtout si vous ne passez que quelques heures à Canton. Ce marché se tient tous les jours juste en face de l'île de Shamian : dans la ruelle qui part de Liu'ersan lu, juste dans l'axe du petit pont qui mène à l'île. Dans ce marché très pittoresque, vous pourrez faire vos provisions de serpents, chiens, tortues, etc. Un itinéraire de promenade fort intéressant consiste d'ailleurs à venir de Renmin lu en empruntant la première rue sur la gauche — la rue Shisanhang lu — puis de la continuer toujours tout droit vers l'ouest : vous tomberez, au bout du compte, sur les ruelles couvertes du marché Qing ping.

La vie de quartier. Comme on peut le constater sur un plan de la ville, chaque quartier est plus ou moins délimité par des rues et avenues ; mais, à l'intérieur, chacun d'eux est traversé par une multitude de ruelles, passages où il est facile de perdre le nord. Je vous propose un jeu, un but de promenade mais aussi l'occasion de vous perdre : trouver les deux temples **Wuxian si** et **Hualin si**. Ces deux temples existent (je les ai vus !) mais sont dans un piteux état : le premier est transformé en école, le second en usine. Je vous aide pour le premier : le Wuxian si est au fond d'un passage (le premier passage à droite sur Huifu lu, après la rue Mishi lu en venant du carrefour avec Jiefang Zhonglu). Si vous le trouvez, profitez-en pour jeter un coup d'œil sur la salle de culture physique qui se trouve au fond et à gauche du passage (les photos sont vraiment sublimes). Le temple Hualin si, quant à lui, se trouve dans un quartier délimité au nord par Changshou lu, à l'ouest Wenchang lu, au sud Xiajiu lu et à l'est Dexing lu. Ce quartier mérite absolument que l'on s'y perde.

A voir à Canton

L'intérêt d'un arrêt de quelques jours à Canton réside, bien plus que par les visites de ses sites et monuments historiques, dans les promenades agréables qui vous feront découvrir le climat bien particulier de cette ville ainsi que l'attitude nonchalante et détendue de sa population. Canton est bien loin du formalisme rigide et pesant de Pékin. La flânerie est d'autant plus agréable que l'étranger y attire moins l'attention.

Les coins à ne pas manquer sont l'avenue **Yanjiang lu** qui borde la rive gauche de la rivière des Perles. A l'occasion, rien ne vous empêche de traverser le fleuve pour quelques fens. L'agence de tourisme chinois organise aussi des promenades sur le fleuve pour 10 yuans. Il faut vous renseigner à votre hôtel. A ne pas manquer non plus : l'**île de Shamian** ; le quartier compris entre les rues Renmin lu, Zhongshan lu, Yuexiu lu et le fleuve ; et enfin les parcs **Yue xiu** et **Liu hua.**

Premier itinéraire :

L'Institut des cadres du mouvement paysan — le mausolée des Martyrs de l'insurrection de la Commune de Canton — le musée de la Révolution.

L'Institut des cadres du mouvement paysan. Il se trouve sur l'avenue Zhongshansi lu (section n° 4 de l'avenue), au niveau du carrefour avec la rue Yuexiu lu. La création de cet Institut date d'une décision du troisième congrès du parti communiste en juillet 1923. Ce fut en quelque sorte la première école pour cadres du parti. **Peng Pai** en assura le premier la direction, puis **Mao Zedong** en 1926, **Zhou Enlai, Guo Moruo** y enseignèrent. Les activités de cet Institut cessèrent au moment de l'insurrection de Canton en 1927. Outre l'intérêt lié à l'histoire révolutionnaire du pays, la visite permet d'admirer les très beaux restes de l'ancien temple de Confucius qui abrita cet Institut dont la construction remonte au XVIᵉ siècle.

Le mausolée des Martyrs de l'insurrection de la Commune de Canton. A dix minutes à pied, en continuant la rue Zhongshansan lu (section n° 3 de l'avenue) vers l'est, on tombe sur un grand parc où s'élève ce mausolée qui fut construit en 1957. Une large allée partant d'une porte monumentale mène à un terminus recouvrant les restes des 5 000 victimes de la répression du Guomindang en 1957.

Le musée de la Révolution, situé à proximité, présente de l'intérêt pour sa section traitant du rôle révolutionnaire joué par le Guangdong pendant la période allant des deux guerres de l'Opium jusqu'à la libération. La visite du musée de la Révolution de la ville de Canton mérite d'être effectuée si vous n'avez jamais visité auparavant en Chine de musée de la Révolution. Si ce n'est pas le cas, vous pouvez vous abstenir de visiter celui-ci !

Pour se rendre à ces trois sites : les lignes de trolleybus n°ˢ 1 et 2, et de bus n°ˢ 1 et 22, passent devant ces monuments sur l'avenue Zhongshan lu (sections n°ˢ 3 et 4).

Deuxième itinéraire :

Le parc Yue xiu — La tour Zhen hai — Le jardin des Orchidées.

Le parc Yue xiu. C'est certainement le plus beau de la ville. D'une superficie d'une centaine d'hectares, il s'étend sur les collines qui dominent le nord de Canton. Il comporte des installations sportives — un stade et deux piscines — qui pour l'instant sont interdites aux étrangers. Ce parc mérite une longue promenade. Il y règne toujours une animation très détendue, en particulier dans la soirée, sur les bords du lac artificiel. Le parc ferme habituellement ses portes à 9 h le soir.

La tour Zhen hai. Elle s'élève sur une colline dans la partie sud du parc Yue xiu. Ce monument, construit pour la première fois sous les Ming en 1380, fut refait en 1686. Il servait de poste d'observation. Bâtiment à cinq étages de couleur rouge sombre, aux toits à auvents retournés, la tour Zhen hai abrite maintenant le musée municipal de Canton. Du dernier étage on a une très belle vue sur la ville.

Le jardin des Orchidées. Toujours à cinq minutes à pied de l'hôtel Dong fang, vous pourrez effectuer une petite promenade dans le jardin des Orchidées. L'entrée se trouve sur Jiefang lu en face de l'entrée principale du parc Yue xiu.

Troisième itinéraire :

Le temple des Six Banians — le temple Guangxiaosi — la mosquée Huisheng si — le temple Chen jia si.

Le temple des Six Banians. Ce temple et la pagode attenante sont situés dans la rue Liurong jie qui donne sur l'avenue Zhongshanliu lu (section n° 6 de l'avenue). Abîmés comme beaucoup d'autres temples de Canton pendant la Révolution Culturelle, ils sont aujourd'hui restaurés. Construit en 479 le temple doit son nom au poète célèbre Su Dongpo qui fut frappé par la présence de six banians dans la cour. La pagode élevée en 537, détruite, puis restaurée en 1078 est haute de 55 m et comporte 9 étages. Sa base est octogonale.

Le temple Guangxiao si. Donnant sur la rue Guangxiao lu, à deux pas du temple des Six Banians, s'étend l'un des plus vieux et plus grands temples du Sud de la Chine : le temple de la Piété filiale, *Guangxiao si*. Sa construction remonterait au début du Ve siècle sous l'impulsion de moines bouddhistes venus de l'Inde. On y visite, face à l'entrée, le grand hall de Çakyamuni et sur la droite, complètement au fond du jardin, l'une des plus anciennes pagodes de fer haute de 4 mètres. Juste derrière le grand hall, on remarquera une toute petite pagode en céramique qui contient les restes d'un des fondateurs du bouddhisme en Chine du Sud. Ce temple est certainement l'un des lieux les plus calmes et reposants de Canton. L'entrée coûte 1,7 yuan. Face au guichet, se trouve un petit magasin d'antiquités.

La mosquée Huisheng si. Dans la rue Guangta lu, au sud de la rue Zhongshanliu lu (section n° 6 de l'avenue), se trouve cette mosquée qui serait la plus ancienne de Chine. Le minaret est très laid, son premier étage étant couvert de ciment. Néanmoins on a une très belle vue de la ville à son sommet.

Pour se rendre à ces trois sites. De l'hôtel Dong fang. Le trolleybus n° 3 qui suit l'avenue Zhongshanliu lu. *De l'hôtel Bai Yun,* le bus n° 6 vous laisse au carrefour de Zhongshan lu et de Jiefang lu, ensuite il y a une dizaine de minutes à pied avant d'atteindre l'un ou l'autre de ces monuments.

Ces trois visites peuvent constituer deux arrêts au cours d'une promenade de l'hôtel Dong fang vers le fleuve en passant par Jiefang lu, Zhongshanliu lu puis Renmin lu.

Chen jia si, le temple de la famille Chen. Ce temple se trouve à l'ouest du centre ville, sur Zhongshan lu, section 7. Il mérite largement le détour, à plus d'un titre. D'abord, il est très beau. Il se compose de trois grandes salles entourées de multiples pavillons et cours intérieures. On traverse la salle de réception, puis la salle de réunion et enfin la salle du culte des ancêtres. Les faîtes des toits richement décorés de scènes mythiques à l'aide de personnages en terre cuite vernissée sont remarquables. Penser à prendre des jumelles pour observer les détails. Ce temple est également intéressant par ses caractéristiques religieuses car il s'agit d'un temple exclusivement confucéen. Il a été bâti en 1894 par la famille Chen, comme acte de piété filiale, dans la plus pure tradition confucéenne. Enfin il abrite de nombreuses expositions temporaires de grande qualité : artisanat local, bonsaï, peintures, etc. C'est aujourd'hui un musée provincial ouvert tous les jours. Entrée : 0,20 yuan.

Quatrième itinéraire :

L'île de Shamian — Le parc culturel — La cathédrale.

L'île de Shamian. Longue d'un km et large de 400 m, l'île de Shamian est reliée à la rive gauche du fleuve par deux petits ponts : l'un à l'extrémité est qui débouche près du grand pont métallique Renmin, l'autre au milieu du côté nord de l'île.

C'est sur cette île que les Anglais et les Français établirent leurs concessions à partir de 1859. Aujourd'hui encore, elle a conservé son aspect colonial. Une promenade à Shamian permet d'en apprécier la tranquillité : très peu de voitures y circulent. On y voit de vieilles bâtisses coloniales décrépies, les deux églises protestante et catholique transformées en entrepôts. C'est aussi de l'île que l'on a la meilleure vue sur la rivière des Perles et son trafic.

Si vous avez envie de pénétrer à l'intérieur de l'un de ces vieux bâtiments

et à l'occasion de vous désaltérer, un arrêt est conseillé au *magasin des Marins* mais surtout au *Club des Marins* où sont servis des boissons fraîches et des repas chauds.

Les touristes pratiquants — et les curieux — ne manqueront pas de rendre une petite visite au père Laurence Liu Lingsi qui officie à l'*église Notre-Dame-de-Lourdes* située au 14, rue Shamian Dajie (Tél. 898.58). Transformée en usine pendant la Révolution Culturelle, cette petite église fut réouverte en décembre 1982. Les messes ont lieu tous les jours à 6 h 30 et 7 h 30, le dimanche à 6 h 30 et 7 h.

Le parc culturel. Situé à 5 mn à pied de Shamian, dans la rue Liuersan lu, le parc culturel est le plus grand centre d'attraction de Canton : des opéras, des représentations théâtrales ainsi que des projections cinématographiques y sont donnés en plein air le soir.

L'ancienne cathédrale. En vous promenant dans la rue Yide lu, dans la portion comprise entre Jiefang lu et Renmin lu, vous passez devant l'ancienne cathédrale. De style gothique, elle fut construite par un architecte français à partir de 1860. Les tours s'élèvent à plus de 50 m. On a meilleure vue de la cathédrale de la terrasse de l'hôtel Renmin.

Pour se rendre sur ces trois sites. Ils sont situés à proximité du commencement de la rue Renmin lu, à deux pas du fleuve.

○ *Les autres centres d'intérêt*

Le monument de Sun Yatsen. Au carrefour Dongfeng lu et Guangzhou qixi lu. Construit en 1925, le bâtiment abrite une salle de spectacles de plus de cinq mille places.

Le musée Lu xun. Dans l'enceinte

de l'ancienne université du Guangdong, située au carrefour de Yan'an lu et Yuexiu lu. L'exposition consacrée à la vie de l'écrivain ne vaut pas celle du musée Lu xun de Shanghai.

Le zoo. La visite peut être intéressante à condition de ne pas être menée à un train d'enfer, comme c'est très souvent le cas avec les groupes organisés. A voir seul.

A voir dans les environs
La montagne du Nuage Blanc. A une quinzaine de kilomètres au nord-est de Canton. Cette montagne, *Baiyun shan*, dont l'altitude ne dépasse pas 400 m, fut un centre religieux important de la province. De nombreux temples se dressaient sur ses pentes. Ceux-ci ont aujourd'hui disparu. A leur place ont été construites de grandes villas, aménagées en forme d'hôtels, accueillant aussi bien des touristes étrangers que de très hauts cadres du régime.

Les sources chaudes de Zhongshan et le village natal de Sun Yatsen. A deux heures de route de Canton et à 30 km au nord de Macao, s'étend le district de Zhongshan dont le chef-lieu est Shiqi. On y visite les sources chaudes près de la rivière des Perles ; la promenade y est agréable, près du fleuve et dans les bois environnants. A 10 km, on se rend à Cuiheng, le village natal de Sun Yatsen, pour visiter la maison où naquit le grand homme ainsi qu'un musée consacré à sa vie.

Guanlubu : le village natal du chef des Taipings. Hong Xiuquan (1814-1864), le chef de la rébellion Taiping est né dans le petit village de Guanlubu. A quelques kilomètres de là, dans le bourg de Huaxian, on visite un musée qui lui est consacré.

Zhaoqing : les Rocs des Sept Étoiles. A une centaine de kilomètres à l'ouest de Canton, en amont sur la rivière des Perles, Zhaoqing est apprécié pour le relief qui l'environne. On y visite les Rocs des Septs Étoiles au nord, la montagne Dinghu, 20 km à l'est. Les touristes qui remontent la rivière des Perles jusqu'à Wuzhou ou Liuzhou pourront y faire escale ; le bateau qui va à Wuzhou fait escale à Zhaoqing environ 9 heures après le départ de Canton.

Face à l'entrée sud des Rocs des Sept Étoiles, l'hôtel Zhaoqing offre des chambres à 20-30 yuans et des lits en dortoir à 10 yuans.

FOSHAN
La ville de Foshan est à 28 km au sud-ouest de Canton. Comme le rappelle le nom de la ville qui signifie en chinois la « colline des Bouddhas », Foshan fut, par le passé, un important centre religieux mais aussi économique.

La poterie fut toujours une des activités principales de la ville ; des emplacements d'anciens fours construits sous les Song ont d'ailleurs été mis au jour ces dernières années. C'est dans le bourg voisin de **Shiwan**, à quelques kilomètres au nord de Foshan, que se trouvent les deux ateliers de poteries que visitent généralement les touristes.

Petite ville, pour la Chine, de 300 000 habitants, Foshan s'étend au sud d'un méandre de la rivière Fenjiang. Elle rappelle par bien des aspects certains quartiers de Canton, mais ses rues sont beaucoup plus étroites et la circulation moindre.

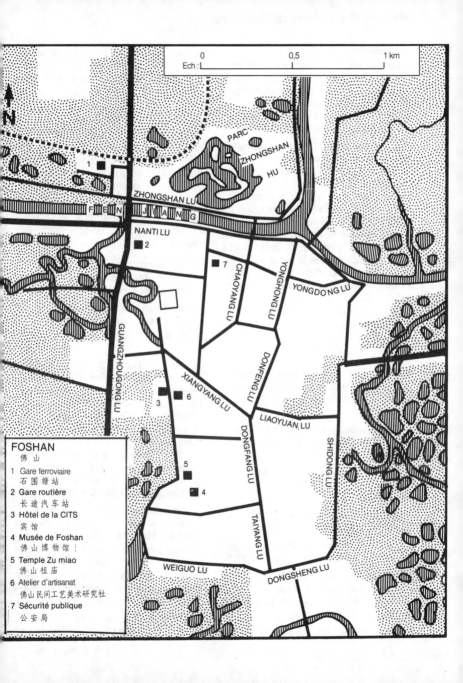

Ech : 0   0,5   1 km

PARC
ZHONGSHAN
HU

ZHONGSHAN LU

F E N J I A N G

NANTI LU

CHAOYANG LU

YONGHONG LU

YONGDONG LU

DONFENG LU

GUANGZHOUGONG LU

XIANGYANG LU

LIAOYUAN LU

SHIDONG LU

DONGFANG LU

FOSHAN
佛 山

1 Gare ferroviaire
  石围塘站
2 Gare routière
  长途汽车站
3 Hôtel de la CITS
  宾馆
4 Musée de Foshan
  佛山博物馆
5 Temple Zu miao
  佛山祖庙
6 Atelier d'artisanat
  佛山民间工艺美术研究社
7 Sécurité publique
  公安局

TAIYANG LU

WEIGUO LU

DONGSHENG LU

Un conseil

Foshan est un centre touristique proche de Canton où tous les groupes organisés sont amenés systématiquement pour visiter une usine de poterie et deux temples, l'un transformé en musée, l'autre en centre d'artisanat.

Il y a une chose que les accompagnateurs chinois oublient de faire visiter : le centre ville, qui est beau et mérite une promenade. Devant la lenteur des visites organisées, souvent leur peu d'intérêt comme celle de l'usine, et les pertes de temps, nous ne saurions trop conseiller : soit de semer vos interprètes, par exemple pendant la très longue pause digestive après le repas à l'hôtel, soit de revenir un autre jour tout seul à Foshan pour vous promener dans la ville.

Foshan pratique

○ *Comment s'y rendre*
Une bonne route goudronnée ainsi qu'une voie ferrée relient Foshan à Canton. La durée du trajet est d'environ 45 minutes par autocar, une heure par train.

Par l'autocar. Les bus pour Foshan partent de Canton des endroits suivants :

La gare routière des bus pour Foshan : rue Daxin lu, rue donnant dans Jiefang lu.

La gare routière longue distance : rue Huanshi xi lu, à 10 minutes de la gare.

La gare de bus située rue Liuersan lu, en face de l'entrée du parc culturel.

A Foshan, l'autocar vous dépose au terminus des bus longue distance, juste à l'entrée de la ville ; c'est là que l'on achète son billet de retour.

Par le train. Le billet aller se prend à la gare Shiweitang zhan qui se trouve au sud-ouest de Canton, de l'autre côté de la rivière des Perles. Le prix du billet est 0,2 yuan.

Pour rejoindre la gare, deux possibilités s'offrent à vous : soit prendre le bus n° 19 dont le terminus est sur Renmin lu et qui passe devant la gare ; soit prendre le bateau à l'embarcadère situé face au 39, Yanjiang lu. Il vous déposera également à proximité de la gare.

A Foshan, la gare ferroviaire est située à deux pas d'un bras de la rivière Fenjiang qu'il vous faut traverser pour gagner la ville.

○ *Restaurants*
Foshan fandian. Grand restaurant populaire rue Chaoyang.

Restaurant de l'hôtel de la Lüxingshe. C'est là que déjeunent tous les groupes touristiques.

A voir à Foshan
Le temple Zuci miao. Il se trouve au fond du parc Zumiao qui donne sur la rue Fanxiu lu. Cet ancien temple taoïste abrite le musée municipal. Sa première construction remonte à l'époque Ming, mais les bâtiments actuels sont plus récents et datent de la dynastie Qing. Dans l'enceinte du temple, on regardera la scène de théâtre qui donne sur la cour entourée d'une allée couverte.

L'intérieur du temple renferme d'imposantes statues en chiffon datant de l'époque Ming, des poteries, des armes utilisées par les Taipings lorsqu'ils occupèrent la ville et différents objets funéraires trouvés dans la région. Les linteaux des portes de l'enceinte du temple méritent également un coup d'œil.

L'atelier d'artisanat de Foshan. Il occupe les locaux de l'ancien temple

Renshou si, rue Fanxiu lu, juste en face de l'hôtel de la Luxingshe. Les bâtiments ont été restaurés et l'on y fabrique des objets en papier découpé — lanternes et dragons — ainsi que des statuettes. La pagode située à droite de cet ancien temple est en cours de restauration et ne peut être visitée.

○ *Promenades*

Les rues Songfeng lu, Fandi lu prolongée par la rue Chaoyang lu, Dongfeng lu prolongée par Yanghong lu, partent toutes de la rue Xiangyang lu, proche de l'hôtel de la Luxingshe et aboutissent sur la rivière Fenjiang.

Les rues Nandi lu et Xiuli lu bordent la rivière.

Le parc Zhong shan occupe l'intérieur du coude fait par la rivière.

HAINAN

Un peu d'histoire

L'île de Hainan a toujours été considérée comme une des régions les plus pauvres de Chine, terre d'exil où étaient envoyés les bannis de l'empire. Avec les communistes, elle est devenue une base militaire très importante, surtout depuis le conflit avec le Viêt-nam qui a éclaté en 1978. La côte est équipée de bases navales, stations missiles, radars... Environ 300 000 soldats seraient cantonnés à Hainan. Depuis 1980, une nouvelle ère s'est ouverte pour Hainan avec la création d'une zone économique spéciale. Les autorités veulent ouvrir l'île aux investissements étrangers en faisant miroiter les richesses de son sous-sol (cuivre, titanium), l'exploitation du caoutchouc, les réserves en gaz méthane, sans parler du potentiel touristique de l'île avec ses belles plages de sable blanc. Malheureusement, l'île ne dispose

d'aucune infrastructure ; le plan prévoit la construction de deux ports modernes, mais les militaires ne semblent pas prêts à vouloir quitter l'île. Quant aux investisseurs étrangers, il semblent de prime abord, assez inquiets devant la gabegie qui règne dans l'île. L'ouverture de Hainan aux étrangers a eu pour premier effet, à défaut d'investissements sérieux, de transformer l'île en un vaste réseau de contrebande dont les militaires ne sont pas les derniers à bénéficier. Les scandales ne cessent d'éclater à Hainan.

Un autre paradoxe de Hainan est de vouloir exploiter les capacités touristiques de la région tout en construisant à côté des hôtels des raffineries pour le gaz !

Avant que tout cela ne prenne vraiment vilaine tournure, l'île de Hainan peut être considérée comme un véritable paradis, encore à l'état sauvage. Vous pourrez savourer sur les plages de Sanya du rarissime plaisir de disposer de kilomètre de plage de sable fin pour vous seul !

Les habitants de Hainan étaient à l'origine les Li (700 000). Les Miao sont venus plus tard, probablement refoulés par les Han. Les minorités occupent le centre de l'île, qui a obtenu le statut de région autonome, en remerciement de sa collaboration avec les communistes dans la lutte contre les Japonais puis contre le Kuomintang. Les autres habitants de l'île, mis à part les Han majoritaires qui occupent les côtes, sont les réfugiés vietnamiens, la plupart d'origine chinoise, qui ont quitté le Viêt-nam depuis 1978.

Depuis 1983, le tourisme individuel est possible, sans permis pour Haikou, Sanya et il vous sera plus facile de circuler dans l'île à partir de Sanya. A 40 km de Sanya, vous avez la ville de

Baoting qui est le centre administratif de la région des Li et des Miao. La côte est est plus difficile d'accès, en raison de la présence des bases militaires, mais rappelez-vous que tout se monnaye à Hainan.

Hainan pratique

○ *Comment s'y rendre*

Par avion. De Canton à Haikou, il existe une liaison tous les jours. De Canton à Sanya, 4 vols par semaine : lundi, mercredi, vendredi, samedi, départ à 7 h du matin, mais vérifiez sur place car les départs sont soumis à toutes sortes d'imprévus.

Par le bus et le bateau à partir de Zhanjiang. Prix du billet bus-bateau combiné 7 yuans (et même plus cher avec le nouveau bateau mis en service depuis mars 85). Le trajet en bus de Zhanjiang jusqu'à la presqu'île de Leizhou dure 7 heures environ, la traversée du bras de mer jusqu'à Hainan se fait maintenant en 45 minutes avec le nouveau service (au lieu de 1 heure 45 minutes avec l'ancien ferry). Il y a 6 traversées par jour. Pour le retour, départ de Haikou à 6 h 30.

Il existe également des bateaux qui assurent la liaison avec Canton et Hong Kong à partir ou en direction de Haikou et de Sanya. Haikou-Canton : départ tous les jours ; tarif : entre 14 et 20 yuans. Durée de la traversée : 26 heures. Le départ se fait du quai Zhoutou zi à Canton. De Haikou, renseignez-vous au rez-de-chaussée de l'hôtel des Chinois d'outre-mer. De Sanya, il existe des liaisons hebdomadaires sur Canton et Hong Kong, mais avec l'afflux des touristes à Sanya, les liaisons sont peut-être plus fréquentes.

Haikou

Haikou est la capitale de Hainan, ville sinistre que vous aurez vite fait de quitter une fois vos démarches pour le retour faites, dans le cas où vous repasseriez par Haikou pour quitter l'île. Il n'y a absolument rien à voir à Haikou, sinon l'**hôtel des Chinois d'outre-mer**, non pour les charmes de l'hôtel lui-même, mais parce qu'il est le centre où tous les Chinois de Haikou se retrouvent. L'hôtel est ouvert aux Chinois qui fréquentent les salles équipées de jeux électroniques, les bars de l'hôtel, le magasin qui est un petit Hong Kong, enfin le bal ouvert tous les soirs où toute la jeunesse de Haikou afflue. L'hôtel pratique le double tarif selon que l'on paye en monnaie locale ou en FEC (certificat de change étranger).

L'hôtel est situé non loin du centre. Le prix des chambres varie entre 40 yuans pour une chambre double et 20 yuans pour une chambre à 4 lits.

Les bureaux de la **CITS** sont au rez-de-chaussée de l'hôtel.

La **CAAC** se trouve 50, rue Jiefang Lu, à 15 mn à pied de l'hôtel. De la gare routière et du port, prendre le bus n° 3, pour se rendre à l'hôtel.

L'intérieur de l'île

Il est possible de traverser l'île, de Haikou à Sanya, en passant par **les monts Wuzishan**, au milieu des plantations d'hévéas et des forêts tropicales. Vous pourrez faire halte dans les **villages des Li**, renommés pour la qualité de leurs tissages. L'hôtel de **Wanning** est une bonne escale.

Sanya

Sanya est située à l'extrémité sud de l'île. De Haikou vous pouvez prendre un bus à air conditionné qui part vers

6 h et arrive à 15 h. Prix du billet 33 yuans. Même horaire pour le retour de Sanya ; départ à 6 h 30 de l'hôtel Luhuitou.

Il existe un bus local meilleur marché qui part vers 5 h 30. Vous avez aussi la possibilité de louer un mini-bus de 7-8 personnes pour 270 yuans ou une voiture pour 200 yuans.

Si vous arrivez par avion, le bus de la CAAC vous amène dans le centre de Sanya.

Pour circuler à Sanya et dans les environs, le moyen le plus économique et le plus rapide est le *sanlunche*, petite carriole tirée par une moto. Vous en trouvez partout.

○ *Hôtels*

L'hôtel le plus confortable et le mieux situé est l'**hôtel Luhuitou**. C'est un ensemble de bungalows dispersés à l'intérieur d'une très belle palmeraie. Les chambres doubles des bungalows neufs, avec air conditionné et eau chaude coûtent 80 yuans. On peut trouver des chambres doubles avec air conditionné pour 36 yuans dans des bungalows plus anciens. Les autres chambres sont sans air conditionné, les chambres donnant sur une véranda commune ; chambre de 3 lits : 24 yuans ; chambres doubles sans salle de bains : 12 yuans ; suite avec 2 lits : 40 yuans. L'hôtel est à 7-8 km de la ville.

L'hôtel Haiyun Zhaodaisuo, est à mi-chemin entre Sanya et l'hôtel Luhuitou. Chambres à 3 lits minimum : 6 yuans par lit, avec sanitaires en commun. En face du Haiyun Zhaodaisuo, un ferry vous amène à Sanya en 2 minutes, ce qui vous évite le grand détour par la route.

○ *Restaurants*

Le restaurant du Luhuitou fait tout pour vous faire oublier que vous êtes dans une île sous les tropiques. Impossible d'y manger des fruits, quant au poisson, le cuisinier a l'art de transformer un poisson frais en quelque chose d'innommable. Pour les fruits, il vous faudra aller en ville pour en acheter ; pour le reste nous vous conseillons de prendre vos repas dans le petit restaurant privé qui se trouve à l'entrée du Luhuitou. Connu sous le nom de Kangourou Club, nom donné par des techniciens australiens qui travaillent sur une plate-forme off shore, ce restaurant vous offre du poisson, des langoustes, des crevettes ; tout est frais, et le propriétaire s'en remet à vos suggestions. Un repas revient à 5-7 yuans par personne.

○ *Plages*

Xihai, en face de l'entrée du Luhuitou. Le cadre est très beau ; malheureusement on ne peut pas se baigner, l'eau n'est pas assez profonde et la plage est couverte de petits coraux.

Xiao donghai, « petite plage de l'est », de l'autre côté de la presqu'île, à 10 minutes à pied de la sortie opposée de l'hôtel Luhuitou. C'est une très belle plage peu fréquentée.

Da donghai, « grande plage de l'est » : c'est une belle plage de sable blanc qui s'étend sur des kilomètres. Il est préférable de vous éloigner un peu si vous voulez vous abriter des regards un peu trop curieux. A 8 km du Luhuitou. Ce sont là les plages les plus proches, il en existe d'autres le long du littoral.

Les zones économiques spéciales

Où placer votre argent au Guangdong ?

Depuis la mise en route d'une politique d'« ouverture » économique sur l'Occident, les autorités chinoises ont créé 4 zones économiques spéciales et ouvert 14 villes plus l'île de Hainan pour attirer les investissements étrangers. Le Guangdong ainsi est devenu une province phare puisqu'elle compte trois des quatre zones économiques spéciales, une ville « ouverte » — Zhanjiang — et l'île de Hainan.

Shenzhen. C'est la plus importante des 4 zones économiques spéciales du fait de sa proximité de Hong Kong. Elle comprend quatre districts — Shekou, Lohu, Shangbu et Shahe — pour une superficie de 327 km². La population de Shenzhen est passée en quelques années de 30 000 à 300 000 habitants ; une croissance à l'image de ces grandes tours qui se dressent un peu partout en ville. Plusieurs hôtels accueillent les touristes et hommes d'affaires dans cette « zone » : le Silver Lake Resort Hotel, l'East Lake Hotel, le Xiangmihu Holiday Village et le Shenzhen Bay Hotel.

Zhuhai. Sur la rive droite de l'estuaire de la rivière des Perles, cette zone économique est située au nord de Macao ; elle compte aujourd'hui 100 000 habitants pour une superficie de 15 km². On y trouve trois hôtels — Le Zhuhai, le Feng huang et le Gongbei — et deux villages de « vacances » — le Yinkang et le Special Zone.

Shantou. A 300 km à l'est de Canton, Shantou est la plus petite de toutes les zones économiques spéciales ; c'est avant tout un port en eau profonde. Pour l'instant les difficultés d'accès vers Shantou ont plutôt fait réfléchir les investisseurs étrangers. Deux hôtels pour les hommes d'affaires : le Lowu et l'hôtel de l'Amitié.

Zhanjiang. Jusqu'en 1949, Zhanjiang fut une concession française — concession de Kouang-Tcheou-Wan ; elle ne connut jamais un véritable essor car, bien que située en Chine, elle releva toujours de l'administration française en Indochine. Aujourd'hui, Zhanjiang est devenue une base navale chinoise d'une extrême importance, et les Français y ont refait apparition pour des travaux de prospection pétrolière. Pour les experts et hommes d'affaires, deux hôtels : le Xin jiang et le Hai Bin.

Le Guizhou

Un peu d'histoire

Situé au sud-ouest, entouré par le Sichuan et le Hunan au nord et à l'est, par le Yunnan à l'ouest et le Guangxi au sud, l'ancien royaume de Yelang guo, fut le dernier État « barbare » du Sud à être rattaché à l'empire. Ce fut l'empereur Qing Qianlong (1736) qui, en venant à bout de la résistance acharnée de ces « hommes du Guizhou », mit fin à la relative indépendance de cette province éloignée et inaccessible. Par la suite, sous le Guomindang, quelques révoltes sporadiques éclatèrent, vite réprimées. Aujourd'hui encore les noms des villes témoignent de cette longue histoire de soulèvements : Qingzhen, Zhenyuan, Zhenning contiennent tous le mot répression « Zhen », tandis que Anshun, Pu an signifient « restauration de l'ordre ».

L'occupation Han de cette province peuplée par de nombreuses minorités nationales, dont les plus importantes sont les Miao, les Buyi, les Dong et les Gelao, débute sous la dynastie Han. Au préalable ces tribus avaient été refoulées vers ces montagnes par les Chinois qui, avançant vers le sud, occupèrent le bassin du Yangzi. A l'époque des Trois Royaumes, le célèbre général Zhu Geliang envoya ses armées au Guizhou, mais sut reconnaître l'autorité des chefs de tribus. Curieusement, ce personnage légendaire est passé dans la mémoire populaire des tribus. Un autre conquérant, Kubilai, occupa la région en 1252, mais le Yelang guo résista. C'est à partir des Ming que des garnisons militaires chinoises s'installèrent, formant le premier contingent d'émigrants. Au XIXe siècle, une autre vague d'émigration se fit à partir des provinces surpeuplées du Sichuan et du Hunan, mais la province resta la plus arriérée et la plus pauvre de l'empire, servant de terre d'exil aux fonctionnaires indésirables. Durant l'invasion japonaise, le gouvernement du Guomindang se retrancha à Chongqing. La construction de lignes de chemins de fer et d'usines fit sortir la province de son terrible isolement. Mais la politique d'assimilation de Chiang Kaishek devint vite impopulaire et les soulèvements de la population furent récupérés au profit des communistes au cours de la Longue Marche, ces derniers leur promettant un statut d'autonomie. C'est à Zunyi que se tint en 1935 la réunion décisive du parti communiste où Mao conquit définitivement la direction du parti. Après 1949, oubliant les promesses, le nouveau gouvernement reprit la politique d'intégration ; des efforts furent faits pour implanter des usines et exploiter les nombreuses richesses minières du soussol, mais les résultats de cette politique du « Centre » restèrent peu probants. Des déboisements massifs ont créé un sérieux problème d'érosion. Le niveau de vie est un des plus bas de Chine. Au cours de la Révolution Culturelle, les autorités perdirent le contrôle de la situation, la province fut mise à feu et à sang par les factions et les *tufei* (bandits). Il y a trois ans, on respectait encore le couvre-feu à Guiyang en raison des agressions, tandis que dans le reste de la province des bandes de brigands faisaient dérailler les trains.

Le Guizhou aujourd'hui

Depuis 1979, la reconnaissance d'une plus grande autonomie, des subventions pour réparer « les erreurs du passé », la décollectivisation des terres mais aussi une énergique campagne contre la crimi-

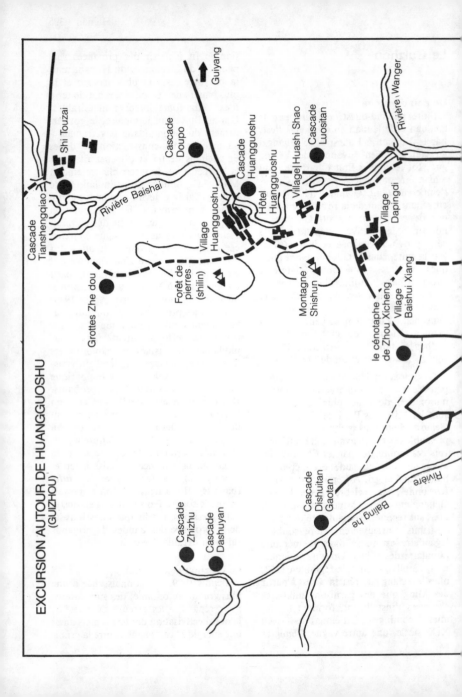

EXCURSION AUTOUR DE HUANGGUOSHU
(GUIZHOU)

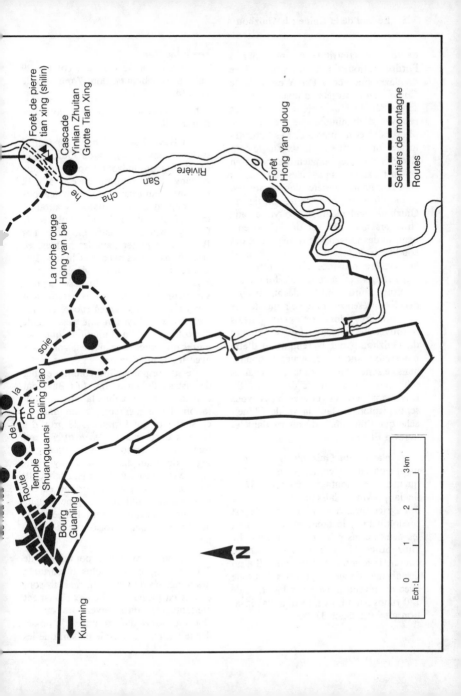

nalité, ont contribué à un retour à l'ordre. Aujourd'hui, on reprend l'idée de développer ce « Far West » de la Chine. Des projets d'investissements sont à l'étude pour exploiter les énormes réserves d'aluminium, de bauxite, de phosphore et de mercure. Les autorités locales ont décidé de miser sur le tourisme et pour cela essaient de mettre en valeur les superbes paysages du Guizhou et l'étonnante variété des minorités. Pour l'instant, une petite partie du Guizhou seulement est ouverte aux étrangers mais ceci est dû à l'extrême pénurie des moyens de transport et des conditions de logement. Le Guizhou est la dernière province encore inconnue des étrangers et, à ce titre, celui qui s'y aventure aura tout à découvrir. La dernière présence étrangère remonte aux missionnaires dont on peut parfois retrouver le passage. Les « hommes du Guizhou » ont la réputation d'être paresseux, anciens fumeurs d'opium, mais ce sont les hommes les plus chaleureux et les plus ouverts de Chine. En traversant certains bourgs vous vous sentirez plongés dans la vieille Chine ; celle que l'on aimait découvrir dans les livres d'Etiemble.

Le plateau du Guizhou est extrêmement nuageux, avec des pluies très fréquentes. Les montagnes couvrent 87 % de la province, laissant peu de place à l'agriculture. La culture du riz est prédominante, le tabac et le thé étant les deux autres principales cultures. Le Guizhou est la patrie des vins célèbres, comme le Maotai et le Dongjiu. Il a un des niveaux de vie les plus bas de Chine avec un revenu moyen par habitant de 180 yuans par an. Le taux d'alphabétisation atteint à peine 32 %.

Les minorités

Aujourd'hui, le Guizhou compte 29 millions d'habitants, dont 7 millions de minorités nationales.

Nous citerons les plus importantes d'entre elles.

Les Buyi. Les Buyi que l'on trouve surtout dans la région de Guiyang et de Huangguoshu sont apparentés aux Zhuang ; leur nombre s'élève à 2,12 millions. Leur existence est signalée sous les Song, dans le Hunan. Ils auraient été refoulés dans le Guizhou et le Guangxi sous la poussée mongole. Les Buyi vivent plutôt dans les plaines, en assez bons termes avec les Chinois. Par contre, il y a une haine viscérale entre Miao et Buyi. Les Buyi se sentent supérieurs aux Miao qu'ils exploitaient il n'y a pas si longtemps encore comme esclaves. Les Buyi ont une plus grande disposition à l'assimilation que les autres minorités et se marient volontiers avec les Han. Certains accèdent à des postes de responsabilité comme le chef de district de Zhenning. Les Buyi ont auprès des autres tribus la vilaine réputation d'être menteurs, malhonnêtes ; ce sont eux qui formaient le gros des troupes de brigands : les *tufei* qui semaient la terreur et rackettaient la région de Huangguoshu. Les Buyi cultivent le riz ainsi que l'excellent tabac du Guizhou. Les femmes portent encore le costume traditionnel ; jupe longue réversible marron et noir, huilée, avec une tunique courte croisée sur la poitrine.

Les Miao. Avec une population de 2,3 millions, c'est la plus importante des minorités du Guizhou, mais ils sont divisés en plusieurs tribus extrêmement méfiantes les unes envers les autres, chacune suspectant les autres de posséder le « *ku* », ce terrible poison que les familles se transmettent de génération en génération. Les mariages ne se font qu'à l'intérieur d'une même tribu entre cousins. La famille est soumise à l'autorité de l'oncle maternel. On distingue en gros quatre groupes de Miao que l'on reconnaît par le costume des femmes. Les Qing Miao et les Hua Miao sont nombreux dans la région de Anshun ; les premiers sont habillés en bleu tandis que les Hua Miao portent des costumes très colorés ornés de broderies. Les Hei Miao portent des tuniques noires avec de larges colliers d'argent. D'après la tradition orale, les Miao auraient traversé les régions du Nord-Est de la Chine en provenance des zones arctiques ; ils seraient apparentés au groupe ethnique Tai, repoussés vers le sud par l'avancée Han. Ils auraient alors occupé le Yunnan, le Guizhou et le Hunan. Au XIXᵉ siècle, une grande partie émigra au Viêt-nam, au Laos, en Thaïlande.

Les Miao sont un peuple de montagnards, pratiquant la culture sur brûlis sur les versants des montagnes. Les villages, en général inaccessibles par la route, sont pauvres, ne vivant que de leur récolte de maïs, de blé noir ou de patates (introduites par les missionnaires).

Les Dong. Les Dong sont 1,4 million, localisés principalement dans l'Est de la province autour de Zhenyuan et de Rongjiang. Proches du groupe Tai, ils habitent les vallées où ils cultivent le riz et le coton. Le tissage des femmes Dong est très apprécié en Chine. On les reconnaît à leurs jambières marrons et à leurs cheveux ramenés en chignon sur le dessus de la tête et maintenus par un peigne en bois ou en argent. Elles portent en général une jupe plissée à hauteur des genoux, marron ou bleue.

Les villages Dong sont très beaux et présentent des particularités architecturales qui révèlent une grande maîtrise dans le travail du bois. Les principaux bâtiments publics sont les *da lei* ou tours du Tambour. Ces tours, hautes de deux à dix étages, sont faites de bois finement taillé et encastré formant des armatures en forme d'ogives. La tour a quatre entrées avec, au milieu de l'édifice, un pilier en haut duquel est suspendu un tambour. Le gardien grimpe au pilier pour battre le tambour en cas de danger ou pour annoncer les réunions. Cet édifice est aussi un lieu culturel propre aux réunions et aux festivités ; danses, concours de « *lusheng* », qui est une variété de flûte faite en bambou. Une autre construction étonnante des villages Dong sont les ponts appelés « ponts du vent et de l'eau » parce que les habitants peuvent s'y abriter en cas d'orage. Ces ponts sont recouverts de galeries et de pavillons décorés de peintures et de sculptures. D'après la tradition Dong, ces ponts sont les protecteurs de la richesse du village en les protégeant des inondations. Une des plus grandes fêtes des villages Dong se tient lors des combats de buffles, une fois par an autour de la région de Rongjiang. Les buffles sont recouverts d'ornements, de cloches et de carrés de soie rouge. La victoire est célébrée par un festin où le perdant est sacrifié. Ces combats sont liés à des rites de fertilité qui marquent le début des travaux de récolte.

Les Gelao. Les Gelao sont les aborigènes du Guizhou ; ils se rattachent au groupe des Lao. Refoulés dans les montagnes les plus isolées par les Miao qui occupèrent leurs terres, ou assimilés par les populations chinoises de vieille souche d'émigration, ils sont en voie de disparition. Ils sont aujourd'hui 54 000, dispersés un peu partout. Autour de Zhenyuan, les Shui Gelao vivent de la pêche ; les femmes portent un pantalon bleu et une tunique sur laquelle elles agrafent un petit tablier, un turban enserre leur front. Un autre groupe de Gelao se trouve autour de Anshun et de Buding. Là, ils se sont beaucoup assimilés aux populations chinoises qui émigrèrent sous les Ming et qui portent encore le costume à la mode Ming et Qing, c'est-à-dire la longue tunique chinoise ample fermée sur le côté, verte ou bleue. Ces Chinois que l'on appelle encore les « Lao han ren » (les vieux Chinois) se considèrent eux-mêmes comme minorité : les « Nanjing zu », originaires de Nanjing (Nankin) qui était la capitale des Ming sont les descendants des soldats des garnisons militaires qui épousèrent des femmes de tribus locales, tout en préservant leur langue, qui est le *putonghua*, et les coutumes chinoises.

La plupart des minorités ont assimilé un certain nombre de traits de la culture chinoise ; le culte des ancêtres, le calendrier lunaire, les noms chinois, certaines fêtes chinoises comme le *Chunjie* (la fête du Printemps), la fête du Dragon célébrée par les Miao de l'Est du Guizhou. Les influences taoïstes sont présentes dans beaucoup de cérémonies religieuses où des divinités taoïstes sont vénérées. Un certain nombre de mythes retracent des épopées très anciennes oubliées ou occultées par les Chinois du Nord mais qui témoignent d'une culture du Sud au moins aussi ancienne que celle du Nord. Un des mythes véhiculés par les Miao concerne la création du monde ; un déluge aurait détruit l'humanité et les uniques rescapés, un frère et une sœur, auraient donné naissance à un enfant sans forme. Les morceaux de cet enfant dépecé auraient été alors

disséminés donnant naissance à de nouvelles créatures humaines.

Toutes ces minorités pratiquent l'amour libre au moment de la saison des amours, *Tan Lian ai*, qui a lieu ordinairement en juillet. Des marchés et des foires se tiennent à l'occasion dans les bourgs, les jeunes filles revêtent leurs plus beaux atours, tandis que les hommes chantent pour les séduire. Le soir, les femmes choisissent leur partenaire. Cette pratique persiste encore, bien que sous l'influence chinoise, de plus en plus de mariages se contractent par intermédiaire. La famille du garçon offre de l'argent en échange de vin, tandis qu'une escorte conduite par un vieil homme va chercher la jeune épouse. Traditionnellement, après le mariage, la jeune fille retournait vivre avec ses parents jusqu'à la naissance de l'enfant. Aujourd'hui les jeunes adoptent de plus en plus les manières chinoises.

Les permis

Guiyang est ouverte aux étrangers sans permis, ainsi que toute la zone touristique qui s'étend au sud-ouest de Guiyang, comprenant Anshun, Longgong, Zhenning et les chutes de Huangguoshu.

Les autres villes, Zunyi, Liupanshui, Kaili, Zhenyuan, Shibing sont ouvertes aussi.

La zone des Dong, autour de Rongjiang, aux confins du Hunan est encore fermée aux étrangers.

GUIYANG

Capitale du Guizhou, Guiyang a une population de 1,4 million d'habitants. Guiyang signifie « précieux soleil », peut-être parce que la ville encaissée au cœur des montagnes, avec en permanence une chape de nuages, est en effet assez peu privilégiée par le soleil. Les origines de la ville remontent à la dynastie Han (206 avant J.-C. à 220 après J.-C.). Sous les Ming (XIVe-XVIIe siècle), elle devint une ville murée. C'est le centre industriel de la province, concentrant les 2/3 du potentiel industriel. L'usine la plus importante est une usine de traitement d'aluminium construite avec l'assistance japonaise et en fonction depuis 1982.

Guiyang a la triste réputation d'être une des villes les plus polluées de Chine et il est vrai que le coup d'œil que l'on a à la sortie de la gare est souvent malheureux ; ville-caserne sur les bords d'une rivière immonde, la rivière Nanming, et peu de vestiges culturels. C'était également la ville qui connaissait le plus fort taux d'insécurité. Au cours de la campagne contre la criminalité, c'est la province où les exécutions ont été les plus massives. Depuis, la population affirme que les rues de la ville sont plus sûres et une vie nocturne a repris sa place dans la vieille ville. Car derrière cette ville « caserne » se cache le vieux Guizhou épargné par les bombardements japonais et où l'on retrouve avec plaisir ces ruelles aux rangées de maisons à un étage, en bois, ouvertes sur la rue.

L'été, les soirées se prolongent tard autour des marchés de nuit, dans les petits restaurants sur des étals de fortune, dans les salles de bal qui diffusent généreusement de la musique flonflon. On ne s'ennuie pas à Guiyang, les « hommes du Guizhou » sont des amateurs de bon vin et des bons vivants. Guiyang a aussi une tradition de libres penseurs et une avant-garde d'artistes, qui essaient de retrouver une identité nationale : en font partie le peintre Yin Guangzhong et le musicien Qi Xiaosong.

Guiyang pratique

○ *Comment s'y rendre*
Par avion. Guiyang est assez mal desservie par les lignes aériennes. Vols sur Pékin (332 yuans), Chengdu (112 yuans), Chongqing (62 yuans), Canton (153 yuans), Guilin (74 yuans), Shanghai (288 yuans).

Par train. Guiyang se trouve sur la ligne Chongqing-Zunyi-Guiyang-Kunming, et sur la ligne Guilin-Liuzhou-Guiyang-Kunming. Le prix des billets en couchettes dures est approximativement de : Guilin 46 yuans (18 heures), Kunming 35 yuans (15 heures), Chongqing 26 yuans (11 heures), Liuzhou 35 yuans (15 heures).

303/301	265	193/192	Train n°	194/191	266
21 h 23	8 h 24	23 h 50	**Chongqing**	16 h 31	4 h 01
4 h 25	17 h 02	6 h 36	**Zunyi**		19 h 36
8 h 18	21 h 39	10 h 44	**Guiyang**	6 h 03	14 h 43
	14 h 52		**Kunming**		22 h 30

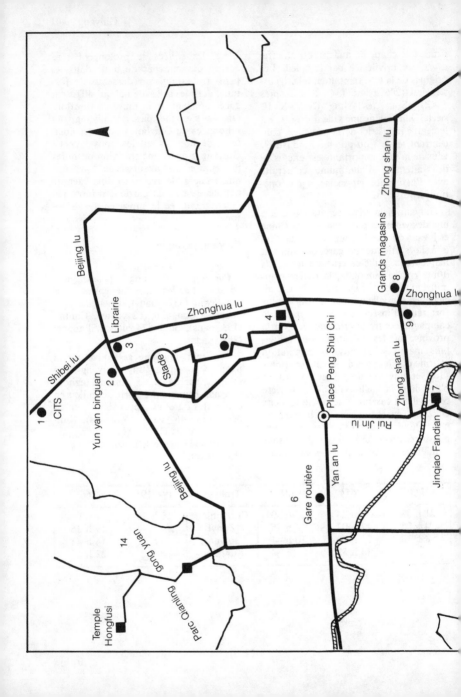

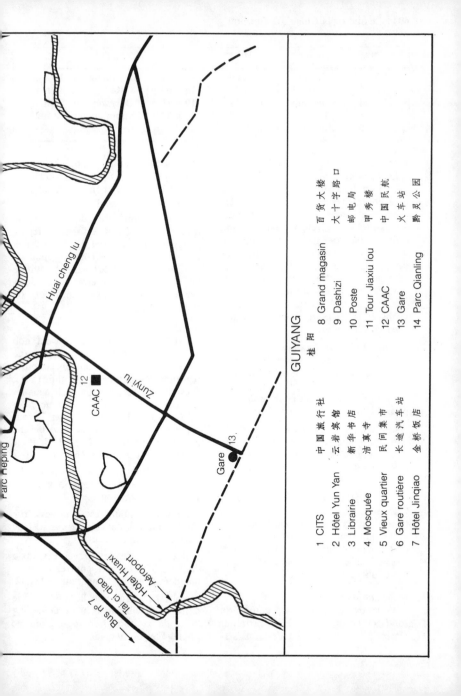

GUIYANG

桂 阳

1 CITS   中 国 旅 行 社
2 Hôtel Yun Yan   云 岩 宾 馆
3 Librairie   新 华 书 店
4 Mosquée   洁 真 寺
5 Vieux quartier   民 间 集 市
6 Gare routière   长 途 汽 车 站
7 Hôtel Jinqiao   金 桥 饭 店

8 Grand magasin   百 货 大 楼
9 Dashizi   大 十 字 路 口
10 Poste   邮 电 局
11 Tour Jiaxiu lou   甲 秀 楼
12 CAAC   中 国 民 航
13 Gare   火 车 站
14 Parc Qianling   黔 灵 公 园

79	Train n°	80	61	Train n°	62
21 h 55	Guilin ↑	4 h 09	22 h 27	Changsha ↑	19 h 00
0 h 26	Liuzhou	1 h 15	14 h 09	Kaili	3 h 15
15 h 24	Guiyang	10 h 18	19 h 15	Guiyang	22 h 52
17 h 48	Anshun	8 h 27	11 h 24 ↓	Kunming	8 h 25
6 h 50 ↓	Kunming	20 h 20			

○ *Hôtels*

Le Yunyan binguan est situé à l'extrémité nord de la ville dans la rue Beijing lu. Autrefois réservé aux cadres, il a été récemment ouvert aux étrangers. L'hôtel est assez bien entretenu, dans un joli cadre au pied des montagnes, non loin du grand parc qui s'étend au nord-ouest de la ville. Il a aussi l'avantage d'être près du centre. De la gare, prendre le bus n° 1 ou 2. Les dortoirs coûtent 8 yuans le lit, la chambre à un lit 50 yuans et la chambre double 70 yuans avec salle de bains.

L'hôtel Jinqiao fandian est un hôtel pour Chinois assez peu accueillant, situé dans le centre de la ville au bord de la rivière Nanming, dans la rue Ruijin lu. On peut y obtenir des chambres doubles pour 30-40 yuans.

L'hôtel Zhaoyan lüshe, près de la gare, est le plus sinistre de tous. Le prix des chambres varie entre 5 et 8 yuans. Il se trouve sur la rue principale qui part de la gare, sur la gauche.

L'hôtel Huaxi à 20 km au sud de la ville est à déconseiller. Si autrefois il se trouvait dans un cadre enchanteur, il est aujourd'hui au milieu d'une banlieue de brique et de béton. Il est de surcroît très mal desservi par les autobus. Chambre double : 30-40 yuans.

○ *Restaurants*

Vous trouverez le soir, autour du rond-point Pengshui chi et du carrefour Dashizi, des gargotes ou des étals servant du poulet grillé, des brochettes, du *doufu* grillé et des pâtes du Guizhou ; c'est délicieux, très bon marché et sympathique.

Le **restaurant chic** de Guiyang se trouve à l'intérieur du parc Heping gongyuan, sur le trajet des bus n°ˢ 1 et 2. Il est considéré comme étant le meilleur restaurant de la ville. La cuisine du Guizhou est toutefois assez décevante, peu variée, assez épicée, et on s'en lasse très vite.

○ *Adresses utiles*

CITS. Les bureaux se trouvent non loin du Yunyan binguan dans la rue Shibei lu, au milieu d'une enceinte qui regroupe les bâtiments administratifs. C'est là que se trouvent également les bureaux de la Sécurité publique pour les étrangers. Les bus n°ˢ 1 et 2 vous déposent au coin de la rue Beijing lu ; vous continuez à pied dans le prolongement de la rue Zhonghua lu.

La **CAAC** est située au sud de la ville dans la même avenue que la gare, au 170, avenue Zunyi lu.

La **gare routière** est à l'ouest, rue Yan an lu, à 3 stations du bus n° 1 de l'hôtel Yunyan binguan.

Il est difficile de trouver des **taxis** dans les hôtels ; vous pourrez en commander un en téléphonant au n° 224.32.

Vous trouverez une **librairie** et une **carte** de la ville au coin de la Beijing lu et de la Zhonghua lu à 2 mn de l'hôtel Yunyan binguan.

○ *Transports*

Les deux lignes principales de bus sont les n°s 1 et 2. Ils font le tour de la ville, le n° 2 part vers l'Ouest de la ville et revient par le centre tandis que le bus n° 1 fait le circuit contraire en desservant d'abord le centre Zunyi lu, Zhonghua lu et en revenant par l'Ouest.

A voir à Guiyang

La ville est assez pauvre en reliques historiques, les temples ont été détruits durant la Révolution Culturelle. Ce sont les promenades dans la vieille ville qui sont les plus intéressantes. Les centres les plus animés sont les quartiers de Pengshui chi et de Dashizi où l'on trouve encore des passages recouverts de galeries.

La mosquée de Guiyang, *Qingzhen si,* se trouve dans l'une des petites ruelles à l'ouest de Pengshui chi. Vous prenez la première rue à droite dans l'avenue Yan'an lu, puis la première à gauche. Les maisons du quartier sont en pierre avec des portails surmontés d'une corniche. A l'intérieur d'une de ces maisons se dresse un bâtiment peu orthodoxe badigeonné d'un bleu éclatant : c'est la mosquée. Il existe une communauté de musulmans Hui qui s'élève à 2-3 000 personnes pour toute la province. N'hésitez pas à entrer, vous y serez chaleureusement accueillis.

Le parc Qianling gongyuan s'étend au nord-ouest de Guiyang à 2 stations du bus n° 1 de l'hôtel Yunyanbinguan. A l'intérieur on pourra visiter le temple *Hongfu si* d'architecture Ming.

Le pavillon Jiaxiu lou qui illustre les cartes postales de Guiyang, se dresse au bord de la rivière Nanming au Sud de la ville, non loin de Zunyi lu. Le bâtiment date des Qing.

A 5 km au sud-ouest de Guiyang, on pourra visiter les **grottes de Nanjiao**. Pour s'y rendre, prendre le bus n° 7 à Pengshui chi jusqu'au pont Taici qiao et, de là, le bus n° 26, descendre au 2e arrêt.

AU SUD-OUEST DE GUIYANG

Zhenning-Huangguoshu, Anshun-Longgong, Qingzhen-Hongfeng hu.

Huangguoshu

Les chutes de Huangguoshu, situées à 150 km de Guiyang, dans le district autonome de Zhenning des minorités Buyi et Miao, sont les plus grandes cataractes de Chine. Le nom de Huangguoshu vient d'un certain type de mandarinier que l'on trouvait autrefois dans la région. Ils furent arrachés dans les années soixante pour développer la culture des céréales, les paysans étant contraints de produire un certain quota fixé par l'État. Les 18 cascades sont la conséquence d'un phénomène unique d'érosion des plateaux calcaires sous l'effet des eaux souterraines. Les chutes les plus importantes se trouvent dans le village de Huangguo, et atteignent 70 m de haut. Lorsque les autorités locales voulurent percer la grotte qui se trouve derrière le rideau d'eau, les paysans racontèrent que les « Tufei » y avaient caché leur butin. La police dut intervenir pour protéger les ouvriers ; la galerie fut creusée tandis que quelques coups de feu mystérieux étaient tirés, mais le butin est resté introuvable !

Un certain nombre de **promenades** peuvent être faites dans la région à partir de Huangguo. En continuant sur la route, après le village, à 3 km on aperçoit les **chutes** en spirales de **Luositan** qui s'étendent sur 90 m. Un peu plus loin, après le **village de**

Baishuixiang, un chemin sur la droite conduit à travers la montagne à la cascade de Dishuitan. Si l'on continue la route après Luositan on arrive à la rivière Balinghe (3 km) où l'on peut encore voir le **vieux pont de Balingqiao** qui était autrefois une étape sur la route de la soie du sud qui passait par le Yunnan et la Birmanie. Au-dessus du pont, on aperçoit les ruines du **temple Shuangquan si** et au sommet de la montagne, une porte d'où l'on aborde la descente sur le bourg de Guanling. En continuant toujours sur la même route on arrive à la mystérieuse « **roche rouge** » dont les inscriptions n'ont jusqu'à présent pas pu être déchiffrées. Aucun sentier ne conduit à la roche. Il faut se frayer un chemin à travers la végétation.

Sur la route de Zhenning, à 1 km de Huangguo, les **chutes de Doupo** sont les plus larges (105 m) du site.

A la sortie de l'hôtel Huangguoshu binguan, juste à l'entrée du village sur la gauche, un chemin conduit au charmant village de **Shitouzai**. C'est un village de pierre accolé à la montagne au pied d'une rivière, habité par des Buyi. On peut y acheter des produits de l'artisanat local : pièces de tissus brodés, jupes buyi, tuniques, ceintures ; tout ceci se vend en général dans la 1re maison du village qui, comme par hasard, se trouve être celle du chef du village qui contrôle les ventes. Il est conseillé de poursuivre ses tractations dehors directement avec les femmes. Avant d'arriver à Shitouzai, on traverse une forêt de pierres, et non loin du village on peut visiter les grottes de Zhedou.

D'autres promenades peuvent être faites dans les différents villages Buyi. Les maisons sont en pierres recouvertes de toits d'ardoise. La pauvreté de certains villages est atténuée par la beauté des paysages. Bien peu de ces villages ont vu des étrangers.

○ *Comment se rendre à Huangguoshu*

Il existe un **bus** direct au départ de Guiyang tous les jours à 7 h du matin (4-5 heures). L'autre possibilité est de prendre un bus pour Anshun : départ de Guiyang à 7 h 30, 8 h, 12 h, 13 h 30, 15 h 30, le trajet dure 3 heures. D'Anshun, des bus vous conduisent en 1 h 30 à Huangguoshu ; départ 7 h 40, 8 h, 12 h et 13 h 30. Entre Anshun et Huangguoshu vous pourrez vous arrêter à Zhenning qui se trouve tout près des chutes. Le trajet Guiyang-Huangguoshu revient à 15 yuans.

○ *L'hébergement*

L'unique hôtel pour étrangers est le **Huangguoshu binguan** qui surplombe les grandes chutes. L'aspect extérieur est assez accueillant mais le confort à l'intérieur laisse à désirer. Les chambres sont spartiates et la salle de bains a bien peu d'usages car il est difficile de se laver avec l'eau boueuse qui sort des robinets. Des travaux sont en cours pour remédier à cet inconvénient. Un lit dans un dortoir coûte 6 yuans, une chambre sans sanitaire 18 yuans, avec salle de bains 28 yuans. Les repas coûtent 10 yuans par jour.

Anshun

Anshun était autrefois un centre commercial et une des villes les plus prospères de la province, vivant du commerce du thé et de l'opium. Aujourd'hui la ville a sombré dans le déclin. Les gens de Anshun ont toujours eu la réputation d'être paresseux, avides au gain et filous. L'expression « *chaye* » (feuille de thé), souvent employée dans la région, signifie « tromper les gens ». Elle remonte à une époque pas si lointaine où les gens d'Anshun trompaient les voyageurs en leur vendant des feuilles d'arbre en guise de thé. Cette pratique a disparu et l'on peut acheter en toute confiance le délicieux thé d'Anshun, peu connu, mais dont la saveur égale les meilleurs thés de Chine.

Anshun est sur la ligne de chemin de fer Guiyang-Kunming (cf. tableau plus haut) mais l'autobus est plus rapide (cf. Huangguoshu).

Anshun offre peu de choses au visiteur, c'est une ville étape en direction de Huangguoshu et de Longgong.

Le seul hôtel pour étrangers est l'**hôtel Hongshan binguan**, actuellement en réfection, situé dans un cadre agréable. Les prix varient entre 40 yuans pour une chambre double avec salle de bains, 20 yuans avec les sanitaires en commun et 6 yuans pour un lit en dortoir. L'hôtel a un service de location de voitures : une voiture pour la journée à Huangguoshu coûte 60 yuans. Des services de mini-bus devaient entrer en fonction en 1986.

La gare routière est à 4 km de l'hôtel. Prenez le temps d'aller voir le grand temple de Confucius à l'extrémité nord-est de la ville.

Longgong

Longgong se trouve dans le district d'Anshun à 127 km de Guiyang et 27 km d'Anshun. Des bus partent d'Anshun à 7 h 40 du matin et à 13 h, retour à 11 h et 16 h 30. On pourra également louer une voiture à Anshun à l'hôtel Hongshan binguan (environ 40 yuans pour la journée), solution qui offre l'avantage de pouvoir circuler dans toute la région et de s'arrêter dans les villages environnants.

Longgong fait partie d'une zone d'aménagement en parc naturel ouverte depuis peu au tourisme. Le site le plus visité est la **grotte de Longgong** avec sa cascade, mais c'est aussi une zone de minorités Buyi et Miao dont on essaie de revaloriser le folklore dans une perspective touristique.

La grotte. Longue de 844 m, elle est divisée en 5 salles : la salle de l'accueil des Dragons, la gorge du Dragon, la salle des Cinq Dragons qui jouent à la balle, la salle du Puits et la salle des Trois-Gorges, haute de 75 m. A l'extrémité de cette salle, la rivière souterraine se transforme en rapides. La profondeur des eaux à l'intérieur de la grotte est de 17 m. On peut louer une barque conduite par des jeunes garçons Buyi. La promenade dure environ 30 à 45 mn.

La cascade de la porte du Dragon, *Long men*. La cataracte haute de 50 m et large de 25 m surgit d'une fente à l'intérieur de la montagne, d'où le nom porte du Dragon. L'eau de la cascade vient d'un petit lac de montagne qui se trouve à l'entrée de la grotte. Le site de Longgong a été quelque peu saccagé par la construction anarchique de baraques de fortune pour profiter de l'aubaine créée par cet apport inespéré de touristes. Des projets de protection de la nature devraient y remédier mais de grosses contradictions existent entre les auteurs de ces projets et les autorités locales dont le souci majeur est de faire de l'argent le plus rapidement possible sans préoccupations esthétiques. Vous pourrez visiter 2 villages dans la région : **Longtan zai** au sommet du lac, à flanc de montagne, où résident 130 familles Buyi. A 2 km au nord de Longgong, le village de **Xuantang zai** est un charmant village au cœur d'une vallée isolée complètement encastrée dans les montagnes. Les maisons en pierre avec un étage, dont l'intérieur est entièrement en bois, se reflètent dans les eaux du lac. La descente sur cette vallée complètement fermée dans un écrin de verdure est un spectacle saisissant.

Qingzhen - Le lac de Hongfeng hu

De retour sur Guiyang, vous pourrez vous arrêter au lac de Hongfeng hu, lac des Érables Rouges, qui se trouve dans le district de Qingzhen, à 32 km de Guiyang. Il existe des bus entre Guiyang et Qingzhen toutes les demi-heures. Le lac Hongfeng est un lac artificiel qui s'est formé à la fin des années cinquante avec la construction du grand barrage. Il couvre une superficie de 57,2 km². Tout le site a été transformé en réserve naturelle. Un bateau-excursion fait le tour en 3 heures, avec un arrêt à la grotte Jiangjun dong qui est la plus belle grotte souterraine de la zone.

Un hôtel est en construction sur les bords du lac : le Hongfeng hu fandian. Le prix d'une chambre devrait être de 20 yuans. Dans la guest-house qui dépend du bureau d'administration du parc on peut avoir un lit pour 5 yuans dans des chambres pour 4 personnes.

L'EST DU GUIZHOU

Kaili, Shibing, Zhenyuan (rivière Wuyang he).

Zhenyuan

Zhenyuan se trouve à 270 km à l'est du Guizhou, aux confins du Hunan, sur les bords de la rivière Wuyang he. Des autobus partent de Guiyang le matin vers 7 h. On traverse les charmants districts de Lushan, Chong An, Huangping, Shibing, où se tiennent régulièrement des foires, et où se rendent les minorités Miao, Gelao, et quelques Dong. On peut loger dans les auberges locales à Shibing ou à Zhenyuan.

Zhenyuan fait partie de la préfecture autonome des Miao et des Dong, les Miao étant nombreux autour de Zhenyuan tandis que les Dong sont concentrés au sud près de Rongjiang. La plupart de ces bourgs sont traversés par une rue principale le long de laquelle s'alignent des maisons en bois à un étage dans le style de celles des villes Qing. Une rivière longe le village.

Entre Huangping et Shibing on passe devant le temple **Feiyun ya,** ermitage des Nuages Volants, qui est à dominante taoïste comme l'indiquent les huit Immortels qui ornent le fronton de la porte principale. Le temple a été transformé en petit musée et quelques paysans viennent y prendre le frais. L'endroit est paisible ; hélas, les bus ne s'y arrêtent pas facilement.

Si vous devez vous arrêter pour passer la nuit, il est préférable de descendre à Zhenyuan ; les conditions d'hébergement y sont meilleures qu'à Shibing. Le soir, vous pourrez vous promener le long de la rivière et aller dîner dans un des restaurants privés de la rue principale ; la cuisine est soignée et la table accueillante. Le temple de Zhenyuan se trouve à la sortie du bourg en face du pont. C'est un ermitage avec des bâtiments Ming qui s'alignent le long de la montagne.

L'excursion sur la rivière Wuyang he. Un bus part vers 7 h 15 de Zhenyuan jusqu'au site, à 20 mn du bourg. Du bus au bateau, il y a une petite promenade à pied par un sentier de montagne où il faut parfois traverser des torrents à gué. Le bateau-excursion part à 8 h. L'excursion dure 3 heures et coûte 3 yuans. Le site est superbe mais la promenade sur ce bateau devient vite ennuyeuse. Il est plus agréable de louer une barque à un paysan qui vous offrira au retour un repas de poisson, le tout pour une dizaine de yuans.

Kaili

Kaili est une petite ville industrielle sur la route de Rongjiang. Dans les années cinquante, le gouvernement essaya d'y implanter des usines stratégiques mais, dans un contexte aussi isolé,

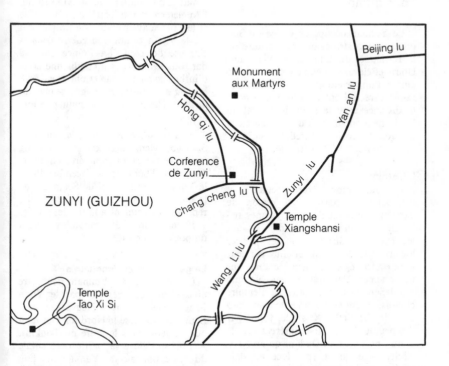

elles ne fonctionnèrent jamais. Récemment, des appels aux investissements étrangers ont été faits pour faire revivre ces usines. Des négociations avec une société française pour produire des mini-ordinateurs ont malheureusement échoué en raison de la difficulté pour acheminer les produits et l'usine a finalement été construite à Canton.

Zunyi

La ville est située à 200 km au nord de Guiyang. Elle est desservie par le chemin de fer Chongqing-Guiyang et par des bus qui partent de Guiyang à 8 h de la gare routière, à 7 h et à 12 h

de la station à l'extérieure de la gare, dans le prolongement du bâtiment qui fait le coin avec le carrefour.

Zunyi, 2e ville du Guizhou, est une ville industrielle de 300 000 habitants où il existe encore un vieux quartier avec des maisons traditionnelles.

Zunyi est célèbre par la conférence du parti communiste qui s'y est tenue en janvier 1935 au cours de laquelle Mao prit la direction du parti qu'il devait garder jusqu'à sa mort en 1976. On visite aujourd'hui les lieux du quartier général qui ont été depuis transformés en un véritable bazar.

Le Yunnan

Le Yunnan occupe en Chine du Sud une position stratégique en bordure de la Birmanie, du Laos et du Viêt-nam. Un relief élevé, un peuplement diversifié ainsi qu'un développement économique faible caractérisent cette province dont la distance avec le pouvoir central de Pékin tient encore aujourd'hui autant à des données socio-culturelles spécifiques qu'à une notion kilométrique.

L'histoire

De tout temps carrefour culturel et commercial important, la région de Yunnan regroupa divers royaumes tributaires des empereurs chinois suivant les époques, dirigés par des princes locaux. Les deux plus connus par leur importance régionale, leur étendue, leur rayonnement culturel et leur volonté d'indépendance à l'égard de l'empire chinois, furent le royaume de **Nan zhao** entre le VIIIe et le Xe siècle, fondé par des peuples Thaï qui émigrèrent vers le Siam ; puis celui de **Da li** jusqu'au XIIIe siècle. Bien que la province ait déjà connu des mouvements de peuplements Han au IVe et au XIIe siècle, l'intégration administrative du Yunnan à l'empire ne se fera qu'assez tardivement, sous les Ming. Ses habitants ne manquèrent d'ailleurs pas de se soulever à plusieurs reprises contre le pouvoir central, notamment sous les Qing.

En 1856 éclata une révolte qui, parmi la population musulmane, étendit son assise populaire dans la province ; elle tint tête au pouvoir mandchou jusqu'en 1873. En retour, une répression féroce décima plus de la moitié des habitants du Yunnan.

Le Yunnan ne manqua pas de susciter la convoitise des puissances étrangères,

d'autant plus qu'à la fin du XIXe siècle, l'Angleterre s'était installée en Birmanie et la France avait établi son protectorat sur le Viêt-nam après la guerre franco-chinoise de 1884. La France chercha par tous les moyens à établir une zone d'influence au Yunnan et obtint en 1898 le droit d'y construire la ligne de chemin de fer Hanoï-Hekou-Kunming, alors appelée Yunan fu.

A la fin du XIXe siècle, les villes de Si Mao, Mengzi, Hekou et Kunming étaient ouvertes au commerce étranger. Jusqu'à la libération en décembre 1949, le Yunnan resta le fief de Seigneurs de la guerre qui manifestèrent à plusieurs reprises, notamment à la fin des années 1910, leur volonté d'autonomie à l'égard du pouvoir central.

La géographie et l'économie

La province du Yunnan peut être divisée en deux régions par le Yuan jiang (appelé encore « Fleuve Rouge », fleuve qui traverse le Nord du Viêt-nam puis se jette dans le golfe du Tonkin). A l'ouest s'élève la partie occidentale du vaste plateau du Yunnan-Guizhou dont l'altitude moyenne atteint 2 000 m. C'est dans cette région au climat particulièrement tempéré qu'est concentrée la plus grande partie de la population provinciale. A l'est du Yuan jiang, s'étendent des chaînes de hautes montagnes orientées nord-sud entre lesquelles coule le Mékong (Cang jiang). Le climat de cette région, difficile d'accès, est assez rude.

Le niveau de production de l'agriculture au Yunnan reste faible et varie évidemment beaucoup avec le terrain, étant plus développé dans le Nord-Est que dans les profondes vallées de l'Ouest. La culture sur brûlis, pratiquée par les minorités montagnardes, est loin d'avoir complètement disparu dans les régions les plus reculées.

Tout comme pour l'agriculture, le niveau de la production industrielle de la province est l'un des plus faibles de Chine. L'industrie forestière reste l'une des principales activités de la province bien qu'une industrie lourde commence à se développer dans la région de Kunming.

La population

Une caractéristique principale du Yunnan reste avant tout la composition ethnique de sa population : c'est la province chinoise qui compte le plus grand nombre de minorités. Occupant 70 % des terres, un quart des 28 millions d'habitants du Yunnan appartient à des ethnies non Han et se répartit en quelque 28 nationalités.

Celle des **Yi**, la plus nombreuse, compte près de cinq millions et demi de personnes et la plus petite, les **Dulong**, environ cinq mille. Pour tenir compte de ces données, huit préfectures sur dix-sept et quinze districts sur cent vingt-huit ont été déclarés « autonomes ».

La découverte de ces minorités constitue l'un des attraits d'un séjour touristique au Yunnan. Malgré une évolution lente mais inéluctable, ces minorités n'en continuent pas moins à vivre un peu comme auparavant.

Villes et sites ouverts au Yunnan

Kunming, Lunan (Forêt des Pierres), Dali, Chuxiong, Lijiang, Simao, Jinghong, Menghai, Qujing.

KUNMING

Choisie comme capitale provinciale, Kunming fut entourée de remparts au début de la dynastie Ming. Considérée comme perdue au fin fond de l'empire, elle resta jusqu'à la fin du XIXᵉ siècle un centre régional pour le commerce et un nœud de communications important.

Les activités de la ville s'accrurent avec l'ouverture de la ligne de chemin de fer Hanoï-Kunming en 1910, mais ne prirent véritablement de l'importance que pendant la seconde guerre mondiale, avec l'installation, à Chongqing, de la capitale de guerre.

Kunming est située à quelques kilomètrs du lac Dian chi, dans une plaine fertile et à une altitude de 1 900 m. Son climat particulièrement tempéré, ni trop froid l'hiver, ni trop chaud l'été, a valu à Kunming son surnom de « Ville du printemps éternel ».

Le mode de vie de ses habitants y est encore très imprégné par celui de la campagne. En dépit de l'urbanisation moderne d'une partie de la ville, Kunming conserve de très nombreux quartiers pittoresques. Dans un cadre admirable, les environs de la ville offrent aux visiteurs l'occasion d'agréables promenades.

Kunming pratique

○ *Comment s'y rendre*
En avion. Liaisons internationales avec :

Rangoon : 1 vol aller-retour le mercredi ; durée de vol : 3 h.

Hong Kong : 2 vols aller-retour le mardi et samedi ; durée de vol : 2 h.

Liaisons aériennes intérieures avec :

Pékin (471 yuans), *Chengdu* (114 yuans), *Chongqing* (113 yuans), *Canton* (251 yuans), *Guilin* (154 yuans), *Shanghai* (398 yuans), *Xi'an* (202 yuans), *Si mao* (57 yuans).

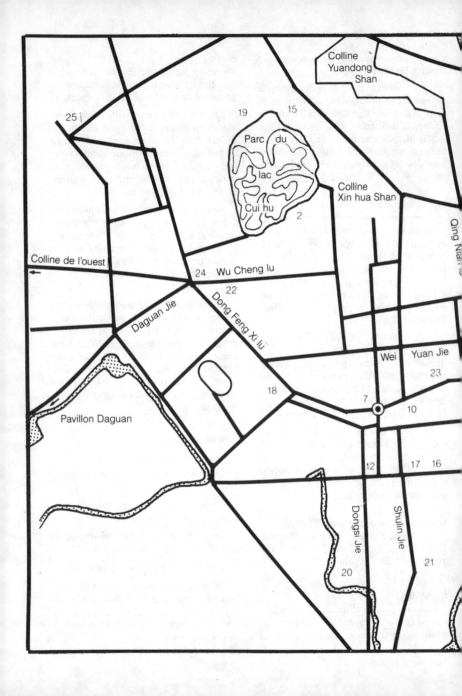

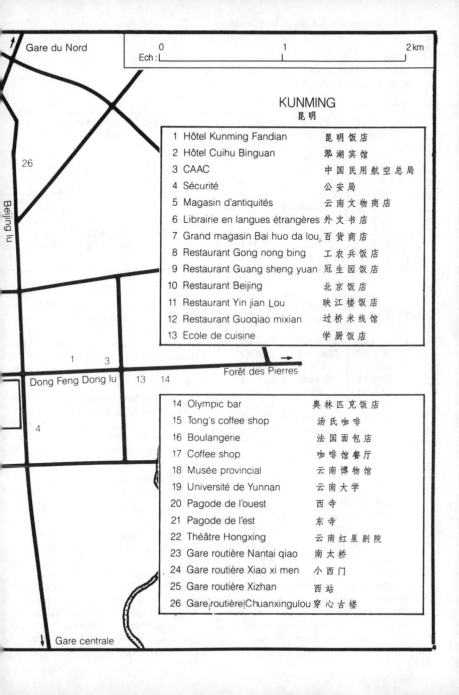

Gare du Nord

Ech: 0 — 1 — 2 km

KUNMING
昆明

1	Hôtel Kunming Fandian	昆明饭店
2	Hôtel Cuihu Binguan	翠湖宾馆
3	CAAC	中国民用航空总局
4	Sécurité	公安局
5	Magasin d'antiquités	云南文物商店
6	Librairie en langues étrangères	外文书店
7	Grand magasin Bai huo da lou	百货商店
8	Restaurant Gong nong bing	工农兵饭店
9	Restaurant Guang sheng yuan	冠生园饭店
10	Restaurant Beijing	北京饭店
11	Restaurant Yin jian Lou	映江楼饭店
12	Restaurant Guoqiao mixian	过桥米线馆
13	Ecole de cuisine	学厨饭店

Beijing lu

26

1   3

Dong Feng Dong lu   13   14

4

Forêt des Pierres

14	Olympic bar	奥林匹克饭店
15	Tong's coffee shop	汤氏咖啡
16	Boulangerie	法国面包店
17	Coffee shop	咖啡馆餐厅
18	Musée provincial	云南博物馆
19	Université de Yunnan	云南大学
20	Pagode de l'ouest	西寺
21	Pagode de l'est	东寺
22	Théâtre Hongxing	云南红星剧院
23	Gare routière Nantai qiao	南太桥
24	Gare routière Xiao xi men	小西门
25	Gare routière Xizhan	西站
26	Gare routière Chuanxingulou	穿心古楼

Gare centrale

En train. Trois grandes lignes ferroviaires mènent à Kunming. Voici l'horaire des grands express :

Ligne Pékin-Kunming			Ligne Shanghai-Kunming		
61	Train n°	62	79	Train n°	80
23 h 59	Beijing	17 h 28	17 h 08	Shanghai	8 h 22
3 h 14	Shijiazhuang	14 h 02	19 h 49	Hangzhou	5 h 18
8 h 52	Zhengzhou	8 h 07	13 h 44	Zhuzhou	12 h 21
16 h 34	Hankou	0 h 21	15 h 46	Hengyang	10 h 18
17 h 12	Wuchang	23 h 46	21 h 44	Guilin	4 h 09
22 h 27	Changsha	18 h 46	0 h 26	Liuzhou	1 h 15
8 h 10	Haihua	9 h 15	15 h 24	Guiyang	10 h 18
19 h 15	Guiyang	22 h 52	6 h 50	Kunming	20 h 20
11 h 24	Kunming	8 h 25			

Ligne Chengdu-Kunming		
289	Train n°	290
8 h 00	Chengdu	19 h 28
9 h 40	Meishan	17 h 43
10 h 33	Jiajiang	16 h 50
10 h 58	E. mei	16 h 12
14 h 45	Ganluo	12 h 10
16 h 40	Puxiong	10 h 25
20 h 05	Xichang	7 h 09
23 h 35	Jinjiang	3 h 18
9 h 05	Kunming	19 h 30

○ *Hôtels*

Dans la ville de Kunming, trois hôtels sont ouverts aux touristes étrangers, qu'ils voyagent seuls ou en groupe.

Kunming fandian, 145, Dong feng Donglu. Tél. 252.86 et 222.40. Il est situé dans la partie est du centre ville et comprend deux bâtiments. Dans le premier, le plus ancien, on trouvera des lits en dortoir (5 lits) pour 8 yuans ; dans le bâtiment de 15 étages, au fond de la cour, on vous proposera des chambres sans air conditionné à 2 lits pour 75 yuans, à 3 lits pour 42 yuans. Cet hôtel, particulièrement affectionné par les voyageurs individuels, offre tous les services : banque, magasins, poste, restaurants, etc. La CITS propose un certain nombre de tours organisés dans les environs.

Kunming Binguan. Au carrefour des rues Beijing lu et Jinbi lu. Tél. 239.21. Ouvert en 1978, cet hôtel est celui qui offre les meilleurs services ; chambre double sans air conditionné à partir de 50 yuans.

De la gare principale, la ligne de bus n° 23 qui descend la rue Beijing lu est celle qui vous rapprochera le plus de ces deux hôtels.

Ciuhu Binguan, 6, Ciuhu Nanlu. Tél. 221.92. Hôtel un tout petit peu excentré mais calme et très bien situé en face du lac Ciuhu. Chambre à 2 lits sans air conditionné à 54 yuans ; lit en dortoir à 10 yuans. Lors de mon passage, le personnel de la réception était particulièrement attentionné, attitude peu courante dans les hôtels chinois !

On y trouvera un restaurant, une banque, une poste, des magasins, etc. De la gare principale de Kunming, prendre le bus n° 2 qui passe derrière l'hôtel Ciuhu.

Dans les environs de la ville, deux hôtels accueillent aussi les touristes.

Xiyuan Binguan. Tél. 99.69. Dans le style petite villa, l'hôtel du « Jardin de l'Ouest » est agréablement situé au pied des Collines de l'Ouest (Xi shan), face au lac Dianchi ; il accueille plutôt les groupes touristiques. La faiblesse des moyens de transport vers Kunming est un réel handicap pour y séjourner.

Shilin Binguan. A l'entrée de la Forêt des Pierres. Il se compose de plusieurs bâtiments ; lit en dortoir pour 5 yuans ; très agréable pour y passer une nuit.

○ *Restaurants*

Les différentes cuisines de Chine sont particulièrement bien représentées et ce n'est pas le choix qui manque parmi les restaurants ; voici une sélection des plus fameux de la ville.

Gong nong bing, 262, Huguo lu. Ce restaurant des « Travailleurs-Paysans-Soldats » propose une cuisine du Nord de la Chine et du Sichuan.

Guangsheng yuan, Jinbi lu. Cuisine cantonaise et spécialités de *Dim Sum.*

Beijing, 77, Xian xian yun lu. Cuisine pékinoise, naturellement !

Fushun ju, 42, Xiao donglu. Cuisine du Henan (poisson aigre-doux) et du Shandong (poulet à la vapeur).

Chuanwei, 35, Xiang yun lu. Spécialités sichuannaises.

Yingjianglou, 360, Changchun jie. Le meilleur restaurant musulman de Kunming.

Shanghai, 77, Dongfeng donglu. Petits plats de Shanghai !

Dongfeng, Wu yi lu. Spécialités du Yunnan en particulier le poulet à la vapeur.

Guoqiao mixian, Nantong lu. C'est le restaurant spécialisé dans l'une des particularités de la cuisine de la région : les « nouilles qui traversent le pont ». Ce plat se compose de nouilles de riz, d'un bouillon de poulet et d'une assiette de fines lamelles de porc (poulet ou poisson) accompagnées de légumes (choux, oignons). C'est ici qu'il faut goûter ce plat et non dans le restaurant des grands hôtels, en plus, cela vous reviendra dix fois moins cher.

Signalons d'autres restaurants qui valent pour leur proximité des hôtels, leur ambiance mais aussi les plats servis ; ils sont très appréciés des touristes individuels.

Tong's Coffee Shop, 79, Chin wan lu. Non loin de l'hôtel Ciuhu, au nordest du lac. Vaut le déplacement rien que pour Tong, le patron d'origine birmane : « Hello, my friend ! » Vous y apprécierez, pour 2 yuans, le fameux jambon du Yunnan servi avec des haricots et du fromage de chèvre frais.

L'École de cuisine, Dongfeng Donglu. Prendre à gauche sur le trottoir, en face de l'hôtel Kunming fandian ; c'est à environ 300 m. En poursuivant encore un peu, on tombe sur un autre petit restaurant, l'**Olympic Bar.** On goûtera dans ces deux gargotes les fameuses « nouilles qui traversent le pont », *guoqiaomian.*

○ *Les folles nuits de Kunming*

Les quelques soirées passées à Kunming seront certainement l'occasion d'assister à un opéra du Yunnan ou à un spectacle présenté par des minorités.

Il conviendra de vous renseigner à l'hôtel sur le programme du théâtre Hongxing (sur la rue Dongfeng Xilu) qui est le haut lieu culturel de la ville.

Ceux qui préfèrent se dégourdir les rotules iront danser sur la piste aménagée au milieu du lac Ciuhu ; pour la trouver plus facilement, il est préférable de rentrer dans le parc par l'entrée nord.

○ *Petit déjeuner et pause café*
Décidément, on trouve de tout à Kunming, même une « boulangerie » et un petit « café » ; réminiscence, peut-être, d'une présence française dans la région, entre autres, pendant la construction de la ligne de chemin de fer Hanoï-Kunming.

Nam lai thinh Breadshop, 299, Jinbi lu. Petit pain à 10 fens.

Coffee Shop, 289, Jinbi lu. Petit noir fait avec des grains de café du Yunnan.

○ *Adresses utiles*
Compagnie aérienne. CAAC, 146, Dongfeng Donglu. Tél. 242.70.

Grand magasin. *Baihuoda lou.* Au carrefour des rues Dongfengxi lu et Zhengyi lu.

Magasin d'antiquités. 91, Dongfeng Donglu ; à côté du pont Nantai.

Magasin des Minorités nationales. 80, Dongfeng Donglu.

Librairie en langues étrangères. A l'angle des rues Dongfeng Donglu et Qing nian lu.

Bureau de la Sécurité. 525, Beijing lu. Tél. 261.91. On se demande si on est à la bonne porte ; et pourtant : oui ! La Sécurité de Kunming a fait un sérieux effort pour les touristes individuels : aimable, accueillante, serviable... Il ne faut toutefois pas attendre de miracles :

une ville fermée aux étrangers reste toujours une ville fermée aux étrangers.

Lüxingshe. 68, Huashan xi lu. Tél. 42.52.

A voir à Kunming
Les temples de l'Est et de l'Ouest.
Ces pagodes, *Dongsi ta* et *Xisi ta*, se dressent au sud de la ville, dans la rue du temple de l'Est ou Dongsi jie et non loin de là dans la rue Shulin jie. Détruites lors de l'insurrection musulmane du milieu du XIXᵉ siècle, elles furent reconstruites en 1884.

Le musée de la Province. Dans ce musée, *Sheng bowuguan*, se trouve une importante collection de bronzes de l'époque Han, retrouvés dans une nécropole près de Jin ning, au sud du lac Dianchi. Le musée se trouve dans la rue Dongfengxi lu.

L'université du Yunnan. Au nord-ouest du lac Cui hu. Le site est très beau et vous pourrez demander à visiter le département de Français. Pour s'y rendre, prendre le bus nº 2. On peut également visiter l'**institut des Minorités** en demandant à l'agence de tourisme.

Les promenades
La colline Yuandong shan. Au nord de Kunming, cette colline, aménagée en parc zoologique, se trouve au terminus du bus nº 4.

Le lac Cui hu. Il s'étend au nord-ouest de la ville. Il est entouré d'un très joli parc à l'intérieur duquel se trouve la bibliothèque de la province du Yunnan. Prendre le bus nº 2.

La colline des Cinq Fleurs. La colline *Wuhua shan* appelée aujourd'hui *Xinhua shan* s'élève au centre de la ville, sur ses versants se trouvent de jolis pavillons.

Dans la ville. Signalons le quartier du centre, juste au nord de la rue Dongfengxi lu, derrière le grand magasin **Baihuoda lou.** Un vieux quartier très pittoresque se trouve également juste au sud de l'hôtel de Kunming. Les maisons sont en bois et les toits de couleur verte.

Des rues commerçantes

Parmi les plus pittoresques, signalons :

La rue Da guan jie : proche de la gare routière de Xiaoximen. Légumes, viandes ; nombreux camelots ; si vous avez mal à une dent, c'est ici, sur le trottoir, qu'il faut venir vous la faire arracher.

La rue Wei yuan jie : du carrefour avec la rue Dongfeng Donglu, remonter la rue Qingnian lu puis prendre la première rue à gauche. Située en plein centre ville, c'est l'une des rues les plus commerçantes de Kunming.

La rue Qing nian lu : vers son extrémité nord se tient sur chaque trottoir un marché aux fripes.

Les environs de Kunming

○ *Pour se rendre vers les différents sites*

Nombreux sont les sites et monuments historiques dans les environs de Kunming ; chacun d'eux peut être atteint par les bus locaux au départ des gares routières suivantes.

Gare routière de Nantai qiao. Dongfeng Donglu, sur la place Dongfeng guanchang.

Pour les sources chaudes d'Anning :

bus n° 18 ; 3 départs quotidiens à 8 h, 11 h et 14 h ; 0,8 yuan le trajet.

Pour le village de Baiyukou, au sud des Montagnes de l'Ouest, à proximité du lac Dianchi : bus n° 33 ; 2 départs quotidiens à 8 h et 14 h ; 1 yuan le trajet.

Gare routière de Xiaoximen. Au carrefour des rues Dongfeng Xilu et Renming lu.

Pour les Montagnes de l'Ouest (terminus de Gaoyao au Nord des montagnes) : bus n° 6 ; départ fréquents ; le trajet 30 fens.

Gare routière de Xizhan. Au carrefour des rues Huaichengxi et Haicheng beilu.

Pour le temple des Bambous Qiong : bus n° 7 ; départs fréquents ; trajet 10 fens.

Gare routière de Cuanxin gulou. A l'extrémité nord de la rue Beijing lu.

Pour le temple d'Or et l'étang du Dragon Noir : bus n° 9 ; départs fréquents ; 15 fens le trajet.

De la gare routière de Cuanxin gulou :

Circuit de la Forêt des Pierres : départ à 7 h, retour à 15 h ; 7 yuans.

Circuit de la Porte du Dragon (Montagnes de l'Ouest) avec arrêts aux temples Huating si, Taihua si et les sources chaudes d'Anning : départ à 8 h 30, retour à 17 h ; le mardi, vendredi et samedi (quotidien l'été) ; 5 yuans.

Circuit du temple d'Or, de l'étang du Dragon Noir et du temple des Bambous Qiong : départ à 8 h 30, retour à 17 h ; le lundi, mercredi et vendredi (quotidien l'été) ; 4 yuans.

La Compagnie de bus de Kunming propose de son côté des tours organisés qui partent de la gare routière de Cuan-xin gulou et de l'hôtel Kunming fandian.

De l'hôtel Kunming fandian :

Circuit des Montagnes de l'Ouest : départ toutes les 15 minutes entre 7 h 30 et 8 h 30 ; retour vers 16 h ; 1,2 yuan.

La CITS organise aussi des tours mais pour touristes plutôt fortunés ; si vous êtes dans ce cas-là, renseignez-vous à la réception des hôtels de Kunming.

○ *A voir dans les environs de Kunming*
Le temple d'Or. Le temple, *Jindian*, est construit sur la colline Mingfeng shan, « colline du Chant du Phénix », à 3 km au nord-ouest de Kunming. Pour s'y rendre, prendre le bus n° 10 à la gare routière Chuanxin gulou jusqu'au terminus : le trajet dure 1/2 heure.

Ce temple est également connu sous le nom de *Tai he* qui signifie la « Grande Concorde ». Il appartient au culte taoïste. Il fut construit sous les Qing, durant le règne de **Kangxi**, en 1672. Les bâtiments se présentent sous la forme d'amphithéâtres. Quatre arches conduisent au palais de la Grande Concorde et au pavillon d'Or dont les piliers sont en bronze et les tuiles du toit recouvertes de cuivre. La couleur dorée de l'ensemble explique le nom.

A proximité du temple pousse une variété de thé, le *die chi* ou « ailes de papillon », très apprécié des Chinois. Cet endroit est le lieu de la promenade traditionnelle des habitants de Kunming, le jour de la fête du printemps.

L'étang du Dragon Noir. A 15 km au nord-ouest de Kunming, une maison de thé a été aménagée dans l'ancien palais du Dragon Noir, au bord de l'étang, *Heilong tan*. Prendre le bus n° 9 à la gare Chuanxin gulou et descendre à l'arrêt portant le nom du site.

Le temple des Bambous Qiong. Ce temple, *Quiongzhu si*, est situé à 12 km à l'ouest de Kunming, au sommet de la colline Yuan shan. Sa construction remonte à l'époque Tang en 639, cet ensemble fut démoli et reconstruit sous les Ming et les Qing. La salle des 500 *luohans* est très belle. Elle date des Qing (1886) et est l'œuvre du sculpteur **Li Guangxiu**, originaire du Sichuan, qui y travailla six ans. Le temple a été restauré en 1958.

Pour s'y rendre, prendre le bus n° 7 qui part de la gare routière Xi zhan, descendre au 4e arrêt, Banzhuang cun.

Le lac Dianchi
Ce lac s'étend au sud de la ville, dans le sens nord-sud et couvre une superficie de 340 km². Le lac est bordé de nombreuses collines, la plus belle étant la colline de l'Ouest ou Xi shan.

Le pavillon Daguan. Un parc superbe l'entoure. Le pavillon, *Daguan lou*, fut construit en 1862, sous le règne de l'empereur **Kangxi** de la dynastie Qing. Haut de trois étages, il se dresse sur les bords du lac Xi hu qui n'est autre que la partie nord du lac Dianchi. Des plantations de thé sont dans l'enceinte du parc qui est, aux dires des Chinois, le plus beau site de la ville.

Pour y aller, il vous faudra prendre le bus n° 4 qui passe dans la Dongfengxi lu jusqu'au terminus.

Les monts Xi shan

Ils s'étalent sur 10 km à l'ouest du lac. Pour cette excursion il faudra prévoir la journée entière. Le bus n° 6 qui part de la gare de Xiaoxi men vous amènera au pied de la colline : le trajet dure environ trois quarts d'heure.

Le site est magnifique, les versants de la colline sont couverts de pins, théiers, bambous, pêchers, etc. L'escalade, qui se fait à pied, prend à peu près trois heures. Des temples taoïstes jalonnent le parcours parmi lesquels citons :

Le temple du Pavillon aux Fleurs ou temple Huating si avec une salle de 500 *luohans*. Il était considéré comme le plus grand temple bouddhiste de la province. Les bâtiments, ravagés par les incendies, ont été restaurés de même que le parc avoisinant.

Le temple Taihua si. Vieux de plus de cinq siècles au milieu des plantations de thé.

Le temple Miaoding si. Plus connu sous le nom de *Sanqing ge* qui signifie « pavillon des Trois Purs » (divinités taoïstes), il fut construit sous les Yuan.

La porte du Dragon. Ou *Long men.* Elle est au sommet des monts Xi shan. On a une vue exceptionnelle sur l'ensemble du lac Dianchi.

Signalons que, parmi les temples, certains sont encore en activité et pourront éventuellement vous offrir l'hospitalité.

Pour le retour sur Kunming, vous pourrez utiliser un de ces bateaux qui font la navette pour les touristes chinois et revenir par un autre chemin à travers le lac. Renseignez-vous cependant sur les horaires.

Pour tous ceux qui souhaitent sortir des sentiers touristiques et affectionnent une approche sociologique de la Chine, signalons une très agréable promenade à faire à partir de Gaoyao, le terminus du bus n° 6 : au lieu de se diriger le long de la route qui mène vers les sommets, prendre celle, en contrebas, qui descend vers le lac Dianchi ; puis après 3 à 400 m tourner à gauche ; en continuant vous traverserez ainsi plusieurs villages... une occasion de s'imprégner de la vie rurale chinoise. La route qui longe la rive ouest du lac Dianchi est, à cet égard, un axe excellent de promenade à vélo.

A partir de Kunming

Anning. Ville située à l'ouest du lac Dianchi à 15 km de Kunming. L'endroit est célèbre pour ses sources d'eau chaude. On s'y rendra avec le bus n° 18 qui part de la gare de Nantai qiao.

Kunyang. A une soixantaine de kilomètres au sud de Kunming, Kunyang est la ville natale du célèbre marin Zheng He, explorateur chinois d'origine musulmane qui sillonna au XVe siècle l'océan Indien, la mer Rouge et la mer de Chine. Dans le parc Yueshan on visite la tombe du père du navigateur, un musée et une stèle consacrés à ses différents périples entre 1405 et 1433. Pour s'y rendre, il faut prendre la route qui longe la rive est du lac Dianchi, traverser la ville de Jinning, puis continuer plein Sud pendant 20 km.

La Forêt des Pierres. *Shi lin,* se trouve à 125 km au sud-est de Kunming. Un bus s'y rend tous les jours. Vous pourrez réserver votre place à l'hôtel de Kunming, le *Kunming fandian.* Le trajet dure 4 h, au cours desquelles vous traverserez de nombreux villages de la minorité nationale **Yi**.

Les Chinois considèrent ce lieu comme « la première merveille du monde ». Cet endroit était, il y a des milliers d'années, occupé par la mer. A la suite de bouleversements, celle-ci se retira, laissant apparaître ces montagnes aux formes étranges, travaillées par des siècles d'érosion marine.

Le pavillon du Lion. De là vous aurez

une vue d'ensemble du site. Des lacs occupent la dépression : *Shilin lu,* lac de la Forêt des Pierres : *Lianhua chi,* l'étang de la Fleur de Lotus ; et *Jian Feng chi,* le lac du Pic de l'Épée.

Parmi les roches aux formes suggestives signalons : *Shiping feng,* « le paravent » ; *Fenghuangshu chi,* « l'aile du phénix » ; *Wang feng ding,* « le belvédère » ; le pic *Ashi ma ; Muzi jieyou,* « la promenade de la mère et de son enfant » ; et *Xiangjushi tai,* « la pointe du pied de l'éléphant ». Le site est au milieu d'une forêt de bambous.

Vu la longueur du trajet, il est conseillé de passer la nuit à Shi lin, sur le site même, à l'hôtel très agréable, Shi lin Binguan.

XISHUANGBANNA

Bordant le Laos et la Birmanie, le district autonome Dai de Xishuangbanna compte 800 000 habitants pour une superficie de 25 000 km². L'intérêt touristique de la région « des 12 000 rizières » réside principalement dans sa population qui se compose d'une dizaine d'ethnies dont les Dai, Hani, Han, Pulang, Lahu, Yao... Les Dai, ethnie majoritaire, sont plus de 300 000.

Cette région très boisée se partage entre des vallées qui s'étagent entre 500 et 1 300 mètres d'altitude et des montagnes culminant à 2 500 mètres. Son climat subtropical comporte une saison sèche et une saison humide. C'est aujourd'hui l'une des rares régions de Chine qui compte encore une faune abondante — éléphants, tigres, léopards, paons, etc.

Le district autonome de Xishuangbanna instauré en 1954 est divisé en trois cantons — Mengla, Menghai et Jing hong ; seuls les deux derniers chefs-lieux sont actuellement ouverts au tourisme avec un permis de circulation.

Jing hong

Grosse bourgade sur le bord du Mékong, Jing hong est la préfecture du district autonome Dai de Xishuangbanna. Pour s'y rendre, il faut prendre un avion de Kunming à Si mao — le vol dure une heure — puis effectuer en car les 167 kilomètres jusqu'à Jing hong (durée 4 heures).

Le bourg présente peu d'intérêt, au niveau architectural en particulier ; par contre, de nombreux villages Dai aux maisons traditionnelles construites sur pilotis sont disséminés dans les environs, le long de la vallée ; on prendra plaisir à s'y rendre à pied à travers les rizières.

Outre une commune où est cultivé du thé, Mai hai, on pourra se rendre en car au village Dai (Taï ou encore Thaï) de Manting Lan et au village de Long peng où vivent des Jinuo. A signaler également la possibilité de visiter l'École normale et l'Institut de recherches des plantes tropicales de Jing hong.

Les places sont comptées dans les petits avions qui font la liaison Kunming-Si mao. Dès l'arrivée à Kunming, il est conseillé de réserver immédiatement une place d'avion pour Si mao, puis de faire preuve de patience.

Liaison aérienne Kunming-Si mao : vol tous les jours sauf mercredi et dimanche ; prix de l'aller simple : 57 yuans.

CHUXIONG

Muni d'un permis de circulation pour Chuxiong — permis obtenu à la Sécurité de Kunming —, je me présente à la gare routière de l'Ouest (Xizhan) pour acheter le billet de bus. Les employés refusent de me le vendre. Après deux heures de négociations et un coup de téléphone à la Sécurité de Kunming, leur réponse est catégorique : « Chuxiong est fermée aux étrangers ; si vous voulez un billet pour Dali, c'est d'accord ». Bizarre, bizarre ! De retour à l'hôtel, je téléphone à mon tour aux bureaux de la Sécurité ; la réponse est claire : « Votre autorisation est valable et Chuxiong est une ville ouverte aux étrangers ». A n'y rien comprendre ! Eh oui, la collecte d'informations pour la rédaction d'un guide de la Chine n'est pas toujours facile, pour les auteurs surtout... lorsqu'ils tiennent à voyager dans les mêmes conditions que leurs lecteurs. Je m'excuse donc auprès des lecteurs de ne pas donner de plus amples renseignements sur Chuxiong faute d'éléments vécus. Je ne manquerai pas de tenter ma chance à nouveau pour une prochaine édition.

A tout hasard : il y a deux départs de bus à 8 h 15 et 14 h, arrivée à Chuxiong à 14 h et 21 h.

DALI

Située à 400 kilomètres à l'ouest de Kunming, Dali est une petite ville qui mérite une halte ; elle reste peu fréquentée par les groupes touristiques mais par contre très appréciée des voyageurs individuels : en effet, il fait bon y séjourner après un voyage éprouvant.

Cette ancienne capitale du royaume de Nan zhao a conservé un certain cachet et une relative unité architecturale qui contribuent à son charme. Ceinte de murailles sur trois côtés, Dali a, si l'on peut dire, une dimension « humaine » : on la traverse en moins d'une heure sans y être bousculé ; pas (ou pas encore !) de larges boulevards, peu d'édifices modernes qui saccagent le site.

Dali, c'est la campagne, les rizières à deux pas, le lac Er hai, les montagnes Cang shan ; c'est aussi la possibilité de côtoyer la minorité Baï les jours de marché, de traverser ses villages aux maisons de pierres sèches. Bien entendu quelques sites et monuments à voir mais, surtout, les environs sont à découvrir à vélo.

Dali, une ville et une région que l'on n'aimerait pas voir devenir comme Guilin, complètement pourrie par le tourisme ! Le risque est grand.

Dali pratique

○ *Pour s'y rendre*

De Kunming, il n'y a que le bus pour atteindre Dali ; en tout, une dizaine d'heure de trajet. La fin du parcours présente un certain intérêt car elle permet d'observer des changements dans le type de construction des maisons comme le passage de la terre séchée à la pierre, mais aussi une rationalisation de l'espace rural poussée à l'extrême.

Deux liaisons journalières à partir de la gare routière de Xizhan ; le bus du matin : départ 7 h 15, arrivée à Dali vers 18 h ; le bus du soir : départ 18 h, arrivée à Dali à 7 h le lendemain matin ; prix du billet : 17,80 yuans. Il est prudent d'acheter son billet au moins deux jours à l'avance. Les employés de la gare routière ne brillent pas par leur amabilité et peuvent refuser de vous vendre un billet pour une ville même si vous avez le permis pour vous y rendre (voir Chuxiong). Le bus vous dépose au terminus situé à 500 mètres avant la porte Sud de Dali. Dès l'arrivée, il est préférable, si vous êtes relativement pressé de continuer le périple, d'acheter

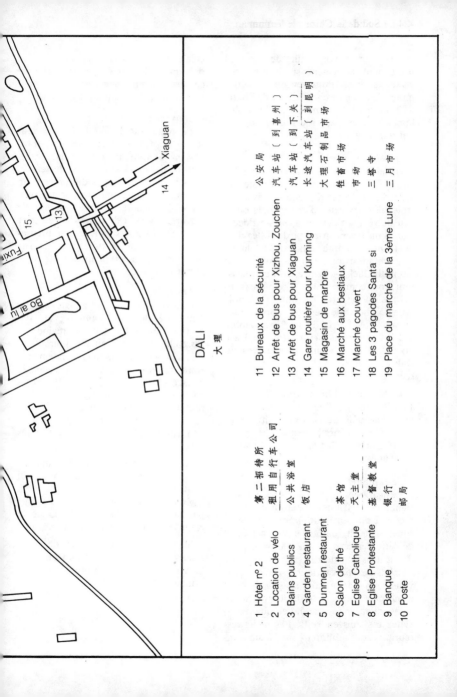

DALI
大理

1 Hôtel n° 2   第二招待所
2 Location de vélo   租用自行车公司
3 Bains publics   公共浴堂
4 Garden restaurant   饭店
5 Dunmen restaurant
6 Salon de thé   茶馆
7 Eglise Catholique   天主堂
8 Eglise Protestante   基督教堂
9 Banque   银行
10 Poste   邮局

11 Bureaux de la sécurité   公安局
12 Arrêt de bus pour Xizhou, Zouchen   汽车站（到喜州）
13 Arrêt de bus pour Xiaguan   汽车站（到下关）
14 Gare routière pour Kunming   长途汽车站（到昆明）
15 Magasin de marbre   大理石制品市场
16 Marché aux bestiaux   牲畜市场
17 Marché couvert   市场
18 Les 3 pagodes Santa si   三塔寺
19 Place du marché de la 3ème Lune   三月市场

immédiatement votre billet de retour (4 jours sont largement suffisants pour visiter le coin). Pour revenir sur Kunming : le bus part chaque jour de l'hôtel n° 2 à 6 h 40, fait une halte 200 m plus loin à l'angle de la rue Fuxing lu puis quitte Dali à 7 h.

○ *Hôtels*

Hôtel n° 2 : à Dali, le seul pour les étrangers ; son confort est spartiate ; la salle d'eau du rez-de-chaussée avec ses trois énormes *woks* d'eau chaude est le lieu de réunion des voyageurs à l'occasion d'un lavement de pieds collectif et nocturne. Compte tenu de la haute fréquentation touristique — avant tout des individuels — l'entretien y est inexistant, tout comme l'amabilité du personnel ; c'est pourrait-on dire, l'exemple type de l'hôtel de très bon rapport pour les autorités ! Prix du lit : en chambre à 2 lits, 12 yuans ; en dortoir de 3 à 6 lits : 2, 3 ou 5 yuans. **Des cartes de Dali** et de la région sont en vente à la réception.

A Xiaguan, l'hôtel Erhai binguan, 140, Renmin jie. Beaucoup plus confortable que celui de Dali mais situé dans une ville qui ne présente pas grand intérêt. Prix du lit : 5, 8, 12 et 20 yuans en chambre de 2 à 3 lits.

○ *Se restaurer*

Les gargotes ne manquent pas à Dali : signalons le **Garden Restaurant** et en face le **Dunmen Restaurant,** tous deux situés dans la rue Yu er lu ; à l'angle de cette dernière avec la rue principale, il y a un salon de thé servant des *cold drinks,* des pâtisseries et du café. Si vous souhaitez prendre un peu de recul et ne plus voir la tête des touristes qui fréquentent le même hôtel que vous, évitez ces trois endroits. Les petits restaurants sont nombreux sur la rue prin-

cipale et, chose assez frappante, certains ont une pièce aménagée en salle de cinéma avec un magnétoscope et 1 ou 2 téléviseurs ; l'ambiance est garantie.

○ *Souvenirs*

La région de Dali est réputée dans toute la Chine pour **son marbre,** *Dalishi.* Si vous ne craignez pas l'excédent de bagages dans l'avion du retour, vous ne manquerez pas de ramener un plateau de table, une pagode ou bien un siège de marbre ! Des souvenirs de marbre, il y en a de toutes les tailles et pour tous les goûts dans les nombreuses échoppes et sur le trottoir de la rue principale, 2 ou 300 m après avoir passé la porte du Sud.

○ *Marchés*

Chaque année se tient à Dali le grand « **marché de la 3e lune** » ; les Bai et les autres ethnies de la région s'y rassemblent du 15e au 20e jour du 3e mois lunaire (en avril généralement). Rares seront les touristes qui auront la chance d'assister à cette manifestation commerciale et culturelle. Vous pourrez toutefois vous en faire une idée en vous rendant aux différents marchés qui se tiennent régulièrement à Dali et dans les environs.

Ainsi, le mercredi est jour de marché à Dali ; le marché aux bestiaux, qui vaut absolument une visite, se tient légèrement en dehors de la ville (sortir par la porte du Nord, puis suivre la route qui oblique vers le nord-ouest).

Si vous ratez le marché de Dali, rendez vous à celui de Xizhou ; il a lieu tous les jours de 8 h à midi et est très sympa.

A voir à Dali

○ *Quelques buts de promenades*
Au sud de Dali, sur la route de Xiaguan :

Le temple Gantong. Prendre le bus vers Xiaguan et descendre au village de Guanyin. Le temple se trouve à 30 minutes à pied en se dirigeant à l'ouest, vers la chaîne de montagnes.

La stèle Nan zhao dehua. En se dirigeant toujours vers Xiaguan, sur la gauche à la sortie de Guanyin. Mesurant 3 m de haut et 2 m de large, cette stèle est la plus grande du Yunnan. Ses inscriptions racontent le système politico-économique du royaume de Nan zhao et décrivent les différentes ethnies de la région.

La pagode des Ossements de Serpent, She gu ta. Cette pagode de 13 étages, construite en l'an 820, se dresse sur la droite de la route à 4 km avant d'arriver à Xiaguan.

A l'ouest de Dali :

Les trois pagodes San ta si de l'ancien temple Chong sheng si : c'est « le » monument de Dali reproduit sur toutes les cartes postales. Ces trois pagodes sont bien conservées mais, comme dans beaucoup d'endroits en Chine, un site touristique ne se conçoit pas sans un fil électrique qui le traverse ; les autorités de Dali ont trouvé le moyen d'en laisser traîner un (les photographes le trouveront facilement). Enfin ne soyons pas trop méchant : ce n'est rien comparé au monastère de Koum Boum (Taer si), près de Xining, où les 7 stupas à l'entrée sont barrés par un véritable fleuve de câbles électriques à la grande joie des retoucheurs de photos et de cartes postales !

Ces trois pagodes, situées à 3 km au nord-ouest de Dali, dateraient de la dynastie Tang (618-907) ; la plus haute (63 m) ressemble beaucoup à la pagode de la Petite Oie à Xi'an.

Le temple Zhong he si. Prendre la sortie ouest de Dali puis dépasser la place du marché « du 3e mois ».

Au nord de Dali :

Le temple Sheng yuan si. A 15 km, dans la petite ville de Xizhou.

La source des Papillons, Hudiequan, à 25 km de Dali, au nord-ouest de la ville de Zhoucheng.

LIJIANG

Au pied de la montagne Yu lang xue shan qui culmine à 5 600 m, Lijiang est le chef-lieu du district autonome Naxi. L'ethnie Naxi compte aujourd'hui 250 000 membres répartis au Yunnan et au Sichuan. La ville connut son heure de gloire comme petite principauté autonome au VIIIe siècle, puis fut rattachée au royaume de Nan zhao par la suite. Sous les dynasties Ming et Qing, les seigneurs locaux firent construire des palais et des temples bouddhiques dont on peut encore voir quelques vestiges dans les environs.

Lijiang pratique

○ *Se rendre et quitter Lijiang*
De Dali, on ne peut atteindre Lijiang que **par le bus** ; celui-ci quitte Xiaguan tous les jours à 7 h 30 et arrive à Lijiang vers 14 h 15 ; le billet coûte 5,7 yuans. Le bus fait deux arrêts, l'un vers 10 h, l'autre vers 12 h 30 pour faire le plein ; dans la dernière portion, le trajet et le paysage sont fort intéressants avec une ascension particulièrement longue et dure. De la gare routière de Lijiang, il est préférable pour se rendre à l'hôtel,

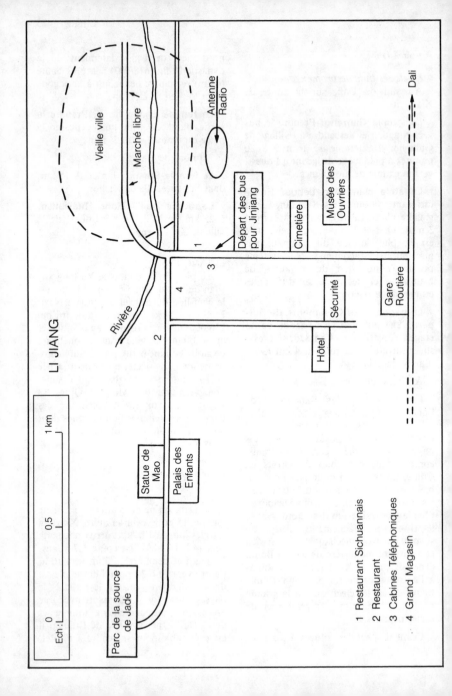

LI JIANG

Ech : 0   0,5   1 km

Parc de la source de Jade

Statue de Mao

Palais des Enfants

Rivière

Vieille ville

Marché libre

Antenne Radio

Départ des bus pour Jinjiang

Cimetière

Musée des Ouvriers

Hôtel

Sécurité

Gare Routière

Dali

1   2   3   4

1 Restaurant Sichuannais
2 Restaurant
3 Cabines Téléphoniques
4 Grand Magasin

de louer un taxi à 3 roues (à pied, il faut compter 30 à 40 mn avec une rue en pente particulièrement pénible à monter).

Lijiang est pour l'instant l'ultime étape autorisée au Nord du Yunnan ; pour le retour, les autorités imposent de revenir sur ses pas vers Dali puis Kunming. Il existe une autre possibilité que j'ai expérimentée après plusieurs heures de négociation avec la Sécurité et les employés de la gare routière : rejoindre en bus la ligne de chemin de fer Kunming-Chengdu au niveau de Jinjiang au Sichuan ; un sacré raccourci pour aller au Sichuan ! Jinjiang est une station ferroviaire à une vingtaine de kilomètres de Dukou, une ville industrielle et laide strictement interdite aux étrangers ; le bus pour Jinjiang part à 6 h 30 (voir le plan) et arrive vers 17 h ; le billet coûte 8,6 yuans.

En se penchant sur une carte de Chine on constate que Lijiang est située sur la route qui mène de Kunming au Tibet. Ah, quelle tentation ! Pourtant trois obstacles majeurs s'opposent actuellement à un tel projet : la durée du périple, l'état de la route, enfin la vigilance des employés de la gare routière et de la Sécurité. Passons sur les deux premiers, des Chinois de Hong Kong pourront toujours vous acheter un billet de bus pour Zhongdian et Dêqên... mais, pour passer au travers des mailles de la Sécurité dans ces villes, c'est une tout autre histoire !

○ *Hôtel*
La maison de réception n° 1 accueille les touristes étrangers ; son confort est plutôt rudimentaire et un nouveau bâtiment est en cours de construction. Lit en dortoirs à 3 yuans.

○ *Restaurant*
Un restaurant privé servant une cuisine du Sichuan m'a semblé être le plus recommandable (voir plan) ; dans la rue du marché libre on trouvera aussi de nombreuses gargotes.

○ *Les promenades à Lijiang*
Une visite à ne pas manquer est celle de la vieille ville : vraiment super ! L'ambiance, les anciens palais, les maisons au bord de la rivière, les vieux ponts de pierre... Un patrimoine culturel et architectural que l'on aimerait voir préservé à jamais de la destruction ! J'y ai découvert un petit hôtel qu'il m'est malheureusement impossible de resituer sur le plan avec le dédale des rues étroites (avis aux routards !).

A voir à Lijiang
Le parc de la Source de Jade, Yu quan gong yuan. Il recèle trois sites intéressants : la bibliothèque du district, l'Institut de recherche Dongba — Dongba yuen jiu suo — enfin le pavillon des Cinq Phœnix — Wu fen lou.

Le pavillon des Cinq Phœnix : haut de 17 m, ce pavillon à 3 étages doit son nom aux angles recourbés de ses différents toits qui évoquent pour les Chinois cet animal mythique. Ce bâtiment, qui se dressait dans les environs de Lijiang, fut démonté en 1979 puis reconstruit dans ce parc. Le pavillon des Cinq Phœnix fut bâti à l'origine en 1601 pour accueillir des textes sacrés tibétains, détruit sous les Qing puis reconstruit en 1882. Aujourd'hui parfaitement restauré, ce pavillon est l'un des sites de tournage privilégiés pour les cinéastes chinois.

L'Institut de recherches Dongba : ses activités sont axées sur la culture des Naxi notamment l'écriture hiéroglyphique particulière à cette ethnie. Dongba était, il y a plusieurs siècles, le nom donné aux chamanes Naxi.

La bibliothèque, située dans un petit pavillon du parc, possède un fonds important de textes anciens Naxi.

Les confins de la Chine

La Mandchourie

La Mandchourie, première région industrielle, est, depuis le déclin du tourisme politique, la dernière région touristique de Chine. Les trois provinces, **Liaoning, Jilin** et **Heilongjiang,** qui composent ce que nous appelons la Mandchourie furent à la Chine ce que le Far West fut aux États-Unis : terres de colonisation récente, elles sont aussi riches en matières premières que pauvres en monuments anciens.

Lorsque les Mandchous envahirent la Chine au XVIIᵉ siècle pour fonder la dynastie Qing, ils découragèrent les colons chinois de venir s'installer sur leurs terres qui restèrent longtemps une vaste steppe vide en friche, où les empereurs Qing venaient pratiquer leur sport favori : la chasse.

Au cours du XIXᵉ siècle, la Chine surpeuplée commença à déverser ses flots de colons dans toute l'Asie du Sud-Est, pour la région de Canton, et en Mandchourie pour les provinces du Nord. Mais ce sont les Russes qui, les premiers, au début de ce siècle, s'intéressèrent à l'industrialisation du Nord-Est de la Chine. Attirés par ses richesses naturelles, les Japonais entrèrent en conflit avec eux dès 1905 et finirent par bouter les Russes hors de Chine et ériger en 1933 le *Mandchoukouo,* un État nominalement indépendant mais dirigé en fait par les Japonais, qui installèrent à sa tête **Pu Yi,** le dernier empereur Qing réfugié à Changchun.

En 1945, les Russes prirent leur revanche et chassèrent les Japonais de Mandchourie. On peut encore voir à l'heure actuelle des monuments érigés à la gloire des héros soviétiques morts à cette époque dans les trois capitales provinciales de Harbin, Changchun et Shenyang. Ces monuments célèbrent « *l'amitié impérissable entre les peuples chinois et soviétique* ». Ce n'est qu'en 1960 que toute présence russe disparaîtra totalement de la Mandchourie.

Ces colonisations successives ont donné aux villes du Nord-Est de la Chine un aspect occidental qu'on ne retrouve qu'à Shanghai. Les larges avenues sont bordées de grands bâtiments dont le charme désuet rappelle une banque londonienne ou le casino de Deauville. Les façades semblent malheureusement n'avoir pas été ravalées depuis la libération !

La campagne a aussi un petit air occidental : on y cultive surtout du blé, dans des champs immenses qui s'étendent à perte de vue dans un paysage monotone. La densité de la population y étant une des plus faibles du pays, les petits villages y sont rares. Les maisonnettes en terre battue sont recouvertes d'un toit long en forme de tuile, qu'on ne retrouve pas ailleurs.

On peut se faire une idée des capacités industrielles de la région du Nord-Est en visitant l'exposition des réalisations industrielles du Liaoning, exposition permanente située dans un bâtiment de 33 000 m² à Shenyang. Les hauts lieux

de l'industrie lourde en Mandchourie sont Daqing pour ses puits pétrolifères, et Anshan pour ses mines de charbon.

Le climat du Nord-Est étant excessivement rude en hiver — il y neige de novembre à avril —, il est recommandé de s'y rendre de juin à septembre pour fuir les grandes chaleurs du reste de la Chine et profiter d'un été tempéré.

Ceux que les grands froids ne rebutent pas — et il peut faire jusque - 38° en janvier à Harbin — apprécieront les nouvelles stations de ski ouvertes dans la région de Jilin et le festival des glaces qui se tient à Harbin au moment du Nouvel An.

Les permis

La Mandchourie comprend donc trois provinces : le Liaoning, le Jilin et le Heilongjiang. Au Liaoning, on peut se rendre sans visa dans les villes et régions suivantes : Shenyang, Dalian, Anshan, Dandong, Fushun, Jinzhou, Liaoyang, Benxi et Yingkou, petit port sur les rives de la mer Bohai. Au Jilin, on a accès sans visa aux villes de Changchun, Gongzhuling, Hunjiang, Jilin, Meihekou, Tumen, Yanji et aux districts de Antu (réserve naturelle), Longjing et Ji'an. Au Heilongjiang, sont ouverts les villes de Anda, Bei'an (Wudalianchi), Daqing, Harbin, Qiqihar, Shuangyashan, Suihua, et les districts de Fangzheng, Hailun, Jiagedaqi, Jiamusi, Nenjiang, Shuangcheng, Yichun, Zhaodong.

Comment se rendre en Mandchourie

Les trois capitales du grand Nord sont reliées à Pékin par une seule et même voie ferrée. Nous donnons, à titre indicatif, les horaires de quelques-uns des nombreux trains qui desservent cette ligne.

En montant vers le nord

N° du train	11	17	27	39	137
Pékin	6 h 33	15 h 50	16 h 48	19 h 40	0 h 20
Jinzhou	14 h 12	23 h 00	0 h 34	3 h 15	9 h 14
Shenyang	17 h 11	2 h 03	3 h 36	6 h 19	12 h 51
Changchun	—	6 h 10	—	10 h 20	17 h 30
Harbin	—	9 h 26	—	13 h 30	21 h 15

En descendant vers le sud

N° du train	12	18	28	40	138
Harbin	—	18 h 18	—	12 h 48	23 h 08
Changchun	—	21 h 39	—	15 h 57	3 h 09
Shenyang	9 h 50	1 h 42	22 h 24	19 h 54	7 h 48
Jinzhou	12 h 50	4 h 37	1 h 15	22 h 49	11 h 33
Pékin	20 h 30	11 h 55	8 h 59	6 h 31	21 h 45

Le Liaoning

Le Liaoning est la province méridionale de la Mandchourie, berceau des Mandchous. La partie centrale de la province est occupée par la plaine de la Songliao. 60 % de la surface de la province sont occupés par des montagnes. De vastes forêts en font une des rares provinces productrices de bois et de papier de la Chine.

La capitale provinciale, Shenyang, vit la naissance de la dynastie des Qing, qui commença avec Huangtaiji, fils de Nurhachi, chef d'une tribu mandchoue. Aujourd'hui, sur une population de plus de quatre millions de Mandchous, plus de la moitié vivent à Shenyang.

La province est riche en ressources minérales de toutes sortes : d'importants dépôts de métaux ferreux et non ferreux ont facilité le développement de ce qu'on appelle la Ruhr chinoise. Les transports étant relativement bien développés au Liaoning, Shenyang sert de plaque tournante entre le Nord de la Chine et les autres régions du pays.

Les principales minorités nationales qui vivent au Liaoning sont les Mandchous, les Xibo, les Hui, les Coréens et les Mongols, les Han étant évidemment en majorité. La population globale de la province est de 36 millions d'habitants. Le climat est plus rude que dans la région de Pékin. Il pleut surtout en été. Températures moyennes maximales en été : 29°, en hiver : - 4°.

SHENYANG

Shenyang, capitale de la province du Liaoning, est la plus grande ville de Mandchourie. Située à 840 km au nord-est de Pékin, c'est un nœud ferroviaire important, carrefour entre Pékin et la Corée, la péninsule du Liaoning, la Mandchourie et la Sibérie orientale.

Shenyang, grand centre industriel producteur de locomotives, machines-outils, etc. renferme également un arsenal : c'est le siège d'une des plus importantes régions militaires du pays, qui doit défendre la section la plus sensible de la frontière sino-soviétique.

Un peu d'histoire

Shenyang est la seule grande ville de Mandchourie à s'enorgueillir de quelques sites historiques. C'est en effet le berceau de la dynastie mandchoue des Qing qui y établit sa première capitale en 1625. Une fois la capitale transférée à Pékin en 1644, Shenyang fut rebaptisée **Feng Tian**, soit **Moukden** en mandchou.

Moukden tomba entre les mains des Japonais en 1931, fut reprise par les Russes en 1945 avant de passer sous la domination du Guomindang et en novembre 1948 sous celle du PCC.

Shenyang, qui a retrouvé son nom chinois, a aujourd'hui 4 500 000 habitants, dont 2 800 000 pour la ville proprement dite.

L'histoire de Shenyang est indissolublement liée à celle d'un peuple très particulier, les Mandchous, qui, après avoir dominé la Chine pendant 300 ans, s'est si bien identifié aux Chinois qu'il a pratiquement disparu.

Avant d'envahir la Chine, les Mandchous avaient successivement choisi Xinbin, Liaoyang et Shenyang pour en faire leur capitale. A Xinbin, Nurhachi, le premier grand roi de ce qui était alors connu comme la tribu Juchen, mit au point en 1615 le système des *qi* ou « bannières », qui allait devenir la clé de voûte de l'armée puis de la noblesse

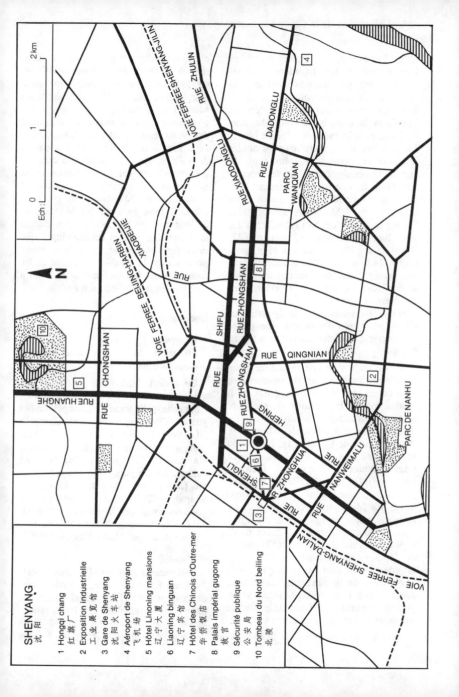

SHENYANG
沈阳

1 Hongqi chang
   红旗厂
2 Exposition industrielle
   工业展览馆
3 Gare de Shenyang
   沈阳火车站
4 Aéroport de Shenyang
   飞机场
5 Hôtel Linoning mansions
   辽宁大厦
6 Liaoning binguan
   辽宁宾馆
7 Hôtel des Chinois d'Outre-mer
   华侨饭店
8 Palais impérial gugong
   故宫
9 Sécurité publique
   公安局
10 Tombeau du Nord beiling
   北陵

Qing. Les Mandchous étaient divisés en huit bannières. Les bannières « entières » étaient, par ordre hiérarchique, la jaune, la blanche, la rouge et la bleue. Les bannières « bordées » étaient la jaune, la blanche et la rouge bordées de bleu, puis la bleue bordée de blanc. La bannière jaune regroupait les nobles les plus importants et, plus tard, la famille impériale. Au début, les troupes des Huit Bannières appartenaient aux nationalités mandchoue et mongole. Le nombre des Mongols augmentant, Huangtaiji, fils de Nurhachi, créa les Huit Bannières mongoles, puis en 1642, il ajouta les Huit Bannières Han, portant à 24 le nombre des bannières dans son armée. Tous ceux qui appartenaient à ces corps constitués qu'étaient les bannières s'appelaient les *Qiren,* Hommes des Bannières. Sous la dynastie des Qing, les *Qiren* formèrent une classe privilégiée qui n'était astreinte à aucun travail.

Si Nurhachi s'est donné tant de peine pour constituer une armée puissante et bien organisée c'est, dit-on, parce qu'il voulait venger la mémoire de son père et de son grand-père assassinés par les dirigeants de la dynastie des Ming. Il se donna le titre de Khan en 1622 et fonda le royaume des Jin Postérieurs, avec pour capitale Dongjing (actuelle Liaoyang). En 1625, Nurhachi fut blessé en luttant contre le général Yuan Chonghuan des Ming. Il mourut en août de la même année. Son fils, Huangtaiji prit sa succession et, en 1632, après avoir capturé les villes de Fushun et Shenyang, il déplaça sa capitale à Shenyang. Huangtaiji prit sept ans pour construire Shenjing (actuelle Shenyang) et en faire une véritable place-forte. C'est de Shenyang qu'il partit pour franchir la Grande Muraille et conquérir la Chine en 1644.

Depuis quelques années, les Mand-

chous revendiquent à nouveau leur identité. A la chute de l'empire des Qing, en 1911, de violents sentiments antimandchous chez les Han poussèrent les Mandchous à cacher leurs origines et à se fondre dans la masse en adoptant des noms Han. Le clan des Aisin Gioro, de la famille impériale, a adopté le nom de « Jin », le clan des Gaerjia celui de « Guan ». Les sentiments nationalistes qui se sont à nouveau exprimés pendant la Révolution Culturelle n'ont pas contribué à faire ressortir les Mandchous de leur anonymat. Ce n'est que depuis le début des années quatre-vingts que des efforts ont été entrepris *in extremis* pour sauver la langue, l'écriture et les coutumes des Mandchous, dont le nom signifie, en mandchou, « les perles ».

Shenyang pratique

○ *Comment s'y rendre*
En train. Se référer aux horaires donnés plus haut.

En avion. Shenyang est relié par avion aux villes de Pékin (110 yuans), Changsha (339 yuans), Changchun (49 yuans), Chaoyang (43 yuans), Chengdu (400 yuans), Dalian (60 yuans), Dandong (35 yuans), Canton (483 yuans), Hangzhou (321 yuans), Harbin (85 yuans), Mudanjiang (115 yuans), Nankin (248 yuans), Qingdao (145 yuans), Shanghai (295 yuans), Taiyuan (prix non communiqué), Wuhan (290 yuans), Xi'an (285 yuans), Yanji (101 yuans). Un vol direct sur Hong Kong le lundi.

○ *Hôtels :*
Fenghuang fandian, Phoenix Hotel, 3-6 duan Huanghe dajie. A 7 kilomètres de la gare, l'hôtel le plus clinquant de Shenyang, atmosphère musicale, sauna, massage, air conditionné, etc. 50 yuans la chambre à un lit, 70 yuans à deux

lits. Tél. 64.854. Télex : 80045 FHFD CN.

Youyuan fandian, Youyuan Hotel, 4-2 duan Taishan lu. A 8 km de la gare. Le dernier en date des hôtels de Shenyang. 80 yuans la chambre double. Tél. 66.616.

Liaoning binguan, Liaoning Guesthouse, 27, 2 duan Zhongshan guangchang. Charmant petit hôtel vieillot situé sur la place du Drapeau Rouge. Construit en 1927 par les Japonais dans des proportions raisonnables, il a été particulièrement bien entretenu. Tél. 32.641. Chambre simple à 70 yuans, double à 80 yuans.

Liaoning dasha, Liaoning Hotel, 1, 6 duan Huanghe dajie. A 8 km de la gare, en route vers les tombeaux du Nord, Beiling, une énorme usine qui accueille généralement les groupes. 45 yuans la chambre double. Tél. 62.536.

Youyi binguan, Friendship Guesthouse, 1, 7 duan Huanghe dajie. Juste au nord du précédent, c'est un hôtel réservé aux invités de marque du gouvernement chinois. Piscine, billard, cuisine française, etc. 90 yuans la chambre double, 200 yuans la « suite ». Tél. 62.822.

Dongbei fandian, Dongbei Hotel, 1, 7 li, 3 duan, Taiyuan jie. A 500 m de la gare, près du parc Zhongshan. C'est l'hôtel des routards : possibilité de dormir en dortoir pour 10 yuans ou moins, en marchandant. Chambre à un lit 30 yuans, à deux lits 40 à 50 yuans. Tél. 32.031.

○ *Adresses utiles*
CITS : 3, Zhongshan lu, Sec. 1. Tél. 346.53. Il y a aussi un bureau de CITS dans le Liaoning Dasha.
CAAC : 31, Dongfeng dalu, Sec. 3. Tél. 337.75.

Poste centrale : Zhongshan lu, Sec. 1. Tél. 333.67.

A voir à Shenyang

Le palais Impérial. Il fut, de 1625 à 1643, la résidence des empereurs Qing avant que ceux-ci ne conquièrent la Chine entière. Construit entre 1625 et 1637, le palais comporte trois ensembles de bâtiments qui rappellent, en beaucoup plus petit, le palais Impérial de Pékin.

On entre par la porte de l'Est qui donne sur une allée bordée par les pavillons des dix rois menant jusqu'à la salle du trône. Ces pavillons abritent une belle collection d'armes des XVIIe et XVIIIe siècles.

Dans les bâtiments centraux, on visite tout d'abord deux pavillons rajoutés au XVIIIe siècle où l'on peut voir exposés de magnifiques instruments traditionnels chinois, comme le *sheng* (orgue à bouche) ou le *qin* (cithare à sept cordes), du XVIIIe siècle.

La tour centrale servait de lieu de réception à l'empereur. Derrière celle-ci se trouve la cour du centre : à gauche, les chambres des concubines où sont maintenant exposés des objets précieux en jade et en ivoire ; et à droite, la salle de lecture du fils de l'empereur, où est périodiquement exposée une collection de peintures qui comprend d'admirables spécimens de tous les plus grands peintres Ming et Qing. Au centre de la cour se trouve la salle des ancêtres.

C'est là que les empereurs Qing se livraient à des sacrifices rituels inspirés par le chamanisme, pratiqué par les Mandchous. L'objet du sacrifice était un porc dans les oreilles duquel on versait du vin bouillant qui devait le tuer. Les cris que poussait alors la pauvre bête étaient censés attirer l'attention des ancêtres déifiés. On dépeçait ensuite et faisait cuire le porc dans le vin avant de l'offrir devant l'autel des ancêtres.

Dans le palais de l'Ouest se trouvent la salle de lecture et la chambre à coucher de l'empereur, joliment décorée de peintures exécutées par des ministres de la dynastie Qing.

La sépulture impériale du Nord. On peut s'y rendre de l'hôtel Liaoning, *Fandian* ou *Binguan* par le bus n° 6 (arrêt dans la rue Zhongshan) ou par le bus n° 3 (arrêt dans la rue de Nankin).

Cette sépulture, *Beiling*, a été aménagée en parc public et les bâtiments ont tous été soigneusement restaurés, ce qui leur ôte beaucoup de poésie. Beiling est le tombeau de Huang Taiji, père de Shun Zhi, qui fut le premier empereur Qing à régner sur la Chine entière à partir de 1644. Huang Taiji est mort en 1643.

La sépulture impériale de l'Est. Située à une vingtaine de kilomètres du centre de Shenyang. On peut y accéder en prenant le bus circulaire *(huan lu)* de la rue Zhongshan et en changeant pour le 18 à la station Gulou, mais le voyage ainsi effectué prend une bonne heure.

Encore peu restaurée, cette sépulture, *Dongling*, est restée un site sauvage d'une très grande beauté. On se rend aux tombeaux par une allée précédée d'un portique et bordée de douze statues d'animaux plus ou moins mythiques. Le parc est ombragé de cèdres majestueux vieux de plusieurs centaines d'années. Il faut encore monter 108 marches (36 pour les Enfers et 72 pour le Royaume céleste) avant d'arriver au tombeau proprement dit : une enceinte carrée

protégeant le tumulus circulaire dans lequel est enseveli **Nurhachi,** le grand-père de **Shun Zhi.**

La place du Drapeau rouge. Cette place est l'un des rares vestiges des plus folles heures de l'ère Lin Biao, où culte de la personnalité de Mao et réalisme socialiste faisaient bon ménage. Érigée en pleine Révolution Culturelle, fin 1969, la statue rougeâtre de Mao fait 10,60 m de haut et les personnages qui entourent le socle, 4,60 m. On peut encore y lire des phrases célèbres de l'époque, comme « Feu sur le quartier général ! »

Le musée de la Province du Liaoning. Fermé le dimanche et le vendredi. De nombreuses copies d'originaux et quelques beaux objets originaires de la province : un ensemble de vaisselle de bronze datant de l'époque des Printemps et des Automnes.

Le musée des Locomotives à vapeur. Installé au sud de la ville depuis 1985. Son joyau est la Pacific SL-751 japonaise, récemment restaurée, que les connaisseurs ne manqueront pas d'apprécier à sa juste valeur.

Le temple Taiqing. Construit en 1663, il a été restauré en 1985 et peut à nouveau être visité. C'est le plus grand temple taoïste du N.-E. de la Chine.

Le site de Xinle. Des fouilles archéologiques ont permis de découvrir un site d'habitations primitives remontant à 5000 av. J.-C. Ce site est maintenant protégé par une vaste salle d'exposition.

DALIAN

Plus connu sous le nom de **Port-Arthur,** Dalian n'a été évacué définitivement par l'U.R.S.S. qu'en 1955. Il forme maintenant le complexe maritime le plus moderne de Chine : *Lü Da*

(Lüshun-Dalian). L'achèvement en 1974 de l'oléoduc Daqing-Dalian ainsi que les découvertes pétrolières réalisées dans le golfe de Bohai ont assuré un développement rapide à ce grand centre industriel.

De plus, Dalian fait partie depuis 1984 des 14 villes côtières autorisées à établir directement des liens commerciaux avec des firmes étrangères. C'est maintenant le plus important port exportateur de Chine, avec 60 % des marchandises destinées au Japon. Dans la Zone Économique Spéciale (ZES), qui se construit à vive allure, on verra bientôt fonctionner des usines sino-américaines comme Kodak, Coca-Cola et les cigarettes Reynolds.

Située à la pointe méridionale du Liaoning, sur les rives de Bohai à l'ouest de la mer Jaune à l'est, Dalian offre aux touristes le plaisir d'une baignade sur d'agréables plages protégées du port par une petite chaîne de montagnes. Enfin, les températures maximales de l'été ne dépassent pas 34,5°, ce qui est peu pour l'été chinois !

C'est aussi un haut lieu de la gastronomie chinoise et ses coquilles Saint-Jacques, gambas, concombres de mer et autres produits de l'océan sont fort réputés.

Dalian pratique

○ *Comment s'y rendre*

En avion. Dalian est relié à Pékin (112 yuans), Canton (423 yuans), Changchun (106 yuans), Dandong (56 yuans), Harbin (144 yuans), Jinan (145 yuans), Nankin (208 yuans), Qingdao (85 yuans), Shanghai (239 yuans), Shenyang (60 yuans), Yantai (62 yuans), et un vol direct sur Tokyo le dimanche, une fois par semaine sur Hong Kong.

En train. On s'y rend de Shenyang. Certains trains continuent sur Pékin, pour d'autres il faut prendre la correspondance. Le train n° 92 part de Shenyang à 8 h 00 et arrive à Dalian à 13 h 35. Les trains 232 et 204 partent de Pékin et passent à Shenyang à 12 h 01 et 2 h 32 pour arriver respectivement à 18 h 34 et 9 h 13.

○ *Hôtels*

Nanshan binguan, Nanshan Hotel, 56, Fenglin jie, district Zhongshan. A 3 km de la gare, agréable hôtel composé de plusieurs villas. 50 yuans pour une chambre à un lit, 110 yuans pour une double dans le nouveau bâtiment, 80 yuans dans les vieux bâtiments. Tél. 28.517.

Dalian binguan, Dalian Guesthouse. 4, Zhongshan guangchang. A 2 km de la gare, en plein centre ville. Plutôt fréquenté par les Chinois d'outre-mer. Chambre à un lit à 50 yuans, à deux lits, 65 yuans. Tél. 23.111.

Youyi binguan, Friendship Hotel, 137, Staline lu. A 2 km de la gare. 40 yuans la chambre à un lit, 60 yuans à deux lits. Tél. 24.121, poste 250.

Dalian fandian, Dalian Hotel, 6 Shanghai, lu, à 1 km de la gare. Au nord du square Zhongshan, en plein centre ville. 45 yuans la chambre à un lit, 90 yuans pour deux. Tél. 23.171.

Bangchuidao binguan, Bangchui Island Hotel, 1 Bangchui dao. A 11 km de la gare. Construit en 1959, c'est un hôtel de vacances idéal, avec accès direct à la plage. Il se compose de dix bâtiments répartis dans la verdure. 20 restaurants pour de la cuisine chinoise, russe, anglaise et française. De 70 à 100 yuans la chambre double. Tél. 25.131.

○ *Adresses utiles*

CITS : 56, Fenglin jie, dans l'hôtel

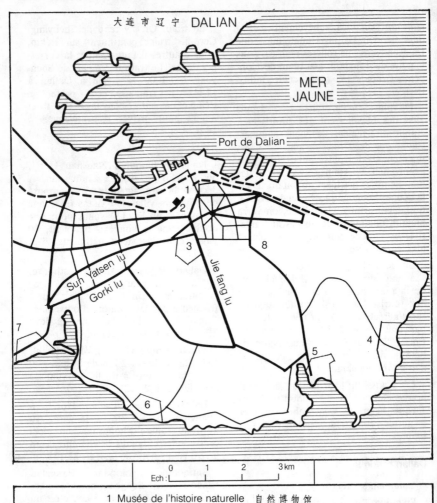

大连市辽宁 DALIAN

MER JAUNE

Port de Dalian

Suh Yatsen lu

Gorki lu

Jie fang lu

```
      0      1      2      3 km
Ech : L_____
```

1 Musée de l'histoire naturelle   自然博物馆
2 Gare   火车站
3 Parc du travail   劳动公园
4 Hôtel de l'île Bangchui   棒垂岛兵馆
5 Parc de la place du Tigre   老虎滩公园
6 Plage de Cunjiazhuang   付家庄海水浴场
7 Parc Xinghai   星海公园
8 Parc Luxun   鲁迅公园

Nanshan. C'est dans cet hôtel que sont logés les professeurs de langues étrangères qui vivent à Dalian. Tél. 251.03.

CAAC : 12, Dagong jie. Tél. 358.84.

Magasins d'antiquités : 229, Tianjin jie. Tél. 249.55.

Magasin de l'Amitié : 137, rue Staline. Tél. 238.90.

Restaurant de fruits de mer de Dalian : Zhongshan lu, n° 85. Tél. 270.67. Plus de 600 plats différents, tous avec des fruits de mer.

A voir à Dalian

Dalian est une belle ville, avec de grandes rues bordées de bâtiments de style occidental mais, en dehors de ses plages, elle n'a pas grand-chose à offrir au touriste. Il faut flâner dans ses **parcs** : le parc Xinghai, avec accès à une plage, le parc du Vieux-Tigre, *Laohu gongyuan,* avec accès à une plage également. *Laodong gongyuan,* avec piscine et lac. Il y a aussi le **Musée d'histoire naturelle de Dalian**, Yantai jie, n° 3. Ouvert les mardis, jeudis, samedis et dimanches de 8 h à 16 h.

La meilleure **plage** de Dalian est la plage Fujiazhuang, avec du sable fin et un beau paysage.

ANSHAN

Située à 90 km au sud-ouest de Shenyang, Anshan est le fleuron de l'industrie lourde chinoise. Les cinq principes de la charte d'Anshan de 1960, véritable éthique maoïste de l'industrie, ont contribué à sa renommée. On peut y visiter le plus grand complexe sidérurgique de Chine.

Anshan est située entre Dalian et Shenyang. On s'y rend en train. Le train qui part de Shenyang à 8 h arrive à Anshan à 9 h 14. C'est une ville de 2 500 000 habitants. On va à Anshan pour visiter la source thermale de Tanggangzi. Elle se trouve à 15 km au sud d'Anshan. Découverte sous la dynastie des Tang, elle servit de sanatorium avant l'heure à de nombreux malades. Le dernier empereur de Chine, Pu Yi, y a fait construire un palais qui est maintenant utilisé par les curistes. Incolores et inodores, les eaux sortent à 72 °C et contiennent de multiples éléments chimiques qui aident à la guérison de l'arthrite.

A 18 km au Sud de la ville se dresse la chaîne des monts Changbai. Celle-ci est longue de plus de 200 km et fut de tous temps un des hauts-lieux du bouddhisme et du taoïsme. Les constructions les plus célèbres sont le monastère Longquan, le temple taoïste Wuliang, le monastère Zhonghui, le palais Wulong et la terrasse Xianrentai.

C'est aussi à partir d'Anshan que l'on peut se rendre à Liaoyang, où se trouve le plus grand complexe pétro-chimique de Chine auquel de nombreux techniciens et ingénieurs français ont apporté leur contribution.

Pour passer la nuit à Anshan, un hôtel, le *Anshan Binguan,* 1 duan, Shengli lu. A 2 km de la gare, au centre de la ville. Les chambres doubles sont à 50 yuans. Tél. 25.993.

JINZHOU

Jinzhou n'est pas encore inscrite dans les circuits de tourisme classiques et pourtant cette petite ville qui se trouve sur la ligne de chemin de fer qui relie Pékin à Shenyang est située au cœur d'une région intéressante à visiter.

On s'y rend en train à partir de Pékin ou de Shenyang. Les horaires sont indiqués dans l'introduction.

Jinzhou est connu dans l'histoire de

Chine comme un terrain de bataille fameux où de nombreuses armées se sont affrontées. De Jinzhou, on peut rayonner et visiter le district de Yixian, où se trouve le monastère Fengguo et sept statues gigantesques de Bouddha qui remontent à la dynastie des Tang. On y visitera aussi les grottes Wanfotang, qui datent de la dynastie des Wei du Nord (499) et sont les plus anciennes que l'on puisse trouver si loin au Nord de la Chine. On visitera ensuite le village de Beizhen, son temple et le mont Lüshan. Yixian et Beizhen se trouvent au Sud de Jinzhou et chaque excursion prend une journée entière.

Au Sud de Jinzhou, il faut voir la cité de Xingcheng qui fut construite sous les Ming. Cette cité est assez bien préservée. Xingcheng se trouve sur la mer de Bohai et offre de nombreuses curiosités naturelles comme un pont qui est recouvert par la mer à marée haute et trois énormes rochers au sommet desquels ont été construits des pavillons.

Des cars sont prévus pour toutes ces excursions.

Jinzhou dispose d'une vingtaine d'hôtels et de restaurants, dont l'hôtel de Beishan, situé au nord de la ville, et l'hôtel de Liaoxi, situé au centre de la ville. Il comprend cent chambres pour une, deux, trois ou quatre personnes.

DANDONG

Dandong se trouve tout au Sud du Liaoning, à la frontière sino-coréenne. Dans la ville, on peut visiter les complexes architecturaux qui se trouvent sur les monts Jinjiang et Dagu. En faisant des promenades en barque sur la rivière Yalu, on peut jeter un coup d'œil sur les villages de la République populaire de Corée, de l'autre côté de la rive.

De Dandong, on peut se rendre au district de Fengcheng, où se trouvent de nombreux monastères et temples bouddhiques et taoïstes. Il y a aussi un intéressant ensemble de sculptures rupestres datant des Tang et des Ming. Tous les ans, en avril, se tient une grande foire traditionnelle.

○ *Hôtels*

Yalujiang daxia, Yalujiang Hotel, 85 Jiuwei lu, à 500 mètres de la gare, près de la rivière Yalu et du parc Jinjiang. Inauguré en 1986.

Dandong binguan, Dandong Guesthouse, 2 Shanshang, à 2 km de la gare, sur une colline à l'ouest du parc Jinjiang. Il se compose de 14 villas disséminées dans un parc. 40 à 100 yuans pour une chambre double, 60 pour une simple. Tél. 27.312.

BENXI

Benxi se trouve au sud de Shenyang, sur la ligne de chemin de fer qui mène à Dandong. Cette petite ville est célèbre par ses grottes, les grottes de Xiejiaweizi. Situées à 27 km à l'est de la ville, ce sont les plus impressionnantes grottes naturelles du Nord de la Chine. Elles font deux kilomètres et demi de long ; on peut s'y promener en barque et admirer les impressionnantes stalactites qui s'y forment.

FUSHUN

Fushun est devenu une ville industrielle importante, qui fournit Shenyang en charbon. Elle se trouve directement à l'est de Shenyang, de l'autre côté de la rivière Hunhe. C'est une ville très ancienne, mais il ne reste que peu de vestiges historiques. Dans la banlieue est de la ville se trouve le réservoir Dahuofang (Grande Cuisine), dont on dit qu'il est situé sur l'emplacement des cuisines de Xue Rengui, un général de la dynastie des Tang qui a campé ici au cours d'une campagne militaire. C'est aussi l'emplacement du terrain de bataille de Sha'erhu, où les armées Ming affrontèrent ceux qui allaient devenir les Qing. Enfin la tombe du maréchal Zhang Zuolin, l'un des plus puissants Seigneurs de la guerre à avoir dominé le Nord de la Chine dans les années vingt et trente, se trouve sur les bords du lac artificiel où l'on peut se promener en barque.

On peut passer la nuit près du réservoir Dahuofang, à l'hôtel Saerhu, qui se trouve sur Xintai jie, à 15 km de la gare et 60 km de l'aéroport. Un hôtel vieillot dans un beau paysage, qui a l'avantage de ne pas être ruineux : 16 yuans la chambre double. Tél. 21.305.

YINGKOU

Ville portuaire au sud-est de Shenyang, Yingkou est en train de développer ses capacités d'accueil touristique. A signaler pour le moment un hôtel gigantesque, sur Bohai jie, au centre de la ville, à 5 km de la gare, le *Yingkou hotel,* qui propose de la cuisine chinoise et japonaise. Chambres doubles à partir de 40 yuans. Tél. 33.265/33.281.

Le Jilin

La province du Jilin se trouve directement au Nord du Liaoning. Sa population y est relativement faible : 22 560 000 habitants. Le Jilin possède la plus longue fraction de la frontière sino-coréenne et de nombreuses minorités nationales coréennes y habitent. Les sites touristiques n'y sont pas encore très nombreux. A Changchun, la capitale, on visite les studios de cinéma. A Jilin, on va admirer le festival des Glaces qui s'y déroule pendant les fêtes du Nouvel An, comme à Harbin. Mais le plus intéressant dans la province du Jilin est la vaste réserve naturelle de Changbaishan, la plus grande de Chine.

CHANGCHUN

Capitale de la province du Jilin, elle a une population de 1 400 000 habitants. Son nom signifie « Éternel printemps », justifié — tant qu'il ne neige pas ! — par les arbres superbes qui bordent les avenues de la ville et la transforment presque en une vaste forêt.

Choisie en 1932 par les Japonais comme la capitale du Mandchoukouo, l'agencement de ses rues et des immenses bâtiments administratifs témoigne de l'importance qu'elle connut à l'époque.

Changchun pratique

○ *Comment s'y rendre*
En train. Se référer aux horaires donnés plus haut.

En avion. Changchun est relié à Pékin (151 yuans), Canton (511 yuans), Dalian (106 yuans), Harbin (38 yuans), Shanghai (341 yuans), Shenyang (49 yuans) et Yanji (73 yuans).

○ *Hôtels*
Changbaishan binguan, Chang-

baishan Hotel, 12 Xinmin dajie, au carrefour de Ziyou lu. A 8 km de la gare, le plus grand hôtel de Changchun, le plus moderne aussi. Cuisine chinoise, russe et française. Chambre double à 45 yuans. Tél. 53.551.

Chunyi binguan, Chunyi Hotel, 2 Staline dajie, à deux pas de la gare, un petit hôtel coquet et vieillot. 43 yuans la chambre double. Tél. 38.495.

Hôtel Changchun. 128, Changchun daijie, Ouest. Tél. 267.72-267.73.

○ *Adresses utiles*
CAAC : 2, Liaoning lu. Tél. 397.72, 396.62.
CITS : 2, avenue Staline, dans l'hôtel Chunyi. Tél. 91.19.
Poste principale : devant la gare.

A voir à Changchun
La résidence de Pu Yi. On peut y visiter la résidence — fermée le lundi — du dernier empereur Qing, Pu Yi, utilisé par les Japonais pour établir un État « indépendant » en Mandchourie.

Les studios de cinéma. Mais si l'on vient à Changchun, c'est surtout pour visiter ses studios de cinéma. Attention, ils sont fermés le dimanche. Fondés en 1946, ce sont les plus grands studios de cinéma de Chine, avant ceux de Pékin et de Shanghai. On peut y assister au tournage d'une scène et faire la connaissance de quelques-uns des 130 acteurs des studios, ou écouter l'enregistrement de la musique de fond d'un des 15 à 25 films d'aventures qui sont produits ici annuellement.

JILIN
Jilin, l'ancienne capitale provinciale de la province de Jilin est située sur le fleuve **Songhua** (Sungari) dans un harmonieux paysage de collines. C'est un important centre industriel producteur d'électricité, de produits chimiques, de papier et de ciment. C'est également une agréable station de ski, qui offre 1 700 mètres de remonte-pente, des champs de neige à 930 mètres d'altitude et un hôtel à la disposition des sportifs. On peut s'y rendre en train à partir de Changchun.

○ *Hôtels*
Jiangcheng binguan, Jiangcheng Hotel, 2 Songjiang lu. A 3 km de la gare au centre ville, sur les bords de la Sungari, il a été inauguré en 1986. Tél. 23.555.

Dongguan binguan, Dongguan Hotel, 223 Songjiang lu, à 5 km de la gare, sur les rives de la Songari. C'est dans cet hôtel que se trouvent les bureaux de la CITS locale. Tél. 23.556.

Xiguan binguan, Xiguan Hotel, 661, Songjiang lu, à 8 km de la gare, toujours sur la même rue que les deux précédents. Chambre double à 45 yuans. Tél. 27.141.

LA RÉSERVE DES MONTS CHANGBAI
La chaîne des monts Changbai (Éternellement Blanc) se trouve à l'Est de la province de Jilin et s'étend jusqu'en Corée du Nord. C'est sur ses flancs que se trouve la plus grande réserve naturelle (215 000 hectares) de Chine. Le paysage le plus apprécié de la réserve se trouve aux alentours du lac Tianchi. Ce lac se trouve à 2 194 m d'altitude et fait plus de 13 km de diamètre. L'escalade jusqu'au lac est un petit exploit de résistance physique et permet d'admirer les forêts de bouleaux et de pins qui couvrent les monts environnants. Avec un peu de chance, les promeneurs peuvent apercevoir quelques-unes des espè-

ces de hérons et de grues qui vivent sur les bords du lac, ainsi que le très rare tigre de Mandchourie, et des biches. Le meilleur moment pour visiter les monts Changbai est l'été. En hiver, la neige bloque les routes et les services de cars sont interrompus. Pour y accéder, prendre le train jusqu'à Minyuegou (à 16 heures de Shenyang). De là, il faut prendre le bus pour Erdao et un autre bus de Erdao à Changbai.

Le Heilongjiang

Le Heilongjiang se trouve tout au nord de l'ensemble des trois provinces qui composent la Mandchourie. C'est la plus vaste des trois, avec une surface de 469 000 km² pour 33 millions d'habitants, ce qui en fait une province à faible densité humaine. Sa longue frontière commune avec l'URSS en a fait long-temps une province stratégique, fermée aux touristes étrangers. Le léger réchauf-fement des relations sino-soviétiques a rouvert certaines régions du Grand Nord chinois et on peut en profiter pour découvrir quelques beaux paysages de montagnes et de lacs isolés.

HARBIN

Capitale du Heilongjiang, Harbin est une belle ville de près de trois millions d'habitants. Comme les autres capitales du Nord-Est, sa conception a été très influencée par l'Occident et on ne s'y sent pas dépaysé. Les Chinois l'ont surnommée la « ville allemande ». En fait, elle évoque plutôt la Russie avec ses coupoles d'églises orthodoxes en forme de bulbes. Certaines de ces églises continuent à être fréquentées par des Chinois d'origine russe, parés de leurs vêtements traditionnels. Harbin ne s'est développée qu'à partir de la fin du XIXe siècle, autour d'un carrefour fer-roviaire construit par les Russes, et est longtemps restée une ville marquée par la présence russe. Au début du siècle, 100 000 résidents, en majorité des Rus-ses blancs, s'y étaient établis avec famil-les, écoles, églises, clubs de poètes, de musiciens, etc. Ce qui était alors la plus grande ville russe en dehors de l'Union Soviétique comptait 22 églises ortho-doxes et plusieurs synagogues. La plu-part des Russes sont partis entre 1945 et 1960. Pendant la Révolution Culturelle, la plus belle église orthodoxe de la ville, la cathédrale Nicolaevski fut détruite, peintures et icônes furent brûlées et pillées par les gardes rouges. Aujourd'hui, il ne reste plus que 40 Russes à Harbin, éparpillés dans la ville.

Contrairement aux autres régions de Mandchourie, il faut visiter Harbin en hiver, notamment entre le 1er janvier et le début mars, pour admirer, dans le parc Zhaolin, un des spectacles les plus extraordinaires qui soient : le festival des Glaces. Des milliers d'artistes rivalisent alors d'imagination pour réaliser les sculptures les plus originales et les plus impressionnantes : dragons, plantes, animaux, mais aussi ponts de glace, et même éléphants grandeur nature. La nuit, les sculptures sont illuminées avec des spots multicolores et l'on s'y promène en dégustant des mandarines confites et des *tang hulu* brûlantes, délicieuses pommes d'amour enfilées sur des bâtonnets. Pour lutter contre le rhume, on peut aussi boire la célèbre vodka chinoise, *Esike jiu*.

Harbin pratique

○ *Comment s'y rendre*

En avion. Harbin est relié à Pékin (188 yuans), à Canton (543 yuans), à Changchun (38 yuans), à Dalian (144 yuans), à Jiamusi (55 yuans), à Mudanjiang (53 yuans), à Shanghai (379 yuans), à Shenyang (85 yuans), à Tianjin (219 yuans), à Xi'an (374 yuans).

En train. Se référer aux horaires donnés dans l'introduction.

○ *Hôtels*

Tian'e fandian, Swan Hotel, 73 Zhongshan lu, à 5 km de la gare. Hôtel massif et moderne, inauguré en 1983.

La chambre à un lit est à 13 yuans, 60 yuans pour deux lits. Tél. 54.041.

Guoji fandian, International Hotel, 124 Dazhi jie, à 500 m de la gare. Vaste hôtel confortable en plein centre ville. Tél. 31.441.

Beifang daxia, Beifang mansion, 195, Huayuan jie, district de Nangang. A 4 km de la gare, près du centre des expositions et du Palais des Enfants, un immense hôtel massif. 40 yuans la chambre double. Tél. 32.480.

Un ancien hôtel français, **l'Hôtel de Harbin,** est réservé aux invités de l'État chinois. Il se trouve sur Zhongyang jie, la rue la plus « russe » de Harbin.

○ *Adresses utiles*
CAAC : 85, Zhongshan lu. Tél. 523.34.

CITS : à l'intérieur de l'Hôtel international, dans l'aile ancienne, chambre 227. Tél. 314.31.

A voir à Harbin

Harbin est une ville où il fait bon se promener. La partie la plus agréable de la ville se trouve sur les bords de la **rivière Songhua,** en face de — et sur — l'île du Soleil, Tayangdao. Sur Tayangdao, qui est un peu à Harbin ce que le bois de Boulogne est à Paris, on peut manger, se baigner en été, faire du patin à glace en hiver. Sur la terre ferme, dans **le parc Staline,** on trouvera de nombreux cafés où l'on sert d'excellents blinis et du thé à la russe. Autour de ce parc, sont rassemblées quelques-unes des rues commerçantes les plus pittoresques et les plus animées, qui méritent indubitablement une promenade.

Côté institutionnel, il y a le **musée de la Province du Heilongjiang,** 50 Hongjun jie, qui ne présente rien de bien excitant, et le **zoo de Harbin** pour ceux qui tiennent à voir le fameux tigre de Mandchourie.

MUDANJIANG

Mudanjiang se trouve à l'extrémité sud-est du Heilongjiang. C'est une ville de 700 000 habitants reliée à Harbin par le train. La curiosité de la région est le **lac Jingpo** qui se trouve à 110 km au sud-ouest de Mudanjiang. Il s'est formé il y a environ 10 000 ans à la suite d'une éruption volcanique. Le lac, qui se trouve à une altitude de 350 m au-dessus du niveau de la mer couvre une surface de 90 km² et mesure 45 km de long. Les paysages autour du lac sont connus pour leur grande beauté et offrent à l'amoureux de la nature l'occasion de nombreuses promenades. On peut aussi y louer une barque et pêcher.

○ *Comment s'y rendre*
En avion. Mudanjiang est relié trois fois par semaine à Pékin (255 yuans), à Harbin (53 yuans) et à Shenyang (115 yuans).

En train. De Harbin à Mudanjiang, il faut onze heures. Au moins quatre trains par jour. De Mudanjiang à Jiamusi, c'est à nouveau dix heures de train. Deux trains par jour.

JIAMUSI

Au nord-ouest de Harbin, loin dans la plaine de Mandchourie, se trouve cette ville de 500 000 habitants, connue pour sa production de bois de cerfs et de ginseng. De Jiamusi, on peut se rendre à Shuangyashan, qui se trouve à environ 150 km à l'est de Jiamusi.

○ *Comment s'y rendre*
En avion. Trois avions par semaine en provenance de Harbin (55 yuans).

En train. De Harbin, trois trains par jour, 10 h 30 de voyage. De Jiamusi on est à Shuangyashan en deux heures et demie.

SHUANGYASHAN

Située dans le N.-E. de la province du Heilongjiang, la région de Shangyashan s'ouvre au tourisme. Un parc naturel de 3 900 hectares accueille les voyageurs dans la zone touristique de Qinshan, au sud de Shuangyashan. On peut y skier, y chasser et y observer une faune protégée.

WUDALIANCHI

Wudalianchi, qui se trouve à 415 km au nord de Harbin, signifie « les cinq lacs réunis ». C'est un endroit connu pour la **beauté de ses paysages** et la **qualité de ses eaux minérales** : on dit qu'elles peuvent guérir de nombreuses maladies d'origine gastrique, dermatologique, cardiaque ou neurologique. Les eaux minérales sont dues à la présence de nombreux volcans qui étaient encore en activité au cours du XVIIIe siècle. On peut encore voir des champs couverts de lave et, sur certains volcans, la terre reste chaude et peut même faire fondre la neige en hiver.

QIQIHAR

Qiqihar est une des premières villes à s'être développée dans le grand Nord chinois. Elle compte plus d'un million d'habitants et produit des locomotives, des machines-outils et autres équipements industriels. Qiqihar se trouve au nord-ouest de Harbin, à environ quatre heures de train de la capitale du Heilongjiang. De Qiqihar, on peut se rendre dans la **réserve naturelle de Zhalong**, qui se trouve à 35 km au sud-est. Comme la région est envahie par les marécages, c'est un excellent lieu d'observation pour les ornithologues.

TAOSHAN

Taoshan se trouve à 120 km au nord de Harbin (quatre heures de train) dans les forêts qui couvrent la partie orientale des monts Xiao Hinggan. Il faut demander un permis spécial pour s'y rendre, mais ce sera sans doute ouvert officiellement bientôt. On y trouve un **hôtel de 220 lits,** une **réserve de chasse** qui se vante d'offrir au fusil des touristes étrangers 3 100 cerfs, 1 100 ours, 15 000 sangliers, 11 000 chevreuils, des lynx, des loutres, des belettes, des lièvres, etc. Taoshan est aussi équipée pour le **ski** et le **patinage.** Les spécialités culinaires locales sont les pattes d'ours, le chevreuil et le faisan.

DAQING

Daqing se trouve au nord-ouest de Harbin, entre Qiqihar et Harbin. C'est un important **champ pétrolifère** dont l'exploitation a commencé au cours des années cinquante. En 1975, Daqing fournissait 80 % de la production pétrolière chinoise. Depuis, l'exploitation de plates-formes pétrolières et le développement des puits du Nord-Ouest ont ramené cette proportion à moins de 50 %. Daqing illustre à merveille la mystique maoïste qui servit à mobiliser la population chinoise dans la construction du socialisme. Le slogan mille fois répété « En industrie, étudier auprès de Daqing » exaltait le courage des 120 000 pionniers de Daqing présentés comme des techniciens, agriculteurs et bâtisseurs, héros de la patrie. Ce slogan n'a plus cours aujourd'hui, à l'ère des Quatre Modernisations et de la haute technicité.

On y accède par le train de Harbin, puis en jeep de la gare de Saertou. Le voyage prend plus de trois heures.

La Mongolie intérieure

La Région autonome de Mongolie intérieure est encore très mal connue des touristes occidentaux. Son climat continental aux hivers excessivement longs et rigoureux en interdit pratiquement l'accès pendant plus de six mois par an. Patrie des Huns qui envahirent l'Europe et des redoutables cavaliers *Xiong Nu* qui harcelèrent la Chine pendant des siècles, la Mongolie intérieure reste une région sauvage aux vastes étendues désertiques traversées de loin en loin par un troupeau de chevaux ou de chameaux.

Par sa superficie, 1 180 000 km², la Mongolie est la troisième province de Chine après le Xinjiang et le Tibet. La population est de 19 millions d'habitants, dont 10 % seulement de nationalité mongole. La population a connu une progression rapide ces dernières années qui s'explique par la volonté du gouvernement central d'exploiter cette région encore peu développée et de renforcer au Nord quelque deux mille kilomètres de frontière commune avec la République Populaire de Mongolie. C'est dans ce but que des millions de Han, civils et militaires, se sont installés dans la province au cours des dix dernières années.

La Mongolie intérieure est occupée en grande partie par un haut plateau d'une altitude moyenne de 1 000 m. Elle est séparée de la plaine de Mandchourie à l'est par les monts Daxingan et sa partie ouest est occupée par le plateau des Ordos, bordé au nord par la boucle du Fleuve Jaune. C'est une région peu fertile semi-désertique.

La Mongolie est traversée d'est en ouest par le désert de Gobi. *Gobi* signifie en mongol « graviers et cailloux » mais le désert est également très sablonneux par endroits et, par suite des déforestations perpétrées depuis des siècles, le sable n'a cessé de gagner du terrain. Le désert de Gobi est en fait composé de trois déserts distincts : **Ulan Bush, Tengger** et **Badain Jaran.** A l'extrême ouest, au **Xinjiang,** le désert de Gobi rejoint celui du **Taklamakan.** De gros efforts sont faits dans le désert de Tengger pour lutter contre l'ensablement. On aperçoit du train un immense damier de paille fixé au sol pour retenir le sable et la végétation.

Un peu d'histoire

Les Mongols proprement dit apparaissent à la fin du XIIe siècle avec **Gengis khan.** Avant cette date, l'immensité des steppes de l'Ordos était occupée par des tribus turques et proto-mongoles. Au début du XIIe siècle le redoutable Gengis khan fit entrer les Mongols dans l'histoire en anéantissant successivement les **Tatar,** les **Taicut,** les **Naiman** et les **Merkit,** autant de tribus qui se disputaient le pouvoir dans la région. Il fonde en 1206 le premier État mongol. De là, Gengis khan part « à la conquête du monde ».

En 1209, Gengis khan soumet le royaume des **Turcs ouïgours** à l'ouest, en 1212, les **Kitan** à l'est puis, au nord, les peuplades de Sibérie. C'est à partir de 1211 que Gengis khan s'attaque à la Chine et parvient à Pékin (qui s'appelait alors Daxing). Avec son appétit de conquêtes effréné Gengis khan réussit, avant sa mort en 1227, à jeter les bases d'un empire colossal, à répandre la culture mongole et à l'enrichir des cultures des pays sédentaires qu'il soumettait. Cet empire s'étendait des rives du Pacifique à celle de la mer Caspienne ! Mais les quatre fils de Gengis khan ne surent préserver ce bloc unifié et se partagèrent l'empire, dont ils continuèrent cependant à élargir les frontières, chacun de son côté.

En Chine, c'est le petit-fils de Gengis khan, **Kubilai,** qui fonda la dynastie des Yuan en 1279. Il régna pendant 35 ans et acheva la conquête du royaume des Song (qui s'étaient réfugiés au Sud de la Chine) en 1277. Pour la première fois, la Chine était entièrement sous domination étrangère. Les lettrés chinois voyaient cela d'un très mauvais œil et les empereurs Yuan furent obligés de s'appuyer sur des conseillers venus de Perse, du Tibet ou d'ailleurs. Petit à petit, la population se rebella et les Ming expulsèrent les Yuan en 1368.

Le règne des Mongols fut caractérisé par une ouverture exceptionnelle sur le monde : des étrangers (dont Marco Polo) vinrent en grand nombre en Chine et c'est de cette époque que datent les premières descriptions occidentales des Mongols et des Chinois.

Du XIVe à la fin du XVIe siècle, les Mongols renvoyés dans les steppes tentent de retrouver une cohésion de leur nation divisée. Pendant cette période, les khans se tournent vers le lamaïsme tibétain de la secte jaune pour appuyer leur pouvoir temporel. C'est ainsi que les khans et les religieux tibétains font cause commune et que le titre mongol de dalaï-lama est pour la première fois décerné vers 1580 au troisième successeur de Tsong-khapa, titre par lequel le chef de la secte jaune sera désormais connu. Les Han avaient réussi à chasser les Mongols de Chine mais ils ne les avaient pas soumis. Ce sont les Mandchous qui, partis des forêts orientales, fondèrent la dynastie des Qing en 1644 et soumirent la Mon-

golie. Ils surent se faire des Mongols des alliés puissants qui devaient intervenir pour faire régner l'ordre parmi les Han. Favorisant la religion lamaïste des Mongols car elle était alors la religion de la Cour, ils firent construire d'immenses lamasseries dans la steppe mongole.

Pendant la Révolution Culturelle, nombreux sont les monastères qui furent détruits ou pillés et il ne faut pas espérer en voir grand-chose à l'heure actuelle.

En 1911, la République fut proclamée en Chine et les tribus méridionales de Mongolie restèrent attachées à l'État chinois et formèrent la Mongolie intérieure alors que les tribus du Nord s'en détachèrent pour fonder plus tard la République populaire de Mongolie dont l'Union soviétique garantira « l'indépendance ». En 1935, les Japonais, qui avaient déjà envahi la Mandchourie, tentaient de s'imposer en Mongolie. Ils n'y parvinrent qu'à moitié et les Mongols sinisés se rallièrent en 1947 aux communistes sous la direction d'**Ulanfu,** qui reste aujourd'hui, bien qu'à la retraite, le plus haut dirigeant chinois d'origine non-Han. Dès lors la Mongolie intérieure devient une « Région autonome » mais les immigrants chinois — ouvriers, agriculteurs, ou condamnés à la rééducation par le travail — transforment progressivement la région en une province chinoise où les Mongols ne représentent plus que 10 % de la population.

Les permis

La Mongolie intérieure est en train de développer activement son industrie touristique et il est probable que de nombreuses régions actuellement fermées par manque d'infrastructure seront ouvertes prochainement.

Pour le moment, on peut se rendre

sans permis dans les villes et régions suivantes : Huhehot, Baotou et la Bannière Dalad (Xiangshawan), Dongcheng, Xilinhot, Zhalantun et Tongliao.

HUHEHOT

Huhehot (Huhehaote en transcription chinoise) est la capitale administrative et politique de la Région autonome de Mongolie intérieure. La ville proprement dite comprend 700 000 habitants, la municipalité, 1 200 000. Son nom signifie « la Ville Verte » en mongol, mais elle est maintenant devenue une ville industrielle dont l'activité principale est l'industrie de la laine.

Huhehot pratique

○ *Comment s'y rendre*

En avion. Huhehot est relié à Pékin tous les jours (72 yuans), à Baotou (166 yuans), à Chifeng (119 yuans), à Hailar (296 yuans), à Tongliao (181 yuans), à Xilinhot (96 yuans), mardi, jeudi et samedi.

En train : le n° 89 qui part de Pékin à 18 h 53 et arrive à 8 h 11 le lendemain matin est le plus pratique. Il ne circule que le lundi, mercredi, jeudi, samedi et dimanche. Pour le retour sur Pékin, le n° 90 quitte Huhehot à 17 h 39 et arrive le lendemain matin à 6 h 21. Il circule le dimanche, lundi, jeudi et vendredi.

○ *Hôtels*

Huhehaote binguan, Huhhot hotel, 7, Yingbin lu. Au centre de la ville. L'hôtel abrite le personnel de la CITS locale. Peu coopératif... Tél. 26.270. Télex : 3291 HUHHOT. Dortoir : 10 yuans, single, 30 yuans.

Neimenggu fandian, Neimenggu hotel, Hulun nanlu. Non loin du Huhhot Hotel, à 2 km de la gare.

Inauguré en 1985, c'est pratiquement le seul « gratte-ciel » de Huhehot. Piscine, bar, banque, etc. 50 à 70 yuans la chambre double, 20 la chambre à un lit. Tél. 25.754.

Xincheng binguan, Xincheng guesthouse, 23 Hulun nanlu. Toujours le même quartier. Hôtel vieillot, mais doté d'une piscine. Dortoir et chambre simple bon marché. Tél. 25.754.

Xilamulun Zhaodaijan, Xilamulun guesthouse, à Ulan Tuge, 97 km de Huhehot. Dans la bannière de Damao. On peut y loger sous la yourte au cours d'excursions organisées par la CITS. Il y a trente yourtes et certaines possèdent des baignoires avec de l'eau chaude (pile solaire) !

○ *Adresses utiles*

CAAC. Baita. Tél. 41.03.

Réservation pour les trains. Xilin beilu. Tél. 33.61.

A voir à Huhehot

Les vestiges historiques de Huhehot ne sont pas très nombreux et on peut en faire facilement le tour en une journée.

La **pagode Wutazhao** est le monument le mieux conservé de Huhehot. Il se trouve au sud de la ville et on y accède par le bus n° 1. La pagode, appelée aussi Wutasi, a été construite en 1738. Elle se compose d'une base en briques blanches surmontée d'un socle de 11,30 m sur 10 m orné de sculptures Qing représentant les animaux et les objets symboliques du bouddhisme. Sur ce socle ont été érigées cinq petites pagodes. Celle du centre est haute de 6 m, décorée de tuiles vernissées de couleurs, et de niches abritant des statues du Bouddha. On remarquera, derrière la pagode, deux pierres gravées du XVIIe siècle. La première représente les cycles de la vie humaine et la seconde une carte du ciel.

Plus au sud, toujours sur le trajet du bus n° 1, se trouvent la **Grande Mosquée,** dynastie des Qing. Elle est en assez mauvais état. Dans la même partie de la ville se trouvent les **temples tibétains Xilituzhao** et **Dazhao,** qui attendent leur restauration. Tout au sud, enfin, à 9 km du centre ville et toujours sur le parcours du bus n° 1, on visitera la **tombe de Wang Shaojun.** Il ne reste rien qu'un petit tumulus situé dans un parc mais la promenade permet de jeter un coup d'œil sur la campagne. Wang Shaojun fut une célèbre princesse donnée en mariage aux « barbares » Xiongnu en 33 avant J.-C., afin d'assurer la paix aux frontières de l'empire Han. Elle a inspiré de nombreux poèmes, dont certains lui sont attribués.

Le musée de Mongolie intérieure, qui se trouve au 1, Xinhua dajie, mérite qu'on y jette un coup d'œil : bijoux, outils, costumes et yourtes mongols.

Le musée des Arts folkloriques se trouve au 155, Zhongshan xilu.

Le cœur de la ville, enfin, là où vont flâner les enfants et les amoureux est le **Renmin gongyuan,** parc du Peuple, qui se trouve au 57, Zhongshan xilu.

A partir de Huhehot

Si l'on vient à Huhehot, c'est surtout pour se rendre dans l'**immense steppe de la Mongolie intérieure.** A partir de Huhehot, on peut faire plusieurs longues excursions.

Ulan Tuge se trouve à 100 km, **Baiyunhesha** se trouve à 172 km, **Huitengxile** à 127 km. En été, vers le début du mois d'août, ont lieu les grands rassemblements traditionnels de Mongols qui fêtent le Nadam, une fête typiquement mongole, au cours de laquelle se déroulent courses de chevaux, matchs de boxe mongole, danses et autres festivités. En dehors de ces périodes de fêtes, où l'on peut avoir la chance d'assister à d'authentiques scènes de la vie des steppes, la CITS a organisé des mini-fêtes à l'intention des touristes, qui sont invités à passer une nuit sous la yourte, à faire une promenade à dos de chameau, etc., pour la somme de 104 yuans par personne. Malgré le caractère extrêmement artificiel et reconstitué de ces activités folkloriques, une journée passée dans la steppe laissera un souvenir inoubliable tant le paysage des steppes est unique et le peuple mongol attachant.

On ne peut se rendre dans les endroits cités qu'avec la CITS, en jeep ou en car.

BAOTOU

Baotou est la capitale industrielle de la Mongolie intérieure. Située dans une riche région minière, Baotou est un centre sidérurgique important. C'est aussi là que sont extraits 90 % de la production mondiale d'une terre rare appelée le *lanthale.* Baotou est le nœud de jonction de deux grandes lignes ferroviaires, la ligne Baotou-Lanzhou et la ligne Pékin-Baotou. (2 h 45 de train de Huhehot à Baotou).

1 500 000 habitants se répartissent dans trois quartiers complètement séparés les uns des autres par de grands espaces cultivés, ce qui donne une configuration étrange à la ville.

Baotou pratique

○ *Comment s'y rendre*
En avion. Baotou est relié trois fois par semaine à Pékin (94 yuans) et à

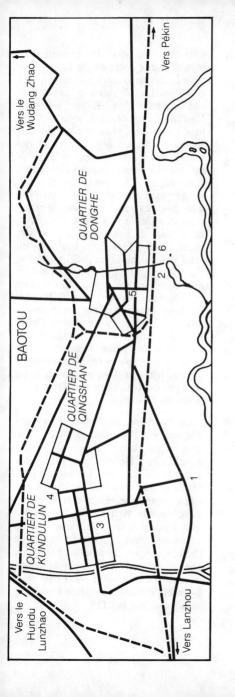

BAOTOU

Vers le Hundu Lunzhao

Vers Lanzhou

QUARTIER DE KUNDULUN

QUARTIER DE QINGSHAN

QUARTIER DE DONGHE

Vers le Wudang Zhao

Vers Pékin

Vers Lanzhou

0   1   2   3km

1 Gare de Baotou   包头站
2 Gare de l'Est   包头东站
3 CITS   旅行社
4 Hôtel Qingshan   青山宾馆
5 Hôtel Donghe   东河宾馆
6 Restaurant de Poisson   东河宾馆

Huhehot (166 yuans) par une seule et même liaison.

En train. De Huhehot, le n° 441 part à 17 h 13 et arrive à 21 h 51. Le n° 433 part à 12 h 04 et arrive à 17 h 19. De Lanzhou, le n° 44 part à 8 h 38 et arrive à 3 h 42 le lendemain. C'est le plus rapide mais pas le plus pratique. Le n° 402 part à 9 h 24 et arrive à 13 h 46 le lendemain.

Attention, il y a deux gares à Baotou : Baotou chejan et Baotou dongjan.

○ *Hôtels*

Il y a un hôtel dans chacun des trois quartiers de la ville.

Le Qingshan binguan se trouve dans le quartier Qingshanqu. On y accède par la gare principale, Baotou chejan. Confortable et rudimentaire. Tél. 36.38.

Le Donghe binguan se trouve dans le quartier de Donghe. On y accède par la gare Dongjan ; de là prendre le bus n° 5. C'est un immeuble de style colonial, pas cher : 5 yuans le lit en dortoir.

Le Baotou binguan se trouve dans le quartier Kundulun. C'est là que sont installés les bureaux de la CITS. La chambre à 3 lits coûte 5 yuans le lit. Descendre à la gare principale.

Il y a aussi un **restaurant** sympathique à Baotou, **le Huanghe Yuhu Canting** où l'on ne sert que du poisson, présenté de toutes sortes de façons.

A voir à Baotou

La lamaserie de Wudangzhao. Elle se trouve à 50 km au nord-est de Baotou et son accès est assez difficile. La route est mauvaise et il ne s'y rend qu'un bus par jour. La CITS loue des mini-bus. La lamaserie a été bâtie sous les Qing en 1749. C'est un très bel ensemble de style tibétain, avec des constructions réparties sans ordre sur le flanc d'une colline. Des petits sentiers de terre battue et des escaliers de pierre en assez mauvais état vont d'un bâtiment à l'autre. L'unité est donnée par le style architectural : des toits plats bordés par une épaisse poutre de bois sombre et des murs blancs. Les façades, rectangulaires, sont légèrement évasées vers le bas. Une vingtaine de moines entretiennent les quelques dizaines de salles ouvertes à la visite. La salle principale est richement décorée de fresques à l'extérieur, de tankas, de tentures et de coussins multicolores à l'intérieur. Les salles du fond abritent quelques petits musées et l'on peut y voir des objets rituels en os humain et en argent. Les moines racontent que ces objets ont été dissimulés dans les yourtes par les nomades mongols pendant la Révolution Culturelle et restitués depuis. Malheureusement pour ces pasteurs manifestement fervents, le temple ne semble pas rouvert aux activités religieuses puisqu'il est écrit partout (en chinois) : « Défense de brûler de l'encens ».

La bannière de Dalad. Ceux qui n'auront pas l'occasion de passer quelques heures dans la steppe mongole à Xilinhot ou à Huhehot peuvent le faire à partir de Baotou. La bannière de Dalad se trouve au Sud de Baotou. La CITS organise le séjour d'une nuit ou deux sous la yourte. Les distractions sont à peu près les mêmes que dans les autres bannières : promenade à dos de chameau, repas de mouton bouilli, et une excursion dans les dunes de Xiangshawan. Le tout coûte assez cher mais il semble difficile de s'offrir l'aventure sans passer par la CITS.

XILINHOT

On ne peut accéder à Xilinhot, dont le nom signifie « la ville des plaines » en mongol, qu'en avion à partir de Huhehot.

Parmi les villes ouvertes au tourisme à l'heure actuelle en Mongolie intérieure, pour qui s'intéresse à la vie des pâtres mongols, c'est sans doute la plus intéressante. Xilinhot se trouve à 500 km à vol d'oiseau au nord-est de Huhehot, perdue dans l'infini ondoiement des steppes, vaste mer stratifiée. C'est le chef-lieu d'une « ligue » de 175 000 km². (La Mongolie intérieure se divise en sept « ligues ».) La ligue comprend dix districts et 700 000 habitants dont 170 000 seulement sont Mongols. Sur les 119 communes de la ligue, 89 sont spécialisées dans l'élevage de quelque cinq millions de têtes de bétail (moutons, chevaux, vaches laitières, chameaux). L'industrie commence tout juste à s'implanter : on a découvert d'importants gisements de pétrole et de charbon.

Comment s'y rendre

Pour se rendre à Xilinhot, il faut reprendre le vol en provenance de Pékin à partir de Huhehot les mardi, jeudi et samedi (96 yuans).

○ *Hôtels*

Xilinguolemen Hotel, Xiritala, à 2 km de l'aéroport. Inauguré en 1986, 100 lits. Tél. 24.76.

Xilinguole Hotel. Tél. 30.90. Vieil hôtel poussiéreux mais sympathique. Cuisine locale. Prix modiques.

A voir

A Xilinhot même, petite ville de 50 000 habitants, on peut apercevoir le **Beizi miao,** temple de style chinois dans un triste état de délabrement, et se promener dans la grande rue commerçante. Le magasin d'État propose des robes mongoles en soie de couleurs vives et de grosses bottes de cuir, ainsi que de petits objets traditionnels en argent léger.

Excursions

De Xilinhot on peut faire deux excursions en jeep à travers les vastes étendues désertiques des steppes. La plus belle saison va de juin à août, lorsque l'herbe et les fleurs réveillent les pâturages. En septembre tout devient doré et dès octobre il commence à faire froid.

Barom wuqimqi. La plus longue excursion, de 130 km sur une piste défoncée, a pour but la bannière de Barom wuqimqi, ou **Xiwumuzihuqinqi** en chinois. C'est une petite ville de 30 000 habitants construite après 1958. On pourra voir aux alentours des pasteurs nomades entourés de leurs immenses troupeaux vivant dans des yourtes en laine cardée. Il n'y a pas de plus grand dépaysement pour le touriste occidental que de bavarder, assis en tailleur, sur un tapis mongol dans une yourte, devant un bol de thé beurré et salé, en goûtant aux fromages fabriqués par la vigoureuse Mongole aux joues rouges qui vous reçoit.

La commune du Bond en avant. La seconde excursion, de 50 km, mène à *Yuejin gongshe,* la « commune du Bond en avant ». En été, les touristes sont invités à passer la nuit dans une yourte et à danser le soir autour d'un feu de camp avec la jeunesse locale. Les Mongols sont connus pour leur sens de l'hospitalité, leur amour du vin et de la danse.

Le Gansu

Le Gansu s'étend en forme de croissant sur 1 600 km d'est en ouest. La Route de la soie qui reliait la Chine à l'Inde et au reste du monde traversait cet étroit corridor dont le contrôle a toujours été d'un intérêt primordial pour les Chinois. La Grande Muraille qui part de Shanhaiguan dans le Hebei se termine dans le Gansu à la passe de Jiayuguan où l'on peut encore voir un important dispositif militaire construit sous les Ming. La Grande Muraille marquait les limites de l'Empire, frontière entre le monde civilisé et le monde « barbare ». C'est par le Gansu que s'est opérée la pénétration du bouddhisme ; de nombreuses grottes témoignent de cet âge d'or des échanges avec l'Occident qui connut son apogée sous les Tang. Au XIIIᵉ siècle le célèbre marchand italien Marco Polo utilisa encore cette route pour pénétrer en Chine. La découverte des grottes de Dunhuang au début du siècle par deux explorateurs, le Français Pelliot et l'Allemand Stein, révolutionna le monde de la sinologie. Des peintures murales et des manuscrits d'une valeur inestimable furent à l'époque achetés à un moine qui les vendit à vil prix. D'autres grottes nous font découvrir la splendeur de cet art bouddhique : les grottes de Binglingsi dans le district de Yongjing près de Lanzhou, les grottes de Matisi à l'ouest dans les monts Qilian shan, les grottes de Tianshui à l'est. Des récentes découvertes archéologiques dans cette région ne cessent d'enrichir le patrimoine historique de cette vieille civilisation du Fleuve Jaune. Le musée de Wuwei à 270 km à l'ouest de Lanzhou et le musée de Lanzhou figurent parmi les plus beaux musées de Chine avec des pièces uniques.

Cette région, au passé si prestigieux, est tombée dans l'oubli pour devenir aujourd'hui une des provinces les plus pauvres de Chine. 19 millions d'habitants y vivent dont 7,6 % sont constitués de minorités Hui, Ouïgour, Dongxiang. Le Gansu, au climat aride, est menacé depuis des siècles par l'érosion ; le désert ne cesse d'avancer et occupe actuellement un quart de la province. Tout au long de l'histoire, les dunes mouvantes ont enseveli les villes et les villages. Des tentatives de détournement de rivières meurtrières sont restées sans succès. Depuis 1949, des travaux ont été réalisés pour exploiter les ressources hydrauliques abondantes comme en témoigne le barrage de Liujiaxia, jusqu'à présent, le plus puissant barrage du Fleuve Jaune. Une autre richesse du Gansu est son sous-sol ; le plus grand centre d'exploitation du nickel se trouve dans la ville nouvelle de Jinchang construite en 1981 dans le corridor de Hexi : les réserves de nickel y sont les secondes du monde, en importance. Les premiers champs pétrolifères chinois furent découverts dans le Gansu à Yumen. Le sous-sol renferme également d'importantes réserves non exploitées de métaux non ferreux.

Les permis

Sont ouverts au tourisme les villes de Dunhuang, Jinchang, Lanzhou, Pingliang, Wuwei, Xifeng, Yumen, Zhangye, et les districts de Anxi, Chengxian, Dangchang, Diebu, Minjin, Minxian, Qingyang, Tianshui (grottes de Maijishan), Wenxian, Yongjing (Binglingsi), Zhangye (monts Qilian) et Zhongqu.

LANZHOU

Lanzhou est la capitale du Gansu ; c'était sous l'empire une importante garnison sur la Route de la soie. Sous les Han, elle fut connue sous le nom de « Ville d'Or ».

De 200 000 habitants en 1949 la population de Lanzhou est passée à 2 millions d'habitants en 1982. La ville s'étire en longueur sur les rives du Fleuve Jaune. Le développement industriel de Lanzhou débuta en 1949 avec la construction d'un important réseau de voies ferrées centré autour de la ville. Dans les années soixante, la raffinerie de pétrole de Lanzhou produisait plus que l'ensemble des autres raffineries du pays. L'actuelle usine d'équipements de forage était sous les Qing un atelier d'armes à feu et de sabres.

Le centre ville se trouve dans la partie orientale de Lanzhou, c'est là que se trouvent la gare, les hôtels, la CAAC et la CITS. Le bus n° 1 dessert toute la ville d'est en ouest.

Lanzhou pratique

○ *Comment s'y rendre*

En avion. Lanzhou est relié à Pékin (258 yuans), Canton (371 yuans), Chengdu (138 yuans), Dunhuang (218 yuans), Guilin (prix non communiqué), Jiayuguan (128 yuans), Qingyang (72 yuans), Shanghai (296 yuans), Taiyuan (169 yuans), Urumqi (295 yuans), Xi'an (82 yuans), Xining (30 yuans).

L'aéroport de Lanzhou se trouve à 2 h de la ville. Un service de bus de la CAAC assure le transfert pour chaque avion, au départ de la CAAC et de l'aéroport.

Par train

Voir tableau ci-dessous.

Urumqi-Lanzhou : couchettes dures 47,50 yuans, places assies dures 28 yuans.

De Xi'an : rapide n° 143. Départ 20 h 51. Lanzhou-Xi'an : rapide 144 à 20 h 30, couchettes dures 22 yuans, molles : 43 yuans.

De Zhengzhou : rapide n° 171, départ 16 h 30. Lanzhou-Zhengzhou : rapide n° 172, départ Lanzhou 6 h 47. Pour les couchettes molles, ajouter 75 % aux prix mentionnés ci-dessus, correspondant à la taxe payée par les étrangers.

○ *Hôtels*

Le Lanzhou fandian (Tél. 283.20) est assez bon marché et se trouve dans le centre, à proximité de la gare et de la CAAC. Le service est impeccable et le personnel très accueillant. Les prix sont : 45 yuans une chambre double avec salle de bains, 20 yuans sans salle

54/51	70	Train n°		69	53/52
15 h 20	19 h 45	**Urumqi**		12 h 11	20 h 30
18 h 36	22 h 42	**Turfan**		8 h 50	16 h 56
9 h 14	12 h 41	**Liuyuan**		18 h 09	2 h 20
15 h 43	19 h 08	**Jiayuguan**		11 h 50	19 h 46
20 h 13	23 h 35	**Zhangye**		7 h 09	15 h 07
1 h 38	5 h 06	**Wuwei**		1 h 42	9 h 43
10 h 00	13 h 18	**Lanzhou**		16 h 37	0 h 25

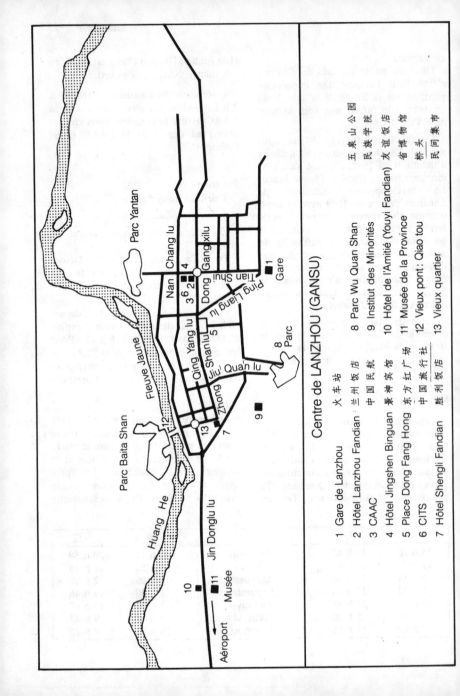

Centre de LANZHOU (GANSU)

1 Gare de Lanzhou	火车站
2 Hôtel Lanzhou Fandian	兰州饭店
3 CAAC	中国民航
4 Hôtel Jingshen Binguan	景神宾馆
5 Place Dong Fang Hong	东方红广场
6 CITS	中国旅行社
7 Hôtel Shengli Fandian	胜利饭店
8 Parc Wu Quan Shan	五泉山公园
9 Institut des Minorités	民族学院
10 Hôtel de l'Amitié (Youyi Fandian)	友谊饭店
11 Musée de la Province	省博物馆
12 Vieux pont: Qiao tou	桥头
13 Vieux quartier	民间集市

de bains, le prix d'un lit en dortoir varie entre 5 et 8 yuans. Pour s'y rendre à partir de la gare, prendre le bus n° 1 et descendre à la 2e station, juste en face de l'hôtel qui se trouve au milieu du carrefour Donggang xilu. La boutique qui se trouve dans le bâtiment central vend des plans de la ville.

Le Jingcheng binguan est de construction très récente : il se trouve juste derrière le Lanzhou fandian, dans la rue Tianshui lu qui est l'avenue qui part de la gare. Les chambres doubles coûtent environ 60 yuans.

Le Shengli fandian (Tél. 216.96) est un hôtel pour Chinois et Chinois d'outre-mer qui se trouve à l'ouest du centre ville, 133, rue Zhongshan lu. De la gare prendre le bus n° 1 et descendre à la 7e station, de la CAAC descendre à la 5e station. Une chambre double avec salle de bains coûte 25 yuans, avec sanitaires en commun : 15 yuans. L'hôtel est assez bruyant et moins agréable que le Lanzhou fandian. C'est de là que partent des bus touristiques pour les grottes de Binglingsi et la lamaserie de Lapulengsi.

L'hôtel de l'Amitié, Youyi fandian (Tél. 330.51) se trouve à l'autre extrémité de la ville, dans la rue Xijin xilu, au terminus du bus n° 1 (12 stations de la gare). Le cadre est joli mais il est trop excentré. Prix d'une chambre double avec salle de bains : 50 yuans, avec sanitaires communs pour 2 chambres : 20 yuans. Un lit en dortoir coûte 10 yuans.

○ *Restaurants*

Le Gansu n'est pas un haut lieu de la gastronomie chinoise. Nous vous conseillons deux restaurants somme toute assez corrects, situés dans le centre ville : **Louyangjinglou** (Tél. 239.07) et **Lanzhou canting**.

○ *Adresses utiles*

La CITS se trouve derrière le Lanzhou fandian, en le contournant sur la gauche. L'entrée est signalée en anglais, vous traversez une cour où sont stationnés des voitures et des bus apparemment peu utilisés ; le bureau de la CITS est dans un immeuble sur la droite, au 2e étage. Les gens sont très accueillants et très disposés à vous renseigner, mais ils ne se sont jusqu'à présent pas montrés très efficaces sur le plan pratique.

La Sécurité publique se trouve non loin de la place Zhongyang guangchang (ex. Dongfanghong guangchang). Du Lanzhou fandian, prendre le bus n° 1 et descendre à la 4e station, prendre ensuite, sur la droite, la rue Jiuquan lu.

La CAAC, 46, rue Donggang xilu, à 5 mn à pied de l'hôtel Lanzhou fandian, sur la droite en sortant.

Location de bicyclettes à l'hôtel Shengli fandian.

A voir à Lanzhou

Le musée de la Province. Il est situé en face de l'hôtel de l'Amitié. C'est un des musées les plus beaux de Chine, avec celui de Xi'an. Au 3e étage, on peut voir le squelette d'un mammouth découvert en 1973 dans l'Est du Gansu. Le musée renferme une très belle collection de poteries remontant à la culture Yangshuo (4000-2000 avant J.-C.) ainsi que des statues d'argile des grottes de Binglingsi. C'est là que sont exposées les très belles pièces trouvées dans une tombe Han dans le district de Wuwei : en tout 220 statues et chariots dont le célèbre « cheval au galop du Gansu ». On remarquera aussi des briques datant de l'époque Jin sur lesquelles sont peintes des scènes de chasse, de culture ou des représentations théâtrales. On s'attardera également dans les pièces où sont exposées des momies trouvées dans une tombe de la région de Lanzhou.

La colline Baita shan, colline de la Pagode Blanche, se trouve sur l'autre rive du Fleuve Jaune, en face du grand pont. Les pavillons sont d'architecture Ming et Qing. Vue panoramique sur la ville.

Le parc de Wuquanshan, parc de la Colline aux Cinq Sources, au sud de la ville. Bus n° 1 jusqu'au Nanguan shizi et bus n° 8 jusqu'au terminus. Ensemble de pavillons Ming et Qing avec un petit temple *jin gang dian,* la salle d'Or.

A partir de Lanzhou

Les grottes de Binglingsi. Des bus touristiques partent du Shengli fandian tous les matins à 5 h 30. Il est préférable de réserver sa place à l'avance. Prix du billet entre 15 et 20 yuans. L'excursion prend la journée. Le bus arrive vers 8 h au barrage de Liujiaxia. De là, on prend un bateau qui traverse le lac en deux heures pour arriver au pied du Binglingsi.

La CITS organise le même tour pour 45 yuans.

On peut également se rendre à Binglingsi par le train de Lanzhou à Xiao Chuan (1,50 yuan) puis descendre le réservoir en bateau jusqu'à Binglingsi (2,50 yuans).

Il est très difficile de trouver la bonne saison pour se rendre à Binglingsi. L'hiver, les eaux sont trop basses, et cela dure jusqu'à fin juillet ! Ces dernières années, le Gansu a été d'ailleurs très touché par la sécheresse. Août-septembre semble être le meilleur moment.

La première étape est le **barrage de Liujiaxia.** Commencé en 1964, il fut mis en fonction en 1974. Le barrage est haut de 147 m ; le réservoir, d'une

superficie de 130 km², a une capacité de stockage de 5 700 millions de m³ d'eau. La production d'électricité est de 2,5 millions de kw. C'est le plus puissant des barrages du Fleuve Jaune.

Le site fut ouvert au public en 1980. Situées à 35 km au sud-ouest de Yongjing, les grottes furent redécouvertes en 1952. C'est un ensemble de 183 grottes contenant 694 statues de pierre, 82 statues d'argile et 900 m² de fresques. La plus vieille grotte, la grotte n° 169, date des Qin de l'Ouest (385-431) ; elle contient un grand Bouddha et deux bodhisattvas : Guanyin et Dashizhi. La grotte la plus impressionnante est la grotte n° 171 avec la grande figure du Bouddha Maitreya assis, sculptée dans la pierre ; la statue est haute de 27 m. Elle fut creusée sous les Tang. La grotte n° 8 est d'époque Sui, les grottes 64, 30 et 10 sont d'époque Tang. La visite des grottes ne dure qu'une heure et il est strictement interdit de prendre des photos. Le site de Binglingsi vous plonge dans un univers étonnant de pics déchiquetés par l'érosion. L'excursion dure toute la journée et on rentre le soir à Lanzhou vers 20 h.

La lamaserie de Lapulengsi se trouve à 300 km au sud-ouest de Lanzhou dans le district de Xiahe qui dépend de la préfecture autonome du Sud du Gansu (gannan) peuplée de Tibétains et de Hui (musulmans).

Lapulengsi est une des 6 lamaseries de la secte jaune, secte dominante du lamaïsme ; 4 sont au Tibet, une est au Qinghai (Taersi). Elle fut construite en 1708 sous le règne de Kangxi des Qing. Le monastère est accolé à la montagne Fengshan et fait face au mont Longshan ; entre les deux, coule la rivière Daxia he que les Tibétains appellent « le bol aux trésors ». Adossées à la montagne et regardant le fleuve, toutes les lamaseries respectent cette configuration classique. Lapulengsi était autrefois le 2e centre intellectuel du lamaïsme après Lhassa, et le centre culturel et politique pour le Gansu, le Qinghai et le Sichuan. Le monastère couvre une superficie de 1 234 m², avec 234 temples et bâtiments pouvant abriter 3 000 moines. Aujourd'hui plus de 300 lamas y résident dont 4 « Bouddhas vivants » (réincarnations du Bouddha) et le 7e Jiamuyang (supérieur du monastère) qui est âgé de 37 ans.

Le monastère compte 6 instituts, les *zacang* : philosophie (*wensi*), médecine tibétaine, astronomie, science des successions antérieures et postérieures. L'Institut de philosophie, *wensi xueyuan,* est l'édifice central du Lapulengsi : il comprend 3 salles. L'autre bâtiment central est la grande salle des sûtras, *Dajing tang* ; elle peut contenir 4 000 lamas. Toute cette partie centrale a brûlé en avril 1985, entraînant d'énormes dégâts.

L'édifice le plus haut du Lapulengsi est le temple Shouxi si, temple de la Longévité et du Bonheur qui semble avoir 6 étages alors qu'il n'en a que 4 ; il s'agit d'un artifice, d'un trompe-l'œil obtenu par des successions de constructions sur des plans différents. A l'intérieur, on peut voir une statue de Maitreya et 18 luohans. On remarquera une très belle pagode de bronze et des galeries de manikala (moulins à prière) qui courent autour des bâtiments sur 1,5 km.

L'architecture de Lapulengsi révèle une stricte hiérarchie parmi les lamas. Les simples lamas habitent les résidences peintes en blanc et en noir qui se trouvent en bas de la lamaserie. Les « Bouddhas vivants » habitent en géné-ral les palais peints en rouge qui se trouvent en haut. L'architecture est dans l'ensemble tibétaine mais amalgame certains éléments d'architecture chinoise et Hui, comme la forme de certains toits à auvents, les fresques, les sculptures sur bois. Les tapis et les tentures, ainsi que la forme des fenêtres et des portes, dénotent une influence musulmane.

La librairie de Lapulengsi contient encore plus de 65 000 brochures qui, mis à part les sûtras et une encyclopédie de plus de 200 volumes, se rapportent à la langue et à la littérature tibétaine, à l'histoire du Tibet, à la médecine tibétaine, à la musique et aux beaux-arts. La restauration de cette lamaserie a coûté une fortune ; 100 000 yuans ont été alloués chaque année par l'État depuis 1981 et d'importants dons ont été faits par l'Inde et le Népal.

○ *Comment se rendre à Lapulengsi*

Il n'existe pas de bus touristiques pour le Lapulengsi, il faudra prendre un bus local qui part le matin à 6 h 30 de l'hôtel Shengli fandian. Durée du trajet : six heures. Le bus fait une étape d'une heure à midi dans le district autonome Hui de Linxia. La population est à 70 % musulmane Hui, les femmes portent un voile noir qui laisse le visage découvert. Ce village offre un étonnant contraste entre les Hui, qui sont commerçants, et les Tibétains qui sont éleveurs et viennent se ravitailler dans ce bourg, où se tient un important marché. Les mosquées, toutes détruites durant la Révolution Culturelle, sont de construction très récente. Ce bourg a toujours été un centre commercial prospère situé sur l'ancienne Route de la soie. Aujourd'hui, les Hui se livrent encore à un trafic d'antiquités.

Après Linxia, commence une superbe vallée aux versants boisés sur lesquels on peut apercevoir les yourtes tibétaines. Quelques pagodes de style népalais nous indiquent que nous sommes en terre tibétaine.

Vous pouvez également louer une voiture à 6 maos le km à l'hôtel **Sheng li fandian** ou dans l'hôtel où vous êtes descendu. Le trajet dure environ six heures et vous revient à 312 yuans.

Il est conseillé de passer la nuit à Xiahe. Vous pouvez ainsi assister aux prières du soir vers 18 h et voir les pèlerins arriver le matin. L'hôtel Xiahe binguan se trouve en dehors du village, après la lamaserie, dans un charmant endroit au bord de la rivière. C'est le lieu idéal pour vous reposer de votre harassant voyage. L'hôtel est ravissant, construit et décoré dans le style tibétain, et dispose de toutes les commodités. Les prix sont de 50 yuans pour une chambre double avec sanitaires et de 8 yuans pour un lit en dortoir de 4 lits. Les repas reviennent à 5 ou 8 yuans par jour.

Il existe d'autres auberges dans le bourg de Xiahe, où descendent les Tibétains, de confort plus fruste. Ils sont aussi meilleur marché : 3-4 yuans le lit.

Pour le retour sur Lanzhou, un bus part du bourg de Xiahe tous les matins à 6 h et arrive vers 17 h.

LES MONTS QILIAN SHAN

Les monts Qilian shan, situés dans le corridor du Gansu, font frontière avec le Qinghai. Toute la région autour du Zhangye a été ouverte en juillet 1985 aux touristes étrangers. La région est riche en sites bouddhiques : **les grottes du monastère de Mati si** se trouvent à 60 km de Zhangye à proximité du Qinghai, dans une zone très escarpée denuée de voies de communications. La

CITS de Zhangye a annoncé qu'elle tenait à la disposition des touristes des équipements et des voitures. Il est donc préférable de discuter avec eux des possibilités qui existent pour se rendre sur ces sites. Outre Mati si, citons encore les grottes du monastère Jin Ta si connu pour sa splendide collection de Bouddhas dans la grotte des Mille Bouddhas.

A 3 km au nord-est de Mati si, au cœur des monts Qilian, les grottes seraient très endommagées mais avec quelques très belles constructions en bois. Tous ces sites se trouvent autour du district de Min le.

A Zhangye, vous pourrez visiter le **temple Dafo si,** temple du Grand Bouddha, construit en 1098 sous la dynastie des Xia de l'Ouest. Dans la grande salle se trouve la plus grande figure du Bouddha couché de toute la Chine : longue de 34,5 m et large de 7,5 m, elle est sculptée dans un alliage de bois et d'argile. Derrière le Bouddha, ses deux disciples Jia shi et Anan ; sur les côtés, 18 *luohans.*

La pagode de bois de Zhangye se trouve au sud de la vieille ville : son origine remonte aux Sui. La pagode de 9 étages est haute de 32 m, elle est de forme octogonale avec les coins en bois sculptés, tandis que le reste est recouvert de tuiles.

Comment s'y rendre

Zhangye se trouve sur la ligne ferroviaire qui relie Pékin à Urumqi, à équidistance de Lanzhou et Jiayuguan.

TIANSHUI

Tianshui se trouve à l'est du Gansu, sur la voie ferrée reliant Lanzhou à Xi'an, à 348 km de Lanzhou et 328 km de Xi'an. Ce fut, au Vᵉ siècle, la capitale d'une dynastie qui ne dura que 24 ans, la dynastie des Xia. Elle est riche en sites divers, mais c'est surtout en tant que point de départ d'une excursion aux grottes de Maiji shan qu'elle intéresse le touriste étranger.

On peut s'y rendre aussi bien de Lanzhou que de Xi'an. De Lanzhou, le trajet dure huit heures. On peut emprunter, notamment, l'express n° 54/51 qui part à 8 h 42 et arrive à 16 h 42, ou celui qui part à 5 h 05 et arrive à 13 h 36.

Les grottes de Maiji shan

Les grottes de Maiji shan sont situées à 45 km au sud-est de Tianshui. Elles font partie des dix sanctuaires les plus célèbres de la Route de la soie et méritent largement le détour.

Le mot *maiji* signifie « gerbier de blé », ou « meule de paille » et *maiji shan,* les « montagnes en forme de meules de paille ». On a ainsi appelé ce massif à cause des formes très particulières de son relief érodé. Contrairement aux autres sanctuaires de la Route de la soie, celui de Maiji shan se trouve dans une région fertile et verdoyante. Les grottes, creusées directement dans la falaise, sont situées à plus de 40 mètres du sol. L'origine de ces grottes remonte à la fin des Qin postérieurs (384-417) et leur excavation s'est poursuivie durant plus d'un millénaire. Les grottes les plus anciennes furent détruites lors d'un tremblement de terre en 734. Il reste aujourd'hui 194 grottes et plus de mille statues d'argile qui retracent l'histoire de l'art bouddhique à travers les siècles.

On peut se demander comment travaillaient les sculpteurs du IVᵉ siècle pour excaver des grottes situées aussi

loin du sol. En fait, la technique est simple et a été importée de l'Inde : un immense échafaudage courait tout le long de la paroi, ancré par de gros madriers dans la falaise. Puis on construisait une plate-forme à l'emplacement de la grotte qu'on évidait en commençant par le plafond. Le chef-d'œuvre du sanctuaire de Maiji shan est le pavillon des Sept Bouddhas qui se compose de sept grottes communicantes excavées au milieu du VIᵉ siècle. Sous ces grottes, à 55 mètres du pied de la falaise, se trouve un grand Bouddha de 15 mètres de haut, datant des Sui (581-618).

JIUQUAN ET JIAYUGUAN

La petite ville de Jiuquan et la forteresse de Jiayuguan sont situées sur la ligne de chemin de fer Urumqi-Lanzhou dans la partie ouest du Gansu.

Comment s'y rendre

Par train. Voir tableau des horaires à Langzhou. Prix des couchettes dures Lanzhou-Jiayuguan : 21,50 yuans (+ 75 %).

Par avion. Jiayuguan est relié par avion à Dunhuang (87 yuans), Lanzhou (128 yuans) et Urumqi (prix non communiqué).

Par bus. Entre Jiayuguan et Jiuquan (40 km), il existe des bus toutes les demi-heures à partir de 6 h 30 du matin jusqu'à 19 h 45. Prix : 6 maos, durée 30 mn. Le bus se prend en face de l'hôtel **Jiayuguan binguan** à côté de la poste.

De Dunhuang (404 km) ; départ le matin à 6 h 45. Il existe deux catégories de bus : celui avec places assises dures coûte 9,9 yuans ; le trajet dure 8-9 h. Le bus touristique plus confortable coûte 15 yuans et le trajet ne dure que 6 h. Une autre solution moins commode est de prendre le bus de Dunhuang jusqu'à la gare de Liuyuan : départ des bus à 7 h et 14 h, durée 4 heures, prix 3,2 yuans ; de la gare, prendre le train jusqu'à Jiuquan ou Jiayuguan.

○ *Hôtels*

A Jiuquan, le Jiuquan binguan : 30 yuans la chambre double avec salle de bains et 10 yuans le lit dans un dortoir de 3 lits avec sanitaires en commun. L'hôtel est à 20 mn de la gare, les bus passent toutes les heures et vous déposent devant l'hôtel. De la gare routière, se diriger vers le nord et prendre la 1re rue à droite jusqu'à la tour du Tambour puis prendre sur la droite jusqu'à l'hôtel, sur votre droite. Le trajet prend 20 mn à pied.

A Jiayuguan. L'hôtel Jiayuguan binguan est un nouvel hôtel très accueillant, 50 yuans pour une chambre double et 18 yuans pour une chambre à 3 lits. De la gare, un bus conduit directement à l'hôtel (1,5 mao) ; de la gare routière vous pouvez vous y rendre à pied.

A voir

La petite ville de Jiuquan, située dans une fertile oasis du désert de Gobi, était autrefois une halte célèbre de la Route de la soie. Maintenant on peut encore voir au centre de la ville la **tour du Tambour,** époque Qing, et à 2 km à l'est de cette tour, les restes de la **vieille ville,** aujourd'hui transformée en jardin public.

A 27 km au nord-ouest de Jiuquan se trouve **la passe de Jiayu,** point de départ de la Grande Muraille sous les Ming.

La section de la **Grande Muraille** que l'on voit à **Jiayuguan** date de 1372.

Sous les Han, la Grande Muraille se prolongeait jusqu'au-delà de **Dunhuang.** La muraille Ming marque donc un léger retrait par rapport à la muraille Han. En effet la Grande Muraille a été construite et reconstruite au cours des dynasties, en fonction de l'étendue du territoire chinois de l'époque et des dangers que représentaient les « Barbares » aux frontières. La forteresse de Jiayuguan marque la limite du territoire chinois sous les Ming. C'est là que s'arrêtait le royaume. On est frappé par l'élégance de la forteresse dans le contexte désolé où elle se trouve : à l'ouest, au-delà de la muraille, ce ne sont plus que cailloux et désert. A l'est on aperçoit la civilisation personnifiée par les 100 000 habitants de **Jiuquan** et leurs réalisations industrielles multiples.

Dans la ville moderne, située non loin de la passe, on a découvert en 1972 huit tombes qui datent du IIIe et du IVe siècles de notre ère, à Dingjiazha. On a trouvé dans ces tombes des peintures murales d'une très grande finesse. Elles sont exposées dans le **musée de Jiayuguan.** On remarquera la similitude de style entre ces peintures et des peintures de la même époque à Dunhuang. La tombe la plus célèbre fut répertoriée sous le n° 5 ; c'est la tombe d'un haut fonctionnaire de la Cour des Liang de l'Ouest (400-421).

A acheter

On fabrique à Jiayuguan des **reproductions de briques décoratives** que l'on retrouve dans les tombeaux Han. Vendues 1 yuan pièce, ces briques font de très jolis porte-couteaux.

DUNHUANG

Chef-lieu de district, centre agricole important, avec une industrie en voie de développement, Dunhuang, situé dans une vallée enchâssée entre les monts *Mingsha* et *Sanwei,* compte 10 000 habitants. Le Dunhuang d'aujourd'hui fut fondé en 1725 mais on peut encore apercevoir les ruines de l'ancien Dunhuang à l'époque de sa splendeur, sous les Tang, à l'ouest de la ville actuelle.

Un peu d'histoire

Centre religieux dès le IVᵉ siècle, lieu de passage des pèlerins qui l'enrichissaient de leurs dons, Dunhuang devait naturellement devenir un centre artistique capital. Une inscription sur une stèle datée de 698 relate qu'en 366 un moine pèlerin, *Lo Cun,* frappé par la vision de dix mille Bouddhas dans les cieux, alla vivre en ermite dans la falaise et y aménagea un sanctuaire. Et depuis le Vᵉ siècle — quand la dynastie des Liao du Nord y agença les premières grottes peintes et sculptées —, après une période de splendeur sous les Tang aux VIIᵉ et VIIIᵉ siècles, et jusqu'au règne des empereurs mongols, les Yuan, le complexe monastique allait être le reflet de l'évolution de l'art bouddhique en Chine, et aussi celui de la situation politique et économique de l'empire. Sous les Ming, puis sous les Qing, malgré les restaurations massives, la veine artistique s'épuise, l'art de Dunhuang est mort.

Dunhuang pratique

○ *Comment s'y rendre*

De Urumqi ou de Lanzhou, on prend le **train** pour la petite ville de Liuyuan (voir horaires page 394). Prix des couchettes dures de Lanzhou : 28,60 yuans, d'Urumqi : 23,30 yuans (ajouter 6,20 yuans pour les rapides et 75 % pour les étrangers). De Liuyuan, situé à 130 km, on prendra un bus qui traverse en 2 heures le désert de Gobi. Les bus partent en face de la *guest-house* de Liuyuan, *Liuyuan zhaodaisuo,* à 3 mn à pied de la gare. Départ à 6 h du matin et à 13 h. Prix 3,2 yuans.

Pour le retour de Dunhuang à la gare de Liuyuan : départ des bus 7 h et 14 h 30.

En bus. De Jiayuguan, des bus partent pour Dunhuang à 7 h du matin. Le trajet dure 6 h en bus luxe (15 yuans) et 8-9 h en bus local (9,9 yuans).

En avion. Dunhuang est relié par avion à Jiayuguan (87 yuans), Lanzhou (218 yuans) et Urumqi (prix non communiqué).

○ *Hôtels*

Dunhuang binguan. Tél. 24.92. De la gare routière, il faut se diriger vers le nord, jusqu'au rond-point qui marque le centre ville. En prenant la grande rue sur la droite, on arrive à l'hôtel Dunhuang. Le vieil hôtel se trouve sur la gauche, le nouveau sur la droite. Vous pouvez obtenir un lit dans une chambre en dortoir pour environ 10 yuans. Dans la section moderne de l'hôtel, très luxueux, surtout si l'on compare avec les autres hôtels sur la Route de la soie, une chambre double avec salle de bains coûte environ 30 yuans. La cuisine de l'hôtel est excellente, et il y a une carte de la région dans le hall de réception qui permet de se repérer très facilement.

Le représentant de la CITS se trouve dans le nouvel hôtel, ainsi qu'un bureau de change et un représentant de la CAAC. Par ailleurs, les liaisons téléphoniques avec la France et Pékin s'obtiennent facilement, ce qui n'est pas souvent le cas en province. Enfin, l'accueil est chaleureux, que peut-on rêver de mieux ?

Dunhuang zhaodaisuo, l'auberge de Dunhuang, se trouve sur la route qui va de la gare routière au centre ville, à environ quinze minutes de la gare. Les étrangers y sont acceptés et peuvent habiter dans des chambres à quatre lits pour 3,50 yuans.

A voir à Dunhuang

Si l'on va à Dunhuang, c'est bien entendu pour visiter les **fameuses grottes de Mogao,** mais comme celles-ci n'ouvrent qu'aux heures de bureau et qu'il n'est pas possible de s'y rendre autrement que par un bus qui part le matin à 7 h 30 du Dunhuang binguan, en passant par le Dunhuang zhaodaisuo, et qui revient à 11 h 30 — le trajet dure trente minutes et coûte 1 yuan — il faut bien penser à occuper le temps qui reste. La ville de Dunhuang elle-même n'offre pas grand intérêt. Le **musée de Dunhuang,** qui se trouve dans la grande rue, à gauche quand on vient de la gare routière, n'est pas non plus d'une beauté remarquable et ne mérite pas qu'on y passe plus d'une heure. Il reste la **dune des Sables Chantants.** Cette dune mérite l'effort qu'elle va vous coûter. Un bus s'y rend tous les soirs, environ une heure avant le coucher du soleil. En été, le bus part du **Dunhuang binguan** vers 19 h 30 et emmène les voyageurs dans le désert, à quelques kilomètres des grottes de Mogao, pour leur faire escalader une dune gigantesque du haut de laquelle on regarde se coucher le soleil et se lever la lune. Les variations de couleurs du sable et des dunes sont absolument féeriques, même si l'ascension de la dune est épuisante. Du haut de la dune, on aperçoit le **lac du Croissant de Lune,** dont le nom

poétique reflète assez peu la réalité, car ce n'est en fait qu'une mare à l'eau croupissante, mais, peu importe, une mare au milieu du désert tient toujours du miracle. Le bus repart vers 21 h 30 et vous ramène, plein de courbatures, vers la ville. Les personnes fatiguées pourront faire une promenade à dos de chameau pendant que le gros des troupes s'épuisera à glisser dans le sable.

Les grottes

Situées à 25 km au sud-ouest de Dunhuang, en plein désert, les grottes ne sont accessibles que par car ou voiture. Le trajet en vélo, à travers le désert, est à entreprendre à vos risques et périls. On ne peut visiter les grottes qu'entre 8 h 30 et 11 h 30 et entre 14 h 30 et 18 h 30. Ceux qui en ont la possibilité ferait bien d'emporter un pique-nique pour ne pas avoir à refaire le trajet quatre fois par jour, ce que le CITS n'hésite pas à vous faire faire.

On ne peut pas visiter librement. Il faut se faire accompagner par un guide local qui dispose d'un trousseau de clés et ouvre les grottes au fur et à mesure de la visite. Par ailleurs, seules 40 grottes sont ouvertes au public par an. Ces 40 grottes varient tous les ans, donc pour les voir toutes, il faudrait revenir à Dunhuang chaque été pendant cinq ans... Mais les guides locaux n'en font généralement visiter que 12. Avec beaucoup de force de persuasion, vous pourrez en voir 20. Les appareils photo sont interdits, sauf si l'on accepte de payer des taxes exorbitantes. Pour les mordus du souvenir, une boutique à l'entrée des grottes vend de relativement bonnes diapositives.

On accède aux grottes par une arche triomphale rutilante et dorée, un *pailou* de date récente, dont l'inscription est due au coup de pinceau du célèbre poète Guo Moruo. Un jardin où serpente une petite rivière mène à la falaise qui barre le paysage. Elle est creusée de trous qui sont les entrées des 192 grottes dénombrées actuellement, disposées sans ordre apparent en deux, trois, cinq registres sur une longueur de 1 600 m. Ces grottes abritent plus de 45 km de fresques et des milliers de sculptures !

Accolés à la falaise au centre, quatre temples de bois charpentés, à toits superposés, ont été élevés vers le XIe siècle ; un autre date des Qing. Des restaurations ont été entreprises de 1963 à 1966 alors que la falaise menaçait de s'écrouler.

Les grottes les plus anciennes datent des Wei (368-580). Elles se situent dans l'ensemble au milieu de la partie sud de la falaise, à peu près à mi-hauteur et se répartissent sur une distance de quelque 200 m. La dimension des Bouddhas est relativement grande et l'influence indienne est très forte. Les peintures murales des *Bei Wei* sont étonnamment « modernes », stylisées au point d'en devenir abstraites (grotte 249). Sous les Xi Wei, le coup de pinceau s'affine, les traits des personnages ressortent plus nettement.

Les grottes de la dynastie des Sui sont situées au nord des grottes Wei, et s'étalent sur une longueur d'environ 400 m. Les statues des Bouddhas font de 4 à 5 m de haut et l'influence de l'Asie centrale est déjà en régression. Les motifs ornementaux de la peinture Sui sont d'une richesse étonnante : pas un centimètre de plafond ou de robe de Bouddha n'est laissé vierge. Partout des grandes fleurs de lotus aux pétales géométriques, des animaux stylisés se poursuivant sur un cercle, des nuages aux volutes régulières.

C'est sous la dynastie des Tang (618-906) que Dunhuang connut son apogée artistique. Grâce à la sécheresse du climat, les peintures aux couleurs chatoyantes ont gardé toute leur fraîcheur (grotte 328). Les statues sont également coloriées et l'expression des visages, les positions des mains et les mouvements des robes contribuent à donner l'impression de se trouver devant des personnages bien vivants. Les motifs décoratifs sous les Tang sont beaucoup plus marqués par les influences étrangères (Perse et Inde centrale) que ceux des Wei et des Sui (grotte 158). Le caractère géométrique des motifs Sui fait place à des motifs floraux et des volutes végétales qui s'enroulent autour des peintures. La forme des grottes, la couleur bleue qui domine par endroits, la lumière indirecte donnent l'impression de se trouver dans une mosquée d'Ispahan.

De 907 à 1206 (les Cinq Dynasties et les Song), l'art de Dunhuang périclite. Les expressions se figent et si les sculptures sont gigantesques, elles manquent de cœur et de génie. Il faut tout de même relever l'extraordinaire peinture du *Wutaishan* au *Shaanxi* qui date des Song du Nord, dans la grotte 61.

Sous les Yuan, les peintures murales sont intéressantes mais les sculptures décevantes. Mais Dunhuang aura tout de même connu dix siècles de réussite en architecture, en sculpture et en peinture.

Dans les environs de Dunhuang

Yangguang. A 70 km au sud de Dunhuang et à quelques kilomètres du village Nanhu. On peut y voir les ruines d'une des porte-forteresses qui jalonnaient autrefois la Route de la soie.

A l'est de Dunhuang, à une centaine de kilomètres sur la route qui mène à Anxi, vous découvrirez un autre com-

LES ROUTES DE LA SOIE

plexe de grottes peu visitées : les **grottes Yulingdong**. Elles sont creusées dans les parois de deux falaises qui surplombent une gorge. Un détour hors des sentiers battus que vous ne regretterez pas.

Le Qinghai

Qinghai signifie « mer bleue » et fait référence au lac Qinghai qui se trouve au nord-est de la province du même nom. C'est un haut plateau d'une altitude moyenne de 3 000 m avec des sommets de 5 000 m, situé entre le Tibet, le Xinjiang au nord et le Gansu à l'est. Les régions cultivées se trouvent entre le lac et le bassin du Xining et représentent une faible portion du territoire. Le Nord-Ouest du Qinghai, le bassin de Tsaidam, est couvert de marécages et de lacs salés. C'est une région désertique riche en ressources minérales ; c'est là que se trouvent les plus grosses réserves de potasse, de magnésium et d'amiante ainsi que de pétrole. Le Sud du Qinghai est, à 3 500 m, séparé du Tibet par une chaîne de montagnes de 6 500 m où le Fleuve Jaune prend sa source. La région, couverte de pâturages, est habitée par les Tibétains. Cette province quasi désertique est peuplée seulement de 3,9 millions d'habitants dont 57 % sont composés de Tibétains, de Hui, de Kazaks et de Mongols. Le Qinghai souffre d'une grave pénurie de moyens de communication qui freine sa mise en valeur. Seul un petit tronçon de chemin de fer relie Goldmud à Lanzhou *via* Xining un seul aéroport à Xining assure une liaison hebdomadaire sur Pékin et Taiyuan. Un réseau routier reliant Xining au Tibet en passant par Golmud et reliant Xining au Xinjiang est en très mauvais état, menacé en permanence par les pluies. L'économie repose surtout sur l'élevage avec un cheptel de 22 millions de yaks et de chèvres dont la laine a une réputation mondiale. Des perspectives de développement agricole existent, les terres de loess sont riches et une irrigation à grande échelle en utilisant l'eau qui provient des monts Kunlun permettrait la mise en valeur de ce désert. La construction du barrage de Longyangxia, le plus puissant du Fleuve Jaune, dont la première tranche est prévue pour 1986, devrait alimenter en eau le Qinghai, le Gansu, le Ningxia et le Shanxi. Le Qinghai est aussi la « Sibérie chinoise » où se trouvent les camps de travail. C'est là que furent envoyés les prisonniers politiques des diverses campagnes politiques : les droitiers de 1956, les gardes rouges de la Révolution Culturelle, plus récemment les dissidents du Mur de la Démocratie de 1979. Depuis 1983, la campagne contre la criminalité a pris le relais et envoie des contingents de jeunes délinquants, les *liumang*. Des convois de camions amènent les détenus dans ces régions désolées où les conditions climatiques sont dures. Parfois des échos de mutineries à l'intérieur des convois arrivent aux oreilles des étrangers mais tout ceci est entouré d'un épais mystère et la simple évocation du Qinghai fait frémir les Chinois qui n'ont guère envie, eux, d'aller y faire du tourisme ! Beaucoup de détenus, après avoir purgé leur peine, restent à travailler dans ces camps comme « travailleurs libres », la perte de leur *hukou* (certificat de résidence qui assigne chaque Chinois à une résidence fixe) les bannit à vie des villes. Un autre contingent de travailleurs fut fourni par les « Jeunes instruits » envoyés dès les années soixante. La directrice de l'hôtel Huangzhong est arrivée en tant que « Jeune instruite » à Taersi en 1965 et y restera très probablement jusqu'à la retraite. Depuis 1980, les autorités font appel aux volontaires en faisant vibrer la fibre patriotique mais en offrant

cette fois des salaires plus élevés, une perspective de carrière plus rapide et surtout la possibilité de rentrer au bout de quelques années.

Les permis

La région de Xining, y compris le district de Huangzhong, où se trouve le monastère de Taersi est ouvert, la région de Goermu (Golmud) et Gonghe sont également ouverts sans permis ainsi que le district de Gangcha (lac Qinghai).

XINING

Xining est à 2 300 m au-dessus du niveau de la mer ; c'est la capitale de la province avec 570 000 habitants. Son origine remonte aux Han (121 avant J.-C.) où elle était une garnison militaire. Par la suite elle devint une étape sur la branche méridionale de la Route de la soie. Ce n'est qu'au XVIIIe siècle que le Qinghai fut définitivement rattaché à l'empire.

Xining pratique

○ *Comment s'y rendre*

Par avion. Xining est relié à Pékin (279 yuans) et Taiyuan (192 yuans) tous les vendredis, à Lanzhou (30 yuans) et Xi'an (131 yuans) tous les mardis.

Par le train. Des trains fréquents relient Lanzhou à Xining. De Lanzhou, le train n° 103/102 tous les jours impairs, départ 5 h du matin (Xining-Lanzhou les jours pairs). Idem pour le train n° 121 qui part à 7 h 43. D'autres trains partent à 10 h 20 et 15 h 06. On ne peut obtenir que des places assises dures (5 yuans) ; impossible d'obtenir une place réservée à moins de réserver à la réception de l'hôtel Lanzhou fandian six jours à l'avance ou de faire une tentative à la gare au moins trois jours à l'avance. Pour le retour sur Lanzhou, le train le plus commode est le rapide 302 qui part de Xining à 8 h 05 et arrive à 12 h 50. On peut réserver des places assises molles (environ 8 yuans) auprès de la CITS.

○ *Hôtels*

L'hôtel où vont les étrangers est le **Xining binguan** ; il se trouve non loin du centre, à côté de la CITS et de la Sécurité publique ce qui facilite les démarches. Il est situé au nord de la ville, rue Qiyilu. De la gare, prendre le bus n° 9 et descendre à la 5e station. On peut également prendre un tricycle, *sanlunche,* pour 5-6 yuans.

Le Xining binguan est une caserne avec un régime de caserne établi pour les routards qui s'arrêtent à Xining en provenance ou en partance pour le Tibet. On propose systématiquement au voyageur individuel un lit en dortoir (entre 8 et 10 yuans) qui peut tout aussi bien être un dortoir de fortune aménagé dans le couloir avec un paravent. Si vous voulez obtenir une chambre (les chambres doubles sans sanitaire coûtent 36 yuans), il faudra vous armer de patience et d'arguments. Éventuellement une carte de visite ou des FEC peuvent débloquer la situation. Les chambres sont réservées aux cadres chinois en réunion ; il est curieux d'observer que la haute saison des réunions correspond exactement à la saison touristique c'est-à-dire en juillet et août. Si vous voyagez en dehors de cette période, ces problèmes disparaissent.

Les repas font également partie du régime de caserne, on vous offre un menu fixe pour 1,5 yuan, mais vous n'avez pas grand-chose à manger. Le matin au petit déjeuner il faut se battre pour obtenir le pain réservé aux groupes.

Xining daxia, Xining Hotel, 93 Jianguo lu, à 400 m de la gare, après avoir traversé la rivière. Chambre : 40 yuans. Dortoir à partir de 13 yuans par personne. Supplément pour la douche commune. Tél. 779.91.

○ *Adresses utiles*

CITS. La CITS se trouve à l'intérieur de l'hôtel Xining binguan dans le bâtiment qui fait face à l'entrée. Devant l'affluence des touristes individuels, ils semblent mieux s'organiser que les autres ; ils proposent des tours au lac Qinghai et à Taersi, sont disposés à vous renseigner, et assurent des services de réservation. Méfiez-vous quand même, leurs services ne sont pas toujours fiables et ils arrondissent à leur avantage les prix, surtout si vous payez en devises. Les prix pour le lac Qinghai sont de 55 yuans pour deux jours et 78 yuans pour trois jours en mini-bus, mais le jour du départ vous vous apercevez que vous êtes 10 dans un mini-bus prévu pour 8 ; vous avez payé d'avance, il est alors trop tard pour obtenir gain de cause. En cours de route, vous découvrez que votre itinéraire diffère de celui de vos compagnons de route ce qui peut, dans les cas extrêmes, vous amener à continuer votre route « en comptant sur vos propres forces » et, en l'occurrence, sur les bus locaux ou les camions. Les mésaventures avec la CITS sont innombrables et surtout imprévisibles ! Ne ratez pas le spectacle du soir dans les bureaux de la CITS où les mécontents viennent régler leurs comptes avec les employés et le directeur quand celui-ci ose se faire voir.

Location de voitures, à l'est de la gare. Tél. 777.55.

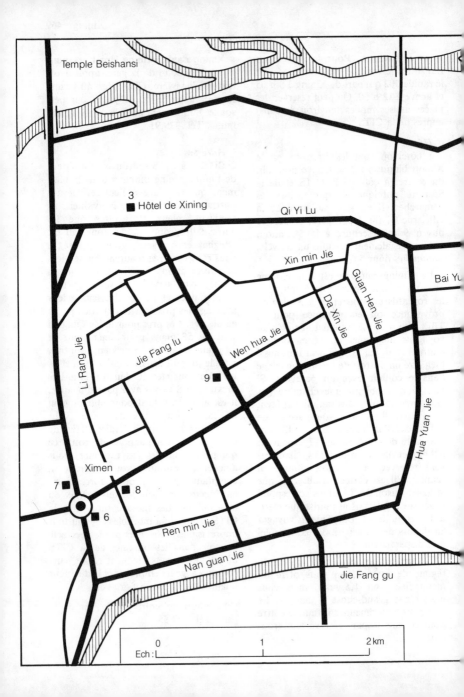

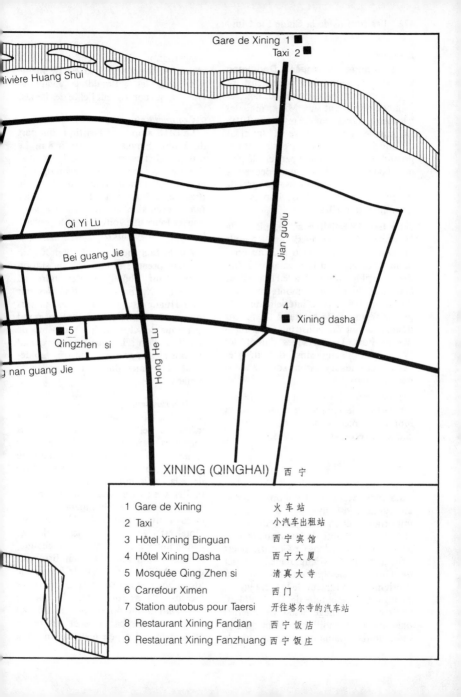

Gare de Xining 1 ■
Taxi 2 ■

Rivière Huang Shui

Qi Yi Lu

Bei guang Jie

Jian guolu

4
■ Xining dasha

■ 5
Qingzhen si

Hong He Lu

g nan guang Jie

XINING (QINGHAI) 西宁

1	Gare de Xining	火车站
2	Taxi	小汽车出租站
3	Hôtel Xining Binguan	西宁宾馆
4	Hôtel Xining Dasha	西宁大厦
5	Mosquée Qing Zhen si	清真大寺
6	Carrefour Ximen	西门
7	Station autobus pour Taersi	开往塔尔寺的汽车站
8	Restaurant Xining Fandian	西宁饭店
9	Restaurant Xining Fanzhuang	西宁饭庄

A voir

La grande mosquée Dongyuan Qingzhensi. Dongyuan Qingzhensi est la plus grande mosquée de Xining, ses origines remontent aux Ming, mais les bâtiments actuels ont été refaits en 1919. La grande salle de prière à l'intérieur de laquelle il n'est malheureusement pas possible d'entrer a une superficie de plus de 1 000 m², 3 000 personnes peuvent y tenir. Tous les vendredis, la grande prière rassemble à 1 h de l'après-midi un millier de fidèles.

Le temple Beishan si, temple de la Montagne du Nord aussi appelé temple du Zen du Nord. Il se trouve au nord de la ville, accolé à la montagne Tulou shan, surplombant la rivière Huangshui. L'origine du temple remonte aux Wei du Nord (386-534). L'intérieur du temple est formé de 18 grottes à l'extérieur desquelles ont été construites des façades en bois. Des fresques datant des Wei et des Tang ainsi que de très beaux plafonds à caissons sont en assez mauvais état.

La pagode Ningshou, d'époque Ming, est derrière le temple au sommet de la montagne, recouverte de tuiles vertes ; elle a été reconstruite en 1915.

A partir de Xining

○ *Le monastère de Taer si*

Le monastère de Kumbum, *Taer si* en chinois, est une des 6 lamaseries importantes de la secte jaune qui est la secte prédominante du lamaïsme (4 sont au Tibet et une dans le Gansu). Il est situé à 25 km de Xining, dans le district de Huangzhong qui est aussi le lieu d'origine du fondateur de la secte jaune, Tsongkapa. Non loin de là, à 60 km, se trouve le village natal de l'actuel dalaï-lama, la tradition voulant qu'à la mort du dalaï-lama on aille chercher sa réincarnation chez un enfant dans la région où il est né. Il en est de même pour tous les « Bouddhas vivants », *Huo fo,* qui constituent l'élite des lamas.

○ *Comment s'y rendre*

La CITS a un bus touristique qui part du Xining binguan le matin à 8 h. Le prix du billet est de 6 yuans. La régularité de ces bus n'est cependant pas assurée, aussi nous vous conseillons de prendre le bus local. Si vous voulez faire l'excursion en une journée vous pouvez louer une voiture pour la journée (60 yuans la voiture).

Par le bus local. De l'hôtel Xining binguan prendre le bus n° 9 (la station juste avant l'hôtel) et descendre au 2e arrêt à Xi men. La station des bus pour Huangzhong se trouve 200 m plus loin sur la droite juste avant le grand carrefour de Xi men. Il y a des bus de 8 h 30 à 17 h ; les bus partent quand ils sont pleins, ce qui se fait très rapidement. Le trajet dure 1 h 30 et coûte 7 maos.

○ *Hébergement*

Il existe trois hôtels situés à l'intérieur même de l'enceinte du monastère. Ils sont tous d'architecture tibétaine. C'est le lieu rêvé pour faire une pause au cours de votre voyage. On les trouve dans la ruelle qui part des 8 pagodons de l'entrée ; successivement, le **Golden Pagoda Hotel**, le **Huangzhong Hotel** et le **Temple Hotel.** Le Huangzhong Hotel est celui qui offre les meilleures commodités : restaurant, eau chaude, sanitaires communs. Les chambres sont de 2 ou 4 lits, le tarif est de 8 yuans le lit. L'hôtel a également un service de location de voitures. Sur le chemin qui conduit du bourg de Lushaer au monastère, des baraques et des tentes se sont montées pêle-mêle au fur et à mesure que grossissait le flot de touristes (surtout chinois). Les boutiques offrent toutes sortes d'articles tibétains principalement : écharpes, ceintures tibétaines, couteaux, selles, turquoises très bon marché que l'on peut marchander. Dans les gargotes ont peut manger du mouton bouilli et de délicieux yaourts. Les négoces sont tenus par les musulmans Hui.

○ *Le monastère*

Ta er si, qui signifie « la pagode qui précéda le temple », fut construit en 1560, mais le premier édifice fut une pagode que la mère de Tsongkapa fit ériger en 1379 en l'honneur de son fils. A l'origine il ne s'agissait que d'un petit temple où vivaient sept lamas. Les empereurs Qing, convertis à la secte Jaune du lamaïsme, en firent un monastère avec plus de 1 000 bâtiments où résidaient 2 000 moines.

Aujourd'hui le temple ne compte plus que 600 moines mais il est resté un lieu de pèlerinage des Tibétains. Chaque année, surtout l'hiver au moment de la fête du Printemps, des milliers de pèlerins viennent rendre hommage au premier dalaï-lama, Tsongkapa. Le voyage dure sept jours. Les pèlerins sont entassés à l'arrière des camions et on leur demande la bagatelle de 300 yuans par personne. Ces camions appartiennent évidemment aux lamas ! La fête la plus importante de l'année se tient au 15e jour du premier mois lunaire à la fête des Lanternes ; c'est à cette occasion que les sculptures sur beurre, qui font la réputation depuis des siècles de Taersi, sont exposées. Une autre fête se tient en plein été au 6e mois lunaire (juillet-août), mais là les fêtes perdent de leur caractère sacré et deviennent un spectacle pour touristes.

Traditionnellement, les lamaseries sont accolées à la montagne. A Taersi,

les bâtiments sacrés et les résidences des lamas supérieurs sont tous situés à gauche de la rivière, tandis que les demeures des simples lamas se trouvent à droite ; elles sont peintes en blanc et d'architecture plus fruste, construites sans ordre au fur et à mesure que s'accroissait le nombre des moines.

Les billets délivrés à l'entrée à partir de 9 h du matin, ne donnent accès qu'aux principaux bâtiments.

La petite salle au Toit d'Or, *Xiao jinwa dian,* se trouve derrière les 8 pagodons de l'entrée. C'est la salle de la protection de la Loi. Construite en 1692, on peut voir dans la cour, à l'intérieur des galeries, des fresques qui décrivent les supplices de l'enfer. Au 1er étage, des animaux empaillés témoignent de la nature animale de certaines divinités. La légende raconte qu'un cheval blanc aurait amené du Tibet ici, en une journée, le 9e dalaï-lama.

La salle de la Longévité, *Chang Shou dian,* appelée aussi temple des Fleurs, *Hua si,* se trouve presque en face de l'hôtel. A l'intérieur, se trouve la pierre de la Loi. La tradition veut que la mère de Tsongkapa s'y soit reposée avec sa charge d'eau.

La grande salle des Sûtras, *Da jing dian,* a été construite en 1612, 168 piliers la soutiennent. A l'intérieur, les statues de Tsongkapa (reconnaissable à son bonnet) et de Çakyamuni occupent le centre. Sur les côtés, les sièges sont réservés au dalaï-lama et au panchen-lama. On remarquera les photos de l'actuel et du précédent panchen-lama et l'absence de celle du dalaï-lama. C'est là que se réunissent les lamas pour lire à haute voix les sûtras.

Derrière la grande salle des Sûtras, se trouve la grande salle au Toit d'Or, *Da*

Jinwa dian, qui est le haut lieu sacré du monastère. C'est là que les milliers de pèlerins viennent se prosterner pour rendre hommage au fondateur de la secte Jaune. Le bâtiment a trois étages dont deux sont recouverts de tuiles de bronze. Une pagode de 12 m construite par la mère de Tsongkapa est l'objet de vénération. A l'intérieur, des fresques relatent l'histoire du bouddhisme. Dans le prolongement, on arrive à la salle de Wenshu (bodhisattva de la Sagesse) appelée aussi la salle des Neuf Chambres. C'est là que se réunissent les lamas pour discuter les sûtras. Dans la cour se tient chaque année au 6ᵉ mois lunaire, la fameuse « danse du diable ». A gauche de la salle, des galeries abritent les moulins à prières, *Ma ni ka la.*

Le monastère abrite trois *Zacang* qui sont des sortes d'instituts où l'on enseigne la médecine tibétaine, la doctrine, l'astronomie... Ces *Zacang* sont sous l'autorité des Bouddhas vivants. L'actuel Bouddha vivant de Taersi est âgé d'à peine 37 ans.

L'Institut de médecine, le *Yiming jingyuan* (Yiming signifiant Doctrine de la médecine), se trouve à droite de la grande salle au Toit d'Or ; on y accède par la grande salle des Sûtras.

L'Institut de la Roue du Temps, *Shilun jingyuan,* est l'Institut où l'on étudie l'astronomie, le calendrier et la divination.

L'Institut de philosophie, le *Mizong jingyuan,* où l'on étudie le « Yin ming », littéralement la « Doctrine du Pourquoi », ce qui serait l'équivalent de la logique.

Le dernier bâtiment que l'on visite est sur la droite, de l'autre côté de la rivière, c'est la salle des sculptures sur beurre, une tradition tibétaine qui

remonte au XIVᵉ siècle. Des figures humaines, des motifs animaliers, des paysages sont sculptés dans le beurre de yak.

Le soir, quand les touristes sont partis, le monastère retrouve une certaine quiétude ; des moines se rassemblent dans la colline pour chanter, d'autres vaquent à leurs tâches quotidiennes, des moinillons s'amusent dans les ruelles du monastère. C'est le meilleur moment de Taersi.

○ *Le lac Qinghai*

Le lac de la mer Bleue s'étend à 360 km à l'est de Xining, sur plus de 4 427 km², à 3 197 m au-dessus de la mer. C'est le plus grand lac de Chine. Le niveau de l'eau baisse de 6 à 9 cm tous les ans suite à l'élévation progressive du plateau Tibet-Qinghai. La teneur en sel s'accroît au fur et à mesure que l'eau baisse, ce qui fait qu'il est impossible d'éviter la disparition progressive de ce lac. La région du lac Qinghai est couverte de steppes entourées par des montagnes aux sommets enneigés et des collines de loess. C'est un paysage étonnant, riche en couleurs et en nuances. Même en plein été, il faudra vous munir de pulls, de chaussettes et d'un duvet (on peut en louer à Xining à l'hôtel ou à la CITS) ; prenez également une paire de chaussures de rechange, certains endroits étant marécageux. En une journée au lac Qinghai, vous passerez de la chaleur torride au froid le plus glacial.

A certains endroits, le sel affleure partout, les routes et même les maisons sont construites en sel.

○ *Comment s'y rendre*

Avec la CITS. Il existe des services de mini-bus qui partent tous les matins vers 8 h ; il est recommandé de s'inscrire un jour à l'avance mais tout se décide le jour même à 8 h, en fonction du nombre des personnes intéressées, ce qui fait que le départ ne se fait jamais avant 9 h. Les tarifs en mini-bus sont : 55 yuans pour 2 jours (lac Qinghai et le petit lac du Nord) et 78 yuans pour 3 jours avec l'excursion à l'île aux Oiseaux. On peut également louer une voiture à 6 maos le km.

Avec le train. On peut prendre le train jusqu'à Haergai qui est presque le terminus de la voie ferrée. Un train part le soir à 17 h 40 et arrive à 21 h 30. De là, on peut se rendre à pied au lac ou prendre les bus locaux (à pied il faut compter 1 h de marche). A Haergai un bus conduit à l'île aux Oiseaux. Pour les horaires de train sur Haergai, renseignez-vous à la gare car il existe des trains le matin.

Avec le bus local. De Xining on peut prendre un bus qui va à Gangcan. Du Xining binguan prendre le bus n° 3, dans la rue en face de l'hôtel, descendre à la 3e station : c'est là que partent, à 7 h 30 du matin, les bus pour Gangcan (prix du ticket 6,20 yuans). Il est préférable de réserver sa place un jour à l'avance. On arrive à Gangcan vers 12 h ; de là vous prenez un moyen de locomotion local ou vous vous rendez à pied au lac (1 h de marche). Pour le retour sur Xining, départ des bus à 7 h 30 de Gangcan.

○ *Hébergement*

Si vous voyagez avec la CITS vous logerez dans la *guest-house* d'une ferme d'élevage qui a passé un contrat avec la CITS : la **Zhongyangchang zhaodaisuo.** Les chambres sont de 3 lits, 8 yuans le lit. Pas de sanitaire mais on vous apporte de l'eau chaude. Les repas au restaurant reviennent à 4 yuans par personne : on y mange du poisson frais

pêché dans le lac. Le personnel est très accueillant. Vous pouvez, si vous le demandez, passer la nuit dans les yourtes d'une famille tibétaine qui habite près de la ferme et qui est subventionnée par la CITS. L'excursion inclut généralement la visite à cette famille « experte » dans l'accueil des étrangers (2 yuans la visite).

Si vous allez à Gangcan avec le bus, vous pourrez loger dans la *guest-house* d'une ferme : **Qinghai hu nongchang zhaodaisuo.** Les conditions de logement étant rudimentaires, l'hôtel est assez réticent pour accueillir des étrangers, il est donc conseillé de vous promener d'abord dans la steppe et sur les bords du lac avant de vous présenter dans la soirée à l'auberge de telle sorte qu'ils ne puissent vous refuser. La ferme est au bord du lac, le lit coûte 1,5 yuan.

L'île aux Oiseaux. La *guest-house* de l'usine mécanique Shanying accueille les étrangers, Shanying jixie zhaodaisuo. Tout comme à Gangcan, le confort est très rudimentaire mais les lits sont un peu plus chers : 3, 2 yuans le lit. Les repas coûtent 6,1 yuans pour la journée.

○ *A voir*

Le **petit lac du Nord**, *Xiao bei hu.* Le circuit de 2 jours avec la CITS vous conduit à 150 km de Xining, sur la partie orientale du lac. Le lac Xiao bei hu se trouve à 7 km de la *guest-house* Zhongyangchang. Le paysage est surprenant, les steppes finissent par laisser la place au désert avec en arrière-fond les montagnes enneigées et les champs de colza. On traverse un terrain assez marécageux pour arriver aux dunes de sable derrière lesquelles s'étend le lac.

Un village de pêcheurs se trouve à 17 km de la *guesthouse.*

Gangcan. La steppe et le lac autour

de la *guesthouse* de Qinghai hu nong-chang sont une merveille. Gangcan se trouve sur la partie nord du lac. Peu d'étrangers vont à cet endroit, et les familles tibétaines qui campent là n'ont rien à voir avec la CITS.

L'île aux Oiseaux. L'île aux Oiseaux est une grande réserve naturelle où des milliers d'oiseaux se réunissent principalement en mai et juin pour la reproduction. La réserve se trouve sur la partie ouest du lac, à 300 km de Xining. Le moyen le plus commode pour s'y rendre est la CITS (78 yuans). La réserve est sévèrement contrôlée depuis 1981 pour éviter que les touristes ne détruisent ce fragile équilibre entre la nature et les oiseaux. La réserve est à 1 h de la *guesthouse* de l'usine Shanying jixie chang ; de là une voiture vous amène à l'endroit où les oiseaux se rassemblent.

LEDU
ET LE MONASTERE DE QUSHAN SI

Ledu se trouve entre Lanzhou et Xining sur la voie de chemin de fer. De Lanzhou le train n° 103 (jours impairs) arrive à Ledu à 8 h 37, de Xining le train n° 302 qui part à 8 h 05 arrive à 9 h 16. Vous disposez de la journée pour visiter le monastère Qushan si. Le soir vous avez un train sur Xining à 19 h 30 (n° 301) et sur Lanzhou à 18 h 02.

Le monastère est situé à 20 km au sud de la ville. Cette région était autrefois très prospère de par sa situation sur la Route de la soie. Le paysage est splendide. Qushan si fut construit au début des Ming. On traverse successivement l'entrée, Shan men, la salle Jingang, la salle Qushan si dian, la salle Baoguang dian et la salle Longguo dian la plus grande du temple. A gauche et à droite de cette salle la tour du Tambour et la tour de la Cloche. Des vérandas entourent le temple.

GOLMUD

J'ai atterri à Golmud venant de Lhassa ; deux heures plus tard je prenais le train pour Xining. J'ai eu le temps de traverser la ville en bus, d'y faire aussi du vélo. Quelle tristesse ! Une seule satisfaction toutefois : la traversée du Qinghai en train, le coucher de soleil sur un désert plat comme une galette et recouvert de sel, superbe !

Le Ningxia

Le Ningxia est une province du nord-ouest de la Chine. Son nom exact est *Ningxia huizu zizhiqu,* Région autonome de la minorité Hui du Ningxia. Elle est située dans le cours moyen du Fleuve Jaune et couvre une superficie de plus de 77 000 km². La population, 3 millions d'habitants, est composée essentiellement de Han, un tiers seulement de Hui (en dépit du nom de la région), de Mongols et de quelques rares Mandchous. La province se découpe en trois régions, seize districts, une bannière et deux municipalités.

On distingue cinq zones géographiques distinctes :

Le haut plateau du Ningxia, entre la chaîne des monts Helanshan et les plateaux de l'Ordoss, à environ 1 100 m d'altitude. C'est là que se concentre l'essentiel des terres arables de la province. La capitale, Yinchuan, se trouve au nord de ce plateau.

Les plateaux de loess à l'est.

La région des monts Liubanshan, longue de 240 km, qui sépare les provinces du Ningxia, du Gansu et du Shaanxi.

Le haut plateau de l'ouest, à environ 830 m d'altitude.

La chaîne des monts Helanshan, longue de plus de 200 km, à une altitude de plus de 2 000 m, à l'ouest de la province.

Le climat est de type continental, avec de grands écarts de température, allant de — 13° en moyenne en janvier, à +26° en moyenne en juillet. Les hauts plateaux ne connaissent que 4 à 5 mois sans gel par an. Les précipitations sont rares, de moins de 100 mm par an au nord, à environ 700 mm par an au sud. De plus, les vents de sable sont fréquents et violents. En deux mots, le Ningxia est une région pauvre, aux conditions de vie pénibles.

Les permis

Sont ouverts au tourisme les villes de Qingtongxia, Wuzhong, Yinchuan, et les districts de Guyuan, Haiyuan, Lingwu, Pingluo, Tongxin, Xiji et Yanchi.

YINCHUAN

Capitale du Ningxia, c'est une ville industrielle, construite de façon assez déroutante, avec de grands espaces encore occupés par des champs cultivés, entre les zones d'habitation. On y vient essentiellement pour visiter un groupe de 108 pagodes bouddhistes, situées à 78 km au sud de la ville, à Qingtongxia. Ces pagodes datent de la dynastie des Yuan.

Yinchuan pratique

○ *Comment s'y rendre*

En train. Yinchuan est à 1 346 km en train de Pékin et à 467 km de Lanzhou. Yinchuan se trouve sur la ligne qui relie Pékin à Huhehot, Baotou, Yinchuan et Lanzhou. Un train partant à 7 h 41 de Baotou, le n° 169, arrive à 17 h 30, à Yinchuan. De Yinchuan à Lanzhou, il n'y a qu'un train par jour, le n° 43, qui part à 11 h 45 et arrive à 22 h 5. Pour venir de Lanzhou, le n° 44, qui part à 8 h 38 et arrive à Yinchuan à 18 h 19.

En avion. Yinchuan est relié à Pékin (212 yuans), Taiyuan (prix non communiqué) et Xi'an (122 yuans) les lundis, mercredis et vendredis.

○ *Hôtels*

Ningxia binguan, Ningxia Hotel, 3,

Gongyuan jie, district de Laocheng, à 11 km de la gare. Air conditionné, piscine, billard, massage, restaurant musulman, etc. Chambre à partir de 38 yuans. Tél. 21.31.

Yisilan binguan, Islam Guesthouse, Jiefang xijie, district de Laocheng, à 11 km de la gare. Ouvert en 1985, avec restaurant et mosquée musulmans. Tél. 48.08.

Yinchuan fandian, Yinchuan Hotel, 25, Jiefang xijie, à 7 km de la gare. Au centre de la ville, accueille surtout les hommes d'affaires. Chambres à partir de 36 yuans. Tél. 30.53.

Ningxia huagong zhaodaisuo, Ningxia Chemical Industry Guesthouse, district de Xinshiqu, à 9 km de la gare. Ouvert en 1985 pour la promotion de l'industrie pétrolière au Ningxia. Tél. 76.91.

Xinhua fandian, Xinhua Hotel, Xinhua Donglu, à 11 km de la gare, au centre de la ville. Tél. 33.75.

Le Xinjiang

La Région autonome ouïgoure est une des provinces les moins « chinoises » de Chine. Au cœur de l'Asie centrale, cette province du Turkestan oriental résonne déjà des rythmes que l'on retrouvera tout près, juste de l'autre côté de la frontière, à Tashkent, ou beaucoup plus loin à Istanbul. Et, sur les marchés, ce sont les effluves de l'Arabie, épices et poivrons mélangés, qui assaillent les narines. Les visages surtout frappent le touriste de passage : plutôt que des yeux bridés et des cheveux lisses comme en rencontrait dans les rues de Pékin, ce sont des nez busqués, de belles boucles châtain et des barbes envahissantes qui vous accueillent.

Le Xinjiang compte aujourd'hui plus de onze millions d'habitants dont 36 % sont des Han. Les **Ouïgours** sont, à eux seuls, plus de cinq millions, les deux millions restant se partageant entre **Kazhaks, Huis, Kirghiz, Mongols, Ouzbeks, Tadjiks, Russes,** etc.

Situé au Nord-Ouest de la Chine, le Xinjiang est la plus grande province du pays : avec ses 1 600 000 km², elle représente un sixième du territoire national. C'est plus que la superficie qu'occuperaient la France, l'Angleterre, l'Allemagne et l'Italie réunies. Terre de violents contrastes, elle réunit des montagnes vertigineuses et des déserts impitoyables. Il y fait terriblement froid en hiver et insupportablement chaud en été. **Les monts Tianshan** forment un des ensembles montagneux les plus importants du monde ; le désert du **Taklamakan** est un des plus arides de la planète.

Les monts Tianshan, dont l'altitude

moyenne est de 4 000 mètres, divisent la province en deux : au sud, le bassin du Tarim, au nord, le bassin de la Dzoungarie. Le bassin du Tarim (500 000 km²) est encadré au nord par la chaîne des Tianshan (avec des pics allant jusqu'à 7 400 m), au sud par celle des **Kunlun** (pics de 7 700 m), et à l'ouest celle du Pamir (pics de 7 700 m), au sud-ouest enfin par le massif du **Karakoram** (pics de 8 600 m). Sa seule ouverture se trouve à l'est : le corridor du **Gansu**. Plus élevé à l'ouest qu'à l'est, ce bassin se trouve à une altitude moyenne de 1 100 mètres. C'est dans la partie orientale du bassin, non loin de la province du Gansu, que se trouve la base de **Lop Nor**, centre d'expérimentations spatiales et nucléaires de la Chine. C'est là qu'explosa en 1968 la première bombe chinoise. Tout le centre du bassin est occupé par le terrible désert du Taklamakan, vaste mer de dunes, dont le nom signifie en ouïghour : « *Une fois dedans, jamais dehors* ». C'est le seul désert du monde où il fasse froid en hiver : la moyenne de janvier se situe entre — 10 et — 15°. Au pied des chaînes Kunlun et Pamir s'égrène un mince collier d'oasis, qui profitent des torrents de montagnes avant que ceux-ci n'aillent s'évanouir dans le désert. 40 % de la population du bassin du Tarim sont occupés à cultiver ces oasis.

Le **bassin de la Dzoungarie** est un peu moins élevé et un peu moins aride. Il couvre 380 000 km². Il a la forme d'un triangle dont la pointe serait au nord et la base au sud. Comme il est plus élevé au sud et à l'est qu'à l'ouest et au nord, avec une moyenne de 500 mètres d'altitude, toutes les rivières coulent d'est en ouest, à l'inverse des principaux fleuves chinois. Comme dans le bassin du Tarim, on retrouve au centre un désert, et des oasis au pied de la chaîne des Tianshan : **Urumqi, Wusu, Turfan,** etc.

La **chaîne des Tianshan,** ou en chinois *Montagnes du Ciel*, est formée par plusieurs séries de sommets orientés d'est en ouest, et coupée par des vallées et un large col au creux duquel se trouve la capitale provinciale, **Urumqi**. La vallée la plus célèbre de cet ensemble est la vallée de l'**Ili**, à l'ouest, la région la plus fertile du Xinjiang. Au sud-est de la chaîne se trouvent les deux dépressions de Turfan et de Hami. La dépression de Turfan atteint 154 mètres au-dessous du niveau de la mer. C'est le point le plus bas de Chine et c'est également en été le plus chaud, avec des températures allant jusqu'à 40 °C.

Un peu d'histoire

Situé aux confins de deux puissants empires, le chinois et le russe, le Xinjiang a connu une histoire mouvementée, revendiqué par les uns ou les autres, indépendant parfois. Dès 91 ap. J.-C., la dynastie Han établit son contrôle sur le bassin du Tarim. Les Huns l'envahirent par la suite et ce n'est qu'au VIIe siècle, sous la dynastie des Tang, que la Chine parvint à y rétablir sa domination. La région était alors occupée par un peuple turc, les **Ouïgours**. A partir du VIIIe siècle, l'Islam s'introduisit au Xinjiang et, aidant la création de principautés turques indépendantes, rejeta les Chinois loin à l'est. Ce n'est qu'en 1757 que l'empereur Qianlong récupéra définitivement la région et la baptisa « *Nouvelles frontières* », Xinjiang. L'implantation chinoise se faisait essentiellement à l'aide de garnisons militaires et de marchands venus par la route de la soie. Il y avait aussi des bannis (pour crime de droit commun ou crime politique) et quelques paysans.

Mais les Chinois, très minoritaires, étaient mal tolérés par les populations locales. Les oasis se rebellent fréquemment et font sécession avant d'être énergiquement reprises par les Chinois. En 1865 Yakub-beg, musulman, prend la tête d'un soulèvement qui l'amène en 1873 à être maître du bassin du Tarim et des oasis au sud des monts Tianshan. En 1878, **Zuo Zongtang**, célèbre fonctionnaire qui venait d'en finir avec la rébellion des **Taipings** en Chine, réoccupe les territoires insurgés du Xinjiang et noie l'insurrection dans le sang de centaines de milliers de victimes. Au même moment, la Russie occupe la vallée de l'Ili et ce n'est que par un des fameux « traités inégaux » que la Chine parvient en 1881 à récupérer une partie de ce territoire.

Après 1911 et la fondation de la République chinoise, le Xinjiang se retrouve sous la domination d'un « Seigneur de la guerre », **Jin Shuren**. Il se fit rapidement haïr pour son despotisme et des révoltes éclatèrent, encouragées en sous-main par les Japonais, les Turcs, les Britanniques (*via* l'Inde) et les Soviétiques à tour de rôle. Jin Shuren est remplacé en 1933 par **Sheng Shicai**. Sheng signe de nombreux accords avec l'URSS qui vont à l'encontre des intérêts de la Chine et le Xinjiang devient un quasi-protectorat soviétique. En 1949, l'**Armée populaire de libération**, avec l'aide de mouvements locaux dirigés en particulier par **Saifudin** (qui a été évincé du Bureau politique en 1978), récupère le Xinjiang pour la Chine.

Depuis, la population Han ne cesse de s'y accroître, notamment au cours de la Révolution Culturelle où de nombreux jeunes Gardes Rouges et intellectuels déchus furent envoyés dans cette lointaine province pour « renforcer les frontières ». Cette présence est plus ou moins bien tolérée et un certain nationalisme local reste vivace. En 1955, le Xinjiang devient une « région autonome », ce qui lui donne théoriquement des droits plus importants que ceux d'une simple « province ». Mais, lorsqu'il fut question parmi les délégués locaux de créer un « Ouïgourstan », Pékin décida d'intervenir en 1957 en dégradant des milliers de cadres. Aujourd'hui les progrès économiques sont tels au Xinjiang qu'ils semblent garantir la stabilité politique. Avec un sous-sol riche en pétrole (bassin de Karamai) et en uranium (dans les Tianshan) entre autres, d'importants centres industriels, comme celui d'**Urumqi**, s'y développent rapidement.

A la campagne, le défrichement des terres et l'irrigation ont triplé la surface des terres arables en trente ans et permis la culture extensive mécanisée dans plusieurs régions. On y cultive surtout du blé ; viennent ensuite le maïs, puis le riz et le coton. Mais c'est surtout pour sa production fruitière que le Xinjiang est célèbre : melons, prunes, raisins, pêches et abricots sont exportés dans toute la Chine.

Mais ce qui reste le plus frappant au cours d'un voyage au Xinjiang, c'est la présence active de l'Islam : partout des mosquées et des hommes en prière. Le gouvernement chinois reconnaît aux « minorités » du Xinjiang des « caractéristiques propres » et les autorise à pratiquer leur religion. Cela n'a pas toujours été le cas : pendant la Révolution Culturelle, les mosquées ont été fermées ou même détruites. Depuis 1976, la situation s'est renversée et les Musulmans chinois peuvent à nouveau pratiquer leur religion. Parmi les Musulmans chinois, on distingue les **Hui**, disséminés à travers toute la Chine, et qui sont près de six millions et les autochtones du Xinjiang.

Alors que les Hui se sont complètement intégrés à la société chinoise, les autochtones du Xinjiang gardent leurs particularismes locaux et, aidés en cela par leur foi en l'islam, continuent à vivre selon des mœurs typiquement turques.

Les permis

Sont officiellement ouvertes aux tourismes les villes de Aksu, Atushi, Changji, Hami, Kashgar, Kuerle, Shihezi, Turfan et Urumqi. Pour les autres villes, il ne faut pas oublier de demander des visas locaux auprès de la Sécurité publique.

URUMQI

Urumqi, capitale provinciale de la « région autonome du Xinjiang », se trouve à 3 270 km de Pékin. C'est une oasis protégée par une ceinture de verdure soigneusement entretenue. Les hivers y sont très rigoureux et les étés sont chauds.

Ville de pionniers, Urumqi s'est développée de façon assez anarchique et de grandes avenues bordées d'arbres traversent des quartiers de masures en ruines alors que, vingt mètres plus loin, des ruelles étroites serpentent entre des immeubles de cinq ou six étages. La poussière est omniprésente.

C'est une ville industrielle en pleine expansion et elle abrite aujourd'hui 1,1 million d'habitants. La majorité est composée de colons Han (840 000). Les minorités (250 000) sont représentées de la façon suivante : 120 000 Ouighour, 100 000 Hui, 30 000 Kazakhs.

Urumqi pratique

○ *Comment s'y rendre*
En avion. Urumqi est relié à Pékin (565 yuans), Canton (692 yuans), Aksu (185 yuans), Chengdu (prix non communiqué), Dunhuang (prix non communiqué), Fuyun (88 yuans), Hotan (298 yuans), Jiayuguan (prix non communiqué), Kashgar (291 yuans), Karamay (61 yuans), Korla (77 yuans), Kuqa (134 yuans), Lanzhou (295 yuans), Qiemo (136 yuans), Shanghai (633 yuans), Tianjin (prix non communiqué), ainsi qu'à Vancouver le lundi, Istanbul et Sharjah le jeudi.

En train. De Pékin, le trajet dure trois jours et quatre nuits. Le train quotidien n° 69 part à 14 h 40 et arrive donc, trois jours plus tard, à 18 h 30 à Urumqi. Le train s'arrête à Xi'an, Lanzhou, Liuyuan, notamment. Le voyage en couchettes dures coûte 85 yuans.

○ *Hôtels*
Xinjiang Youyibinguan, hôtel de l'Amitié du Xinjiang, Yan'an lu. Tél. : 239.91. C'est un hôtel tout neuf, géré par la CITS. C'est là que sont souvent envoyés les groupes. Il se trouve à 5 km au sud d'Urumqi et les communications sont difficiles (pas de bus). Sa particularité notable : un cuisinier hors pair qui prépare les repas les plus somptueux qu'il nous ait été donné de déguster dans le Far West chinois. La chambre double, gentil style rétro mais plomberie déficiente, coûte 45 yuans.

Urumqi binguan, sur Xinhua nanlu. Tél. : 245.76 ou 259.71. Moins cher, plus central, essentiellement fréquenté par les étudiants, routards et Chinois d'outre-mer.

Kunlun binguan, sur Youhao lu. Tél. 424.11. De la gare, prendre le bus

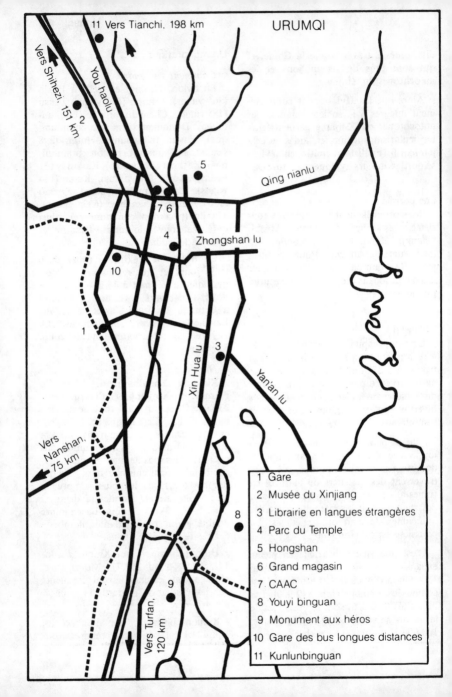

URUMQI

11 Vers Tianchi, 198 km

Vers Shihezi, 151 km

You haolu

2

5

Qing nianlu

7 6

4

Zhongshan lu

10

1

3

Xin Hua lu

Yan'an lu

Vers Nanshan, 75 km

8

Vers Turfan, 120 km

9

1 Gare
2 Musée du Xinjiang
3 Librairie en langues étrangères
4 Parc du Temple
5 Hongshan
6 Grand magasin
7 CAAC
8 Youyi binguan
9 Monument aux héros
10 Gare des bus longues distances
11 Kunlunbinguan

n° 2, descendre à la station Balou zhan et marcher quelques minutes vers le nord. C'est l'hôtel le plus connu de la ville et on peut y trouver des lits pour 8 yuans dans une chambre à quatre.

○ *Adresses utiles*

CITS se trouve sur la grande place, Youhao lu. Cette rue, rebaptisée rue de l'Amitié, est encore connue sous son ancien nom de Fanxiulu, rue de l'Anti-révisionnisme. Les temps changent... Tél. 222.33.

CAAC, Youhao lu, n° 206. Tél. 225.36.

Librairie en langues étrangères : au coin de Youhao lu et de Jiefang lu.

Station de taxis, Zhanzi gou. Tél. 221.01.

Bureau des télécommunications, Zhongshan lu, faire le 113 pour obtenir le standard des communications internationales.

A voir à Urumqi

Urumqi, dont le nom signifie en mongol « beau pâturage », n'a plus grand-chose à voir avec son passé pastoral. C'est avant tout une ville industrielle dont on peut notamment visiter les usines textiles et les fabriques de tapis traditionnels, et où l'on peut acheter des pulls en cachemire.

La ville est dominée par une **pagode située au sommet d'une colline, Hongshan.** L'islam étant la religion dominante au Xinjiang, ce sont les petits minarets des quelque cinquante mosquées de la ville qui frapperont le voyageur de passage. Elles sont de facture récente et sans grand intérêt esthétique.

Un détail à ne pas oublier : bien qu'Urumqi soit située sur un fuseau horaire différent de celui de Pékin, l'heure utilisée est toujours celle de la capitale. Les horaires sont donc décalés : on se lève à 9 h, on mange à 14 h et on se couche à 23 h.

Ne vous laissez pas rebuter par l'aspect vétuste du **musée de la Région autonome Ouighour,** ouvert de 9 h 30 à 13 h 30 et de 16 h à 20 h, sauf le lundi. C'est en fait un musée très intéressant, bien présenté où, pour une fois, les légendes des objets exposés ont été traduites en anglais. Il comprend de très beaux témoignages de l'art sur la Route de la soie dont, notamment, une série de têtes polychromes, d'époque Tang et des peintures sur soie provenant de Turfan.

Ceux qui sont avides de dépaysement et rêvent de trouver en Chine les senteurs de l'Orient devront absolument faire un tour dans l'un des nombreux **bazars de la ville.** Il y en a un, de dimensions intéressantes, en face du grand magasin, Baihuodalou, situé sur le grand rond-point de Qingnian lu, non loin de Hongshan. On y vend de délicieuses *shashlicks* (prononcez sha-she-li-ke en chinois), brochettes de viande grillée, des kilos d'épices parfumées, des fruits séchés, des melons, toutes sortes de médicaments traditionnels, du crapaud séché à la peau de chauve-souris, et d'immenses pains, *nang,* cuits sur place dans des fours à pain.

Il y a également plusieurs parcs, dont le **parc Yanerwo,** le « nid d'hirondelle », situé au sud de la ville. C'est là qu'a été construit un monument à la mémoire des martyrs de la **Huitième Armée de Route** et où se trouve la tombe de **Mao Zemin,** jeune frère du Président Mao. Mao Zemin était venu de Yenan en tant que conseiller économique, sur l'invitation de **Sheng Shicai,** gouverneur de la province qui voulait alors entretenir de bonnes relations avec le Parti communiste. En 1942, Sheng se rallie au **Guomindang** et se débarrasse de ses alliés d'antan. C'est alors que Mao Zemin et ses compagnons furent assassinés.

A partir d'Urumqi

Le lac Tianchi. On dirait un morceau de Suisse transplanté en Chine ! Le Tianchi, l'étang du Ciel, est un véritable petit bijou de lac, situé dans un paysage de montagnes enneigées absolument remarquable. Il est situé à 198 km au nord-est d'Urumqi. Le voyage en car prend près de quatre heures. Il y a des bus qui partent tous les jours du parc du Peuple, *Renmin gongyuan,* côté nord. L'aller et retour coûte 5 yuans si vous faites le voyage dans la journée, 7,5 yuans si vous partez un jour et revenez le lendemain. On peut passer la nuit au bord du lac dans un des bunga-lows proposés aux voyageurs de pas-sage. Le confort y est très rudimentaire mais la chambre ne coûte que 4 yuans. Les amateurs de marche à pied pourront monter jusqu'aux neiges éternelles et découvrir une vue splendide sur le pic de Bogda (5 445 m). Attention, la balade prend dix à douze heures et il vous faudra camper. Munissez-vous donc d'une tente et d'un épais sac de coucha-ge.

Les pâturages de Nanshan. A 75 km au sud d'Urumqi se trouvent les monts Nanshan, dont le paysage rappelle aussi les Alpes. C'est une région habitée par des pasteurs Kazakhs plus ou moins reconvertis à l'accueil des touristes. Ces Kazakhs vous feront une démonstration de leurs activités traditionnelles, comme les courses de chevaux, et la chasse à la dépouille de chèvre, espèce de partie de polo où le ballon est remplacé par une chèvre. Le voyage en car prend deux heures. On pique-nique ou, si on est pris en charge par la CITS, on peut déjeuner sous la yourte du mouton bouilli, shashlick, thé au beurre, etc. On peut aussi effectuer une promenade d'une heure jusqu'au pan de la monta-gne pour voir une cascade d'une ving-taine de mètres de hauteur.

Pour s'y rendre. Le dimanche, un car part du parc du Peuple, *Remin gongyuan,* sur la place Hongchang. Le ticket coûte 3,30 yuans et le car part à 9 h pour revenir à 17 h. Les autres jours, il faut passer par une compagnie de taxis, tél. 221.24, 252.12 ou 253.33. Le tarif est de 50 fens par kilomètre.

TURFAN

Turfan, nom prestigieux qui évoque l'ancienne route de la soie, les chameaux épuisés par la chaleur du désert et le faste de l'oasis miraculeuse, verdoyante et ombragée. Il ne reste pas grand-chose de cette haute antiquité de l'Asie centrale. Dans Turfan même, on cher-cherait en vain la trace d'une véritable architecture urbaine. Il reste encore une petite mosquée coiffée d'un dôme en tuiles de faïence verte. On admirera plutôt les petites maisons d'habitation construites toutes dans le même maté-riau : la brique de pisé, de la terre et de la paille finement hachée mêlée à de l'eau, matériau qui défie le temps et le climat continental de la région. En été, la température approche de 50 °C et en hiver, elle tombe à — 28 °C. En été, les touristes étanchent leur soif en goûtant les délicieux fruits de l'oasis. Un conseil seulement : ne jamais boire d'eau après avoir mangé des raisins locaux. Cela provoque une diarrhée violente qui vous enverra d'urgence à l'hôpital. Rien de grave mais il vaut mieux éviter.

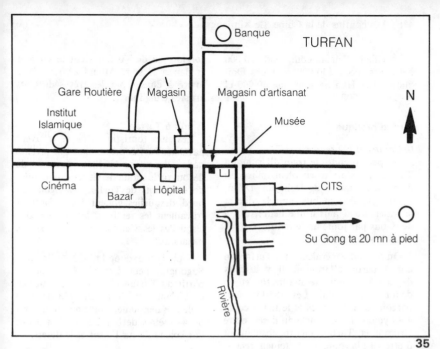

TURFAN

- Banque
- Gare Routière
- Magasin
- Magasin d'artisanat
- Institut Islamique
- Musée
- Cinéma
- Bazar
- Hôpital
- CITS
- Su Gong ta 20 mn à pied
- Rivière

N

35

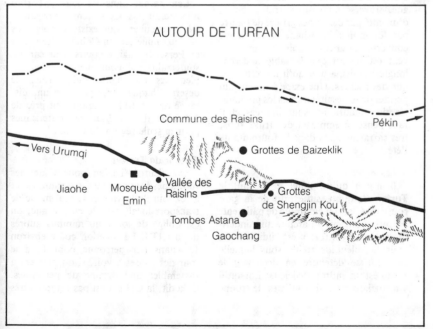

AUTOUR DE TURFAN

- Commune des Raisins
- Pékin
- Vers Urumqi
- Grottes de Baizeklik
- Jiaohe
- Mosquée Emin
- Vallée des Raisins
- Grottes de Shengjin Kou
- Tombes Astana
- Gaochang

La ville de Turfan comprend 180 000 habitants, dont 130 000 sont des Ouighour. Les Han ne sont que 40 000 et les Hui, 10 000.

Turfan pratique

○ *Comment s'y rendre*

On peut prendre le **train** d'Urumqi à Turfan qui s'arrête en plein milieu du désert à la station de Daheyan. De là, il faut prendre un bus pour la ville et le trajet prend plus d'une heure. Il y a deux bus par jour, un le matin vers 8 h et un le soir vers 17 h.

On se rend généralement à Turfan **en car** à partir d'Urumqi. Il y a deux départs par jour, le matin tôt et en début d'après-midi. Les 185 km sont parcourus en 5 heures et le ticket coûte 4,80 yuans. Le spectacle du désert entre Urumqi et Turfan mérite absolument d'être vu : la route, parfaitement rectiligne, traverse un vaste corridor, bordé d'un côté par des dunes grises, de l'autre par les monts Tianshan, et le sol est couvert de gravier noir et gris. Le vent est si fort que le sable a depuis longtemps disparu et qu'il ne reste plus que des rochers. Une étape à mi-chemin permet de se désaltérer mais les possibilités de restauration sont limitées et il faut penser à emporter des fruits frais, très rafraîchissants dans la fournaise de l'été.

○ *Les hôtels*

Il n'y a qu'un hôtel à Turfan, le **Turfan Binguan**, situé près de la gare routière. C'est un ensemble de bâtiments récents et anciens à l'architecture indéfinissable. Le confort y est rudimentaire mais la splendide treille sous laquelle on peut se détendre en dégustant le raisin est un endroit délicieux. Lorsqu'il y a suffisamment de touristes, la troupe

folklorique de Turfan vient là chanter et danser le soir. Attendez-vous à être invité à danser par les très séduisants artistes Ouighour...

A voir à Turfan

Les sites touristiques ne se trouvent pas dans Turfan même mais une promenade dans les ruelles permet de découvrir le mode de vie très particulier des habitants de Turfan, les rigoles au bord desquelles jouent les enfants et travaillent les femmes, les treilles sous lesquelles les vieux fument la pipe, les bazars...

Seule la **mosquée Imin**, appelée aussi Sugongta, peut être visitée à pied à partir du Turfan binguan. Ce haut-lieu de l'islam a été édifié en 1778 dans un style très dépouillé, avec un seul minaret de 44 mètres de haut, d'où l'on a une vue splendide sur l'oasis et le désert.

Les karez. Sans les karez, Turfan n'existerait pas. Ce système d'irrigation très particulier, qui existe depuis plus de deux mille ans en Chine, a été conçu en Perse. Il s'agit de puits et de canaux souterrains qui vont chercher l'eau au pied des montagnes qui bordent le désert. Chaque karez parcourt une distance de 3 à 10 km, ce qui fait près de 3 000 km de canalisations souterraines pour la seule région de Turfan !

Autour de Turfan

On vient à Turfan pour visiter les ruines des sites antiques. Ces ruines sont assez loin de la ville et le seul mode de transport local étant le char à âne, on est obligé de louer un minibus auprès de la CITS. La location coûte environ 15 yuans par personne pour faire le tour des choses à voir, si on parvient à rassembler une dizaine de personnes. Cela dit, la CITS n'est pas toujours très coopérative. On peut alors tenter de se joindre à un groupe.

Les ruines de Jiaohe se trouvent à 13 km à l'ouest de Turfan. On peut s'y rendre en char à âne à condition d'éviter le milieu de la journée, car Turfan est vraiment, en été du moins, le point le plus chaud de Chine. Les ruines sont celles d'une garnison fondée au IIe siècle avant J.-C. et abandonnée au XIVe siècle. Elles se trouvent sur une colline entourée de deux vallées très profondes qui leur servaient de murailles naturelles. On peut encore discerner le tracé des rues et la forme des maisons. Couleur du désert, ces ruines, sur lesquelles souffle constamment un vent puissant, donnent l'impression étrange de se trouver dans une ville fantôme.

Les ruines de Gaochang se trouvent à 46 km au sud-est de Turfan, au pied des Huoyan shan, les Montagnes de Feu. L'empereur Wudi des Han y fit construire un palais et Gaochang devint une importante ville commerçante et militaire. En 460, Gaochang se déclara indépendante et ne fut réannexée que sous les Tang en 640. La ville comptait alors 370 000 habitants et une quarantaine de monastères. On montre encore l'endroit où le célèbre moine Xuan Zang est censé avoir prêché la bonne parole. C'est un monument rond en brique, sommairement restauré.

Sous les Yuan, des querelles entre Ouighour et Mongols affaiblirent la ville qui périclita en quelques dizaines d'années. Quelque 1 200 ans d'histoire partirent en poussière...

On aperçoit encore les remparts, le tracé du palais, quelques murs, dont on devine, à leurs niches et à leurs Bouddhas mutilés, qu'ils ont dû abriter des temples imposants.

Les tombes d'Astana se trouvent juste à l'ouest de Gaochang. On ne visite que trois tombes de ce cimetière qui couvre une surface de 10 km². Étant donné les richesses découvertes dans ces tombes, il est à souhaiter que de nouvelles tombes soient bientôt ouvertes au public, car c'est ce qu'on peut voir de mieux conservé à Turfan. Ces tombes abritent les corps des grands militaires et des simples citoyens de Gaochang décédés entre le IIIe et le IXe siècle de notre ère. Dans la première tombe, on peut voir une fresque superbe. Des peintures symbolisent les cinq éléments, chers à la classification chinoise du monde, sous formes d'hommes. On reconnaît l'homme de jade, d'or, de pierre et de bois. La deuxième est décorée de motifs stylisés d'oiseaux et de fleurs. Dans la troisième se trouve un couple momifié en excellent état de conservation. Ames sensibles s'abstenir.

Le monastère de Bezeklik. Ouvert de 8 h à 11 h et de 14 h 30 à 17 h. Entrée : 0,15 yuan. Il se trouve à 51 km à l'est de Turfan. La route qui mène à cet ancien monastère en ruines traverse un paysage spectaculaire car elle se faufile entre les Montagnes de Feu. Le grès (du tertiaire) ocre, rouge, orange, semble effectivement en feu et la température à la surface est si élevée qu'on peut, paraît-il, y faire cuire un œuf ! On aperçoit aussi les karez qui filent du pied des montagnes à travers le désert. Le monastère se trouve dans une vallée encaissée au fond de laquelle serpente un mince filet d'eau. On peut encore voir 57 grottes creusées dans la falaise mais les statues et les fresques sont en assez mauvais état. Les dégradations sont dues à l'érosion, bien sûr, mais aussi à l'intolérance. Lorsque l'islam se répandit au Xinjiang, les fresques représentant des visages humains furent recouvertes de boue ! Arracher la boue maintenant risquerait d'endommager le peu qui reste. Enfin les archéologues, tel le Prussien Albert von Le Coq, prélevèrent un grand nombre de fresques pour les envoyer au Musée ethnologique de Berlin où une partie fut, hélas, détruite pendant la seconde guerre mondiale. On peut toutefois encore deviner la valeur de cet art remarquable à travers quelques fragments, et notamment dans la grotte n° 37 où l'on admirera un splendide « Bouddha en nirvana » entouré de princes en larmes, de la dynastie Tang, « Le cours de morale » dans la grotte 17, des Sui et « Les musiciens », dans la grotte 16, des Sui.

KASHI

Kashi, plus connue sous son nom de **Kashgar,** est vraiment « au bout du monde », suspendue à 1 200 mètres au-dessus du désert de Taklamakan, au confluent de la chaîne du Pamir et du Tianshan. Ancien carrefour des Routes de la soie, c'est aujourd'hui une ville de 160 000 habitants, où les Han ne représentent que 8 % de la population. Il y a plus de 100 000 Ouïgour et trente autres minorités nationales : Kirghiz, Tadjik, Uzbek, etc.

Kashi pratique

○ *Comment s'y rendre*

En avion. Un vol quotidien, sauf le dimanche, relie Kashgar à Urumqi, avec une escale à Aksu. Le trajet simple coûte 291 yuans.

Par la route. Il existe un service de cars qui relient Kashgar à Urumqi. Le voyage dure cinq à sept jours (selon le nombre de pannes et leur gravité) et coûte environ 40 yuans. Théoriquement,

les étrangers ne sont pas autorisés à circuler dans ces cars, mais le fait s'est déjà produit. Vous pouvez toujours prétendre être la 57e minorité nationale de la Chine... Une rapide description des villes traversées est donnée plus bas.

○ *Hôtels*

Xinjiang Kashgar binguan, à 1,5 km de la gare, ouvert en 1977. Chambres à partir de 45 yuans. Tél. 23.67.

Seman binguan, The Seaman Hotel, Seman lu, à 3 km de la gare. L'hôtel est situé dans l'ancien consulat soviétique, devenu en 1962 une auberge pour les hauts cadres de passage, puis un hôtel en 1984. Cuisine locale. Chambres à deux lits pour 45 yuans, lit en dortoir pour 8 yuans. Tél. 21.29.

Un peu d'histoire

L'histoire de Kashgar, qui fut une importante halte sur la Route de la soie, où commerçants et conquérants affluèrent n'est plus qu'une ville tranquille au rythme lent. Pourtant l'histoire de Kashgar, qui portait autrefois le nom de Shule, remonte au IIe siècle avant J.-C. La population de Shule était alors constituée d'une majorité d'Iraniens d'origine indo-européenne. Au Ier siècle de notre ère, la quiétude de ce petit État fut brisée par de féroces combats opposant Xiongnu et Hans. Au IIe siècle, Shule passa officiellement sous la suzeraineté de la Chine. Le site de Shule est aujourd'hui recouvert par la banlieue sud de la ville et on ne peut plus rien en voir. Sous les Tang, la cité connut un nouvel essor. Bien que portant le même nom, elle se trouvait dans un autre site, à 35 km à l'est de la ville actuelle. On y a trouvé de nombreuses reliques archéologiques.

Puis les ancêtres des Ouïgour, les

Huihu, les Tibétains, des populations turques et mongoles se partagèrent l'actuel Xinjiang et une civilisation brillante s'y développa, influencée par l'islam et le bouddhisme, notamment. Sous les Yuan, ce qui était devenu la Kachgarie devint un État vassal de la Chine, un État qui était presque complètement islamisé. Sous les Ming, l'influence de la Chine se fit de plus en plus lointaine et il fallut attendre la poigne des empereurs Qing, Kangxi et Qianlong, avant que le pouvoir chinois ne se réaffirme dans la région.

Au milieu du XIXᵉ siècle, les grandes puissances s'intéressèrent activement à la Haute-Asie : les Anglais et les Russes établirent des consulats à Kashgar et, en 1860, le tsar obtint l'ouverture aux relations commerciales entre le Turkestan chinois et la Russie. En 1862, c'est la révolte des Musulmans dirigés par Yakub-beg et Kashgar se trouva au cœur des déchirements que connut le Xinjiang et dont les prolongements se ressentent jusqu'à nos jours : un exemple, ce n'est qu'en 1983 que la Région autonome du Xinjiang et les Républiques soviétiques de Kirghizie et Kazakhstan ont rouvert des points de passage qui permettent la circulation des biens et des personnes. L'un de ces points, fermé depuis 1967, se trouve près de Yining, l'autre à 160 km de Kashgar, c'est dire si Kashgar est vraiment « au milieu des empires ».

A voir à Kashi

Ce qui fait la beauté de cette ville médiévale, c'est d'abord, dans chaque quartier, le nombre et la splendeur des **mosquées**. La plus grande est la **mosquée d'Id Kar**, construite en 1460, qui marque le centre de la ville. Sa porte monumentale est flanquée de deux tourelles de couleur ocre jaune, sans aucune décoration. Une dizaine de milliers de fidèles viennent y faire leurs prières, cinq fois par jour.

Sur la grande place, devant la mosquée, sont installées les échoppes d'un **bazar gigantesque**. Il ressemble à tous les souks orientaux : des venelles encombrées de magasins à volets de bois où s'activent cordonniers, tailleurs, coiffeurs, forgerons, marchands de tapis, herboristes, etc. Chaque ruelle se spécialise dans un corps de métier et la rue des Couteaux, comme celle des Chapeaux sont particulièrement renommées dans la province.

Le plus beau monument de la ville est le **mausolée d'Abakh Hodja**, dont la coupole de faïence vert sombre reflète les rayons du soleil. Descendant, paraît-il, du prophète Allah, la famille Hodja s'installa au début du XVIᵉ siècle à Kashgar, venant de Samarkand. Elle y instaura un État théocratique, dont Abakh Hodja fut, au XVIIᵉ siècle, le grand consolidateur. C'est dans ce mausolée qu'on révère la mémoire de son arrière petite-fille, la concubine impériale Xiangfei, bien qu'elle soit en fait ensevelie à Pékin. On raconte que vers le milieu du XVIIIᵉ siècle la belle Ouïgour fut emmenée à Pékin comme trophée de guerre pour servir de concubine à Qianlong mais que, nostalgique et humiliée dans son orgueil national, elle refusa les avances de l'empereur. Finalement la reine-mère lui ordonna de se suicider devant elle, ce qu'elle fit en s'étranglant de ses propres mains.

Le mausolée comprend également la **bibliothèque** (vide) où enseignait Abakh Hodja et une belle mosquée à colonnes et chapiteaux de bois richement décorés.

Le spectacle de la rue, enfin, n'est pas, et de loin, ce qu'il y a de moins intéressant à observer à Kashgar. Les regards, les visages, les attitudes font plus penser à des enluminures persanes qu'à la puissante Chine. Pour tenter de vous y retrouver dans le labyrinthe des minorités nationales, observez les couvre-chefs : le Ouïgour mâle porte un bonnet carré et légèrement pointu, brodé en vert. Sa femme porte une calotte plus petite, avec des dessins de couleurs. La veuve Ouïgour a droit à une calotte dorée posée sur un voile blanc. Les Kirghiz portent un bonnet pyramidal, avec un grand bord, blanc ou vert, surmonté d'une petite flamèche. Les Tadjik portent une coiffe ronde, plate comme une boîte à fromage. Les bergers qui vivent en altitude portent des bonnets en mouton retourné. On croise aussi des femmes couvertes d'un voile brun, à maille lâche. Aux environs de Kashgar, on visitera l'emplacement de l'ancienne **Shule**. Il ne reste malheureusement pratiquement rien de visible et c'est plutôt l'occasion de voir la campagne et ses habitants. Dans le désert, au nord et à proximité de l'aéroport se trouvent les ruines des grottes bouddhiques des Trois Immortels, Sanxia dong. Là aussi, il ne reste plus grand-chose à voir, car la rivière a creusé son lit et les grottes, qui étaient autrefois au niveau du sol, se trouvent à plus de vingt mètres de haut.

En quittant Kashi

On peut rejoindre Urumqi de Kashi en avion et survoler le désert et les monts Tianshan, ou par la route et découvrir le vrai visage du Xinjiang avec ses infinies variétés ethniques et ses riches trésors archéologiques. La route que suivent les cars d'aujourd'hui est celle que suivirent les commerçants d'antan, avec leurs longues caravanes de chameaux. Il y a deux trajets possi-

bles : la route du sud, qui passe par **Yengisar, Hotan, Ruoqiang, Korla**, etc. et la route du nord. La route du sud n'est pas ouverte aux étrangers pour le moment, c'est pourquoi nous ne décrirons que la route du nord.

La première étape, **Aksu**, se trouve à 470 km de Kashi. C'est à la seconde, **Baicheng**, qu'il faut s'arrêter une journée ou deux pour visiter les **grottes des mille Bouddhas de Kizil**. Ces grottes se trouvent à quelques dizaines de kilomètres à l'intérieur du désert. Elles comprennent à peu près 70 grottes bien préservées et les trésors qu'elles renferment méritent la peine qu'il faut se donner pour les découvrir. Les fresques qui les ornent couvrent une surface de près de 10 000 mètres carrés et sont conservées dans le même état de fraîcheur que les plus belles **grottes de Dunhuang**. Baicheng était autrefois situé dans l'antique royaume de **Guizi**. Ce royaume avait des relations diplomatiques avec la Chine sous les Han et également sous les Tang. Traversée par la Route de la soie, la région fut influencée très tôt par le bouddhisme et on pense que l'exécution des fresques de Kizil s'étend sur plusieurs siècles à partir du IIIe siècle de notre ère.

Les couleurs employées sont surtout le bleu vif, le vert, le blanc et le noir. Le sommet des grottes a été taillé en forme de dôme et les parois de ces dômes sont décorées par des fresques découpées en losanges. Chaque losange décrit une étape de la vie du Bouddha. Certains comprennent le portrait du mécène qui a fait décorer la grotte ou le mur en question. Les murs sont occupés par d'élégants ballets exécutés par les divinités volantes, les *apsaras*, danseuses et musiciennes. On peut aussi voir de nombreuses scènes de la vie quotidienne du temps du royaume de Guizi : des caravanes, des paysans et des chasseurs, ainsi que les costumes de l'époque. Ces fresques sont un témoignage inestimable du très haut degré de culture auquel étaient parvenus les artistes de cette région d'Asie centrale.

La troisième étape de ce long périple est **Kuqa**. Kuqa signifie en ouïgour « corridor » et effectivement les montagnes forment là un corridor si étroit qu'il y a tout juste la place pour le lit de la rivière et la route. Kuqa se trouve non loin de l'emplacement de Subashi (« Su » signifie « eau » et « bashi », « source »), ancienne ville dont il ne reste presque plus rien. Elle disparut en même temps que **Gaochang** et **Jiaohe**. La ville de Kuqa même est une belle ville, typique du Xinjiang, avec une grande mosquée et des maisons de terre sans étage, à toits plats. De Kuqa on rejoint **Korla**, où la route du nord retrouve celle du sud. On peut continuer le voyage en car, en longeant le **lac Bosten**, ou reprendre le train.

Pour les transports aériens, voir « Urumqi, renseignements pratiques ».

Le Tibet

Le Tibet, toit du monde auquel on n'accédait qu'après d'épuisants voyages, reste, aujourd'hui encore, l'une des régions les plus mystérieuses de Chine. Celle-ci ouvrant de plus en plus largement ses portes, le Tibet s'inscrit maintenant au programme des circuits organisés ; les touristes peuvent aussi se rendre à Lhassa individuellement sans trop de difficultés.

Nécessitant déjà le porte-monnaie en bonne santé, le voyage au Tibet reste de plus réservé aux touristes en parfaite condition physique ; les cardiaques peuvent d'ores et déjà y renoncer : les autorités chinoises font passer aux groupes organisés une visite médicale très sévère afin d'éviter tout accident de santé.

Un peu d'histoire

La civilisation tibétaine s'est développée dans la vallée qui se trouve au sud du Tibet, entre deux chaînes de hautes montagnes, le **Gangdis** au nord et l'**Himalaya** au sud, la région du cours supérieur du Brahmapoutre. Les premières relations historiques sur ce pays ne remontent qu'au VIIe siècle et sont consignées dans les Annales chinoises. C'est de la vallée du **Zangbu** que le roi **Song Tsen Gampo** — « Droit, Fort, Profond » — (617-650) établit son pouvoir sur le Tibet en réalisant l'unité du pays divisé en une multitude de petits royaumes. Il accrut l'étendue de son État : ses armées rayonnèrent jusqu'aux abords de l'empire Tang. Le royaume du Tibet s'étalait alors du nord de l'Inde

jusqu'au **Yunnan**. Marié à une princesse népalaise mais aussi à une fille de l'empereur chinois, Song Tsen Gampo sera sensible aux influences indiennes et chinoises ; il fit beaucoup pour l'introduction de la culture Han, en particulier la médecine ; de l'Inde, il tira l'alphabet tibétain dérivé du sanscrit, et le bouddhisme auquel il se convertit. Il entreprendra à Lhassa la construction des deux plus prestigieux monastères tibétains : **le Potala** et **le Jokang**.

La fusion du bouddhisme **Mahâyâna** (Grand Véhicule) avec le **Bon** — la religion primitive tibétaine — donna naissance au **lamaïsme**. Le développement de cette religion allait marquer très profondément jusqu'à nos jours la civilisation et la société tibétaines.

Après le déclin de la dynastie tibétaine (vers le Xe siècle), les siècles suivants sont marqués par l'émergence du pouvoir temporel des supérieurs des grandes lamaseries ; par la suite, le pouvoir temporel et politique du lamaïsme ne cesssera de s'affirmer. Au XIIIe siècle, le **Grand Lama** du **monastère de Sa'gya** est reconnu par le premier empereur mongol de la Chine (dynastie Yuan) comme souverain du Tibet et responsable spirituel du monde bouddhique. Cette époque consacre donc définitivement la suprématie du pouvoir religieux sur le pouvoir laïque.

La vie politique et religieuse conduite par le lama-roi de Sagya et ses lamas **dougpas**, surnommés aussi les « chapeaux rouges », sera secouée par des querelles internes et des conflits d'influence entre responsables de lamaseries ; elle connaîtra aussi une altération des pratiques religieuses. La seconde moitié du XIVe siècle voit naître un courant de réforme animé par **Tsong Kha Pa** (« l'homme du pays des oignons ») (1357-1419). Il fonde un ordre lamaïste nouveau, celui des **Gelougpas** (« ceux du chemin de la vertu ») dont les adeptes reçoivent le surnom de « chapeaux jaunes » pour les distinguer de l'autre secte des Dougpas. Une discipline stricte rythme alors la vie monastique des Gelougpas avec l'instauration de nouvelles règles draconiennes comme le célibat des lamas, l'interdiction de fumer et de boire de l'alcool. La construction par cette nouvelle secte des deux grands monastères, le **Gandan** (« la joie ») et le **Drepung** (« le grenier à riz »), date de cette époque.

Vers la fin du XVIe siècle, le Tibet vit sous le protectorat des princes mongols dont les royaumes échappent à l'autorité des empereurs Ming. En 1578, après s'être convertis au lamaïsme, ces princes accordent au **grand lama du monastère de Drepung**, chef de la secte des Gelougpas, le titre de **dalaï-lama** (littéralement : « Lama vaste comme l'océan » ou « Lama qui englobe tout »). Parallèlement à la reconnaissance de cette secte par des princes étrangers, l'éclosion de l'idée de « Bouddha vivant » (réincarnation vivante et directe d'un grand lama mais également réincarnation indirecte du Bouddha) va marquer profondément la pensée de ce mouvement religieux ; elle fournit aux Gelougpas un mode original de désignation de leurs futurs chefs spirituels : le dalaï-lama, le **panchen-lama** (responsable du **monastère de Tachilumpo** à **Xigatse** portant le titre de second Bouddha vivant), les chefs des principales lamaseries.

Cette recherche d'un « Bouddha vivant » commence quelques années avant la mort du chef spirituel à remplacer. Aidée d'astrologues, une délégation du grand lama se met en route vers le lieu supposé d'une réincarnation. Les jeunes garçons ainsi remarqués passent épreuves et examens. L'élu, comme le futur dalaï-lama par exemple, est ramené en grande pompe jusqu'à la lamaserie, puis éduqué jusqu'à 18 ans, âge de son entrée en fonction.

Les luttes d'influence entre les deux sectes — Dougpas et Gelougpas — s'intensifient au cours du XVIIe siècle. Les campagnes d'extermination entreprises par les lama-soldats du cinquième dalaï-lama, **Lobsang Gyatso** (1617-1682), réduisent à néant le pouvoir temporel des Dougpas. Les conditions sont alors réunies pour l'instauration au Tibet d'une théocratie ; les dalaï-lama de la secte jaune — dieu, prêtre et roi — régneront jusqu'au XXe siècle avec un pouvoir absolu sur leurs sujets.

En 1720, **Kangxi**, le deuxième empereur mandchou (dynastie Qing), rétablit la suzeraineté chinoise sur le Tibet après en avoir chassé les tartares musulmans qui avaient investi et saccagé Lhassa. Cette suzeraineté assez peu rigoureuse, excepté pour les régions frontières avec le **Sichuan**, n'en sera pas moins réelle sur le gouvernement tibétain. Le choix et la nomination du dalaï-lama et panchen-lama doivent désormais être approuvés à Pékin ; il en est de même pour celle du régent qui assure l'intérim du pouvoir jusqu'à la majorité du lama-roi. Deux « **Ambans** », ambassadeurs extraordinaires chinois, siègent à Lhassa et « conseillent » les responsables tibétains. L'entrée en scène des puissances coloniales engendrera un relâchement dans les relations sino-tibétaines. Dans la seconde moitié du XIXᵉ siècle, le Tibet devient un enjeu géopolitique et le terrain de luttes d'influence entre la Russie et l'Angleterre. Une expédition britannique force les portes de Lhassa en 1904. A la chute de la dynastie mandchou, le treizième dalaï-lama rompt les liens de vassalité du Tibet avec la Chine.

En cette première moitié du XXᵉ siècle marquée par l'accession au pouvoir du parti communiste chinois, le Tibet apparaît solidement ancré dans un féodalisme s'appuyant sur des structures claniques, une noblesse laïque et une organisation religieuse ayant tout pouvoir. Le contrôle de l'Église s'exerce sur tous les rouages de l'État ; chaque fonctionnaire laïque est doublé par un religieux.

Le rôle et le poids économique de l'Église sont considérables. Exempté d'impôts et de services, le monastère gère de vastes domaines agricoles dont le contrôle sera souvent la cause de conflits armés, s'occupe de commerce, prête de l'argent à des taux usuraires, perçoit aussi des revenus pour des rites célébrés à l'attention des particuliers. Au début du siècle, le Tibet compte plusieurs milliers de lamaseries. Quelle que soit son origine sociale, chaque famille consacre au moins un fils, généralement le cadet, à la vie religieuse ; cette entrée en lamaserie représente pour les plus pauvres le meilleur moyen d'échapper aux impôts et aux corvées pour le seigneur ou le monastère du village.

La hiérarchie ecclésiastique du monastère reproduit, quant à elle, la structure de classe de la société tibétaine. Les lamas issus de la noblesse y occupent les postes de responsabilité, y possèdent habitations et terres, ont du personnel à leur service. Les lamas pauvres et illettrés peuvent être domestiques de religieux de haut rang ou bien participer à des activités dans le cadre du fonctionnement et de la défense du monastère.

Dans le domaine culturel, l'éducation dispensée uniquement dans les lamaseries — éducation religieuse, philosophique, artistique mais aussi technique comme la médecine, la pharmacopée ou l'architecture — ne s'adresse qu'aux jeunes lamas issus de la noblesse.

Les communistes chinois vont ainsi se trouver confrontés à cette société féodale originale à plus d'un titre. Sans exacerber un nationalisme vivace, comment bouleverser les structures de cette société tibétaine tout en préservant sa culture ? Par la suite, les Chinois y répondront par des directives tantôt brusques tantôt compréhensives suivant la ligne politique du moment. Un long jeu de patience pour les Chinois ! Avec le poids de traditions millénaires, comment s'attendre à voir disparaître rapidement les survivances du féodalisme au Tibet, cet ancien État vassal de la Chine, alors qu'elles n'ont pas encore complètement disparu de la mère-patrie quarante ans après la libération ?

En 1950, le Tibet est investi par l'armée chinoise ; le 14ᵉ dalaï-lama y resta jusqu'en 1959, année où éclata une importante rébellion. De violents combats opposèrent les nationalistes tibétains aux communistes chinois : 87 000 Tibétains périrent et plus de 100 000 autres choisirent l'exil à la suite du dalaï-lama. La plupart de ces réfugiés sont regroupés dans la région de **Dharamsala**, au Nord de l'Inde, où siège le gouvernement tibétain en exil. En Europe, une petite communauté d'un millier de réfugiés s'est installée en

Suisse dans les villages de Rikon et Wilberg.

En 1965, le statut de « Région autonome » est donné au Tibet (*Xizang zizhiqu*). De 1968 à 1979, il est administré par un comité révolutionnaire ; au cours de la Révolution Culturelle, les famines, la répression et les camps de travail provoqueront une centaine de milliers de morts parmi la population. Depuis 1979, la Région autonome du Tibet est administrée par un gouvernement populaire. Aujourd'hui, les règles et les usages locaux tiennent dans l'administration de cette Région autonome une place bien plus importante que dans d'autres provinces chinoises ; les principales décisions prises par le gouvernement doivent toutefois être approuvées avant par le Comité du parti composé de cinq Chinois et trois Tibétains.

Le Tibet aujourd'hui

Avec 1 222 000 km², le Tibet est la région de Chine la plus étendue après celle du Xinjiang. Recouvrant les plateaux les plus élevés du monde, le Tibet est ceinturé par d'imposantes chaînes montagneuses : au nord, la chaîne **Kunlun shan** bordant le Xinjiang et la chaîne **Tanggula shan** vers le Qinhai, à l'est les **monts Hengduan shan**, au sud la chaîne himalayenne.

Le Tibet est partagé latitudinalement en deux grandes régions par les chaînes **Gandise shan** et **Nyainge tanglha shan** : le Tibet septentrional parsemé de nombreux lacs, aux immenses plateaux arides dont l'altitude avoisine les 5 000 mètres, le Tibet méridional recouvrant le bassin du **Yarlung zang bo** (Brahmapoutre) qui s'étire sur plus de 1 000 km de long. Une altitude moindre et des conditions climatiques meilleures rendent cette dernière région plus propice à l'agriculture et à l'élevage. Sur une population d'environ 1,8 million d'habitants, le Tibet compte près de 120 000 Chinois d'origine Han — résidant pour moitié dans la capitale — dont beaucoup de cadres, notamment d'anciens soldats venus dans les années cinquante et convertis sur place à la vie civile. Entre 100 000 et 150 000 soldats chinois stationnent également au Tibet ; de petits cantonnements militaires sont visibles le long des principaux axes routiers, à proximité des villages tibétains ou bien des campements civils échelonnés tous les 10 km et chargés de l'entretien des chaussées.

Le Tibet reste à l'heure actuelle la seule région de Chine dont la majorité des habitants appartient à une minorité nationale. Compte tenu de sa très faible densité — la plus faible de toutes les provinces et régions autonomes —, la population du Tibet n'est soumise à aucun contrôle des naissances.

Comparée à d'autres provinces, la Région autonome du Tibet reste économiquement très pauvre ; le revenu annuel moyen par habitant avoisine les 50 yuans auquel s'ajoute un revenu annuel en nature : 200 kg de grain par personne en zone de culture, 100 kg en zone pastorale.

Culture et élevage restent les principales activités de la région ; le gros de la production agricole est constitué par le **tsingko**, variété d'orge résistant au froid, qui, sous forme de farine, est la nourriture essentielle des Tibétains (*tsampa*) ; depuis une vingtaine d'années la culture du blé d'hiver et des pois commence à se développer. En ce qui concerne l'élevage, yak, mouton et chèvre constituent le gros des troupeaux.

Depuis les années cinquante, quatre

routes ont été ouvertes reliant le Tibet au **Qinghai, Sichuan, Xinjiang** et **Yunnan**. Une voie ferrée est en cours de construction ; elle reliera **Xining**, capitale du **Qinghai**, à **Lhassa** via **Gangca, Golmud, Nagqu, Damxung** et **Lhunzhub**.

L'étendue et le relief du pays, la longueur des trajets routiers, la pauvreté en énergie électrique et la faible densité de la population sont autant de contraintes qui hypothèquent actuellement le développement industriel du Tibet. Pour l'instant, l'embryon d'industrie regroupe quelque 200 petites usines, produisant des batteries, allumettes, ciment, tapis et chaussures.

Quand se rendre au Tibet

Juillet et août sont les meilleurs mois pour séjourner à Lhassa : la température y avoisine les 20°C et les pluies d'été contribuent à accroître l'oxygénation de l'air. Pour ne pas attraper froid, il convient tout de même d'emporter quelques vêtements chauds car la température peut descendre certains jours en dessous de 10 °C.

Les mois de mai et de juin peuvent aussi convenir : les températures sont beaucoup plus fraîches mais les pluies moins abondantes.

Qu'emporter au Tibet ?

Un chapeau : il vous protégera des rayons ultra-violets particulièrement féroces en altitude ; une crème hydratante pour les peaux sensibles ; un pullover en laine qui vous permettra de supporter les changements de température. Celle-ci peut descendre en dessous de 10°C en soirée, la nuit et pendant une journée pluvieuse ; un vêtement de pluie ; une gourde, très appréciable pendant les trajets en bus ; une lampe électrique ou une bougie : les meilleures

parades contre les pannes de courant ; indispensables la nuit dans les petits hôtels pour trouver, si vous n'avez pas le nez bouché, les toilettes et, surtout, pour ne pas y glisser !

En option, le duvet léger pour le voyageur individuel qui fréquente les petits hôtels et reste sensible à la couleur et à la propreté des draps.

Mais encore, des photographies du dalaï-lama : un cadeau très apprécié des Tibétains.

Les troubles de l'altitude

Fatigue, tête lourde, respiration haletante, palpitation : due à l'altitude, la raréfaction de l'oxygène dans l'air peut engendrer ces troubles sous une forme plus ou moins aiguë, d'autant plus qu'en trois heures on passe d'une altitude de 400 m (Chengdu) à 4 000 m. Votre séjour ne sera malheureusement pas assez long pour que vous vous acclimatiez à l'altitude !

Si vous ne tenez pas à découvrir le Tibet, cloué sur votre lit pour le reste du séjour, ménagez vos efforts les premiers jours : évitez tout effort brusque ou de longue durée, n'hésitez pas, au cours d'une promenade, à faire de fréquents arrêts pour reprendre votre respiration. Pour les groupes organisés, des bouteilles d'oxygène sont toujours à portée de la main à l'hôtel ou dans les voitures : l'inhalation d'oxygène fera disparaître tous ces troubles.

Visiter le Tibet

« J'irais bien au Tibet ! » Cette suprême étape sur le chemin de l'exotisme et du rêve pour certains touristes, cette quête vers une civilisation et une culture originale pour d'autres, doit se payer, et, de plus, se payer très cher. Les autorités chinoises l'ont d'ailleurs

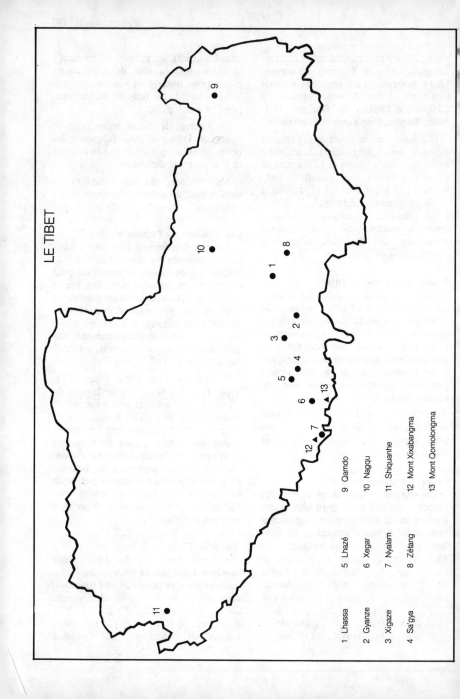

LE TIBET

1 Lhassa
2 Gyanze
3 Xigaze
4 Sa'gya
5 Lhazê
6 Xegar
7 Nyalam
8 Zétang
9 Qamdo
10 Nagqu
11 Shiquanhe
12 Mont Xixabangma
13 Mont Qomolongma

fort bien compris, les Américains « trustant » quasiment tous les visas de groupe accordés pour Lhassa.

A un moment où les méfaits du tourisme sur l'économie et la culture de certains pays du tiers-monde ne sont plus à démontrer, l'engouement touristique pour le Tibet et l'afflux de devises qui en résulte risquent paradoxalement d'avoir, peut-être, un effet bénéfique sur le pays : la mise en valeur et la protection d'un patrimoine culturel unique au monde, ou du moins de ce qu'il en reste après les saccages de la Révolution Culturelle. Aujourd'hui, quels sont les monastères que peuvent visiter les touristes parmi les 2 711 que comptait le Tibet en 1959 ? L'industrie touristique démarre au Tibet. L'équipe d'une dizaine d'interprètes, dont deux d'origine tibétaine, ne parlent pas le français mais l'anglais ; leur gentillesse n'a d'égal que leur peu d'intérêt pour une culture qu'ils sont censés présenter. A croire qu'à la Lüxingshe, une nomination à Lhassa n'est guère ressentie comme une promotion.

Voyager en groupe

Problèmes d'hébergement, retards, changements de programmes et d'itinéraires... pourquoi ce qui arrive fréquemment aux groupes organisés en Chine, n'arriverait-il pas au Tibet ? Après tout, ce n'est pas parce que l'on a payé une fortune un circuit au Tibet que l'on est à l'abri de ce genre de tours pendables !

Routes coupées et conditions climatiques mauvaises sont certainement les premières au palmarès des raisons invoquées par la Lüxingshe pour justifier une réduction de déplacement au Tibet. Les exemples ne manquent pas ; nous avons rencontré un de ces groupes qui, victime de ce type d'arguments, ne put

se rendre à Xigaze et à Sa'gya au moment même où nous nous y trouvions après avoir emprunté les bus locaux.

Si vous ne souhaitez pas vivre de telles mésaventures au Tibet, n'oubliez pas que votre accompagnateur aura besoin de toute votre adhésion pour faire respecter par la Lüxingshe le programme prévu.

Le voyage individuel

Autant le préciser de suite : voyager au Tibet n'est pas une entreprise facile, ni de tout repos pour le voyageur individuel. Réellement profiter du séjour demande du temps : au minimum deux semaines si l'on veut passer quelques jours en dehors de Lhassa. Plus qu'ailleurs, les difficultés sont nombreuses ; d'abord les impondérables liés aux conditions climatiques et à l'altitude. Il y a surtout le problème majeur des transports liés au sous-développement et à l'étendue de la région ; la rareté, la vétusté des moyens de transport locaux et l'état des pistes rallongent la durée de tout déplacement. Au Tibet, on ne peut circuler que par la route.

La région s'ouvre aux étrangers et les organismes officiels du tourisme n'y sont pas préparés ; leur seule préoccupation étant de monnayer très cher leur peu de connaissance du pays et les faibles services qu'ils peuvent rendre, ils seront de peu de secours pour le voyageur individuel.

Le Tibet reste à l'heure actuelle le royaume de « la démerde » ; c'est, peut-être, ce qui fait son attrait majeur pour le voyageur individuel. Combien de temps le restera-t-il ?

Tableau des distances entre les principales villes (en km par la route)

263				
355	90			
514	249	159		
646	381	281	132	
1006	743	651	492	360

Pour évaluer le temps de transport : les conditions idéales étant réunies, à savoir routes dégagées et sèches, on peut estimer la vitesse moyenne d'un bus ou d'un camion à 25-30 km/h, d'un minibus, voiture ou jeep à 35-40 km/h. Le tronçon goudronné de 95 km entre Lhassa et l'aéroport peut être effectué par un bus en 2 heures.

Circuler en stop

Le Tibet souffre cruellement d'un manque de moyens de transport, entre autres de bus. Les routes sont surtout fréquentées par des camions ; et rares sont les voitures : des véhicules militaires pour la plupart. On a ainsi plus de chance de faire du stop avec un camion ; encore faut-il le trouver à l'arrêt. Dans les principales villes tibétaines, les camions stationnent généralement pendant la nuit en gare routière ou bien dans la cour des petits hôtels. Il faut commencer sa ronde vers 6 h 30 car les chauffeurs se mettent sur la route entre 7 h et 7 h 30. Avant toute « négociation », il convient d'avoir à l'esprit qu'un chauffeur occupe une fonction indispensable au Tibet et jouit d'une position sociale reconnue et enviée. Il vous fera payer le « lift » d'un montant supérieur ou égal au prix du bus local.

Pour éviter tout malentendu par la suite, il est préférable de bien se mettre d'accord sur la somme et surtout la monnaie de payement : renminbi ou F.E.C.

Les permis

Le Tibet a toujours été une région très fermée et difficile à traverser. Aujourd'hui, il semble que l'un des obstacles majeurs soit encore pour le voyageur individuel la bureaucratie. Lors de mon séjour, les individuels se voyaient systématiquement refuser par la Sécurité le permis de circulation pour Gyangze, Xigaze et Sa'gya alors que les groupes y étaient autorisés et que les voyageurs individuels se rendant au Népal en bus pouvaient s'y arrêter en chemin ! A n'y rien comprendre !

La situation peut changer — espérons-le — mais si l'on vous refuse le permis de circulation pour Gyangze et Xigaze, il vous reste toujours une solution pour visiter ces villes : demander un visa d'entrée pour le Népal (35 yuans) et un visa de sortie du Tibet (5 yuans) afin de vous rendre dans ces villes puis de revenir à Lhassa.

Les employés du bureau de la Sécurité proche du Potala sont particulièrement bornés et peu aimables ; au quartier général, l'un des responsables est plus ouvert et parle correctement l'anglais.

Pour préparer votre voyage au Tibet, consultez aussi dans la même collection le guide *Tibet*.

Lhassa

Lhassa, capitale de la Région autonome du Tibet, est située à 3 670 m d'altitude, sur les bords de la plus haute rivière du monde ; elle compte environ 120 000 habitants.

Lhassa se compose, en fait, de deux villes, l'une chinoise, l'autre tibétaine. Arriver au Tibet et trouver une ville comme on peut en traverser dans la Chine des 18 provinces avec ses larges avenues et ses bâtiments administratifs hideux, cela n'est pas très engageant ! Heureusement, il reste dans la partie ouest de Lhassa, autour du Jokang, la vieille ville tibétaine composée de maisons à deux étages qui abritaient les nobles de l'ancienne société.

Lhassa, ce sont deux cultures qui se côtoyent mais aussi une présence militaire qui soulève bien des questions et pourra paraître à certains incongrue et choquante.

LHASSA PRATIQUE

Comment s'y rendre

○ *En avion*
De Chengdu : deux vols aller-retour quotidiens ; durée de vol : entre 2 h et 2 h 30 suivant l'avion ; prix de l'aller simple : 421 yuans.

De Golmud et de Xi'an : deux liaisons théoriques par semaine le mercredi et le samedi, cette dernière pouvant être suspendue à certaines périodes de l'année ; durée de vol : 2 h pour Golmud, 5 h pour Xi'an ; prix de l'aller simple : 300 yuans pour Golmud, 510 yuans pour Xi'an.

Si les liaisons aériennes vers Lhassa sont les plus chères proportionnellement à la durée de vol — tourisme oblige —, les services offerts par la CAAC sont réduits au strict minimum dans l'avion et quasi inexistants dans les aérogares au départ comme à l'arrivée...

A la descente de l'avion, un bus attend les voyageurs pour les emmener à l'aérogare de Lhassa ; les groupes organisés sont pris en charge par la Lüxingshe et conduits directement à l'hôtel. Les 95 km goudronnés du trajet sont effectués en deux ou trois heures. De cette route vous aurez un premier aperçu de la beauté des paysages désertiques du Tibet ; à une vingtaine de kilomètres de l'arrivée les toits du Potala sont déjà visibles. Le car dépose ses passagers à l'aérogare située au pied de la face est du Potala. Les bagages vous suivront avec quelques heures de retard ; si, par exemple, vous atterrissez en provenance de Chengdu à 9 h, vous arriverez à Lhassa vers midi, suivi 4 heures plus tard par vos bagages.

A l'aérogare : pauvre voyageur individuel ! n'espérez pas y trouver un plan de ville, un taxi ou un bus pour vous rendre à l'hôtel ; rien (pour le moment) ! De plus, aucune aide à attendre des services de la compagnie aérienne particulièrement inamicaux voire hostiles. Pour atteindre un hôtel, il ne faudra compter que sur vos pieds ; à titre indicatif, l'hôtel n° 1 est à 20 mn à pied, les hôtels Snow Land et Banak Shol à une demi-heure, l'hôtel n° 2 et le nouvel hôtel de Lhassa à 45 mn.

Après avoir trouvé l'hôtel, il ne vous restera plus qu'à retourner à l'aérogare récupérer vos bagages. Vous serez alors peut-être surpris de leur état : sacs décousus, sales, poignées arrachées... signalez-le aux employés si tant est que cela puisse y changer quelque chose à l'avenir ! Un conseil pour éviter de porter vos sacs jusqu'à l'hôtel : louez à plusieurs une charrette à bras au marché situé en face de l'aérogare ; vous y chargerez vos bagages et son propriétaire vous accompagnera pour quelques yuans jusqu'à l'hôtel.

Quitter Lhassa

En avion. Les avions pour Chengdu et Golmud décollent dans la matinée. Compte tenu de la distance et d'éventuelles pannes, on vous demandera de vous rendre à l'aéroport la veille du départ. Un car de la CAAC quitte l'aérogare à 17 h 30 et vous dépose, 2 ou 3 heures plus tard, à l'hôtel-caserne de l'aéroport. Il vous faudra faire une longue queue pour avoir un lit dans un dortoir (5 places), payer 3 yuans, puis courir avant la fermeture au « restaurant » et essayer d'avaler pour 2 yuans un vieux plat de riz tout froid. Réveil le lendemain à 7 h ; puis attente, pendant plusieurs heures, du décollage !

En bus. Pour se rendre à Lhassa, on peut emprunter les transports locaux à partir de Golmud et de la frontière népalaise. De Golmud, il y a un bus chaque matin ; le trajet dure entre 30 et 40 heures et revient à 74,10 yuans. De la frontière népalaise, la possibilité de trouver un bus est beaucoup plus aléatoire ; il n'y a qu'une liaison hebdomadaire directe avec Lhassa.

En stop. C'est une solution qui demande évidemment du temps. Elle est envisageable avec des camions à partir de Golmud au Qinghai, Chengdu au Sichuan et de la frontière népalaise, mais très peu réaliste à partir de Lijiang au Yunnan compte tenu de l'état de la route et surtout de la difficulté à passer au travers des mailles de la Sécurité dans les villes de Zhongdian et Dêqên. A titre indicatif, il vous faudra compter une bonne douzaine de jours en camion pour relier Chengdu à Lhassa !

A Lhassa, l'auto-stoppeur courageux trouvera peut-être son bonheur pour quitter la ville, en traînant sur l'aire de stationnement de camions située rue Yang he dong lu entre la banque de Chine et l'hôtel municipal n° 2.

A vélo. Pourquoi pas ? J'ai personnellement rencontré deux touristes individuels qui s'étaient risqués à se rendre à Lhassa en vélo, l'un du Népal, l'autre de Chengdu. Leurs impressions de voyage étaient très bonnes si ce n'est l'accueil de la Sécurité à Lhassa (confiscation temporaire des passeports et des vélos plus amende de 50 yuans à payer). Celui venant de Chengdu avait parcouru la distance en 28 jours, avait été hébergé tous les soirs chez l'habitant ou bien par des militaires ; la conclusion de tous ses souvenirs inoubliables : il faut être en parfaite condition physique car l'altitude et les passages de cols à plus de 5 000 m... c'est très dur.

Hôtels

Plusieurs hôtels accueillent aujourd'hui les touristes étrangers à Lhassa ; leur confort reste très variable ; pour les hôtels « haut de gamme », les prix demandés sont pour l'instant sans commune mesure avec les services offerts.

Les individuels peuvent se rabattre sur les dortoirs ou les chambres à deux lits dans les **hôtels Snowland** et **Banak Shol** — hôtels au confort rudimentaire mais relativement propres.

Quel que soit l'hôtel où vous descendrez, il faudra vous attendre à des coupures d'eau et d'électricité. En prévision des fréquentes coupures d'eau — généralement aux heures où les touristes sont à l'hôtel ! — ayez soin de stocker quelques gouttes de ce précieux liquide dans les cuvettes et bassines disponibles dans les chambres.

Les hôtels mentionnés par la suite sont classés en fonction de leur éloignement du Jokang, le centre de la ville tibétaine :

L'hôtel Snowland. Hôtel tibétain le plus proche du Jokang ; il accueille les voyageurs individuels. Confort rudimentaire ; un robinet d'eau froide dans la cour ; prix du lit : 5 yuans la nuit en chambre à 2 lits, 4 yuans en dortoir.

Hôtel Banak Shol, rue Xin fu dong lu. Hôtel tibétain qui accepte les voyageurs individuels ; un robinet d'eau froide dans la cour ; eau chaude distribuée avec parcimonie le soir ; prix du lit : 5 yuans par nuit en chambre à 2 lits, 4 yuans en dortoir. On pourra se procurer à la réception des cartes de Lhassa en tibétain et déguster de délicieux yaourts vendus chaque matin par des paysannes tibétaines. Possibilité de louer des vélos au tarif de 5 yuans par jour.

Hôtel de district n° 1, *Qu yi suo*, rue Renmin lu. Accepte principalement les Chinois de Hong Kong et d'outre-mer ; dortoir à 5 yuans le lit ; on y trouvera des cartes de Lhassa en chinois ; location de vélo : 5 yuans par jour.

Hôtel municipal n° 2, *Shi er suo*, rue Yan he dong lu. Pour avoir un lit en dortoir, il faut vraiment insister : prix, 5 yuans la nuit. Autrement chambre à 2 lits avec douche et toilettes à l'étage : 60 yuans la nuit (30 yuans par lit). L'accueil n'y est pas très sympathique.

Hôtel Lhassa fandian. I Minzu lu. Tél. 22.221 et 23.222. Situé au carrefour des rues Minzu lu et Xin fu xi lu, c'est l'hôtel le plus récent et le plus confortable de la ville. Il fut d'ailleurs

			LHASSA	0
1	Potala	布达拉宫	拉萨	Ech : L
2	Jokang	大昭寺		
3	Drepung	哲蚌寺		
4	Sera	色拉寺		
5	Norbulingka	罗布林卡		
6	Hôtel "Snow Land"			
7	Hôtel "Banak Shop"			
8	Hôtel municipal nº 2	区二所		
9	Hôtel de district nº 1	区一所		
10	Hôtel Lhassa	拉萨饭店		
11	Hôtel de district nº 3	区三所		
12	Banque de Chine	中国银行		
13	CAAC	中国民用航空总局		
14	Gare routière (Yigaze)	客运站		
15	Gare routière (Golmud)	工业厅招待所		
16	Consulat du Népal	尼泊尔领事馆		
17	Bains publics	公共浴室		
18	Bureaux de la sécurité	公安局		
19	Siège de la sécurité	公安局（总局）		
20	Mosquée	清真寺		
21	Funérailles Célestes	藏族丧事的地方		
22	Librairie	新华书店		
23	Ile de Lhassa (pique-nique)			
24	Restaurant "Darkhay"			

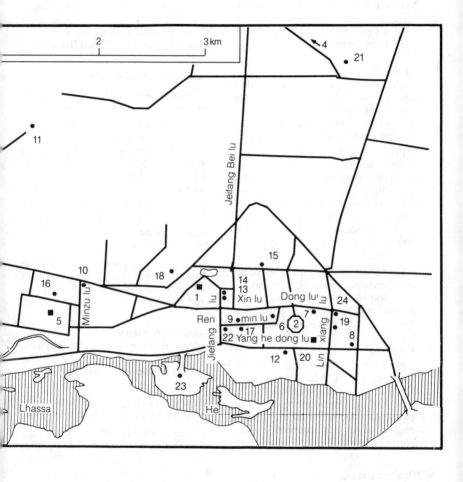

inauguré pour le 20ᵉ anniversaire de la création de la Région autonome du Tibet. Chambre à partir de 140 yuans.

Hôtel de district n° 3, *Qu san suo.* Vraiment trop loin du centre ville : un véritable piège ! Accueille malheureusement des groupes de touristes. Chambre à 200 yuans la nuit.

Se nourrir

Lhassa n'est pas un haut lieu de la gastronomie, mais vous pourrez toujours vous sustenter. La ville compte une majorité de restaurants chinois, quelques gargotes Hui et tibétaines.

Pour commander, vous serez appelé à faire un saut en cuisine et, plus particulièrement au Tibet, à composer vous-même votre plat à partir des produits présentés sur le comptoir. Il convient alors de bien vérifier la fraîcheur des aliments car les moyens de conservation dans ces restaurants sont réduits au minimum.

Généralement, dans les petits restaurants musulmans, on vous servira des pains fourrés à la vapeur jusqu'à 17 h et des nouilles le soir. A toute heure, vous pourrez y boire un thé fumé servi avec un bloc de sucre et un lychee desséché.

Le plat le plus couramment présenté dans les gargotes tibétaines se compose de tranches de pomme de terre sautées et de lard, le tout accompagné par des galettes de tsampa ; le thé au lait est la boisson servie, très rarement le thé au beurre rance.

Quelques restaurants

Lhassa fandian, Renmin lu. Il donne sur la place du Jokang. Cuisine chinoise correcte ; certainement le meilleur restaurant de Lhassa.

Darkhay Restaurant, Lin xiang lu, à 200 m à droite en venant de Xin fu dong lu.

Les gargotes musulmanes : il y en a de nombreuses autour de la mosquée ; mais signalons la « Ma chang lin » située sur Xin fu dong lu, à 300 m à gauche en sortant de l'hôtel Banak Shol.

Quelques adresses utiles

Bains publics, rue Renmin lu, en face de l'hôtel n° 1 ; fermés à 18 h 30.

Une nécessité et un plaisir pour le voyageur individuel qui fréquente les hôtels bon marché n'offrant pour se laver qu'un seul robinet d'eau froide dans la cour. Les tarifs sont plus élevés pour les étrangers que pour les Chinois, plus élevés pour les femmes que pour les hommes ; allez donc savoir pourquoi ?

Pour les hommes : 1,6 yuan ; pour les femmes : 2 yuans.

A signaler, l'hôtel n° 1 ouvre la porte de ses douches aux touristes extérieurs à l'établissement entre 16 h et 17 h ; tarif : 2 yuans.

Consulat du Népal

Situé derrière le parc Norbulingka, on ne peut pas le manquer avec le soldat dans sa guérite qui monte la garde à l'entrée.

Ouvert tous les jours sauf le dimanche de 10 h à 13 h et de 15 h 30 à 18 h.

Pour l'obtention d'un visa, il faut remplir 4 formulaires, donner 4 photos d'identité et s'acquitter de 40 yuans (renminbi) ; vous viendrez reprendre votre passeport le lendemain.

Si vous êtes en panne de photo, vous pourrez vous faire tirer le portrait chez les photographes de la rue Jiefang lu, à deux pas de l'aérogare (4 photos : 2 yuans ; délai : une journée).

Se déplacer à Lhassa (et au Tibet)

○ *Location de vélos*

Lhassa est une ville relativement étendue, et la bicyclette s'y avère un moyen de locomotion très pratique qui demande, tout compte fait, moins d'effort que la marche à pied. La crevaison est à prévoir compte tenu d'une pratique locale largement répandue qui consiste à briser les bouteilles vides sur la chaussée, mais les réparateurs ne manquent pas.

On peut louer des vélos au tarif de 5 yuans par jour à l'hôtel Banak Shol et à l'hôtel n° 1, ce dernier étant le mieux pourvu.

A titre indicatif : pour vous rendre en vélo au Drepung, il vous faudra trois quarts d'heure, au Sera et aux Funérailles Célestes une bonne demi-heure.

○ *Location de voitures, minibus et bus*
Les agences de location :

Lhassa Travel Company, dans la cour de l'hôtel n° 2.

China International Travel Service-Lhassa Branch : hôtel n° 3.

Taxi Company, située rue Banak Shol, à environ 400 mètres de l'hôtel Banak Shol dans la direction du Potala.

Les tarifs

Les prix de location d'une voiture ou d'un minibus pratiqués pour les étrangers sont exorbitants ; ils tournent généralement autour de 400 yuans par jour. Faire une virée de 5 jours en voiture vers Xigaze et Sa'gya vous reviendra à 2 000 yuans, aussi cher, sinon plus, que votre billet d'avion Paris-Hong Kong aller-retour !

Les deux premières compagnies sont des agences de voyage contrôlées par l'État et l'accueil n'y est pas amical ; la troisième ne vaut guère mieux.

Voici, à titre indicatif, les tarifs théoriques de la Lhassa Travel Compagny pour la location avec chauffeur de véhicules « Toyota », le nec plus ultra en Chine en matière de voiture.

		Tarif à la journée (Pour 8 h et 40 km)			
	Nombre de places	*Prix de la location*	*Prix du km supplémentaire*	*Prix du km retour à vide*	*Prix de la journée d'attente*
Voiture	4	150 yuans	1,1 yuan	0,6 yuan	20 yuans
Minibus	7	217,5 yuans	1,4 yuan	0,7 yuan	20 yuans
	8	202,5 yuans	1,3 yuan	0,7 yuan	20 yuans

Les prix théoriques de la CITS — Lhassa Branch sont encore plus élevés. La Taxi Company, quant à elle, pratique un système de location au kilomètre : 1,8 yuan du kilomètre pour une Toyota 4 places. Pour la location d'un bus, de 20 à 30 places, les tarifs ne sont guère plus élevés : entre 450 et 500 yuans par jour. A titre d'exemple, la location d'un bus de 30 places pour se rendre en 4 jours à la frontière népalaise avec 3 nuits passées à Gyangze, Xigaze et Tingri et un détour vers Sagya revient à 2 200 yuans.

Conseils pratiques

1. Au Tibet, les voitures, minibus et bus à louer ne « courent » pas les rues ; on aura donc tout intérêt à se renseigner sur les possibilités de location dès son arrivée à Lhassa.

2. Compte tenu de la difficulté à trouver une place sur un bus local au départ de Lhassa et des prix exorbitants de location d'un véhicule, louer à plusieurs un bus ou un minibus représente pour le voyageur individuel au Tibet un moyen de réaliser un itinéraire relativement économique, pratique et surtout flexible par rapport aux transports locaux. Pour fixer une date de location, il vous faudra tenir compte d'un délai d'organisation d'environ une semaine.

3. Pour éviter les pièges :

Le contrat : il convient de faire stipuler par écrit et en chinois les résultats de vos négociations avec la compagnie de location. Devront être précisés en particulier : le jour, l'heure et le lieu de départ ; l'itinéraire avec tous les arrêts désirés ; le nombre de jours de location ; les villes-étapes pour la nuit ; le jour d'arrivée.

Le prix et le paiement : vous serez certainement amené à discuter les prix proposés ; le tableau des distances kilométriques entre les principales villes du Tibet vous sera d'un précieux secours. Si vous désirez louer un bus pour aller à la frontière népalaise, les compagnies essayeront de vous facturer le retour à vide du bus ; il est bon de savoir que le bus après avoir déposé à la frontière sa cargaison de touristes ne reviendra jamais à vide vers Lhassa. Pour le règlement, il convient de négocier le paiement de la moitié de la somme convenue avant le départ, le restant en fin de circuit.

L'état du véhicule : si l'attente devant un tronçon de route emporté par un torrent, ou bien les crevaisons font partie de l'aventure sur les routes tibétaines, la panne de moteur au cours de la première journée de location reste une mésaventure assez courante qui peut compromettre définitivement votre circuit. Lors de vos négociations, l'état du véhicule et surtout du moteur, doit absolument faire l'objet d'une attention particulière.

Le chauffeur : ce n'est pas tout d'avoir passé « contrat » avec la compagnie de location, reste à le faire respecter par le chauffeur. Si beaucoup d'entre eux sont corrects, un certain nombre, comme nous avons pu le constater, n'en font qu'à leur tête. Un bon conseil, vous louez un minibus ou un bus : ne le remplissez pas complètement, laissez un ou deux sièges vides. La possibilité offerte au cours du trajet de remplir ces sièges, amènera le chauffeur à composer avec le groupe, à faire de son mieux et surtout à se faire un petit extra !

Les rues commerçantes

La rue qui ceinture le Jokang. Elle se parcourt à pied dans le sens des aiguilles d'une montre ; c'est la plus animée, la plus typique de Lhassa avec son marché quotidien où vous pourrez faire vos provisions de beurre rance, de viande... et d'articles religieux. C'est aussi là que l'on vous sollicitera pour changer au noir ou vous proposer quelques « antiquités ». Il est d'ailleurs bon d'avoir à l'esprit que les plus belles pièces se trouvent depuis belles lurettes de l'autre côté de la frontière, au Népal !

La **rue Renmin lu**. La plupart des grands magasins de la ville y sont concentrés.

La **rue Jiefang lu**, avec son marché quotidien aux légumes au pied de la face est du Potala ; de nombreux stands de photographes en plein air se dressent au carrefour avec la rue Xin fu dong lu.

La **rue Xin fu dong lu**, dans sa portion proche du Jokang. Tous les deux jours se tient un petit marché aux meubles (en bois blancs et peints).

Pique-nique et camping : l'île de Lhassa

Un petit pont piétonnier, suspendu et recouvert d'une multitude de drapeaux de prières, relie cette île à la rue Yan he xi lu ; pour le traverser, on doit s'acquitter d'un droit de passage de 10 fens. Très à l'écart de l'animation urbaine, cette île est un lieu de pique-nique pour les Tibétains ; on y a une belle vue du Potala dégagé des poteaux et câbles électriques qui le ceinturent en ville.

A l'occasion d'une fête familiale, les Tibétains plantent leur tente et louent une ou plusieurs pièces (8 yuans la journée) dans le seul bâtiment en dur de l'île ; ils y préparent la cuisine et organisent la fête. Lors de mon prochain voyage à Lhassa, je ne manquerai pas d'y planter, moi ausi, ma tente... J'allais oublier de mentionner l'extrémité ouest de l'île avec sa petite « plage » et ses pêcheurs.

A VOIR A LHASSA

Le Potala domine toute la ville, moitié montagne, moitié monument. C'est une construction de 13 étages qui fait 110 m de haut, 360 m de long et près de 140 m de large.

Fondé au VIIe siècle par le roi **Song Tseng Gampo**, le Potala a été détruit au cours des guerres du IXe siècle. Entre 1645 et 1694, il est reconstruit sous le règne du cinquième dalaï-lama qui après avoir quitté son monastère du **Drepung** décide de s'y installer. Le Potala restera jusqu'au XXe siècle la résidence principale des dalaï-lamas qui chacun à son tour l'agrandiront progressivement. Il est actuellement bien conservé et est transformé en grande partie en musée. Le Potala compte plus de 1 000 salles — bibliothèques, salles de prières, galeries, appartements —, 10 000 piliers et quelque 200 000 statues !

Au sommet du Potala, sur le toit du **Palais Rouge**, se dressent les tombes des dalaï-lamas, la plus imposante étant celle du cinquième, la plus richement décorée celle du treizième dalaï-lama.

Pour photographier au flash à l'intérieur des salles, on vous demandera 100 yuans par cliché.

Le monastère de Zuglakang, ou *Jokang*, selon les appellations, *Dazhao si* en chinois, se trouve à un kilomètre ou deux de l'hôtel de Lhassa et on peut s'y rendre facilement à pied. Construit au VIIe siècle, c'est le plus important des monastères du Tibet. *Zuglakang* veut dire, en tibétain, temple de Çakyamuni, parce que, selon la tradition, la princesse Wen Cheng y aurait déposé une statue de la divinité qu'elle avait fait venir de Chang'an. A l'entrée du temple se trouve aussi le « saule de la princesse » que Wen Cheng aurait planté.

Plus de 300 sculptures sont exposées dans le temple : la statue dorée de Çakyamuni, une statue en or et en cuivre du XVIIe siècle de 26 m de haut et, au premier étage, des statues du VIIe

siècle du roi Songtsan Gambo et de ses
deux épouses, la népalaise et la chinoise.

Les murs de la salle centrale sont
décorés de fresques de 3 m de haut sur
une longueur totale de 600 m. Sur le
mur nord, la vie de Çakyamuni ; des
deux côtés de l'entrée de la salle des
prières, peintures décrivant le voyage de
la princesse Wen Cheng en route vers
le Tibet, le chantier et la consécration
du temple Zuglakang. D'autres tableaux
décrivent la société tibétaine de l'époque.

Au deuxième étage sont conservés les
108 sûtras bouddhiques introduits au
Tibet sous la dynastie des Ming.

Le toit du monastère, en tuiles dorées,
est décoré de clochettes d'airain qui
sonnent au vent. L'architecture mêle
plusieurs styles ; les toits sont de forme
chinoise mais la structure en pierre et
en bois est tibétaine, enrichie de certains
éléments népalais et indiens.

Le temple est ouvert trois jours par
semaine aux fidèles tibétains qui continuent à y affluer, leur moulin à prières
à la main.

On ne manquera pas de se promener
dans les rues commerçantes qui ceinturent et donnent sur le Jokang ; les
nombreux étalages à même le sol des
artisans ou encore des paysans vous
laisseront un souvenir inoubliable.

Les trois autres monastères les plus
importants — Drepung, Sera et Gaden
— se trouvent dans les environs de
Lhassa, respectivement à l'ouest, au
nord et à l'est de la ville. Il convient de
souligner que ces monastères ont été
saccagés et certains bâtiments détruits
pendant la Révolution Culturelle.

Le monastère de Gaden, fondé par
Tsongkhapa en 1409 (l'initiateur de la
secte Jaune du lamaïsme tibétain) est le
plus ancien. Le tombeau du grand
maître s'y trouve d'ailleurs. Gaden est
situé à 70 km à l'est de Lhassa ; pour
s'y rendre, des minibus partent chaque
matin du marché central, près du
Jokang ; il vous en coûtera 7 yuans.

Le monastère de Drepung a été
construit en 1416 et c'est le plus vaste
des trois grands monastères de Lhassa.
En 1959, 5 600 lamas vivaient encore
dans son enceinte. Certains trouvèrent
la mort en luttant contre les Chinois,
d'autres prirent la fuite et, en 1960, il
n'en restait plus que 2 800. Ils sont
maintenant 300, les 2 500 autres s'étant
reconvertis à la vie laïque. Pour s'y
rendre : chaque matin, des bus partent
en face du Banak Shol ; le billet coûte
3 yuans. En vélo, il faut compter facilement 45 mn avec un dernier tronçon
— celui qui mène à Drepung — particulièrement pentu !

Le monastère de Sera. Il s'étend au
pied d'une montagne à 5 km au nord
de Lhassa ; il fut fondé en 1419 par le
frère de Tsongkhapa. Pour s'y rendre,
il faut compter une heure à pied ou une
demi-heure en vélo à partir du Jokang.
Le parc de Norbulingka était le palais
d'été des dieux-rois du Tibet. Il est situé
en dehors de la ville, à trois kilomètres
derrière le Potala. Les jours de fête, les
Tibétains aiment à s'y rendre pour
pique-niquer. On mange une espèce de
soupe, le thé beurré et on boit du chang,
l'alcool local. A la fin de l'après-midi
tout le monde chante et danse, en
titubant légèrement.

Dans le parc couvrant une cinquantaine d'hectares, on peut visiter la résidence du 14e dalaï-lama, reconstruite
dans les années cinquante ; c'est de cette
dernière qu'il prit la fuite vers l'Inde en
1959. C'est une bâtisse de deux étages,
relativement modeste, mais peinte de

couleurs vives. Les murs sont richement peints ou couverts de tankas bouddhiques. Les meubles ont été laissés exactement dans le même état qu'en 1959, et semblent attendre le retour d'un maître de maison parti pour la journée.

Commune populaire et ferme d'État. Les touristes étrangers ont la possibilité de faire de petites incursions dans la campagne tibétaine en allant visiter : la **commune de l'Avant-Garde** à quelques kilomètres à l'est de Lhassa, les fermes d'État de **Peng Bo** et de **Linzhou** situées toutes les deux à une soixantaine de kilomètres au nord-est. Dans cette dernière ferme d'État, on vous emmènera voir le barrage de retenue de la **montagne du Tigre.**

Autres visites possibles à Lhassa.

L'hôpital. On y pratique la médecine occidentale mais aussi la médecine traditionnelle tibétaine.

L'université.

A la rencontre des vautours : les Funérailles Célestes.

Il faut se lever de bonne heure pour assister à une cérémonie tibétaine surprenante et « barbare » aux yeux des Chinois : les Funérailles Célestes. Surprenante, surtout, pour la curiosité morbide des touristes qui, comme les vautours attendant le festin en tournoyant dans le ciel, ne tiennent pas à rater une miette du spectacle.

On reste frappé, lorsqu'on parcourt le Tibet, de l'absence de cimetière ; les Tibétains, en effet, n'enterrent pas leurs morts. Pendant la cérémonie funéraire, le corps du défunt est déposé figure contre terre sur une large pierre unie puis découpé à la hache ; pour permettre une bonne réincarnation, les morceaux sont donnés en pâture aux vautours ; le corps s'envole ainsi vers les cieux. Il y

a quelques exceptions à cette pratique funéraire pour les corps d'illustres lamas qui peuvent être soit embaumés, recouverts d'or puis conservés dans les temples, soit incinérés.

A Lhassa, les Funérailles Célestes se déroulent au pied d'une colline à l'écart et au nord de la ville. La cérémonie n'a évidemment pas lieu tous les jours et, pour y assister, il faut tenter sa chance plusieurs matins d'affilée ; elle débute habituellement vers 7 h 30. Les touristes y sont tolérés mais le nombre et le manque de discrétion de certains peuvent amener la famille à des réactions d'hostilité et à retarder la cérémonie pour en chasser les voyeurs trop indélicats.

Avis aux photographes : on vous interdira de prendre des photos pendant la phase de découpe du corps ; la permission vous sera donnée lorsque les vautours commenceront à dévorer les morceaux.

Pour se rendre à l'endroit des Funérailles Célestes, il faut compter, au départ de l'hôtel Banak Shol, une demi-heure en vélo ou une bonne heure de marche à pied. Il vous faudra aussi traverser à pied une petite rivière à l'eau particulièrement fraîche : n'oubliez pas la serviette de bain !

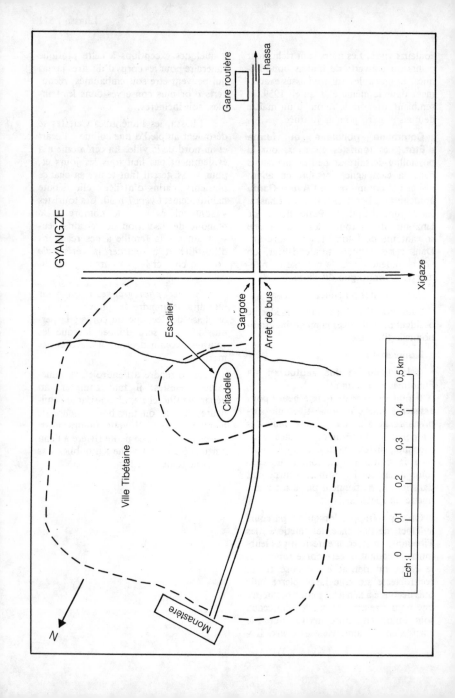

GYANGZE

N

Ville Tibétaine

Monastère

Citadelle

Escalier

Gargote

Arrêt de bus

Xigaze

Lhassa

Gare routière

Ech : 0   0,1   0,2   0,3   0,4   0,5 km

Gyangze

Située sur la route la plus méridionale menant à Xigaze, Gyangze est une bourgade pauvre avec des maisons traditionnelles construites en terre séchée. Elle mérite une halte d'une demi-journée pour visiter le monastère et grimper à la citadelle qui la domine.

GYANGZE PRATIQUE

○ *Comment s'y rendre*
Au départ de Lhassa. 3 liaisons en autobus par semaine : le lundi à 9 h, le mercredi à 8 h et le vendredi à 8 h. Prix de l'aller simple : 13,3 yuans ; le bus part de la gare routière située à côté de l'aérogare. Pour l'achat des billets, il est conseillé de s'y prendre deux jours à l'avance et de commencer la queue vers 6 h du matin !

Au départ de Xigaze. Le bus pour Lhassa quitte Xigaze à 15 h les lundi, mardi et jeudi ; il arrive 3 heures plus tard ; aller simple : 4,5 yuans.

De Lhassa, le bus emprunte la route de l'aéroport, traverse le pont en enjambant le Yarlung Tsangpo puis bifurque sur la droite. La route monte au col de Kamba-La. Les passagers tibétains récitent alors des prières et incantations rituelles en regardant les monticules de pierres sèches et les drapeaux de prières qui marquent le sommet (5 300 m). Puis commence la descente qui offre une vue admirable sur le lac Yamzho. En le longeant, le chauffeur s'arrêtera à une pêcherie et achètera du poisson frais ou séché. Deux heures après le passage du col, arrêt d'une heure pour le déjeuner à la gare routière de Nagarze. Quatre heures plus tard, c'est l'arrivée à la gare routière de Gyangze. Si tout se passe bien, le trajet Lhassa-Gyangze prend une dizaine d'heures.

○ *Hôtel*
L'hôtel de la gare routière de Gyangze, Gyangze Yun lun zhan. Prix du lit : 4 yuans la nuit en dortoir de 6 lits ; un thermos d'eau chaude par dortoir ; les draps ne sont pas changés ; lors de mon passage, toute la chambrée avait suspendu au plafond les sacs de provisions, histoire de ne pas tenter les rats et autres souris très à l'aise dans notre dortoir ! Un endroit sympathique : la pièce d'accueil, située dans le bâtiment de la réception, où l'on peut boire le soir du thé au lait.

A VOIR A GYANGZE

Le monastère Bai Ju qui qui recèle des peintures et sculptures imprégnées de style népalais et indien : un mélange de style bouddhique unique au Tibet. Il fut saccagé pendant la Révolution Culturelle ; depuis un bâtiment et la pagode aux Huit Cornes ont été restauré. Construite en 1414, cette pagode de 20 mètres compte 9 étages dont la hauteur de plafond décroît au fur et à mesure vers le sommet. Chacun d'eux présente sur la périphérie 12 angles avec de nombreuses niches abritant des Bouddhas sculptés. Une grande salle occupe la base de la pagode et contient de nombreux écrits sacrés.

La citadelle Zong Shan bao tai. Inutile de souligner la vue que l'on a de cette citadelle ou du moins du sommet de son escalier d'accès. La première construction sur ce piton rocheux daterait du VIIe siècle, puis les suivantes du XIe. La citadelle fut assiégée par les Anglais pendant leur expédition militaire de 1904 qui devait les mener à Lhassa.

Xigaze

Avec ses 50 000 habitants, Xigaze est la seconde ville du Tibet, située à 360 km à l'ouest de Lhassa et à une altitude de 3 800 m. Capitale administrative du pays Tsang, elle fut le fief des panchen-lamas qui résidaient dans le monastère de Tashilumpo. Carrefour commercial important dans une région de pâturage, Xigaze est aujourd'hui ouverte aux touristes qui peuvent s'y rendre par la route.

XIGAZE PRATIQUE

○ *Comment s'y rendre*

De Gyangze : il faut prendre le bus venant de Lhassa (3 liaisons par semaine) qui vous dépose trois heures plus tard à la gare routière de Xigaze. Prix de l'aller simple au départ de Lhassa : 17,80 yuans, au départ de Gyangze : 4,5 yuans.

Pour retourner sur Lhassa, il y a trois liaisons théoriques les lundi, mardi et jeudi ; départ 15 h de la gare routière. Il convient de se renseigner sur place car d'autres bus peuvent assurer la liaison le matin.

De Sagya : théoriquement, un camion postal se rend à Xigaze les samedi, lundi et vendredi et prend une vingtaine de passagers ; départ vers 15 h, arrivée à Xigaze vers 20 h ; prix du billet : 8 yuans.

○ *Hôtels*

Maison de réception n° 2, Xigaze xing shu di er zhao dai suo. Hôtel composé de baraquements dans le style caserne ; il est facile à trouver car situé juste en face de l'antenne radio de la ville ; son confort est rudimentaire. Pour les voyageurs individuels, un lit en dortoir revient à 4 yuans la nuit. Si vous décidez de prendre vos repas à l'hôtel, il faut verser à la réception une caution de quelques fens pour le prêt d'un bol émaillé et d'une paire de baguettes ; il faut ensuite aller à la cuisine pour acheter sa ration, puis retourner dans son dortoir pour y déguster sa pitance. Les voyageurs en groupe ont évidemment droit à un autre régime avec une grande et belle salle de restaurant, des plats bien présentés, mais aussi à une salle d'eau (à partager à plusieurs).

Maison de réception n° 1, Xigaze cheng guan zhen di yi zhao dai suo. Hôtel fréquenté par des camionneurs, certainement le plus typique de Xigaze et de plus très bien situé, juste en face du Tashilumpo. En dortoir de 4 lits : 5 yuans la nuit. Le confort est rudimentaire avec un robinet dans la cour ; la réserve d'eau chaude se trouve dans un bâtiment à gauche dans la cour : elle est ouverte le soir uniquement pour remplir son thermos.

Hôtel de la gare routière de Xigaze, Xigaze qi che ke yun zhan. En dortoir de 5 lits : 3 yuans la nuit. Un thermos d'eau chaude par chambre ! Les nombreux camions qui stationnent dans la cour démarrent le matin entre 6 h 30 et 7 h (avis aux amateurs !). C'est de cette gare routière que partent les bus pour Lhassa. A signaler également : juste en face, de l'autre côté de la rue, se trouve une autre petite gare routière avec un hôtel ; c'est de cet endroit que partent les bus pour Sagya.

Hôtel Xigaze binguan. C'est l'hôtel le plus récent, inauguré en 1985, le plus confortable à des prix boum... boum ! Chambre de 60 à 150 yuans.

A VOIR A XIGAZE

Le monastère de Tashilumpo. C'est dans ce monastère dont la construction remonte au milieu du XVe siècle, que résidèrent les panchen-lamas dont on peut admirer aujourd'hui les pagodes funéraires. Le Tashilumpo est l'un des quatre grands temples de la secte Jaune au Tibet et occupe une superficie de 30 hectares dans la partie occidentale de Xigaze. De nombreux bâtiments sont encore en cours de restauration ; on visite la salle Mairuiri, construite en 1914, pour sa statue en bronze du Bouddha Maiyuiri d'une hauteur de 26 mètres, et ses fresques relatant la vie du Bouddha ainsi que celle de Tsong Kha Pa, fondateur de la secte jaune.

Pour pénétrer dans le monastère, il faudra vous acquitter de 3 yuans auprès du vigilant lama-caissier posté à l'entrée ; les photos sont interdites dans les salles. Une fois la visite effectuée — de préférence le matin —, vous pouvez aussi faire le tour de l'enceinte du Tashilumpo : promenade intéressante qui est l'occasion, entre autres de se mêler aux pèlerins dont le nombre est assez important, en fin d'après-midi, vers 17 h. Et surtout pas de gaffe ! Le sens rituel de circumambulation autour d'un monastère tibétain est celui des aiguilles d'une montre : l'édifice religieux devant toujours être à droite quand on en fait le tour. A signaler : **la nouvelle résidence du panchen-lama** située non loin du Tashilumpo, Panchen xin gong, n'est pas ouverte aux touristes pour l'instant.

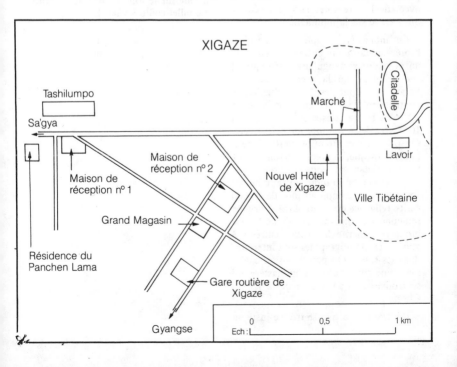

Sa'gya

Après quatre heures sur la route qui conduit de Xigaze à Lhazê, le bus bifurque à gauche vers Sa'gya. Le terrain est dénudé et plat comme une galette ; nous sommes en pleine vallée, à 4 100 m d'altitude. Il faut encore une heure de route avant de distinguer Sa'gya et les remparts de son monastère forteresse ; de loin : une vue étonnante ; mais, de près, c'est tout autre chose : des baraquements aux toits en tôles ondulées bâtis autour du monastère en altèrent le site ; c'est un massacre !

Contrairement à beaucoup de monastères tibétains qui sont construits à flancs de montagnes et dominent les habitations, celui de Sa'gya s'étend en plaine au pied de la rivière Chong qu avec, de l'autre côté, la ville tibétaine qui s'étage sur la montagne.

Ce monastère, trapu et ramassé à l'intérieur de hauts et solides remparts au pourtour rectangulaire, est le grand site religieux de la secte Rouge des Sa'gya Pa dont les hauts dignitaires contrôlèrent le Tibet entre le Xe et le XIVe siècle. Sa construction remonte à 1073 avec des extensions au XIIIe siècle. On prêtera une attention particulière à la bibliothèque, le premier bâtiment sur la droite dans la cour centrale après avoir passé la grande porte d'entrée fortifiée. Elle comprend plus de 10 000 écrits religieux dont un sûtra d'origine indienne qui daterait du Ve siècle. Ce monastère mérite la visite ; entrée : 3 yuans ; les photographies sont interdites dans les salles. On pourra visiter également une autre partie du monastère qui se trouve sur l'autre rive de la rivière Chong qu.

L'hôtel de Sa'gya se trouve juste au bout de la rue du monastère ; au premier étage, il ne faut pas vous attendre à des lits moelleux mais à des coffres recouverts de petits tapis ; le décor des chambres à 5 lits est vraiment super avec des tapis recouvrant tous les murs (lit à 3 yuans). Le tenancier du lieu est aussi génial avec sa tête qui ressemble à celle de Salvador Dali !

Pour le retour sur Lhassa, il y a le stop, au moins jusqu'à l'embranchement avec la route Lhazê-Xigaze. Une autre solution consiste à prendre un fourgon postal qui part de Sa'gya vers 15 h pour se rendre à Xigaze ; ce camion effectue cette liaison le samedi, le lundi et le vendredi. Le voyage est particulièrement éprouvant : 18 personnes plus les sacs postaux enfermés et tassés à l'arrière avec pour seule ouverture un petit auvent sur le toit. Attention les reins ! (Le billet coûte 8 yuans).

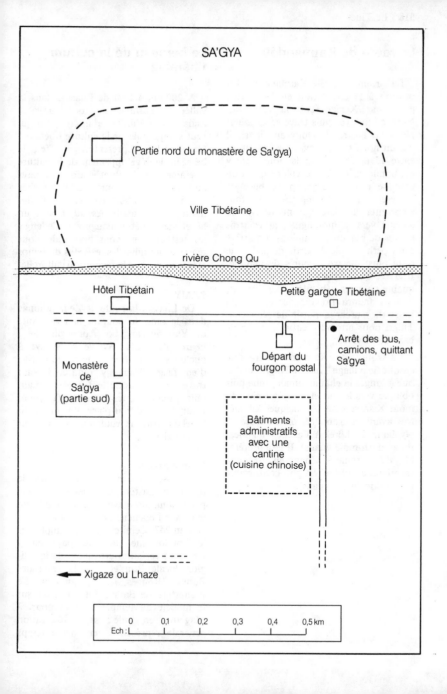

La route de Katmandou

La route Lhassa-Katmandou fut ouverte à la circulation en 1961. Elle passe par Xigaze, suit la vallée au Nord de Sa'gya, puis traverse Lhazê et Nouveau-Tingri. A Nouveau-Tingri, il y a un hôtel correct avec des chambres entre 15 et 25 yuans ; la nourriture y est bonne. C'est de ce village que l'on peut se rendre au camp de base de l'Everest (Quomolongma). Il faut emprunter la piste qui monte sur la gauche vers la montagne ; après trois heures de bus ou de camions, on arrive à un petit temple à partir duquel il ne reste plus que trois heures de marche. Il arrive que la piste ne soit plus praticable pour les véhicules ; dans ce cas, il vous faudra prévoir quatre à cinq jours de marche à partir de Nouveau-Tingri pour atteindre enfin le camp de base de l'Everest.

La route de Katmandou traverse ensuite le village Ancien-Tingri, continue à longer la chaîne himalayenne puis oblique vers le sud et passe au pied du mont Xixabangma. A quelques kilomètres avant la frontière, on trouvera, à Nyalam, un hôtel à l'accueil inamical (lit en dortoir à 3 yuans). Il sera préférable de dormir à Zhangmu, la ville frontière, où l'hôtel est plus confortable (lit en dortoir : 5 yuans).

Le berceau de la culture tibétaine

A 200 km à l'est de Lhassa, dans la vallée du Yarlung zang bo, Samyé et Zedang sont d'un grand intérêt pour qui veut s'imprégner de la culture tibétaine. Cette région représente, en effet, le berceau de développement de la culture tibétaine depuis l'unification du pays au VIIIe siècle. Aujourd'hui les autorités chinoises comptent en faire l'un des hauts lieux touristiques du Tibet ; un hôtel vient d'être inauguré à Zedang ; les restaurations vont bon train pour tenter de gommer les atteintes du temps et les saccages de la révolution culturelle.

SAMYE

De Lhassa, la route de Zedang longe dans le sens du courant la rive droite du Yarlung zang bo. Après plus de 2 heures de route, Samyé se trouve à quelques kilomètres au nord de la rive d'en face. Pour s'y rendre, il faut traverser en barque le fleuve (1 yuan) puis prendre une charrette (1 yuan) jusqu'à Samyé. Sur place, il y a un petit hôtel au confort rudimentaire (prévoir les bougies).

Le monastère

Il passe pour être le plus ancien de tous les monastères du Tibet et fut fondé par Padmasambhava, moine bouddhiste mais aussi magicien, qui arriva au Tibet en l'an 747. Celui-ci parvint à implanter le bouddhisme dans le pays en y intégrant certaines croyances de la religion locale Bon et créa la secte des Bonnets Rouges, les Nyingma pa. Le monastère de Samyé fut construit sur le modèle du temple d'Otantapouri à Magadha en Inde ; sa configuration générale représentait en même temps l'image de l'univers : au centre, un sanctuaire figurait la montagne des mondes ; tout autour 12 temples latéraux, 3 de chaque côté, correspondaient aux 12 parties du monde.

Comme pour tous les monastères qui seront construits au Tibet par la suite, l'emplacement de Samyé ne fut déterminé qu'après de longues recherches. En effet, avant sa construction, le site d'un monastère doit être reconnu d'heureux augures en prenant en compte divers éléments géographiques des alentours, configuration des montagnes, la valeur des terres, le régime des rivières, etc. Samyé, aujourd'hui envahi par les sables du désert, était destiné à abriter les traducteurs des livres saints ; il possède une riche bibliothèque qu'en 1810 un incendie en grande partie détruisit.

ZEDANG

Petit bourg de 13 000 habitants, Zedang est situé à 4 heures de route de Lhassa, dans le district de Nai dong. Pour s'y rendre, un car assure une navette au départ de Lhassa les mardi et samedi puis s'arrête 1 ou 2 jours à Zedang avant de retourner vers la capitale. Un hôtel de 200 lits accueille les étrangers ; de construction récente, il est équipé de magnifiques chauffe-eau solaires sur le toit mais l'eau chaude semble avoir beaucoup de difficulté pour arriver aux robinets ! Les voyageurs individuels préféreront certainement la petite maison de réception tibétaine qui propose des lits en dortoir pour 4 yuans la nuit.

L'intérêt d'un séjour à Zedang réside principalement dans la visite de trois sites dans les environs :

Le **monastère Chang zhu**, à 5 km au sud-est de Zedang.

Le **Yongbulakang**, la résidence des anciens rois du Tibet, dans le village de Yarlung situé à 10 km au sud-est de Zedang (après avoir passé Changzhu). Au sommet d'une crête rocheuse, cette résidence a été très endommagée pendant la Révolution Culturelle mais a été soigneusement restaurée.

Les tombeaux des rois du Tibet à Qiong gie 9 tombes au total parmi lesquelles celle du roi Srongtsen Gampo, le premier roi a avoir unifié le Tibet au VIIe siècle. Aucun des tumulus de terre n'a été excavé jusqu'à ce jour.

AVIS AUX ALPINISTES

Une dizaine de sommets sont aujourd'hui accessibles aux piolets étrangers.

Au Tibet

Le mont Qomolongma. 8 848 m d'altitude. C'est la face nord de l'Everest, à la frontière sino-népalaise. C'est par cette voie qu'eurent lieu, de 1893 à 1947, dix tentatives infructueuses pour vaincre le sommet, alors que le Népal était fermé. Depuis, deux expéditions chinoises ont gravi cette face. Deux Chinois et un guide tibétain sont parvenus au sommet le 25 mai 1960. La deuxième expédition a vaincu le sommet le 26 mai 1975. Neuf personnes — principalement des Tibétains — dont une femme, sont parvenues au sommet. En 1980, le célèbre alpiniste Reinhold Messner a réussi l'ascension seul, sans oxygène et par temps de mousson.

Le mont Xixabangma. 8 012 m d'altitude. Au Tibet, proche de la frontière népalaise.

Au Xinjiang

Le mont Mutztagata, 7 546 m d'altitude.

Le mont Kongur, 7 719 m d'altitude.

Le mont Kongur Tiubie Tagh, 7 595 m d'altitude.

Le mont Qogir, 8 611 m d'altitude.

Le mont Bodga, 5 445 m d'altitude. Il se compose de sept pics au pied desquels se trouve l'Étang du Ciel.

Au Sichuan

Le mont Gongga, 7 590 m.

Le mont Siguniang, 6 250 m.

Au Qinghai

Le mont Anyemaqen, 7 160 m.

L'Association des alpinistes de Chine s'occupera du travail d'accueil et répondra aux demandes de renseignements.

POUR EN SAVOIR PLUS SUR LE TIBET

Dieux et démons de l'Himalaya, art du bouddhisme lamaïque, Éd. des Musées nationaux (catalogue de l'exposition au Grand-Palais en 1977).

La Civilisation tibétaine, par Rolf A. Stein, Éd. Le Sycomore-l'Asiathèque.

Le Toit du monde, par A. de Riencourt, Éd. France-Empire.

Le vieux Tibet face à la Chine nouvelle. — A l'Ouest barbare de la vaste Chine. — Voyage d'une Parisienne à Lhassa, par Alexandra David-Neel, Éd. Plon.

Souvenirs d'un voyage dans la Tartarie, le Tibet et la Chine pendant les années 1844-1845-1856, par le Père R. Huc, Éd. Plon.

Mon voyage secret à Lhassa, par W. Montgomery McGovern, Éd. Plon (1926).

Bibliographie sommaire

Bibliographie sommaire

LITTERATURE CLASSIQUE
Au bord de l'eau, par Shi Nai-an et Luo Guanzhong, coll. « La Pléiade », Gallimard.

Le Rêve dans le pavillon rouge, par Cao Xueqin, coll. « La Pléiade », Gallimard.

Fleur en fiole d'or, traduit par André Lévy, coll. « La Pléiade », Gallimard.

Anthologie de la poésie classique, par Paul Demiéville, Gallimard, 1962.

Six récits au fil inconstant des jours, par Shen Fu, Christian Bourgois, 1982.

Les Trois Royaumes (Tomes I et II), par Louo Kouan-Tchong, Flammarion, 1987.

LITTERATURE MODERNE
Nuit glacée, par Pa Kin, Gallimard, 1978.

Le Jardin du repos, par Pa Kin, Gallimard, 1978.

Famille, par Pa Kin, Flammarion, 1979.

Printemps, par Pa Kin, Flammarion, 1982.

La Longue nuit, par Yao Xueyin, Flammarion, 1984.

Gens de Pékin, par Lao She, coll. NRF, Gallimard.

Le Pousse-pousse, par Lao She, coll. Pavillons, Robert Laffont.

Nouveau Conte d'hiver et *Conte de Printemps,* par Yu Luojin, Christian Bourgois.

Le Retour du Père, recueil de nouvelles, Belfond.

Œuvres choisies, par Lu Xun, éditions en langues étrangères, Pékin.

L'Enfant du Nouvel An, par Lao She, Gallimard, 1986.

La Cage entrebaillée, par Lao She, Gallimard, 1986.

La Forteresse assiégée, par Qian Zhongshu, Christian Bourgois, 1987.

Hibiscus, par Gu Hua, Laffont, 1987.

Enfance à Guilin, par Bai Xianyong, Alinéa, 1987.

Le Sorgho rouge, par Ya Ding, Le Seuil, 1987.

CIVILISATION
Le Monde chinois, par Jacques Gernet, A. Colin, 1981.

La Civilisation de la Chine classique, par Danielle et Vadime Elisseeff, Arthaud, 1979 ; nouvelle édition mise à jour, brochée, 1988.

La Civilisation chinoise, par Marcel Granet, Albin Michel, 1968.

La Chine, t. I à VI, coll. Histoire contemporaine, Hatier.

Lettres édifiantes et curieuses de Chine, coll. Garnier-Flammarion, Flammarion, 1979.

La Philosophie chinoise, par Max Kaltenmark, P.U.F., coll. « Que sais-je ? » n° 707.

La Chine impériale, par Denys Lombard, P.U.F., coll. « Que sais-je ? » n° 1244.

Histoire de la femme chinoise : 4 000 ans de pouvoir, par Charles Meyer, Lattès, 1986.

Le Grand Empereur et ses automates, par Jean Lévi, Hachette, 1986.

Kangxi, grand Khan de Chine et fils du Ciel, par Louis Frédéric, Arthaud, 1985.

Atlas de la Chine, C. Blunden et M. Elvin, Nathan, 1986.

Les Entretiens de Confucius, traduit par Pierre Ryckmans, Gallimard, Connaissance de l'Orient, 1987.

LA CHINE MODERNE

La Chine moderne, par Yves Chevrier, P.U.F., coll. « Que sais-je ? » n° 308.

Le Parti communiste chinois au pouvoir, par Jacques Guillermaz, Payot, 1979, deux volumes.

La Chine populaire, par Jacques Guillermaz, P.U.F., coll. « Que sais-je ? » n° 840.

Le Printemps de Pékin, par V. Sidane, coll. Archives, Gallimard.

La Chine : 1949-1985, par J.-L. Domenach et P. Richer, Impr. Nationale, 1987.

Les Années rouges, par Hua Linshan, Le Seuil, 1987.

La Société chinoise après Mao : entre autorité et modernisme, par Y. Chevrier et al., Fayard, 1986.

L'Empire du milliard : populations et société en Chine, par P. Trolliet et J.-P. Béja, A. Colin, 1986.

VOYAGES

Bouddhas et rôdeurs sur la route de la soie, par Peter Hopkirk, Arthaud, 1981.

Le Lumineux destin d'Alexandra David-Neel, par Jean Chalon, Plon, 1985.

Une autre Chine, C. Sauvageot et M.A. Donzé, Albin Michel, 1980.

Nouvelles Lettres édifiantes et curieuses d'Extrême-Orient par des voyageurs lettrés chinois à la Belle Époque, André Lévy, Seghers, 1986.

Les Grandes Murailles, par Lucien Bodard, Grasset, 1987.

L'Empire chinois, par le Père Huc, Éditions du Rocher, 1980.

La Route de la Soie, Ouvrage collectif publié sous la direction du Museum d'Histoire Naturelle de Paris. Arthaud, 1985.

REFERENCES BIBLIOGRAPHIQUES

Bulletin du Livre, 100 livres sur la Chine. 25-2-79.

Table des cartes

Index

Crédits photographiques
Couverture : Culture du riz en Chine
— Photo © Eve Arnold/Magnum
Illustrations in texte : Alain Mc Kenzie
Cartes : Hervé Hyacinthe
Caractères chinois : Gérard Pierson

Achevé d'imprimer en janvier 1988
sur les presses de l'Imprimerie Clerc à Saint-Amand (Cher)
Reliure par la SIRC à Marigny-le-Chatel
N° d'édition 1896 - Dépôt légal : mars 1988 - Imprimeur n° 3765
Imprimé en France